I0355752

www.ingramcontent.com/pod-product-compliance
Lightning Source LLC
Chambersburg PA
CBHW070239090526
44586CB00035B/867
* 9 7 8 1 5 9 5 8 4 8 3 0 7 *

مأموریت برای وطنم

اثر

اعلیحضرت همایون محمدرضا شاه پهلوی

شاهنشاه آریامهر

شرکت کتاب
ketab.com

Mission for my country
Subject:Iranian political, Contemporary history of Iran
Author:Mohammad Reza Shah Pahlavi

Copyright © 2025 Ketab Corporation
All right reserved.

First Edition: 2025

مأموریت برای وطنم
موضوع: تاریخ معاصر ایران، علوم سیاسی ایران
نویسنده: محمدرضاشاه پهلوی
چاپ نخست شرکت کتاب: ۱٤۰٤ خورشیدی- ۲۵۸٤ ایرانی خورشیدی- ۲۰۲۵ میلادی

No part of this book may be reproduced in any manner without the express written consent of the author / publisher, except in the case of brief excerpts in critical reviews or articles.
For information about permission to reproduce selections from this book, write to Permissions @ Ketab Corporation

The Library of Congress Cataloging-in-publishing Data is available upon request.

ISBN: 978-1-59584-830-7
Ketab Corporation:
12701 Van Nuys Blvd., Suite H,
Pacoima, CA, 91331, USA

1 2 3 4 5 6 7 8 25

۲

فهرست

عنوان	صفحه
دیباچه بر مأموریت برای وطنم	۴
فصل اول- سرزمین قدیم و جدید ایران	۹
فصل دوم- تحولاتی که پدرم در ایران ایجاد کرد	۳۶
فصل سوم- دوران کودکی من	۶۶
فصل چهارم- تعلیم و تربیت شاه	۸۹
فصل پنجم- ایام پرآشوب و تشنج	۱۲۹
فصل ششم- ناسیونالیسم مثبت من	۱۷۹
فصل هفتم- مسئله اقتباس تمدن جدید	۲۱۸
فصل هشتم- نظر من درباره دموکراسی	۲۷۱
فصل نهم - آینده امیدبخش کشاورزی	۳۳۶
فصل دهم- زن ایرانی در اجتماع	۳۷۹
فصل یازدهم- فرهنگ و آینده ایران	۴۱۷
فصل دوازدهم- نفت ایران	۴۶۹
فصل سیزدهم- ایران و صلح جهان	۵۱۲
فصل چهاردهم- شاه و کشور	۵۶۱

۳

دیباچه

این کتاب برای انجام منظوری که سالیان دراز ضرورت آن احساس میشد نگارش یافته است. تا آنجاکه اطلاع دارم از بیست و پنج قرن پیش که شاهنشاهی ایران بنیان گذاری شده است من نخستین شاهنشاهی هستم که شرح زندگانی خود را بطور مرتب و با تسلسل تاریخی تألیف و تدوین کرده ام.

البته در قرن شانزدهم میلادی یعنی دو هزار سال پس از آغاز شاهنشاهی ایران شاه طهماسب اول که یکی از سلاطین این کشور بود تاریخچه مختصر زندگانی خویش را برشته تحریر درآورد و دویست سال بعد در دوره سلطنت شاه طهماسب دوم یکنفر کشیش فرانسوی شرح احوال مجملی بنام این پادشاه انتشار داد باین منظور که ثابت کند وی فرزند یکنفر فرانسوی بوده است در قرن نوزدهم نیز ناصرالدین شاه سفرنامه دلچسپی درباره مسافرت خویش باروپا و مشاهدات و توجه خود بفهم رموز ترقیات دول باختری نگاشت ولی هیچ یک از سران تاجدار

کشور من شرح زندگانی خویش را با روش مرتب و منظمی مدون نساختند این بود که تقریباً پس از چهارده سال سلطنت مصمم شدم که این کار نخستین بار بدست من انجام پذیرد. غرض تنها آن نبود که در میان شاهنشاهان این کشور در نوشتن شرح احوال پیشقدم باشم بلکه احساس کردم که نگارش چنین کتابی برای آشنائی بگذشته و راهنمائی آینده ایران بسیار ضروری است.

در قرن اخیر ما که در خاورمیانه زندگانی میکنیم در فهم ارزش حقیقی خویش کوتاهی کرده و اغلب در تهیه نقشه ها و برنامه های صحیح برای ترقیات آینده کشورهای خود بغفلت گذرانیده ایم. گاهی از آنچه در کشور انجام یافته اطلاعات مبهمی داشته ایم ولی در تشخیص موانع تشکیلاتی و غیر آن که مانع پیشرفت بوده است قصور کرده و در تعیین هدفها و آمال و مقاصدی که برای آینده ما ضروریست باصل مسامحه توسل جسته ایم. باین جهات بنظر من موقع آن بود که شاهنشاه ایران این نقیصه اساسی را جبران کند.

نگارش این کتاب در سال ۱۳۳۷ آغاز و در اواخر سال ۱۳۳۹ پایان پذیرفت. در طول این مدت هر چند وظائف خطیر دیگر اوقات مرا بخود مشغول میداشت اما هفته ای نمیگذشت که جز در ایام مسافرت ساعتی چند بنگارش این کتاب

مصروف نشود و حتی در سفرها نیز فکر تنظیم مطالب مندرج در آن از خاطر من بیرون نمی‌رفت

کتابی که اینک انتشار پیدا میکند با سایر کتب مربوط بشرح احوال یا خاطرات تفاوت بسیار دارد زیرا این کتاب در واقع تنها شرح زندگانی من نیست بلکه تاریخ احوال یک کشوری است .

فصل اول این کتاب بتاریخچه مختصر میراث شگفت انگیز و سابقه درخشان تاریخی کشور ایران اختصاص یافته و در فصل بعد ذکر خدمات شگرف و عقیده و استنباط من درباره شخصیت بارز پدرم که در تحولات اخیر خاورمیانه از برجسته ترین افراد بود پرداخته شده است .

آنگاه بشرح دوران کودکی و دوره تحصیلات من در اروپا و توجه و مراقبت مخصوصی که پدرم در تربیت من داشت و مرا برای تعهد مسئولیتهای سنگین کنونی آماده میفرمود میپردازد و پس از آن بحرانی که در اثر جنگ جهانگیر دوم پیش آمد و کشور ایران مورد تجاوز قرار گرفت و من در سن بیست و یکسالگی بجای پدر وظائف سلطنت را بعهده گرفتم شرح داده میشود .

در این کتاب اطلاعات خود را درباره قضایای آن سالها که شخصی بنام مصدق کشور ایران را بطریقی که مخصوص خودش بود میگردانید و صنعت نفت را بحال وقفه درآمد و اقتصاد

ما فلج شده و مشعل آزادی از نور و فروغ افتاده و تقریباً خاموش گشته بود شرح میدهم و خواهم گفت که چگونه آزادی را دوباره بدست آوردیم و چطور در پی آن کشور ما میدان واقعی جنگ سرد انتخاب گردیده و نیز توضیح خواهم داد که چطور در اثر آن تجارب تلخ در من عقیده ناسیونالیزم مثبت بوجود آمد در این کتاب شمه ای از اصطکاک تمدن باختر با ایمان و امیدواری در ایجاد یک نحو ارتباط جدید بین شرق و غرب سخن میرود و حدود و میزان توسعه و پیشرفتهای اقتصادی کشور و عقیده من درباره مراحل سه گانه دموکراسی و اقداماتی که برای ایجاد دموکراسی حقیقی در این کشور بعمل آمده است ذکر میشود. در مسئله اصلاحات مالکیت ارضی و سایر قدمهائی که برای کمک بکشاورزانی که در پنجاه هزار قریه ایران زندگانی میکنند برداشته شده و از وظائفی که زنان ما در ایران کنونی دارند باختصار سخن بمیان میآید و عقیده کلی من درباره آموزش و پرورش در ایران شرح داده میشود و مسئله نفت ایران از لحاظ سیاسی و اقتصادی و فنی مورد بحث قرار میگیرد و موقعیت سوق الجیشی ایران در خاورمیانه و مکنونات قلبی من در شرایطی که برای استقرار صلح و آرامش در این بخش از جهان و در سایر نقاط گیتی ضرورت است بیان خواهد شد و بالاخره در این کتاب بطور اختصار از طرز زندگانی و کار شبانه روزی خود و وظیفه عملی که

در این کشور تاریخی برعهده مقام سلطنت است سخن خواهد رفت .

در طی تمام فصول این کتاب کوشش من همواره آن بوده است که در ذکر موانع و مشکلات تنها باجمال و بطور اشاره اکتفا کنم . مثلاً مسئله درستکاری افراد چه در سازمانهای دولتی و چه در دستگاههای شخصی و حرفه‌ای و اجتماعات مختلف همچنان از مسائل دشوار ما است. دستگاههای اداری کشوری با آنکه در سالهای اخیر از هر حیث خیلی بهتر از سالهای پیش است باز در بسیاری از موارد کهنه و فرسوده است و بیسوادی و فقر و بیماری هنوز در کشور ما ریشه کن نگشته است . امّا باید بخاطر آورد که ما میخواهیم پیشرفتهائی را که در ممالک مترقی پس از چندین نسل و حتّی چندین قرن بمرحله ایجاد رسیده است در ظرف چند سال بوجود آوریم .

امروز در تمام نقاط گیتی نسبت بخاور میانه که کانون تضادهاست ابراز توجه و علاقه میشود زیرا از یکطرف این ناحیه در تمدّن جهانی سهمی بزرگ داشته و از طرف دیگر همواره مهد حوادث و کانون تشنجات بوده است . بعقیده من اوضاع برای تجدید حیات خاور میانه مساعد است و دلیلی ندارد که ایران چنانکه بارها بشهادت تاریخ موجد اینگونه تحوّلات بوده است بار دیگر برای کمک بایجاد یک چنین تحوّلی ناتوان باشد .

فصل اوّل

سرزمین قدیم و جدید ایران

از ایام صباوت و دوران ولیعهدی که در سویس تحصیل میکردم واقعه‌ای در خاطرم مانده است. روزی شیر فروشی که هر بامداد گاری پر از ظروف شیر بدبیرستان می‌آورد از من پرسید از کدام کشور بسویس آمده‌ام. گفتم از پرشیا (ایران) می‌آیم گفت: آری، من پرشیا را خوب میشناسم که یکی از شهرهای امریکاست!

سالها از این واقعه گذشت. در این اواخر یکی از مستخدمین جوان دربار شاهنشاهی مسافرتی بامریکا کرد. در هنگام بازگشت واقعهٔ عجیبی را که در آن کشور بـرای وی پیش آمده بود نقل کرد. او میگفت قبل از مسافرت بامریکا همواره آرزو داشتم که یکی از سرخ پوستان آمریکائی را

بچشم ببینم وهنگامیکه بآنکشور رسیدم این آرزو را بامهماندار آمریکائی خود درمیَان نهادم . این شخص گفت انجام این خواهش بسیار آسان است وچون مسافرت بیکی از نواحی که برای سکونت سرخ‌پوستان معین‌شده جزو برنامه‌است دیدار یکنفر سرخ‌پوست میسر خواهد بود . هنگامیکه‌بناحیه معهود رسیدیم بسیار متأسف شدم زیرا سرخ پوستانی که در آنجا بودند آن سربندهای پرداری‌را که هالیود درفیلم‌های خود بدنیا عرضه میکند برسر نداشتند . بالاخره میهماندار یکنفر سرخ پوست را که بلباس بومیان ملبس و سربند پـر دار برسر داشت وچهره را با رنگهای مختلف منقش کرده بود بمن معرفی‌نمود واین شخص بزبان انگلیسی فصیح از من پرسید اهل کدام کشورید ؟ گفتم ازکشور دوردستی میآیم که پرشیا یا ایران نام دارد .

بمجرد شنیدن نام‌ایران چهره این‌سرخ‌پوست ازشادی شکفت وبازبان فارسی فصیحی گفت : « سلام‌علیکم ، حال شما چطوراست ! »

من از این برخورد بحیرت افتادم ولـی بزودی دریافتم که این سرخ پوست در جنگ جهانی جزو ارتش آمریکائی مأمور خلیج فارس بوده است که مقدار هفت میلیون تن مهمات و ذخائر از راه ایران بروسیه رسانده و شکست قوای هیتلر و پیروزی متفقین را تسریع نمود و آن سرخ پوست نه‌تنها خود زبان فارسی را فـراگرفته بلکه بعده‌ای از افـراد عشیره خود یاد داده و از تمدن و فرهنگ باستانی ما نیز اطلاعاتی کسب کرده است .

ایکاش عده‌کثیری از مردم باختر زمین باندازهٔ آن سرخ پوست ازکشور من اطلاعاتی داشتند و میدانستند که ایران به‌پیشرفت تمدن بشری چه خدماتی کرده و درآینده

نیزچنانکه ایمان قطعی‌من‌است چه‌خدمتی‌بفرهنگ ومعارف جهانی انجام تواند داد . گاهی که فکر میکنم چرا ایران در میان کشورهای خاورمیانه بهتر از این معروفیت ندارد دچار حیرت میشوم ، زیرا از هرچه بگذریم ایران سهمی بزرگ درتمدن خاورمیانه داشته وثروت سرشاری از ذوق و هنر و ادب و فلسفه بجهـــان غرب موهبت کرده است و بهمانگونه‌که ملت‌آمریکا امروز بوسیله برنامه اصل‌چهار کمك‌های فنی بکشورهای دیگرمیکند ما از اوائل تاریخ صادرکننده فرهنگ وهنر بجهان بشریت بوده‌ایم .

باوصف‌این باید گفت‌که درسالهای‌اخیر که‌کشورهای خاورمیانه درصحنه سیاست جهانی‌قسمت مهمی‌پیدا کرده‌اند مردم‌گیتی در هر گوشه و کنار نسبت بایران و کسب اطلاع نسبت بسرزمین ما و کشور کهنسال من بیشتر از پیش ابراز علاقه میکنند .

در نقشه‌های جغرافیائی عالم یا خاورمیانه ، ایران یا پرشیا بطور برجسته‌ای نمایان است . این‌کشور از کشور آلاسکا بزرگتر ومساحت آن دوبرابر ایالت تکزاس و از مجموع مساحت‌کشورهای فرانسه وسویس وایتالیا واسپانیا وپرتقال‌وبلژیك ولوکزامبورك‌بیشتراست. وضع‌جغرافیائی ماطوری‌است‌که هزاران‌سال نقطه اتصال‌خطوط یاچهارراه گیتی‌بوده‌ایم واین نکته همانقدرکه در روزگاری‌که مردم باکاروانها مسافرت میکردند صادق بود امروز نیزکه قرن هواپیماهای جت و موشك های هدایت شونده است صدق میکند .

جمعیت ایران به‌نسبت هرکیلومتر مربع‌کم است ولی عده نفوس‌ماکه بیست میلیون است دو برابر جمعیت‌کشور قاره مانند استرالیاست . تهران که پایتخت من است یکی

از شهرهائی است که دردنیا بسیار با سرعت توسعه پیدا کرده است بطوریکه جمعیت آن از زمان جنگ دوم جهانی (که پانصد هزار نفر جمعیت داشت) تا امروز سه برابر شده ویک میلیون وپانصد هزار نفر بالغ گردیده است.

البته یکی از علل ازدیاد نفوس تهران آن است که همانطورکه در بسیاری از کشورهای گیتی پیش آمده عدهٔ کثیری از مردم مساکن اصلی خویش را گذاشته ودرشهر توطن اختیار کرده اند ولی رویهم رفته جمعیت پایتخت ما بسرعت رو بفزونی رفته است.

قسمت بزرگی از کشور خشک و بی آب است ولی درقسمتهای دیگر مقدار باران سالیانه بسیار زیاد و ازجنگلهای انبوه ومزارع برنج پوشیده است. آب قسمتهای نسبتاً خشک کشور از ذوبان برفهای کوهستانهاست که مانند حلقه ای گرداگرد فلات مرکزی ایران را احاطه کرده و غالب سلسله هائی هم با یکدیگر تقاطع میکنند. جز درناحیه کویر در سایر نقاط ایران نقطه ای نیست که از کوهستان فاصله بسیار داشته باشد. آبی را که از این کوهستانها جاری است بوسیله حفر قنات بمزارع وقراء میرسانند واخیراً اقدام بحفر چاههای عمیق کرده ایم ومتخصصین میگویند که برای رفع نیازمندیهای جمعیتی که سه برابر جمعیت فعلی ایران باشد در ایران آب بقدر کافی وجود دارد.

تفاوت آب و هوا در ایران زیاد است و در نقاط مختلف و فصول سال فرق میکند، هرچند بگمان من باید همین اختلاف آب و هوا را یکی از نیروهای مؤثر شمرد. مردم کشور ما دارای نیروی بدنی فوق العاده هستند و شاید این مسئله از تصادفات نباشد که می بینیم مردم ایران درورزشهائی نظیر وزنه برداری و کشتی بسیار قوی هستند

و در مسابقه‌های بین‌المللی ورزشکاران ما در این رشته‌ها بیش از حد تناسب جمعیت کشور بدریافت جوائز قهرمانی نایل گشته‌اند .

از لحاظ هوش وسرعت انتقال ، مردم ایران چنانکه ذکر خواهدشد شهرتی بسزا دارند وباتوسعه وتعمیم تعلیمات اجباری در سراسر کشور بنظر من میتوان امیدوار بود که در آینده نیز ایرانیان در علم و هنر و کشاورزی و صنعت و بازرگانی سهم مؤثر وذیقیمتی خواهند داشت .

از لحاظ معادن ایران دارای منابع گرانبهاست . البته از حیث نفت ما یکی ازتولیدکنندگان بزرگ جهان محسوب میشویم واز این لحاظ شهرت یافته‌ایم . درخاورمیانه صنعت نفت ازایران آغاز گردیده وطبق بررسی‌ها وتحقیقات علمی اخیر ، کشور من مانند کشتی بزرگی است که روی دریای نفت قرار گرفته باشد . آنچه برای دیگران نسبتاً مجهول مانده اینست که ما دارای معادن گرانبها و ذیقیمت دیگر مخصوصاً ذغال سنگ ، آهن ، مس ، مانگانز ، کروم ، احجار کریمه و بسیاری از املاح شیمیائی مانند بورات وسولفات ونمک طبرزد هستیم که بمقادیر زیاد قابل صدور وجود دارد وهنوز استخراج وبهره‌برداری از آنها در مراحل مقدماتی است .

خاک ایران تقریباً در تمام نقاط جز در ناحیه کویر بزرگ نمک که مانند کشور استرالیا قسمتی بزرگ از فلات مرکزی ایران را فرا گرفته حاصلخیز است. هرجا آب بزمین قابل زراعت برسد انواع مختلف محصول مانند گندم و جو و ذرت وبرنج وپنبه وسیب زمینی وماش و یونجه وچغندر قند و نیشکر و تنباکو و چای زراعت میشود و سبزی‌های خوردنی مانند کلم و شلغم و پیاز و بادنجان و خیار وغیره

بعمل میاید .

کسانیکه بایران آمده اند از میوه های پر آب و معطر آن مخصوصاً از سیب و هلو ، زردآلو ، انگور ، گیلاس ، آلو ، گلابی ، انار و مرکبات گوناگون از لیمو و نارنگی و خرما و زیتون لذت برده اند . انواع خربزه و پسته و فندق و بادام در کشور میروید . تربیت مواشی در ایران رونق بسزائی دارد و روستائیان و افراد عشایر ما که لباس قبیله مخصوص بخویش را می پوشند در کوهستان ها و جلگه های کشور به پرورش اغنام و سایر مواشی مشغولند . در چند سال اخیر مکانیزه کردن کشاورزی آغاز شده است و درفصول بعد برنامه ای را که برای تقسیم املاک میان روستائیان و کشاورزان داریم و اجرای آن آغاز گشته است شرح خواهم داد .

ما معمولا مقدار نسبتاً قلیلی مواد غذائی وارد و مقدار معتنابهی صادر میکنیم و مخصوصاً صادرات میوه و پسته و بادام ما زیاد است . قسمت عمده خاویاری که در بازارهای جهان باسم خاویار روسی بفروش میرسد از ایران می آید که بروسیه و آمریکا و سایر کشورها صادر میشود . (یکی از ظرفا گفته است که ماهی خاویار از نظر تفاوت عقیده از شمال بحر خزر بسواحل جنوبی آن مهاجرت کرده است . ولی حق اینست که سالها پیش از انقلاب روسیه این ماهی آب های گرم سواحل جنوب بحر خزر یعنی سواحل ایران را برای توطن و تولید و تکثیر مرجح شناخته بود) . شیلات ما دارای منابع بزرگی است که هنوز دست نخورده است .

از آنچه گفته شد معلوم است که هر چند ما محصولاتی که برای مردم کشور ما و سایر نقاط جهان مفید و ذی قیمت است تولید میکنیم ولی تازه استفاده از منابع طبیعی و انسانی ایران را آغاز کرده ایم . مطابق آخرین گزارش رسمی که

درکشور انگلستان انتشار یافته « ایران شاید یگانه کشور خاورمیانه باشدکه برای توسعه وپیشرفت دارای بزرگترین امکانات است . »

ایـــران در طول قرون بیشمار محل تلاقی باختر وخاورمیانه بوده‌است (و حتی بسیاری فراموش میکنندکه کشور مـــا از لحاظ جغرافیائی قسمتی از قاره آسیاست) وکاروانهائی که ازطریق مشهوربراه ابریشم بین‌چین‌واروپا رفت وآمد داشتند بایران میآمدند و مرکز خودرا در این کشور مستقر میساختند . این‌کاروانها ابریشم و سنگهای قیمتی و سایرکالاهائی را که از خاوردور خریده بودند درکشور ثروتمند ایران میفروختند ویا بکشورهای دیگر ومخصوصاً باروپا میفرستادند .

قرنها پیش‌ازکشف دنیای جدیدکه بسیاری از مردم اروپـــا غذای خود را روی زمین ریخته و با دست تناول میکردند ایرانیها در ظروف شکیل و با نقش‌ونگار کاشی با قاشق وکارد صرف غذا میکردند . مردم‌کشور ما تمدنی داشتند که باستثنای چین کهنه‌ترین تمدن مداوم و بدون انقطاع جهان بشمار میرود وشاید اگر بگوییم‌که در بعضی از موارد فرهنگ و تمدن ما ازچین هم عالیتر بوده است حمل برمبالغه‌نشود . قدمت این‌تمدن هرچه‌باشد دراین‌نکته هیچ‌جای انکارنیست‌که باتمدن باختری بیش‌ازتمدن چینی و یا همسایگان عرب ما قرابت وخویشاوندی دارد . ایران یکی‌از قدیمیترین سرزمین‌های نژاد آریائی است‌که ریشه نژاد قسمت بزرگی از آمریکائیها و ملل اروپائی شمرده میشود . ما از لحاظ نژاد از اعراب‌که ازنژاد سامی هستند بکلی جدا هستیم واین نکته درزبان فارسی نیزصادق است

زیرا زبان‌ما ازخانواده زبانهای هند واروپائی‌است که ریشهٔ زبانهای انگلیسی و فرانسوی و آلمانی و سایر السنه مهم ملل باختری است .

البته ایرانیها در تمادی قرون با افراد سایر نژادها ازدواج کرده‌اند و پس‌از فتح ایران بوسیله اعراب عده معتنابهی ازلغات تازی درزبان ما وارد شده‌است ولی‌اصالت نژادی وخصوصیات زبان‌ما تغییر نیافته وبرجای مانده‌است.

بخاطرم هست که وقتی دریافتم که لاله وآسیای بادی اصلا ازایران بکشور هلاند رفته است درشگفت شدم . این نکته را وابسته فرهنگی هلاند که شخص دانشمندی بود بمن گفت وبنظر من اگر یکنفر هلاندی این موضوع را اذعان کند در حقیقت‌آن جای تردیدی نخواهد بــود . دانشمند مذکور پس‌از مطالعات و بررسی‌های دقیق کشف کرده‌بود که اصل لاله هلاندی یکنوع لاله خودروئی بوده است که درکشور ما میروید و آسیای بادی نیز از روی آسیاهائی بوده است که در جنوب ایران‌کار میکرده و نخستین دسته بازرگانان هلاندی که بایران آمده‌اند آنها را دیده وطرح آنها را اقتباس کرده‌اند .

بازی نرد را ایرانیان اختراع کرده‌اند وچوگان‌بازی نیزبدواً درایران پیداشده وسلاطین ما بآن علاقه مخصوص داشته‌اند . پسته نیز از محصولات ایران بوده ویونجه نیز بدواً در ایران برای تغذیه اسبهای اصیل ایرانی زراعت شده است . هلو از میوه‌هائی‌است که درازمنه قدیم ایرانیان ازجنگل‌های طبیعی‌چین‌بدست‌آورده وآنراتربیت کرده‌اند و بتدریج نهـــال آن‌را بسواحل دریای مدیترانه واروپا برده‌اند . گل‌سرخ نه‌تنها هزاران سال‌است که باغهای‌ایران را زینت‌بخشیده بلکه نخستین‌باردرکشورما غرس شده‌است.

چنانکه میگویند یاس کبود و نرگس و یاسمن نه‌تنها اصلا ازایران بنقاط دیگر رفته بلکه هنوزدرزبانهای مختلف گیتی نامهای ایرانی‌خودرا نگاه‌داشته‌اند. شربت که درایران‌بشکل مایع ودر کشور آمریکا وسایر نقاط بشکل‌منجمد مانندبستنی صرف میشود قرنها از مشروبات گوارای ایران بوده است. اسم شراب معروف به « شری » از کلمه شیراز مشتق شده واعراب درقرون وسطی آنرا دراسپانیا رواج وطرز ساختن آنرا یاد داده‌اند.

قدرت ابداع ایرانیها درامورعلمی وهنری نیز بسیار آشکار بوده است ، چنانکه مثلا ساعت آفتاب را ایرانیان اختراع کرده و اولین رصدخانه در این‌کشور برپا گشته وصفحه ساعت شمار که اینك شهرت عالگمیر دارد درایران اختراع شده‌است. هرچند درظاهرعجیب جلوه‌میکند ، ولی شواهدی دردست‌است که ابن‌سینا که ازدانشمندان وپزشکان مشهورایران است و یکهزارسال پیش دراین‌کشور میزیسته بخواص پنی‌سیلین آشنابوده وآنرا درمعالجات خویش‌بکار میبرده‌است. این‌دانشمند درکتاب‌معروف خویش که‌درقرون وسطی دراروپا وسایرنقاط‌گیتی معتبرترین‌کتب طبی بشمار میرفت ونسخه‌های آن هنوز موجود است کپکی راکه روی نان بسته میشود برای التیام زخمهای دشوار تجویز کرده وبه‌پزشکان توصیه‌نموده‌است که روی‌نان مرطوب این‌کپك را تهیه‌کنند و پس‌ازآن با دقت ازروی نان جمع‌کرده وبر روی زخم بگذارند . چندین قرن بعد ازوی سرالکساندر فلمینك دانشمند انگلیسی این کپك را پنی‌سیلیوم نام نهاد وخواص طبی‌آنرا مجدداً مورد مطالعه وآزمایش قرار داد و داروئی را که اینك بنام پنی‌سیلین بمقادیر زیاد ببازار جهان‌آمده وجان میلیونها ازافراد انسانی‌را ازمرگ حتمی

نجات بخشیده است تهیه نمود .

بسیاری ازمردم باخترزمین نمیدانندکه بیشتر شهرت ایران ، در راهنمائی جهان باصول مملکت‌داری و سازمان کشوری است . استقرار روش تقسیم کشور بـه‌استانها که هر استان بوسیله یکنفر استاندار (شهربان) اداره میشد وبدون یک چنین تشکیلاتی اداره کشور پهناوری امکان نداشت ، درایران آغاز گردیده است .

احداث راههای متعدد در عرض و طول کشور نیز نخستین‌بار در ایران بمرحله عمل درآمد و مدتها پیش‌از تشکیل امپراتوری روم ارتباط بین نقاط بوسیله چاپارمنظم درکشور ما برقرار بود وچاپار خانه‌هائی درفواصل معین ساخته شده بود و پیکهای سلطنتی بـا اسبهای تازه‌نفس که در هر چاپارخانه عوض میکردند نامه‌ها را از یکسوی کشور پهناور ایران در مدت پانزده روز بسوی دیگر میرسانیدند .

ترتیب رساندن اخبار بوسیله سریعتر تا چندین صد فرسنگ مسافت نیز باساختن برجهائی در ارتفاعات کوهستانها و افروختن آتش در آنها و دیگر علامات اخبار میسر بود .

ایران یکی از نخستین کشورهائی است که بضرب مسکوک اقدام کرده‌است. سکه‌طلای دریک که داریوش کبیر ضرب کرده بود در دنیای قدیم بعنوان واحد پول معمول ورایج بود وجالب توجه اینستکه این سکه قدیمی ازحیث وزن با لیره طلای انگلیسی مساوی وسکه نقره داریوش نیز با سکه یک شلینگی انگلیسی هم‌وزن بوده‌است . ما درتوحید اوزان ومقادیر که امر بازرگانی را درداخله کشور پهناور ایران وخارج آن آسان میساخت پیشقدم بوده‌ایم و همچنین یک روش منظم ومتحدالشکل حسابداری را معمول کرده بودیم که سایر کشورها بتدریج ازما اقتباس نمودند .

نخستین کشوری که امکان ادارهٔ امپراتوری پهناوری را بثبوت رسانید کشور ایران بود . بسیاری از خوانندگان این کتاب ، تاریخ امپراتوری روم را خوانده‌اند ولی قرنها قبل از آغاز امپراتوری روم کشور پهناور شاهنشاهی ایران در اوج عظمت خود بود و درطرز وصول مالیات و اقدامات عام‌المنفعه و سازمانهای نظامی و سایر دستگاههائی که امروز اساس تشکیلات کشورهای بزرگ است طریقه صحیح و منظمی را دنبال میکرد .

کشور من مهد مذهبی بزرگ یعنی دین زرتشت و محل پرورش و قوام مذاهب دیگر از جمله مذهب شیعه که یکی از فرق بزرگ دین اسلام است و من خود از معتقدین راسخ و استوار آن هستم و در این کتاب کراراً درباب آن بحث خواهم کرد بوده است . آئین زرتشتی را در قرن ششم پیش از میلاد زرتشت در ایران بوجود آورد . طبق عقیده ویلیام جاکسون یکی از استادان معتبر علم تطبیق ادیان « گذشته از دین یهود و مسیحیت در جهان قدیم غیرممکن است بتوان کیشی جز آئین زرتشت یافت که اینقدر راست و تا آن درجه شریف و با بزرگواری و تا آن حد در مسئله معاد جسمانی و بقای روح و آمدن منجی بشر و پاداش نیکوکاری و جزای بدی ارواح فنا ناپذیر چنانکه در کتاب مقدس وی اوستا مسطور است تسلی‌بخش فکر انسانی باشد » .

دیگر از عقایدی که در ایران رواج یافته کیش مانوی است که مانی در قرن سوم میلادی تعلیم داده است . مانی میخواست از میان همه عقاید مذهبی که پیش از وی رواج داشت حقایق کلی و عمومی را بدست آورد و درنتیجه دینی مخصوص بوجود آورد که براصول عقاید زرتشت و بودا و مسیح بنیان‌گذاری شده بود و احتمالا اولین کسی است که

درقانون ادیان به تلفیق حقایق موجود در مذاهب مختلف پرداخته است.

گذشته از سهمی که روحانیون ایران در اشاعه حقایق دینی داشته‌اند ایرانیان در ادبیات عرفانی و مخصوصاً در آنچه بتصوف تعبیر میشود و در دوره پس از اسلام باوج کمال خود رسید مشهور بوده‌اند.

آثار متصوفه توجه خاورشناسان مشهور مغرب زمین را بخود جلب کرده و روح صفا و محبت را که در آثار آنها نسبت به تمام مردم جهان در جلوه گری است و در امثال و حکایات بازیباترین زبان ادبی بیان شده ستایش کرده‌اند. البته ما در جهان از نظر شعر و ادب و مخصوصاً آثار شعرای مشهور مانند فردوسی و حافظ و سعدی و مولوی و خیام و دیگر استادان بزرگ شهره‌ایم. یکی از فضلای دانشگاه کمبریج میگوید ثروتی که ازحیث حجم آثار ادبی درزبان فارسی موجود است در هیچ زبان دیگر نیست و سایر طلاب مغرب زمین نیز که آثار ادبی ایران را بزبان فارسی خوانده‌اند عقیده ویرا تصدیق میکنند.

دراینجا شاید بی‌مناسبت نباشد که نظری اجمالی بتاریخ طولانی کشورمن انداخته شود. در عصر حجر مردم در کناره جنوبی بحرخزر و آن قسمتی که ایران کنونی را تشکیل میدهد زندگانی میکردند. در نزدیکی تهران که پایتخت کشورمن است آثار خرابه دهاتی پدیدار است که باستانشناسان آنها را متعلق به ۲۰۰۰ سال قبل از میلاد مسیح میدانند. در حوالی کاشان که یکی از شهرهای مرکزی ایران است آثار قریه‌ای بنام سیلك دیده‌میشود که متخصصین باستانشناسی آنرا مربوط به پنج هزار سال قبل ازمیلاد شناخته‌اند. معلوم است که در آن عصر بسیار کهن ساکنین ایران از وضع بدویت

وصحرانشینی وحرکت از نقطه‌ای به نقطه دیگر برای شکار حیوانات وتحصیل قوت وغذا بدر آمده ودرقراءسکونت اختیار نموده وبامر کشاورزی وپرورش اغنام ومواشی پرداخته‌اند.

در سال ۱۳۳۷ باستانشناسان ایرانی و آمریکائی درنزدیکیهای قریه‌حسنلو که قریه‌ای درآذربایجان یعنی استان شمال غربی ایران است ، جام طلای بسیار شکیل و خوش نقش ونگاری‌را پیدا کردند که گفته میشود یکی‌ازبزرگترین کشفیاتی‌است که ازنظر باستانشناسی تاکنون بعمل‌آمده‌است. این‌جام وقلعه‌کهنه‌ای که جام درخرابه‌های‌آن پیداشده راز وجود ملتی را آشکار میکند که تاکنون‌کسی ازتاریخ آنها آگاهی‌نداشته ودرقرن نهم قبل‌ازمیلاد درنتیجه حملهٔ اقوام مجاور ازمیان رفته ومضمحل شده‌اند . بنظرمن این واقعه بما میفهماند که هنوز درباره دوره‌های اولیه تمدن ایران اطلاعات ما بسیارناقص است .

احتمالا درحدود یکهزاروپانصد سال‌پیش‌ازمیلاد قوم آریاکه ملتی جدید بودند بسایر اسلاف ماکه درفلات ایران مسکن‌داشتند ملحق‌شده‌اند.هرچنداین‌مطلب بطورقطع‌ثابت نشده ولی ممکن است‌که این مردم از ناحیه جنوب روسیه مرکزی بایران‌آمده باشند. بهرصورت این‌مردم اسم خودرا بکشورمن دادند وخاك ما ایران یعنی خانه آریاها نامیده شد . آریاهائیکه بایران آمدند بدوگروه مهم یعنی مادها و پارسهـا که در تورات ذکری از هر دوگروه میرود منشعب شدند .

قسمت عمده مادها درشمال غربی ایران‌کنونی‌سکونت اختیارکردند ، ولی پارسها در قسمتهای جنوبی‌تر متوطن گشتند . ازاین دوگروه آریائی‌نژاد تمدن مادها در بادی

امر بیشتر از پارسها بود ودارای اسب و مواشی و گله‌های گوسفند و بز و گردونه‌های چرخدار وارابه نظامی وسگ پاسبان بودند و خواندن و نوشتن میدانستند . درقرن ششم قبل از میلاد و تقریباً یکصد وپنجاه سال پس از بنیان شهر روم ، مادها امپراتوری پهناوری را تشکیل داده وپارسها و دیگر قبایل و اقوام را به‌تبعیت خود درآورده بودنــد و پایتختی زیبا بنام هکمتانه در شمال غربی ایران نزدیک شهر همدان کنونی ساختند که در نقشه‌ای که در این کتاب است دیده میشود .

پارسها هرچند از اتباع مادها بشمار می‌آمدند ولی برای خود پادشاه داشتند که یکی از آنها سیروس اول یا کوروش سلسله هخامنشی را بنام قبیله‌ای که خود یکی از افراد آن بود تأسیس نمود . کوروش کبیر که از سال ۵۵۹ تا ۵۲۹ قبل از میلاد مسیح سلطنت کرد یکی از مردان پر کار و زبردست تاریخ گیتی است . وی پایتخت مادها را مسخر کرد ودولت آنها را برانداخت . آنگاه تمام نواحی ایران کنونی را درتحت اطاعت دولت واحدی درآورده یکی از نخستین (وشاید چنانکه بعضی‌ها عقیده دارند نخستین) کشورهای مستقل جهان را تأسیس نمود . پس از آنکه بر ایران تسلط کامل یافت عزم خویش را بایجاد یک امپراتوری وسیع جزم نمود وچنانکه تاریخ شهادت میدهد در دوران سلطنت او و پسرش کمبوجیه کشور شاهنشاهی ایــران بزرگترین امپراتوری جهان گردید و تا آن تاریخ چشم جهانیــان چنین امپراتوری پهناوری ندیده بود . چنانکه دکتر کن در کتاب خود موسوم به « کاروان » مینویسد : امپراتوری هخامنشی قدیمترین امپراتوری حقیقی گیتی است ، زیرا در این امپراتوری دولتهائی بودند که همه تحت

اطاعت یك شاهنشاه کشورهای مختلف را اداره میکردند . هرچند در دوره مفرغ سلطنتهای دیگری در کشور مصر وسومروبابل‌وچین وغیرآنها وجود داشت ولی‌این‌کشورها فاقدآن تشکیلات فنی‌بودندکه ایرانیان برای تسریع درامر مواصلات وارتباطات بوجودآورده‌بودند ، ووجودیك‌چنین سازمان منظمی برای اداره قلمرو پهناوری از لوازم بود . درکشورچین سازمانی نظیرآنچه ایرانیان داشتند سیصدسال پس‌از آغاز دوره هخامنشی بوجود آمد .

اساس شاهنشاهی ایران‌که بدست کوروش‌کبیر پی ریزی‌گردید تنها برپایه جهانگشائی نهاده نشده بود بلکه برعدالت بین‌المللی ومدارا نیزمستقر بود . حقوق تمام ملل تابعه محفوظ و قوانین وآداب ورسوم آنها مورد احترام بود . درحقیقت‌کیفیت نخستین امپراتوری ما تقریباً مانند سازمان ملل متحد بودکه امروز پس‌از ۲۵۰۰سال مجدداً درجهان بوجود آمده است .

درمیان پادشاهان بزرگ‌که جانشین‌کامبوجیه شدند داریوش اول وخشایارشا را باید نام برد که هردو دراداره کشور پهناورایران دارای‌آن نبوغ ولیاقت وروشنی‌فکری بودندکه جهان متمدن آنرا ویژه مردم سرزمین ما میداند . در ۵۰۰ قبل ازمیلاد یعنی دراوج عظمت شاهنشاهی ایران حدود کشور باستانی ما شامل قسمت بزرگی از خاورمیانه امروزه (جزشبه جزیره عربستان) و نواحی وسیع دیگر بوده است حد شرقی آن برودخانه سند درهندوستان وحد شمالی‌آن بجنوب روسیه میرسید ودرغرب شامل قسمت‌های ساحلی‌دریای مدیترانه یعنی‌قسمت اعظم یونان‌امروزه وتمام ترکیه وقبرس ومصر بوده است .

حدودکشور شاهنشاهی ایران مانند امپراتوری روم

که در۱۱۵سال قبل ازمیلاد باوج عظمت رسید درطول زمان تغییر میکرد ولی تقریباً درطی دو قرن متوالی شامل قسمت اعظم دنیای متمدن آن زمان بود. مفهوم ومعنای شاهنشاهی واقعی را میتوان از عبارات مندرج در روی سنگ آرامگاه داریوش اول که از مردان مشهور تاریخ است و از ۵۲۱ تا ٤۵۸ قبل از میلاد شاهنشاهی کرد درک نمود . که نوشته شده است « من داریوش پادشاه بزرگ ایران وشاهنشاه ملل گوناگون میباشم و مدتهاست براین دنیای بزرگ عظیم که بنقاط دوردست میرسد سلطنت میکنم » .

در سال ۳۳۱ قبل از میلاد اسکندر مقدونی کشور ایران را مسخر کرد ولی هشت سال بعد که مرگ وی دررسید یونانیها نتوانستند شیر ازه حکومت نوین خود را حفظ نمایند. سلوکوس از سرداران اسکندر موفق شد در یکی از قسمتهای کشور شاهنشاهی دستگاه سلطنتی برای خود ایجاد کند که ایران نیز جزو آن بود ومدت یک قرن دوام داشت . هرچند این حکومت از یک نظر بمنزلهٔ اشغال ایران بدست یونانیها تلقی میشد ولی در واقع اینطور نبود زیرا این مهاجمین یونانی آداب ورسوم وسنن ایرانی را پذیرفته و بازنان ایرانی ازدواج کــردند و در اداره کشور خود بایرانیان توسل می‌جستند و عاقبت تمدن وفرهنگ ایران آنها را درخویش مستهلک ساخت .

درحدود سال ۲٤۸ قبل از میلاد پارت‌ها که ازقبایل متمدن آریائی شمال شرقی ایران بودنــد دستگاه سلطنت جانشینان سلوکوس را برانداخته و بیش از چهار قرن بر ایران حکومت نمودند در این نوبت نیــز تمدن عالی ایرانــی در آنها نفوذ کامل یافت چنانکه آداب و رسوم ایرانی را اختیار کرده و خدایان ایرانی را پرستیده وسنن

دوران هخامنشی‌را معمول ساختند. دوره پارتها عصر احیاء روح ناسیونالیزم درایران بود. جنگهای بین ایران وروم در این دوره بطور متناوب تقریباً سه قرن بطول انجامید. رومیها سعی داشتند که امپراتوری خود را بسمت مشرق توسعه دهند ولی پارتها در مقابل آنها مقاومت میکردند و مدتها بعلت تربیت سواران سنگین‌اسلحه که در حقیقت سرمشق شوالیه‌های اروپای قرون وسطی‌بوده‌اند برسپاهیان رومی کاملا برتری فنی داشتند. عاقبت رومیها ناچار شدند از ابداعات پارتها تقلیدکنند (البته این اولین باری نبوده است‌که رومیها از فنون نظامی ایران تقلید کرده‌اند زیرا خشایارشا در جنگهای خود با یونانیها پلی را که برروی قایق‌کشیده میشود بکاربرد و پس‌از چهار قرن این‌اختراع مورداستفاده قیصروهانیبال قرارگرفت). بطورکلی سرحد بین دوامپراتوری ایران وروم همان رودخانه فرات بودکه ازکشورهای سوریه وعراق امروزه میگذشت.

ایرانیها تنها ملتی‌بودندکه توانستند مدت نامحدودی در مقابل نیـــروی روم مقاومت نمایند و درنتیجه رومیها باوجود جنگهای پی‌درپی به‌تسخیرکشور توفیق نیافتند.

درحدود سال ۲۲٤ بعد ازمیلاد یکی‌ازرهبران ایرانی بنام اردشیرکه پادشاه ایالات جنوبی‌ایران یعنی‌فارس وتابع پارتها بود برعلیه آنها برخاست و سلسله جدیدی تأسیس کرد و پس‌از سه نبرد بزرگ باپارتها درپایان درسال ۲۲۶ بعداز میلاد در اثر سومین نبــرد اردوان پادشاه پارت را درجنگ تن بتن‌کشته و سلسله جدیدی را که همان سلسله ساسانیان است تأسیس نمود. سلسله ساسانی بیش‌از چهارصد سال یعنی دوبرابر دوره تاریخ کشورهای متحده آمریکا (از زمان پیاده شدن مسیحیان بدنیای جدید تا امروز یا از

زمان سلطنت الیزابت ملکه‌انگلستان تاکنون) دوام داشت .
در عصر ساسانیان افتخارات زمان هخامنشی تجدید گردید وهنروتمدن ایران باردیگر باوج عظمت خود رسید و اختراعات و پیشرفتهائیکه شهرت خاصی بما داده است از یادگارهای این دوره است . همچنین مذهب زرتشتی که مذهب عمیق وبا روح دوران هخامنشی بود دوباره رونق گرفت ودین رسمی کشور ایران گردید .
ساسانیان ابنیه مستحکم با دوام میساختند و هنوز در نقاط مختلف ایران آثاری از کاخ‌های مجلل و معابد وقلعه‌های آن عهد دیده میشود .
خسرو انوشیروان (۵۳۱ - ۵۷۹ پس‌از میلاد) که یکی از بزرگترین پادشاهان ساسانی بود راهها ، پلها و کاروانسرا های مستحکمی که قافله‌ها شب را در آن میگذراندند درسراسر کشورایران وآنسوی ایران بنانمود . کشاورزی را بوسیله سد بندیهای عظیم وطرز نگاهداری آب در جویهای زیرزمینی که بقنات معروف است و آب کوهستانها را باراضی زراعتی میرساند توسعه داد .
ساسانیان اغلب ارتش‌روم را شکست میدادند وشاپور اول والریان‌امپراتور روم‌را درجنگی‌اسیروزندانی‌ساخت ، ولی‌رویهمرفته مرز بین دوامپراتوری ایران وروم ازهمان حدود زمان پارتها تجاوزنمیکرد . ازطرف دیگرنوشیروان حدود قلمروخودرا ازشمال‌بداخله روسیه وازمشرق بداخله افغانستان فعلی‌توسعه داد . وی‌به‌عربستان حمله کرد وارتش عرب را شکست داد وتا یمن‌کنونی که درانتهای شبه جزیره عربستان قرارگرفته پیشرفت نمود .
پس‌از آنکه رومیان در قرن چهارم میلادی دین مسیحیت‌راپذیرفتند جنگ‌بین‌ایران وامپراتوری روم‌شرقی

جنبه‌مذهبی پیدا کرد و خطهٔ ارمنستان مابه‌النزاع دو امپراتوری قرار گرفت .

درخلال این احوال قبائل ترک که روز بروز نیرومندتر میشدند گاهی با ایران و زمانی با روم اتحاد میکردند و سرانجام نیروی هر سه فرسوده گردید و از کار افتاد ودر سازمان کشوری ایران ودستگاه روحانی زرتشتی ضعف وفساد رخنه‌یافت تاروزی که‌اعراب که دین‌اسلام را پذیرفته بودند بایران حمله کردند و درسال ٦٤١ بعد ازمیلاد نیروی شاهنشاهی ایران را شکست دادند .

عربها مانند سایر مهاجمین پیشتر از آنها دریافتند که روح ایرانی تزلزل ناپذیر وغیرقابل شکست است . چنانکه باوجود آنکه مذهب زرتشتی از بین رفت وفقط عده قلیلی ازپیروان آن دین باقی‌ماندند تمدن وفرهنگ ایرانی پیروز بود و چون همانطورکه دانشمندان عرب مانند ابن خلدون ومسعودی اذعان دارند تمدن ایران برتمدن عرب برتر بود شگفتی نداشت که مأمورین کشوری ودانشمندان وصنعتگران ایرانی مصادر امورمهم کشوری بشوند .

درامور عقیدتی نیز ایرانیان کاملا تسلیم عرب نشدند واز نظر احساسات ملی کم کم در مقابل مذهب تسنن عرب مهاجم بمذهب تشیع گرویدند . شیعه‌ها سه خلیفه اول را که بعقیده‌سنیها جانشین روحانی حضرت محمد علیه‌السلام بودند قبول نداشتند بلکه‌معتقدبوده‌وهستند که جانشین پیغمبر اسلام داماد اوحضرت علی‌ابن‌ابی‌طالب علیه‌السلام است که فرزند او که امام سوم شیعیان است با دختر پادشاه ایران که درحمله عرب مغلوب ودرآن گیرودار بقتل رسیده‌بود ازدواج نمود. بطورکلی امروزه اکثریت بزرگ ملت من شیعی مذهبند

ولی ما سعی میکنیم که اختلاف فرق اسلامی را مورد اهمیت قرار ندهیم و برعکس خودرا عضو جامعه مذهبی اسلام که بیش‌از ٤٠٠ میلیون نفر پیرو دارد و بزرگترین خانواده مذهبی دنیا بعداز مذهب مسیحی بشمار میرود بدانیم .

درطی ششصد سال یعنی از ٦٥١ تا ١٢٥٨ بعداز میلاد عربها اسماً برایران حکومت میکردند ولی‌ایرانیها بتدریج برعلیه آنها برخاستند و درنقاط مختلف ایران حکمرانانی پیداشدندکه ظاهراً تابع خلفای عرب بودند ولی روز بروز براستقلال آنها میافزود چنانکه درحقیقت دوره حکمرانی عرب برایران از دویست سال تجاوز ننمود . دراین مدت سلسله سلاطینی درایران پیدا شدندکه برخی ازآنها قدرت وشهرت یافتند مانند سلسله غزنوی‌که حدود سلطه آنها تا قسمت‌بزرگی‌ازهندوستان توسعه‌داشت. برخی‌ازپادشاهانیکه درطی این شش قرن در ایران بسلطنت رسیدند از مشوقین وحامیان ادبیات پارسی بودند وتوسعه وتجدید حیات زبان وادب پارسی به‌تشویق وحمایت آنها صورت پذیرگردید . فردوسی شاعر مشهور ایـــران از ستارگان درخشان این دوره است .

در قرن یازدهم و دوازدهم میلادی در دوره سلطنت سلسله سلجوقی (که ازمردم‌آسیای مرکزی‌بودند) باردیگر ایران بشکل‌کشورواحدی درآمد . سلجوقیها سوریه ومصر را تصرف نمودند وعظمت شاهنشاهی ایران را تقریباً بپایهٔ دوران باستانی رسانیدند . سلاجقه از مشوقین بزرگ هنر ودانش‌بودندودردوره‌ا نهاعلوم‌وفنون درایران‌رواج‌ورونق یافت. شاعروریاضی‌دان‌ومنجم‌معروف‌حکیم‌عمرخیام‌ازجمله دانشمندان‌بیشمارآن‌عصراست‌که ازحمایت‌وتشویق‌پادشاهان سلجوقی برخوردار بوده است . در اواخر این دوره مغولها

بایران حمله کردند و این حادثه یکی از بزرگترین بلایای تاریخی بود که بکشور من و سایر کشورهای همسایه ما درخاورمیانه روی آورد. گاهی تعجب میکنم چرا مردم اصرار دارند که چنگیز خان رئیس مغول را (که در حدود ۱۲۲۰ بعد از میلاد ایران را تسخیر نمود) بصورت شخصیت افسانه ای درآورند درصورتیکه ما هرگز نمیتوانیم شقاوتها وغارت و قتل عام های بیرحمانه او و سپاهیان ویرا فراموش کنیم زیرا آنها تمام شهرهای مترقی ما را نابود ساخته و بدون احساس هیچگونه پشیمانی صدها هزار نفر از مردان وزنان و کودکان بیگناه ما را قتل عام کردند.

مغولها مدت یک قرن در ایران حکمفرمائی کردند. پس از آنها هجوم تیمور لنگ پیش آمد که از ترکان آسیای مرکزی و اصلا از نژاد مغول بود و با اینکه از اشخاص افسانه ای تاریخ بحساب آمده در جنایت از چنگیز پای کم نداشت. مدت حکومت تیمور وجانشینان او درایران تا تاریخ کشف آمریکا بوسیله کریستف کلمب ادامه داشت. در اثر کشتار بیرحمانه این قبایل غارتگر جمعیت کشور ما میلیونها نفر تقلیل یافت. ولی تمدن ما بطور معجزه آسائی دوام پیدا کرد و علم و هنر پیشرفت نمود. چنانکه رصدخانه هائی در ایران بناشد علوم ریاضی توسعه یافته شعرای بزرگی مانند سعدی وحافظ آثار ادبی جاویدان خود را بوجود آوردند ویکبار دیگر تمدن ما برنیروی مهاجم فائق آمد و آنها را متمدن ساخت تا آنجا که از پشیمانی کردار قبلی خود حامی دانشمندان شدند وساختمانهای مجللی بنا نمودند که آثار آنها هنوز باقی است. زبان وادبیات ما درهندوستان نیز نفوذ کرد ومدت پانصد سال زبان فارسی زبان ادبی آن دیار بشمار آمد ومردم بخواندن شاهکارهای ادبی ما رغبت فراوان

پیدا کردند . پادشاهان مغول هندوستان زبان فارسی‌را زبان رسمی درباری واداری نمودند وتا زمان تسلط انگلیسها این وضع برقرار بود . زبان اردو نیزکه امروز میلیونها مردم درشبه‌قاره هندوستان بآن‌تکلم میکنند بازبان فارسی‌ارتباط نزدیك دارد وازآن مایه وتوشه فراوان برگرفته است .

درسال ۸۷۷هجری قهرمانان ایرانی مهاجمین بیگانه را منقرض ساختند و دوره سلسله مهم دیگری از سلاطین ایرانی یعنی دوره صفویه آغازگردید . بعضی از دانشمندان معتقدندکه صفویه از اعقاب پیغمبراکرم میباشند ولی مسلم آنست‌که این دودمان ازآغاز سلطنت خود مذهب تشیع را مذهب‌رسمی‌ایران‌قرارداده وازتقویت ورواج‌آن فروگزار نکرده‌اند .

شاه‌عباس کبیرکه ازسال ۹۶۵ تا ۱۰۰۷هجری سلطنت نمود معروفترین سلاطین خاندان صفویه است در دوره سلطنت این پادشاه ایران برفاه وآسایشی رسیدکه نظیر آن را در طول چند قرن بخود ندیده بود . پایتخت مجلل او اصفهان درتمام دنیای متمدن شهرت یافت وامروز میتوان آثارهمان عظمت‌را درآن شهرمشاهده‌نمود . وی صنعتگران ماهررا ازداخل وخارج‌کشور گرد آورد وصنعت قالی‌بافی ایران را توسعه داد . قالیهای ابریشمی و مخمل زربفت وفلزکاری وسفال سازی وکاشی ومخصوصاً سبك معماری دوره صفویه هنوزنظیر پیدانکرده‌است . شاه عباس راههای متعدد ساخت و مانندکوروش بزرگ پیش‌از وی و پدرم پس‌ازوی راهزنی وهرج ومرج را درسراسر کشورریشه‌کن کرد . وی با مساعدت برادران شرلی انگلیسی اولین‌آرتش نوین‌را درایران تأسیس‌نمود ودرنتیجه‌بنیاد ملوك‌الطوایفی را برانداخت .

شاه عباس پادشاه مقتدری بود ولی متأسفانه بخانواده خود حسادت میورزید ونسبت‌بآنها بیرحمی‌وقساوت خاصی داشت . نتیجه این حسادت آن بود که فرزندان واعقاب وی برای زمامداری کشور ونگاهبانی تاج وتخت ایران رشد وتربیت نیافتند چنانکه درسال ۱۱۱۹ مهاجمین افغانی ایرانرا مسخر کردند وهرچند دیری نگذشت که ازکشور ما رانده شدند ولـــی تا مدتی ایران را به‌یك انحطاط موقت دچار ساختند .

در سال ۱۱۱۳ یك سردار ایرانی که از خانواده های معمولی بود بنیاد متزلزل سلسله صفوی را برانداخت وبنام نادرشاه سلسله افشار را تأسیس نمود .

نادرشاه که بناپلئون‌ایران معروف‌است افغانها وترکها و روسها را از نقاطی که بحیطه تصرف خود آورده بودند بیرون‌راند ودولت مرکزی مقتدری‌ایجاد وباردیگر وحدت کشوررا تثبیت‌نمود . وی هندوستان‌را مسخرساخته وتادهلی پیش‌رفت ومظفرانه بایران بازگشت .

دردوره‌بعد یعنی‌دوره زندیه‌ایران درآرامش وسکون بود تاآنکه در ۱۱۷۲ یك نفر ایرانی از خانواده ترکهای ناحیه مشرق دریای خزر سلسله قاجار را تأسیس نمود .

سلسله قاجار با وجود اینکه تـــا سال ۱۳۰٤ هجری که بدست پدرم منقرض‌گشت متوالیاً برکشور فرمانروائی داشت یکی از ضعیفترین سلسله‌های ایران بشمار میرود . پادشاهان قاجار درمقابل نفوذ خارجیها درایران مقاومت بسیار ضعیفی داشتند و ضعف سیاست آنان موجب شد که خارجیها را بمداخله در امور داخلی ما تشویق میکرد . این سلاطین بروحانیون اجازه دخالت ونفوذ بی‌اندازه درامور کشوری دادند ولی درمقابل راهزنان وعشایر اظهار ضعف

میکردند و چندتن ازآخرین پادشاهان این سلسله در اثر نداشتن نقشه وهدف سیاسی واسراف وتبذیر ومخصوصاً علاقه بسفرهای خارج ازایران که هزینه گزاف داشت کشور را بافلاس کشانیدند و برای تأمین هزینه های مسرفانــه خود ناچار باستقراض از اجانب گشته وخودرا جیره خوار ومدیون آنها ساخته بودند .

من میل ندارم که نسبت به قاجاریه بیش از حد باتندی و حدت اظهارنظر کنم تا وانمود شود که از رفتاریکه پدرم نسبت بآنها کرد طرفداری کرده‌ام . باعتقاد من بعضی از سلاطین قاجاراشخاص برجسته‌ای بوده‌اند. مثلاآغامحمدخان مؤسس وسرسلسله قاجار سربازی لایق ودلیر بود که هرچند بسفاکی وخون آشامی معروف است باردیگر وحدت کشور ایران را تثبیت کرد .

ناصرالدین شاه اولین پادشاه کشور ایــران بود که باروپا مسافرت کرده و سفرنامه‌ای نگاشته است که حاوی مطالب جالبــی است . مثلا هنگامی که اولین بار چشمش به لوکوموتیو راه‌آهن افتاد پیش خود تصور کرد اسبی را در جوف آن پنهان داشته‌اند که آنــرا بحرکت میاندازد اماهمینکه ازرموز فنی آن آگاه گردید بدان اشتیاق فراوانی پیداکرد و بلژیکیهارا به کشیدن راه‌آهنی بطول نه کیلومتر میان تهران و شهرری دعوت نمود ودستور داد زنان دربار با دامنهائی که بازیگران بالت می‌پوشند ملبس شوند ولی این سلیقه پسند واقع نشد .

چنانکه‌دیده‌ام مورخان شرق‌وغرب اتفاق عقیده‌دارند که سلسله قاجاریه از سلسله‌های برجسته ایران نبوده است . اما نباید ازنظر دور داشت که قاجاریه اولین سلسله‌ای بود که با رقابت سیاستهای استعماری روس و انگلیس مواجه

گـردید با آنکه انکار نمیتوان کرد که رضاشاه در مقابل تهدیدات امپریالیستی هوش و مهارت بیشتری نشان داد . همینطور باید اذعان کرد که در دوره طولانی سلطنت قاجاریه که کشورهای اروپا و آمریکا بسرعت مراحل ترقی را می‌پیمودند ایران آنقدر متوقف مانده بود که پنداشته میشد در سیر قهقرائی است. روزی که ایران نیازمند هم آهنگی با جهان متمدن و ترقیات علمی و صنعتی آن بود سلاطین قاجار در وظیفه خویش بسیار قصور کردند .

پدرم که مؤسس سلسله کنونی پهلوی است (و این نام سلسله پارتها و اسم قدیم زبان فارسی است) بخوبی متوجه این ضرورت گردید و در حیات اقتصادی و اجتماعی ایران تحول اساسی بوجود آورد . پس از آنکه در ۱۳۲۰ هجری جانشین پدرم شدم من نیز همان رویه را با تغییرات مهمی که بعداً بدان اشاره خواهم کرد پیروی نمودم .

امروز وطن من مظهر اختلاط تمدن شرق و غرب است. روزی که در ۳۳۰ قبل از میلاد اسکندر تخت جمشید پایتخت مجلل ما را آتش زد و سپاهیانش ایران را تسخیر میکردند از زمان تأسیس اولین سلسله شاهنشاهی قرنها میگذشت . اشخاصی که خرابه‌های روم و تخت جمشید را مشاهده نموده‌اند به عظمت و شکوه تخت جمشید که از روم قدیمی تر است اشاره کرده‌اند ولی امروز در کنار همین خرابه‌ها نشانه هـای زنده‌ای از پیشرفتهای ایران کنونی بچشم میخورد .

در شیراز شهر زیبای جنوب مرکزی ایران که در حوالی تخت جمشید واقع شده میتوان در کنار گلزارهائی پر از سوری و بهار نارنج نشست و از اشعار جاویدان حافظ که ششصد سال پیش میزیسته و هنوز شادابی و طراوت خود را

از دست نداده مشام جان را معطر ساخت و در زیر آسمان نیلگون آن از آواز دلنشین بلبل که همیشه مورد علاقه واشاره شعرای ما بوده است طربناکی یافت . اما بموازات این مظاهر طبیعت که غذای روح محسوب میشود در شیراز یکی از بهترین بیمارستانهای خاورمیانه‌را بنانموده وتشکیلات آب تصفیه‌شده در آنجا تأسیس کرده‌ایم (بایدبگویم که‌در انجام این اقدامات مدیون یك نفر خیرخواه ایرانی‌هستیم که ثروت خویش‌را درنیویورك بدست‌آورده ودر کشورخویش صرف این خدمات اجتماعی کرده است)[۸] همچنین برای شیراز درنظر است دانشگاهی جدید بناکنیم که معماری‌آن مطابق ذوق‌معماری باستانی‌ماباشد وروش‌تعلیمی‌آن ازدانشگاه‌های آمریکا اقتباس گردد .

در اصفهان پایتخت باشکوه شاه عباس هنوز غله را بوسیله چهارپایان آرد میکنند (مطابق رسم قدیم چشمهای چهارپایان را درموقع کار میبندند تا درهنگام چرخانیدن آسیا گیج نشوند) درآن شهر میتوان هنر صنعتگران قدیمی را درنقره کاری مشاهده نمود وبکمال معماری عالی میدان بزرگ اصفهان که بمیدان‌شاه معروف است و شاه‌عباس کبیر درآن بتماشای بازی‌چوگان میپرداخت‌نظراعجاب‌انداخت. امروزدرهمین‌شهر کارخانه‌های متعدد ریسندگی وبافندگی بسبك جدید وجود داردکه بوسیله مهندسین و متخصصین خارجی اداره میشود ومیتوان اقداماتی راکه برای آبادی و عمران شهرمیشود مشاهده نمود . در خارج شهر تهران هنوز قافله‌های شتر دیده میشود که کالاهای گوناگون را از نقاط دوردست به‌شهر میآورند . درشبهای مهتاب عبور این قوافل و صدای زنگ شترها عالمی بسیار شاعرانـه وفرح‌بخش دارد . هنوز میتوان درباغهای خرم ومحصور

تهران که‌پر از انواع گل و میوه‌است‌نشست ودر کنار جویهای آب روان باآهنگ دلنشین مرغها وخروش آبشارها گوش فراداد وبقلل پوشیده ازبرف البرز که ازماورای درختهای چنار دیده میشوند نظر انداخت . در همین شهرهم میتوان دردانشگاه‌تهران که توسط پدرم بناشده وفعلادارای ۱۱۰۰۰ دانشجومیباشد با محصلین پزشکی در برابر پرده تلویزیون قرارگرفت وعملیات جراحی را دربیمارستان دانشگاه از نزدیك مشاهده کرد. درموقعیکه‌باستقبال‌آشنائی به‌فرودگاه عظیم وجدید تهران که طبق مقتضیات عصر هواپیمای جت بین‌المللی ساخته شده میروید از خیابانهای عریضی که درطول‌آن مغازه‌ها ونمایشگاههای زیبا وجدید وجود دارد میگذرید وبا بانوانی‌که عده زیادی ازآنها بالبسه آخرین مد پاریس و بعضی باچادر ملبس هستند برخورد خواهید کرد .

درفصول‌آینده امیدوآرزوی خودرادرایجادکشوری که عظمت وفرهنگ وتمدن‌کهنسال خودرا باترقیات عصر امروز درآمیخته باشد شرح خواهم داد .

بطوریکه قبلا گفتم ما دارای کهنسال‌ترین تمدن مداوم‌جهان هستیم وملت‌ما ازلحاظ نژاد وزبان باملل‌باختر مرتبط‌است وحتی‌میتوان بدون‌اغراق گفت پاره‌ای ازاصول تمدن جدید غربی ازایران آغاز شده‌است . امروز از روی کمال هوشیاری نتایج حاصل ازتمدن جدید غرب‌را اختیار کرده و به‌گنجینه گرانبهای‌کشور میافزائیم . و این امید نامعقولی نیست‌که بایجاد یك ترکیب وامتزاج جدیدی از تمدن‌شرق‌وغرب توفیق‌یابیم. ایران‌تنها ازلحاظ جغرافیائی درچهار راه شرق وغرب قرارنگرفته بلکه عوامل دیگرنیز این موقعیت را برای‌کشور ما بوجود آورده است .

فصل دوّم

تحوّلاتی که پدرم در ایران ایجاد کرد

هر گاه به‌تاریخ باستانی وپرارزش کشورخود مینگرم بعضی نکات خاص توجه مرا بخود جلب میکنند . مثلا اینکه ایرانیها همیشه بداشتن استقلال فردی معروف بوده‌اند . من بااشخاصی که رفتاربی‌قید وبند رانندگان‌تاکسی‌های تهران را مظهر این استقلال فـــردی میشناسند مخالفتی ندارم ، (روزیکه رانندگان تاکسی‌اعتصاب کردند شهرتهران مانند آن بودکه دریك سکوت وخاموشی عظیمی فرورفته است) ولی شك نیست‌که درطی هزاران سال تاریخ‌کشور ما این حس‌استقلال فردی درموارد بسیاربطرق عمیق‌ترتجلی کرده است و تهاجمات تاریخی و استیلای موقتی اجانب و سایر جریاناتی که براین‌کشور وارد شده هرگز نتوانسته است

یک فرد معمولی ایرانی را از ابراز نیات خویش مانع آید. از این جهت ما در این سجیه بفرانسویها (که رانندگان تاکسی آنها در نمایش استقلال فردی از رانندگان ما پای کم ندارند) شبیه هستیم، و تعجب آور نیست که ایران « فرانسه آسیا » لقب یافته باشد. همچنین ما در این مورد با ملت آمریکا وجه تشابه داریم، و بهمین جهت است که ایرانیها و آمریکائیها با هم سازگار میشوند، چنانکه صدها نفر از دانشجویان ایرانی که هر سال بصوب آمریکا عزیمت میکنند بدون استثنا از اقامت و ادامه تحصیل خود در آن دیار بسیار راضی و مسرورند و آمریکائیهائی که در کشور من کار میکنند نیز بطور آزاد و طبیعی در زندگی اجتماعی مردم وطن ما شرکت میجویند.

ایرانیان همیشه در میهمان نوازی شهرت بسزائی داشته اند و هر کس طالب تحقیق در روحیه ملت ما باشد میتواند با مراجعه بکتابخانه های بزرگ دنیا که آکنده از کتب راجع به ایران هستند (مانند کتابخانه موزه بریتانیا و کتابخانه کنگره آمریکا) این خصیصه پر ارزش ایرانی را در سفرنامه های سیاحان خارجی که در گذشته با یران سفر کرده اند درک نماید. امروز بسیار شادمانیم که این سجیه باستانی نه تنها با گذشت زمان از میان نرفته بلکه نیرومندتر از پیش حتی در دهات و قصبات وطن ما در جلوه گری است.

یکی از وجوه شباهت ایران و آمریکا اینست که قرنهاست ایران از اختلاف طبقاتی و نژادی چنانکه در بعضی از کشورها رایج است آزاد بوده است. راست است که افرادی در کشور ما از امتیازات زیادی برخوردار و عده دیگری فاقد آن امتیازات بوده اند و فاصله بین آنها بسیار زیاد است، ولی همانطوری که در آمریکا دیده میشود در ایران نیز همیشه

امکان داشته است که افراد شایسته ازطبقات پائین اجتماع بمقامات عالیه برسند و پدر من نمونه بارزی ازاین موارد است . ازآن گذشته صفحات تاریخ ایران مشحون از موارد بیشمار دیگری است که نشان میدهد بسیاری از سلاطین و سرداران و وزیران و علما و شعرا و نویسندگان بزرگ ازطبقات پائین اجتماع به‌مدارج عالیه شهرت رسیده‌اند .

ما هرگز به‌تبعیضات نژادی ویا مذهبی یاتفاوت بین رنگ پوست افــراد اعتقاد نداشته‌ایم و برعکس همواره بمدارا و مماشات نسبت به‌نژادها و مذاهب مختلف مشهور بوده و کشور خود را ملجاء ستمدیدگانی که ملیت دیگر داشته‌اند قرارداده‌ایم ، چنانکه کورش کبیربه‌پیروی‌ازهمین سنت پس‌ازفتح بابل درسال۵۹۷قبل‌ازمیلاد مسیح یهودیانی راکه بخت‌النصر از اورشلیم باسارت آورده بود آزادی داد که با اشیاء مقدس خود به‌فلسطین بازگردند ومعابد خودرا دوباره برپاکنند . این اسیران آزاد شده چنانکه درکتاب مقدس تورات مسطور است باعطایائی‌که ازخزانه کورش دریافت داشتند معابد ویران خویش‌را ازنو بنا نهادند .

یزدگرد اول‌شاهنشاه‌ایران درسال۴۰۹میلادی‌فرمانی صادرکردکه بموجب‌آن مسیحیان میتوانستند درتمام قلمرو کشور شاهنشاهی ایران بآزادی باجرای مراسم دینی خود بپردازند. همچنین دردوره بعد وقتی‌رومیها وارد ارمنستان شدندکشور ما پناهگاه مهاجرین ارمنی شد . اخیراً نیــز هزاران نفر از روسهای مسیحی که هنگام انقلاب اکتبر ۱۹۱۷ و پس‌از آن دراثرحکومت ترور ووحشت بلشویکها زاد وبوم خود را ترك گفته بایران آمدند مورد استقبال هموطنان ما قرارگرفتند .

هرچند درگذشته گاهی در اثر تعصب بعضی افراد

غیر مسئول نسبت بپاره‌ای از اقلیت های مذهبی تعدیاتی شده است ، ولی بطور کلی خیال میکنم مورخان مغرب زمین بامن هم عقیده باشند که، از نظر حسن رفتار و مدارا با اقلیتهای مذهبی و نژادی از بسیاری از کشورهای باختری سابقه درخشان تری داریم و بنظر من این رویه مسالمت و مدارا نسبت بمذاهب و ملیت‌های مختلف مایه تقویت فرهنگ و تمدن ما بوده است .

چنانکه قبلا اشاره کردیم هرچند ایـــران در تمادی قرون به سلحشوری معروف بوده است ولی امتیازات مــا در بسط و نفوذ تمدن و فرهنگ از شهرت ما در سلحشوری بیشتر است و ازلحاظ فرهنگ و تمدن ملل غالب را همواره مغلوب ساخته‌ایم ، یعنی یا آنها را متمدن کرده ویا تحت تأثیر تمدن خویش قرار داده‌ایم . بعبارت دیگر اگر گاهی از لحاظ نظامی شکست خورده‌ایم از لحاظ تمدن و فرهنگ همواره غلبه و پیروزی باما بوده است .

از آن گذشته همانطور که قبلا گفتم طی قرون متمادی در شئون مختلف زندگی مانند اداره عمومی مملکت و تشکیلات نظامی و تجارت و اقتصاد و علوم و ادبیات و صنایع ظریفه و معماری مقام رهبری دیگران را داشته‌ایم و بعضی از پادشاهان بزرگ ما از طرفی بر یك امپراطوری پهناوری حکومت میکردند و از طرف دیگر بهترین مشوق و پشتیبان توسعه علم و هنر و صنعت بودند .

البته نباید از نظر دور داشت که اساس این رهبری مبتنی برروحیه مذهبی و نیروی اخلاقی و معنوی ما بوده است . زرتشت پیغمبر بزرگ ایران قبل از اسلام چنانکه درفصل اول اشاره کردم هنگامیکه از جاودانی بودن روح و کشمکش دائم بین نیکی و بدی سخن رانده است بعضی

از اصول مسیحیت را تعلیم داده و به‌پیروان خود پیروی رعایت سه‌اصل مقدس پندارنیك گفتارنیك وکردارنیك را دستور داده است . داریوش کبیر اهمیت راستگوئی ومذمت دروغ را پیوسته تأکیدکرده ودرسال ۵۲۱ قبل ازمیلاد این سخنان جاودان‌را برزبان رانده است «من عدالت را دوست میدارم وازگناه متنفرم واز ظلم طبقات بالا بطبقات پائین اجتماع خشنود نیستم » .

اردشیراول سرسلسله ساسانیان که‌قبلا ازاو یادکرده‌ام میگوید « بدون ارتش قدرت بوجود نمیآید ، بدون پول ارتش نمیتوان داشت وبدون‌کشاورزی پول فراهم نمیشود وبدون عدالت‌کشاورزی رواج نخواهد یافت . »

خسروانوشیروان پادشاه بزرگ ساسانی هرچندگاهی بیش‌از حد سختگیری داشت دردادگستری آنچنان بودکه درتاریخ لقب«عادل»یافته‌است . داستان نصب‌زنگ عدالت در خارج‌کاخ برای توسل و استمداد مظلومان و جریان دادخواهی چهارپائی را که از تعدی صاحب خود بزنگ عدالت توسل جسته بود همه شنیده‌اند . این شاهنشاه نسبت بمسیحیان مدارای فراوان داشت ومدت چندین سال نیز عده‌ای از فیلسوفان «اشراقی» بزرگ یونان را که مورد تعدی امپراطوران روم قرارگرفته بودند در دربار خود پذیرفته واز مهمان‌نوازی خویش برخوردار ساخت وازآن پس از امپراتور روم قول‌گرفت که بآن‌ها آزاری نرساند تا بسلامت بکشور خویش باز گردند . انوشیروان نسبت بمسیحیان نیز با مسالمت ومدارا رفتار مینمود .

ازآنچه‌گذشت بنظرمن این‌حقیقت معلوم میشودکه ما ایرانیان درطول قرون خصال وسجایائی‌که جهان نیازمند آنست بمعرض بروز وظهور رسانیده‌ایم .

با وصف این‌حقیقت باید گفته شود که در دوران قبل ازسلطنت پدرم وطن ما روزهای بسیار سخت وپریشانی را میگذرانید ، ودیگر ازآن مقام رهبری که درجهان درطرز کشورداری و تشکیلات مملکتی وعلم وادب و هنرداشتیم اثری برجای نمانده بود . ما دیگر ازتعدی طبقات ممتازه اجتماع بطبقات زیردست متأثر نمیشدیم ، واز وطن‌پرستی وشجاعت وتقوی ازما اثری ظاهرنبود ، ودیگر براستگوئی نگرائیده وازدروغ پرهیز نداشتیم . ازاین جهت برای درك اوضاعی که پدرم باآن مواجه بود وبا موفقیت بسیار آنرا دیگر گون ساخت باید نظری‌اجمالی‌بدوره قبل‌اززمامداری وی انداخت . درآن دوره وطن ما پیوسته دچار دخالتهای روزافزون بیگانگان بود ورهبران ما با اتخاذ سیاست تزلزل‌آمیز وسوء اداره امورمملکت امرار حیات میکردند .

درسال ۱۱۸۵ فتحعلی شاه قاجار با دولت فرانسه قراردادی منعقدکرد . ناپلئون‌که درآن زمان امپراتور فرانسه بود امید داشت‌که با عقد قرارداد میتواند ازطریق ایران بهندوستان دست یابد . دراین قرارداد مقرر بودکه دولت فرانسه بما اسلحه ومهمات بدهد وسربازان ما را بتعلیمات نظامی آشنا سازد تا بتوانیم دربرابر روسیه تزاری که شش سال پیش ازآن ایالت‌گرجستان را ازایران منتزع ساخته بود مقاومت‌کنیم . اززمان پترکبیرکه بین سالهای ۱۰۶۰ و ۱۱۰۳ هجری بروسیه فرمانروائی داشت دولت روسیه همواره سعی داشته است متصرفات خویشرا بطرف جنوب بسط داده بآبهای‌گرم خلیج فارس وبنادرآن دست یابد . اما ناپلئون با روسیه ازدر صلح وصفا درآمد وازنقشه تسخیر هندوستان دست‌کشید . درخلال این احوال برای پس‌گرفتن گرجستان از چنگ روسیه بیك اردوکشی که

نتایج وخیمی ببارا ورد مبادرت نمودیم ولی بموجب عهدنامه گلستان که درسال ۱۱۹۱ بامضا رسید ناگزیر شدیم نه‌تنها گرجستان را ازدست بدهیم بلکه هشت ایالت دیگر نیز از کف ما رفت وحق داشتن کشتی جنگی درآبهای ساحلی خودمان دربحرخزر نیز ازما سلب گردید .

روسها نیز بکشور هندوستان چشم طمع داشتند واین مسئله توجه انگلیسها را بایران که راه طبیعی سوق‌الجیشی روسیه بود جلب نمود . بنابراین درسال ۱۱۹۲ انگلیسها با ما معاهدۀ بمبئی را منعقد نمودند باین منظور که یك اتحاد دفاعی که عملا واصلا برای جلوگیری ازروسیه بود بوجود آورند . بموجب این عهدنامه دولت بریتانیا متعهد شد که درصورتیکه روسیه بدون جهت بایران تجاوز کند بما کمك نظامی یا مالی بنماید .

در سال ۱۲۰٤ بار دیگر بین ایران و روسیه جنگ درگرفت . دولت بریتانیا دررسانیدن کمك لازم خودداری نمود ولی میان ایران وروسها بمیانجیگری اقدام کرد . دراین نوبت نیز ایران برای جنگ وسائل کافی نداشت وحاضرنبود وناگزیر این جنگ نیز با انعقاد معاهده شوم ترکمانچای خاتمه پذیرفت . بموجب آن معاهده که درسال ۱۲۰٦ بامضا رسید نواحی دیگری ازخاك ایران بروسیه واگذار گردید ومقرر شد که مبلغ هنگفتی بعنوان غرامت بروسیه پرداخت گردد وامتیازات تجارتی وغیرآن بروسیه داده شد .

چندی بعد درقرن نوزدهم روسیه ظاهراً نسبت بما رویه مسالمت‌آمیزی پیش گرفت وظاهراً برای مساعدت بما دراعاده سلطه ایران برولایات شرقی که درمجاورت افغانستان قرار داشت ابرازتمایل نمود ومارا باعلان جنگ بافغانستان

تشویق کرد. درنتیجه بین ما وانگلستان که افغانستان را سپر دفاع هندوستان میدانست مخاصمه‌ای که مدت آن کوتاه بود درسال ۱۲۳۵ در گرفت. ضمناً روسها در اثر معاهده ترکمانچای نه‌تنها برنواحی شمال کشور تسلط داشتند بلکه درنواحی شرقی ایران سلطه ونفوذ روزافزون پیدا کردند.

ما بیش از پیش فدای رقابت بازرگانی وسیاسی روس وانگلیس شدیم وباید گفت که دراین مورد تقصیر ازخود ما بود. پادشاهان قاجار برای تأمین هزینه‌های مسرفانه دربار امتیازات متعدد بازرگانی بخارجیان دادند. یکی ازعجیبترین امتیازاتی که داده شد امتیازی بود که سلطان وقت درسال ۱۲۵۰ به بارون ژولیوس دورویتر که به‌تبعیت دولت انگلیس درآمده بود داد. بموجب این امتیاز بارون دورویتر حق انحصاری کشیدن راه‌آهن وتراموای را در ایران بمدت هفتاد سال تحصیل نمود وضمناً درمورد راه وامور مربوط بآبیاری ومعادن و کارخانه‌ها وخطوط تلگراف وجمع‌آوری حقوق گمرکی نیز اختیارات مخصوص بدست آورد. اما طغیان افکار عمومی ازیکطرف وفشار روسها ازطرف دیگر شاه را بلغو آن مجبور ساخت. شاه برای اینکه ازرویتر دلجوئی کرده باشد بوی اجازه داد باسرمایه انگلیسها بانکی تأسیس کند واین بانك مدتها حق انحصاری نشر اسکناس ایران را داشت. باضافه حق اکتشاف بسیاری از معادن وازجمله نفت بوی داده شد اگر چه این حق اخیر برای وی سود مادی پیدا نکرد.

انگلیسها خطوط تلگراف ایران‌را کشیده وآنرا اداره کردند. حق انحصار کشتیرانی رود کارون که تنها رودخانه قابل کشتی‌رانی ایران‌است نیز بآنها داده شد. حق‌انحصار تنباکو وتوتون نیز بیکی ازاتباع انگلیس‌داده شد ولی‌نظر

بمخالفت شدیــدی که مردم و مخصوصاً طبقه منورالفکر وروحانیون نسبت بآن کردند لغو گردید .

درخلال این‌احوال روسها درکشور به‌بسط نفوذ خود ادامه میدادند . ناصرالدین‌شاه بآنها اجازه دادکه یك‌بریگاد قزاق ایرانی تحت فرماندهی افسران روس تشکیل دهند . این بریگادکه تحت اداره واختیاردولت بیگانه بود چندی نگذشت‌که مؤثرترین نیروی جنگی ایران‌گردید . درسال ۱۲۶۶یکنفرازاتباع روس امتیازی‌برای ماهیگیری درطول سواحل بحرخزرکه تعلق‌بایران داشت بدست‌آورد . درسال ۱۲۶۹بانك‌روس درتهران افتتاح‌یافت ومانند بانك‌انگلیس سابق‌الذکرحق انتشار اسکناس را نیز تحصیل نمود . بعلاوه روسها باین‌حدود اکتفا نکردند و باپرداخت یك سلسله وام بشاه به‌تحکیم این‌نفوذ پرداختند باین‌معنی‌که دادن قرضه‌را مستمسك قرار داده بگرفتن امتیازات تجارتی دیگر توفیق یافتند . درهمین هنگام روسها و پس‌از آن سایر دول اصل کاپیتولاسیون را بایران تحمیل‌کردند و دولت ایران از محاکمه بیگانگان در مورد جرمهائی که در ایران مرتکب میشدند ممنوع گردید .

خودسری ولاقیدی پادشاهان قاجار بالاخره مردم را بعمل واقدام وادار ساخت وجمعیت مشروطه‌طلبان تشکیل یافت . در تیرماه ۱۲۸٤ قریب ده هزار نفر از بازرگانان و مشروطه‌طلبان در باغ سفارت انگلیس در تهران تحصن اختیارکردند ودرحقیقت بشکل اعتصاب درمقابل سلطنت قاجاریه وفساد دستگاه سلطنتی قدبرافراشتند . مقارن همین ایام عده‌ای ازروحانیون منورالفکرتهران ازپایتخت خارج ودرشهر قم متحصن‌گردیدند . شاه بناچار وعده اصلاحات داد ودوماه بعد فرمان مشروطیت را صادرنمود .

مشروطه‌طلبان گذشته از اصلاحات داخلی قطع نفوذ و تحریکات روسها را از دربار خواستار شدند. بعضی‌ها استدلال میکنند که انگلیسها فقط از این نظر که مشروطه طلبان برضدروسهابودند از آنهاتقویت میکردند ولی‌باعتقاد من انگلیسها علاقه صمیمانه‌ای هم بایجاد حکومت مشروطه درایران داشتند. باوصف‌آن دیری‌نگذشت که درسال ۱۲۸۵ بین روس وانگلیس معاهده‌ای راجع بحدود عملیات هریك در ایران و افغانستان و تبت منعقدگردید و این معاهده مشروطه‌طلبان را بسیار دلسرد ساخت.

بااینکه درقرارداد مزبوروعده داده‌شده‌بود که‌تمامیت ارضی و استقلال ایران محترم شناخته شود آن قرارداد ایـران را به‌مناطق نفوذ خارجی تقسیم میکرد. انگلیسها متعهد شدندکه در نواحی شمالی کشور که کلا منطقه نفوذ روسها معین شده بود امتیازات تجارتی نخواهند و دول دیگررا نیز ازگرفتن امتیاز درآن ناحیه مانع‌آیند. روسیه نیز متقابلا همین تعهد را نسبت بناحیه‌کوچکتری درجنوب شرقی ایران‌که معناً باید منطقه نفوذ انگلیسها بشود بعمل آورد.

نسبت بناحیه بین این دو منطقه نفوذ این قـرارداد حدودی‌برای هریك ازدودولت معین‌نکرده‌بود وامتیازاتی که هریك دراین‌ناحیه داشتند (ازجمله امتیاز مهم نفت‌که بیکنفر انگلیسی تبعه استرالیا موسوم بدارسی درسال ۱۲۷۹ داده شده بود) بقوت خود باقی ماند. اما درعمل انگلیسها بیش‌ازروسهادراین‌ناحیه‌ای که‌اسم‌آنراناحیه‌بیطرف گذاشتند فعالیت داشتند.

روس‌وانگلیس که‌بعداً درجنگ جهانی‌اول بایکدیگر اتحادکردند درآنموقع متوجه تهدید دولت آلمان‌که تازه

نیرومندی یافته بود شده و امیدوار بودند که قرارداد ۱۲۸۵ از شدت رقابت بین آنها کاسته و آنها را در مقابله با دشمن مشترک خود کمک مینماید. اما در نظر ایرانیان قرارداد مزبور نقشه‌ای برای بلعیدن کشور ایران بشمار میرفت. بهرحال قرارداد مزبور نظر روس و انگلیس را عملی نکرد و رقابت بین این دو دولت در کشور ما ادامه یافت. در خلال این احوال ملیون ایران با یکدیگر از در مخالفت بر آمدند و نتوانستند از مجلسی که در سال ۱۲۸۴ تشکیل یافته بود پشتیبانی کنند. مظفرالدین شاه نسبت بمشروطیت ایران تمایل ضعیفی داشت ولی فرزند وی دشمن سرسخت آن بود و مصمم شد که بکمک روسها حکومت مطلقه و استبدادی را مجدداً برقرار سازد و سه نوبت برای انجام این منظور دست باقدام زد. در نوبت اول نقشه وی بر اثر مقاومت مسلحانه مشروطه‌طلبان منجر بشکست گردید. در نوبت دوم در ماه خرداد سال ۱۲۸۶ فرمانده روسی بریگاد قزاق ایران عمارت مجلس را بتوپ بست و شاه مجلس را منحل نمود. اما شاه و عمال روسی او نیروی ملت ایران را سرسری و بی‌اهمیت گرفته بودند و مشروطه‌طلبان در سال بعد قوای بریگاد قزاق را شکست دادند. محمدعلی میرزا بروسیه فرار کرد و فرزند یازده ساله او احمدشاه بجانشینی وی تعیین گردید. در سنه ۱۲۸۹ که آخرین تلاش محمدعلی میرزا بود طرفداران وی از راه روسیه و سواحل بحرخزر بعزم تسخیر ایران حرکت کردند ولی این سومین و آخرین کوشش نیز بشکست و عدم موفقیت منجر گشت.

مشروطه طلبان موقتاً پیــروز گشتند ولی روسهــا همانکاری را که پس از جنگ دوم جهانی کردند در آنهنگام نیز بعمل آوردند بدین معنی که قوای خود را در قسمت شمالی کشور ما نگاه داشتند.

درسال ۱۲۸۹ برای اینکه باوضاع آشفته مالیه ایران سروصورتی داده شود دولت ایران یکنفر آمریکائی را بنام مورگان شوستر بعنوان خزانه‌دار کل‌ایران استخدام نمود. شوستر اعتماد مردم را نسبت بخود جلب‌کرد ونزدیك بود که در اصلاحاتی‌که درنظر داشت توفیق حاصل‌کند ولی درآخرهمان سال روسها بایران اولتیماتومی دادند وضمن سایرچیزهائی‌که خواستند اخراج شوستر ازکار بود .

واضح بودکه روسها میل‌نداشتند امورمملکت طوری منظم‌گرددکه ایران دیگر به‌آنها محتاج‌نباشد . قوای‌روس بچندین شهردرشمال‌ایران حمله‌بردند وعده‌ای مردم دراین حملات تلف شدند وهرچند مجلس شورای ملی اولتیماتوم روسها را رد کرد ولی هیئت وزیران آنرا پذیرفت . این وقایع را بتفصیل درکتاب معروف شوستر موسوم باختناق ایران مطالعه میتوان نمود .

درجنگ اول جهانی باوصف آنکه ایران بیطرفی خودرا اعــلان‌کرده بود ولی آلمانها وترکها وروسها وانگلیسها درکشور شروع بفعالیت‌کردند . ترکها برای کمك بآلمانها بطرف تهران پیش آمدند وبالاخره ازروسها شکست خوردند . عمال آلمانی درکشور ما بجنب وجوش افتاده در بین عشایــر ایران اقدام به تحریکات نمــوده و حتی سعی‌کردندکه در افغانستان کشور همسایه ما قوائی تجهیز نمایند ولی‌موفق نشدند . درجنوب ایران یاورپرسی سایکس‌که بعداً سرپرسی سایکس لقب یافت وکتابی دردو جلد راجع بایران نگاشت نیروئی بنام پلیس جنوب ایران تشکیل‌دادکه‌ناحیه جنوب کشوررا تحت اختیارخودگرفت.

بعد ازجنگ اول اوضاع داخلی‌کشور بیش‌از پیش آشفته ودرهم ریخته بود. ضمناً انقلاب روسیه درسال ۱۲۹۵

پیش‌آمده‌بود وعده کثیری ازقوای‌روس دراستانهای شمالی ایران متوقف بودند وعده‌ای ازقوای اعزامی‌انگلیس باآنها حمله‌کردند ولی توفیقی نیافتند . در سال ۱۲۹۷ انگلیسها

پیشنهاد عقد قراردادی باماکردندکه ازنکات مهمه‌آن دادن قرضه‌ای بایران وآوردن مستشاران اداری ومالی ورساندن مهمات وساختن راهها وراه‌آهن بود . اما ازآنجاکه نتیجهٔ چنین قراردادی ازدیاد تسلط بیگانگان برایران بود افکار واحساسات عمومی‌شدیداً باآن مخالفت‌کرد وهرچند دولت وقت قرارداد مزبورراپذیرفت ولی‌مجلس‌شورای ملی‌ایران ابداً آنرا تصویب ننمود .

ضعف وناتوانی‌کشور دیگربشدیدترین‌مراحل رسیده بود وپدرم وعده‌کثیری از میهن‌پرستان دیگر از سرنوشت شومی که‌تمدن باستانی‌ما دچارآن شده‌بود افسرده وخشمناك بودند .

پدرم در سال ۱۲۵۶ در استان مازندران‌که نزدیك بحرخزراست پابعرصه وجودگذاشت . اوبرخلاف پادشاهان قاجارکه چنانکه گفتم از نژاد ترك بودند از خانواده اصیل ایرانی بود و پدر وجدش درارتش ایران با سمت افسری خدمت‌کرده بودند . جد او در یکی از جنگهای ایــران وافغانستان ازخود شجاعت ورشادت مخصوصی نشان داده وپدرش فرماندهی هنگی را که دراستان مازندران ساخلو داشت عهده‌داربود. درایامیکه پدرم که درآن‌اوان رضاخان نام‌داشت چهل‌روز بیش‌ازعمرش نگذشته‌بود پدرش‌جهان‌را بدرود گفت و مادرش مصمم شد فرزندکوچك خویش را به‌تهران‌بیاورد . دراین‌مسافرت درعرض‌راه ازشدت سرمای زمستان نزدیك بود فرزند خردسال وی تلف‌گردد .

وقتی پدرم چهارده سال بیش نداشت دربریگاد قزاق که درسال اول ولادت وی تشکیل یافته بود وارد خدمت شد ودرآن هنگام اصلا سواد نداشت زیرا درآن زمان تعلیم وتربیت منحصر بفرزندان مردم متمول ومقتدر وروحانیون بودکه علم و معرفت را مخصوص خویش دانسته از اشاعه ونشرآن درمیان مردم جلوگیری میکردند باین منظور که در اثر نادانی وجهل عمومی خود در مملکت مطلق‌العنان باشند وهرچه میخواهند بکنند .

روزیکه پدر من تاجگذاری کرد طبق رسوم کهن وباستانی ایران عناوین شاهنشاه و ظل‌الله «مؤید بتائیدات الهی» و «قبله عالم» ویژه وی گشت ولی در همان هنگام سلطنت چه‌آنگاه که شخصیت های خارجی را بار میداد ویا آنگاه‌که با من صحبت میکرد خوش داشت‌که خویشتن را سربازی ساده بشمارد .

ترقی وپیشرفت پدرم دراثر سجایای ذاتی وشخصیت بارزی‌که داشت سریع‌بود . درآن‌زمان ارتش‌ایران افسران جزء نداشت یعنی افسرانیکه ازمرحله سربازی صاحب‌درجه بشوند درارتش نبود ودرنتیجه در دوره خدمت باید ازمقام سربازی دفعتاً بمقام افسری جستن کند . معمولا این طرز ترقی‌درارتش‌ایران‌سابقه‌نداشت ولی‌درمورد پدرم شخصیت برجسته وی‌را نمیشد نادیده‌گرفت . اوشانه‌هائی پهن وقدی کشیده وبلند وقیافه‌ای مردانه وباصلابت داشت . واز تمام وجنات وی آنچه بیش از همه جلب توجه میکرد چشمان با نفوذ وی بودکه تا باطن کسانی‌که با وی روبرو میشدند تأثیرمیکرد ومردان نیرومند را میتوانست بلرزه اندازد . شنیده‌ام‌که افسران روسی‌که فرماندهی بریگاد قزاق ایران را داشتند ازاو حذر داشتند وعملا ازوی میترسیدند .

مسئله‌ای که پدرم را بترقی و پیشرفت بیش‌ازهمه چیز موفق‌ساخت عادت‌وی بمطالعه‌بود . باآنکه ازحیث سن‌وسال جوان نبود ازشروع بتحصیل وفرا گرفتن خواندن ونوشتن احساس شرمساری نمیکرد وهرروز پس‌از فراغ ازخدمت نظامی بانهایت بردباری در سربازخانه وقت خودرا بکمك یکی ازدوستان خود بخواندن ونوشتن می گذرانید . برای مطالعه ازچراغ کم نور وضعیف سربازخانه استفاده میکرد ووقتی خسته میشد ازاطاق کوچکی که داشت بیرون آمده بچراغهای شهرتهران که ازدور تلالؤ داشتند نظاره مینمود.

درآن زمان کسی بزندگانی سربازی رغبتی نداشت وچون‌دولت درکشوردارای قدرت‌نبود ونمیتوانست مالیات معمولی‌را وصول کند وازعهده پرداخت حقوق عمال‌دولت برآید ، سربازها گاهی‌به‌تخم‌مرغ‌فروشی وزمانی‌بهیزم‌شکنی و نظائرآن معاش خود و خانواده خودرا تأمین میکردند و هرگاه برحسب تصادف دولت میتوانست چیزی بعنوان حقوق‌بآنهابدهد غالباً مقداری‌آجر یاسایروسائل ساختمانی بود زیرا معمولا پول نقد درخزانه دولت وجود نداشت . پدرم حکایت میکردکه‌روزی قراربود وزارت امورخارجه یکنفر ازشخصیت‌های مهم‌را بشام بپذیرد وچون وزارتخانه پول نداشت ناگزیر از چند نفر ازکسبه بازار وجه لازم را وام‌گرفتند ووسائل پذیرائی را راه انداختند .

تشکیلات ارتش فرسوده و از هم پاشیده و اسلحه وتجهیزات آن‌کهنه ومندرس (درتمام ارتش بیش‌از چند توپ‌کهنه وجود نداشت) votوروحیه افراد بسیار ضعیف بود . اما چیزی‌که درنظر پدرمن ازهمه اسفناك‌تربود این بودکه میدید افسران بیگانه بارتشی‌که او جزوآن بود فرماندهی داشتند و خوب میتوان حدس زدکه وقتی پدرم میدید که

فرمانهائی که باو میدهند غالباً بجای اینکه از پایتخت ایران صادرشود از پایتخت روسیه صدور پیدا میکند چه حالی داشته و بر وی چه میگذشته است . بعقیده من حس وطن پرستی و ناسیونالیزم شدیدی که در پدرمن وجود یافته بود در اثر این بود که معنی تسلط بیگانگان را بواقعی دریافته بود .

پدرم در دوران سربازی و افسری خود در جنگ های متعدد مخصوصاً در مبارزه با عشایر خودسر و متجاسری که در بسیاری از نقاط ایران شهرها و قصبات را معرض تعدی و تاراج قرار داده بودند شرکت کرده بود . تاریخ ایران نشان میدهد که هر وقت دولت مرکزی ضعیف و ناتوان بوده است ایلات و عشایر ایران به قتل و غارت پرداخته و بالعکس هر وقت دولت قوی بوده است و آنها را تحت فرمان خود آورده در تجدید بنای کشور سهمی مهم داشته اند . پدرم گذشته از مأموریت هائی که برای سرکوبی عشایر متعدی ایران پیدا میکرد با راهزنانی که غالباً دسته هائی بصورت قشون تشکیل داده و در نواحی مختلف ایجاد ناامنی میکردند و پس از انقلاب روسیه با بلشویکهائی که به تسخیر کشور پرداخته بودند جنگ های متعدد کرده بود .

داستان تأثر انگیزی که پدرم از احساسات خود در جنگ با یکی از دسته های راهزن برای من حکایت کرد هنوز بخوبی در خاطرم مانده است . پدرم میگفت در اثنای این مبارزه ناگهان آنقدر از اوضاع مغشوش ایران متنفر شدم که عمداً خود را معرض گلوله دزدان قرار دادم . پدرم که در آنوقت اسب سفیدی سوار بود برای دزدان هدف بسیار آشکار و آسانی بود ولی هیچ یک از گلوله های دشمن باو اصابت نکرد .

باید دید این احساسات پدرم از کجا ناشی شده بود ؟

امروز میتوانم اورا در برابر دیدگان باطن خویش مجسم کنم که براسب سفید خود سوار و از اوضاع اسفناک کشور آثار شرمندگی در چهره مردانه وبا صلابت وی نمایان است . براستی که در آن ایام خاک ایران را نمیشد بنام کشور خطاب کرد زیرا این خاک پرافتخار حکومت مرکزی که شایسته عنوان حکومت باشد نداشت. قسمتی بزرگ از نواحی ایران زیر پنجه تسلط خوانین ورؤسای محلی بود که ظاهراً نسبت بشاه برای حفظ آبروی او اظهار وفاداری میکردند ولی در عمل مختار مطلق بودنــد و درناحیه خود هرچه میتوانستند نسبت بمردم تعدی میکردند و برفلاکت آنان میافزودند . در آن هنگام ارتش مجهز با وسائل وتشکیلات جدید وجود نداشت و نیروهای مسلحی هم که بود نسبت بایران تعهد وفاداری واطاعت نداشتند . نظم و امنیت از میان رفته محاکم دادگستری غیر موجود وقضاوت بوسیله حکام شرع و خانهای عشایر اجرا میشد . در قسمت عظیم کشور قانون تسلط قوی بر ضعیف اصل مسلم بشمار میرفت وهر که دستش میرسید بتعدی واجحاف و آنکه توانائی نداشت بکشیدن بار زور وتعدی مشغول بود .

وضع امنیت بدرجه‌ای اسفناک بود که حتی در تهران یعنی پایتخت کشور مردم شبها پس از غروب جز درمواقع فوق العاده برای آوردن پزشک که بزحمت پیدا میشد ونظائر آن از خانه‌های خود بیرون نمیامدند زیرا میدانستند که باحتمال قوی دچار اوباش غارتگر محله واقع میشوند . وسائل ارتباط ومواصلات از زمان داریوش روز بروز بدتر شده و غیرقابل اطمینان گشته بود بطوریکه مسافرینی که میخواستند از تهران بمشهد بروند برای رهائی از دست دزدان وراهزنان عرض راه مجبور بودند از طریق روسیه مسافرت

کنند . برای رفتن بخوزستان که یکی از استانهای جنوب ایران است مردم ازراه ترکیه و عراق سفر میکردند .

چنانکه گفتم در اثر وجود کاپیتولاسیون اتباع خارجی را (ازجمله بلشویکهائی که عده زیادی از آنها وارد ایران شده بودند) نمیشد در محاکم دادگستری ایران نسبت بجرائمی که مرتکب میشدند محاکمه کرد وحقیقت اینست که محاکم صاحب نفوذ وصلاحیتی هم که بتوانند این وظیفه را انجام دهند وجود نداشت وطبعاً فقدان محاکم صلاحیتدار یکی از معاذیر موجه بیگانگان برای ادامه کاپیتولاسیون بود . در امور اقتصادی نیز استقلال کامل نداشتیم زیرا سلاطین قاجار امتیازات اقتصادی گوناگون به بیگانگان داده بودند . نیروی خارجی و دزدان متجاسر خانگی در سراسر کشور بمیل خود رفت و آمد داشتند و مــردم در فقر و جهل و بیماری بسر میبردند و بیچارگی وعدم رضایت و فلاکت همه را گرفته بود . درمیان این همه بدبختی که ملت ایران با آن دست و گریبان بود سلطان وقت تنها فکری که داشت این بود که سفرهای پرهزینه ای باروپا بکند و بسر گرمیها و گشاد بازیهای مخصوص خویش امرار حیات نمایــد . درچنین وضعی یکنفر میهن پرست حقیقی جز احساس خجلت وسرافکندگی چه میتوانست بکند ؟

ظاهراً جبر زمانه وضرورت امور وتمایل ملت حکم میکند که درمواقع معین یکنفر مرد توانا برای رهائی مردم پیدا شود . این چنین مردی سرنوشت کشور را تغییر میدهد وجریان تاریخ را دیگرگون میسازد . در آن ایام شواهد بسیاری بود که ثابت میکرد پدر من یک چنین مردی تواند بود . در سال ۱۲۹۸ افسران روسی هنوز فرماندهی بریگاد قزاق ایرانی را عهده دار بودند این افسران اسماً همه

ازروسهای سفید بودند ولی بعضی از آنها خودرا به بلشویکها فروخته بودند و هنگامی که این بریگاد مأمور شد باقوای روس سرخ که استانهای شمالی را گرفته بودند بعملیات خصمانه مبادرت نماید افسران بلشویک آشکارا بایران خیانت کردند . روحیه ناسیونالیزم پدرم ویرا بطور قطع معتقد ساخت که ایران را باید ازشر تمام افسران روسی بریگاد خلاصی داد .

در ماه مرداد سال ۱۲۹۸ پدرم ندای وجدان خویش را پذیرفته و وسیلهٔ اخراج افسران روسی بریگاد قزاق را فراهم ساخت وخود فرماندهی آن را بعهده گرفت و دولت ایران بلافاصله اقدام پدرم را تأیید و تصویب نمود . پدرم عقیده خویش را پنهان نداشت که باید بالمآل هرگونه نفوذ خارجی را در ایران بحداقل رسانید .

از آن روز به بعد پدرم مراحل کسب اقتدار را بسرعت طی کرده و صاحب قدرت کامل گردید . برای حصول این منظور با یکنفر جریده نگار فعال بنام سیدضیاءالدین طباطبائی اتحاد کرد . این شخص که فرزند یکی از روحانیون بود با کمال شهامت درباره اوضاع وخیم دولت و سایر امور کشوری مقالات متعددی انتشار میداد و افکاری انقلابی داشت و میتوانست در همان هنگام که پدرم بوسیله قدرت نظامی پایتخت ایران را تحت فشار قرار میداد او نیز اولیای امور را تحت اعمال نفوذ سیاسی قرار دهد .

پدرم از شهر قزوین که یکی از شهرهای شمال غربی ایران است نیروی خویش را بطرف تهران حرکت داد و در ماه اسفند ۱۲۹۹ ضمن یک کودتای بدون خونریزی حکومت ضعیف و متزلزل ایران را برانداخت. سیدضیاءالدین

ریاست هیئت‌وزیران و پدرم سمت‌وزارت جنگ‌وفرماندهی کل‌قوا را بعهده گرفتند .

دیری نگذشت که سیدضیاءالدین که از اصلاح‌طلبان تندرو بود شروع باجرای تصمیماتی نمود که طبقه ثروتمند ومحافظه‌کار کشور را باخود طرف نمود . بعقیده من پدرم با سیدضیاءالدین نه ازنظر عقاید سیاسی واقتصادی بلکه ازنظر تشخیص موقع وطرزعمل موافقت نداشت چنانکه سه ماه پس‌ازوقوع کودتا احمدشاه دیگری را بسمت ریاست وزراء منصوب نمود وپدرم بااین انتصاب مخالفت نکرد .

پدرم درکابینه‌های متوالی‌مقام وزارت‌جنگ‌راداشت ولی پرواضح بودکه یگانه مقام صاحب نفوذ درآن کابینه‌ها جز شخص اوکسی دیگر نبود تاآنکه درسال ۱۳۰۱ بمقام نخست وزیری رسید وبلافاصله احمدشاه‌که مردی مردد ومتزلزل بود برای مدت نامعلومی ازایران به‌اروپا رفت .

سال پیش‌ازآنکه‌پدرم نخست‌وزیربشودترکها دستگاه فرتوت خلافت را برچیده وکمی بعد از آن تحت قیادت متهورانه‌کمال آتاتورك حکومت جمهوری را درآن‌کشور مستقرساخته بودند . بعضی ازمحافل ایرانی‌که تحت تأثیر وقایع ترکیه قرارگرفته‌بودند باین‌فکر افتادندکه درکشور من نیزحکومت جمهوری برقرار سازند وقطع دارم که‌پدرم نیز تامدتی تأسیس‌جمهوریت را مرجح میشمرد . ولی‌افکار عمومی برخلاف این نظر باصل حکومت سلطنتی‌که درواقع ونفس‌الامر هزاران سال از سنن ایرانیان بود تمایل شدید داشت وبسیاری از مشروطه‌خواهان استانهای متعدد ایران نیزهمیشه طرفدار اصل مشروطه سلطنتی بودند .

روزدهم آذر سال ۱۳۰۳ پارلمان ایران احمدشاه را که در اروپا بگردش و مسافرت مشغول بود و بعدها نیز

در اروپا وفات یافت از مقام سلطنت خلع نمود و پدرم را شاهنشاه ایران اعلام‌کرد . روزچهارم اردیبهشت ۱۳۰۴ پدرم رسماً تاجگذاری کرد ودرهمان تشریفات من نیز بسمت ولایت‌عهد منصوب گردیدم .

بنظر من باید در این موقع بین وضع ایران آنروز وهمسایه ما ترکیه که پدرم در سال ۱۳۱۲ برای مشاهده ترقیات شگرفی که نصیب آن‌کشور شده بود و ضمناً برای تحکیم‌مناسبات سیاسی‌وفرهنگی بین‌دو کشوربدانجامسافرت نمود مقایسه‌ای‌بعمل‌آمد. درهنگامی که دستگاه خلافت ازهم پاشیده شد ترکهاکه بکشورهای باختری نزدیك‌تر بودند دراقتباس اصول‌تمدن باختری ازما بسیارپیش افتاده بودند. تشکیلات ارتش آنهاکه بروش آلمان درست شده بود منظم بود ودانشگاههای نظامی و ذخائرتخشائی وکادر افسران تربیت یافته خوب داشتند ودرجنگ اول جهانی باشجاعت جنگیده و اغلب پیروزیهائی در برابر بهتـــرین ارتشهای متحدین‌نصیب‌آنان‌شده‌بود. برخلاف‌حکومت‌ملوك‌الطوایفی ایران قبل از زمامداری پدر من ترکهـــا دولت نیرومند مرکزی داشتندکه کشور را اداره میکرد و بعلاوه دارای راه‌های آهن وبنادر وکارخانه‌ها وسایر مظاهرملل متمدن بودند درصورتیکه مـــا تقریباً هیچیك ازاین تسهیلات را نداشتیم و پرواضح بودکه راهی‌که ایران برای اخذ تمدن درپیش داشت بمراتب ازترکیه درازتر بود .

پدرم در اتخاذ طریق حزم و احتیاط باصل مسامحه معتقد نبود وبرای اتخاذ هرتصمیمی سرعت عمل‌را بامطالعه حقایق قطعی‌مربوط بهرمسئله باکمال‌آرامش ودقت وبدون آنکه تحت تأثیر واقع شود توأم میساخت . چنانکه مثلا پنج روز پس ازکودتا دولت ایران و روسیه معاهدهٔ مودتی‌که

در ایران سابقه نداشت امضا نمودند . این معاهده مدتهای طولانـــی در دست تهیه بود ولـــی پدرم همانطور که درارددو کشی‌های نظامی خویش عمل میکرد در این مورد نیز بسرعت تصمیم نهائی را اتخاذ نمود ومعاهده را بمرحله انعقاد رسانید .

بموجب این معاهده روسیه از مطالباتیکه داشت واز تمام اختیاراتی که درایران بدست‌آورده بود صرف‌نظر نمود وتأسیسات متعددی را که درکشور من داشت ازقبیل بانك استقراضی‌روس وراه‌آهن کوتاه ازجلفا یعنی سرحد روسیه به‌تبریز و تأسیسات بندری انزلی (که اینك بندر پهلوی نامیده میشود) در ساحل بحرخزر و راه شوسه و خطوط تلگراف بایران واگذار نمود . همچنین حق کشتی‌رانـــی بازرگانی در بحرخزر بطور تساوی بایران داده شدکه آن حق را اززمان انعقاد معاهده ترکمانچای تاآنروز نداشت . بعلاوه کاپیتولاسیون‌راکه موردنفرت‌ایرانیان‌بود ملغی‌الاثر اعلام نمود . آنروزدرنظرایرانیان انعقاد این‌معاهده علامت تغییرسیاست روسیه تزاری وهمچنین سیاستی‌که بعداً خود شوروی اتخاذ نمود بشمار میرفت .

درهمانوقت پدرم ودولت‌او لغو قرارداد ۱۲۹۷ ایران وانگلیس‌را اعلام‌کردند . چنانکه سابقاً گفته شد این معاهده بامضا رسیده ولی هرگز مورد تصویب مجلس شورای ملی ایران واقع نشده بود . بموجب مواد آن قرارداد نه تنها مستشاران نظامی انگلیس بلکه مستشاران دیگر بایران‌آمده ویك‌عده مهندسین‌انگلیسی‌نیز برای نقشه‌برداری‌ازراه‌آهنی که‌باید ساخته‌شود اعزام شده‌بودند ولی میهن‌پرستان ایران نسبت باین قرارداد مخالفت شدید داشتندکه عاقبت منجر بابطال آن گردید .

آخرین دسته نیروهای انگلیس درسال ۱۳۰۱ ازایران خارج شدند . قسمتی از نیروهای روس بدون اجازه ومیل ما درایران باقی ماند ومداخلات نظامی روسیه درکشور ما خاتمه قطعی‌پیدانکرد واین‌نکته مهم‌را درفصل‌دیگر بتفصیل بیان خواهم کرد .

درضمن انجام مسائل فوق پدرم باتمام قوا باصلاحات داخلی ایران پرداخت . اولین تصمیم او که از دیر باز مورد علاقه وآرزوی او بود این بود که قسمت‌های پراکنده واز هم گسیخته ایران را باردیگر بصورت واحدکاملی درآورد وبرای انجام این منظور به‌ارتش نیرومندی احتیاج داشت. ازهمان روزی‌که وزارت جنگ وفرماندهی‌کل قوا بوی محول گردید شروع کرد که بریگاد قزاق ایران و پلیس جنوب و ژاندارمری و سایر عناصر ارتش را با یکدیگر پیوسته وارتش واحدی ازمجموع نیروهای ایران تشکیل دهد . ترتیب غذای سربازان و رسیدن حقوق مرتب بآنها و تعلیمات نظامی جدید مورد توجه خاص او قرارگرفت ودربالابردن روحیه‌آنهاکه ازخدمت بکشور وایرانی‌بودن خود سرافرازی داشته باشند مساعی جمیله بکاربرد .

آرتش ایران درسال ۱۳۰٤ مرکب بود ازپنج لشکر اصلی ویك هنگ مستقل ویك سازمان مأمور حراست طرق وشوارع برای حفظ امنیت وجلوگیری از دزدان مسلحی که درایران‌براهزنی‌میپرداختند. (پدرمن درنقاط خطرناك عرض راه‌های ایران برجهائی ساخت‌که عده‌ای از افراد ژاندارم درآنها دائماً اقامت‌کرده وبتأمین راه‌ها وحفاظت مسافرین میپرداختند) کمی بعد یك نیروی دریائی وهوائی کوچکی را نیزباین ارتش اضافه‌کرد . درسال ۱۳۰۵ قانون نظام وظیفه بتصویب رسید ودر سنوات ۱۳۰٦ و ۱۳۱۱

اصلاحاتی در آن بعمل آمد و نیز به تأسیس دو آموزشگاه نظامی اقدام و عده‌ای از جوانان را برای تربیت بفرانسه اعزام وعده‌ای مستشار نظامی فرانسوی برای ارتش ایران استخدام نمود.

یکی از دوستان نزدیك پدرم حکایت میکرد که کمی بعد از اینکه پدرم با نیروی خود به تهران وارد شده بود روزی باخود زمزمه‌ای داشت و ناگهان باصدای بلند باخود گفت « کاش هزار قبضه تفنگ یك جور داشتم » . معلوم است که در آن هنگام فکر استقرار نظم وامنیت ازخاطر او میگذشته است . بهرصورت این آرزو وجمله‌ای که ازدولب او شنیده شده‌است وضع اسفناك تجهیزات آرتش آنروز را بخوبی روشن میکند و عجبی نیست که دیری نگذشت که بایجاد یك کارخانه تفنگ‌سازی ویك کارخانه مسلسل‌سازی ویك کارخانه دیگر برای ساختن فشنگ جهت اسلحه کوچك اقدام نمود واین کارخانه‌هائی که بهمت او ساخته شده مانند سایر کارخانه‌های مهمات سازی وتخشائی هنوز مشغول کار هستند .

درضمن اشتغال باین امورمهم پدرم برای استقرارنظم وامنیت درسرتاسر کشور باردو کشی‌های متعدد اقدام نمود چنانکه نیروئی برای مبارزه با میرزاکوچك خان که از طرفداران کمونیست‌ها بود وچندین سال استانهای ساحلی بحرخزررا موردتعدی وتسلط خویش‌قرارداده بود وروسها تاهنگام امضای معاهده ۱۳۰۱ علناً ازوی حمایت میکردند اعزام کرد . قوای اعزامی‌عده میرزاکوچك را شکست داده وافرادش را متفرق کردند . سایر رؤسای ایلات وعشایرکه استانهای‌فارس وخوزستان وبلوچستان‌را به‌تقویت وحمایت انگلیسها تحت سلطه خویش‌آورده بودند وعلناً بدولت‌های

وقت تمرد داشتند دچار همان عاقبت شدند .

درهنگامیکه پدرم دربریگاد قزاق سمت افسری داشت یکبار با هنگ تحت فرماندهی خود از تهران بهمدان آمده بود . این هنگ تنها یك اسب بیشتر نداشت وا نرا هم برای حمل بیماران اختصاص داده بودند . راههای آنروز بقدری صعب العبور بود که حتی راه پیمائی پیاده هم بدشواری صورت میگرفت . وقتی پدرم که ازافسران کار کشته وسختی کشیده بود ودشواریهارا بآسانی تحمل میکرد بمقصد میرسد ازشدت جراحات وارده و کوفتگی پاها ناچار بستری میشود . بااین خاطره شگفتی نداشت که وقتی پدرم به سلطنت رسید پس از مسئله استقرار نظم وامنیت مسئله‌ای که ازهمه بیشتر به آن اهمیت میداد همان ایجاد راه وارتباطات بود و درحقیقت برای وی روشن شده بود که بدون وجودراه برقراری امنیت هم امکان پذیر نمیتواند بود .

مهندسین تصدیق میکنند که راه آهن سرتاسری ایران که پدرم درسال ۱۳۰۵ آغاز ودرسال ۱۳۱۷ بپایان رسانید شاید جالب ترین راه آهن طویلی باشد که باین سرعت ساخته شده است . از نظر هنرمهندسی راه آهن سرتاسری ایران از راه آهن معروف سویس نیز مهمتراست زیرا این راه از روی ۴۱۰۰ پل وازمیان ۲۲۴ تونل که مجموعاً ۵۴ میل طول دارد میگذرد . یکی ازتونل‌های این خط (دو میل) طول دارد وبعضی ازآنها که در بدنه کوهسار چند پیچ میخورد وپیچ وخم‌های آن برفراز یکدیگر قرارگرفته از درون صخره‌های سخت عبورمیکنند .

هزینه خط اصلی که ۹۰۰ میل طول آن است (امروز خطوط دیگری بدان افزوده شده وبنقاط دیگر کشورامتداد

یافته است) بوسیله عوائدی که از قند و شکر و چای دریافت میشد تأمین گردید. این مالیات بیشتر بر طبقه دهقان و کشاورز که قسمت عمده درآمد نقدی خود را بمصرف قند و چای میرساندند تحمیل میشد ولی پدرم نسبت به قرضه خارجی بدگمان بود و صدماتی را که اسلاف او از وام خارجی کشیده بودند از خاطرش نمیرفت . با این وصف هرچند از قرضه خارجی تحاشی داشت ولی از روی کمال بیطرفی مهندسین خارجی را از چندین کشور و ملیت مختلف برای تسریع درامر ساختمان راه آهن استخدام نمود .

پدرم راههای شوسه مهمی نیز در کشور احداث و بنادر مهم بحر خزر و خلیج فارس را ایجاد نمود و اولین خط هوائی بین ایران و سایر کشورها و خط هوائی داخلی را تأسیس کرد و در سال ۱۳۰۹ وسائلی را که شرکت انگلیسی تلگراف هند و اروپ در ایران تحت اداره خود داشت از حیطه اختیار آن شرکت خارج ساخت .

برای تأمین استقلال مالی و پولی ایران حق انتشار اسکناس را ملی کرده و بانک ملی ایران را که بوسیله مأمورین لایق ایرانی اداره میشود تأسیس نمود و دستور داد برای کارمندان این بانک باشگاه و سفره خانه و استخر شنا و وسائل ورزش و بیمارستان و چاپخانه بسیار مجهزی بسازند . دیری نگذشت که بانک ملی ایران شعب متعددی در بسیاری از نقاط کشور تأسیس کرد ۵ نخستین بودجه جمع و خرج کشور نیز تنظیم گردید. برای اصلاح اوضاع مالی پدرم دکتر ارتر. سی میلیسپو تبعه دولت آمریکا را که در امور مالیه تخصص داشت استخدام نمود . شخص مذکور در نوبت اول مدت پنجسال در ایران بکار مشغول بود و یکبار دیگر نیز استخدام وی تجدید گشت و در این دو سفر دو کتاب درباره تجربیات

ومشاهدات خویش درایران منتشر نمود .

روزیکه پدرم قدرت را در کف کفایت خود گرفت کشور ایران جزچند کارخانه برق و کارخانه‌کبریت سازی وتصفیه‌خانه نفت‌که متعلق بخارجی‌ها بود صنایعی نداشت . سعی پدرم آن بود که کشور ایران بتواند حوائج صنعتی خویش را بدون نیاز به‌بیگانه در داخله مملکت فراهم‌کند ودر دوران سلطنت خویش کارخانه‌های پنبه وپشم وابریشم بافی ، چرمسازی ، کفش‌دوزی ، دکمه سازی ، برنج پاك کنی، قندوشکر، چای ، سیگار، روغن‌نباتی ، کنسروسازی ، کاغذ ، سیمان ، آجر ، شیشه ، داروسازی وغیرآن در کشور تأسیس یافت وچنانکه‌گفته شدکارخانه‌های اسلحه ومهمات سازی نیزاحداث‌شده‌وبکارافتاده‌بود.بعضی‌ازاین کارخانه‌ها به‌سرمایه‌دولت وبعضی بشرکت دولت باسرمایه‌داران ایرانی وبعضی کلا بوسیله صاحبان سرمایه ایرانی تأسیس یافته بود مخصوصاً از نظر اینکه دولت روسیه شوروی نتواند باوارد کردن‌کالاهای مشابهی‌که قیمت آنها را با پرداخت‌کمك مالی بکارخانه‌ها ارزانتر ازقیمت‌کالاهای ایرانی‌کرده بود بازارهای‌ایران‌راقبضه‌کند پدرم بایجادیك‌سلسله‌انحصارات دولتی برای تجارت خارجی اقدام کرد و نخستین بازار وواحد پول ومقیاس ابعاد را بطور متحدالشکل درکشور ترویج نمود واوزان ومقیاس‌های قدیم‌راکه حتی مستوفیان هم‌گاهی از محاسبه‌آن عاجز می‌ماندند برانداخت .

پدرم حتی دستور دادکه درمکاتبات وروابط با دول بیگانه‌کلمه «پرشیا» که در نوشته‌های دول بیگانه استعمال میشد بکلمه ایران تبدیل یابد . بخاطردارم‌که درجنگ دوم جهانی وینستون چرچیل درحالی‌که خودرا ناراحت جلوه میدادولی‌چشمکی‌شوخ‌مشربانه هم میزد میگفت‌که هیچکس

نمیتواند اورا مجبور کند که از «پرشیا» جز با کلمه «پرشیا» سخن بگوید. اخیراً دراثر استدعای چندین نفر از رجال ودانشمندان کشور، اینطور موافقت کرده‌ام که هردو کلمه «پرشیا» وایران درموارد مختلف مترادفاً بکار برود. ۶

شاید تصور کنید که باتوجه بمحیطی که پدرم دوران جوانی خود را در آن گذرانیده بود باصلاحات اجتماعی وفرهنگی علاقه‌ای نداشت درصورتیکه قضیه کاملا برعکس است. وی درسال ۱۳۰۵ روش قضائی جدیدی که اساس آن باقوانین محاکمات ملل اروپائی ومخصوصاً فرانسه منطبق بود درایران برقرارساخت ومحاکم دادگستری تازه ایجاد وحل وفصل امور ودعاوی حقوقی را ازچنگ محاکمی که بوسیله روحانیون اداره میشد بیرون آورد. درسال بعد کاپیتولاسیون را رسماً الغاء نمود وباوجودآنکه درکشور آموزگار ودبیر باندازه کافی موجود نبود بتعمیم تعلیمات اجباری مجانی مانند دول راقیه اروپائی وساختمان دبستانها ودبیرستانهای متعدد درتمام نقاط کشور اقدام نمود.

درسال ۱۳۱۲ دانشگاه تهران را درمحوطه‌ای بزرگ با ابنیه وسیع بسبك جدید احداث نمود. قبل‌از سلطنت او عده‌معدودی‌ازایرانیان‌برای کسب معلومات‌بخارجه‌مسافرت میکردند ولی‌درزمان اوبرنامهٔ اعزام محصل باروپا باهزینه دولت صورت اجرا یافته و هرسال صدها نفر از جوانان ایرانی برای تحصیلات عالیه باروپا اعزام شدند.

این بودشمه‌ای ازتغییرات‌واصلاحات‌اساسی‌ودامنه‌داری که پدرم درتمام امور مملکتی بعمل‌آورد. وی پایه وبنیان محکمی برای اقداماتی که من بعداز وی انجام داده‌ام بجای نهاد. نیت‌من‌آن‌نیست که بگویم پدرم دردوران‌سلطنت خود هیچ اشتباهی‌نکرد زیرا بشرهر که باشد ازخطاوزلل برکنار

نیست و هر زمامدار بزرگ مخصوصاً اگر مانند پدرم مرد عمل و اقدام هم باشد ناگزیر از بعضی اشتباهات مصون نخواهد بود. مثلا بعضی از کسانیکه پدرم را مورد احترام و قدرشناسی قرار میدادند احساس میکردند که در توسعه و بهبود وضع کشاورزی آن توجهی را که بتقویت صنایع کشور مبذول میکرد نداشت. همچنین از زمان تاجگذاری خود باینطرف پدرم مجلس شورای ملی را دائماً تحت سلطه خویش قرارداده بود هر چند هرگز بانحلال آن اقدام ننمود.

با وصف آن برای سنجش خدمات پدرم بکشور خود باید درنظر داشت که ایران آنروز با ایران کنونی تفاوت بسیار داشت و اگر پدرم بتوسعه صنایع بیش از کشاورزی اهمیت میداد برای آن بود که در ایران آنروز از صنایع و کارخانه تقریباً اثری نبود در صورتیکه کشاورزان ماهزاران سال بامر زراعت اشتغال داشتند. و نیز اگر پدرم از روش دموکراسی و پارلمانی استفاده نمیکرد بخاطر آن بود که عده رأی دهندگان باسواد که برای دموکراسی حقیقی لازم است تا دستگاه تقنینیه مؤثر و مفیدی را بوجود آورند بسیار معدود بود. در حقیقت پدرم با توسعه دستگاه فرهنگی و توجه بتعمیم سواد راه را برای نمو دموکراسی حقیقی صاف و هموار ساخت.

همچنین باید بخاطر داشت که شخصیت پدرم با من تفاوت بسیار داشت و طینت و سجایای ذاتی وی او را برای خدماتی که مصمم بانجام آنها بود کاملا مجهز ساخته بود ولی آن طینت و سجایا برای اوضاع امروز مناسب نبود. قطع دارم که اگر من در آن ایام بجای پدرم بودم نمیتوانستم کارهائی را که او کرد بهمان خوبی انجام دهم ولی شاید شخصیت من برای اوضاع ایران کنونی از شخصیت پدرم

مناسب‌تر باشد .

در هر صورت باید اذعان کــرد که اوضاع زمانه ونیازمندیهای روزگار افرادرا برای هردوره‌ای به تناسب همان دوره تربیت میکند هرچند آدمی تنها مولود ونتیجه اوضاع زمانه نیست وعوامل دیگر نیز درحیات او مؤثراست . چنانکه درفصل آینده خواهم گفت محیطی که درآن نشو ونماکرده‌ام بوسیله پدرم برای من ایجاد گشته و شخصیت وی قسمت مهمی ازآن محیطرا تشکیل میداد . با وصف‌آن نفوذ معنوی وعمیق ، سرشت ما دونفر یکسان نگردید. اگر من درهمانروز که پدرم بدنیا آمده‌بود چشم بدیدارآفرینش گشوده (یعنی باوی بردار توأم بودم) ودرهمان شرائط واوضاع زندگانی کرده بودم قطع دارم‌که باز شخصیت ما دونفر بایکدیگر تفاوت‌های بسیار داشت . دراین‌جا باید گفت‌که تصادف تاریخ درحیات ما دو نفر سهمی بزرگ داشته است . سرشت وذات پدرم درآنروز برای خدمت بکشور ایران ازمن بهتربودچنانکه سرشت من باهمه‌احترام وتحسینی که نسبت بپدرم دارم برای امروز ایران مناسب‌تر است وقطع دارم‌که اگر امروز حیات داشت این نکته را تصدیق میفرمود .

بهرحال پدرم مارا بجای فرار ازتمدن جهانی که‌مآلا بگمنامی ایران منتهی میشد بجهان باختر وتمدن آن توجه داد و اوبودکه ایرانیان‌را بدورهٔ جدید حیات ملی راهبری نمود وانقلابی که پدرم ایجادکرد سلطنت دوهزار وپانصد ساله‌شاهنشاهی ایران‌را بمسئولیت‌های‌تازه‌ای‌متوجه‌ساخت.

فصل سوّم

دوران کودکی من

در تمام اقطار گیتی پدر در رشد اخلاقی و فکری پسر تأثیر دارد. من نیز از این قاعده بر کنار نبوده ام و پدرم بیش از هر عامل دیگر در رشد اخلاقی من نفوذ داشته است. البته همانطور که گفته و خواهم گفت من هرگز آئینه تمام نمای اخلاق پدرم نشدم ولی وی در من از جهات بسیار نفوذ مثبت و منفی داشت و از این جهت باید این فصل را با ذکر بعضی از خصوصیات اخلاقی و شخصی او آغاز کنم.

بدون تردید همه کس حتی دشمنان پدرم معترف بودند که وی دارای شخصیت بسیار عجیب و خارق العاده ای بود. در عین اینکه ممکن بود پدرم نمونه خوش خلق ترین مردم جهان محسوب شود میتوانست رعب آورترین افراد گیتی

بشمار آید وچه بسیار مردان قوی‌الاراده ومقتدری بودند که ازیك نگاه او لرزه‌براندامشان میافتاد . دروی نیروئی عجیب درتعیین ارزش طبایع مردم وجود داشت و بایك برخورد نقاط ضعف وقدرت ودرستی ونادرستی اشخاص‌را چنان تشخیص میداد که گوئی ازچشمانش اشعه‌ای مرموز تااعماق قلب دیگران نفوذ میکرد وبهمین جهت بسیاری ازاشخاص قدرت نگاه کردن مستقیم بچشمان نافذ وی را نداشتند. پدرم برخلاف‌تصورمردم مردی‌مهربان‌ورقیق‌القلب بود و مخصوصاً نسبت بخانواده خود محبت و مهـــربانی فراوان داشت وهنگامیکه درمیان خانواده خود بسرمیبرد سختگیری وتندی‌او بمهر وموأنست ومحبت خاصی تبدیل میگشت مخصوصاً بامن‌که بولیعهدی خود برگزیده بود بامهربانی وخوشروئی رفتار مینمود وحتی‌گاهی باشفقت فراوان بامن بازی میکرد وبرایم آهسته آواز میخواند اما هرگز بیاد ندارم‌که درحضور دیگران چنین رفتاری‌کرده باشد .

ازصفات مشخصه او سادگی وبیزاری ازتجمل بود . بسیاری ازمردمیکه به نیـــروی شخصی بمقامی رسیده‌اند میخواهند بوسیله نمایش ثروت مادی خویش دیگران را تحت تأثیر قرار دهند . ازآن‌گذشته سلاطین مشرق بطور کلی در پی سادگی نبوده‌اند ، اما پدرم باکمال سرافرازی ازتجملات مسرفانه سلاطین قاجاریه پرهیزمیکرد و درتمام دوره سلطنت خـــود اغلب لباس ساده نظامی میپوشید . جورابهای او بافت ایران و از نوع متوسط و چکمه‌هایش کوتاه وکارکرده‌بود ومحتویات جیبش‌معمولاازیك‌دستمال ویك قوطی‌سیگارنقره که درآن سیگارهای‌ایرانی‌میگذاشت تجاوز نمیکرد ودر نظافت وپاکیزگی دقت ومـــراقبت

مخصوص داشت .

غذای او بعلت کسالت معده همیشه ساده بود . برای صبحانه فقط چای مینوشید واصلا از نان وپنیر وتخم مرغ ومیوه که صبحانه اغلب ایرانیهاست پرهیز داشت وشام وناهار جز برنج وجوجه آب پز چیزی نمیخورد و دراوقات کار بفواصل معین و دراستکان معمولی چای مینوشید . اثاثیه دفتر وی عبارت بود ازیک میز خاتم بسیار زیبائی که هنوز مورد استفاده من است ویک صندلی ویک نیمکت ویک تخته قالی ویک نقشه مفصل کشور ایران . درمنزل معمولا روی تشکی که برزمین گسترده میشد استراحت میکرد وهیچگاه از تختخواب استفاده نمی نمود . چنانکه من هم بسیار مایلم که بهمین نهج تمدد اعصاب کنم . برنامه روزانه او نیز بسیار ساده بود . معمولا ساعت پنج صبح از خواب برمیخاست وپس از استحمام وتراشیدن ریش که بسرعت انجام میگرفت برای صرف صبحانه (اگر بشود آنرا صبحانه نامید) سرمیز میرفت ودرهمان وقت اخبار و گزارشهای روزانه کشور را که تا آن ساعت تنظیم و ارسال گردیده بود مطالعه میکرد ودرست سرساعت هفت ونیم بدفتر کار خود میرفت . ابتدا رئیس دفتر مخصوص وبعد افرادی راکه احضار کرده بود می پذیرفت . پس از آن مذاکره با وزیران و سایر مأمورین آغاز میشد و تا ساعت یازده ونیم ادامه داشت . در آن ساعت ناهار میخورد و تقریباً از ساعت دو بعدازظهر بازبکار مشغول بود ومعمولا عصرها را ببازرسی دوائر مختلف ارتش و یا بررسی طرحهای عمرانی واداری میپرداخت . جلسه هیأت وزیران اغلب بعداز ظهرها درحضور او تشکیل میشد واز ساعت شش تا هشت بگزارشهائی که درعرض روز رسیده بود رسیدگی میکرد وسرساعت هشت شام میخورد وساعت ده شب

استراحت میکرد و چنانکه خود میگفت در رختخواب نیز بفکر تنظیم نقشه‌ها و اجرای برنامه‌های مختلف بود و باین ترتیب میتوان گفت که وی هیچگاه بکلی بیکار نبود .

از توجه به برنامه‌ای که ذکر آن رفت کاملا معلوم میشود که یکی از صفات مشخص و برجسته پدرم رعایت نظم و ترتیب و دقتی بود که در کلیه امور داشت . خوب بخاطر دارم هنگامیکه برای ادامه تحصیلات عازم اروپا شدم پدرم دستور داد که برنامه درس فارسی خود را که زیر نظر معلم خود فرا میگرفتم همه هفته باطلاع وی برسانم تا از پیشرفت کارمن مستحضر باشد . اتفاقاً یکبار پست تأخیر داشت و پدرم بقدری ناراحت شده بود که فوراً تلگرافی بمعلم من مخابره نموده و اورا از این تأخیر سرزنش نمود .

جز اوقاتی که با خانواده خود بسر میبرد وقت دیگری برای استراحت و تفریح نداشت و در عرض سال فقط یکی دوبار چند ساعتی بشکار میرفت . ورزش مخصوص او راه رفتن بود و بخوبی بخاطر دارم که پیوسته در دفتر کار خود قدم میزد و یا پیاده ببازرسی سازمانهای لشکری و کشوری میپرداخت و عصرها نیز گاهی در باغ کاخ اختصاصی خود راه میرفت و عموماً اشخاص را در حال راه رفتن بحضور می‌پذیرفت و این اشخاص باید همانطور در دنبال وی قدم بزنند . در اوقاتیکه رضا شاه پیاده حرکت میکرد معمولا مشغول فکر بود .

پدرم در معتقدات مذهبی نیز بسادگی و دوری از تظاهر پای‌بست بود و چون گروهی از روحانیون را مورد تعقیب قرارداده بود عده‌ای تصور میکردند که وی پای‌بند بمبانی مذهبی نیست در حالیکه این قضیه حقیقت ندارد . حقیقت اینست که وی بهیچوجه مایل نبود روحانیت بسیاست آلوده شود

وبهمین جهت روحانیون را شدیداً ازدخالت درامورسیاسی منع میکرد ومعتقد بود که درغیراینصورت نخواهد توانست برنامه‌های اصلاحی خود را با سرعت وشدتی که لازمه زمان بود بموقع اجرا بگذارد وبزمان طولانی‌تری نیاز میافتاد .

اما این امر دلیل آن نبود که وجود روحانیون را بیفایده بداند یا نسبت به معتقدات دینی بی‌اعتنا باشد ، بلکه برای روحانیون روشنفکر و ترقی‌خواه احترام بسیارقائل بود ویکی از نشانه‌های بارز اعتقاد وایمان وی علاقه‌ای بود که بحضرت ثامن‌الائمه امام رضا (ع) داشت وبهمین‌جهت بنام اصلی تمام پسران خود کلمهٔ «رضا» را هم اضافه کرده بود وهر گاه فرصتی دست میداد بزیارت مرقد امام هشتم علیه‌السلام میشتافت . همچنین وقتی قلباً خواهان اجرای یک برنامه اصلاحی بود نام پاک خداوند و یا یکی از ائمه اطهار را برزبان جاری میکرد واز آنها استمداد میجست .

هیچ‌کس باندازه پدرم بوطن خود ایمان نداشت واین ایمان بدرجه عشق شدید رسیده بود وبهمین جهت صمیمانه معتقد بودکه تمدن ایران از تمام جهات برتمدن جهان برتری دارد و گاهی ترقیات کشورهای دیگر را ناچیز میشمرد ولی در عین حال ازروش جدید تعلیم وتربیت استقبال میکرد . هیچکس مثل او برای پیشرفت وپرورش اجتماعی ایران اهتمام نداشت و درعین آنکه گذشته درخشان وپرافتخار وطن خود را بدیده تکریم واعجاب مینگریست وبحفظ آداب وسنن باستانی علاقه شدید داشت معتقد بود که برای حفظ تمامیت واستقلال وتأمین سعادت ملت باید کشور ما بسرعت هرچه تمامتر مراحل ترقی وپیشرفت را که جهان غرب پیموده است طی کند .

بهمین جهت با اینکه کمتر بخارج از کشور مسافرت

کرده بود پیوسته فکرش متوجه ایجاد کارخانه‌های جدید دستگاههای مولد برق ، سدها و تأسیسات آبیاری ، خطوط آهن و راه‌های شوسه ، ساختن شهرها و ایجاد آرتشهای نیرومند بود .

با آنکه سرچشمه اطلاعات و معلومات پدرم درباره پیشرفتهای علمی و صنعتی جهان امروزه درست معلوم نبود ولی همیشه از آخرین ترقیات صنعتی و اقتصادی و نظامی جهان آگاهی داشت . باید گفت که این اطلاعات را در نتیجه علاقه شدید به مطالعــه و ولعی که در استفسار و پرسش در موضوعات دقیق فنی داشت بدست میآورد .

پدرم تنها مردی باپشت کار و هوشیار نبود بلکه سرعت انتقال او از حد معمول تجاوز میکرد . او کمتر صحبت میکرد و بیشتر میاندیشید و هنگام صحبت جمله‌های کوتاه و پرمعنا ادا میکرد . سخنان او مربوط بموضوع و متضمن حقایق و واقعیات بود و با اینکه بحساب دانش و فرهنگ امروز تحصیلات مرتب نداشت ولــی بطور شگفت‌آمیزی نکات حساس هر مسئله دشواری را اعم از اشکالات فنی راه‌آهن سرتاسری ایران یا امور مربوط بسیاست خارجی بسهولت درک میکرد. از سخنان او عزم و اراده و روشنی تصمیم تراوش میکرد و بخوبی معلوم بود که بآنچه که میگوید اعتقاد و اعتماد دارد و بهمین جهت سخنانش که از قلب وی برخاسته بود بدون استثنا در قلب شنوندگانش می‌نشست و مؤثر میافتاد .

وی بر اعصاب خویش تسلط بسیار داشت و برخلاف تصور بعضی از اشخاص در دوران سلطنت خود هرگز بواقعی خشمگین نمیشد و اگر گاهی حالت غضب بخود میگرفت برحسب لزوم و مبنی بر مصلحتی بود ولی همواره اعصاب

خودرا دراختیار داشت .

یکی دیگر ازخصائص شگفت‌انگیز پدرم وقت‌شناسی او درامورسیاسی‌بود ومانند سیاست‌مداران بزرگ میدانست چه‌وقت کاری را آغاز و درچه هنگام از اقدامی اجتناب کند ومیتوانست درظرف یکدقیقه تصمیم مهمی اتخاذ نماید و یا درصورت اقتضا دهسال بـرای اجرای تصمیمی صبر وحوصله داشته باشد . غالباً افکار ونظریات خودرا بخوبی درذهن خویش مورد بررسی قرار میداد واطراف وجوانب آنرا می‌سنجید وآنگاه آنرا بموقع اجرا میگذاشت وشگفت آنکه همیشه وقت مناسب را برای اجرای نظریـات خود تشخیص میداد ودراین تشخیص هرگز اشتباه نمیکرد .

پدرم ازحیث پشت‌کار واستقامت جسمی نیز برافراد عادی برتری داشت . چنانکه تمام نیروی خود را بیدریغ در تجدید تأسیسات مختلف مملکتی بکار میانداخت و از دیگران نیزهمین‌کوشش را توقع داشت . کلیه سازمانهای دولتی را براساس جدیدی بنا نهاد وانضباط عجیب وعلاقه وی بخدمت بی‌شائبه در کلیه سازمانهای‌کشور اثر عمیق داشت . شیوهٔ او چنان بود که اغلب بدون خبـر و بطور غیرمترقبه ازمؤسسات‌کشوری بازدید میکرد واین‌بازدیدها را بیشتر دراول وقت اداری انجام میداد تا بوضع حضور وغیاب کارمندان نیز نظارت‌کرده باشد وهرگاه کارمندی دیـر بمحل خدمت خود حاضر میشد از نظر وی برکنار نمی‌ماند . مثلا روزی رضاشاه اندکی پس‌ازآغازوقت‌اداری بوزارت دارائی رفت ودستور داد درهای آن وزارتخانه را ببندند . چندتن ازکارمندان وازجمله وزیرمسئول‌که دیر بسرکار خود رسیدند خودرا پشت در بسته یافتند ودرنتیجه ازکاربرکنارشدند. این‌قضیه‌نمونه‌ای ازمبارزات فراوانیست

که پدرم برعلیه کاهلی وسستی ومسامحه درامور مداوماً بعمل میآورد .

رضا شاه نه تنها راه آهن را درایران ایجاد نمود بلکه ساعات خروج و ورود قطارها را معین میکرد وتخطی ازآنرا جائز نمیشمرد . دراین باره عکسی ازپدرم موجود است که هروقت بدان مینگرم مسرور میشوم واین عکس دریکی ازقطارهای مسافری درحالیکه بساعت خود نگاه میکند برداشته شده است و آثار مسرت ورضایت درچهره پدرم مشهود است زیرا مشاهده میکند که قطار درست بموقع وسرساعت معین وارد ایستگاه میشود .

در تاریخ ایران جدید پدرم نخستین کسی است که وقت شناسی را بمردم تعلیم داد واهمیت آنرا دائماً گوشزد مینمود . دراصل تنبیه وتشویق پدرم بیشتر بهجنبه تنبیه متمایل بود تا به تشویق وپاداش ، زیرا باعتقاد او کسی که کار خودرا خوب انجام میدهد بوظیفه خویش رفتار کرده است . برعکس اگر میدید کسی درانجام وظیفه قصوری کرده یا بنادرستی عملی را انجام داده است چنان رفتار میکرد که خاطی تمام عمررا درپشیمانی بسر برد . رویه پدرم در کارهائی که باید انجام میگرفت حاکی ازآگاهی او بطبیعت مردم خاورزمین و براساس قدرت آمرانه استوار بود ولی درسالهای اخیر که جامعه ما باصول دموکراسی آشنا تر گشته است اتخاذ رویه دیگری غیر ازشیوه پدرم برای حاضر کردن افراد بانجام وظائف ثمرات نیکوتری ببار آورده است .

برای تحریض مردم بجانفشانی و کوشش پدرم بنیروی اخلاقی ومعنوی خویش تکیه داشت و نتیجه این اتکاء هر گز منفی نبود زیرا ملت ایران ازنظر همان احترامی که بپدرم

داشت وترس ازسخط وی ازنقشه‌ها وهدفهای‌او پیروی می‌نمود .

درآغاز سلطنت پدرم مردم ازروی عشق وعلاقه بوی می‌نگریستند ولی دراواخر دوره سلطنت چون برای پیشرفت امور مجبور بود بفشار واعمال قدرت متوسل شود این‌عشق وعلاقه بحس احترام وتسلیم مبدل گشت ودرهر حال درتمام دوران سلطنت خود در کلیه افراد ملت نفوذ معنوی شگرف داشت .

پدرم دراحیای افتخارات باستانی ومجدو عظمت دیرین وطن ماکوشش بسیار داشت وهمیشه ازملت خود میخواست که میهن خودرا چنانکه شایسته افتخارات گذشته آنست سربلند نگاهدارند ودر راه تجدید عظمت دیرین ایران باوی گام بردارند. وی بدون آنکه یك برنامه جامع عمرانی مانند برنامه فعلی هفت ساله دوم ویابرنامه سوم که اینك درشرف تهیه است داشته باشد پیوسته پس ازاتمام یك طرح اصلاحی به طرح دیگر میپرداخت ولحظه‌ای از کوشش باز نمی‌ماند تامجموع این کوشش‌های سریع بشکل یك نقشه معقول اصلاحات درآید . باتصدیق باینکه درمیان اقدامات او بعضی ازطرح‌ها دقیق‌تر ومفیدتر بود وباتصدیق باینکه رویه او برای تحریض ملت بانجام آن نقشه‌های اصلاحی خالی ازخشونت نبود باید اذعان کرد که پدرم بنتایج شگرفی رسید و وقتی کارهای‌او وخدماتی‌را که بکشور کرده است جمعاً حساب میکنیم مشکل است تصور کنیم که دوره سلطنت وی بیش ازشانــزده سال نبوده ودرمدتی باین کوتاهی به پیشرفتهائیکه درفصل سابق بآنها اشاره کردم نائل‌آمده است .

ازنظر اخلاق شخصی پدرم مردشوخ طبعی بود هر چند

کسانی که خاطراتی ازدوران سلطنت وی دارند این‌نکته‌را تکذیب خواهند کرد . اما حقیقت همین است که گفته شد واو درمحافل خانوادگی مخصوصاً با خود من درنهایت سادگی‌ومحبت شوخی‌میکرد وحتی‌خارج ازمحافل‌خانواده نیز اغلب خنده پرصدای‌او بگوش میرسید وتصور میکنم آنچه بیشتر اورا بخنده میانداخت رویه مضحك ودرعین حال پر از وقار ظاهری‌کسانی بودکه از برخورد با وی میخواستند برچهره حقیقت پرده‌ای افکنده باشند .

چنانکه قبلا هم گفته شد پدرم در فهم افکار درونی مردم زبردستی داشت وازنگاه و وجنات قیافهٔ مردم بآنچه درضمیرشان میگذشت پی میبرد وبآسانی فریب نمی‌خورد .

هنگامیکه میدید بعضی ازدرباریان یامأمورین دولت ریا وچاپلوسی میکنند بآنها میخندید وازاین کار لذت میبرد . بنظر من نفرت پدرم از ریا وتظـاهر درباریان ومأمورین آن عصرکه بامبالغه وعبارات میان تهی وقت ذیقیمت‌را تلف مینمودند وباطن امور را فدای ظاهرآراسته میکردند بسیار واجب وضروری بود ، زیرا درایران جملهٔ معروف «دروغ مصلحت آمیز به ازراست فتنه انگیز است» بیش ازحد مورد استفاده قرار گرفته بود وتحمل این رویه باآن صراحت لهجه وصدق گفتاری‌که داشت برای وی غیر ممکن بود وازهمین جهت وقتی میدید اطرافیان میخواهند بازهمان روش‌را دنبال کنند ازخنده وتمسخر خود داری نداشت .

پاره‌ای تصور میکنندکه وی درنتیجه‌زندگی سربازی خود به‌شوخی یاتفوه بکلمات خشن‌راغب بود ولی این‌تصور بکلی غلط است ، زیرا من هرگز اززبان او اینگونه سخنان نشنیدم واصلا جز من با هیچکس بخوش دأبی نمی‌پرداخت

و کسانی که پیش وی میامدند یاچنان رعب دلشان‌را فرا میگرفت که بدنشان بلرزه میافتاد ویانسبت بوی احساس احترام وتکریم داشتند ودرهردو صورت امکان ارتباط خصوصی ومجال لطیفه گوئی هر گزپیش نمیآمد واین رویه حتی درمورد دوستان دیرین ونزدیك وی تفاوت نمیکرد. یاد دارم بایکی ازعموهایم که باوی بسیار نزدیك بود همین رفتار را داشت وشخصیت بارز و وقار ذاتی پـــدرم مانع هر گونه حرکت نامعقول وابراز کلمات وعبارات غیرمؤدب بود.

بهمین جهت گاهی پیش خود فکر میکردم که پدرم قطعاً درنتیجه اتخاذ این‌روش همواره احساس تنهائی‌میکند ولی بزودی متوجه شدم که تصور من صحیح نیست زیرا خصوصیات اخلاقی اوچنان بودکه کمتر احتیاج بروابط نزدیك و دوستانه با افراد داشت و آشنایان وی نیز هر گز جرئت اینکه خویشتن‌را با وی مأنوس جلوه دهند نداشتند. او همواره باافکارخود وکارهای مهمی که میخواست انجام دهد سر گرم بود و آنها را دوستان واقعی و یاران یکدل خویش میدانست. باوصف این درسالهای اخیر سلطنت که دائره مشاورین وندمای وی تنگتر شده بود تنی چند از دوستان نزدیك ویرا باجهان خارج مرتبط میساختند.

تقریباً پنج سال‌پیش رساله کوتاهی‌درباره خصوصیات پدرم نگاشته‌ام که بصورت کتاب بچند زبان زندهٔ دنیا چاپ ومنتشر گردیده است. درآن کتاب ضمن شرح‌اخلاق ورفتار پدرم نوشته‌بودم که «امیدوارم این‌شرح موجب‌شود که ملت ایران وعلاقه‌مندان باین آب وخاك خصوصاً طبقه جوان بمرد بزرگی که زندگانی خـودرا بیدریغ وقف سعادت وپیشرفت ورفاه هموطنان خود کرده است اندیشیده وشیوه

پسندیده اورا درعلاقه وخدمت بوطن ومردم سرمشق قرار دهند وانجام‌وظیفه‌را ازاو بیاموزندوبدانند که وظیفه‌مردی ومردانگی آنها اقتضا دارد که ترس وبیم‌را مقهور شهامت وپشتکار داشته وحق وحقیقت‌را جانشین نادرستی وباطل کنند. ازخصائل ناپسند وذمائم اخلاقی بپرهیزند ازتنبلی وتن آسائی شرمگین باشند وکار شرافتمندانه‌را هدف عالی و وسیلهٔ افتخار خود قرار دهند واین نکته‌را نیك دریابند که کار وخدمت بزرگترین زینت روحانی آدمی و موجب سرافرازی اوست.» این بود شمه‌ای ازخصال بارز پدرم که درتربیت من‌تأثیری بسیار عمیق داشت و ذکرآنها برای آن است که خوانندگان این سطور پیش‌ازآنکه ازدوران کودکی من سخنی برود ازعواملی که درروحیه من مؤثر بوده است تا درجه‌ای آگاهی پیدا کنند.

من درچهارم آبان سال ۱۲۹۸ درخانه‌ای کوچك وساده دریکی ازمحلات قدیم تهران چشم بدنیا گشوده‌ام. درآنموقع هنوز شهر تهران حصار داشت واطراف آنرا خندق خشکی فراگرفته بود. راه ورود بشهر ازدروازه‌های متعددی بود که شب‌ها برای حفظ شهر ازماجراجویان ودزدان مسلح بسته میشد واین دروازه‌هارا در دوران رهبری پدرم ازنظر علاقه‌ای که بعمران وآبادی ونوکردن ایران داشت خراب کردند.

چون دیری نگذشت که خانواده من نقل مکان کردند خاطره روشن و واضحی ازآن خانه قدیمی درذهن من نمانده وتنهاچیزی که ازآن دوران کودکی بیاد دارم منظره دلفریب سلسله کوههای مرتفع البرز است که تهران‌رادربر گرفته وهمیشه بمن ذوق والهام بخشیده است. همچنین هروقت درروزهائی که آسمان صاف بود بشمال شرقی شهر

نظرمیانداختم قله شامخ و باعظمت دماوند را میدیدم واین قله بلندکه فرق آن همیشه ازبرف مستور است مایه‌گشادگی خاطر من بوده است . بعدها دریافتم‌که این‌کوه با ۵۶۷۱ متر ارتفاع خود ازقله «من‌بلان» بلندتر وتقریباً یك برابر و نیم قله معروف فوجی‌یاما است .

دیگر ازخاطرات نخستین دوران‌کودکی من قیافه مردانه وقامت بلند پدر است‌که درآن هنگام وزیر جنگ بود وهرروزدرساعت معین بادرشکه بمحل‌کار خود میرفت ومراجعت میکرد. آنانکه‌به‌تشبیه ومضامین ادبی‌علاقه دارند باید بگویندکه درآن روزگارکه‌کوههای مرتفع احساسات مرا تکان میدادند پدرم‌که درشرف تعهد مقام نخست‌وزیری وشاهنشاهی‌ایران بود باآن همت‌بلند درشرف برطرف‌کردن دشواریهای‌کوه مانندکشور بود .

درایام‌کودکی بنیهٔ من ضعیف بود . خوب بخاطر دارم‌که یکروز درحمام زمین خوردم وکاسه سرم بشدت بزمین اصابت‌کرد . فراموش نمیکنم‌که نگاه نگران‌وحالت مضطرب «آقا هاشم» خدمتکاروفادارماکه اخیراً درگذشت بیش از درد بدن درمن تأثیر کرد .

جالب‌ترین خاطره دوران طفولیت من‌روزی است‌که پدرم بامراسم بسیار باشکوهی بعنوان «رضا شاه پهلوی» تاج شاهنشاهی برسر نهاد ومن نیز بولایتعهد برگزیده‌شدم. مراسم مجلل وبی‌نظیر تاجگذاری درتالار قصر گلستان وتخت طاوس باشکوه وتشریفـــات باستانی انجام گرفت وابهت وعظمت آن منظره درمن‌که درآن ایام شش سال‌بیش نداشتم تأثیری شگرف داشت .

من تازمان ولیعهدی بامادر وبرادران وخواهران خود زندگی میکردم ولی بعد ازتاجگذاری بدستور پدرم

از آنها جدا شدم و پدرم دستور داد که تحت تربیت خاصی که آنرا «تربیت مردانه» نام مینهاد قرار گیرم و برای قبول مسئولیت بزرگ آینده آماده شوم. درهمین موقع نام من دردبستان نظام ثبت شد ودرحقیقت این مدرسه بخاطر من و چهار برادر دیگرم تأسیس شد و من در کلاسی که جمعاً بیست‌ویك نفر دانش‌آموز داشت وهمه آنها ازبین فرزندان مأموران دولتی وافسران ارتش باکمال دقت واحتیاط انتخاب شده بودند مشغول تحصیل شدم وبرادرانم که کوچکتر بودند بکلاس‌های پائین‌تر رفتند. دانش آموزان این دبستان لباس نظامی میپوشیدند و برنامه درسی بسیار دشواری داشتند و زندگانی کودکی من نیز طبعاً در محیط نظامی یعنی درتحصیل وتمرین‌های سربازی میگذشت. گذشته ازتحصیلات دبستانی پدرم یك معلمه فرانسوی برای تعلیم زبان فرانسه ونظارت براموور زندگی داخلی من استخدام کرده بود. درنتیجه مساعی این بانو که بمناسبت ازدواج بایك ایرانی بانو ارفع نامیده میشد زبان فرانسه‌را درکمال روانی وسلاست مانند زبان مادری خود فراگرفتم ودریچه‌ای برای مشاهده افکار باختری دربرابر ذهن من گشوده گشت.

این بانو که من همواره خودرا رهین وی خواهم دانست درسال ۱۹۵۹ درپاریس درگذشت.

بااینکه درایام طفولیت بنیه نیرومندی نداشتم ولی بسیار چابك وبانشاط بودم وکمتر آرام میگرفتم وپیوسته درحال دویدن وپریدن وبالارفتن ازدرخت وسایر بازیهای معمولی پسران بودم. درزمان کودکی کشتی گرفتن که یکی از ورزش‌های بزرگ کشور ماست بسیار مورد علاقه من بود وبخاطر دارم که روزی بعلت کشتی گرفتن بعد از

غذا مورد مؤاخذه قرار گرفتم . زمستانها نیز از برف بازی خسته نمیشدم وازجمله بازیهای دیگرمن دراین‌ایام این بود که درمسیر جویبارهای کاخ ییلاقی‌سعدآباد باکمك دوستان خود باگل وسنگ سدبندی میکردیم وتقریباً میتوان گفت که آن سدها نمونه کوچکی بود از سدها و کارخانه‌های الکتریسیته‌که فشارآب قوه محرکه‌آنست وامروز درکشور درچندین‌نقطه ساخته شده‌است . همچنین درمجاورت نهرها خانه‌های چوبی‌وآجری‌بنا مینمودم ویابساختن پل‌وعمارات بادستگاه‌کوچك بازیچه‌که داشتم میپرداختم .

دردبستان نظام روزی دوساعت مجال استراحت داشتم ولی تمام این مدت صرف جست وخیز و بازیهای‌کودکانه میشد و با اینکه در ایران رسم است که کوچك و بزرگ بعدازظهرها مدت مختصری‌استراحت میکنند من‌بااین‌عادت عمومی تمایلی نداشتم چنانکه هنوز هم بخواب بعدازظهر علاقه‌ندارم وفراموش‌نمیکنم که درآن‌موقع بجای‌استراحت بعداز ظهر باتفاق عده‌ای از همدرسان خود با شور وشعف فراوان وسروصدای زیاد به‌بازیهای دسته‌جمعی میپرداختیم وخواب را ازچشم بزرگترها میگرفتیم .

یکی ازبازیهای مورد علاقه من درآن موقع بازی «دزد وپلیس» بود وبرای این بازی نفرات خودرا بدودسته دزد وپلیس تقسیم میکردم . درجریان این بازی جالب تمام انبارها وزیرزمینهای مرموزکاخ را زیرپا میگذاشتیم ولی باید اعتراف کرد که درآنموقع دستگاه‌کشف جرائم ما بسیار ناقص وبدوی بود . هنگامیکه بسن بلوغ رسیدم بیشتر باسب سواری وشکار میپرداختم وآقای آتابای‌که درحال حاضر میرشکار سلطنتی است در این ورزشها با من همراه بود . از ورزشهای جدید به‌فوتبال وبکس نیز بسیار علاقه داشتم

و بخاطردارم که مربی بکس من همیشه عینکی بچشم میزد وروزی درحین تمرین عینکش ازچشمش افتاد که من آنرا اززمین برداشتم وباو ردکردم که برچشم نهاد وباردیگر بتمرین ادامه دادیم . بازی دیگرمن و دوستانم درآنموقع چوگان بازی با دوچرخه بود که فوق‌العاده جالب توجه وهیجان‌انگیز بنظرمیرسید وتاآنجاکه اطلاع دارم ما اولین چوگان بازان دوچرخه سوار ایران بودیم .

ظاهراً با اینکه برحسب عادت ولیعهد باید تا حدی متکبر باشد و با افراد عادی نیامیزد ولی تاآنجاکه بخاطر دارم من دردوران ولیعهدی چنین‌صفاتی‌نداشتم وامیدوارم که درحال حاضرنیز چنین‌نباشم . درآنموقع دوست صمیمی من پسری بود بنام حسین فردوست که پدرش ستوان ارتش بود . حسین در دوران تحصیل درسویس‌هم بامن همدرس بود وبعد با درجه سرهنگی سمت استادی دانشکده افسری‌را عهده‌داری میکرد وفعلا درگارد شاهنشاهی مشغول انجام وظیفه است .

در دوران ولیعهدی همه روزه پدرم یکی دو ساعت از وقت خودرا بامن میگذراند واز سن نه سالگی ناهار را هم با اوصرف میکردم . منظور او ازاین برنامه منظم آن‌بود که شخصاً از وضع من با خبرشود و من از جریان اوضاع کشورآگاه گردم . کمی‌بعدازتاجگذاری پدرم دچاربیماری حصبه شدم وچند هفته بامرگ دست وگریبان بودم و این بیماری موجب ملال و رنج شدید پدر مهربانم شده بود . درطی این بیماری سخت ، پا بدایره عوالم روحانی خاصی گذاشتم‌که تاامروز آنرا افشاء نکرده‌ام . دریکی ازشبهای بحرانی کسالتم مولای متقیان علی علیه‌السلام را بخواب دیدم در حالیکه شمشیر معروف خود ذوالفقار را در دامن

داشت و در کنار من نشسته و در دست مبارکش جامی بود وبمن امر فرمود که مایعی را که درجام بود بنوشم . من نیز اطاعت کردم و فردای آنروز تبم قطع شد و حالم بسرعت روببهبودی رفت. در آنموقع با آنکه بیش از هفت سال نداشتم با خود می اندیشیدم که بین آن رؤیا و بهبودی سریع من ممکن است ارتباطی نباشد ولی در طی همان سال دو واقعه دیگر برای من رخ داد که در حیات معنوی من تأثیری بسیار عمیق برجای نهاد .

در دوران کودکی تقریباً هر تابستان همراه خانواده خود با مامزاده داود که یکی از نقاط منزه و خوش آب و هوای دامنه البرز است میرفتیم . برای رسیدن بآن محل ناچار بودیم که راه پرپیچ وخم وسراشیب را پیاده ویا با اسب طی کنیم . در یکی از این سفرها که من جلو زین اسب یکی از خویشاوندان خود که سمت افسری داشت نشسته بودم ناگهان پای اسب لغزیده و هردو از اسب بزیر افتادیم . من که سبکتر بودم با سربشدت روی سنگ سخت و ناهمواری پرت شدم و از حال رفتم . هنگامی که بخود آمدم همراهان من از اینکه هیچگونه صدمه ای ندیده بودم فوق العاده تعجب میکردند . ناچار برای آنها فاش کردم که در حین فرو افتادن از اسب حضرت ابوالفضل علیه السلام فرزند برومند **علی علیه السلام** ظاهر شده ومرا در هنگام سقوط گرفت از مصدوم شدن مصون داشت . وقتیکه این حادثه روی داد پدرم حضور نداشت ولی هنگامیکه ماجرا را برای او نقل کردم حکایت مرا جدی تلقی نکرد و من نیز با توجه بروحیه وی نخواستم با او بجدل برخیزم ولی خود هرگز کوچکترین تردیدی در واقعیت امر و رؤیت حضرت عباس بن علی (ع) نداشتم . سومین واقعه ای که توجه مرا به عالم معنی بیش از پیش جلب نمود

روزی روی داد که با مربی خود در حوالی کاخ سلطنتی سعدآباد در کوچه‌ای که با سنگ مفروش بود قدم میزدم. در آن هنگام ناگهان مردی را با چهره ملکوتی دیدم که بر گرد عارضش هاله‌ای از نور مانند صورتی که نقاشان غرب از عیسی بن مریم میسازند نمایان بود. در آن حین بمن الهام شد که با خاتم ائمه اطهار حضرت امام قائم روبرو هستم. مواجهه من با امام آخر زمان چند لحظه بیشتر بطول نیانجامید که از نظر ناپدید شد و مرا در بهت و حیرت گذاشت. در آن موقع مشتاقانه از مربی خود سئوال کردم: اورا دیدی؟

مربی من متحیرانه جواب داد: – «چه کسی را دیدم؟ اینجا که کسی نیست!» اما من اینقدر بحقیقت و اصالت آنچه که دیده بودم اطمینان داشتم که جواب مربی سالخورده من کوچکترین تأثیری در اعتقاد من نداشت. امروز که این ماجرا را بیان میکنم شاید بعضی افراد خصوصاً غربی‌ها تصور کنند که من خیالبافی میکنم یا آنچه دیده‌ام یک حالت ساده روانی بوده است، ولی باید بخاطر داشت که ایمان بعالم روح و تجلیاتی که بحساب ماده درنمیاید از خصائص مردم مشرق زمین است و چنانکه بعدها دریافتم بسیاری از مردم باختر نیز همین ایمان و اعتقاد را دارند و انگهی من در آن موقع هیچگونه دلیلی برای جعل این موضوع و بیان آن برای مربی خود نداشتم و امروز نیز انتفاعی از لاف زدن در این قبیل مسائل نمیبرم و جز عده معدودی از نزدیکان من کسی تا کنون از این جریان مستحضر نبوده است و حتی پدرم که همیشه خود را باو بسیار نزدیک و صمیمی میدانستم هرگز از این موضوع کوچکترین اطلاعی پیدا نکرد.

پس از این واقعه با وجود اینکه به بیماریهای سخت از قبیل سیاه سرفه، دیفتری و چند مرض شدید دیگر مبتلا

شدم هرگز مکاشفه دیگری برای من پیش نیامد . چنانکه در هشت سالگی مبتلا به‌بیماری جان فرسای مالاریا شدم و بانبودن وسایل مداوای امروزی ازاین بیماری بسختی نجات یافتم ولی درطی هیچیك ازاین بیماریها رؤیائی‌مانند آنچه نقل کردم نداشتم .

بهرحال از سن شش یا هفت سالگی اعتقاد و ایمان مداوم پیدا کردم که خدای‌بزرگ مرا پیوسته درکنف حمایت خود قرارداده وخواهد داد . ایمان باین امر رضایت قلب واطمینان خاطرخاصی برای من‌فراهم‌آورده است وازهمین جهت‌گاهی که‌اراده خودرا دربرابراراده باریتعالی‌می‌سنجم سخت نگران میشوم ومتحیرم که آیا اراده من مقهور است یامختاروهرگاه مشیت ازلی‌ونیروی‌الهی‌درحفظ وحراست من‌است پس‌ناگزیر این‌مشیت مبتنی برعلت ومصلحتی‌است . شاید این قبیل اعتقادات در نظرکسانی‌که خود را رند وصاحب نظر میدانند چندان مطبوع نباشد ولی بنظر من خداوند بزرگ درمخاطرات وبلایا حافظ وناصر من بوده ومرا بوحدانیت وعدالت خود مؤمن ساخته است وباین‌نکته مسلم سایرملل راقیه نیز معترفند چنانکه انگلیسها از بیان شعار معروف « خدا نگهدار شاه باشد » عار ندارنـد و امریکائیها عبارت « ما بخدا ایمان داریم » را برروی مسکوکات خود ضرب ونقش نموده‌اند .

مدتها پس‌ازاین وقایع دوران‌کودکی ، چهار حادثه دیگربرای من روی دادکه هریك درحد خود حائزکمال اهمیت بوده وموجب شده است که ایمان وتوجه بی‌شائبه‌ای که دردوران‌کودکی بمبدأ حقیقی‌داشته‌ام ادامه یافته وروز بروزمستحکمتر گردد: اولین‌حادثه‌هنگامی‌روی‌داد که‌برای بازدید سدی که‌تازه درشرف‌احداث‌بودبکوهرنگ درحوالی

اصفهان رفته بودم و هنگام مراجعت باتفاق یکی‌از امرای ارتش که سمت فرماندهی‌لشکر آن ناحیه‌را داشت بهواپیمای کوچك واختصاصی‌خود که روی‌باریکه مسطحی‌قرارداشت سوارشدم وچون پروانه خلبانی دارم واز راندن هواپیمای شخصی‌خود ویاهرهواپیمای دیگرخوشم میاید شخصاً پشت فرمان‌نشستم. این‌هواپیما ازنوع‌یك‌موتوره سبك‌بودوپس‌از ده‌دقیقه‌پروازناگهان‌موتورآن خاموش گردیدومجبوربودم که‌اجباراً دریك‌ناحیه‌کوهستانی‌دردره‌ای‌سنگلاخ فرودآیم. هرکس‌ازفن‌خلبانی‌اطلاع داشته‌باشد میداند که دراین‌موارد وقتی‌کاسته شدن سرعت هواپیما از حد معینی تجاوزکند هواپیما بدور خود میچرخد . چون موتور خاموش بود و نمیتوانستم در یك چنین دره تنگی هواپیما را طوری بگردانم که بطور عادی فرود آید ناچار سعی کردم سرعت هواپیما را تا حدی حفظ کرده وهمانجا بزمین سقوط نمایم. بنابراین پیش‌ازآنکه هواپیما بزمین برسد دسته آنرا کشیدم تادماغه‌هواپیما روبیالارفته وسرآن به‌تخته‌سنگی که مستقیماً درجلوما قرارگرفته‌بود اصابت‌نکند . سرعت هواپیماآنقدر کاهش یافته‌بود که فرضاً اگرازآن تخته‌سنگ هم میگذشتیم ممکن نبود که از سنگ بزرگتری که پشت آن قرار داشت بگذریم . همینکه هواپیما بسنگ اولی‌اصابت‌کرد چرخهای آن ازجاکنده شد وهمین‌امر هم موجب کاهش بیشترسرعت هواپیما شد وبدنه‌آن روی زمین سنگلاخ بنای لغزیدن نهاد و لحظه بعد ملخ هواپیما بسنگ صاف بزرگـــی برخورد وهواپیما روی‌زمین معلق زد وپشت بزمین وروبهوامتوقف گردید . ولی‌ما بطوراعجازآمیزی بدون کوچکترین صدمه درحالیکه باکمربندهای خود وارونه درجایگاه باز خلبان قرارداشتیم نجات یافتیم واین امر بقدری غیرمترقبه وباور

نکردنی ودرعین‌حال جالب بودکه بی‌اختیار خنده‌ام گرفت ولی افسر همراه من در حالی بودکه بهیچوجه نمیتوانست این واقعه را موجب خنده بداند .

بایـــد دیدکه این واقعه از حسن اتفاق و سازگاری بخت بود یانیروی نامرئی دیگری این‌بخت وحسن‌اتفاق را بوجود آورده بود ؟

شاید خواننده این یادداشتها بهترازمن بتواند دراین باره قضاوت نماید . ضمناً بد نیست اضافه‌کنم‌که ساختمان سدکوهرنگ‌امروزتمام شده وزمینهای مزروعی‌آن نواحی را آبیاری میکند .

دومین واقعه رهائی استان زرخیزآذربایجان ازتسلط اجانب بود . شرح این‌واقعه عجیب ونجات این استانرا که به‌تأییدات‌الهی وحس‌ناسیونالیزم ایرانی‌انجام یافت درفصل دیگری بتفصیل بیان خواهم کرد .

سومین واقعه عجیب و تلخ دوران سلطنتم در بهمن ۱۳۲۷ هنگامیکه در جشن سالیانه تأسیس دانشگاه شرکت میکردم روی داد . در آنـــروز لباس نظامی برتن داشتم وهنگامیکه ازاتومبیل پیاده شده ودرشرف ورود بدانشکده حقوق ومحل انعقاد جشن بودم ناگهان صدای شلیك گلوله بگوش رسیدوتیرهائی به‌جانب من شلیك شد. بااینکه بظاهر عجیب جلوه میکند ولی سه گلوله بکلاه نظامی من اصابت کرد وآسیبی به سرمن وارد نیامد ولی‌گلوله چهارم ازسمت راست‌گونه وارد وازلب بالائی‌وزیر بینی من خارج گردید.

شخصی که نسبت بمن سوء قصدکرده وبعنوان عکاسی بآن محل راه یافته بود دومتر بیشتر بامن فاصله نداشت ولوله طپانچه خودرا بسینه من قراول رفته بود . من و او هردو در روبروی هم قرارگرفته بودیم وکسی نزدیك ما

نبود که بین‌ما حائل باشد وازاینرو میدانستم هیچ مانعی برای اینکه تیرش بهدف برسد درپیش نداشت. عکس‌العملی که درآن لحظه فراموش نشدنی از خود نشان دادم هنوز درخاطرم است . فکر کردم که خودرا بروی‌او بیاندازم ولی فوراً متوجه شدم‌که اگر بطرف‌او جستن کنم نشانه‌گیری اورا آسان خواهم‌کردواگر فرار کنم ازپشت سر هدف‌قرار خواهم گرفت . ناچار فوراً شروع بیك سلسله حرکات مارپیچی کردم تامطابق یك تاکتیك نظامی طرف‌را درهدف گیری گمراه‌کنم . ضارب مجدداً گلوله دیگری شلیك نمود که‌شانه مرا زخمی کرد . آخرین گلوله درلوله‌طپانچه‌او گیر کرد وخارج نشد ومن احساس کردم که دیگر خطری‌متوجه من نیست وزنده‌ام . ضارب باغضب بسیار اسلحه‌را برزمین زد وخواست فرارکند ولی ازطرف افسران واطرافیان‌من محاصره شد ومتأسفانه بقتل رسید ومحرکین‌اصلی او درست معلوم نشدند . بعداً معلوم شدکه وی بابعضی ازمتعصبین دینی رابطه‌داشته ودرعین حال نشانه‌هائی ازتماس‌او باحزب منحله توده بدست آمد . نکته جالب آنکه معشوقه‌او دختر باغبان سفارت انگلیس درتهران بود .

خون از زخمهای من مانندفواره می‌جست‌ولی‌بخاطر دارم‌که درهمان حالت میل داشتم بانجام مراسم آنروز بپردازم ولی ملتزمین من مانع شدند ومرا به بیمارستان بردند ودرآنجا به‌بستن زخمهایم پرداختند . چندی بعد لباس نظـامی آغشته بخون من درباشگاه افسران تهران بمعرض نمایش گذاشته شد وهنوز کسانی که بباشگاه میروند آنرا پیش چشم خود خواهند دید .

این حادثه نیز ایمان مرا بمبدأ حقیقی وحمایت ذات بیچون احدیت قویتر ساخت وپیوند ناگسستنی مرا باخدای

بزرگ مستحکمتر نمود .

قضیه چهارم که شرح آن در این کتاب مندرج است معجزه بیست وهشتم مرداد سال ۱۳۳۲ بود که ایـران را از چنگال مصدق رهائی داد . دکتر مصدق مردی بود که امکان‌داشت رهبرسیاسی خوبی‌باشد ولی‌دراواخرحکومتش اسیر افکار افراطی خود و عده‌ای از اطرافیان و تلقینات غیرمستقیم یك دولت خارجی قرارگرفته بود .

اعتقاد قطعی من اینست که سرنگون کردن دستگاه مصدق کار مردم عادی کشورمن بودکه دردلشان بارقه‌مشیت یزدانی میدرخشید .

برمن‌مسلم‌است که کارهائی که دردوران‌سلطنتم کرده‌ام بیاری و اعانت یك نیروی نامرئی انجام‌گرفته است . من در اظهار ایمان و اعتقاد قلبی خویش بمبادی دین خجلت نمیبرم ولی نباید تصور کرد که من میخواهم ازاین رهگذر خدای نخواسته مدعی شوم که فرستاده یا وسیله اجـرای اوامر خداوند هستم و میل دارم این نکته را بطور صریح وآشکار بگویم که برای خود چنین سمتی‌را قائل نیستم .

ازاوان‌کودکی دانسته‌ام که دست‌تقدیرمرا بسرپرستی یك‌کشور باستانی و دارای تمدن‌که مورد ستایش من است خواهدگماشت وباید دربهبود وضع مردم‌کشور ومخصوصاً طبقه معمولی‌کوشش‌کنم . احساس میکنم که‌ایمان واقعی‌من بخداوند مرا درانجام این منظور مقدس‌کمك خواهدنمود وآنقدر خودبین نیستم که تصورکنم هر پیشرفتی که دراین راه نصیب من گردد جزبیاری خداوند یگانه میسرتواند بود.

فصل چهارم
تعلیم و تربیت شاه

چون پدرم مصمم بود که اصول ترقی و تعالی دنیای غرب را در ایران بکار اندازد بنابراین وقتی مرا باروپا فرستاد کسی ابراز تعجب نکرد زیرا همه میدانستند که وی میخواست ولیعهد خود را با تمدن مغرب زمین بیشتر آشنا ساخته و سر موفقیت ملل باختری را بر وی آشکار سازد.

برای انتخاب کشوری که باید در آن بتحصیل اشتغال ورزم پدرم مدتها اندیشه و تأمل داشت زیرا در عین آنکه آثار تمدن و ترقی و تعالی غرب را بدیده تحسین مینگریست بطور کلی به بیگانگان اعتقاد و اطمینان نداشت و بالاخره پس از مدتها مطالعه تصمیم گرفت مرا بسویس بفرستد. بنظر من این انتخاب از آن جهت بعمل آمد که پدرم میخواست

تحصیلات من در کشوری انجام گیرد که از رنگها و تعلقات سیاسی بر کنار باشد و چون سویس کشور کوچکی بود که همیشه در کشمکشهای سیاسی اروپا جنبه بی‌طرفی را رعایت میکرد آن کشور برسایر نقاط ترجیح داشت ، ومشاورین وی محیط کشور سویس را برای کسی که جداً در پی تحصیل باشد مناسب تشخیص دادند .

من در مـاه اردیبهشت سال ۱۳۱۰ از دبستان نظام فارغ‌التحصیل و در شهریور همان سال پس از گذرانیدن تعطیلات تابستانی آماده عزیمت بسویس شدم . بامر پدرم یکی ازپزشکان معروف بنام دکتر مؤدب‌نفیسی که در کودکی بیشتر بیماریهای سخت مرا معالجه ومداواکرده بود بعنوان سرپرست وطبیب مخصوص من تعیین شد ومقرر گردید که کلیه امورتحصیلی وشخصی من درسویس زیر نظر وبمسئولیت او اداره شود .

آقای مستشار هم که قبلا معلم ادبیات فارسی من بود مقرر شد بامن بسویس بیاید تا درآنجا نیز درس فارسی من ادامه یابد . ضمناً بصلاحدید پدرم قرار شد برادر ودونفر ازدوستان دبستان نظام نیز بامن همراه باشند . انتخاب این دو دوست بخود من واگزار شد ومنهم اول حسین فردوست (که قبلا هم ازاو نام برده‌ام) وبعد مهرپور تیمورتاش فرزند وزیر دربار پدرم را پیشنهاد کردم وپس‌ازآنکه مورد قبول قرارگرفت باتفاق آنها عزیمت نمودم (اما چند سال بعد چون وزیر دربار مورد بی‌مهری شدید پدرم قرار گرفت مهرپور اجباراً بوطن بازگشت) .

دربندرپهلوی باپدر ومادر ودیگر اعضای خانواده‌ام که بمشایعت من آمده بودند وداع کردم وباتفاق دکترنفیسی وآقای مستشار وبرادرم ودوتن ازدوستان فوق‌الذکر وارد

کشتی شدیم وبطرف بادکوبه حرکت کردیم وبعد ازعبور ازلهستان وآلمان بسویس وشهر ژنو رسیدیم . لازم بذکر نیست که این سفر برای ما چهار جوان که تاآنوقت هنوز ازموطن آسیائی خود بیرون نرفته بودیم بسیار جالب توجه بود . درژنو مدت دوهفته درکنسولگری ایران اقامت کردیم وسپس درلوزان بیك مدرسه خصوصی واردشدیم . درلوزان من وبرادرم دریك خانواده سویسی زندگی میکردیم . رئیس این خانواده مردی بود باسم آقای مرسیه که سه پسر ودو دختر داشت ومن ازاقامت وزندگی دربین این خانواده مهربان بسیار لذت میبردم . دوستان ایرانی من درمدرسه بطور شبانه روزی بسرمیبردند وبا ما زندگی نمیکردند . یکسال ازاقامت مادربین این خانواده گذشته بودکه بصلاحدید سرپرست ودستور پدرم بیك مدرسه شبانه روزی بنام (له روزه) که بین لوزان وژنو قرار داشت منتقل شدیم وعلت این انتقال آن بودکه پدرم میخواست تحصیلات من بشکل عادی ومنظم صورت گیرد وازانضباطی که درمدرسه شبانه روزی وجود داشت برخوردار باشم . مدرسه سابق که روزانه بود تقریباً ۱۵۰ محصل پسر ودختر داشت ولی مدرسه اخیر یك برابر ونیم آن دانش آموز پسر داشت ودخترها را نمی پذیرفت . ضمناً ترتیبی داده شدکه چهار برادر دیگرمن نیزسال بعد دراین مدرسه تحصیل کنند .

اقامت چهارساله من درسویس یکی ازمهمترین ادوار زندگی من بوده است ومحیط دموکراسی وکاملا غربی سویس درروحیات واخلاق من پس ازنفوذ معنوی پدرم بیش ازهمه تأثیر داشته است .

پرورش سریع جسمی من دراین کشور موجب حیرت خودم ودیگران شده بود ، زیرا چنانکه قبلا اشاره کردم

دردوران کودکی مزاجاً قوی نبودم ولی درسویس بسرعت رشد کردم وعضلات من قوت یافت . دررشته‌های مختلف ورزشی مانند پرتاب دیسك ، پرتاب نیزه ، پرش ارتفاع ، پرش طول ودو صد متر مقام قهرمانی یافتم و باخذ جوایز ورزشی نائل آمدم ودرفوتبال وتنیس هم بسمت رئیس دسته مدرسه برگزیده شدم ودراین دوره بود که بارزش واهمیت ورزش درتعلیم وتربیت جوانان وقوف کامل یافتم .

گمان نمیکنم این رشد جسمی دراثر برنامه غذائی مدرسه بود زیرا درایران نیز معلمه فرانسوی من مرا با غذاهای فرانسوی عادت داده بود وبا برنامه غذائی ما درسویس چندان تفاوتی نداشت . شك نیست که هوای سویس سالم و فرح بخش است ولی هوای تهران نیز مانند سویس است . بنظر من رشد جسمی من باید با رشد فکری من که دراین محیط تازه پیدا شده بود مربوط باشد .

درتهران همیشه دردرس‌های خود نمره‌های بسیار عالی میگرفتم وواقعاً نمیدانم که درآنموقع این نمره‌ها را ازنظر لیاقت شخصی واستحقاق دریافت میداشتم یا موٌقعیت ومقام من در نمره گذاری تأثیر داشت ، ولی در سویس که موقعیت اجتماعی افراد چندان تأثیری در وضع نمرات تحصیلی آنها ندارد نیز نمره‌های عـالی میگرفتم وفقط دردرس هندسه که مورد علاقه من نبود نمره خوب نداشتم وخودم هم نمیدانم چرا بهندسه مسطحه اینقدر بیعلاقه بودم درحالیکه به جبر ومقابله مثلثات وهندسه تحلیلی وعلوم طبیعی مـانند فیزیك وشیمی دلبستگی داشتم . بهرحال دربیشتر ازرشته‌های درسی نمرات ممتازی یافته وباخذ جوایزی نائل آمدم . تاریخ وجغرافیا وعلوم طبیعی ازجمله رشته‌های بسیار جالب ودلنشین درسی من بودند . درزبان

فرانسه نیز بسیار خوب پیشرفت کرده بودم وازمطالعه ادبیات فرانسه لذت بسیار میبردم .

معلمین این مدرسه درکار خود بسیار زبردست بودند ولی هیچیك ازآنها نفوذ مخصوصی درروحیه من نداشته وازدوستان مخصوص من نبوده‌اند وباید گفت که ازبرخی ازآنها نیز میترسیدیم . محصلین مدرسه برای من ازنظر شخصیت خودم ونه ازنظرموقعیت ومقام ارزش خاصی قائل بودند واین امر درروحیه من بسیار مؤثر بود . بخاطردارم که اطاق من پیوسته مرکز اجتماع محصلین بود ودرهمان موقع بود که ارزش معاشرت بیریاوآزادانه راکه ازخصائص دموکراسی غربی است دریافتم وهمین آزمایش مرا برای دقت وکوشش درتحصیل تشویق میکرد . درمطالعه یا بازی وورزش ویا درانتخاب رفیق براز آزادی توأم با انضباط آشناشدم وبخوبی‌دریافتم که انضباط بدون‌آزادی‌دموکراسی موجد دیکتاتوری است ودموکراسی بدون انضباط موجب هرج ومرج وبی‌نظمی است .

باوصف این‌حال زندگی من درمدرسه ازسایرمحصلین مجزا وبیشترازآنها مورد مراقبت بود زیرا اولا مواد درسی من سنگین‌تر ازآنها بود وگذشته از برنامه معمولی مدرسه آقای مستشاربرای من برنامه مفصلی درادبیات فارسی داشت واین‌برنامه بامرودستور پدرم بودکه بتحصیلات من درزبان وادبیات فارسی اهمیت بسیار میداد . ازطرف دیگرسرپرست من دکترنفیسی دررفتار وکردار وفعالیتهای من نظارت شدید داشت . دکترنفیسی امروزه درقید حیات نیست ومن تـاکنون ندانسته‌ام‌که این سختگیری ونظارت شدید او دررفتار من ناشی ازاوامر مستقیم پدرم بود یا بعلت علاقه شدیدی بودکه آن مرحوم بمواظبت وتربیت من داشت

بهرحال وضع من مانند یك زندانی بود وجز درمواقع خاص آنهم بمعیت سرپرست خود اجازه نداشتم ازمحیط مدرسه خارج شوم .

مواقعی که دوستانم وقت آنرا داشتند باشادمانی بسیار برای گردش بشهر میرفتند ولی من اجازه نداشتم که باآنها همراهی کنم . درایام تعطیلات عید میلاد وسال جدید کلیه دوستان با نهایت خوشدلی وآزادی بمجالس شب‌نشینی ورقص میرفتند وسال جدید را جشن میگرفتند ومن تنها دراطاق خود بسرمیبردم . تنها وسیله سرگرمی من دراین مواقع یك رادیو ویك گرامافون بودکه باآنهمه وسایل تفریح وخوشگذرانی که دوستانم دراختیار داشتند قابل مقایسه نبود . بنظر من این رویه صحیح نبود واگر خود دارای پسری بشوم حتماً اورا بدین ترتیب تربیت نخواهم کرد . بهرصورت خیال میکنم دوری وکناره گیری اجباری ازتفریح وخوشگذرانی مرا خیلی جدی وشاید بیش ازحد جدی ساخته باشد وامروز نیز آثار آن عزلت درروحیه من باقیمانده است . من درمقابل حوادث وخطرات وسایر مواقع آرام وملایم هستم وکمتر اختیار اعصاب خودرا ازدست میدهم وبنظر خودم ازخوش طبعی بی‌بهره نیستم ولی دربروز این خصلت ازسایر مردم معتدلتر وآرامترم .

من ازشوخی بجا ومناسب وکاریکاتورهای سیاسی وغیرآن لذت میبرم . ازگفتگو بااشخاص عادی وطبقات معمولی احساس مسرت وخرسندی میکنم وکودکان مورد علاقه فراوان منند وازبازدید دبستان‌ها وسخن گفتن بااطفال خردسالی که نسبت بمن رفتار ساده وبی‌پیرایه دارند لذت می‌برم .

هنگام اقامت خود درسویس اغلب درباره مسئولیتهای

آینده خود می‌اندیشیدم . بین من وپدرم هرهفته ارتباط مکاتباتی برقرار بود ولی بمادر وبرادران وخواهرانم کمتر کاغذ مینوشتم . تصور میکنم که آرزوی قلبی من دراینکه درآینده خردمندانه سلطنت کنم مرا وادارمیساخت که درامر تحصیل ومطالعه وکسب‌دانش وفضیلت بیش‌ازآنچه ازجوان محصل انتظار میرودکوشش وجدیت داشته باشم وبواسطهٔ همین آرزو درانتخاب مواد درسی دقت فراوان داشتم وتشخیص دادم‌که تحصیل رشته‌های علوم طبیعی مرا برای فهم مسائل دشوارصنعتی که برنامه توسعه منابع طبیعی کشور درپیش خواهد آورد آماده‌تر خواهد ساخت .

درفصل پیش راجع به پرورش روح ومعتقدات دینی خود سخن رانده‌ام . دردوران توقف دراروپا درمدت دو سال اول‌که با محیط جدید آشنا میشدم مجال تفکر درباره عقاید مذهبی خود نداشتم دیری نگذشت‌که این مسائل بیش‌ازپیش‌موردتوجه وعلاقه من قرارگرفت وبادای‌فرائض یومیه پرداختم ودرطی سه سال آخر اقامتم درسویس این فریضه وراز ونیاز بدرگاه باریتعالی را باخلوص‌نیت وتوجه قلبی انجام میدادم زیرا عزمم آن بودکه وقتی بسلطنت رسیدم درکلیه امورچراغ ایمان‌را فراراه خویش قراردهم .

درآن‌موقع نسبت بسیاست واصولی‌که میخواستم پس از رسیدن بمقام سلطنت اتخاذکنم اندیشه میکردم . علاقه من نسبت بمردم عادی‌کشور ومخصوصاً طبقه‌کشاورز ایران درهمانموقع مشهود بود ودرآن ایام صباوت فکری برای من پیش آمده بودکه وقتی بسلطنت برسم مدت دو یا سه سال کشاورزان املاك سلطنتی‌را ازپرداخت سهمی که ازدسترنج خود باید بدهند معاف و طوری‌کنم‌که هر خانواده دهقان

مبلغی اندوخته پیدا کند و بتوانند برای خویش خانه و وسائل کشاورزی فراهم بسازند و یا بکارهای لازمی که بدون داشتن سرمایه برای وی صورت پذیر نیست اقدام کنند. نتیجه این فکر ایام جوانی نقشه کنونی تقسیم املاك سلطنتی میان کشاورزان است که درفصل دیگر بتفصیل بشرح آن خواهم پرداخت.

فکر دیگری که در آن روزها درذهن من میگذشت آن بود که درزمان سلطنت یك صندوق شکایت عمومی ترتیب دهم تا هرکس تظلمی دارد بدون آنکه در کیفیت آن اندیشه کند بدان وسیله دادخواهی نماید و این صندوق‌ها زیر نظر مستقیم خودم باشد تا از حوائج و مستدعیات و نگرانیهای افراد ملت آگاه گردم و بنظر من آنچه مرا باین فکر متوجه ساخت همان داستان زنگ عدالت نوشیروان است که درفصل سابق ذکر آن رفته است.

هنگامی که دوره سلطنت من آغاز گردید آن فکر ایام دانش‌آموزی درمن قوت گرفت. دربادی امر بذهنم رسید که قسمت عمده اوقات خودرا دراختیار افراد عادی قرار دهم تا هرکس دشواریهای خود را حضوراً با من درمیان نهد ولی متوجه شدم که ملاقات با تمام افراد عملی نیست زیرا درساعات شبانه روز باید هشت ساعت وقت من صرف امور جاری وملاقاتهای رسمی بشود وهشت ساعت دیگر بخواب و خوراك وامورشخصی مصروف گردد ودرهشت ساعت بقیه طبعاً ممکن نبود بدون اینکه موجب رنجش یا دلسردی اشخاص فراهم گردد بتوان بیش ازده تا پانزده نفر را پذیرفت. ازاین جهت مصمم شدم ترتیب دیگری اتخاذ کنم که بآن وسیله هرکس بدون توجه بمقام ومنزلت خود بتواند ازطریق دفتر مخصوص درباره امور خصوصی

وشخصی خود بامن مکاتبه نماید . این رویه تاکنون ادامه داشته وهرنامه وعریضه‌ای که بنام من برسد ازطرف هرکس که باشد ازدهقان تا نخست وزیر بنظر من میرسد . درهرماه چندین صد نامه وعریضه میرسدکه تمام ویا خلاصه آنراکه ازطرف اعضای دفتر مخصوص تهیه شده وضمیمه اصل است مطالعه میکنم وبکلیه آنها جواب میدهم واگر مطلبی باشد که بکمك من یا دستگاههای دولت نیاز باشد ترتیب آن داده میشود . ادارات دولتی موظفندکه نتیجه اقدامات خودرا بمن‌گزارش دهند وتا آنجاکه امکان داشته باشد رضایت فرستندگان نامه‌ها فراهم گردد . برای تأمین همین نظر سازمان بازرسی شاهنشاهی را تشکیل داده‌ام‌که ازجمله وظایف آن رسیدگی به شکایات عامه مردم‌کشور است . شرح مفصل این سازمان را درفصل بعد خواهم نگاشت .

باری دربهارسال ۱۳۱۵ موفق‌باخذ دیپلم شدم وهنگام بازگشت بمیهن فرارسید . خانواده من دربندرپهلوی‌که ازمن مشایعت‌کرده بودند باستقبال فرزندی آمده بودندکه درظرف چند سال چنان تغییرکرده بودکه حتی برای پدر نیز شناختن وی درآن وهله دشوار بود . درآنموقع احساس کردم‌که دروضع عمومی بندرپهلوی تغییرات فراوان روی داده وبهیچوجه باوضع زمانی‌که ازآنجا باروپا رفته بودم قابل مقایسه نیست زیرا یك ده ایرانی بیك شهر اروپائی تبدیل شده بود . اندکی بعد متوجه شدم‌که این بندر نمونه کوچکی ازاقدامات عمرانی است‌که درکشور بعمل آمده ودامنه آن بتمام نقاط‌کشور بسط یافته است .

پس ازگذراندن تعطیلات تابستانی ودیدار خانواده به دانشکده افسری تهران وارد ومشغول تحصیل شدم . ۳ پدرم مایل بود دوره تحصیلات عالیه را دردانشکده افسری

بگذرانم وضمناً زیر دیدگان بصیر وی رموز شاهنشاهی را فرا گیرم . این میل وآرزوی او برای من ناگوار نبود زیرا همیشه بفرا گرفتن نکات ودقایق تعلیمات نظامی علاقه داشتم بعلاوه برای آشنا شدن بامسئولیتهائی که پدرم داشت اقتضا داشت که بیشتر درمصاحبت او باشم وتصمیم او ازاین جهت بسیار عاقلانه بود .

درآن زمان مستشاران نظامی فرانسوی دردانشکده افسری ماکه مطابق دانشکده افسری معروف «سن‌سیر» فرانسه تشکیل‌یافته وبهمان‌طرزاداره میشد خدمت‌میکردند. امروز ازوجود مستشاران نظامی آمریکا استفاده میکنیم ودانشکده افسری ما ازرویه دانشکده‌افسری «وست‌پوینت» آمریکا پیروی میکند ودوره تحصیلی آن هم ازدوسال بسه سال افزایش یافته است . دردانشکده افسری علاوه بربرنامه عادی ومقرر دانشکده یك دوره اختصاصی سوق‌الجیشی وتاکتیك را نیز فراگرفتم وبالاخره دربهار سال ۱۳۱۷ با درجه ستوان دومی فارغ‌التحصیل شدم وبلافاصله بعنوان بازرس‌درارتش شاهنشاهی مشغول خدمت گردیدم . درانجام این وظیفه هرروز دوبار صبح وعصر برای بازدید وضع سربازان‌وواحدهای‌ارتش بتأسیسات‌وادارات‌نظامی سرکشی میکردم ودر مانورها شرکت مینمودم ودر عملیات افراد نظارت مستقیم داشتم وحتی‌مشق سربازان‌را زیرنظرمیگرفتم وگاهی شبها هم بمانورهای نظامی میرفتم . این برنامه سنگین بود وزندگانی رایکنواخت میکرد ولی چون بارتش علاقه بسیار داشتم ودرتجدید وتشکیل ارتش نوین خدمتی بعهده من محول بود احساس خستگی نمیکردم . درهمان موقع بودکه بمرحله زناشوئی وارد شدم وبایك شاهزاده خانم مصری (والاحضرت فوزیه) ازدواج کردم که تفصیل

آن درفصول آینده نگاشته میشود .

علاوه بر وظایف نظامی که برعهده داشتم مجبور بودم هرروز پدرم را ملاقات کنم و این ملاقاتها گاهی صبح و اغلب نیم ساعت قبل ازظهر صورت میگرفت ودرموقع صرف ناهار درحضور وی بودم وچه بسا اتفاق میافتاد که بعدازظهرها نیز برای پاره ای از امور احضار میشدم ودرتمام این ملاقاتهای روزانه درباره اوضاع جاری وسیاست داخلی وخارجی کشور مذاکره میکردیم . در مسافرتهائی که پدرم بنواحی مختلف ایران میکرد نیز با او همراه بودم زیرا پدرم علاقه داشت که مرا با خود بنقاط گوناگون مملکت برده و با وضع عمومی مردم و موقعیت جغرافیائی کشور ومسائل مربوط بهرناحیه آشنا سازد . ودرطی این مسافرتها هم راجع بجزئیات امور بامن مذاکره میکرد ولی باید دانست که کلمه مذاکره دراین مورد کاملا بمعنای واقعی خود استعمال نشده است زیرا اصولا کلیه مأمورین دولت ومسئولین امور کشور درهنگام صحبت بقدری مرعوب وی واقع شده وجانب تکریم وادب را نگاه میداشتند که مجال مذاکره بمعنای واقعی کلمه باقی نمیماند . من هم اغلب با اشاره واختصار عقاید ونظریات خود را بدون اینکه جنبه مذاکره ومباحثه داشته باشد بسمع او میرساندم ، با وصف این در آن سن نوزده سالگی گاهگاه هم عقاید خود را صریحاً درمسائل مختلف بوی عرضه میداشتم وعجب این بود که او همیشه نظریات وعقاید مرا بادقت وحوصله استماع مینمود وپیشنهادات مرا کمتر رد میفرمود . مثلا در اثر شفاعت مصرانه من بسیاری اززندانیان سیاسی آزادی یافتند . شاید جای افسوس باشد ولی یکی ازاین افراد دکتر مصدق بود که بعداً دردوره زمامداری خود چیزی نمانده بود که کشور

را بافلاس بکشاند وسلسله‌ای را که پدرم بنیاد نهاده بود براندازد . با آنکه مصدق بارها گفته بود که من جان ویرا از خطر مرگ نجات داده‌ام همه دیدند که این دین را بچه طریق عجیبی ادا کرد و چگونه از من حق شناسی نمود ! ۴

پدرم مصدق را باتهام همکاری بایک دولت خارجی و توطئه بر علیه دولت ایران توقیف کرده بود و نمیدانم درفکر وی چه میگذشت که مخالفین خود را بهمکاری با خارجیها مخصوصاً انگلیسها متهم میکرد . مصدق بنقطه دورافتاده وبد آب وهوائی تبعید شد وچون پیر وعلیل بود باحتمال قوی از این تبعید سلامت بازنمیگشت ولی من از او شفاعت کردم و وی پس از چند ماه آزاد گردید . در فصل آینده شرح خواهم داد که از این آزادی چه استفاده‌ای کرد . گاهی که در این باره فکر میکنم درصحت اقدام آن روز خود و شفاعت از وی مردد میشوم ولی نسبت باغلب کسانی که در اثر شفاعت و کوشش من از زندان آزاد شدند احساس مسرت وخرسندی میکنم .

واقعه جالب دیگری در اثر روابط صمیمانه خود و پدرم در آن روزگار بخاطرم مانده است . در این واقعه حق بجانب پدرم بود و من در اشتباه بودم . روزی در معیت او از ناحیه کلاردشت دیدن میکردم وهنگامی که برای رفع خستگی بچادری که برای ما ترتیب داده بودند رفتیم پدرم درحالی که در چادر قدم میزد در ضمن صحبت گفت « میل دارم دستگاههای دولتی کشور را طوری اصلاح کنم که اگر روزی چشم ازجهان پوشیدم امور مملکت بدون نظارت مستقیم مقامات بالا جریان عادی خود را طی کند» .

این سخن پدرم بمن که در آنموقع هنوز جوان حساسی بودم ورشدفکری کامل نیافته بودم گران آمد و آنرا وهن آمیز

تصور نمودم زیرا فکر میکردم منظور او انست که بعدازوی من قادر بانجام تکالیف خود نیستم وبدرستی نمیتوانم جای اورا بگیرم . این تصور مرا افسرده ساخت ولی بروی خود نیاوردم تاآنکه دراثر وقایع شهریور ۱۳۲۰ پدرم مجبور باستعفا شد وپس ازعزیمت او سازمانهای مملکت بهرج ومرج عجیبی دچار گردید . درهمان موقع بودکه بیاد پیش بینی ونگرانی همیشگی او دراینمورد افتادم وازاینکه آرزوی او درزمینه ایجاد دستگاهها وسازمانهای منظمی که منظورش بود صورت عمل بخود نگرفته بسیار متأثر شدم .

در مورد اشغال ایران در طی جنگ بین الملل دوم نظریات ناصواب و گمراه کننده ای اظهار شده است . برای آگاهی ازسوابق امر باید گفت که پدرم با دولت آلمان روابط اقتصادی وفرهنگی نزدیك برقرار کرده بود وتاسال ۱۳۱۷ یعنی یکسال قبل ازآغاز جنگ دوم دراروپا ، آلمان درتجارت خارجی ایران مقام اول را حائز بود وروسیه درمرتبه دوم قرار داشت . آلمانیها ازما بیشتر پشم خام وپنبه میخریدند ودرمقابل ماشین آلات صنعتی ولوازم فنی میفروختند . ضمناً عده زیادی ازمهندسین ومتخصصین فنی آلمانی در کشور ما کار میکردند ودرتوسعه تأسیسات صنعتی وفنی مانند احداث وتوسعه راه آهن وایجاد بنادر وتأسیس کارخانه ها بما کمک مینمودند. بهمین جهت دربیشتر تأسیسات صنعتی کشور ما از وسائل و آلات فنی آلمانی استفاده میشد وبرای ایستگاه رادیو تهران نیز فرستنده های آلمانی نصب گردید . پس ازاتمام ساختمان وبکار افتادن کارخانه ها متخصصین آلمانی مدتی برای اداره دستگاهها در ایران توقف میکردند وبسیاری ازصاحبان کارخانه ها ومؤسسات بازرگانی آلمان درایران نماینده داشتند . عده ای از ایرانیان

نیز بمنظور تحصیل با لمان میرفتند و استادان آلمانی در دانشگاه تهران تدریس میکردند و ریاست دانشکده‌های کشاورزی و دامپزشکی را عهده‌دار بودند.

نازیها مجموعه بزرگی از نشریات تبلیغاتی و کتابهای مختلف دیگر بکتابخانه ملی ایران اهداء و برنامه‌های وسیع تبلیغاتی رادیوئی برای ایران تنظیم و اجرا نمودند و نماینده خبرگزاری رسمی آنها نیز در ایران بروزنامه‌های ما اخبار میرسانید و در اینجا مرکز تبلیغاتی دائر کرده بودند. اینکه پدرم با آلمان روابط بسیار نزدیک اقتصادی برقرار کرد تعجبی نداشت زیرا اشیاء ساخت آلمان و تبحر متخصصین آن در تمام دنیا شهرت بسزا داشت و مقررات بازرگانی آنها هم بسیار سهل و ساده بود. بعلاوه این کشور هیچگونه سوابق استعماری در ایران نداشت و در امور داخلی ما بندرت مداخله کرده و با دو دولت بزرگ امپریالیستی که مدتها موجبات زحمت ما را فراهم ساخته بودند مخالف بود.

از طرف دیگر آلمانیها نیز از اصل وحدت نژاد آریائی دو ملت ایران و آلمان استفاده تبلیغاتی میکردند. ملت ایران هم با روش حکومت مقتدر خو گرفته بود و غافل از این بود که هیتلر نیز در پایمال کردن آزادی بشریت از استالین پای کم ندارد.

گذشته از این پدرم برای ادامه برنامه‌های عمرانی و صنعتی خود و تقویت ارتش احتیاج فوری به لوازم فنی و متخصصین کارآزموده آلمان داشت. وقتی متفقین بر دریاها تسلط یافتند و جریان ورود کالاهای آلمانی بایران بمیزان قابل توجهی تقلیل یافت انگلیسها پیشنهاد وام عمده‌ای بایران کردند که بوسیله آن احتیاجات خود را از منابع متفقین تأمین کنیم ولی وزارت دارائی این پیشنهاد را رد

کرد زیرا متفقین اشیائی راکه مورد احتیاج ما بود خود لازم داشتند وبدین جهت تا زمانی‌که متفقین‌کشور مارا اشغال‌کردند ورودکالای آلمانی بایران ازطریق خشکی ادامه داشت .

ازطرف دیگر برخلاف عقیده برخی ازتاریخ نویسان پدرم ازهیتلر خوشش نمی‌آمد . زیرا درسال ۱۹۳٤ که به ترکیه مسافرت نموده بود داستانهائی از نخوت وغرور آلمانیهاکه درجنگ اول جهانی باترکیه متحد بودند شنیده بود وازسال ۱۹۳۰ باین طرف نیز همان رفتار را ازهیتلر وپیروانش مشاهده مینمود. بعلاوه سیاست جهانگیری هیتلر دراروپا پدرم را ازاینکه اجازه دهدکشور ایران تحت نفوذ آلمان درآید بــرحذر میداشت وبالاخره چون خودش تمایلات دیکتاتوری داشت وجود دیکتاتور دیگری مانند هیتلر برای وی تحمل ناپذیر بود .

روزیکه آتش جنگ دوم دراروپا زبانه‌کشید ایران بیطرفی خودرا اعلام داشت زیرا پدرم بهیچوجه میل‌نداشت که‌کشورش دچار جنگ بشود . ازاینرو اعلام داشت‌که دولت ایران دربرابر هرگونه عملی‌که ازطرف دول محور ویا دول متفق پیش‌آید قدرت حفظ بیطرفی خودرا دارد . سیاست پدرم دراین جمله خلاصه میشدکه بیطرفی باید با قدرت توأم باشد . پس ازحمله هیتلر به‌کشور روسیه‌که درروز ۲۲ ژوئن ۱۹٤۰ رخ دادکشورایران بیطرفی خودرا مجدداً تأیید وتأکیدکرد .

حمله عظیم آلمان بشوروی برهمه‌کس ثابت‌کردکه جز باکمك سریع انگلیس وآمریکا بقای روسیه ممتنع است . باتوجه دقیق‌به‌نقشه جهان دشواری متفقین درانتخاب راه عملی برای رساندن این‌کمك آشکار میشود زیــرا

«ولادی وستك» وسایر بنادر شوروی درخاوردور تحت مراقبت شدید نیروی دریائی ژاپن بود که عملا درماه سپتامبر ۱۹٤۰ باآلمان همدست ومتحد شده ولی هنوز وارد جنگ نشده بود . بعلاوه مسافت این بنادر ازجبهه غربی روسیه بسیار زیاد بود . متفقین ازطریق بندر «مورمانسك» که در کرانه اقیانوس منجمد شمالی واقع شده است بروسها کمکهائی میکردند . این راه دریائی بسیار خطرناك بود زیراکشتی‌های حامل‌مهمات‌بآسانی‌موردحمله‌زیردریائیهای آلمان‌که درکرانه‌های نروژ درکمین بودند قرارمیگرفتند. بعلاوه‌تجهیزات وتسهیلات‌راه‌آهن‌وامکانات‌بندرمورمانسك بسیارمحدود وغیرکافی‌بود وممکن‌نبود بسرعت این بندررا برای این امرمهم حاضر ساخت . ازلحاظ فرضی (تئوری) راه مدیترانه و دریای سیاه برای‌کمك بروسها عملی بنظر میآمد ولی خطر دریای مدیترانه برای کشتیرانی متفقین هرروزافزایش میبیافت ، بعلاوه‌ترکیه‌که سعی‌داشت بیطرفی خودرا مانند ایران حفظ نماید تنگه داردانل را بسته بود وچون عرض این تنگه دربعضی نقاط ازیك میل هم‌کمتر است با زور داخل شدن بآن هم با مقاومت شدید ترکها مواجه میشد وباحتمال قوی موجب مداخله آلمانهاکه یونان وبلغارستان را در تصرف داشتند میگردید . نتیجه این مشکلات آن شدکه متفقین یگانه راه عملی را برای انجام منظورخود درنظرگیرند وآن طریق خلیج‌فارس وراه‌آهن سرتاسری ایران بود وازطعنهٔ تقدیر روس وانگلیس نه‌تنها وطن عزیز پدرم را اشغال‌کردند بلکه ضربه‌ای دردناك هم برروح وی وارد آوردند بدین کیفیت که راه‌آهن سرتاسری ایران راکه تازه بنای آن تکمیل شده ومورد علاقه شدید وی بود بعملیات خود انحصار دادند .

درآن زمان دستگاه تبلیغاتی انگلیسی‌وروسی میگفتند که علت ورود متفقین بایران این‌بود که پدرم نقض‌بیطرفی کرده وحاضر نشده‌است آلمانهای مقیم ایران‌را اخراج کند. ولی این دلیل بسیار سطحی و کودکانه بود زیرا اولا درآن موقع تنها متخصصین آلمانی درایران نبودند بلکه عده زیادی هم ازاتباع متفقین درکشور ما اقامت وتحت حمایت قانون‌ایران قرارداشتند. ثانیاً باتوجه بآنچه‌که درفوق گفته شد خطری‌که متفقین را تهدید میکرد خیلی‌بزرگتر ازقضیه جزئی اقامت تنی چند ازاتباع آلمان درایران بود وامروز همه بامن هم عقیده‌اندکه اگر متفقین راههای ایران را برای رساندن مهمات ضرور نداشتند باحتمال قوی‌کشور مرا درجنگ دوم جهانی اشغال نمیکردند. این نکته را هم باید در نظر داشت‌که اگر آلمان‌ها خط دفاعی روسیه را درقفقازدرهم شکسته بودند چنانکه درحمله بهارسال۱۹۴۲ نزدیك‌بود باین‌کار توفیق‌یابند بدون تردید به‌پیشروی‌خود درداخله ایران ادامه میدادند زیرا همه‌کس میداندکه طبق طرح معروف بطرح روزنبرگ هدف نازیها آن بود که فتوحات خودرا درخاورنزدیك تاحدود خلیج فارس‌امتداد دهند وبهندوستان نزدیك شوند. وازآن‌گذشته علل‌دیگری آنها را برسیدن بخلیج فارس وادار میکرد زیرا در ضمن اینکه میخواستند نفت‌قفقازرا بخود اختصاص داده وروسها راازآن‌محروم‌سازندآرزوداشتندکه‌نفت‌ایران‌وپالشگاه‌های آن‌را تصرف نمایند ودست انگلیسها را ازآن‌کوتاه سازند. آلمانهابخوبی‌میدانستندکه‌نیروی دریائی‌انگلیس‌ونیروهای زمینی وهوائی متفقین سوخت خودرا ازنفت ایران تأمین میکنند وکوشش‌میکردندکه یگانه راه رساندن‌کمك متفقین را بروسها ازکار بیاندازند.

دراین موقع رابطه علت ومعلول قضایا را باید درنظر آورد . اگر متفقین از راه ایــران آنهمه مهمات بروسیه نمی‌رسانیدند احتمال میرفت که حمله آلمان‌ها درسال ۱۹۴۲ به‌پیروزی منتهی گردد و کشور من را نیز مسخر کنند . شاید بعضی از هموطنان از این پیروزی که موجب محو نفوذ روس‌وانگلیس‌بود استقبال‌میکردند ولی‌دیریازود زندگانی زیر تسلط هیتلر آنها را مأیوس میساخت . بهرحال وقتی از گوشه و کنار خبر انعقاد قرارداد سری روس وآلمان که بموجب‌آن روسها حق تسلط بر کشور ایران را بدست‌آورده بودند بگوش‌آنها رسید تغییر عقیده دادند زیرا این‌قرارداد از قرارداد سال ۱۹۰۷ روس وانگلیس خطرناکتر ومضرتر بود . درسال ۱۹۴۱ پیروزی آرتش‌های آلمان در روسیه واحتمال پیشروی‌آنها ازطریق قفقازبطرف جنوب انگلیسها را بیش‌ازپیش‌نگران ساخت که مباداهندوستان و کانال سوئز ومناطق نفت خیزخاورمیانه بمخاطره افتد .

درآخرهمین سال روسها حمله بزرگ خودرا آغاز کرده و برنامه تعرضی آلمانها را بهم زدند وچند ماه بعد حمله بهاری آلمانها را درهم شکسته و پیشرفت آنهــا را متوقف ساختند و باوصف آن متفقین چندان به نتیجه امر اطمینان نداشتند چنانکه چرچیل درکتاب خاطرات جنگ دوم خود چنین مینویسد :

« . . . حتی در اوت ۱۹۴۲ پس از مسافرت بمسکو وکنفرانسی که درآنجا منعقدگردید ژنرال بروک که همراه من آمده بود عقیده داشت که نیروهای آلمان ازکوههای قفقاز گذشته وحوضه دریای خزر را تصرف خواهندکرد . بهمین جهت ما نیز خودرا بطورکامل وکافی آماده جنگ تدافعی درسوریه نمودیم . . »

متفقین بغلط یا صحیح عقیده داشتند که روابط دوستانه و ملایمی که آلمانها با ایران برقرار ساخته بودند مقدمه تسخیر ایران است زیرا آلمانها در اثر تجاربی که در طی فتوحات خود در اروپا اندوخته بودند طرز نفوذ بکشورهای مختلف جهان و تضعیف داخله آنها را تکمیل کرده و حمله برق آسا را فقط برای اضمحلال نهائی کشورها بکار میبردند. متفقین آثار تبلیغات آلمانها را در ایران مشاهده مینمودند و خیال میکردند که خراب کاران آلمانی میتوانند در کمال سهولت براه آهن سرتاسری ایران دست یابند و حتی اگر ضرورت ایجاب کند به راه آهن و پلهای بزرگ و تونلهای آن خسارات عمده وارد کنند و منهدم شدن یک پل یا یک تونل بزرگ، راه آهن ایران را ماهها از کار میانداخت. تأسیسات نفتی و پالایشگاههای آن نیز برای بمباران هدفهای خوبی بشمار میایند و متفقین احساس میکردند که ممکن است میدانهای نفت جنوب ایران آلمانها را باقدام چنین امری تحریض نماید. شاید ذکر این نکته بیفایده نباشد که هشت کشتی باری آلمانی و ایتالیائی در بندر شاهپور توقیف شده بود و هر چند این کشتی‌ها تحت نظر و مراقبت دائم دو ناو جنگی ایران قرار داشتند ولی ملوانان آنها در داخل کشتیها متوقف بودند و متفقین میترسیدند که مبادا یکی از این کشتیها از کوچکترین غفلتی استفاده کرده و خود را عمداً در شط العرب غرق نماید و مدخل منحصر بفرد لنگرگاههای پالایشگاه عظیم آبادان را مسدود سازد. شاید این وحشت متفقین زیاد هم بیجا نبود زیرا تصور میرفت که بعضی از کشتیهای مزبور حامل مواد محترقه باشند و بعید نبود که برای انجام چنین مقاصدی بکار بروند. چنانکه وقتی نیروهای انگلیس وارد جنوب ایران شدند ملوانان دو کشتی آلمانی دست بانفجار

کشتیهای خود زدند و یکی از آن کشتیها بشدت متلاشی و ویران وغیرقابل استفاده گردید ولی این عمل درنقطه‌ای از شط اتفاق افتاده بود که راه عبور ومرور شط را مسدود نساخت.

از اواسط سال ۱۹۴۰ نگرانی انگلیسها نسبت بنفوذ آلمان درایران افزایش می‌یافت وچند بار بطور دوستانه بدولت ایران دراینمورد اخطار وپیشنهاد نمودند که تعداد متخصصین و مستشاران مختلف آلمانی و ملیت‌های دیگر درکشور ما محدود گردد ولی پدرم خاطرنشان ساخت که تعویض متخصصین آلمانی اشکال دارد وآلمانها چنین عملی را بنقض بیطرفی ایران تفسیر خواهندکرد. ضمناً پدرم اطمینان داد که دولت‌او بخوبی‌قادراست که ازهرگونه عمل ناروای آلمانها درایران جلوگیری نماید. اینك که جنگ دوم جهانی خاتمه یافته وبگذشته مینگریم این حقیقت باید گفته شود که تا آنجاییکه اطلاع دارم در دوران جنگ حتی يك‌فقره خرابکاری مؤثرومهم درتأسیسات راه‌آهن‌وصنایع نفت ایران رخ نداد. من مدعی نیستم که تمام این موفقیت مدیون‌کوشش پدرم ویا خودم ویا دولت‌های ما باشد ولی این سابقه روشن و زبانداری است. ضمناً انصاف اینست که بگوئیم تا هنگام ورود نیروی متفقین بکشور ایران احتمال میرود که آلمانهانقشه‌های‌خرابکاری خودرابه‌تعویق‌انداخته بودند بدین‌امید که خودشان ازطریق ققفاز وارد خاك‌ایران شده و راههای ارتباطی و تأسیسات نفت ما را خود قبضه وتصرف کنند.

در ۲۶ ژوئن ۱۹۴۱ یعنی چهـار روز پس از آنکه نیروهای هیتلر بروسیه حمله کرد روس‌ها نیز با انگلیسها همداستان شدند وبدولت ایران اعتراض کردند وضمن‌ابراز

نگرانی از اقامت آلمانها در ایران مدعی شدند که برحسب مدارکی که دردست دارند مأمورین دولت آلمان در ایران مشغول طرح نقشه کودتائی هستند .

در ۱۹ ژوئیه همان سال دولتین روس و انگلیس یادداشت مشترکی بمقامات رسمی ایران تسلیم و در ۱۶ اوت یادداشت شدیداللحن‌تری ارسال نمودند ولی جوابهائی که دولت ایران میداد بنظر آنها قطعی نمیامد زیرا متأسفانه هیئت وزیران که با متفقین اتصالا در مذاکره بودند جرئت نداشتند پدرم را متوجه کنند که متفقین مصمم هستند که اخطارهای خود را با قوه قهریه تأیید نمایند .

در ۲۵ اوت دولتین انگلیس و روس یادداشتهای مجددی بدولت ایران تسلیم و طی آن اظهار داشتند که دیگر ناگزیرند رویه شدیدتر و صریح‌تری اتخاذ کنند و در همانموقع کشور ما مورد تجاوز و تعرض نیروهای مهاجم روس از طرف شمال و انگلیس از طرف جنوب قرار گرفت . چند ساعت بعد از این واقعه پدرم بنمایندگان سیاسی روس و انگلیس در ایران اظهار داشت که حاضر است منظور دول متبوع آنها را بپذیرد ولی جواب دادند که نیروهای دو کشور به پیشروی‌های خود ادامه خواهند داد .

آرتش ایران کاملا غافلگیر شده بود و سربازان ما در سربازخانه‌ها مورد بمباران قرار گرفتند و نیروی دریائی ما را که چندان بزرگ نبود بدون اطلاع قبلی غرق و تلفات زیادی بر ما وارد ساختند . جای تعجب نیست که پدرم و سایر ایرانیان بگویند که متفقین بکشور ما نیرنگ زده و خیانت کردند . درحقیقت پدرم هیچگاه تصور نمیکرد که متفقین باین آشکاری برحاکمیت و استقلال ما تجاوز نمایند . وی میدانست که برای متفقین با نیرو و وسائل زیادی که داشتند

اسان است که بخاك وطن عزیزش تعدی وتجاوز کنند ولی تا دقیقه آخر معتقد بود که ازنظر اخلاقی واحترام بقوانین ومقررات بین‌المللی کار را تا این مرحله نخواهند کشاند. در برابر این هجوم مقاومت ارتش ایران جز درچند مورد کوچك کاملا بی‌اثر بود و پس‌ازآنکه اولین مرحله هجوم سپری شد ارتش ما دریافت که حریف قوی‌تر ازآن است که بتوان درمقام مقابله باآن برآمد وراستی آنست که سربازان ما درجبهه شمال فقط باتفنگهای مشقی مسلح بودند.

سه روز بعد نخست وزیر از مقـــام خود استعفا داد وجانشین‌او به‌نیروهای ایران دستور ترك مقاومت داد ولی درحقیقت قبل ازصدور این دستور هرگونه مقاومتی پایان یافته بود.

در ۹ سپتامبر نخست‌وزیر جدید موافقت پارلمان را برای قبول درخواستهای متفقین کسب کرد. درآن هنگام متفقین نیروهای خودرا درمسافتی دور از پایتخت مستقر کرده بودند ولی چند روز بعد بعنوان اینکه دولت ایران در وفای بعهد خود تعلل میورزد اعلام داشتند که قوای آنها بعد ازظهر روز ۱۷ سپتامبر وارد حومه تهران میشود.

صبح روز ۱٦ سپتامبر درمجلس شورای ایران اعلام شد که پدرم از سلطنت استعفا کرده است ودرهمان روز من جانشین‌او وعهده‌دارمقام‌سلطنت ایران گردیدم. بدین‌ترتیب متفقین بهدف خود نائل آمده پدرم را ازمیان برداشته وراه را برای حمل‌مهمات بروسیه ازطریق کشورایران بازکردند وبدون پرده باید بگویم که عمل‌آنها بسیار تأسف‌انگیز بود وبدست خود بذر اختلاف و دشواریهای آینده را کاشتنند.

اینك که‌بگذشته مینگریم باید دید متفقین بجای عملی که کردند چه نحو دیگر میتوانستند اقدام کنند؟ بنظر من

پاسخ این پرسش بسیار ساده است . در اینمورد اول باید اظهارات مسترچرچیل را که در تاریخ جنگ دوم جهانی مندرج است و بطورخلاصه نظرمتفقین‌را تشریح کرده است نقل کنم :

« بازکردن راهی ازطریق کشور ایران برای ارتباط کامل با روسیه اهمیت فوق‌العاده داشت زیرا از یکطرف فرستادن اسلحه و مهمات گوناگون به شوروی از طریق اقیانوس منجمد شمالـی دشوار و ازطرف دیگر لازم بود امکانات سوق‌الجیشی آینده را نیـز در نظر بگیریم . من درمسئله اردوکشی‌جدیدی به‌خاورمیانه بدون نگرانی‌نبودم ولی دلائلی که برای این اقدام آورده میشد ملزم کننده بود. چاههای نفت‌ایران عامل مهم واساسی جنگ محسوب میشد و اگر روسیه شکست میخورد ما بایستی آماده تصرف آنها باشیم .

«مسئله تهدید هندوستان‌هم درکاربود . درهم‌شکستن شورش عراق و اشغال سوریه از طرف نیروهای انگلیس وفرانسوی که با زحمت بسیار و تلفات سنگینی انجام گرفت نقشه هیتلر را درخاورمیانه بکلی برهم زده بود ولی اگر روسها شکست میخوردند ممکن بودکه باز نقشه دیگری را پیش بکشند . یك هیئت آلمانی که عده افراد و فعالیت‌آنها زیاد بود درتهران مستقرشده وحیثیت آلمان درایران بسیار قابل ملاحظه بود . پیش‌ازآنکه بمسافرت پلاسنتیا مبادرت ورزم (خلیج پلاسنتیا درنیوفوندلند است ودرآنجا چرچیل اولین‌بار در روز ۹ اوت ۱۹٤۱ با روزولت ملاقات‌کرد) کمیسیون مخصوصی تشکیل دادم تا درباره عملیات نظامی علیه ایران طرح‌ریزی نموده و امور را هم‌آهنگ نمایند و در غیبت من نتیجه‌کارهای خود را بوسیله تلگرام بمن

گزارش دهند. این عمل انجام گرفت و گزارش مزبور که مورد موافقت کابینه جنگ قرار گرفته بود بمن رسید. معلوم شد که دولت ایران با اخراج جاسوسان و اتباع آلمانی مقیم ایران موافقت نمیکند و باید بهقوه قهریه متوسل گردیم. در تاریخ ۱۳ اوت مستر ایدن آقای مایسکی را در وزارت امور خارجه پذیرفت و درباره نکاتی که باید در یادداشتهای جداگانه دو دولت به ایران مندرج باشد موافقت بعمل آوردند. روز ۱۷ اوت یادداشت مشترکی از طرف دولتین انگلیس و روس با یران تسلیم گردید و چون پاسخ مثبتی به آن داده نشد مقرر گردید که نیروهای انگلیس و روس روز ۲۵ اوت به ایران وارد شوند.»

من با بعضی از نکاتی که چرچیل بعنوان حقایق ذکر میکند موافق نیستم ولی نکته اساسی این است که بر فرض آنکه تمام اظهارات چرچیل صحیح باشد راهی را که متفقین در این باره اتخاذ کردند بعقیده من غلط و ناصواب بود. درمرحله اول باید متفقین با پدرم بیشتر با صداقت رفتار میکردند. اخیراً یادداشتهای اعتراضیه متفقین را که در آن زمان بدولت پدرم تسلیم کرده اند مورد مرور و مطالعه قرار دادم و متوجه شدم که بسیار کودکانه و مربوط بامور جزئی است و تقریباً یگانه تکیه کلام آنها روی وجود اتباع آلمانی در کشور ایران است و از مقاصد بزرگتر خود از قبیل برقراری راه ارسال مهمات بروسیه و جلوگیری از ورود نیروی آلمان به مناطق نفت خیز خاورمیانه و یا کشور هندوستان هیچگونه اشاره ای نکرده اند.

پدرم مرد هوشیار و آشنا بفنون سوق الجیشی بود. هرگاه انگلیسها و روسها منظورهای حقیقی خود را بی پرده بوی اظهار میداشتند بکنه مطلب پی میبرد. اما متفقین هدف

خودرا تنها اخراج آلمانیهای مقیم ایران قرار داده واین موضوع را اتصالا تکرارمیکردند. چنانکه ذکر کردم اکثر آلمانیها درایران مشغول خدمت درکارهای اساسی صنعتی بودند و بموجب آمار موجود عده آنها با در نظر گرفتن افراد خانواده حداکثر به ٤٧٠ تن میرسید. برفرض تصدیق باینکه شاید چند نفری هم بی‌اجازه وبدون دردست داشتن پروانه اقامت دراین کشور بودند جای تعجب نخواهد بود که پدرم از فشار متفقین برای اخراج این عده خشمناك گردد. متفقین میدانستند که پدرم دراین‌مورد بسیارحساس بود و معتقدم که یادداشتهای آنها از جنبه ریا خالی نبود ومقصود اصلی آنها بجای سازش وموافقت آن بود که بهانه‌ای برای تجاوز بکشور ایران دردست داشته باشند.

رضا شاه متوجه شد که متفقین منظور خودرا بطور صریح اظهار نمیدارند وناگزیر برخلاف شئون سلطنتی از وزیر مختار خود مقیم لندن خواست که مقصود و منظور حقیقی متفقین واحتیاجات آنها را جویا شود ولی دیگر کار ازکارگذشته بود. پدرم به وزیر مختار آلمان مقیم تهران ابلاغ کرده بود که دولت ایـــران مصمم است بقیه آلمانیهائی راکه درایران میباشد اخراج کند وترتیب اعزام آنها نیز ازطریق کشور ترکیه فراهم شده بود ولی وقت این اقدام هم باعملیات عجولانه متفقین منقضی شده بود.

متفقین نه‌تنها باید با پدرم با صداقت وصراحت رفتار میکردند بلکه باید پیشنهاد اتحاد سیاسی محترمانه بـــاو مینمودند. شاید بعضیها این نظریه را ردکنند وبگویندکه عقاید سیاسی رضاشاه مانع ازچنین‌اتحادی‌بود ولی‌برمتفقین فرض بودکه پیش ازآنکه بحق حاکمیت واستقلال کشور ما تجاوزکنند اقلا دراین مسئله نیزکوشش کرده باشند ومن

مطمئنم که رضاشاه یا به پیشنهاد متفقین تن درمیداد ویا با تفویض تخت وتاج بمن اجازه میداد که این عمل بدست من انجام گیرد .

دراینجا موضوعی را فاش میکنم که شاید تاکنون کسی ازآن آگاهی نداشته باشد وآن اینکه پدرم چند سال قبل‌از استعفای رسمی خود درنظر داشت شخصاً از سلطنت بنفع من کناره‌گیری کند . البته او دراین مورد هیچوقت با من صحبتی نکرده‌بود ولی بعداً یکی ازمحارم ومشاورین او مرا ازاین امرآگاه کرد . وی درنظر داشت سلطنت را بمن واگذاشته و خود بعنوان سیاستمدار مجرب و ارشد درمواقع لزوم مرا ازاطلاعات وتجربیات خود برخوردار سازد . اما قبول این امر هنوز هم برای من مشکل است زیرا برای شاهنشاهی باآن اقتدار چنان اقدامی بعید بنظر میرسید . باتمام این احوال بعقیده من وی درنظر داشت که در حدود سال ۱۹٤۰ یا کمی بعد از آن از سلطنت کناره‌گیری نماید .

من‌نمیگویم که متفقین‌بایدازافکارواسرارپدرم وقوف داشته‌باشند. سخن‌من‌اینست که متفقین‌پیش‌ازاینکه بنابرشیوه هیتلری بخاک‌ایران تجاوزنموده وهمان اصولی‌راکه برای حفظ‌آن جنگ‌میکردند زیرپابگذارند وظیفه‌داشتند که بذل مساعی نموده وبا رضاشاه اتحاد محترمانه‌ای منعقد سازند .

بهرحال چون چند ماه پس ازتجاوز آنها این اتحاد برقرار میگشت بهتر بودکه پیش ازآن واقعه این اتحاد صورت‌گیرد تا خونی ریخته نشود وبین مردم‌کشور من وروسها وانگلیسها بغض وکینه بوجود نیاید .

ازاین‌گذشته هرگاه متفقین ازآمدن قوای آلمان بایران نگران بودند چرا بوسیله عقد اتحاد نظامی یا سیاسی

ازما کمك نظامی‌نخواستند ؟ بعضیها ممکن‌است تصور کنند که باعلاقه رضاشاه به حفظ بیطرفی کامل چنین درخواستی بهیچوجه معقول نبود . پاسخ من باین موضوع اینست که پدرم مرد منطقی ومنصفی بود و ترقی وسعادت کشور ورفاه مردم ایران را برهرچیز ترجیح میداد اگر متفقین ازسخن گفتن در پـرده وابهام خودداری کرده و وضع حقیقی سوق‌الجیشی خود را با درنظر گرفتن منافع ایران برای رضاشاه مجسم کرده بودند بدون تردید بمطلب آنها پی‌برده بود وهمچنین عقیده من اینست که یا پدرم پیشنهادهای متفقین را قبول مینمود ویااینکه خود بکنار میرفت وانجام آنرابرعهده من واگذارمیفرمود ومتفقین‌هم دیگراحتیاجی نداشتند که نیروئی راکه درنقاط دیگر لازم داشتند بایران گسیل دارند وماهم ازهرج ومرج‌ووهنی که تجاوزوتصرف کشور بوجود آورده بود مصون مانده وزودتر درنبرد عمومی برعلیه ستمکاری‌های هیتلر شرکت جسته بودیم .

پس ازپیشنهاد یك اتحاد سیاسی ونظامی اعم ازاینکه نتیجه‌ای میبخشید یا مثمر ثمری واقع نمیشد متفقین باید مسئله ارسال مهمات را با مقاصد وهدفهائی که درآغازجنگ اعلام کردند وحفظ آزادی واستقلال ملل کوچك را متعهد شدند هم‌آهنگ میساختند .

اولیای مسئول متفقین باید با پدرم ویا با من اگر جانشین او شده‌بودم وارد مذاکره شده ومیگفتند :

« ما مجبوریم مقدار زیادی مهمات جنگی بکشور روسیه که سخت درمضیقه است برسانیم وازلحاظ جغرافیائی ومنطقی کشور ایران تنها طریق حصول این منظور است . ما حاضریم درازای استفاده ازبنادر وراه‌آهن سرتاسری ایران وجاده‌های این کشور مبلغ منصفانه‌ای پرداخت کنیم

وهیچگونه تجاوز وتخطی به بیطرفی واستقلال کشورایران نخواهیم کرد . نیروی نظامی بخاك ایران گسیل نمیداریم وفقط اگر موافقت کنید متخصصین امور حمل‌ونقل بایران اعزام میداریم تا درحمل‌ونقل مهمات وحفظ نقاط حساس راه‌کمك کنند . ارسال مهمات ازراه ایران برای ما امر حیاتی است وترجیح میدهیم که این کاربوسیله عقد قرارداد دوستانه باشخص اول کشور یعنی شاه انجام‌گیرد » .

بایدبخاطرداشت که هیتلرهم‌چنین‌قراردادی بادولتین سوئد وسویس برای حمل مهمات ازطریق‌آن کشورها داشت و نظر اصلیش هرچه بود بیطرفی آن کشورها را محترم شمرده وحتی این حق را برای خود نخواست که نگهبانان ومتخصصین امورحمل ونقل خودرا به‌آن کشور اعزام‌دارد. آیا متفقین قادرنبودند که بدین‌ترتیب بیطرفی ما را محترم شمارند ؟

اگر درآنموقع من بسلطنت رسیده بودم پیشنهادهای آنها را بنحوی‌که ذکر کردم قبول مینمودم وتصور میکنم اگررضاشاه هم ازسلطنت‌کناره‌گیری نکرده‌بود اوهم قبول مینمود زیرا بااطلاعی‌که ازروحیات پدرم دارم تصورمیکنم که هرچند در باطن از عاقبت چنین پیشنهادهائی نگرانی پیدا میکرد ولی پذیرفتن آنهــا را بر اشغال‌کشور ایران ترجیح میداد . درآنصورت زمان بسلطنت رسیدن من هم به‌تأخیر میافتاد ولی برای من اهمیتی نداشت زیرا کشور من از مشکلات و سختی‌های بسیار رهائی می‌یافت ومنافع متفقین هم بیشتر وبهتر تأمین میشد ودیگر الزامی نداشتند که نیروی عظیمی‌را دراین‌کشور معطل نمایند .

ولی وقایع بطرزدیگری جریان پیداکرد . گاهی گفته میشودکه علت‌استعفای پدرم علاقه‌او بحفظ تاج‌وتخت‌ایران

برای فرزندش بوده است ولی این سخن گمراه کننده است زیرا مراقبتی که او در تعلیم و تربیت من مبذول میداشت بخوبی حاکی از این بود که مسئله جانشینی من همواره درذهنش بود و ارتباط بزمان خاصی نداشت . علت اساسی استعفای پدرم این بود که وی مردی نبود که بماند و اشغال وطن را بدست نیروهای اجنبی و دخالت آنها را درامور داخلی ایران مشاهده کند و این نکته را با کلماتی که از احساسات وعشق نهانی او حکایت میکرد بمن فرمود :

« مردم همیشه مرا شاهنشاهی مستقل وصاحب اراده ونیرومند و حافظ منافع خود وکشور شناخته‌اند و با این حیثیت وحسن‌اعتماد واطمینانی که مردم بمن دارند نمیتوانم پادشاه اسمی کشور اشغال شده‌ای باشم و از یك افسر جزء انگلیسی ویا روسی دستور بگیرم » . دراین موقع ذکر این نکته را لازم میدانم که وقتی من بسلطنت رسیدم با هیچیك از نمایندگان متفقین جز سران دولت‌ها وسفرای کبار آنها وارد مذاکره نشده وکسی را نپذیرفتم .

بهرحال خارجیها خوب میدانستند که همکاری باپدرم برای آنها امکان پذیر نیست چنانکه پدرم نیز بهیچوجه نمیتوانست با آنها کار کند . صحیح است که او را برای استعفای ازسلطنت وترك وطن درفشار گذاشتند ولی عجیب آنست که میل خود او همین بود وبنابراین میتوان گفت که اعلیحضرت فقید با موافقت متقابل بین او ومتفقین ازوطن خویش دوری گزید .

آخرین نگاهی که پدرم بمیهن عزیزش انداخت ازعرشه یك کشتی انگلیسی بود که ویرا بجزیره موریس میبرد . اول قرار بود که بامریکای جنوبی رهسپار شود ولی در عوض اول بجزیره مزبور که واقع در مشرق ماداگاسگار و از

مستعمرات انگلیس است عــزیمت نمود و از آنجا نیــز ژوهانسبورگ درافریقا رفت وسه سال بعد (یعنی درسال ۱۳۲۲ درسن هفتاد سالگی درآن شهر بدرود حیات گفت .

عده‌ای اظهار عقیده کرده‌اند که پدرم در طی تبعید بسیار افسرده خاطر وملول بوده است ولی من با اطلاعاتی که دارم میگویم که این‌شایعه‌بر خلاف واقع‌است . درآنموقع من واو مرتباً مکاتبه میکردیم وبنابراین من بهتر ازهر کس دیگر ازوضع روحی او واقف ومستحضر بودم .

پدرم درنامه‌های خود دربارهٔ امورخاص کشور اظهار نظری نمیکرد ودرعوض درتمام نامه‌های خود مرا بشجاعت وشهامت وفداکاری درراه دشواری که درپیش‌داشتم تشویق وتحریض میفرمود .

چندین بار بوی پیشنهادکردم خاطرات خودرا برای ثبت در تاریخ معاصر ایــران برشته تحریر درآورد ولی همواره از پذیرفتن این پیشنهاد مصراً امتناع داشت زیرا عقیده داشت که ممکن‌است گاهی مطالبی را برحسب تصادف ویا تحت تأثیر احساسات وطن‌پرستانه بیان داردکه احتمالا ذکرآنها بنفع وصلاح وطنش‌نباشد .

بنظرمن پدرم دریافته بودکه من ومشاورینم در اداره وراهبری سیاست داخلی وخارجی ایران کوچکترین غفلتی نداشتیم وازهمین جهت نمی‌خواست مارا ازراهی که تعقیب آنرا مصلحت میدانستیم بازداشته بامید موفقیت ما لطمه‌ای واردکند . تا واپسین روز حیات و آخرین دقایق زندگی در روح وقلب پدرم تنها عشق وعلاقه بکشور جوش میزد وجزسعادت‌آن آرزوئی‌نداشت .

باری‌روزیکه‌درسن‌بیست‌ودوسالگی‌مسئولیت‌تاج‌وتخت ایران‌را بعهده گرفتم خویشتن‌را بامشکلات فراوانی روبرو

یافتم. اولین اقدام من تعیین سیاست خارجی جدید ایران بود. زیرا سیاست بیطرفی رسمی که پدرم اتخاذ کرد نتیجه سوء بخشیده ویک سیاست شکست خورده محسوب میگردید. من با کمال وضوح احساس کردم که همکاری با متفقین نه تنها غیر قابل اجتناب است بلکه اتخاذ چنین سیاستی بسیار لازم و بنفع کشور خواهد بود. خوشبختانه نخست وزیر جدید من محمد علی فروغی که یکی از سیاستمداران و دانشمندان بنام ایران بود با تمام نظریات من در اینمورد کاملا موافق و همراه بود وبکوشش آن مرد مذاکرات بمنظور انعقاد قرارداد اتحاد سه جانبه با انگلیس و روسیه بعمل آمد و این قرارداد بین انگلستان وروسیه وایران در ۲۹ ژانویه ۱۹۴۲ بامضا رسید. در این قرارداد دو دولت متفق تصریح کردند که وجود سربازان آنها در خاک وطن ما هر گز صورت اشغال نظامی نخواهد داشت. (هرچند تمام ایرانیان این وضع را اشغال نظامی میدانستند) ضمناً تعهد نمودند که تمامیت وحاکمیت واستقلال سیاسی کشور ما را محترم داشته وشش ماه پس از خاتمه جنگ با آلمان قوای خود را از خاک ایران خارج سازند وقول دادند که مشکلات اقتصادی ایران را که در نتیجه جنگ ایجاد شده بود تسهیل نمایند. ما نیز بنوبه خود برای عبور نیروهای متفقین از طرق ارتباطی ایران بمنظور حمل ذخائر جنگی بروسیه تسهیلات ومزایای مورد نیاز را برای آنها تأمین کردیم. در اثر اتخاذ این سیاست جدید با آلمان و ایتالیا و ژاپن قطع رابطه سیاسی کردیم و در ۹ سپتامبر ۱۹۴۳ با آلمان نازی اعلان جنگ دادیم.

اشغال ایران بوسیله متفقین و قطع ناگهانی رژیم دیکتاتوری پدرم مخاطرات و تشنجات جدیدی در اجتماع ایران ایجاد کرده بود. متفقین ظاهراً مصمم بودند که

اختیارات مرا تضعیف نمایند زیرا تصور میکردند بدان وسیله تسلط آنها بر کشور آسان خواهد بود.

مداخلات پی‌درپی متفقین در امور سیاسی کشور ایران من و مردم ایران را کاملا متنفر کرده بود. برای روشن شدن این قضیه ذکر یک واقعه بعنوان مثال کافی است: صرفنظر از تورم پولی که در آن زمان ایجاد شده بود متفقین اعلام داشتند که مبالغ هنگفتی اسکناس رایج ایران برای رفع احتیاجات و پرداخت هزینه نیروی آنها در ایران باید انتشار یابد و چون این تقاضا مخالف با قوانین جاریه کشور بود متفقین از قوام نخست‌وزیر وقت خواستند بدون در نظر گرفتن موازین قانونی با هر وسیله‌ای که هست این تقاضا را انجام دهد. و چون در پاسخ گفته بود که چنین امری غیرممکن است بر وی فشار آوردند که قانون جدیدی از مجلس بگذراند. او در جواب اظهار داشته بود که احتمال نمیرود مجلس شورای ملی با چنین قانونی موافقت نماید. متعاقب این مذاکرات روزی سفیر کبیر انگلیس بحضور من آمد و اظهار داشت که وی از جانب دولت متبوعه خود و از جانب دولت اتحاد جماهیر شوروی و دولت امریکا باید اظهار کند که قوام مورد اعتماد آنهاست ولی با مجلس فعلی قادر بانجام کاری نیست آنگاه تقاضای انحلال مجلس را از من نمود. این پیشنهاد عجیبی بود که نماینده یک دولت بیگانه بمن میکرد. بوی گفتم که این من و ملت ایران هستیم که باید بدولتی اظهار اعتماد کنیم نه شما و هرچند که باهم دوست و متحد هستیم ولی تنها من و ملت ایران میتوانیم نسبت بانحلال مجلس تصمیم اتخاذ کنیم و من اجازه نخواهم داد که بیگانگان در چنین امری بما دستور بدهند و پیشنهاد مزبور را قویاً رد کردم. دیری نگذشت که در همان سال عده‌ای آشوبگر در تهران بنای

اغتشاش‌را گذاشتند وانگلیسها نیروی خودرا که پس‌ازورود بایران ازتهران خارج کرده بودند ظاهراً بمنظور برطرف کردن غائله بپایتخت اعزام داشتند وبدین طریق مجلس را تهدیدکردند تا باتقاضای آنها موافقت کند.

دراین ضمن بعضی از عشایری‌که سالها بود ازطرف پدرم خلع سلاح شده بودند ازسربازان فراری وافراد وانبارهای ارتش بطور قاچاق اسلحه خریده ومجدداً دست بغارت وتاراج دهات زدند. برنج وقند وشکر وسایر مواد خواربار که مایحتاج عمومی را تشکیل میداد جیره‌بندی شده بود وهنگامی‌که متفقین کوپنهای جیره‌بندی را برای توزیع بین افراد یکجا برؤسای عشایر میدادند اغلب آنها کوپنها را میفروختند و ثروتی را که بدین ترتیب بدست میاوردند بـرای عملیات مسلحانه خود صرف میکردند. عناصر مذهبی افراطی که در زمان پدرم میدان نمیدیدند باردیگر پدیدارشدند. ظاهراً بعضی ازعمال سیاسی‌انگلیس تصور میکردند که این اشخاص میتوانند از نفوذکمونیزم جلوگیری نمایند. با وصف این‌مراتب رفتار نیروی‌انگلیس ازجهات دیگر بدنبود. ازطرف دیگر روسها بایجاد احزاب سیاسی و اتحادیه های کارگری که از طرف کمونیست ها هدایت و مانند قارچ همدجا سبز میشدند پرداخته و قسمت عمده مخارج آنها را میدادند و خطرناکترین این احزاب حزب توده بود.

دراستانهای شمالی‌ایران روسهاازهمکاری بامأمورین کشوری ما امتناع داشتند واین نواحی‌را کاملا تحت تسلط نظامی وسیاسی واقتصادی خویش درآورده بودند ومنطقه روسها تقریباً کشور جداگانه‌ای شده‌بود. چنانکه وقایع‌بعد نشان داد نقشه روسها این بودکه قسمت مهمی ازاین‌نواحی

را بهمین‌شکل نگاه دارند.

مجلس‌شورای ملی بمرکزمبادله‌اتهامات ناروا تبدیل شده وبرنامه منظمی نداشت بلکه قوه مقننه درقوای مجریه وقضائیه مداخله وازجریان‌قانون جلوگیری میکرد. روحیه کارمندان دولت نیز بآخرین درجه ضعف رسیده بود.

یکی از نخستین کارهای من درآغاز سلطنت این بود که مشروطه دموکراسی‌را دوباره‌احیا کنم. درآنموقع‌حیات سیاسی ما چنان دچار هرج ومرج شده‌بودکه اگر از روش دموکراسی اصلا مأیوس میشدم جای تعجب نبود ولی خوشبختانه عقاید سیاسی‌من‌چنان‌مستحکم شده‌بودکه اوضاع و پیش‌آمدهای تهدیدکننده نمیتوانست مرا بترك اصولی که بزرگان جهان مانند جفرسون آنرا پذیرفته ومن نیز مصمم بحفظ آنها بودم وادار سازد.

از لحاظ اقتصادی در کشور ما قیمت کالاها بسرعت سرسام‌آوری بالامیرفت ودرفاصله بین‌سالهای۱۹٤۰و۱۹٤۲ تورم‌پول‌بمرحله خطرناکی‌رسیده وهزینه‌زندگی٤۰۰درصد بالارفته‌بودومخارجی که‌متفقین‌درایران‌میکردندجریان‌پول راسریع‌ترساخته وبهای‌اجناس کمیاب‌را اتصالا بالاترمیبرد. محصول گندم وبرنج استانهای‌شمال برای‌مصارف سایرنقاط ایران کافی‌بود ولی‌درآنموقع روسها ازحمل این‌محصولات ممانعت‌میکردندوآنرابرای‌مصارف‌خوداختصاص‌داده‌بودند.

مصادره کامیونها و واگونهای باری مانع حمل‌ونقل خواربار وسایر مایحتاج عمومی شده وخود باعث افزایش قیمتهاشده‌بود وعده‌ای ازسرمایه‌داران وظیفه‌ناشناس‌ایرانی نیزازموقع سوءاستفاده کرده ودست‌به‌احتکاروسفته‌بازی‌زده و برثروت خود وفقر نیازمندان میافزودند.

گرچه این‌مطلب عجیب وباورنکردنی بنظرمیاید ولی

حقیقت اینست که متفقین حتی کوشش کردند کارخانه‌های اسلحه ومهمات سازی ماراهم مصادره‌نمایند . روسها اصرار داشتند که کارخانه‌های فشنگ‌سازی راکه بدست پدرم ایجاد شده بود به‌کشور شوروی انتقال دهند و انگلیسها مصمم بودند که توپهای ۱۰۵ میلیمترمتعلق بارتش‌ایران را تصرف کنند ولی من ازاین اعمال وسایر مصادره‌هائی‌که در نظر داشتند جلوگیری کردم .

درطول مدت اشغال کشور ایران یکدم از غم واندوه آسوده نبودم وشبهائی‌راکه تا صبح ازشدت نگرانی بیدار بودم . من‌اصولا وعملا باعمل‌متفقین دراشغال‌ایران مخالف بودم وبنظرمن بدون جهت به‌استقلال وحق‌حاکمیت مالطمه زده بودند . بهرطرف چشم میانداختم مردم‌کشور ایران را گرفتار بدبختی ومشقتی‌که ثمره روش سیاسی واقتصادی متفقین‌بود میدیدم. وروح من‌ازآزمندی‌بعضی‌ازثروتمندان ایرانی‌که پشت پا بمنافع‌کشور ایران ورفاه مردم این سامان زده بودند بیشتر ازهمه چیز رنج میبرد .

درجریان این‌اوضاع متفقین باکمال‌موفقیت ازطریق کشور من ذخائر و مهمات جنگی را بروسیه میفرستادند . ترتیب حمل ذخائر بدین‌ترتیب بودکه انگلیسها محمولات را ازبنادر خلیج فارس تاتهران میاوردند وبروسها تحویل میدادندکه خود بروسیه حمل‌کنند .

دراواخر سال ۱۹۴۲ نیروی امریکا در خلیج فارس که عده آن بتدریج به۳۰۰۰۰ نفر رسید نیز بانگلیسها ملحق گردیدند واین‌دودولت مقادیرزیادی‌لکوموتیو وواگن‌های جدید وصدها کامیون برای حمل‌ونقل لوازم سنگین وارد ایران میکردند چنانکه در ماه مه ۱۹۴۳ مقدار محمولات راه‌آهن وشاهراههای ایران به ده برابر ظرفیت اواسط سال

۱۹٤۱ رسیده بود . چنانکه گفته شد متفقین تقریباً جمعاً پنج میلیون و نیم تن کالا و مهمات جنگی بروسیه فرستادند و این محمولات مساوی نصف مجموع محمولات جنگی امریکا و کانادا بود . از کالاهای ارسالی بشوروی نیمی از طریق راه آهن سرتاسری ایران حمل گردید و بقیه بتدریج و بوسیله کامیون از طریق راههای شوسه بروسیه رسید . نکته جالب آن بود که هر چند نیروهای انگلیس و روس و آمریکا خود تعداد زیادی کامیونهای ارتشی در اختیار داشتند باز کامیونهای متعلق بایران که عده آنها به ٤۰۰۰ کامیون بالغ و تحت مراقبت عده محدودی از مأمورین کشوری انگلیس کار میکردند بیشتر از کامیونهای سه دولت متحد ذخیره جنگی حمل نمودند . با آنکه در طول مدت جنگ اصلاحاتی در راه آهن و راههای شوسه ایران بعمل آمد ولی در نتیجه فعالیتهای شبانه روزی متفقین در امر حمل و نقل مهمات جنگی تأسیسات و جاده ها فرسوده و اسقاط شده بود .

حمل مهمات جنگی با دشواری و سختی بسیار صورت میگرفت. کشتیهای باری درحالیکه حرارت هوای انبارهای آن به ۱٤۰ درجه فارنهایت میرسید در بنادر جنوب بارهای خود را تخلیه میکردند و گاهی شدت گرما در تونلهای راه آهن بدرجه ای بود که کارکنان لکوموتیو مجبور بودند پیاده شده و در خارج از محوطه خفقان آور آن نفس تازه کنند . در کوهها قطارها و کامیونها مجبور بودند در سرمای شدید زمستان و کولاک و برف طی طریق کنند ولی مردم سه کشور و گاهی چهار کشور در این مورد با یکدیگر چنان همکاری میکردند که نوید آینده خوشی را میداد. در ضمن این عملیات انگلیسها و آمریکائی ها کمکهائی باقتصاد متزلزل کشور ما میکردند . چنانکه در سال اول انگلیسها هفتاد هزار تن غله

برای ما فرستادند که تا حدی از کمیابی خواربار کاست و خطر قحطی را مرتفع ساخت. مراکز و تأسیسات تعاونی خاورمیانه که انگلیسها تأسیس کرده وسپس آمریکائیها نیز بآن ملحق شدند از مساعدتهای مادی و فنی با یران دریغ نمیکردند. امریکا نیز طبق برنامه وام واجاره خود مقادیر قابل توجهی خواربار وذخائر نظامی برای ما فرستاد و مستشاران خود را برای تشکیلات مالی وشهربانی وبهداری و کشاورزی اعزام نمود.

درتابستان سال ۱۹۴۲ اولین بار وینستون چرچیل را که برای ملاقات با استالین ازطریق ایران عازم مسکو بود ملاقات کردم. وی دوروزدرتهران اقامت گزید وطی ضیافت ناهاری که برای او ترتیب داده بودم مذاکرات جالبی بین او ومن پیش آمد. بنظرم یکی از مسائل مورد بحث مسئله ورود نیروی متفقین به‌قاره اروپا و درهم شکستن قوای هیتلری بود. من بچرچیل پیشنهاد کردم که متفقین باید اول بایتالیا حمله کنند و پس‌ازآنکه وضع خودرا درآنجا تثبیت نمودند از طریق بالکان به‌حمله عظیم خود مبادرت ورزند. درحالیکه چرچیل به‌پیشنهاد من گوش فرا داد ودرباب آن فکر میکرد متوجه شدم که چشمانش برقی زد. درآنموقع درباره پیشنهاد من اظهاری نکرد ولی نقشه‌بعدی وی درباره تسخیر اروپا ازطریق «شکم‌نرم» یعنی ایتالیا چندان هم ازپیشنهاد من دورنبود. البته توافق نظریات کلی سوق‌الجیشی ما دونفر برسبیل اتفاق بود ولی اگرنقشه مزبور عملی میشد محققاً درسرنوشت ملل کشورهای مرکزی اروپا طوری دیگری ثبت تاریخ میگردید.

درماه نوامبر ۱۹۴۳ کنفرانس تاریخی تهران باشرکت روزولت واستالین و چرچیل تشکیل گردید. درطی مدت کنفرانس روزولت بدلائل نامعلومی درسفارت کبرای شوروی

که محل توقف استالین بود اقامت گزید ولــی چرچیل در سفارت انگلیس (که پس از انعقاد کنفرانس به‌سفارت کبری ارتقاء یافت) سکونت اختیار کرد. روزولت بعلت ضعف مزاج قادر نبود که از محل خود خارج شود و این مسئله وضع عجیبی را پیش آورده بود بدین کیفیت که من برای ملاقات او بسفارت کبرای شوروی رفتم وحال آنکه استالین شخصاً بملاقات من آمد. کلیه جلسات کنفرانس هم درسفارت کبرای شوروی منعقد میشد وفقط یکبار چرچیل بمناسبت روز تولد خود درسفارت انگلیس ضیافتی ترتیب داد.

باآنکه دراین کنفرانس سه دولت کشور ایران رسماً شرکت نداشت من با یك‌یك سران دول مزبور مذاکراتی بعمل آوردم. استالین مخصوصاً درهنگام ملاقات بامن مؤدب وقاعده‌دان بود وظاهراً میخواست خاطره خوشی ازخود درذهن من باقی بگذارد حتی پیشنهاد اهداء یك هنگ تانك ت ۳٤ ویك گروه هواپیماهای جنگنده نمود. ازآنجاکه ازحیث مهمات جدید جنگی سخت درمضیقه بودیم نزدیك بود پیشنهاد اورا قبول کنم ولی چند هفته بعدکه ازجزئیات اطلاع حاصل شد معلوم گردیدکه آن هدیه متضمن شرائط دشواری هم هست بدین کیفیت که افسران و درجه داران روسی باید با این هدیه بایران بیایند و محل نگاهداری تانکها باید فقط درقزوین وهواپیماهای جنگنده درمشهد باشد وتا پایان دوره آموزشی که مدت‌آن معلوم ومشخص نشده بود تانکها وهواپیماها باید درتحت فرماندهی مستقیم ستاد روسیه درمسکو باشند. این قضیه مانند آن بودکه مستشاران نظامی امریکائی که امروزه برای تقویت نیروی نظامی ایران بماکمك میکنند بگویندکه ارتش ایران باید تحت‌فرماندهی آنها باشد ودرغیراینصورت بماکمك نخواهند

کرد . البته نه‌تنها هدیه استالین را بااین شرایط نمیتوانستم قبول کنم بلکه اگرچنین پیشنهادی ازطرف کشوردیگری هم میشد آنرا رد میکردم . ازاینرو ازپذیرفتن هدایای مزبور بااظهار سپاسگزاری معذرت خواستم . روزولت درطی مذاکراتیکه با من کرد اظهارداشت که پس‌از انقضای دوره ریاست جمهوریش میل دارد بعنوان متخصص احیاء جنگلها بکشورایران مراجعت کند . علاقه‌وی بدین‌رشته برهمه‌کس معلوم وآشکاربود واشتیاقی که درجریان‌صحبت درپیرامون این‌مسئله ابرازمیداشت دلیل صدق گفتاروی بود . روزولت درنظرمن یك نفر باختری ممتاز وبرجسته آمد وبنابه سنت دیرین دانشمندان شیفته وفریفته ایران‌وفرهنگ‌این‌سرزمین بود . باوجود آنکه باسیاست‌خارجی‌روزولت دربعضی‌جهات کاملا مخالف‌بودم ویرا ازجهات دیگربچشم تحسین‌وتکریم نگاه میکردم وبسیار متأسفم که مرگ ناگهانی مجال عملی ساختن آرزوئی که برای ما مغتنم بود بوی نداد .

وقتی ملت ایران از متن اعلامیه روزولت وچرچیل واستالین درکنفرانس تهران آگاهی یافتند بسیار شادمان شدند زیرا میلیونها افراداین کشورازخرابی‌اوضاع‌اقتصادی خود بجان‌آمده و درحیرت بودندکه آیا پس‌از ختم غائله جنگ‌آزادی از دست رفته را باز خواهند یافت یا نه .

اعلامیه تهران که درروز اول دسامبر صادر شد ازنظر وقایعی که بعداً رخ داد آنقدر مهم است که باید بعضی از قسمتهای اساسی‌آن دراین‌جا ذکرشود .

« دولتهای کشورهای متحده آمریکا واتحاد جماهیر شوروی وممالك متحده انگلستان کمك‌هائی را که ایران درپیشرفت جنگ برعلیه دشمن‌مشترك ومخصوصاً درقسمت تسهیل وسایل حمل و نقل مهمات از ممالك ماوراءبحار

باتحاد جماهیر شوروی بعمل آورده تصدیق دارند . سه دولت نامبرده تصدیق دارند که جنگ برای ایران دشواریهای مخصوص اقتصادی ایجاد کرده است و موافقت کردند که هر گونه مساعدت اقتصادی که امکان داشته باشد برای دولت ایران فراهم کنند» . . .

. . . .

«دولتهای کشورهای متحده آمریکا و اتحاد جماهیر شوروی و ممالک متحده انگلستان با دولت ایران در حفظ استقلال و حاکمیت و تمامیت ارضی ایران وحدت نظر دارند . و بمشارکت دولت ایران با سایر ملل طرفدار صلح در استقرار صلح بین المللی و امنیت و رفاه پس از جنگ طبق منشور اتلانتیک که مورد قبول هر چهار دولت است استظهار دارند .»

هر کس این عبارات امیدبخش را میخواند و نزدیک شدن زمان پیروزی متفقین را میدید یقین حاصل میکرد که دوره سختی وطن من در شرف پایان است . ولی حوادث گذشته نسبت بآنچه پس از آن وقوع یافت قابل اهمیت نبود بهمین جهت بجای آنکه دوران تعلیم و تربیت من بپایان برسد وارد مرحله دشوارتری شد که شرح آن خواهد رفت .

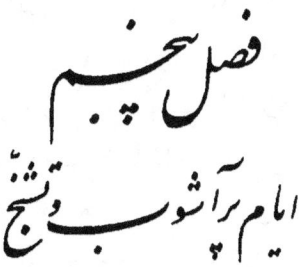

فصل پنجم

ایام پرآشوب و تشنج

چند سال پیش شخصی بنام دکترمحمد مصدق بیش‌از هر ایرانی دیگر در تاریخ اخیر ایــران موضوع مقالات ومندرجات روزنامه‌های آمریکائی و انگلیسی قرار گرفته بود و متأسفانه برخی از مردم درخارج ایران ویرا ملاك قضاوت خود درباره ایران و ایرانیان قرار دادند . دراین کتاب باید بخوانندگان اطمینان دهم که مصدق هرگزنمودار ایران ومظهر ونمونه خصائص ملت ما نبوده است .

درفصل قبل ذکرشد که پدرم مصدق را درسال ۱۳۱۹ زندانی کرد ودراثر شفاعت من آزاد گردید .

درسال ۱۳۳۲ باردیگربجرم برهم زدن اساس حکومت که خودخیانت بارزی است محکوم شد . من درآنموقع نامه‌ای

بمحکمه نگاشته واظهار داشتم که ویرا ازتقصیراتی که نسبت بشخص من مرتکب شده بخشیده‌ام ودراثرهمین نامه وبعلت کبر سن ازاعدام که معمولا درکشورایران وسایر کشورهای جهان مجازات اینگونه اشخاص است رهائی یافته وفقط بسه سال زندان مجرد محکوم گردید وبدین ترتیب یکبار دیگر دراثر دخالت من ازمرگ نجات یافت .

وی از سال ۱۳۳۵ که از زندان بیرون آمد بملك شخصی خود درنزدیکی تهران رفته و تاکنون که این کتاب انتشار پیدا میکند چون شخص با ثروتی است در آنجا با خانواده خود زندگانی آرام و بی‌حادثه‌ای را میگذراند .

من بجهات عدیده مجبور بوده‌ام در باره شخصیت مصدق مطالعه کنم وارزش معنوی واخلاقی ویرا با مقایسه بین گفتار ورفتارش معلوم ساخته وتأثیر قول وفعل ویرا درحیات کشور بواقعی‌مشخص‌نمایم . وی مخصوصاً دردوره نخست‌وزیری ازنزدیك مورد دقت ومطالعه من‌قرار گرفت. زندگانی اجتماعی وی در عالم حرف و روی کاغذ بنظر آبرومند میاید . وی درسال ۱۲۶۰ شمسی (و بنا باظهار بسیاری‌ازاشخاص چند سال قبل‌ازآن) دریك‌خانواده ملاك ومتمکن متولد شد ودررشته حقوق وموضوعات مربوط بآن درفرانسه وسویس بتحصیل پرداخت وسپس وارد خدمات دولتی‌شد ومشاغل بامسئولیتی‌مانند وزارت‌دارائی ووزارت دادگستری ووزارت امورخارجه باوتفویض شد . انگلیسها وسیله انتخاب ویرا باستانداری فارس فراهم‌آوردند وپس ازآن باستانداری آذربایجان نیز منصوب گردید . در سال ۱۲۹۴ شمسی نخستین بار بنمایندگی مجلس شورای ملی انتخاب‌شدوتاهنگام‌سقوط‌خود سمت‌نمایندگی‌مجلس‌شورای ملی را داشت . دوران نخست‌وزیری مصدق از اردیبهشت

۱۳۳۰ تا مرداد ماه ۱۳۳۲ بطول انجامید و درهمین دوره بود که خصوصیات اخلاقی و روحی خود را بر همه کس آشکار ساخت. بیشتر افراد تصدیق میکنند که وی شخصاً مـرد درستکاری بوده (ولی چنانکه ذکر خواهد شد قبول این نظر بسته بتعریفی است که از کلمه درستکاری بشود) و هیچگاه کمونیست نبوده است. وی در ظاهر همواره از کمونیست‌ها بر کناری داشت ولی بکمک آنها متکی بود و آنان را نردبان ترقی خود ساخته بود. از جوانی مصدق آنگاه که در دوره قاجاریه رئیس اداره دارائی خراسان بود نقل میکنند که با جعل اسناد قسمتی از زمینهای دیگران را تصاحب کرده و بجرم همین اختلاس طبق قوانین اسلامی که هنوز در کشور عربستان سعودی اجرا میشود محکوم بقطع دست شده بود. نسبت باین محکومیت دلائلی که مؤید صحت آن باشد نشنیده‌ام و معلوم است که چنین مجازاتی درباره وی اجرا نشده است زیرا مردم نطق‌های پرحرارت ویرا که باحرکت هر دودست توأم بود بخاطر دارند. ظن من اینست که در جوانی ممکن است در امور مالی در اعمال نادرستی دخالت داشته ولی از سوء عاقبت آن اعمال درس عبرت گرفته باشد.

باید دید مصدق از خصائصی که لازمه یکنفر سیاستمدار حقیقی است چه کم داشت؟ اولا اطلاعات عمومی او بسیار ناچیز بود و این مسئله همیشه مرا بحیرت میانداخت زیرا هر چند در خارجه تحصیل کرده بود از سایر کشورهای جهان تقریباً هیچ اطلاعی نداشت و نقطه ضعف معلوماتی او مخصوصاً در مسائل اقتصادی بود. من بهیچوجه داعیه تخصص در علم اقتصاد ندارم ولی هرچه بوده است توانسته‌ام حقایق کلی و اصول اقتصاد ملی و بین‌المللی را فراگیرم و از نظر مقام سلطنت نیز همیشه باعده کثیری از مأموران دولتی که دارای

سوابق و عقاید اقتصادی و سیاسی متفاوت بودند تماس داشته‌ام و باکمال صداقت باید بگویم که کمتر کسی را دیده‌ام که عهده‌دار مقام بامسئولیتی باشد و مانند مصدق از اصول بدوی و مقدماتی تولید و تجارت وسایر عوامل اقتصادی بی‌اطلاع باشد. این امر واقعاً برای من تعجب‌آور بود چون مصدق شخص کودنی نبود و تا حدی اهل مطالعه بحساب میامد. باید علت بی‌اطلاعی اورا در امور اقتصادی حمل بر آن کرد که وی همیشه چنان در چنگال طغیان‌های روحی خود اسیر بود که نمیتوانست بطور عمقی و عملی یک مسئله اقتصادی را مورد مطالعه قرار دهد.

از این موضوع وخیم‌تر منفی‌بافی او بود. مثلاً در مقایسه هیتلر و مصدق باید گفت هیتلر پیمان ورسای را ببادحمله و ناسزا میگرفت ولی برنامه وی که هرچند معقول و منطقی نبود معلوم و مشخص بود درصورتیکه عقاید مصدق و تمام هدفهائی را که پیش میاورد هرچند بطور موقت بذوق عامه میامد چیزی جز منظورهای منفی نبود.

درحقیقت مصدق اصولی را تلقین میکرد که خود وی آنرا «سیاست موازنه منفی» نام گذاشته بود.

مقدمه بیان وی که منطقی هم بود این بود که ایران سالهاست که بعلت نفوذ اجانب درمضیقه و فشار بوده است و از این مقدمه فوراً نتیجه میگرفت که بهترین خط مشی برای ایران اینست که هیچ امتیازی بخارجیها واگذار نگردد و هیچگونه کمکی هم از آنها پذیرفته نشود. درنظر اول این طرز فکر باسیاست عدم مداخله که قبل از جنگ بین‌المللی دوم درقسمتهائی از آمریکا متداول بود شباهت دارد ولی رویه منفی مصدق از این حد هم بالاتر رفته و نه‌تنها سیاست خارجی بلکه امور داخلی کشور را هم شامل بود.

مخالفت شدید او با احداث راه‌آهن در ایران مثال روشنی ازاین طرز فکراوست . بخاطردارم روزی باکمال جسارت درحضورمن اظهارداشت که پدرم دراین کارخیانت کرده‌است ووقتی ازوی دلیل خواستم گفت پدرمن راه‌آهن سرتاسری را فقط برای جلب رضایت‌انگلیسها که میخواستند بروسیه حمله‌کنند ساخته است . ازاو پرسیدم که بعقیده او آیا باید پدرم راه‌آهن را درمسیردیگری احداث میکرد ؟ جواب او این‌بود که اصلا پدرم نباید راه‌آهن احداث میکرد وایران احتیاجی براه‌آهن نداشت ومردم بدون آن مرفه‌تر بودند . وقتی در این زمینه چانه‌اش گرم شده بود چنین استدلال کرد که قبل‌از دوره پدرم ایران فاقد راه‌آهن بود وبنادرقابل ذکرنداشت وبطرق وشوارع‌ایران نمیشد اطلاق راه‌کرد و بعلت نبودن اسفالت وپیاده‌رو مردم تازانو درگل ولای فرومیرفتند ، اما لااقل‌ایران مستقل‌بود . برای‌آشکار ساختن‌این‌سخنان بدون‌منطق بیادش‌آوردم که قبل‌ازسلطنت پدرم ایران زیر زنجیر « کاپیتولاسیون » یعنی حاکمیت واستقلال قضائی بیگانگان بود و درآن ایام نیمی ازکشور تحت‌تسلط روس ونیم دیگرزیراستیلای انگلیس قرارداشت ووضع امنیت واجرای قانون آنچنان بودکه پس‌از غروب آفتاب مردم عاقل از ترس دزد در خیابانهای تهران دیده نمیشدند وآیا اسم‌این‌وضع‌را میتوان‌استقلال گذاشت؟ مصدق در برابر این شواهد زنده جواب نداشت ولی میدیدم که استدلالات من تغییری در نتایجی که از اظهـار لجوجانه ومنحرف خودگرفته نداده است .

نمونه دیگر ازطرز فکرخاص‌او آنکه روزی ازرئیس دانشکده پزشکی که بمناسبتی به‌رامسر سفر کرده بود درباره مسافرتش سئوالاتی‌میکند . وی میگوید که هرچند مسافرت

بوی خوش گذشته ولی وضع راهها بسیار بد ومحتاج بمرمت اساسی است . مصدق ازاین اظهار نظر خشمگین شده در پاسخ میگوید که اصولا اینقبیل مسافرتها لزومی ندارد و بهتر است انسان درخانه خود استراحت کند و اصلا بمسافرت نرود !

بعضی اشخاص که از افکار غیر منطقی مصدق در این مسائل آگاهی داشتند گفته اند که شاید وی بیشتر شیفته دوران خوش سابق و زمانی بوده است که هنوز علوم وفنون ملل باختر اوضاع جهان را دیگر گون نساخته بود . وشاید مانند یکنفر متفکر خیال پرست میل داشته است که عقربه ساعت ایران را بعقب بر گرداند . اما این سخن نمیتواند ملاك تصدیق و قبول رویه مصدق باشد زیرا این نحو فکر اگر ازطرف یکنفر فیلسوف گوشه نشین اظهارشود ضرری ندارد ولی اگر ازطرف یك مقام سیاسی مسئول گفته شود که درجهان امروز امور کشوری را اداره میکند خطرناك و زیان آور خواهد بود . از این گذشته منفی بافی مصدق فقط مربوط بعلوم و اختراعات جهان غرب نبود بلکه دامنه آن بکلیه امور و مسائل کشیده شده بود . مثلا وقتی به نخست وزیری رسید برنامه ای را که من برای تقسیم املاك سلطنتی بین روستائیان فقیر داشتم متوقف ساخت درحالیکه این برنامه یکی ازبهترین وسائل عملی برای بالابردن سطح زندگانی مردم عادی کشور بود . علت آن بود که مصدق نمیتوانست چنین عمل مثبت واقدام مفیدی را تحمل کند وبرنامه ای که برای بهبود ورفاه اجتماعی داشتم مورد علاقه وی نبود . تصور میکنم ازاینکه برنامه توزیع املاك رضایت عمومی را جلب کرده دچارحسد شده بود وچون خود از ملاك عمده بود و بدارائی خویش دلبستگی بسیار داشت ازاجرای برنامه تقسیم املاك سلطنتی احساس شرمساری میکرد . خوشبختانه قبل از اینکه مصدق

بتواند این مخالفت را بمرحله عمل برساند سقوط کرد ودرفصل دیگر بیان خواهم کرد که چگونه پس ازسقوط وی این برنامه مجدداً احیاء گشت وموادآن توسعه یافت.

منفی بافی مصدق بمسائل مربوط بدفاع کشوری وامنیت داخلی نیز کشیده شده بود. بارها بمن میگفت که چون ایرانی از تجاوزات دول بزرگ صدمه ها دیده است بنابراین هرگز نباید برای دفاع کشور کوشش بشود. وی میل نداشت این نکته درخارج ازایران انعکاس پیدا کند و فقط میخواست درداخله ایران مسلم باشد که اگردولتی بمسخر کردن ایران اقدام کند ما نباید مقاومت بخرج دهیم!

وی این فکررا درمورد شورش ها و آشوب های داخلی نیز نه تنها تبلیغ میکرد بلکه عملا نیز ازآن پیروی مینمود.

مصدق درزمان نخست وزیری خود طی سالهای ۱۳۳۱ و۱۳۳۲ هنگامیکه افراد منتسب بحزب توده وسایر آشوبگران نظم پایتخت وسایر شهرهای بزرگ را مختل میکردند هیچگونه قدمی برای جلوگیری آنها برنداشت وطرز عملش این بود که در اینگونه آشوب ها چند تانك و کامیون حامل سربازان مسلح در نقاط مختلف تهران مستقر میکرد ولی آنها را ازهرگونه اقدام مؤثری منع مینمود و بهمین جهت شورش وغارت و زدوخورد در خیابان ها در برابر چشم مأمورین انتظامی برپابود ولی بدستور مصدق آنها فقط ناظر وتماشاگر وقایع بودند.

بالاخره عده ای ازطرفداران سرسخت مصدق نتوانستند بی قیدی ویرا درمسئله آشوب وغارتگری که هرروز توسعه پیدامیکرد تحمل کنند ودریافتند که مصدق عمداً یا ازروی نادانی کشوررا بکمونیزم تسلیم خواهد کرد.

عده ای دراین فکرند که شاید رویه منفی او درمسئله

دفاع از کشور وحفظ امنیت ناشی‌ازعقیده فلسفی یا مذهبی او مبنی برصلح طلبی بوده‌است .

بعقیده من این‌نظر درست و منطبق برحقیقت نیست زیرا او از شیوه آرامش طلبی از نظر راه و رسم زندگی پشتیبانی نمیکرد و باخلاق « گاندی » متصف نبود . بلکه همیشه عده‌ای اوباش و ماجراجو را تحت اختیار خود یا طرفداران خویش داشت که درشهرجولان میدادند وبه‌آزار واذیت مردم بیگناه میپرداختند . بعلاوه باید درنظر داشت که‌پیروان گاندی پس‌ازآزادی هندوستان اصل‌آرامش‌طلبی را به‌بی‌نظمی وتزلزل امنیت‌کشورتفسیرنکردند. هندوستان دارای ارتش زمینی و دریائی و هوائی نیرومندی است وهنگامیکه‌اغتشاشاتی‌دربمبئی ویاسایرمراکزمهم هندوستان روی میدهدنیروهای انتظامی‌باکمال‌قدرت دراتخاذ وسایل مؤثر برای برقراری نظم وآرامش درنگ نکرده‌اند .

سجیه غیرمنطقی‌مصدق همیشه‌اورا وادارباعمال‌عجیب وغریب میکرد . اولین باری‌که باین‌سجیه وی توجه پیدا کردم درهنگام جنگ بین‌الملل دوم واشغال ایران بوسیله قوای متفقین بود . درآنموقع ازطرز دخالت متفقین درامر انتخابات وتعیین‌نمایندگان بسیارناراضی ومکدر بودم زیرا مأمورین آنها صورتی از نامزدهای خود تهیه میکردند وبه نخست‌وزیر وقت میدادند واورا درفشار میگذاشتندکه حتماً نامزدهای مزبور بنمایندگی انتخاب شوند . چون این مسئله برای من تحمل ناپذیر بود بخاطرم رسیدکه درباره نحوه جلوگیری ازاین‌رویه شرم‌آور با مصدق مشورت‌کنم زیرا درآن‌زمان روابطمن با وی که ازخدمتگزاران محترم کشور بشمار میامد و با هرگونه نفوذ خارجی در ایران مخالفت داشت خوب بود و فکر میکردم اگر او را طبق

مقررات قانون‌اساسی بنخست‌وزیری منصوب ومأمور تشکیل دولت کنم ممکن‌است تقاضا کند انتخابات جدیدی که بطور یقین از نفوذ بیگانگان دور باشد در کشور بعمل آیـد . بدین جهت اورا احضار کردم و فکرخودرا با وی در میان نهادم . مصدق درجواب اظهار نمود که با دوشرط مسئولیت زمامداری را قبول خواهد کرد ووقتی پرسیدم آن دوشرط چیست گفت : اول گماشتن مأمورین‌مسلح برای حفظ شخص اوست . این شرط را بلافاصله قبول کردم آنگاه گفت شرط دوم موافقت قبلی انگلیسها نسبت باین نقشه است . ازاین شرط بسیار متحیر شده پرسیدم « روسها چطور ؟ » جواب داد : «آنها اهمیتی ندارند وفقط انگلیسها هستند که نسبت به هرموضوعی دراین مملکت تصمیم میگیرند . » ازشنیدن این عبارت باو پرخاش نمـوده واستدلال کردم که پدرم هیچگاه عادت نداشت دراجرای تصمیمات خود موافقت انگلیسهارا جلب کند . این دلیل درمصدق اثر نکرد وبمن گفت هنوز جوانم واطلاعاتم درمسائل سیاسی کم است واصرارداشت که فقط بشرط‌موافقت انگلیسها بامن‌همکاری خواهد کرد .

این طرز فکر ورویه‌را خطرناك وموجب نگرانی یافتم . باوجود آن میدیدم باید وضع حساس کشور را هم درنظر گرفت که‌درچنگ نیروهای اشغالگر افتاده‌ومیتوانند درهرامرداخلی مامداخله کنند ودرآن موقع بحرانی میهن پرستی مصدق ومحبوبیتی که بین مردم دارد برای‌کشور مغتنم است . بنابراین باکمال اکراه گفتم کسی‌را نزد سفیر انگلیس درتهران خواهم فرستاد وقصد خودرا باو اطلاع خواهم داد ولی برای اینکه درخواست مصدق‌راکه فقط باسفیر انگلیس مشورت بشود نپذیرفته باشم باو گفتم کسی‌را

نیز بسفارت روس یعنی کشور اشغالگر دیگر خواهم فرستاد که آنهارا نیزازاین نیت مستحضرسازد. روز دیگرمأمورین من نتایج ملاقات خودرا بادوسفیر گزارش دادند. سفیر کبیر انگلیس که درآن‌زمان سرریدربولارد بود بااین‌برنامه موافقت نکرده ومدعی شده بودکه انتخابات عمومی جدید درآنموقع ایجاد تشنج خواهد نمود. ولی باید بگویم‌که سفیرکبیر روس هیچگونه مخالفتی دراین باره ابرازنداشته بود وررویه وی بامقایسه بروشی‌که روسها بعداً پیش‌گرفتند موجب مسرت بود.

پس ازحصول اطلاع ازنظریه دوسفیر بدکتر مصدق تلفن‌کردم وجریان مذاکرات‌را باو گفتم اودرپاسخ من‌تنها سپاسگزاری‌کرد ودیگر صحبت ما وعلاقه وی به تجدید انتخابات پایان یافت و نظـر من نیز برای انتصـاب وی بنخست‌وزیری متوقف ماند.

چندماه بعد قضیه‌دیگری پیش آمدکه باعقیده‌ظاهری مصدق درمخالفت بابیگانگان تناقض عجیبی داشت. درآن زمان طبق مقررات مجلس شورای ملی حضور دو ثلث عده نمایندگان برای مذاکرات وسه ربع عده نمایندگان برای اخذ رأی درباره قوانین واجب بود. نمایندگان اقلیت مجلس‌که درحدود چهل نفر بودند بااستفاده ازاین مقررات مداوماً ازحضور درجلسه خودداری میکردند و بدینوسیله جلسات‌را ازاکثریت‌میانداختند واین‌گروه‌را مصدق‌رهبری میکرد. چون ازاین اعمال‌که برخلاف اصول میهن‌پرستی بود بتنگ‌آمده بودم مصدق واعوان‌اقلیتش‌را احضار وعلت اینکه‌کارهای دولت را دچار اخلال میکنند استفسار کردم. او درجواب سخنی‌گفت‌که مایه تعجب من‌گردید وآن این بود که گفت روسها با نخست وزیر وقت موافق نیستند

پرسیدم چرا هدف وی دراین موارد فقط جلب رضایت روسهاست وآیا اگردولت کوچکی بانخست‌وزیرما مخالفت میکرد او چنین رویه‌ای را پیش میگرفت؟ مصدق دربرابر این پرسش جوابی نداشت.

درخلال این احـوال شرکت‌های نفت آمـریکائی وانگلیس برای کسب امتیازات بیشتری ازنفت جنوب اظهار علاقه میکردند واتحاد جماهیرشوروی هم امتیازی درشمال ایران‌میخواست. این‌مسائل به‌وجهه ملی‌مصدق افزود زیرا درسال ۱۳۲۳ مجلس طرحی‌راکه وی تهیه‌کرده بودتصویب نموده‌بود وبموجب‌آن‌دولت‌ازدادن‌هرگونه امتیازنفت‌بدون اطلاع و اجازه مجلس شورای ملی ممنوع گردید.

این طرح بسیار بموقع ولی درعین حال خود یکی ازشواهد بارز روش منفی مصدق بود. پس ازخاتمه جنگ مصدق‌کوشش کرد گروهی افراطی‌که خودرا ناسیونالیست قلمداد میکردند باسم جبهه ملی تشکیل دهد وبتدریج افراد گوناگون از متعصبین مذهبی و دانشجویان وکسبه بازار وسوسیالیستها بدوراو جمع شدند. درظاهر این عده‌را یك عامل مشترك یعنی نفرت از بیگانگان و نفوذ اجانب بهم پیوست‌میداد. این‌دسته دراجرای‌برنامه‌های‌منفی ضداجنبی بایکدیگر همکاری میکردند. چندی بعدکه دیگر نمیشد احتیاج ملت ایران را بکارهای مثبت انکارکرد این دسته محکوم بشکست واضمحلال گردید.

درسال ۱۳۲۷ چنانکه قبلا ذکرکردم نسبت بمن سوء قصد شد. بمجردیکه مردم کشور من‌ازاین‌حادثه مطلع شدند یکدل ویك‌زبان بیاری وپشتیبانی‌من‌برخاستند ودردنبال‌آن حزب توده غیرقانونی اعلام‌گردید و من دراثر وفاداری ملت ایران توانستم وضع قانونی خودرا استحکام بخشم.

درقانون اساسی ایران مصوب سال ۱۳۲۴ هجری قمری علاوه بــر مجلس شورای ملی تأسیس مجلس سنا نیز پیش‌بینی گردیده است ولی تــا سال ۱۳۲۹ بعلت مخالفت مجلس شورای ملی مجلس سنا تشکیل نیافته بود. درآنسال مجلس سنا تأسیس واولین جلسه رسمی آن تشکیل گردید. تقریباً درهمان موقع بودکه بــرحسب تصویب وتجویز مجلس اختیار انحلال مجلسین وصدور فرمان انتخابات جدید مانند سایر رؤسای کشورهای مشروطه سلطنتی بمن تفویض گــردید. در اواخــر سال ۱۳۲۸ بمنظور تقاضای افزایش کمك اقتصادی ونظامی بایران رهسپار آمریکا شدم. درآن کشور استقبال بسیار گرم ودوستانه ازمن بعمل آمد ولی بدون حصول نتیجه بازگشتم زیرا باآنکه پرزیدنت ترومن درسال ۱۳۲۶ بمنظورجلوگیری ازنفوذ کمونیزم اصولی را اعلام داشته وکمکی که آمریکا دراجرای آن اصول بکشورهای ترکیه ویونان کرده بود این دوکشوررا بحفظ وصیانت استقلال خود موفق گردانیده بود ولی هنوز از طرف دولت آمــریکا سیاست روشن وصریحی درمورد خاورمیانه اتخاذ نشده بود. عدم موفقیت دراین مأموریت بدون شك تاحدی تقصیر خودما بود زیرا امریکائیها متوجه شده بودندکه ما باجدیت واهتمام لازم باداره امور داخلی خود نپرداخته‌ایم. شکست واضمحلال چین ملی که دراوائل همان سال پیش آمدموجب نگرانی شدید امریکاشده وآن کشور را مصمم ساخته بودکه تنها بکشورهائی کمك کندکه درتصفیه وتنظیم امورداخلی ابرازعلاقه کنند. بهمین جهت پس از بازگشت بوطن بانهایت جدیت باصلاحات داخلی پرداختم. درقدم اول عده‌ای ازمأمورین ناصالح وفاسدراکه سالهادردستگاههای دولتی کارمیکردندازخدمت

منفصل نمودم وبرنامه تقسیم املاک سلطنتی که مدتها مورد مطالعه قرار گرفته بود بمورد اجرا گذاشتم.

مقارن همین ایام کشور ایالات متحده آمریکا برنامه مربوط باصل چهار ترومن را در کشورهای مختلف جهان بمورد اجرا گذاشت. درخرداد ماه ۱۳۲۹ من سپهبد رزم آرا را بنخست وزیری منصوب نمودم واو با آمریکائیها قراردادی منعقد نمود که بموجب آن دولت آمریکا رساندن کمک مختصری را بایران آغاز نمود درضمن این وقایع کمیسیونی برای مبارزه بافساد ونادرستی تشکیل دادم ولی دراثر عدم توافق بین اعضاء پیشرفتی حاصل نکرد. درسال ۱۳۲۷ برای پیشرفت وتوسعه اموراقتصادی کشوربرنامه هفت ساله اول را بامشورت متخصصین امریکائی وتصویب مجلس شورای ملی ایران بمورد اجرا گذاشتم. عزم من آن بود بامریکا ودنیا ثابت کنم که کشور ایران هرگونه کمکی را که دریافت کند بمصارف سودمند ونافع خواهد رساند.

بااین وصف به تقاضای مابرای کمکهای بزرگ موافقت نشد وبجای آنکه سهمیه کافی بایران اختصاص داده شود دولت آمریکا مبلغ مختصری ازاعتبارات اصل چهار را بایران دادوبانک صادرات و واردات واشنگتن نیزباپرداخت وامی بمبلغ ۲۵ میلیون دلار موافقت نمودواین مبلغ باآنچه ما برای احیای اقتصادکشورکه درنتیجه اشغال نظامی دوره جنگ دچاراختلال شده لازم داشتیم رقم بسیارناچیزی بود.

دراثر قطع امیدواری ازمساعدت امریکا بسیاری از مردم کشور معتقد شدندکه ایالات متحده آنها را در تنگنا رهاکرده است وبهمین جهت کم کم افکار ضد امریکائی بوجود آمد وموجب توسعه جبهه ملی گردید. کمبود پول فعالیت سازمان برنامه هفت ساله را کاهش داد ومشاورین

آمریکائی توسعه اموراقتصادی متدرجاً ایرانرا بقصد وطن خود ترك گفتند. دراین ایام مذاکراتی نیز برای ازدیاد سهم ایران ازشرکت نفت جنوب که تعلق بانگلیسها داشت بین نمایندگان ما ونمایندگان شرکت نفت ایران وانگلیس بدون حصول نتیجه در جریان بود. ناچار برای تهیه وجوهی که در اثر کمك غیرکافی امریکا لازم داشتیم یك قرارداد بازرگانی بمبلغ ۲۰ میلیون دلار درسال ۱۳۲۹ با روسها امضاء کردیم و این اقدامات بنفع مصدق و پیشرفت منظورهای او تمام شدکه شرح آن می آید.

در سالهای قبل از ملی شدن صنعت نفت شرکت نفت ایران وانگلیس افکار عمومی ایران را ناشنیده گرفته ونسبت بآن بی اعتنائی شگفت آوری ابراز میداشت ولی جریان وقایع ثابت کردکه این رویه کاملا برخلاف منافع شرکت مزبور بود چنانکه اقدامات وعملیات مصدق نیز در دوره نخست وزیری وی بضرر خود وکشورش تمام شد.

شرکت نفت درآنموقع خوب میدانست که حق السهمی راکه شرکت های بزرگ غربی برای تحصیل امتیاز نفت ازکشورعربستان سعودی وبعضی کشورهای آمریکای مرکزی وجنوبی پذیرفته بودند ازمیزانیکه درقراردادما باشرکت نفت معین شده بسیار مساعدتر بود. بعلاوه ازعدم رضایت ما نسبت بمالیات های گزاف و بیش از حد تناسبی که شرکت به دولت انگلستان از عوائد نفت میداد و مبلغ آن از حق الامتیازیکه بایران داده میشد نیزخیلی زیادتر بودآگاهی کامل داشت وهمچنین بخوبی میدانست که ما ازعمل شرکت که قسمت عمده درآمدی راکه ازایران بدست میآورددرسایر نقاط دنیا صرف هزینه توسعه استخراج نفت میکرد بسیار ناراضی هستیم. باوصف این مسائل شرکت نفت باعتراضات

ما توجه نکرده وسرمایه عظیم خودراکه درایران داشت بخطر انداخته بود دولت انگلیس هم که میتوانست شرکت‌را وادار باتخاذ رویه معتدلتر و عاقلانه‌تری نماید در این راه قدمی برنداشت ونتیجه آن این بودکه شرکت نفت ودولت انگلیس احساسات‌ملی ایران‌را شعله‌ورساختندو باعث‌تقویت جبهه ملی ونفوذ عوام فریبانه مصدق برمـردم گردیدند وشروع بایجاد هیجان برای ملی شدن صنعت نفت‌کردند. رزم‌آرا نخست وزیر وقت با این وضع موافق نبود وامید داشت‌که بتواند قضیه را در محیط دوستانه بـا شرکت نفت حل کند ولی مصدق ویارانش برعلیـه نخست‌وزیر وبیگانگان تظاهرات شدید کردند. بالاخـره روز ۱۶ اسفند ۱۳۲۹ یکی ازاعضای دسته متعصب فدائیان اسلام‌که ازمصدق پشتیبانی میکردند نخست‌وزیر راکه برای شرکت درمجلس ترحیم یکی ازروحانیون وارد صحن مسجد شاه میشد ناجوانمردانه بقتل رسانید وچند روز بعد مجلس شورای ملی قانون ملی شدن صنعت نفت‌راکه من کاملاباآن موافق‌بودم تصویب‌نمود. من‌بجای‌سپهبد رزم‌آرا حسین‌علاء راکه ازسیاست‌مداران مورد احترام ودارای سابقه طولانی بود بنخست‌وزیری برگزیدم. حسین علاء طرفدار راه حل مسالمت آمیزی بودکه بتوان درعین ملی شدن صنعت نفت تأسیسات و استخراج و بهره برداری با کمك متخصصین خارجی اداره شود وکار ادامه یابد ولی افراطیون باچنین قراری موافق نبودند وعده‌ای آشوبگر بمناطق نفتی جنوب اعزام شدندکه درمیان کارگران تشنج وهیجان ایجادکنند و حزب توده نیز درعین غیر قانونی بودن باز تشکیل شده بود بااین آشوبگران دستیاری‌کرد. در نتیجه چند نفر ازمردم وسه نفر ازاتباع انگلیس بقتل‌رسیدند وشرکت نفت

عملیات خود را قطع کرد و پرداخت کلیه وجوهیکه از این ممر بدولت ایران میرسید متوقف گردید. مصدق بمردم وعده داده بود که دوره فراوانی و رفاه فرامیرسد و هزینه آن از درآمد نفت که قانوناً حق ایران است تأمین خواهد شد و هر روز سیصد هزار لیره از شرکت بعنوان درآمد خواهد گرفت. با این وعده ها کسی نبود که دیگر با او مخالف باشد زیرا قول میداد که ثروت سرانه هر فرد ایرانی را تأمین کند و با هر خارجی مبارزه نموده و حقوق ایران را حفظ نماید. بنابر این تعجبی نداشت که طبقات مختلف از دانشجو و بازرگان و کاسب و کارگر دور او را بگیرند و تحت رهبری وی در آیند.

مصدق با چنین وعده ها وجهه خاصی پیدا کرد و علاء که بیش از دو ماه از زمامداری وی نگذشته بود از کار کناره گرفت من مصدق را بنخست وزیری منصوب نمودم و در آن هنگام کسی نبود که بتواند در برابر وی ایستاده و با او برای احراز این مقام رقابت نماید. اکنون دیگر فرصت بزرگ برای مصدق فرا رسیده بود زیرا بیش از حد تصور خودش در نیل بآرزوها و رؤیای امید بخش خود و دستیارانش کامیاب گشته و مدتی در حدود دو سال در جلو خویش داشت و میتوانست از این فرصت بحد کفایت استفاده کند و از حمایت و پشتیبانی من با آنکه یک چنین حمایتی برای من ملال انگیز بود برخوردار باشد.

اینک باید دید مصدق چه کرد و چه مصیبت بزرگی برای مردم این کشور ایجاد نمود؟ در آن هنگام دولت انگلیس اعلام داشت که نیروی چترباز خود را بقبرس روانه خواهد نمود و شهرت یافت که این نیرو برای اعزام بایران آماده میشود. رزم ناو انگلیسی بنام موریتوس روبروی آبادان

لنگر انداخته وشایع بودکه قسمت دیگری ازنیروی دریائی انگلیس بسوی آبهای ایران بحرکت درآمده است .

سفیر کبیر انگلیس را احضار کردم و باو خاطرنشان ساختم که اگر دولت انگلستان قصد تجاوز بحق حاکمیت ایران داشته باشد من شخصاً دررأس نیروی ایران قرار گرفته ودر برابر هرتجاوزی ایستادگی خواهم نمود . شایعات مزبوربعلت این اظهارصریح من یابعلل دیگرصورت عمل پیدا نکرد .

مصدق نیزمیتوانست برای بدست آوردن راه‌حل مثبت درمسئله اختلاف نفت چنین رویه محکم وصریحی را پیش گیرد ولی ابتکار عمل را بشرکت نفت گذاشته . تمام وقت خود را صرف مبارزه ناشیانه با شرکت سابق نمود ونسبت بتأثیری که اقدامات او بحال کشور داشت بی‌اعتنا ماند و تا روزی که ازمقام نخست وزیری معزول گردید یك قدم بحل مسئله نزدیکتر از روز نخست نشده‌بود .

شورای امنیت سازمان ملل متحد وبانك بین‌المللی ودادگاه بین‌المللی وپرزیدنت ترومن و بعداز او پرزیدنت ایزنهاور و چندین مؤسسه جهانی و مأمورین وابسته بآنها سعی کردندکه در رفع اختلافات موجود راه حلی پیداکنند ولی نتیجه‌ای نبخشید . زیرا مصدق که هم کاملا دردست مشاورین خود وهم مقهور افکار لجوجانه خویش واقع شده ورویه منفی پیش‌گرفته بود امکان هرگونه توافق را ازبین برده وبجای‌آنکه وقت خودرا باصلاحات وعمران کشور صرف‌کند به پرخاش‌جوئی میگذراند وچنانکه گفته خواهد شد خواهیم دیدکه برای ادامه زمامداری خود حاضر بچه اقدامات واعمالی گردید .

مصدق درسیاست خود نسبت بدولت انگلیس وشرکت

سابق نفت مرتکب دواشتباه عظیم گردید :

یکی اینکه اعتقاد راسخ داشت که دنیا بدون نفت ایران قادر بادامه حیات اقتصادی و صنعتی خود نیست و بهمین مناسبت استدلال میکرد که بزودی شرکت سابق وسایر حامیان آن درمقابل وی بزانو درآمده وتسلیم خواهند شد ولی وقتی تولیدنفت درایران متوقف شد سایر کشورهای نفت خیز بمنظور جبران این کسر میزان تولید خودرا بالاتر بردند . زیراچون درجهان امروز کشورهای نفت خیز متعددی وجود دارد دیگر برای یك کشورامکان انحصارتولیدنفت نخواهد بود ودرحقیقت دشواری تولیدنفت درست عکس چیزی است که مصدق ودستیاران اوتصورمیکردند ، زیرا پس از سقوط مصدق که مجدداً نفت ایران جریان یافت بازارهای جهان دچار زیادی عرضه نفت بود وبهمین جهت چندین کشور مجبورشدند مقدارتولید خودرا برای ایجادتعادل بین عرضه وتقاضا تقلیل دهند . علت آنکه مصدق ویارانش چنان غیر مطلعانه رفتارکردند بنظر من این است که تصور میکردند که تولید نفت فقط درانحصار ایران است .

اشتباه دیگر مصدق آن بودکه تصورمیکرد نفت ایران را میتواند بدون کمك واستعانت خارجیان ببازارجهان عرضه نماید . درآن زمان ایران حتی دارای یك کشتی نفتکش نبود وسازمان فروش بین المللی نفت نیز نداشت. درفصل دیگر شرح رویه عملی که من ودولت برای تهیه کاروان کشتی نفتکش وایجاد وسایل فروش نفت درخارج ایران اتخاذ کرده ایم داده خواهد شد . مصدق که ازیکطرف باکلیه شرکتها ومؤسسات بزرگ قطع رابطه نموده بود وازطرف دیگر وسایل مؤثری برای حمل ونقل وفروش نفت که مارا ازسازمانهای خارجی بی نیاز کند فراهم نیاورده بود خودرا دچار وضع غیرقابل

تحملی قرارداده بود.

هنگامیکه صنعت نفت در ایران ملی اعلام و مصدق به نخست‌وزیری منصوب گردید دولت انگلیس و شرکت نفت مآل کار را فوراً اندیشیده و سیاست قبلی خود را تغییر دادند و اصل ملی‌شدن را رسماً پذیرفتند و دیری نگذشت که هیئت استوکس را به تهران اعزام داشتند. در آن موقع دولت انگلیس موافقت نمود که کلیه درآمد نفت بالمناصفه (پنجاه - پنجاه) بین دو کشور تقسیم شود. اگر در آن هنگام مصدق بمذاکره حسابی و معقول موافقت کرده بود هموطنان من از محر و میتهای اقتصادی و مخاطرات ناشی از آن در امان می‌ماندند. من هنوز تصور میکنم که شخص مصدق با وجود تمام لجاج و استبداد رأی خطرناکی که داشت تاحدی مایل بود که بین طرفین توافق نظر حاصل شود ولی نسبت بمشاورین او سخت مشکوکم و گمان میکنم که عده‌ای از آنها با اشتیاق تمام امیدوار بودند که کوچکترین راه حلی پیدا نشود تا کشور با شکست اقتصادی مواجه گردد و در نتیجه تحت استیلای خارجی قرار گیرد. این نوع ناسیونالیسم منحرف را در فصل بعد تشریح خواهم نمود.

هنگامیکه مصدق پیشنهادهای هیئت استوکس را رد کرد. شرکت سابق نفت و دولت انگلیس هریک بطور جداگانه بدادگاه بین‌المللی لاهه شکایت کردند و هردو در عرض حال خود بقرارداد ۱۳۱۲ که دولت پدرم با شرکت سابق منعقد نموده بود و تاموقع ملی شدن نفت برطبق آن عمل میشد استناد جستند. برطبق قرارداد مزبور درصورت بـروز اختلاف بین ایران و شرکت نفت بایستی قضیه به حکمیت رجوع شود و بهمین دلیل از دیوان داوری لاهه تقاضا شده بود که باتکای مـاده مربوط بحکمیت یکنفر داور تعیین نمایند.

ولی مصدق دادگاه بین‌المللی را دراین مورد واجد صلاحیت ندانست ودرنتیجه دولت انگلیس قضیه‌را بشورای امنیت سازمان ملل متحد احاله داد . شورای مزبور پس ازمذاکرات زیادی درمهرماه ۱۳۳۰ مقرر داشت‌که قضیه مسکوت مورد شور قرار نگیرد تا دادگاه بین‌المللی درباره صلاحیت یا عدم صلاحیت خود در دعوای مزبور اظهار رأی نماید . درهنگامیکه مصدق برای اقامه دعوای ایران درشورای امنیت به نیویورك رفته بود من بمنظور تشویق تلگرافی بوی مخابره کردم‌که بشرح زیربمن پاسخ داد :

ازنیویورك - ۲۱ اکتبر ۱۹۵۱

پیشگاه اعلیحضرت همایون شاهنشاهی - تهران

دستخط تلگرافی ذات‌مبارك شرف‌وصول‌بخشید وبیش ازآنچه تصورشودموجب‌سرافرازی‌وتشکرگردید ازخداوند سلامتی‌وطول عمروموفقیت روزافزون اعلیحضرت‌همایون شاهنشاهی را همواره آرزو کرده‌ام و عرض میکنم که هرموفقیتی درهرجا وهرمورد تحصیل‌شده مرهون‌توجهات وعنایات ذات اقدس ملوکانه است‌که همه وقت دولت را تقویت ورهبری فرموده‌اند بطوریکه بوسیله جناب آقای وزیر دربار بعرض مبارك رسید روز دوشنبه را به فیلادلفیا وصبح سه‌شنبه به واشنگتن میرود وجریان را درهمانجا به پیشگاه مبارك معروض خواهد داشت اجازه میطلبد یکبار دیگر ازعنایات وتوجهات خاصه شاهنشاه جوانبخت خود عرض سپاسگزاری نماید .

دکتر مصدق

قضاوت درصحت اظهاراتیکه دراین تلگراف مندرج است باتوجه بحوادثی‌که بعداً رخ داد بخوانندگان واگزار میگردد .

دراواخر سال ۱۳۳۰ بانک بین‌المللی عمران وتوسعه بعنوان میانجی دوستانه برای حل اختلافات موجود دامن همت بکمر زد. دروهله اول احتمال میرفت که درمذاکرات توفیقی حاصل شود وخود مصدق هم باشرائطی که بانک پیشنهاد میکرد موافق بود ولی مشاورین وی بدلائلی که خود ازآن آگاه بودند اورا ازقبول آنها منصرف کردند ومذاکرات بکلی قطع گردید. درهمین موقع دولت مصدق دستور داد تمام کنسولگریهای انگلیس درایران بسته شود.
پس ازافتتاح دوره هفدهم مجلس شورای ملی مصدق که هنوز مورد محبوبیت بود مجدداً نامزد نخست وزیری گردید. وی درابتدای تابستان ۱۳۳۱ اعلام نمودکه تا اختیارات فوق‌العاده نگیرد قادر بانجام وظیفه نخواهدبود. چون ازمخالفت مجلس ومردم نسبت بسیاست خود بیمناک بود درخواست کردکه بوی اختیار داده شودکه تامدت شش ماه بدون مراجعه بمجلس شورای ملی کارکند وهمچنین درخواست نمود که وزارت جنگ نیز بوی واگزار شود وامیدوار بودکه بدینوسیله قدرتی راکه قانون بعنوان فرمانده کل نیروهای ایران بمن داده است خنثی کند.

ازپذیرفتن تقاضاهای وی امتناع کردم زیرا قطع داشتم که اثر این اختیارات آنست که کمونیست‌ها بیشتر درامور رخنه یابند وچنانکه خوانندگان خواهنددید وقایع آینده‌ثابت کردکه‌نظرمن‌صحیح بوده‌است. مصدق‌روز۲۵تیر ازنخست وزیری استعفاکرد ومن برخلاف نظر باطنی خود احمد قوام راکه درگذشته شاغل مقام نخست وزیری بود بجای وی بنخست وزیری برگزیدم زیرا بزعم عده‌ای قادر بود در برابر دست چپی‌ها سخت مقاومت نماید.

باروی‌کار آمدن قوام‌السلطنه حزب توده بلافاصله

بطرفداران مصدق پیوستند ودست بتظاهر وآشوب زدند ونظم وقانون مختل گشت ودولت قوام دربرابر عناصر اخلالگر وافراطی ناتوان ماند. ضمناً نطقی که قوام درر ادیو کرد ودر آن مخالفت خود را با احساسات شدید عامه در مسئله ملی شدن نفت اظهار نمود اوضاع را وخیم‌تر ساخت. قوام بعلت کبر سن بسیار ناتوان وبیمار شده وغالباً درجریان مذاکرات مهم سیاسی بخواب میرفت وهر چند حقیقتاً درحل مسائل باعمال قدرت معتقد بود ولی من وجداناً نمیتوانستم اجازه اتخاذ چنین رویه‌ای را بشخص ناتوانی مـانـنـد او بدهم. ناچار پس از چهار روز نخست وزیری بصلاحدید من از نخست وزیری استعفا داد واین نکته واضح گردید که در آن روز کسی قادر بمقاومت در مقابل مصدق نیست. روز ۳۰ تیر بمنظور جلو گیری از جنگ داخلی اجباراً شرایط مصدق را پذیرفته وویرا مجدداً بنخست وزیری منصوب نمودم. در همین موقع دادگاه بین‌المللی لاهه در قضیه شکایت انگلیس از ایران رأی بعدم صلاحیت خود داد. قاضی انگلیسی دادگاه بنفع ایران رأی داد ولی نماینده روسیه از رأی دادن امتناع ورزید ودرحقیقت درهیچیک از جلسات دادگاه حضور نیافت.

رأی صادره از دادگاه بین‌المللی لاهه موجب مسرت ورضایت ایرانیان گردید ولی رأی مزبور بنفسه هیچگونه مشکلی را حل نکرد وفقط مصدق آنرا بعنوان یکی دیگر از پیروزیهای منفی خود بحساب آورد ومردم از شادمانی بهیجان آمدند ومصدق راه خود را برای وصول بیک پیروزی منفی بزرگی دنبال نمود.

دولت آمریکا از درهم ریختگی اوضاع سیاسی و اقتصادی ایران بسیار بیمناک ونگران گردیده وبهمین جهت روز ۸

شهریور پرزیدنت ترومن رئیس جمهور آمریکا وچرچیل نخست وزیر انگلستان یادداشت مشترکی که شامل راه حل جدید برای رفع اختلافات نفت بود برای مصدق ارسال داشتند ولی مصدق پیشنهادهای آنهارا نپذیرفت وروز ۳۰ مهر با دولت انگلیس قطع رابطه سیاسی نمود .

درتمام این مدت تأسیسات معظم نفت‌آبادان که هنوز از بزرگترین پالایشگاههای جهان است کاملا عاطل و بلااستفاده مانده وهیچگونه درآمدی برای ایران نداشت.

مصدق کوشش کرد که بشرکتهای کوچك خارجی که حاضربودند خودرا بخطردعاوی شرکت نفت سابق وتصرف مالی که ازنظرشرکت غصبی بود بیاندازند نفت بفروشدولی جمع کلی این فروشها ازعایدی یك‌روز ما دردوران فعالیت گذشته پالایشگاه کمتر بود .

دراین جریان پرزیدنت ایزنهاور بریاست جمهوری آمریکا انتخاب‌شد وباتفاق مسترچرچیل‌پیشنهادهای‌مشترك دیگری بمنظور حل اختلافات و بکارانداختن مجدد صنعت نفت وتأمین درآمد ایران بدولت تسلیم داشت ولی مصدق این پیشنهادها را نیز مانند پیشنهادهای گذشته رد کرد . متعاقب این وقایع پیروزی‌های منفی دیگری برای مصدق پیش‌آمد . دوهفته پس‌ازآنکه من مجلس سنارا افتتاح کردم مصدق مجلس شورای ملی را بانحلال آن وادار ساخت ولی مجلس‌شورای ملی راکه کاملا دست نشانده و پشتیبان اعمال خود ساخته بود منحل ننمود . دردیماه ۱۳۳۱ مجلس‌شورای ملی با رضایت من واکثریت‌آراء اختیارات مصدق را تمدید نمود . علت رضایت من‌آن بود که میخواستم هرگونه مجال برای اجرای سیاست مثبتی درامر نفت بوی داده شده باشد ولی متأسفانه مصدق اختیارات مزبور را بیش‌ازپیش برای

پیشرفت مقاصد شخصی خود مساعد یافته و باختناق مطبوعات و توقیف مدیران جراید پرداخت و چون بعضی از نمایندگان مجلس شهامت بخرج داده و با وی مخالفت کرده بودند بتضعیف قدرت مجلس اقدام نمود و دستور داد طرفداران او جلسات را باعدم حضور خود از رسمیت بیاندازند و بوسیله افراد اوباش طرفدار خود بارعاب و تخویف نمایندگان مخالف مبادرت نموده و آنها را درمنازل خود ویا درمعابر عمومی مورد تهدید قرارداد .

شخصی که پیوسته از خطر تنزل ارزش پول مردم را برحذر مینمود خود بچنین امری مبادرت کرد و معادل میلیاردها ریال اسکناس بدون افزایش پشتوانه طلا ویا ارز خارجی انتشار داد و فرماندهان نیروهای انتظامی و واحدهای ارتشی را از یاران و فادار خود انتخاب نمود و بکمونیست های حزب توده اجازه داد و بعقیده عده کثیری آنها را تشویق نمود که در ارتش نفوذ کنند . وی حکومت نظامی را تمدید کرد و مجلس شورایملی را واداشت که یک کمیسیون هفت نفری از اعوان و انصار وی تشکیل دهد تا درطرز محدود ساختن اختیارات من بعنوان فرماندهی کل نیروهای کشور مشورت و اظهار نظر نمایند . کمیسیون مزبور گزارش مفصلی دراین باره تهیه نمود و مصدق تقاضا کرد که آن گزارش درمجلس شورا طرح شود ولی مجلس شورای ملی باین طرح و تقاضای مصدق اعتنائی ننمود و طرفداران سابق او حتی کاشانی درمجلس با رویه وی بهیچوجه روی موافق نشان ندادند .

مصدق دیوان عالی کشور را منحل و انتخابات مجلس شورایملی را متوقف ساخت و چون بعضی از نمایندگان با شهامت بمخالفت وی برخاسته بودند اعلام کرد که باید

بآراء عمومی مراجعه وبوسیله رفراندوم مسئله انحلال مجلس شورای ملی حل گردد.

نمایندگان بیاد داشتند که مصدق هنگام گشایش همین دوره مجلس شورای ملی درطی سخنرانی کوتاه خود گفته بود که هشتاد درصد از نمایندگان منتخبین حقیقی ملت هستند. دراین رفراندوم مصدق که خودرا همیشه قهرمان و مدافع انتخابات آزاد قلمداد میکرد کاررا طوری ترتیب داده بود که کسانیکه باانحلال مجلس موافق بودند رأی خودرا دریك صندوق که ازحیث رنگ بسیارمشخص بود بریزند ومخالفین رأی خودرا درصندوق دیگر بیاندازند وهمه میدانستند که بااین ترتیب اگر کسی جرأت کرده میخواست رأی مخالف بدهد بدون تردید مورد ضرب وشتم واهانت اراذل واوباش طرفدار مصدق و توده‌ایهاکه به‌آنها ملحق شده وتمیز بین این دودسته دیگر غیرممکن شده بود قرارمیگرفت. نتیجه انجام رفراندوم همان بود که مصدق میخواست چنانکه هیتلر هم پیش از وی همین عمل را انجام داده بود و ۹۹٪ (نود ونه درصد) مجموع آراء موافق انحلال مجلس شورای ملی بود ودریکی از شهرهائیکه جمعیت آن ۳۰۰۰ نفراست ۱۸۰۰۰ رأی موافق بانحلال مجلس رأی داده بودند. ظاهراً درآن شهر وبسیاری ازشهرهای دیگر اموات نیز ازگور بیرون آمده ورأی خودرا درصندوق ریخته بودند! اما ازیك نظر باید گفت که اموات هم دراین انتخابات وسایر انتخابات ساختگی مصدق شرکت کرده بودند زیرا صدها نفراز کسانی که خواسته بودند رأی واقعی بدهند جان خودرا ازکف داده وبقتل رسیده بودند.

در طی سالیان درازی که مصدق نمایندگی مجلس شورایملی را داشت همواره خود را طرفدار جدی اصول

مشروطیت واجرای قانون ودولتی که ازطرفداری اکثریت نمایندگان برخوردار باشد وانمود میکرد ونسبت بحکومت نظامی مخالفت ورزیده و بستایش انتخابات آزاد وآزادی مطبوعات اهتمام داشت .

همین مصدق در طی چند ماه مجلس سنا وعالیترین مرجع قضائی کشور را منحل نمود ومردم را برای انحلال مجلس شورای ملی برانگیخت . باختناق مطبوعات اقدام نمود ، انتخابات آزاد را ازمیان برد وحکومت نظامی را تمدید نمود و برای تضعیف اختیاراتی که بموجب اصول مشروطیت بمن تفویض شده بود نهایت کوشش کرد وقانون اساسی پنجاه ساله کشور راکه بمجاهدت بسیار بدست آمده بود بدین کیفیت زیرپا گذاشت و با وصف همه این‌اقدامات مصدق جز با فراهم ساختن وسائلی برای برانداختن شاه مملکت نمیتوانست بآرزوی خودرسیده ودرکشوردیکتاتور مطلق بشود .

باآنکه من جان اورا نجات داده بودم ودرآغاز کار ازمساعدت وحمایت من برخوردار بود این نکته برای من واضح بودکه ازهمان روزیکه بمقام نخست وزیری رسید منظورش برانداختن سلسله من است . قرائن متعدد این مسئله را تأیید میکرد زیرا او ازمنسوبین قاجاریه بود وبا روی کار آمدن پدرم شدیداً مخالفت‌کرده وسیاستش این بودکه هرچه ممکن‌است سعی‌کند سلسله پهلوی را بی‌اعتبار ساخته وذره ذره موجبات نابودی آنرا فراهم کند . اگر ازمن بپرسند باآنکه ازدشمنی وی نسبت به خاندان پهلوی مطلع بودم چرا برعلیه وی اقدامی نکردم جواب من این استکه میخواستم بوی فرصت‌کافی بدهم‌که بانجام مقاصد وآمال ملی ایرانیان توفیق یابد . هرچه بمیزان تهدیدات

او نسبت به سلسله پهلوی افزوده میشد میدیدم مصدق بیك عقیده‌ای که ازخارج ایران سرچشمه میگرفت بیشتر تسلیم میشود وآتشی ازتأثر وتأسف درقلبم زبانه میکشید .

روز ۹ اسفند ۱۳۳۱ مصدق بمن توصیه کرد که موقتاً ازکشور خارج شوم . برای اینکه ویرا دراجرای سیاستی که پیش گرفته بود آزادی عمل بدهم وتاحدی ازحیل ودسایس وی دور باشم بااین پیشنهاد موافقت کردم . مصدق پیشنهاد کرد که این نقشه مسافرت مخفی بماند واظهارداشت که به فاطمی وزیر خارجه وقت دستور خواهد داد شخصاً گذرنامه وسایر اسناد مسافرت من وهمسرم وهمراهانم را صادر کند .

جالب توجه آن بود که مصدق با التهاب مخصوصی توصیه میکرد که باهواپیما ازایران‌خارج‌نشوم زیرامیدانست مردم ایران که مخالف این تصمیم خواهند بود درفرودگاه ازدحام خواهندکرد ومانع پرواز من میشوند .

ازاینرو پیشنهاد کرد که تا مرزکشور عراق و بیروت بطورناشناس مسافرت کنم . با این پیشنهاد هم موافقت شد اما این‌راز برملاگردید وتظاهرات وفاداری بشاه که‌ازطرف جمعیت عظیم مردم‌کشور بعمل‌آمد بقدری صمیمی واقناع کننده‌بود که‌اجباراً ازتصمیم خود درترك وطن‌عدول کردم. دراینموقع حزب‌توده باصلاح‌اندیشی مسلم جمعی ازپیروان مصدق بدون‌درنگ جبهه واحدی علیه سلطنت تشکیل داد . ولی‌این‌عمل مردم رشید ایران‌را درحمایت ازمن وپشتیبانی از مقام سلطنت که من مظهرآن بودم متحد ومتفق ساخت .

اینك که بگذشته مینگرم می‌بینم که تصمیم من‌دررفتن ازوطن بسیار باعجله اتخاذ شده و درحقیقت عمل بسیار خطائی‌بودنهایت‌آنکه درنتیجه‌عنایات خداوند تبارك‌وتعالی

آن تصمیم بنفع من خاتمه یافت .

درتابستان سال ۱۳۳۲ تغییرات محسوسی در روحیه ملت ایران نسبت به اعمال مصدق آشکار گردید و بسیاری از یاران و پیروان او از اطرافش پراکنده شدند زیرا متوجه شدند که سیاست ضد خارجی وی جنبه انتخاب یافته و منظور اصلی او آنست که انگلیسها را بیرون کند و کمونیستها را بایران بکشاند . جریان وقایع مردم را آگاه ساخت که کشورشان با سرعت تمام بسوی اضمحلال سیاسی و اقتصادی میرود . عمل مصدق در انحلال مجلس شورا نیز نتوانست افکار عمومی را که مخالف وی بود خفه کند. روزنامه‌نگاران از تهدیدات اوباش طرفدار مصدق و اعمال حزب توده نهراسیده سیاست وی را برای مردم تشریح و توجیه میکردند.

بسیاری از روحانیون و دانشجویان و بازرگانان که قبلا درزمره حامیان مصدق بودند از او روبر گردانیده وعلم مخالفت بر داشتند ولی با تمام این احوال واضح بود که برای برانداختن قطعی وی جز اعمال قدرت راه دیگری نیست .

سیاست آمریکا در طول دوره زمامداری مصدق حاکی از آن بود که نگرانی آن دولت از اوضاع ایران روز افزون و در اتخاذ طریق مؤثری برای ایجاد ثبات سیاسی و توسعه اقتصادی ایران دچار تردید است .

در سال مالی ۱۳۲۸ - ۱۳۲۹ دولت آمریکا فقط مبلغ ۵۰۰,۰۰۰ دلار طبق برنامه فنی اصل چهار بایران کمک کرد و در سال مالی ۱۳۲۹-۱۳۳۰ میزان این کمک به ۱,۶۰۰,۰۰۰ دلار افزایش یافت ولی پس از روی کار آمدن مصدق این کمک مالی به ۲۳,۴۰۰,۰۰۰ دلار بالغ گردید که قسمت عمده آن برای رفع کمبود ارز کشور که در اثر قضیه نفت بوجود آمده بود اختصاص داده شده بود .

در خرداد ۱۳۳۲ آیزنهاور بمصدق اخطار کرد که تا اختلافات حاصله در قضیه نفت حل نشود ایالات متحده میزان کمک مالی خود را افزایش نخواهد داد ولی در عین حال موافقت کرده بود که کمک مالی بمیزان سال قبل ادامه یابد.
در ضمن اصرار کرده بود که کشور ایران باید از رویه عدم استفاده از منابع بزرگ خود عدول نماید و در سال مالی ۳۱ - ۱۳۳۲ کمک آمریکا مختصری تقلیل یافته و بمیزان ۲۲،۱۰۰،۰۰۰ دلار تعیین گردید. این موضوع نشان میداد که آمریکائیها با وجود آنکه چندان رغبتی بتأمین خساراتی که اشتباهات مصدق با یران وارد نموده بود نداشتند معهذا بیم آن داشتند که قطع کامل کمک مزبور ایران را در آغوش کمونیزم بیاندازد.
رویه مصدق نسبت به برنامه کمک آمریکا بسیار مضحک بود زیرا وی در سال ۱۳۳۰ حاضر نشد قرارداد مربوط بکمک آمریکا را طبق رویه ای که در سایر کشورها معمول بود با سفیر کبیر آمریکا امضاء کند ولی درعوض طی یادداشتی از رئیس اداره کمکهای فنی آمریکا در ایران تقاضای ادامه کمکهای فنی سالیانه را نمود و وی نیز کتباً موافقت کرد و کمکهای مالی سنواتی بشرحی که در بالا گفتیم ادامه یافت.
در سال ۱۳۳۲ وقتی عده کثیری از یاران وی از اطرافش پراکنده میشدند پی در پی لاف میزد که آمریکا طرفدار رژیم اوست. ضمناً بامریکائیها اخطار میکرد که اگر باو بیش از پیش کمک نکنند احتمال دارد که ایران بدامن کمونیزم بیفتد ولی در ضمن نسبت بعملیات حزب توده سیاست مسامحه پیش گرفته و اجازه میداد که روز بروز بر قدرت خویش بیفزایند. بنظر من آمریکائیها از این رویه ضد و نقیض کاملا آگاه بودند ولی طبعاً احساس میکردند که خود ملت ایران

باید مسائل سیاسی کشور خویش را حل کند . چنانکه ما نیز همین رویه را عاقبت پیش گرفتیم .

مصدق در اواخر حکومت خود نیروی زرهی و سایر افرادی را که مأمور حراست منزل وی بود تقویت کرد ولی در عوض تانکهای مأمور حراست کاخ ییلاقی سعدآباد را که محل اقامت من و ملکه ثریا بود تقلیل داد و در حقیقت دوازده تانک متوسط ساخت آمریکا بمحافظت منزل او اختصاص یافته بود در صورتیکه کاخ وسیع سعدآباد تنها بوسیله چهار تانک حراست میشد و واضح بود که تاب حملات ناگهانی توده‌ای‌ها را در صورت بروز نخواهد آورد .

در اثر این عمل من و همسرم بکاخ خود در رامسر رفتیم و مدتی در عمارتی که پدرم در کنار دریا ساخته بود و چند گاهی هم در عمارت کوچک ییلاقی کلاردشت که شرح زیبائی طبیعی آن سابقاً داده شد اقامت نمودیم .

در ۲۲ مرداد ماه سال ۱۳۳۲ احکام انفصال مصدق را از مقام نخست وزیری و انتصاب سرلشکر زاهدی را بجای وی امضاء کردم و مأموریت خیلی دقیق ابلاغ احکام را بسرهنگ نعمت‌الله نصیری فرمانده گارد شاهنشاهی محول نمودم .

شرح اتفاقاتی که برای سرهنگ نصیری در انجام این مأموریت پیش آمده بود حکایت سه تفنگدار الکساندر دوما را بیاد من میاورد با این تفاوت که داستان دوما افسانه‌ای بیش نیست ولی ماجرای سرهنگ نصیری یکی از وقایع حقیقی تاریخ معاصر ماست .

پس از آنکه سرهنگ نصیری از رامسر بکاخ سعدآباد رسید ابتدا عازم ابلاغ فرمان من بسرلشکر زاهدی گردید . باید این نکته را یادآور شوم که زاهدی از طرفداران نزدیک

مصدق و زمانی وزیر داخله دولت او بود و دراوایل دوران زمامداری رزم‌آرا سمت ریاست کل شهربانـــی را داشته ودرانتخاب مجدد مصدق به‌نمایندگی مجلس کوششها کرده بود . زاهدی درآنموقع درنزدیکیهای تهران بود ولی جز چندتن از دوستان نزدیکش کسی از محل اقامت وی که هرروز آنرا عوض میکرد اطلاع نداشت زیرا او بی‌پروا ازعملیات بد رویه مصدق انتقادکرده ویکبار دستگیر شده وپس ازآزادی چون تأمین جانی نداشت درمجلس متحصن گردیده وپس‌ازترك تحصن ناگزیربود درخفا بسربرد .

سرهنگ نصیری باکمك وراهنمائی واسطه‌های مختلف بسرلشکر زاهدی دسترسی یافته وفرمان مرا بوی ابلاغ‌نمود و وی نیز فوراً آمادگی خودرا بقبول این مأموریت اعلام داشت .

اکنون موقع آن بود که فرمان عزل بمصدق ابلاغ شود. ابتدا بدستورزاهدی سرهنگ‌نصیری سه‌تن‌ازمشاورین نزدیك مصدق را توقیف‌کرد که از آنها راجع بروشی‌که ممکن بود مصدق پیش بگیرد اطلاعاتی بدست‌آید .

زاهدی‌بسرهنگ‌نصیری‌دستورداده‌بود که‌حتی‌الامکان فرمان را بدون واسطه بشخص مصدق ابلاغ کند و رسید دریافت دارد تانتواند بعداً وصول‌آنرا منکرشود . ضمناً‌خود من نیـــز قبلا به‌نصیری تأکید کرده بودم مراقب باشد که هیچگونه آسیبی بمصدق وارد نیاید .

درحدود ساعت یازده شب ۲۵ مرداد سرهنگ نصیری باتفاق دوتن از افسران خود از کاخ سعدآباد بسوی منزل مصدق حرکت‌کردند. آنروزروزنامه‌های طرفدارکمونیزم درسرمقاله‌هائی با عناوین درشت نوشته بودندکه ممکن‌است سرهنگ نصیری دست به‌کودتا بزنند وبهمین ملاحظه این سه

افسر کمال احتیاط را مرعی میداشتند .
درنزدیکی منزل مصدق متوجه شدند که اطراف خانه را سربازان و تانکهای سنگین گرفته‌اند و بآنها دستور داده شده‌است که به‌هیچکس مخصوصاً افراد گاردشاهنشاهی اجازه ورود ندهند . سرهنگ نصیری و دونفر افسر دیگر باین دستور وقعی ننهادند و با خونسردی تمام از مقابل دهانه توپ‌های تانک گذشته و خودرا بجلو درب ورودی منزل مصدق رسانیدند. سرهنگ‌نصیری درست پیش‌بینی کرده بود که چون سربازان و افـراد مأمور تانك ویرا میشناختند و رعایت احترام میکردند بطرف او اقدام به تیر اندازی نخواهند کرد . سرهنگ‌نصیری بوسیله‌یکی‌ازافسران مأمور خانه مصدق تقاضای ملاقات مصدق راکرد ولی این تقاضا قبول نشد . ناچار ازیکی ازافسران مصدق که تاحدی مورد اطمینانش بود قول گرفت که فرمان را بمصدق ابلاغ ورسید آنرا گرفته و بسرهنگ برساند ومدت یکساعت ونیم بانتظار بازگشت‌افسر توقف کرد که بعداً معلوم شد علت اینهمه تأخیر مذاکرات تلفنی‌مصدق بامشاورین وهمکارانش بوده‌است . بالاخره رسیدی راکه مصدق بخط خود نوشته بود بسرهنگ داد وسرهنگ که باخط مصدق‌آشنا بود ازجعلی نبودن رسید اطمینان یافت ودرآنموقع که یکساعت ازنیمه شب گذشته‌بود قصد مراجعت نمود .
اما قبل ازاینکه ازمنزل خارج شود باو اطلاع دادند که بامر سرتیپ ریاحی رئیس ستاد ارتش مصدق باید اورا فوراً بستاد ببرند . نصیری پیش خود بتصور اینکه این ملاقات با ریاحی فرصت مناسبی بدست وی خواهد داد که امرمرا دربرکناری او ازریاست ستاد باطلاع وی‌برساند فوراً بطرف وزارت جنگ حرکت میکندواورا بدفتررئیس

ستاد ارتش میبرند. ولی بمحض بازکردن دراطاق متوجه میشود که سرتیپ ریاحی هفت تیر خود را از کشو میزش خارج نموده و میخواهد پشت سر خود پنهان کند و ظاهراً از این میترسیده است که ازطرف سرهنگ مورد سوءقصد قرار گیرد.

رئیس ستاد سرهنگ نصیری را متهم بطرح کودتا و رفتار خلاف تربیت میکند ولی سرهنگ در پاسخ اظهار میدارد که فقط فرمان مرا بمصدق ابلاغ داشته و صحبت کودتا در کار نیست و رسید مصدق را بوی نشان میدهد. ریاحی میپرسد این معمول کجاست که فرامین را درنیمه شب ابلاغ کنند؟ نصیری جواب میدهد برطبق کدام اصول ادب و مبانی نظامی این وقت شب را برای مذاکره اختصاص میدهند؟ ریاحی میگوید که هرگز نصیری را برای این گستاخی نخواهد بخشید و بلافاصله دستور میدهد لباس نظامی اورا بکنند و تحویل زندانش دهند.

وقتی بعد برادر سرهنگ از توقیف او باخبر میشود لباس خواب و بعضی لوازم دیگر را ماهرانه درروزنامه ای که متن فرامین صادره از طرف مرا چاپ کرده بود پیچیده و بسرهنگ میرساند. صبح روز بعد دادستان ارتش که طبعاً ازطرف مصدق بآن سمت منصوب شده بود ازسرهنگ نصیری بازجوئی میکند و مدعی میشود که فرمان عزل ازطرف من صادر نشده و خود سرهنگ بقصد کودتا آنرا جعل کرده است. سرهنگ روزنامه ای را که برادرش باو رسانده بود ارائه میدهد و بازجوئی ازوی بهمین جا خاتمه یافته و اورا مجدداً بزندان میبرند.

روز دیگر سرهنگ نصیری بوسیله دستگاه رادیو کوچکی که دیگران مخفیانه بزندان آورده بودند مطلع میشود که در شهر انقلابی برپاگشته و مردم برعلیه مصدق

قیام نموده‌اند وصدای فریاد و هیاهو وشلیک توپ که ازخارج بلند است شواهد آن است . چند لحظه بعد فرمانده زندان واردشده بسرهنگ نصیری دستورمیدهد لباس نظامی خودرا پوشیده و آماده حرکت شود . علت این دستور آن بوده است که میخواستند زندان را تخلیه کنند .

وقتی سرهنگ نصیری از اطاقیکه در آن محبوس بوده خارج میشود مطلع میشود که مردم شهر یعنی افراد عادی که بچوب مسلح بوده‌اند بزندان هجوم آورده وباآنکه سربازان مراقب زندان بآنها فرمان توقف داده‌اند باز پیش میایند در این موقع سربازان شروع به تیراندازی میکنند و در اثر آن یک زن کهنسال و چند تن از جوانان بخاک و خون غلطیده و عده کثیری نیز مجروح میشوند ولی دیگران از هجوم دست برنمیدارند تابالاخره سربازان محافظ فرار میکنند ومردم زندان را تسخیر مینمایند .

در اینموقع حیاط زندان تبدیل به محل شور وشعف میشود . صدها زندانی که وفاداری خودرا بمن بروز داده و از طرف مصدق زندانی شده بودند بدست مردم آزاد میشوند. هنگامیکه رئیس سابق ستاد ارتش که از طرف من منصوب و بامر مصدق زندانی شده بود در بین جمعیت ظاهر میشود مردم با فریادهای شادمانی اورا بردوش گرفته و بطرف دفتر ستاد میبرند .

بدین ترتیب مردم نه تنها وفاداری خویش را نسبت بمن با آن روشنی وصمیمیت نشان میدهند بلکه شادمانی خویش را از اینکه از شر تروریست‌های توده‌ای ورژیم مصدق خلاص گشته بودند ابراز میدارند وسرتیپ ریاحی رئیس ستاد ارتش که دست نشانده مصدق بود فرار اختیار میکند . سرهنگ نصیری و سایر افسران و افرادی که آزاد شده بودند

به‌طرف پاسگاه نظامی شرق تهران که عده‌ای از افراد گارد شاهنشاهی در آنجا زندانی بودند رهسپار میشوند ودرطول راه باتظاهرات شورانگیز مردم وطن‌دوست که بدون نقشه ودستور که‌برخلاف‌رویه دوره‌مصدق‌بود بانصراف‌طبع‌بابراز احساسات پرداخته بودند مواجه میگردند. درآن روز گرما شدت داشت وزنان درخانه‌ها راگشاده و به‌تظاهرکنندگان نوشابه‌های خنك وغذا توزیع میکردند.

صبح همان روز دردانشکده افسری نیز اتفاق عجیبی روی میدهد. شرح وقایع آنرا سرگرد خسروداد که آنروز با درجه ستوان یکمی معلم دانشکده بوده و اینك آجودان سرلشگر نصیری درگارد شاهنشاهی است و شاهد جریان بوده است اینطور گزارش داده است که صبح آنروز وقتی برطبق معمول برای انجام وظیفه و حضور در کلاس عازم دانشکده‌بوده‌است مطلع میشود که طبق دستورسرتیپ‌ریاحی باید عموم‌استادان ودانشجویان دانشکده وعده‌ای ازافسران دیگرساعت ده صبح برای شنیدن سخنرانی وی در اطراف اوضاع روز وشخص شاه درسالن دانشکده گرد آیند. صدور این دستور موجبات نگرانی عموم دانشجویان و معلمین را فراهم میکند وتقریباً نود درصد آنهاکه مخالف مصدق بوده‌اند مصمم میشوندکه اگررئیس ستاد ارتش درنطق خود بمن اهانت‌کند او را از پای درآورند زیرا اعتقاد قطعی داشته‌اندکه ارتش تنها وقتی میتواند وظیفه خود را بدون دخالت درسیاست یا طرفداری ازاین وآن وتنها بدستورمن انجام دهدکه از وجود چنین افرادی پاك ومصفا باشد.

از خوشبختی ریاحی حوادثی که در پایتخت روی میدهد و خبری‌که راجع به تصمیم دانشجویان باو میرسد ویرا ازآمدن بدانشکده منصرف میسازد ودانشجویان دراثر

عدم حضور رئیس ستاد ارتش برای انجام سخنرانی خارج میشوند و دانشکده تعطیل میگردد .

سرگرد خسرو داد دانشکده را بقصد منزل خود ترک میکند و هنگامیکه درخط عبور خود بیکی از میدان‌های بزرگ شهر میرسد مشاهده میکند که نیروی مسلح مصدق بامسلسل بمردمیکه ازهرطرف بسمت آنها پیش می‌آیند مشغول تیراندازی است ولی مردم که قسمت اعظم آنها بی‌سلاح هستند باین تیراندازی اعتنائی نکرده و اتصالا به نیروی مسلح مصدق نزدیکتر میشوند و عده کثیری تلفات میدهند. سرگرد خسروداد با اتومبیل کرایه بطرف منزل خویش برای برداشتن اسلحه حرکت میکند در مراجعت مشاهده مینماید که یک گردان تانک درخیابان متوقف است . وقتی نزدیکتر میرود متوجه میشود که فرمانده گردان و فرمانده گروهان که یکی از دوستان سرگرد خسروداد و از مخالفین مصدق بود از تانکهای خود پیاده شده و با یکدیگر مشاجره شدید دارند. فرمانده گروهان میخواسته است به تانکهای تحت امر مصدق حمله کند ولی فرمانده او مصمم بوده است که نیروی تحت فرماندهی خود را به پاسگاه خود بازگشت دهد . بالاخره اختلاف نظر بین آنها بالا میگیرد و فرمانده گردان با اسلحه افسر زیردست خودرا تهدید بقتل میکند . دراین میان مردم غیرمسلح و غیور تهران فرا رسیده و با حمله ناگهانی خود اورا خلع سلاح و وادار بفرار میکنند و بلافاصله گروهان با تانکهای خود به نیروهای مصدق بحمله میپردازند .

کم کم جنگ و جدال دور خانه مصدق تمرکز پیدا میکند . خانه مزبور از چندی پیش تحت مراقبت و حفاظت شدید تانکها و نیروهای پیاده مسلح با بازوکا و توپهای ضد تانک قرارداشت و کلیه بناهای اطراف آن از طرف نیروهای

مصدق که از پنجره‌ها بسوی مردم بیدفاع شلیك میکردند اشغال شده بود . جمعیت عظیمی که دراین‌موقع خانه مصدق را احاطه کرده بودند مخلوطی از طبقات مختلف ملت از دانشجو و صنعتگر و کارگر و پیشه‌ور و پلیس و ژاندارم وسرباز وافسر بود .

قسمت عمده کسانیکه لباس نظامی برتن داشتند برعلیه رؤسای دست نشانده مصدق قیام کرده بودند هرچند یقین داشتندکه اگر دستگیر شوند فوراً بمحاکمه جلب واعدام خواهند شد . قسمت بزرگ این افراد نظامی نیز مانند سایرمردم تنها باچوب‌وسنگ مسلح‌بودند ومیان‌آنها عده‌ای زن‌وکودك‌هم دیده میشد . نیروهای‌مصدق‌تصور کرده‌بودند که‌کلیه افرادگارد شاهنشاهی خلع سلاح وزندانی شده‌اند ولی عجیب اینجاست‌که نیروهای مصدق یك دسته ازافراد گارد را فراموش‌کرده و بحساب نیاورده بودند واین دسته بمجرد شنیدن خبر عزل مصدق بمردم ملحق شده و درقیام عمومی شرکت‌کردند و با اینکه فقط باسلحه سبك مسلح بودند بطرف تانکهای متمرکز دراطراف خانه مصدق پیش رفتند. عده دیگری ازافرادگاردکه‌بوسیله سرهنگ‌نصیری وافراد وی آزاد شده بودند نیز اززندان بطرف خانه مصدق هجوم‌برده باپرتاب نارنجك دستی تانکهای محافظ را وادار ببستن‌دریچه‌های‌خودنمودند. حمله گاردشاهنشاهی‌بتانکهای مصدق یك اقدام دلاورانه وبموقعی بود زیرا به‌تانکها مجال ندادکه درعملیاتیکه پشت خانه مصدق آغازشده بود دخالت کنند. فرمانده‌نیروهای مدافع منزل‌مصدق برای جلوگیری ازهجوم جمعیت بخانه ، تانکها وسلاحهای ضد تانك را درخیابانی که ازجلوخانه میگذشت تمرکزداده بود وخیابان پشت منزل وکوچه تنگی که خانه مصدق را ازعمارت دیگر

جدا میکرد بوسیله سربازان پیاده محافظت میشد. در این خیابان شرقی مردم ناگهان بافراد پیاده که در آن موضع گرفته بودند حمله کردند. زن شجاعی از بین جمعیت مردم را به پیشروی تشجیع میکرد و جمعیت باآنکه عده زیادی کشته وزخمی داده بود بحمله خود ادامه داد و کم کم افراد پیاده مأمور حفظ خانه مصدق روحیه خود را باختند.

دراین میان یکی از تانکها باین کوچه بن بست وارد شده وضربه نهائی را به نیروی مصدق وارد ساخت. فرمانده این تانک قبلا یکی از افسران جزء طرفدار مصدق بود ولی مانند هزاران نفر از افراد ملت وقتی مشاهده کرده بود که مصدق خود را بکمونیست ها تسلیم نموده و درصدد بر انداختن دستگاه سلطنت است از عقیده سابق خود بر گشته و تانک تحت فرماندهی خود را باین کوچه کشانده بود. این تانک درمیان آتش گلوله روبخانه مصدق پیش رفت ولی نیروی محافظ تانک سلاح ضد تانک برای جلو گیری وی بکار نبردند. پیشرفت این تانک برای هدف گیری بخانه مصدق دیگر مانعی نداشت و با شلیک یک تیر قضیه را خاتمه داد. زیرا نیمی از خانه مصدق ویران گردید وخود او از دیوار باغ فرار اختیار کرد وچهل وهشت ساعت بعد دستگیر گردید.

نقشه قبلی زاهدی آن بود که با صفهان رفته و لشکر آن ناحیه را برای پیشروی بسوی تهران آماده کند و ترتیبی داده بود که لشکر کرمانشاه نیز که طرفدار من بود از آن نقطه بسمت تهران حرکت نماید. ولی مردم عادی ایران نخست در رشت وپس از آن در سایر شهرها بطرفداری من بر خاستند و از همین جهت زاهدی در تهران بعملیات پرداخت و در تانکی که انقلابیون بمحل اقامت وی فرستاده بودند سوار شده وبسوی ایستگاه رادیو تهران که قبلا از طرف گروه مهاجمین اشغال

شده بود حرکت کرد . مأمورین مصدق پیش‌ازفرار بعضی ازقسمتهای رادیو را از کارانداخته بودند ولی رادیوبزودی مرمت شد ونخست‌وزیر جدید از همانجا طی پیامی‌موفقیت انقلاب تاریخی مردم را اعلام کرد .

من وملکه قبل ازآگاهی ازاین موفقیت ازتهران خارج شده بودیم ، زیرا طبق نقشه‌ای‌که قبلا طرح شده قرار براین شده بودکه اگرمصدق بفرمان عزل‌خود اطاعت نکند و به‌نیروی نظامی متوسل شود من وهمسرم موقتاً از ایران خارج شویم .

علت موافقت من بااین نقشه بدو جهت بود : یکی‌آنکه دراثر عزیمت من بخارج قصد اصلی مصدق ویارانش برملا وآشکارمیشد وافکارعمومی‌رابمخالفت باآنهابرمی‌انگیخت و این خود بمنزلهٔ رفراندومی بود که برخلاف رفراندوم مصدق اموات درآن شرکت نمیکردند و دیگر اینکه خطر جنگ داخلی وکشتارمردم بی‌دفاع کمتر میشد و این‌کمال آرزوی من بود . برای اجرای این نقشه بین سعدآباد وکاخ سلطنتی‌رامسرارتباط رادیوئی‌برقرارکرده‌بودیم وهنگامیکه سرهنگ نصیری توقیف شد خبر آنرا راننده او بسعدآباد رسانده وازآنجابکلاردشت مخابره گردیدولی‌بعلت‌نامعلومی خبرآن دیر بمن رسید . بخوبی یاد دارم‌که دوشب متوالی خواب‌بچشم من‌راه نیافته‌بود. سحر گاهان‌ازرادیوی‌طرفدار مصدق شنیدم‌که نقشه من برای برانداختن وی عملی نشده وچند دقیقه‌بعد پیغام‌رادیوئی‌سرهنگ‌نصیری مبنی‌برتوقیف وزندانی شدن وی بمن رسید .

چون فرودگاه‌کوچك‌کلاردشت برای هواپیمای یك موتوره سبك‌ساخته‌شده‌بودمن‌وملکه ثریابرامسرکه‌فاصله‌آن در حدود بیست دقیقه پرواز است عزیمت نموده و ازآنجا

با هواپیمای دوموتوره اختصاصی خودکه شخصاً رانندگی آنرا بعهده داشتم بسوی بغداد حرکت کردیم . مأمورین عراق بااینکه ازورود غیرمترقبه ما دچارتعجب شده بودند استقبال گرم و دوستانه‌ای بعمل آوردند . ولی سفیر کبیر ایران دربغداد حتی کوشش کرد وسیله دستگیری مرا فراهم آورد . همین شخص چند روز دیگر که بتهران مراجعت میکردم اول کسی بود که درفرودگاه بغدادازمن استقبال نمود!

دوروز دربغداد اقامت کرده وسپس بجانب رم رهسپار شدیم . در رم وقتی خواستم از اتومبیل شخصی خود که درسفارت داشتم استفاده کنم کاردار سفارت ایران حاضر نشد کلید اتومبیل را دراختیارم بگذارد. ولی یکی ازاعضای طرف اعتماد وسابقه‌دار سفارت پنهانی کلید اتومبیل را بمن تسلیم کرد.

توقف ما در رم هم زیاد بطول نیانجامید و در تاریخ ۳۰ مرداد سه روز بعد از شروع زمامداری زاهدی به‌ایران آمدم و مورد استقبال گرم و پرشور طبقات مختلف مردم قرار گرفتم . هیجان طبیعی مردم در آن روز غیرقابل وصف بود واین ابراز احساسات که از قلب مردم سرچشمه گرفته بود درمقایسه باتظاهرات دستوری مصدق وافراد حزب توده تأثیر عمیق وسنگینی درقلب من باقی گذاشت .

محاکمه مصدق و سایرمتهمین بهمکاری با او پرده از روی اعمال مشکوکی که دردوره زمامداری وی صورت گرفته بود برداشت .

زمانیکه مصدق عهده‌دار وزارت جنگ گردید فقط تعداد یکصد افسر وابسته بحزب توده درارتش وجود داشت ولی درطی یك سال پیش از سقوطش این نوع افراد به‌ششصد نفر بالغ شده بودند وحتی فرمانده گردان گارد شاهنشاهی که مورد اعتماد من بود یکی ازکمونیستها بشمار میرفت .

این افراد در طی محاکمات خود اعتراف کردند که قصد آن داشته‌انـــد پس از اینکه مصدق سلسله پهلوی را برانداخت طی یك کودتای نظامی اورا کشته ورژیم کمونیستی را بهمان شکلی که درسایر کشورها درست شده بود درایران برقرار سازند.

عموم مردم‌ایران برای پشتیبانی‌ازمن روحیه‌نیروهای حزب توده را متلاشی کرده و آنها را درمقابله با آن قیام دچارحیرت‌وناتوانی‌ساخته بودند. واین‌آخرین‌دسته اعوان مصدق (که‌بدلائل بسیارواضحی‌نمیخواست‌آنها را برسمیت بشناسد) ازاطرافش پراکنده شدند وعجب اینست که همان مخالفت بسیار نیرومند ملت با مصدق موجب نجات وی از مرگ حتمی گردید.

گذشته از تهیه اسناد تباهکاریهای مصدق و اعوانش که بمحکمه تقدیم میشد تحقیقات عمیق دیگری نیز ازطرف مأمورین بعمل میآمد ودر طی این تحقیقات چندین انبار اسلحه ومهمات که افراد حزب محرمانه برای پیشرفت هدف نهائی خود تدارك کرده بودند کشف گردید. خبرنگاران خارجی وداخلی عکس این مهمات وتفصیل این کشفیات را منتشر کردند ومردم ایران وجهان را بجزئیات این‌توطئه‌ها آگاه ساختند وضمناً اطلاعات دامنه‌دارتری از طرز عمل افراد حزب‌توده برای منحرف کردن سیرطبیعی ناسیونالیزم ملی‌ایران وهدایت‌آن بسوی آمال وهدفهای خود واربابان بیگانه آنها کسب کردیم.

حسین فاطمی وزیر امور خارجه مصدق که متواری شده بود باکمك افراد حزب توده مدت هفت ماه خود را درگوشه وکنار مخفی کرد تا بالاخره دستگیر گردید واگر درهنگام دستگیری تحت حمایت شدید من قرار نگرفته بود

مردم ویرا درهمان آن بقتل میرساندند . این شخص بعداً محاکمه شد و بموجب حکم محکمه اعدام گردید .
مصدق وبقیه اعضای کابینه او نیز محاکمه و بیشتر آنها محکوم بزندان گردیدند و اینک همگی آزاد هستند .

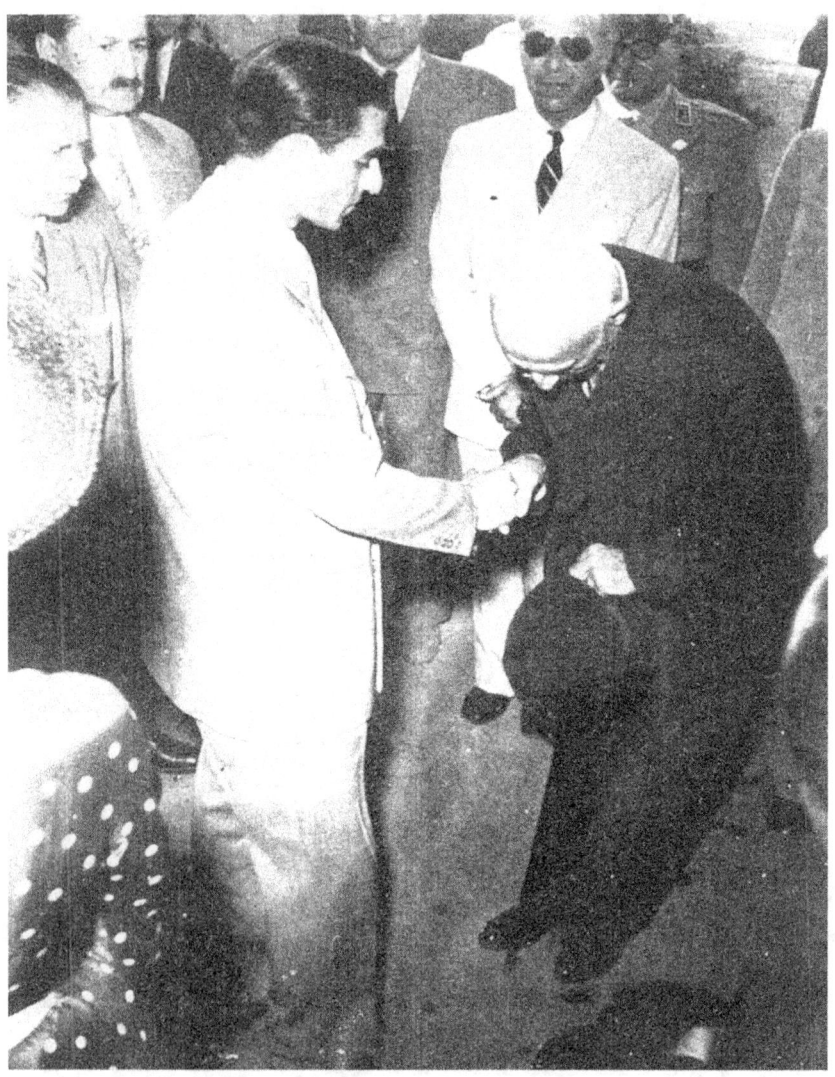

دکتر مصدق هنگام ادای احترامات

عده‌ای از افسران وافراد حزب‌توده که بعضی ازآنها درشکنجه وقتل‌افراد مخالف دست داشتند اعدام ویا زندانی گردیدند و بسیاری از آنها نیزکه ازکرده خود نادم شده و صمیمانه آمادگی خود را برای وفاداری مجدد بوطن و سلطنت مشروطه اعلام کردند ازطرف من مورد عفو قرار گرفتند . این عده‌دیگرحق اشتغال بخدمات‌دولتی‌را ندارند ولی دولت کوشش میکند که موجبات اشتغال آنها را در رشته‌های آزاد فراهم سازد . چنانکه عده‌ای از آنها در سازمان برنامه که ضمیمه دستگاه دولتی است مشغول کار هستند .

قبل از سقوط مصدق وحزب‌توده دنیای آزاد ازوضع بحرانی کشور من ابراز نگرانی فراوان میکرد بهمین جهت گاهی این سئوال طرح میشود که آیا دولت های آمریکا و انگلیس در قیام تاریخی که در ۲۸ مرداد رخ داد ودربرانداختن مصدق کمك مالی کرده‌اند یا خیر ؟. البته همه بخوبی میدانستندکه حزب توده بمساعدت یك دولت خارجی درایران تشکیل وباکمك مالی آن دولت اداره میشد واین‌آگاهی طبعاً این گمان‌را ایجادمیکرد که مخالفین مصدق وحزب توده نیز شاید با مساعدت مالی بیگانگان متشکل شده باشند . درکشورمن‌شایعات بسرعت منتشرمیشود چنانکه شهرت یافت که بمردم عادی کشور که قیام ۲۸ مرداد بدست آنها صورت‌گرفت مبالغ عمده‌ای دلار (ولیره انگلیسی) داده شده بود .

هرچند من در حین انقلاب در خارج ایران بودم ولی از جزئیات امور اطلاع داشتم وبعد از مراجعت بایران نیز درجریان حوادث بودم وانکار نمیکنم که شاید بمنظور پیشرفت هدف این‌انقلاب ملی وجوهی‌هم ازطرف هموطنان

من خرج شده‌باشد ولی هیچ دلیل و مدرك قطعی دراین‌باره بدست نیامده است .

کاری را که هموطنان وفادار من در آنروز کردند با پول نمیشد ازکسی خواست و انقلابی که در برانداختن مصدق وحزب توده پیش‌آمد محرکی جز حس ملیت دوستی ایرانیان و ناسیونالیزم ویژه این سرزمین نداشت . چنانکه گفته شد مردم بی‌سلاح به‌تانکها و مسلسلهای مصدق حمله کردند وعده‌ای از زنان و کودکان نیز جان خود را دراین راه نثار نمودند و نمیتوانم تصور کنم که این مردم انتظار دریافت حقی برای ابراز میهن‌پرستی خویش داشتند بلکه آمـال عالیتر و درخشانتری سائق و هادی آنها دراین اقدام بود .

ازاین گذشته کسانیکه بیش از همه درباب کمک خارجی التهاب بخرج میدهند ظاهراً وقتی این کمک از منابع کمونیستی بعمل می‌آید مخالفت ندارنــد و معلوم نیست منظور ازاین ریاچیست وچه کسی را میخواهند باین وسائل فریب داده واغفال کنند ؟

هنگامیکه زاهدی زمامدار شد فوراً به تنظیم امور نابسامان کشور اقدام نمود . در آنموقع دولت ازنظر مادی واقعاً ورشکست بود ولی بدبینی ما از دریافت کمک خارجی آمریکا با سقوط مصدق منتفی شده‌بود و یقین داشتیم که دراین شرایط هرگز ما را تنها نخواهند گذاشت .

در شهریور ۱۳۳۲ همان سال ایزنهاور رئیس جمهوری آمریکا یک کمک فوری ٤٥ میلیون دلاری (که البته غیر از کمک فنی اصل چهار بود) برای تأمین کسر بودجه ما تخصیص داد . پرداخت این کمک تامدت سه سال بعد ازسقوط مصدق بمأخذ هر ماه پنج میلیون دلار ادامه داشت . کمک فنی اصل چهار نیز تا دوسال بعد بمأخذ همان دوره مصدق پرداخت

میشد ولی از سال ۱۳۳۵ ببعد درنتیجه تحصیل درآمد نفت ازمجموع کمکهای مزبور بمیزان هنگفتی کاسته شد و من در فصل دیگر در مسئله کمك آمریکا بایران و اثرات آن درایران بحث خواهم کرد .

علت وضع ناگوار بودجه ایران بدون تردید رکود صنعت‌نفت درزمان مصدق‌بود وزاهدی‌بمنظور بکارانداختن مجددصنعت‌نفت باآنکه‌پاره‌ای‌از افرادافراطی مخالف‌بودند ابتدا اقدام به برقراری روابط سیاسی بادولت انگلیس نمود وسپس مذاکرات برای ایجادیك کنسرسیوم بین‌المللی‌بجای شرکت سابق‌نفت ایران‌وانگلیس ازطرف‌دولت آغاز گردید. شرکتهای آمریکائی وانگلیسی وفرانسوی وهلندی بدین منظور کنسرسیومی تشکیل دادند ودرشهریور ماه ۱۳۳۲ قرارداد قطعی اکتشاف وفروش نفت باکنسرسیوم مزبور بامضاء رسید وماه بعد نیز مجلس شورای ملی قرارداد را تصویب کردکه پس ازتوشیح قانونی ازطرف من بمرحله اجرا گذاشته شدوبلافاصله بهره‌برداری ازنفت آغاز گردید وکشتیهای نفتکش دربنادر جنوب شروع ببارگیری نفت که درتصفیه‌خانه بزرگ‌آبادان خارج میشد نمودند . بادرآمد فروش نفت وکمکهای فنی واقتصادی دولت‌آمریکا که بآن اشاره شد برنامه‌های عمرانی مملکت بار دیگر وارد مرحله اجراگردید . ازبرنامه‌های عمران وآبادی مهمتر مسئله تجدید حیات سیاسی ومعنوی بود .

بساط رجاله بازی برچیده شد وحکومت پارلمانی مجدداً بکار آغازنمودوکشور ایران باکمال صراحت‌علاقه واعتماد قاطع خودرا نسبت بکشورهای آزاد جهان اعلام داشت .

بعدها این‌سئوال‌بذهن‌من‌خطور کرده‌است که آیاواقعاً

مصدق در مدت نخست‌وزیری خود چه اقدام مثبت ومفیدی بنفع مردم انجام داده است ؟. برای یافتن پاسخی باین سئوال واقعاً کوشش بسیار کرده‌ام ویگانه اقدام مثبتی که بنظرم آمده است همان قانون مربوط به‌سهم مالکانه بود که برای آن تبلیغ بسیار میکرد . وی مقرر نموده بود که اضافه بر سهمی که زارعین از محصول بدست می‌آوردند مالکین نیز صدی بیست از بهره مالکانه خود را بآنها تخصیص دهند . از این بهره مالکانه صدی ده بخود زارعین میرسید و ده درصد دیگر را مقرر بود بانجمنی که از طرف روستائیان تشکیل میشد بسپارند تا صرف امور عمرانی دهات و نواحی مسکونی کشاورزان بشود . باید گفت که این قانون از روی قانونی که در زمان نخست وزیری احمد قوام در سال ۱۳۲۵ تهیه شده اخذ و استنساخ گردیده بود . چون در ایران روابط بین مالک وزارع مختلف ومتنوع وقرارهائی که بین هم میگذارند نیز غالباً شفاهی است واضح بود که اجرای مقررات مصدق بسیار دشوار است چنانکه درعمل نیز بطرز ناپسندی صورت اجرا پیدا کرد .

بعلاوه قبل از این اقدام در مهرماه ۱۳۲۹ مرحوم رزم آرا نخست‌وزیر وقت با مساعدت اصل چهار یک برنامه عمران روستائی را که در زندگانی کشاورزان تأثیر مستقیم داشت تهیه نموده وطرحهائی برای برقراری رویه‌های جدید کشاورزی و بهداشت روستائی تنظیم شده بود . در حقیقت بیشتر اقداماتی که اصل چهار تاکنون در این امور انجام داده است بر اساس همان برنامه سابق است .

ویلیام وارن که از بدو زمامداری مصدق تا چندی پس از سقوط وی رئیس اداره اصل چهار در ایران بود واقعه‌ای را ذکر کرده است که خصوصیات اخلاقی مصدق

را آشکار میسازد . بنابگفته وی مصدق دربدو زمامداری حاضر بقبول قرارداد اصل چهار ودولت اسبق درمورد عمران روستائی نبود وبخوبی آشکار بودکه میل ندارد این اقدام مفید بنام سلف او تمام شود . درنتیجه اصل چهار مجبور شد همان برنامه را طبق قرارداد دیگری که مصدق امضاء نمود تازمان نخست‌وزیری زاهدی ادامه دهد . سپهبد زاهدی تمام موافقت‌های قبلی ازجمله موافقت‌نامه رزم‌آرا را تنفیذ نموده ومعتبر شناخت .

شاید افکار آنقدر آرامش یافته باشد که مردم دنیا بتوانند نسبت بکارهای مصدق عادلانه قضاوت کنند .

مصدق در وضعی گرفتار شده بودکه عظمت آن از حوصله تصور وی بیرون بود . او هنرپیشه خوبی بود. که نسخه بازی خودرا بخوبی روان‌کرده و با صدای رسا وآهنگ مؤثری بیان میکرد ولی معنی‌آنچه راکه میگفت نمیدانست ودرست مانند ماشین بدون اراده‌ای‌بودکه بوسیله نیروهای‌محرکی‌می‌جنبد وحرکاتی‌مینکند وصداهائی‌تولید مینماید ولی‌ازکنه‌وکیفیت‌آن‌نیروهای محرك‌آگاهی‌ندارد.

با وصف این مصدق یك احتیاج موقت را در کشور ما رفع‌نمود زیراپس‌ازجنگ دوم‌جهانی‌واستیلای بیگانگان بایران وتوسعه دامنه هرج‌ومرج درکشور ، اوضاع واحوال ایجاب میکرد که شخصی غیرمنطقی و دای‌بند احساسات زمامدارگردد وپس ازهمه درهم ریختگی‌که دراثر جنگ دوم جهانی پدیدآمده وکشور تحت تسلط بیگانگان قرار گرفته بود احساس میکردم‌که باید درایران یك هیجان ناسیونالیزمی‌بوجودآید. زیرادرآن‌هنگام‌ایران‌درمرحله‌ای ازناسیونالیزم بودکه هنوزعقل ومنطق را باندازه احساسات ضرور نداشت وکشور ما همان مرحله‌ای راکه امروز بعضی

از کشورهای دیگر بدان وارد شده‌اند طی‌میکرد ودرحقیقت برای فهم کیفیت رستاخیز کنونی ناسیونالیزمی که در بعضی کشورها بوجود آمده توجه ومطالعه اوضاع ایران دردورهٔ زمامداری مصدق بهترین راهنماست .

مصدق بدون‌پروانقشی راکه گردش‌زمان بوی محول کرده بود پذیرفت و وقتی به‌نخست‌وزیری رسید در انجام نقش خود به‌تمام وسائل لفاظی و گریه وغش‌توسل میجست. گاهی باللباس خواب درمجامع عمومی ظاهر میشد واغلب بکوچکترین بهانه‌ای بیماری را دستاویز قرارداده وخودرا مقیم تختخواب میساخت . بخاطردارم روزی مصدق ضمن سخنرانی خود درمجلس شورای ملی غش‌کرد وهمینکه پزشك لباسهای اورا ازتنش خارج میکرد مصدق دست خودرا روی کیف بغلی خودگذاشت ومعلوم شدکه ازهوش نرفته بلکه خودرا بدین حال درآورده است‌که حالت وی درحضار مؤثرتر واقع شود .

این قضیه که در پیش چشم بسیاری رخ داد دلیل بر ریاکاری وفقد صمیمیت اوست . متأسفانه باید بگویم‌که مصدق نتوانست اعتماد اشخاصیکه اورا درست‌وصحیح‌العمل میدانستند جلب‌کند زیرا عدم صمیمیت شخص را درانظار بی‌اعتبار ونادرست جلوه میدهد . کسانیکه اورا مانند من ازنزدیك میشناختند بانهایت افسوس باید مردی را بخاطر آورندکه استحکام معنوی وشخصیت ومردانگی نداشت وخصائص عمده وی منفی‌بافی وریاکاری وخودستائی بود.

این شخص دراوائل بوطن خود خدماتی‌کرده وبا رویه منفی خویش احساسات ضد بیگانگان را درکشور برانگیخته بود وهرچند نفع شخصی را درنظر داشت باز ازاین حیث برای کشورسودمند بود ولی شگفتی درآنست‌که

بمجرد یکه به نخست وزیری رسید این سودمندی خاتمه یافت .

در هر کشور اگر رئیس دولت بخواهد منشاء اثر باشد باید رویه مثبتی اتخاذ کند . لیکن مصدق شاید بدون قصد بمردم وطن خود خیانت کرد . زیرا در بدو امر بمردم وعده آینده بهتر و مرفه تر داد ولی هرگز بوعده های خود وفا نکرد ومردم مدتی باوعده های وی بسر بردند ولی کم کم دریافتند که باوعده های فریبنده شکم خود وفرزندانشان را سیر نمیتوانند کرد. بعلاوه دیدند که کشور عزیزشان در اثر سوء سیاست در جلو چشمشان متلاشی میشود وهمین مردم عادی ومعمولی برخلاف وی دست بشورش زده دستگاه وی را درهم پیچیدند .

هنگامی که مصدق نخست وزیر بود زمامداران سایر کشورها یعنی همقطاران وی درآمد نفت کشور خود را صرف توسعه و اجرای برنامه های عمرانی و اصلاحات مملکتی میکردند ولی مصدق هیچ کاری انجام نداد ولجاج فطری وی که پیش از آن هم برهمه معلوم بود وحرص شهرت طلبی او بضرر کشور وخدمتگزاران صدیق آن تمام شد .

بعد از مصدق توافقی که درحل مسئله نفت بعمل آمد کاملا بر اساس قانون ملی شدن صنعت نفت انجام یافت .

گرچه بعضی از طرفداران مصدق منکر این حقیقت شدند ولی حقیقت آنست که قرارداد ما با کنسرسیوم طبق همان قانون ملی شدن نفت بود که قبل از زمامداری مصدق از تصویب مجلس گذشته و توشیح شده بود .

پس از آن نیز قراردادهای دیگری منعقد کردیم که عصر کاملا جدیدی در روابط بین کشورهای نفت خیز و ممالک مصرف کننده بوجود آورده است چنانکه در فصل دیگر بتفصیل ذکر آن خواهد آمد .

داشتن قدرت برای آدمی محک آزمایش است . بعضی از آنها که قدرت بدست می آورند بمسئولیت اخلاقی که برای صاحب قدرت ایجاد میشود پی میبرند و بزرگتر و عالیقدرتر میشوند . برخی دیگر درنتیجه همین کسب قدرت حقیرتر و کوچکتر میگردند و وقتی نتیجه اقتدار مصدق سنجیده میشود می بینیم این مرد آدمی کوچک و حقیر از محک آزمایش بیرون آمده است .

هر کشوری در طول حیات خود دچار اشتباه میشود و اگر تجربه ای که کشور ما در حکومت مصدق گرفت بما راه درست اداره کشور را آموخته باشد باید گفت چنین آزمایشی برای ما بدون ارزش نبوده است .

مردم کشور ما هر سال در ۲۸ مرداد بیاد بود روز سقوط مصدق و شکست نیروهای بیگانه که نزدیک بود چراغ استقلال کشور را خاموش کند جشن میگیرند و من آرزومندم که درس عبرتی را که آن روز تاریخی بمردم ایران داد هرگز فراموش نکنیم .

فصل ششم

ناسیونالیسم مثبت من

پس ازسقوط مصدق ومخصوصاً ازسال ۱۳۳۵ که من بمسکو مسافرت کردم رویه روسیه نسبت بکشور من تامدتی رضایتبخش بود ولی ازسال ۱۳۳۷ یك سلسله سوء تفاهمات مداوم پیش آمد وهم‌اکنون که این کتاب دردست نگارش است امیدوارم سوء تفاهمات مزبور طبق روح منشور ملل متحد وافکار عمومی جهانیان رفع شود.

رویه دولت‌بریتانیا یعنی‌دولت معظم دوم که در گذشته غالباً در امور ما دخالت مینمود از سال ۱۳۳۳ باین طرف پسندیده وصحیح بوده است.

فعالیتهای امپریالیستی این دو دولت معظم درطی پنجاه یا شصت سال تاریخ اخیر برای ما ایرانیان دشواریها

وسختیهای فراوانی بوجود آورده است ولی درعین حال برای فهم معنای ناسیونالیسم حقیقی و ناسیونالیسم غیرحقیقی درس گرانبهائی بما داده و افراد روشنفکر ملت ما طرز تشخیص و امتیاز بین میهن پرستان واقعی و آنهائیکه بدروغ خود را وطن پرست جلوه میدهند یاد گرفته اند و تصور میکنم رویه و طرز عمل امپریالیزم و طریق مبارزه و مقابله با آن آشکار گشته است . درباره ثمرات نفوذ بازرگانی و سیاسی دولتین انگلیس و روس در کشور ایران و اقدامات اکید و مؤثری که پدرم در جلوگیری از مداخلات بیگانگان در امور کشور ایران بعمل آورد درفصول قبل باختصار سخن رفته است . پدرم در حقیقت عملاً ثابت کرد که قصور از طرف خود ایرانیان بوده است که زیر بار دسائس و نفوذ بیگانگان رفته و اجازه داده بودند سلطه اجانب بتدریج در کشور ایران بسط و افزایش یابد . وی بخوبی نشان داد که اگر عزم ملت ایران راسخ باشد هیچ عامل و قوه ای نمیتواند ویرا بکاری که مخالف میل و صلاح وی باشد وادار سازد . دوران اولیه امپریالیزم سیاسی و نظامی و اقتصادی انگلستان در کشور ایران با شکست معاهده سال ۱۲۹۷ عملاً خاتمه پذیرفت . پس از آن تا مدت کوتاهی دولت انگلیس و سایر دول روش کاپیتولاسیون را ادامه داده و از امتیازات گوناگون بازرگانی که بدست آورده بودند برخوردار بودند ولی بالاخره پدرم کاپیتولاسیون را لغو و امتیازات مختلف مذکور را یا بکلی از میان برد و یا تحت نظارت شدید دولت ایران قرارداد .

در دوران جنگ دوم جهانی مجدداً انگلیسها در امور داخلی ما مداخله نمودند ولی بموجب قرارداد اتحاد سه جانبه سال ۱۳۲۱ دولت انگلیس نیروی نظامی خود را در رأس موعد معین از ایران بیرون برد و مداخلات مستقیم

ان دولت درامور داخلی ایران با بیرون رفتن نیروی انگلیس موقوف شد واگر نفوذ ناروائی ازطرف انگلیسها درایران اعمال میشد درمسئله نفت وجنبه‌های سیاسی واقتصادی آن بود . چنانکه قبلا هم اشاره کردم درسال ۱۳۱۲ پدرم قرارداد جدیدی باشرکت سابق نفت ایران وانگلیس منعقد ساخت وبموجب آن دولت ایران منافعی بیشتر ونظارتی وسیعتر درامور نفت بدست آورد . درسال ۱۳۳۰ قانون ملی شدن نفت حاکمیت دولت ایـران را برصنایع نفت ایران بیش ازپیش محرز واستوار گردانید .

یکی ازتضادهای وقایع اینست که زمامداری مصدق باسخنرانیهای شدیداللحنی که برعلیه خارجیان ایراد میکرد وسیاست منفی که درپیش گرفته بود موجب نفوذ بی‌سابقه انگلیسها درکشور ماگردید وعلت آن این بودکه سیاست منفی مصدق ابتکار عمل را بدست انگلیسها داد وازآغاز دوره نخست وزیری وی تا روز سقوطش اعمال مصدق تنها بدادن جوابهای پرهیجان به پیشنهادهای انگلیسها محدودگردیده بود . مصدق به مشت زنی ناشی شبیه بودکه دراثر هراس کورکورانه مشت گره کرده خودرا بدون هدف حواله حریف میکند وهرگز نیروی ابتکار یعنی تنها وسیله تفوق وپیروزی برحریف را بکار نمیبرد .

انگلیسها عمداً ویا بغیرعمد مصدق را وادارکرده بودندکه فقط درمقابل عملیاتی که خودشان انجام میدهند عکس العمل پرازهیجان ازخود نشان دهد .

اما پس ازبرملاشدن سیاست مصدق وسقوط وی ازمقام نخست وزیری قرارداد جدید نفت درسال ۱۳۳۳ منعقد گردید وفصل تازه‌ای درتاریخ مناسبات ایران وانگلستان افتتاح یافت . بموجب این قرارداد حق دولت ایران بسیار

افزایش یافت ولی مهمترین نتیجه‌ای که ازاین قرارداد گرفته شد قطع تسلط انحصاری انگلیسها برصنایع نفت ایران بود . دیگر برای شرکتهای بزرگ خصوصی ویا شرکتهای تحت حمایت دولت انگلستان مجال پیدا نمیشد که برقسمت عظیمی از اقتصادیات ما حاکم باشند . قرارداد مزبورمظهراین حقیقت‌است که ازاین‌به‌بعد ایران‌وانگلستان براساس تساوی کامل باهم معامله دارند وراه توسعه روابط ومناسبات همجواری وهمسایگی که بین‌دو کشور ازآن‌به‌بعد ایجاد شده هموارتر است .

حوادثی که پیش‌بینی آن غیرممکن است شاید باز بین کشورمن ودولت‌بریتانیا تشنج ایجاد کند ولی‌باسیاستمداری مدبرانه ومعقول که اساس آن برمساوات و برابری استوار باشد دلیلی نمی‌بینم که یك چنین وضعی پیش آید .

سالهای متمادی است‌که ما باکشور فرانسه روابط حسنه داشته‌ایم و دولت مزبور هیچگاه تمایلات استعماری نسبت بما نداشته ودرپیشرفت فرهنگ وتوسعه اقتصادی ماسهمی‌بزرگ داشته است . بسیاری ازرجال ایران درکشور فرانسه به تحصیل علم وادب پرداخته‌اند وبسیاری ازمردم دانشمندکشورما زبان‌فرانسه میدانند ویك‌روزنامه‌باین‌زبان درایران منتشر میشود وکتابخانه‌های ما مشحون ازکتب وآثار فرانسوی است ویکی‌ازسازمانهای فرهنگی که برای مزید آشنائی ما بتمدن درخشان فرانسه فعالیت میکند انجمن فرهنگی ایران وفرانسه درتهران است . درسال ۱۳۳۸ نمایشگاه علمی وصنعتی فرانسه درتهران گشایش یافت وبعداً ابنیه وبسیاری ازلوازم علمی‌آن نمایشگاه بدانشگاه تهران اهداگردید . مهندسین وشرکتهای پیمانکار فرانسوی نیز بموفقیتهای‌مهمی‌نائل‌آمده‌وطرح‌هائی‌راکه ما‌به‌آنهاواگذار

نموده‌ایم پیش‌ازموعد مقرر باتمام رسانیده و تحویل داده‌اند.

همچنین ما بابسیاری ازملل آزاد جهان دارای روابط دوستی و فــرهنگی میباشیم . آنچه آمریکائیها در قسمت کمکهای‌فنی درایران‌انجام داده‌اند بموقع خود ذکرخواهد گردید ودرفصل‌آینده چگونگی‌شرکت‌ایتالیائیها درصنعت نفت ایران بیان میشود . درسال ۱۳۳۷ ایتالیائیها نمایشگاهی ازصنایع ملی خود درتهران ترتیب دادند ودرهمان سال من بکشور ایتالیا مسافرت رسمی نمودم .

روابط‌بازرگانی‌مابا‌آمریکاو‌انگلستان‌و‌ایتالیاوسویس وبسیاری ازکشورهای دیگر پیوسته درحال توسعه است . مناسبات ماباروسیه شوروی‌پیچیده وبغرنج بوده‌است . وقتی درسال ۱۹۱۷ انقلاب روسیه آغاز شد عده زیادی ازمردم گمان میکردندکه دوران امپریالیستی روسیه خاتمه یافته است وایران اولین کشوری بودکه رژیم شوروی را برسمیت شناخت . لنین اعلام کرده بودکه کلیه کشورهای کوچك‌باید کاملا مستقل باشند ومعاهده مودتی‌که بین ایران وروسیه درسال ۱۹۲۱ منعقد شد ودرفصل پیش بآن اشاره رفت ظاهراً باین حرف اعتبار می‌بخشید ولی دیدیم‌که این‌آرزو وامید بیأس‌گرائید .

ما بحکم همسایگی با روسها که سالها به‌کشورما چشم طمع دوخته بودند سرزمین مناسبی برای روسیه شوروی بشمار می‌آمدیم که روش و طرز عمل خودرا درآن بمقام آزمایش درآورند . بطوریکه قبلا اشاره شد ازسال ۱۹۲۰ مذاکره‌ای برای‌عقد پیمان‌دوستی و وداد بین‌ایران‌وروسیه درجریان بود تااینکه یکسال پس‌ازکودتای پدرم این پیمان بامضاء رسید . درهمان موقعیکه‌گفتگو ومذاکره دوستانه ما درباره این قرارداد جریان داشت عمل تجاوزکارانه

عجیبی ازطرف روسها سرزد بدین معنی که بمنظور حمایت و پشتیبانی ازمیرزا کوچك‌خان جنگلی که یکی از متمردین وياغیان ایران بود نیروی نظامی خودرا به بندر انزلی (که بعداًبدستور پدرم بندرپهلوی خوانده شد) پیاده کردند وياغی مزبور باکمك آنها دولتی درداخله کشور ما علناً بنام جمهوری شوروی گیلان تشکیل داد.

این نخستین آزمایشی بود که رویه امپریالیزم کمونیستی برای ما پیش اورد. اعتراضات ما درمورد این عمل نتیجه نبخشید ولی ما باوصف این رفتار وقاحت‌آمیز مذاکره و گفتگورا درباره انعقاد معاهده دوستی و وداد باآنها ادامه دادیم. همینکه این معاهده بامضاء رسید روسها فوراً دست ازحمایت میرزا کوچك‌خان برداشتند وبالنتیجه پدرم باکمال سهولت میرزا کوچك‌خان را مغلوب ومنکوب نمود واولین کوشش روسیه شوروی را درتصرف یکی ازنواحی کشور خنثی وبلااثر ساخت.

یکی ازخصوصیات کمونیستها این است که شکست سیاست یا رویه‌ای‌را که پیش گرفته‌اند فوراً تشخیص میدهند وبهمین جهت لنین وپس‌از وی استالین ظاهراً باین نتیجه رسیدند که برقراری‌حکومت‌جمهوری گیلان که دست‌نشانده آنها بود عملی ناشیانه واز روی تفنن بوده است وبعقیده آنها بهتر آن بودکه منافع خودرا بوسیله عقد معاهده دوستی ووداد تأمین کنند وتا زمانیکه پدرم دررأس کشور بود روسها ازمفاد عهدنامه مزبور تخطی‌ننمودند وهیچگونه اقدام علنی برای تصرف قسمتی از کشور ما بعمل نیاوردند.

بیست وپنج سال پس ازآن تاریخ یعنی درجنگ دوم جهانی این آزمایش تجدید شد. دراینموقع روسها باردیگر دراین مرزوبوم رخنه کرده وبا تشکیل حزب توده مطمئن

بودند که اساس ملیت وقومیت مارا متزلزل خواهند ساخت.
درسال ۱۳۲٤ نیز دو دولت دست نشانده درخاك وطن ما تشکیل دادند که یکی بنام جمهوری کردستان درمهاباد مرکز نواحی کردنشین شمال غربی ایران ودیگری بعنوان دولت خود مختار آذربایجان در همسایگی کشور شوروی بود . این دودولت در آذرماه ۱۳۲٤ وجود خود را اعلام نمودند و پس از یکسال هر دو معدوم و نابود شدنـد . با وصف آن فاصله بین تشکیل و برچیده شدن بساط آنها یکی از بحرانی‌ترین ادوار مهم و پرمخاطره تاریخ اخیر ایران بشمار میرود ودر طی آن از روش کمونیست‌ها اطلاعات سودمندی بدست آوردیم .

آنچه آنرا بنام جمهوری کرد نامیده بودند ازنهضت ملی طوایف کرد سرچشمه میگرفت که دردوران جنگ اول جهانی انگلیسها ایجادکرده وروسها دردوران جنگ دوم جهانی آنراتقویت‌نمودند . کردها درخاك ایران وکشورهای دیگر مجاور سکونت دارند وازلحاظ نژاد وزبان تماماً ایرانی هستند . روسها درمیان کردهای ساکن کشور ایران رخنه کردند ومیخواستند نواحی‌شمال‌غربی‌ایران را یکی‌از کشورهای دست‌نشانده خود بسازند وتشکیل کشور کُرد نیز برای انجام همین منظور بود . امید روسیه این بود که بعدها این دولت را توسعه داده وکردهای ساکن عراق وترکیه را ضمیمه آن بسازد . وبدینوسیله بکشورهای عربی افریقا دست بیابد .

متمردین کردستان علناً سر ازاطاعت‌دولت‌مرکزی‌ایران برتافته وازدستورهائی که ازخارج کشور صادرمیشد اطاعت کردند و دستگاه حکومتی و سازمان اداره خود را تحت تعلیمات وحمایت دولت شوروی تشکیل دادند عده زیادی

از افراد طوایف کرد که از آن حکومت مظنون و مشکوک شده بودند از ترس حضور نیروی بیگانه دم نمیزدند ولی دیری نگذشت که برای اعاده تسلط دولت مرکزی در آن نواحی بیاری ما برخاستند.

اما ختم غائله آذربایجان و برانداختن حکومت دست نشانده روسیه شوروی در آن استان برای ما ضروری تر و درعین حال دشوارتر بود. چنانکه قبلا ذکر شد دولت شوروی که یکی از امضاء کنندگان پیمان اتحاد سه جانبه بود ملتزم و متعهد گشته بود که درظرف شش ماه پس از خاتمه جنگ کلیه نیروی نظامی خود را از کشور ایران بیرون ببرد و چنانکه در اعلامیه تهران که قسمتی از آن را در فصل پیش نقل کرده ام قید شده بود دولتهای کشورهای متحده آمریکا و روسیه و انگلستان ملتزم و متعهد شده بودند که استقلال و حق حاکمیت و تمامیت ارضی ایران را محترم بشمارند. بنظر من تمام ایرانیان نزد خود تصور میکردند که استالین مفاد عهدنامه و اعلامیه را محترم شمرده و بقولی که داده است وفادار خواهد ماند. روز یازدهم اسفند ۱۳۲٤ مصادف با آخرین روزی بود که دوره شش ماهه پس از اختتام جنگ سپری میگشت و در آنروز باید نیروهای متفقین کاملا ایران را تخلیه کرده باشند و تا آنروز نیروهای انگلیسی و آمریکائی نیز کلا از خاک ما بیرون رفته بودند. ولی با کمال تعجب و نگرانی دیدیم استالین بقول مؤکد خود وفا نکرده و نه تنها نیروی خود را از کشور ما خارج نساخته بلکه رویه ای را پیش گرفته است که جهان آزاد را بتکان و هیجان انداخته است.

در ماه مرداد ۱۳۲٤ عمال حزب توده چندین دستگاه از عمارات دولتی در تبریز یعنی مرکز استان آذربایجان را بقهر و عنف تصرف کردند و نیروی شوروی سربازان را

درسربازخانه ها زندانی نمودند . وقتی برای ختم این غائله نیـروی امدادی بآذربایجان گسیل داشتیم ارتش سرخ درقزوین وچهارصدکیلومتری تبریز نیروی ما را متوقف ساخته ومانع حرکت آنها بطرف تبریز گردید .

حزب توده مجدداً تشکیل یافته بخود نام قلابی حزب دموکرات داد و درآبان ماه تمام خطه آذربایجان را تحت اختیار خود درآورده و برای خود مجلس مقننه‌ای ترتیب داد وروز ۲۱ آذرماه جمهوری خود مختار آذربایجان را اعلام نمود. این‌مجلس‌شخصی‌بنام جعفرپیشه‌وری‌راکه یکی از عمال کمونیستها وسالها درکشور اتحاد شوروی بسربرده بود بسمت‌نخست‌وزیردولت جمهوری خودمختارآذربایجان برگزید واین‌شخص‌بکمك‌سربازان واسلحه‌ومهمات شوروی حکومت انقلابی‌که درواقع دستگاه ترور ووحشت محسوب بود تشکیل داد .

چون روسها با متوقف ساختن نیـروی اعزامی ما بآذربایجان‌که برای سرکوبی آشوب آن سامان‌گسیل شده بود علناً بحق حاکمیت ما تجاوز کرده بودند اعتراضات شدیدی از طرف ما و از طرف کشورهای متحده آمریکا وانگلیس بمسکوارسال شد وهمین‌قضیه درکنفرانس وزرای خارجه نیزکه درماه آذر ۱۳۲٤ درمسکو تشکیل‌گردید نیز مطرح‌گردید و اعتراض دیگری هم دراین باره به‌شورای امنیت سازمان ملل متحدکه جدیداً تشکیل یافته بود تسلیم نمودیم واین اولین شکایتی بودکه به شورای مزبور رسیده بود . ولی‌روسهاباعتراضات‌مزبوروقعی‌ننهادند وغافل‌ازاین بودندکه دیگران قضیه را بی‌اهمیت نمی‌نگرند . عصر روز ۱۲ اسفند ۱۳۲٤ نیروی شوروی ازتبریز خارج شد . این نیـرو بسمت مرز روسیه نرفته بلکه بسه ستون پخش شده

و به‌ترتیب بسوی تهران ومرز عراق وسرحد ترکیه روانه گشتند و درظرف چند هفته صدها تانك با واحدهای کمکی ونیروی پیاده ازروسیه بایران سرازیر شده و درسه جهت فوق‌الذکر بدنبال نیروهای پیشین براه افتادند. مقارن این احوال لشکردیگری از روسها درطول مرز اروپائی کشور ترکیه متمرکز شده و دست به‌اقدامات سیاسی و تبلیغات دامنه‌داری‌زدند وامید داشتند که‌بدان‌وسیله موجبات ارعاب ووحشت ترکها را فراهم‌آورند.

در این هنگام قوام نخست وزیر ایران بروسها وعده داد که اگر نیروهای خودرا ازایران فراخوانند چند فقره امتیاز بآنها واگذار کند وازجمله وعده داده بود که بمجلس شورای ملی ایران توصیه‌کند که با تشکیل شرکت مختلط نفت روس و ایران‌که (پنجاه ویك درصد ازسهام متعلق بروسها باشد) برای‌کشف وبهره‌برداری ازمنابع نفت شمال ایران موافقت‌کند وسه نفر ازاعضاء حزب‌توده را درکابینه خود شرکت دهد وحکومت انقلابی آذربایجان را برسمیت بشناسد وشکایت ایرانرا برعلیه روسیه ازسازمان ملل متحد پس بگیرد.

آقای علاء که اکنون وزیر دربار شاهنشاهی است ودرآنزمان سفیرکبیردولت شاهنشاهی درواشنگتن‌ونماینده کشور ایران در شورای امنیت سازمان ملل متحد بود مصمم گشت‌که از دستور نخست‌وزیر سرپیچی‌کرده و از خارج ساختن شکایت ایران ازدستور شورای امنیت امتناع نماید. وی میدانست‌که من‌شخصاً باخارج ساختن شکایت ازدستور شورای امنیت موافق نبوده‌ام وقوام هم دراثر فشار روسها باین امر مبادرت‌کرده است. دراولین جلسه شورای امنیت که روز ۲۱ مارس تشکیل شد آقای علاء شکایت ایرانرا

بابیانی شیوا و مؤثر که بطوریکه گفته‌اند از رشیق‌ترین بیاناتی بوده است که ثبت تاریخ شورای امنیت شده طرح نمود .
پنج روز بعد در جلسه دیگر شورای امنیت آقای گرومیکو نماینده شوروی در میان تعجب حضار اعلام داشت که در ظرف پنج یا شش هفته تمام نیروهای شوروی مشروط بر اینکه اتفاق غیر مترقبه‌ای رخ ندهد از خاک ایران خارج خواهند شد . سرانجام در ۱۹ اردیبهشت نیروی نظامی شوروی خاک ایران را تخلیه کرد .

در این هنگام قوام رویه عجیب و غریبی را پیش گرفت وی که ظاهراً تحت نفوذ روسها واقع شده بود روزی بمن پیشنهاد کرد که یا در کلیه امور شخصاً تصمیم بگیرم و یا اورا در اداره امور آزاد بگذارم و البته نظر ش همان شق دوم بود. ولی مردم از سیاست ملایم و رویه مسالمت‌آمیز وی در برابر کمونیستها چندان راضی نبودند و کم کم طوایف جنوب ایران نیز سر بطغیان بلند کرده طرد وزرای توده را از کابینه وی خواستار شدند .

قوام در نظر داشت افسران خیانتکار را که از ارتش ایران فرار کرده و به پیشه‌وری پیوسته بودند مجدداً بخدمت گماشته و حتی سایر افرادی که از جانب پیشه‌وری به اخذ درجه افسری نائل شده بودند در خدمت ارتش ایران وارد کند . وی روی پای من افتاده و استدعا نمود که بدین امر موافقت نمایم ولی من باو خاطر نشان کردم که من ترجیح میدهم دستم قطع شود و چنین کاری را امضاء نکنم . قوام در کمال ساده‌لوحی تصور میکرد که میتوان با اخذ این رویه مسالمت هم مقام خود وهم تمامیت ایران را حفظ نماید . نظر بجهات فوق قوام را احضار نموده و دستور دادم کابینه خود را منحل نموده و کابینه جدیدی بدون شرکت اعضاء حزب توده

تشکیل‌دهد و درهمان موقع فرمان انتخابات جدید را صادر نمودم . فرمان برای تجدید انتخابات تمام کشور صادرشده بود وبطوروضوح استان آذربایجان را نیزشامل میگشت وبدیهی است که طبق دلخواه حکومت خودمختار آذربایجان نبود . در اینموقع روسها در محظور عجیبی قرار گرفته بودند . زیرا هم میخواستند از حکومت دست نشانده خود پشتیبانی کنند وهم بدین‌امید که نفت شمال ایران را بچنگ‌آورند با تهران روابط حسنه داشته باشند .

دراین موقع به‌پیروی از ندای وجدان دستور دادم که نیروئی بآذربایجان اعزام شود وشورشیانرا بدون‌درنگ منکوب سازند . درهمان موقع نیزشخصاً برفرازاستحکامات شورشیان پرواز نمودم تا میزان نیروی آنها بدست آید . دراینموقع روسها هم بکلی ازیاری دولت دست‌نشانده خود دست کشیدند و روز ۲۱آذر ۱۳۲۵ نیروی ما فاتحانه وارد تبریز شد وحکومت شورشیان سرنگون گردید وسران یاغی وگردانندگان آن بساط نیزبکشور روسیه فرارکردند .

مردم آزادی‌خواه تبریز و رضائیه‌که درتاریخ کشور درآزادی‌خواهی‌مشهورند درامر برانداختن‌حکومت‌پوشالی آذربایجان در حقیقت پیشقدم بودند . مردم این دو شهر بسیاری از سربازان کمونیستی را از بین بردند واگرنیروی نظامی ایران مانع نمیشد بزندانها ریخته و کمونیستهائیرا که درزندان بودند معدوم میساختند . درهمین موقع نیز نیروی ارتش ایران با کمك افراد طوایف کرد و ساکنین محلی کردستان حکومت پوشالی کردستان‌را نیزبرانداخت .

قضیه‌ای را که در آن ایام حادثه خیز رخ داد هرگز فراموش نمیکنم . روزی سفیرکبیر شوروی در تهران تقاضای شرفیابی فوری نمود ومن باو باردادم . هنگامیکه

بار یافت نسبت باعزام نیروی نظامی به آذربایجان با لحن تهدید آمیزی اعتراض نمود و اظهار داشت که ما با این عمل صلح جهان را بخطر انداخته ایم و بنام دولت متبوعه خود ازمن که شاهنشاه و فرمانده کل نیروهای ایران بودم تقاضا داشت نیروی خود را فراخوانم . من باو گفتم مسئله برعکس است و اوضاعی که تا حال در آذربایجان حکمفرما بوده صلح جهان را بخطر انداخته است . آنگاه از قبول تقاضای او امتناع کردم و تلگرافی را که همان ساعت از طرف استاندار حکومت پوشالی آذربایجان رسیده و حاضر بودن شورشیان را برای تسلیم بلاشرط اطلاع میداد باو ارائه دادم. سفیر کبیر که دیگر نمیتوانست مطلبی عنوان کند و مبهوت گشته بود اجازه مرخصی خواست .

دولت شوروی هنوز امیدوار بود که مجلس شورای ملی ایران قرارداد نفت پیشنهادی قوام را تصویب کند ولی مجلس شورای ملی که تازه گشایش یافته بود چندان عجله ای در تصویب این قرارداد نداشت و سرانجام در روز ۳ مهر ۱۳۲۶ مجلس شورای ملی ایران باتفاق آراء قرارداد مزبور را رد کرد .

قضیه آذربایجان واقعاً یکی از سوانح و اتفاقات تاریخی خاورمیانه در دوره معاصر است زیرا مقاصد روسیه استالینی بعد از جنگ اولین بار در آذربایجان ظاهر و برملا گردید . آنچه روسیه شوروی در آذربایجان کرد و جزئیات آن در جلسات شورای امنیت سازمان مورد بحث قرار گرفت دنیای آزاد را تکان داد و نخستین بار مردم نقاط مختلف گیتی را به امپریالیسم کمونیست ها بیدار و هوشیار ساخت .

تصور میکنم مورخان آینده گیتی تصدیق کنند که جنگ سرد در واقع و نفس الامر از ایران آغاز شد و اگرچه

علائم آن در نقاط دیگر گیتی نیز بچشم میخورد نخستین بار آثار این طرز جنگ بطور آشکار درکشور ایران نمایان گردید . در خلال قضایای آذربایجان دولت آمریکا نیز اولین بار در تاریخ شیوه رهبری را در خاورمیانه بکار برد و این قضیه مهم موجب شد که اصول ترومن که موجب رهائی کشورهای یونان و ترکیه از بلای امپریالیزم کمونیزم گردید در آذربایجان بموقع اجرا درآمد و راه را برای تحقق عقیده و نظریه ایزنهاور صاف و هموار نمود .

اهمیت وقایع مزبور بقدری آشکار است که ملت ایران روزی را که مصادف باختم این غائله عظیم است بنام روز آذربایجان عید ملی اعلام نموده و از سال ۱۳۲۵ باین طرف همه ساله در آن روز بیادنجات آذربایجان و اعاده حق حاکمیت ما بر آن خطه جشن میگیرد و بعقیده من نه تنها ایرانیان باید پیوسته بیاد این روز باشند بلکه تمام ملل آزاد جهان نیز بایستی این واقعه تاریخی را بخاطر سپرده و فراموش ننمایند.

پس از نبرد آذربایجان احساسات ناسیونالیزم مردم ایران بواقعی بجنبش و هیجان درآمد و تمام افراد و طبقات مردم از آن واقعه درس عبرت گرفتند و بهر وسیله و درهر مقام و مکانی که بودند مراتب وفاداری خود را نسبت بمن اظهار داشتند . کمونیست های محلی صبر پیشه کرده و منتظر بروز علائم و تزلزل و هرج و مرج اوضاع نشستند باین آرزو که اگر چنان وضعی پیش آید آن آتش را دامن زنند و از آن بنفع خویش بهره برداری کنند وصبر آنها هم بی نتیجه نماند زیرا در دوران زمامداری مصدق فرصت ذیقیمتی بچنگ آنها افتاد ولی چنانکه ذکر شد باوضع معجزه آسائی بمدد خداوند توانا و تنها بیاری ذات بیچونش از این بلای بزرگ که ما را تهدید میکرد رهائی یافتیم .

استالین روز ۱٤ اسفند ۱۳۳۱ درگذشت ومصدق هم روز ۲۸ مرداد ۱۳۳۲ سقوط نمود . با درگذشت استالین دوره نوینی درتاریخ کشور روسیه باز وبا برافتادن مصدق نیز عصر تازه در کشور ایران آغازگردید وچنانکه ذکرشد روابط ما بااتحاد شوروی روببهبودی نهاد . مبلغین روسی دیگر ازحمایت حزب غیرقانونی توده دست برداشتند ودولت روسیه همه گونه تمایلی را برای همکاری بامن ودولت جدید من ابراز داشت .

درسال ۱۳۳۵ بنابدعوت دولت اتحاد جماهیر شوروی من وملکه ثریا بروسیه مسافرت رسمی نمودیم واز ما پذیرائی شایانی بعمل آوردند وفرصتی برای دیدار بسیاری ازنقاط آنکشور بدست آمد ومجالی پیدا شد که با خروشچف وسایر همقطاران وی از قبیل ورشیلف و بولگانین و میکویان وشپیلف مذاکراتی بی پرده وصریح بعمل آید. روسها مدعی بودند که سیاستشان بر اساس همزیستی مسالمت آمیز و عدم مداخله درامورسایر کشورهاست ومیپرسیدند باا ین وصف بچه علت ما به پیمان بغداد ملحق شده ایم؟ من درجواب گفتم که علت آنرا باید با مطالعه روابط بین کشورهای ایران و روسیه پیدا کنند و بمیزبانان خود یادآور شدم که روسها در طی چندین قرن همواره سعی و کوشش داشته اند که از راه ایران بطرف جنوب ایران پیشروی نمایند . درسال ۱۹۰۷ میلادی بخاک ایران وارد شدند تا نهضت مشروطه طلبی مردم ایران را از بین ببرند . در دوران جنگ اول جهانی باز به تجاوز نسبت با یران اقدام کردند و نباید فراموش کنند که در طی سالهای جنگ دوم جهانی باآنکه عهدنامه های دوستی بین دو کشور برقرار بود بکشور ایران حمله آوردند و در سال ۱۳۲٤ اقدام بتأسیس یك دولت دست نشانده خود نمودند

تا بدینوسیله استان زرخیر آذربایجان را از کشور ایران مجزا سازند وزیر سلطه خویش درآورند. خروشچف وسایر همقطاران وی خود را مسئول تجاوزات مزبور ندانسته و گفتندکه این وقایع پیش‌از زمان زمامداری آنها بوقوع پیوسته است.

خروشچف اعتراف کردکه‌کشور وی اشتباهاتی‌کرده ولی اظهار داشت‌که ملت ایران باید بحسن نیت او و سایر اولیای امورکشورروسیه‌که درآنمحل حضورداشتند اعتماد داشته باشد. من بخروشچف اطمینان دادم که احساسات دوستانه ما ایرانیان نسبت‌بوی ومردم روسیه بسیارزیاد است ولی‌خاطرنشان ساختم‌که اگر بشر ازتجربیات گذشته درس عبرت‌نگیرد نمونه‌کمال سفاهت‌اوست. خروشچف‌میخواست بداندکه چگونه ممکن است دولت ایران عضویت پیمان بغداد راکه انگلیسها نیز عضو آن هستند قبـول نماید درصورتیکه انگلیسها نیز درجنگ دوم جهانی درتجاوز بکشور ایران مقصر بودند وپیشنهاد تجاوزهم اول ازطرف آنها شده‌بود. درپاسخ گفتم انگلیسها اقلا درسرموقع بوعده خود وفا نموده وکشور ایرانرا تخلیه نمودند ولی روسها ازاین عمل نیز امتناع کردند.

خروشچف درباره‌آنچه بنظروی‌جنبه تهاجمی‌ونظامی پیمان بغداد بود صحبت میکرد و میگفت‌که وی در اوائل امرچنین‌استنباط میکرده‌است‌که پیمان مزبورکیفیت نظامی ندارد ولی‌بعداً متوجه شده است‌که تصورش خطا بوده‌است. درجواب‌توضیح دادم‌که درجلسات‌پیمان، مذاکرات‌مربوط بدفاع دراطراف جبال البرز والوند بوده است وهیچیك ازاین دوسلسله‌کوه درخاك روسیه واقع نشده وهـردو درایران است.

خروشچف بالاخره تصدیق کرد که ایران قصد تجاوزی بکشور روسیه ندارد ولی اظهار داشت که دولت معظمی ممکن است مارا برخلاف میل خود وادار سازد که کشور خودرا برای حمله بروسیه دراختیار آن بگذاریم واظهار نظر کرد که شاید ما برای انجام همین منظور اجباراً باین پیمان ملحق شده باشیم . من باکمال تأکید پاسخ دادم که ما به پیمان بغداد بصرف اراده خود و بعنوان شریك متساوی الحقوق ملحق شده‌ایم وهیچکس مارا مجبور بالحاق نکرده واگر چنین فشاری بما وارد شده بود درمقابل آن مقاومت میکردیم واضافه کردم که ما هرگز اجازه نخواهیم داد که کشور ما برای اجرای مقاصد تجاوزکارانه برخلاف روسیه شوروی مورد استفاده قرار گیرد وبخروشچف قول سربازی دادم که تامدتی که من بر تخت سلطنت ایران هستم کشور من بهیچوجه باتقاضای تجاوزکارانه برخلاف روسیه شوروی موافقت نخواهد کرد وشریك درچنین عملی نخواهد شد .

خروشچف و همکاران وی باکمال گشادگی خاطر گفتند که به اظهارات من اعتماد کامل دارند وطبق پیشنهاد آنها اعلامیه مشترکی که حکایت میکرد مذاکرات درمحیط دوستانه صورت گرفته وهردوطرف مصممند مناسبات فیمابین را تحکیم نمایند ، صادر نمودیم .

مذاکراتی که باسران کشور شوروی بعمل آوردم راه را برای عقد یك سلسله قرارداد های بعدی باز نمود . اختلافات مرزی ما باروسها بطریقی که بنفع طرفین بود حل‌وفصل گردید و در ضمن بعضی قراردادهای ترانزیتی برای ارسال کالاهای صادراتی ووارداتی خود ازراه روسیه به اروپای غربی و غیرآن منعقد ساختیم و موافقت کردیم که ازآب رودخانه‌های ارس‌واترك که درمرزمشترك روسیه

وکشور ایران جاری هستند وازآب آن میتوان متجاوز ازدویست هزار جریب زمین بایر ولم‌یزرع اطراف راکشت وزرع نمود مشترکاً استفاده بشود. بازرگانی ما بااتحاد شوروی بسط وتوسعه یافت ومسابقات‌ورزشی‌دوستانه ترتیب داده شد ونمایندگان مجلس شورای ملی ما بکشور روسیه رفته ونمایندگان مجلس آنهاهم بایران‌آمدند ودرراه‌تحکیم روابط فرهنگی بین دوکشور مجاهدت بعمل آمد وشاید ازسال ۱۹۱۷ که مقارن باانقلاب روسیه بود تاآن تاریخ روابط دوکشور اینقدر دوستانه نشده بود. بهمین کیفیت باسایرکشورهای بلوك‌کمونیست نیزروابطی برقرارنمودیم، باوصف‌آنچه‌گفته شد دوسال‌بعد روسها سیاست تحریك‌آمیز خودرا از سرگرفتند: مثلا مارشال ورشینین روسی ضمن اعلامیه خودکشورهای ترکیه وایران را تهدید نمودکه ممکن است بوسیله موشك هردوکشور معدوم‌گردند واین اظهار اطمینانی را که خروشچف درباره سیاست خارجی شوروی داده وگفته‌بودکه ازآن‌پس فصل جدیدی درتاریخ سیاست روسیه باز خواهد شد مشکوك جلوه داد.

واقعاً وقتی روسها بمأمورین مسئول خود اجازه میدهندکه اینگونه مطالب برزبان جاری سازند ازماچگونه انتظار دارندکه سخنان نرم وملایم آنها را درباره همزیستی مسالمت‌آمیز باورکنیم؟

بهمین نهج روسها جسارت‌کرده وازاینکه ساختمان راه‌آهن تهران بمشهد را تمام‌کرده بودیم اعتراض نموده بآن‌جنبهٔ اقدام‌سوق‌الجیشی‌میدادندومانندآنکه مالك‌الرقاب گیتی باشند ازفرودگاههائی‌که ساخته میشد انتقاد میکردند که برای استفاده هواپیماهای نظامی است ونسبت به بنادری که ایجاد میشد معترض بودندکه بمنظور تهیه پایگاه‌های

دریائی تأسیس گشته است .

این مطالب ناروا اصول ادب را متزلزل کرده و تجاوزی آشکار بحق حاکمیت و استقلال ما بود . ما بخوبی میدانیم که روسها در داخل و خارج از کشور خود مشغول ایجاد راه آهن و ساختمان فرودگاه ها و بنادر میباشند ولی آیا ما هرگز بآنها در باب این اقدامات اعتراض و حمله ای کرده ایم ؟ . و آیا روسها نزد خود تصور میکنند که در این قسمت از گیتی تنها آنها میتوانند وسائل جدید مواصلات داشته باشند ؟ آیا میل آنها این است که ما بوضع قرون وسطی بر گردیم ؟ البته اظهار آنها درست است که هنگام ضرورت تأسیسات راه آهن و فرودگاه ها و بنادر ما مورد استفاده نظامی قرار خواهد گرفت و همین امر هم درباره روسها صدق میکند ولی آیا آنچه برای یکطرف رواست برای طرف دیگر روا و جایز نیست ؟

پس از کودتای کشور عراق که در سال ۱۳۳۷ پیش آمد اعضاء پیمان بغداد تشکیل جلسه دادند و از دولت کشورهای متحده آمریکا مصراً تقاضا کردند که در پیمان مزبور شرکت جوید . با آنکه دولت کشورهای متحده آمریکا عضویت اکثر کمیته های پیمان مزبور را دارا بود ولی از الحاق به پیمان بغداد فعلا خودداری کرد و درعوض پیشنهاد نمود که پیمانهای دفاعی دوجانبه با کشورهای ترکیه و پاکستان و ایران منعقد سازد و بموجب آن آمریکا متعهد گردد که اگر یکی از کشورهای سه گانه نامبرده مورد حمله نیروهای کمونیزم بین المللی قرار گیرد بکمک آنها اقدام کند .

ما نیز با دوستان ترک و پاکستانی خود مصمم شدیم قرارداد پیشنهاد شده با امریکا را قبول و امضا کنیم .

هنگامیکه روسها از این موضوع استحضار یافتند

یادداشتی حاکی از اعتراض سخت برای ما فرستادند و برخلاف سنن ورسوم دیپلماسی قبل از آنکه اعتراض خودرا رسماً بما تسلیم کنند دررادیوها پخش کردند و نیز بسفیر خود در تهران دستور دادند که مفاد اعتراض مزبوررا شخصاً به‌نمایندگان مجلسین ایران برساند . در آنموقع ما با کمال صداقت بروسها گفتیم که عمل آنها خطر این را دارد که اشتباهات گذشته که منجر به تیرگی روابط طرفین شده بود تکرار شود و بآنها خاطر نشان نمودیم که با آن نیروی مسلح شگرف وعظیمی که در اختیار دارند هراس آنها از سازمانهای کوچك دفاعی ما دور از عقل سلیم است وخاطر نشان کردیم که صلاح و نفع طرفین در آنست که همان سیاست دوستی و وداد قبلی موجود بین دو کشور ادامه داشته باشد .

اقدام دیگری که روسها برای جلوگیری ما از امضاء قرارداد دوجانبه بعمل آوردند این بود که واسطه‌هائی برانگیخته و بوسیله آنها وعده عقد قرارداد طویل المدة عدم تجاوز و کمکهای هنگفت اقتصادی دادند . درعین حال قرارداد دوجانبه بشکلی که اول پیشنهاد شد آن مفهومی را که میخواستیم داشته باشد نداشت و فاقد ضمانت‌های لازم بود ومیزان مهمات جنگی که برای کشورایران میرسید نیز کافی نبود وچون خودرا ازحیث نیروی نظامی بسیارضعیف یافتیم وضمانت‌هائی که سایر کشورهای عضو ناتو از ان برخوردار بودند بما داده نشده بود بخود اجازه دادیم که درباره انعقاد قرارداد عدم تجاوز با روسها وارد مذاکره شویم .

روسها در این‌موقع مرتکب خبطی شدند و مدت دوهفته دراعزام نمایندگان خود تأخیر نمودند و درخلال آن مدت شرایط مندرج در پیش نویس قرارداد دوجانبه

بنحوی که موجب رضایت ما بود تغییر یافت . وقتی نمایندگان روسها رسیدند اشتباه دیگری مرتکب شدند بدین کیفیت که برای آغاز مذاکرات تقاضا کردند از پیمان بغداد خارج شویم وهرچند وقتی مقاومت سخت مارا در برابر آن تقاضا دیدند منصرف شدند ولی اصرار داشتند که ازامضاء قرارداد دوجانبه خودداری کنیم . دراینجا متوجه شدیم که روسها درقبال عقد قرارداد عدم تجاوز درنظر دارند مارا ازمتفقین خود جدا سازند ونه‌تنها اصرار داشتند که ما ازعقد قرارداد با آمریکائیها منصرف شویم بلکه پیش‌نویس قراردادی که برای عدم تجاوز پیشنهاد میکردند حاوی موادی بود که مناسبات مارا با دوستان خود بسیارضعیف میساخت .

برای ما واضح گردید که هرچند از نیروی نظامی خود وآمادگی‌آن واز کمکهای متحدین خود راضی‌نبودیم بهترآنست که پیوند خودرا بادوستان خودقطع‌نکنیم وتسلیم امری‌نشویم که باستقلال وحاکمیت ما لطمه وارد میآورد . مذاکرات عقد قرارداد روسها بامابعلل فوق بنتیجه‌ای‌نرسید ونمایندگان‌آنها بدون اطلاع ازایران خارج شدند .

رویه روسیه درمورد لطمه‌زدن بآزادی ما ادامه یافت ودیری نگذشت که بحملات رادیوئی برضد ما مبادرت واز دستگاه رادیوئی دولتی خود یك سلسله گفتار بزبان فارسی پخش نمودند واز هرگونه سخن جعل ودروغ‌درباره کشور دولت ایران وخانواده من کوتاهی نکردند . چند ماه بعد ازایستگاه دیگری که‌خودراصدای ملی‌ایران مینامد سخنانی موهن پخش کردند . برما بخوبی معلوم است که این‌ایستگاه درقسمت جنوبی کشور روسیه واقع شده وروسها هم بخوبی میدانند که مااز‌محل آن‌مطلع‌هستیم. این‌دستگاه‌به‌نشر و‌پخش تبلیغات فضیح وعامیانه وهرزه ووقاحت‌آمیز قناعت نکرد

بلکه مردم کشور را بقیام برعلیه دولت اغوا نمود . برخی از مردم بدبین و ضعیف‌النفس تصور میکردندکه اینگونه سخنرانیها موجب‌تزلزل روحیه ملت‌ایران میشود ولی‌قضیه برعکس‌بود واین تبلیغات خلاف ، مردم‌کشور را بایکدیگر متحد و یکدل و یك زبان ساخت و این وحدت تا بدانجا مستحکم گردیده بود که دستوردادم متن سخنرانیهای روسها را از ایستگاه رادیو ایران مجدداً پخش کنند تا عدهٔ کثیری از مردم‌کشور سخنانی که کذب‌آن واضح است و برخلاف کشورشان گفته شده بشنوند .

روسها درشهرمرزی جلفا طریق دیگری‌برای تبلیغات تعرض‌آمیز خود پیداکرده ودرکنار مرزخود بلندگوهائی نصب و بدانوسیله دست به‌تبلیغات سوء زدند ، اما ازاین‌کار نتیجه معکوس گرفتند . زیرا ما هم بعنوان مقابله به‌مثل بلندگوهائی در کنار مرز خود قرار دادیم و حقایق تلخ و ناراحت‌کننده‌ای را بگوش مرزنشینان روسی رساندیم . زمامداران روسیه مردم‌را ازشنیدن اخباریکه ازرادیوهای کشورهای‌خارج پخش‌میشودممنوع کرده‌اندومبالغ‌هنگفتی برای‌ایجادپارازیت‌درامواج‌دستگاههای گیرنده صرف‌نموده وسعی میکنندکه رادیوهای مردم عادی موج هیچ‌کشوری جزکشور روسیه را نگیرد . اما صدای‌بلندگوهای مابگوش همه میرسید ومردمی که هیچگاه درعمر خود ازلذت‌آزادی برخوردار نشده بودند سخنان ما را میشنیدند . این وضع برخلاف‌میل‌مقامات‌روسی‌بود ودیری‌نگذشت که‌بلندگوهای خودرا برداشته وازاین مبارزه بکلی دست‌کشیدند وما هم بلندگوهای خودرا خاموش کردیم .

علت اینکه روسیه شوروی بر ضد ما بچنین عملیاتی اقدام‌کرد چیست ؟

روسها میدانند که عملیات آنهـا برخلاف مقررات عهدنامه‌های موجود بین دو کشور است و بخوبی آگاهند که حتی اگر قراردادهائی هم درمیان بود که آنهارا بچنین رفتاری مجاز مینمود آن قراردادها بموجب منشور سازمان ملل متحد لغو و باطل است. زیرا طبق مفاد ماده ۱۰۳ منشور مزبور تمام عهدنامه‌ها و قراردادهای بین‌المللی که مفاد آنها مخالف ومتناقض با مفاد هرقسمتی از منشور ملل متحد باشد لغو و باطل است.

باید بروسها خاطرنشان ساخت که خودشان در سال ۱۳۲۶ پیشنهادی به سازمان ملل متحد تسلیم نمودند که از هرگونه فعالیتهای تبلیغاتی که صلح جهانی را بخطر اندازد جلوگیری شود و بموجب تصمیمی که مجمع عمومی سازمان ملل متحد باتفاق آراء اتخاذ نمود مقرر گردید که هرگونه تبلیغات ازناحیه هرکس که عمداً ویا احتمالا مقدمهٔ تهدید ونقض‌صلح ویاتجاوزباشد ممنوع گردد. آیاروسهافراموش کرده‌اند که خودشان درآن‌زمان از طرفداران این مقررات بوده‌اند؟ وآیا خودشان نباید ازآنچه دیگران را ازآن منع میکنند بپرهیزند؟

من‌ازاین‌تشنج غیرلازمی که بین‌دوکشور بوجودآمده بسیار متأسفم. من واقعاً ازمردم روسیه بسیار خوشم میآید ولی وظیفه من‌آنست که استقلال کشور خویش‌را حفظ کنم. من‌هیچ دلیل‌لازمی برای بهم‌خوردن مناسبات بین دوکشور نمی‌بینم واگرمثلا روسیه باما همان معامله‌ای را که باترکیه میکرد معمول‌میداشت تیرگی‌مناسبات بین‌ما وهمسایه شمالی ما ازمیان میرفت.

تمام مردم جهان حتی رفقای روسی ما باید این‌نکته رابدانند که‌دنیای‌امروزه حاضرنیست‌تجاوزرا ازهرناحیه‌ای

که اعمال شود قبول نماید . وضع روزگار از سال ۱۳۲۵ که برای نجات آذربایجان کوشش میکردیم تغییر کرده است. در آن زمان قضیه ایران آنطور که منتظر بودیم مورد توجه ملل متحد قرار نگرفت وسفیر آمریکا در تهران بمن صریحاً اظهار داشت که دولت متبوعه وی حاضر نیست برای نجات ایران وارد نبرد شود .

با وصف آن من در نزد خود اندیشیدم که اگر در آنموقع حمله نکنم مسلماً نیروی تجزیه طلب نیرومندتر شده و بما حمله خواهد کرد . در آنموقع امید موفقیت چندان زیاد نبود و نمیدانستم عاقبت کار بکجا میکشد ولی با خود گفتم مرگ با شرف و افتخار بهتر از نابودی استقلال زاد وبوم است . وبار دیگر خداوند بزرگ بیاری من برخاست .

امروز ملت ایران و من کمتر از ایام بحرانی سال ۱۳۲۵ احساس تنهائی میکنیم .

عقیده عمومی جهان اینست که بر علیه هر گونه تهدیدی که نسبت بصلح جهان پیش آید باید اقدام فوری و شدید بعمل آید . در این عصر اتم مردم گیتی میدانند که هر تجاوزی که نسبت بکشوری بعمل آید بدون تردید تمام کشورهای دیگر را بخطر خواهد انداخت . امروز سازمان ملل متحد نیرومندتر شده وایجاد نیروی پلیس سازمان ملل متحد از لحاظ اصولی و عملی مورد قبول جهانیان واقع گردیده است ودرعین حال کشور ایران درنتیجه عقد قراردادهای دفاعی دوجانبه بادوستان هوشیار و نیرومند خود بیش از پیش حامی وپشتیبان پیدا کرده است وتمام این قراردادها با روح ومقررات منشور سازمان ملل متحد کاملا منطبق است .

با این ترتیب مبنای سیاست خارجی ما بر تجربیات بسیار عملی نهاده شده است ، زیرا درطی جنگهای جهانی اول

ودوم سفاهت اخذ طریق بیطرفی را با وضع سوق‌الجیشی که داریم بعیان مشاهده کردیم و درهردوجنگ بیطرفی ما مانع تجاوز بیگانگان بخاك وطن‌ما نگردید وپس‌ازهرجنگ نیز کشور ما عرصۀ کشمکش بین منافع بیگانگان گردید .

دردوره زمامداری‌مصدق ضعف‌سیاست‌خارجی‌منفی‌ما موجب شد که درکشور ما نفوذ بیگانگان و تحریکاتی‌که ازآنسوی مرز ایران هدایت میشد توسعه یابد . بدین‌جهات متدرجاً بسیاست‌تازه‌ای گرائیدیم که مظهرحیات وروح زنده کشورما باشد ومن‌آنرا سیاست ناسیونالیسم مثبت نام‌داده‌ام .

چون امروز کلمات ناسیونالیسم و امپریالیسم زیاد بگوش‌میخورد لازم‌است‌بمفهوم‌واقعی‌این‌دوواژه واصطلاح پی‌ببریم . تعریف وتعبیری که درفرهنگهای معمولی ازواژه ناسیونالیسم میشود «علاقه وحمایت از منافع ملی یا اتحاد و استقلال ملی است » . تعـریفی که بهمین نهج از واژه امپریالیسم میشود «سیاست کوشش یاحمایت ازطریقه توسعه وبسط تسلط یك کشور یا یك امپراتوری است» .

اینك باید دید با دوتعریف فوق اصطلاح ناسیونالیسم مثبت را چگونه باید تعریف نمود وچه عملی ازآن مستفاد میشود . ناسیونالیسم مثبت بفکرمن عبارت ازرویه‌ای است که حد اکثر استقلال سیاسی واقتصادی‌کشور را بطوریکه بامنافع‌آن‌کشور موافق‌باشد تأمین نماید . برای ما ایرانیان ناسیونالیسم مثبت مفهوم‌گوشه‌گیری و جدائی ندارد بلکه معنای آن این است که بدون توجه بامیال و سیاست های کشورهای دیگر هر قراردادی‌که بنفع کشورما باشد منعقد سازیم واز تهدیدات کسانیکه میخواهند برای ما رفیق انتخاب‌کنند نهراسیم .

ما تنها ازنظر اصول مبهم و بخاطراینکه باکسی‌متحد

باشیم وارد عقد اتحاد نمیشویم بلکه منظورما از هر اتحادی تأمین منافع آشکار ماست. ما دوستی هر کشوری را میپذیریم و حاضریم از تجارب علمی و فنی آن کشور استفاده کنیم بشرط آنکه چنین دوستی و ودادی بمنافع یا استقلال ما لطمه وارد نسازد و این رویه بما آزادی عملی میدهد که از آنچه در کشورهائی که اسیر فرضیه‌های مختلف هستند مشاهده میشود بمراتب بیشتر است. در عین حال ما طرفدار جدی اصول و آرمانهای سازمان ملل متحد هستیم.

ما بسیاست سست بیطرفی منفی متکی نیستیم و با دوستان خود بدون پرده پوشی و ریا دوستی میورزیم و از آنها نیز همین رفتار را نسبت بخود انتظار داریم و اگر بعضی از کشورها از رفتار ما درخشم شوند و بتوهین و تهدید ما اقدام کنند نسبت بآنها رویه منفی پیش نگرفته و رفتار خود را نسبت بآنها تغییر نمیدهیم. زیرا ما جغد نیستیم که از فراز ویرانه بناله و ندبه بپردازیم. بعبارت دیگر ما از آن کسانی نیستیم که از بالای مناره‌ها و از پشت رادیوی بین‌المللی بناسزاگوئی پرداخته و همه را مقصر وانمود کنیم و خود در فقر و فاقه بسر بریم و با فلاکت و ضعف روزگار بگذرانیم. برعکس ما روز بروز نیرومندتر و مرفه‌تر میشویم و درعین آنکه بنیان طرحهای نوین در کشور میریزیم حقیقی‌ترین احساسات میهن‌پرستی و ناسیونالیسم را حفظ مینمائیم.

امپریالیسم بهیچوجه رویه تازه‌ای نیست و چنانکه قبلا ذکر شد کشور شاهنشاهی ایران اولین امپراتوری حقیقی جهان بود. همینطور هرچند ناسیونالیسم امروز نیروئی عظیم درجهان بشمار میرود ولی همه میدانند که این فکر نیز تازگی ندارد زیرا فکر ناسیونالیسم مردم ایران را از زمان کورش کبیر بجنبش و هیجان آورده است و همین روح

ناسیونالیسم بود که چندین قرن بعد مستعمره‌نشینان آمریکا را برانگیخت که دولت مستقل کشورهای متحده آمریکا را تشکیل دهند .

در چند سال اخیر نیز امواج خروشان ناسیونالیسم کشورهای خاورمیانه وسایر نقاط گیتی را که ازحیث امور سیاسی و اقتصادی کمتر توسعه یافته بودند فرا گرفته است . عنوان ناسیونالیسم هم مانند امپریالیسم پیچیده است . ناسیونالیسم حقیقی کشور را به پیشرفتها و ترقیات شگرف راهبری میکند چنانکه قسمت بزرگ ترقیات مهم مردم کشورهای متحده آمریکا مرهون همین روح ناسیونالیسم واقعی است وهمچنین کارهای بزرگی که بدست پدرم انجام یافت تماماً در پرتو همین ناسیونالیسم حقیقی بود که وی درنهاد فرد فرد ملت ایران بوجود آورده بود . از طرف دیگر اگر همین روح ناسیونالیسم بوسیله خائنین داخلی ویا دولتهای خارجی مورد سوء استفاده ماهرانه قرار گیرد مانند پرده‌ای میشود که میتوان تسلط امپریالیسمی وفنای قومیت وملیت را در پشت آن پنهان نمود .

هنگامیکه مصدق ودستیاران وی مانند زنان بناله وندبه پرداخته و دیوانه‌وار سخنرانیهای تند و جنون‌آمیزی برعلیه انگلیسها ایراد مینمودند بسیاری از میهن پرستان واقعی در بدو امر تصور میکردند که آن سخنرانیها مظهر روح ناسیونالیسم است ولی مرور زمان میهن پرستان را متوجه ساخت که مصدق در حقیقت دروازه‌های کشور را بروی عوامل امپریالیسم گشوده است . سیاست منفی مصدق باعث ایجاد اختلال و آشفتگی عظیم سیاسی و اقتصادی گردید وبرای عمال بیگانه فرصت بسیار مساعدی برای اجرای مقاصدی که داشتند فراهم ساخت ودرهمان هنگام که پدرم

بریشه‌کن کردن عوامل امپریالیسم در ایــران میپرداخت مصدق مشغول تهیه زمینه مساعد برای نمو امپریالیسم بود که درموقع خود از بهره‌برداری آن فرو گزار نکردند.

در دنیا هیچ عملی برای یك فرد یا یك ملت از این خطرناك‌تر نیست که اسیر احساسات شخصی ومقهور خودپرستی خویش باشد. وقتی درست دقت کنیم می‌بینیم من بیش‌از مصدق برای کینه وعناد نسبت بانگلیسها دلائل موجه داشتم. زیرا مگرنه آن بودکه انگلیسها پدرم‌را مجبور بترك سلطنت و کشور کردند؟ مگر آنها نبودند که در جریان جنگ دوم جهانی برای تکمیل تجاوز خودشان ورود روسهارا بکشورما خوش‌آمد گفتند؟

ولی روزی‌که مصدق در حرارت احساسات شخصی خویش‌جوش میزد من بفکر حفظ منافع بزرگ کشور بودم. چنانکه سابقاً بیان شد ناسیونالیسم منفی مصدق نه‌تنها برای کمونیستها فرصتی که آرزوی آنرا داشتند فراهم ساخت بلکه بعکس آنچه میگفت بانگلیسها اجازه داد که درسیاست ایران بیش از پیش نفوذ پیدا کنند.

اگر رفتار مصدق به ناسیونالیسم تفسیر و تعبیر شود قطعاً باید اصطلاح تازه‌ای نیز برای ناسیونالیسم حقیقی برگزید. قدرمسلم اینست که سیاست مصدق کاملا منفی بود وهیچ ربطی با ناسیونالیسم مثبت نداشت و بدینجهت بعقیده من برای امتیاز بین رویه منفی مصدق و ناسیونالیسمی که مورد علاقه میهن‌پرستان حقیقی است اصطلاح ناسیونالیسم مثبت بسیار سودمند خواهد بود.

دربسیاری از کشورها که اکنون احساسات ناسیونالیسمی درطغیان وهیجان است مردم باید ناسیونالیست‌های واقعی‌را از آنانکه بدروغ خودرا ناسیونالیست جلوه میدهند امتیاز

دهند . البته اوضاع وشرائط درکشورهای مختلف یکسان نیست ودرهرحال من هرگزنمیخواهم دراموروسایرکشورها اظهار رأی ونظرکنم ولی بعقیده من ممکن‌است از تجاربی که ما درسالهای‌اخیر کرده‌ایم درسهای سودمندی فراگرفت ومیهن‌پرستان سایر ملل‌بامطالعه‌تاریخ معاصرایران میتوانند بنکات مهمی پی‌برندکه آنهارا درنهضت ناسیونالیسمی‌یاری کند وحقیقت را از دروغ تشخیص دهند . از جمله یکی‌از درسهای عبرتی که ما آموخته‌ایم آنست که هرکس فکر ناسیونالیسم منفی‌را تبلیغ میکند باید اورا مظنون ومشکوك شمرد زیرا خراب کردن ازعهده همه‌برمیآید ولی‌آبادکردن کار هرکس نیست . از عجایب افکار بشری اینست که طینت وطبیعت‌بشردرهمه‌جای گیتی‌آنست که مردم‌بهیاهووجنجالی که نسبت بشیطان موهوم برپا میشود بیشتردل میسپارند ولی به تبلیغیکه برای پیشرفت و احیاء کشور میشودکمتر توجه دارند . و علت آن اینست که برافکندن بنیان‌ها تماشائی وهیجان‌انگیز است ولی ساختن بنا کاری آهسته و تدریجی ومستلزم صرف وقت است .

بعضی‌ازعوام‌فریبان‌منفی‌باف‌خودراغمخوارصمیمی‌ملت می‌پندارند و برخی عامداً آلت دست بیگانگان میشوند وناسیونالیسمی‌که هردودسته طرفدارآنند جزخدعه ودروغ چیزی نیست . منظورمن البته آن نیست‌که با انتقاد مشروع مخالفتی دارم ولی عیب‌جوئی معقول ومنطقی باعوام‌فریبی منفی دارای تفاوت بسیاراست .

دومین نکته‌ای که از آن وقایع آموختیم آنست که هرکس تحت عنوان ناسیونالیسم تنها به‌یکی از انواع امپریالیسم حمله‌کند بدون‌تأمل‌بایدوی‌رابادیده شك‌وتردید نگریست ، چنانکه فریاد و خروش مصدق تنها برعلیه دیو

مهیب امپریالیسم انگلستان بود ولی در قسمت اخیر دوره زمامداریش که خود را با فراد حزب توده پیوستگی داده بود بهیچوجه حاضر نشد سخنی درباره نوع خطرناکتر امپریالیسم که استعمار سرخ باشد بزبان آورد بلکه بعمد یا اشتباه سعی داشت که افکار و احساسات عامه را بوسیله توجه دادن مردم بخطر کوچکتر از خطر بزرگتر غافل نماید .

سومین درسی که فرا گرفتیم آنست که باید ادعای ناسیونالیسمی اشخاص را با مقایسه بین اظهارات آنها و آنچه جمعیتها و دول بیگانه میگویند مورد سنجش قرار داد و در این سنجش بعضی نکات که بین آنها مشترکاست روشن خواهد شد . مثلا هر گاه صد روزنامه در نقاط مختلف گیتی همه روزه از یکدیگر تقلید کرده و همه یک عقیده و یک نحو حب و بغض را نشان دهند باید مطمئن بود که همه از دستورهائی که از یک مرکز واحد صادر میشود پیروی میکنند و اگر از آنگونه روزنامه‌ها در کشوری انتشار یابد بدون تردید باید آنرا مظهر ناسیونالیسم دروغی دانست و آنرا از ناسیونالیسم حقیقی و ویژه آن کشور فرق داد .

چهارمین درسی را که فرا گرفته‌ایم آنست که برای تمیز بین ناسیونالیسم حقیقی و دروغی باید از رهبران آنها با کمال سماجت و قساوت خواست که برنامه‌ای را که برای پیشرفت و ترقی کشور دارند ارائه دهند و هر گاه برنامه مثبتی نداشتند و یا برنامه آنها از جمله‌های فریبنده و مبهم و بدون عمق و معنی مشحون بود و یا برنامه معقولی داشتند ولی طرق عملی برای اجرای آن نداشتند باید از فکر ناسیونالیسمی آنها مشکوک و مظنون بود . برعکس اگر برنامه صحیح و مثبتی ارائه دادند و طرق معقولی برای اجرای آن داشتند و نشان دادند که با عزمی راسخ برای یک چنین خدمتگزاری

آماده‌اند دلائلی برای اینکه بتوان نسبت به ناسیونالیسم آنها اعتماد و اطمینان حاصل نمود بدست خواهد آمد.

همه میدانند که امروزه در تمام کشورهای آزاد جهان دسته‌هائی از عمال یکی از این دو دسته فوق مخفیانه بفتنه‌انگیزی مشغولند و از حقوق و امتیازاتیکه در اجتماعات آزاد نصیب مردم است استفاده میکنند و با کوشش خستگی ناپذیری به برانداختن اساس آزادی میپردازند. اینان نقاب ناسیونالیسم برچهره افکنده و بنام فداکاری در راه آن منظور مقدس ، با مهارتی که ویژه شاگردان مکتب اضمحلال ملیت‌هاست مشغول متلاشی کردن ارکان ملیت هستند و باید دید طریق مقابله مبارزه با آنها چیست ؟

باید باردیگر تأکید کنم که من در پی آن نیستم که در مسائل مربوط بسایر کشورها اظهار نظر و صلاح اندیشی کنم ولی احساس میکنم که این نکته باید ناگفته نماند که سالهای اخیر مجبور گشته‌ایم مطالعات دامنه‌داری در این مسائل بعمل آوریم و ممکن است نتیجه مطالعات و آزمایشهای ما بحال سایرین مفید واقع شود ولااقل نتایجی راکه هر ملتی مستقلا بدست آورده است تأکید و تأیید نماید .

ازجمله نکاتی که ما بآن پی برده‌ایم این است که دولت باید از یکطرف مراقبت شدید در کار سازمانهای مخرب داشته باشد و از طرف دیگر آزادی و اظهار عقیده افراد را بحداکثر مراعات نماید . با وضع امروز جهان آمریکائیان و بسیاری از ملل آزاد دریافته‌اند که باید از عملیات دسته‌هائی که غایت مقصودشان در زندگانی از میان بردن نظم و اساس دموکراسی بوسائل غیرقانونی است جلوگیری کرد و یا اقلا آزادی عمل آنها را محدود ساخت .

پس از سقوط مصدق ضمن محاکماتی که جزئیات آن

در فصل سابق ذکر شد مدارک جالبی درباره سوگندی که حزب توده افسران نظامی را بادای آن ملزم میساخت بدست آمد. این افسران باید سوگند یاد میکردند که باشاه مملکت ودول غربی مخالف وبا اتحاد شوروی دوست باشند. معلوم است که سازمانی که متکی براینگونه سوگندها باشد هرگز پشتیبان وحامی ناسیونالیسم حقیقی ایران نخواهد بود ومخصوصاً اگر در کشوری که از لحاظ جغرافیائی همجوار وهم مرز روسیه است اجازه داده شود که چنین سازمانهائی رشد و توسعه یابد موجبی جز بی اعتنائی کامل اولیای امور بهسرنوشت آینده آن کشور نخواهد داشت.

بسیاری از ملتها نه تنها از تشکیل چنین سازمانهای مخربی جلوگیری نموده ویا آنرا تحت نظارت و مراقبت شدید قرار میدهند بلکه افراد منتسب بآن سازمانها بخودی خود از برخی امتیازات درجامعه خود محروم میگردند. مثلا در کشور آمریکا و کشور ایران اشخاصی که بداشتن مرام کمونیستی معروف باشند حق اشغال مقامات دولتی را ندارند.

ازطرف دیگر بعقیده من عاقلانه آنست که مردم عادی کشور برای اظهار عقاید خود حداکثر آزادی داشته و تحت مضیقه و فشار نباشند وبتوانند علناً نظریات خود را بیان کنند زیرا بدینوسیله نه تنها کشور از مفاسد منزه ومصفا خواهد شد بلکه موجب آن میشود که معایب و نواقصی نیز که نیازمند اصلاح است آشکار گردد. برخی از مردم فراموش کرده اند که در تمام دوران زمامداری مصدق حکومت نظامی در ایران برقرار بود وخود این امر تضییقاتی برای مردم کشور فراهم میساخت و تصمیم من همواره بر آن بود که آنرا لغو کنم چنانکه پس از سقوط مصدق نیز حکومت نظامی بدواً از شدت

افتاد و سپس کاملا ملغی گردید .

امروزه در کتابها و جرایدی که در کشور ما انتشار می‌یابد انتقاداتی شدید نسبت به‌پاره‌ای از روشهای دولت بعمل می‌آید و ما مخصوصاً و عمداً اینگونه انتقادها را مجاز کرده‌ایم زیرا برای ما روشن است که اینگونه اظهار نظرها و انتقاداتی که در کشور دموکراسی میشود بنفع و صلاح کشور است . در کشور ایران حضور همه کس در مجالس سخنرانی عمومی و سخنرانی‌های دانشگاه که احیاناً از رویه دولت انتقاد مستقیم میشود بلامانع و آزاد است . گاهی از دهان یکی از افراد ملت و بعضی اوقات از یکی از دانشجویان صدائی بلند میشود که میگوید در ایران آزادی وجود ندارد . ولی همین عبارت که بدون ترس از مجازات آزادانه اظهار شده خود دلیل قاطعی بر وجود آزادی است و اگر شخص بادیده انصاف و از روی بیغرضی دانشگاههای ایران را مورد بررسی قرار دهد تصدیق خواهد کرد که در این محیط‌ها آزادی بحث و تحقیق و اظهار نظر حکمفرماست .

شاید بسیاری از خارجیان بی‌میل نباشند که از طرز رفتار ما ایرانیان نسبت به‌اشخاصی که عقاید کمونیستی آنها محرز و مسلم شده بود اطلاع یابند . آنهائیکه اقدام بقتل هموطنان خود نموده و یا بکشور خیانت کرده اسرار مهم کشور را باجانب داده بودند بمجازات رسیدند ولی عده زیادی هم از کمونیستهای سابق کشور ما از کردار خویش پشیمان گشته و آرزو داشتند فرصتی بآنها داده شود که بمیهن و شاه خود خدمت کنند . بنظر ما اقتضا داشت که چنین فرصتی را از آنها دریغ نکنیم زیرا اگر واقعاً از عمل خود پشیمان و نادم باشند چه بهتر که عده‌ای را بنفوس زکیه کشور که عقاید سالمی دارند بیافزائیم و اگر دروغ بگویند باز هیچگونه خطری

ازناحیه آنها متوجه ما نخواهد بود زیرا هویت آنها برما معلوم است و خود آنها نیز میدانند که ما آنها را خوب میشناسیم . درحال حاضر عده زیادی ازآنها عهده دار خدمات مفیدی در پیشرفت و آبادانی کشور خود شده اند . چندتن ازاین افراد نیز به نشر مجله خاصی همت گماشته ودر آن مقالاتی راجع به تجاربی که دراثر معاشرت وآمیزش بــا حزب کمونیست بدست آورده بودند انتشار داده وعلت اینکه آن مرام را طرد کردند تشریح ومعنی ومفهوم زندگانی جدیدی راکه اینک بدان واردند برای عموم روشن نمودند. پس بنظر من آنچه از همه مهمتر است اینست که مردم این کشور وهرکشور دیگر باید از هرگونه آزادی جز یك آزادی که آن آزادی در خیانت بکشور است برخوردار باشند .

بعقیده من همانقدر که باید در برابر سازمان های مخرب شدت عمل بخرج داد درمورد کسانیکه نظر شخصی خویش را باستظهار آزادی ابراز میدارند ملایمت ونرمی ضرور است واطمینان دارم که درمیان ملتهائی که از نعمت آزادی برخوردارند اتخاذ چنین رویه درطول زمان به مصلحت عموم خواهد بود .

نکته دومی که درباره اینگونه اعمال مخرب ومفسده آمیز برما مکشوف شده آنست که برای جلوگیری آنها باید همواره جنبه عدالت اجتماعی را برجنبه انتقام جوئی وجلوگیری شدید مرجح شمرد .

البته این نکته راهم نباید از نظر دور داشت که در کشوری مانند کشور ما با وضع سوق الجیشی که دارد باید در برابر فعالیتهائی که برای برانداختن دولت بطرق غیرقانونی میشود (مخصوصاً فعالیتهائی که از منابع خارجی الهام گرفته) ممکن است ضرورت ایجاب کند که اقدامات قاطعی

بعمل آید. امروز هریك ازكشورهای آزاد جهان احتیاج بهتشكیل سازمان امنیت سیاسی دارند تا با همكاری سایر دستگاههای دولت قادر بكشف وخنثی كردن این قبیل عملیات باشد وقطعاً باشرایط اوضاع واحوال امروز اتخاذ هررویه دیگر خلاف عاقبت اندیشی واحتیاط است. اما تصور اینكه تنها دستگاه پلیسی میتواند ازعملیات مخرب ومفسدهانگیز جلوگیری نماید دلیل بر كوتاه نظری است زیرا برای مبارزه باعملیات مخرب كمونیستها یا هرعامل فساد دیگر اكثریت مردم كشور باید پشتیبان دولت باشند ومردم درطول زمان تنها حمایت ازدولتی میكنندكه عدالت اجتماعی را بقدر كفایت بسط وتوسعه دهد. درفصل آینده نشان خواهم دادكه مفهوم عدالت اجتماعی بمعنای وسیع كلمه آنست كه مردم درحكومت كشور شریك باشند وقانون نسبت بعموم یكسان اجرا گردد ومبانی اقتصادی وافی برفع احتیاجات عموم باشد ومسائل اجتماعی دیگر بطریقی كه ذكر خواهد شد حل وفصل گردد. اقدامات پلیسی ممكن است عوامل مخرب واخلالگر را موقتاً مدت یكماه یا یكسال و حداكثر دوسال محدودكند ولی وجود عدالت اجتماعی اساس حقیقی رفع مفاسد است زیرا اگر كشوری در داخله خود بهقلعوقمع هرچه كمونیست است اقدام كند باز اوضاع اجتماعی موجود در كشور در اندك مدتی دسته جدیدی را پرورش میدهد و جایگزین عمال قدیم خواهد ساخت. از اینرو اعتقاد قطعی من اینست كه تنها وسیله قطعی مبارزه باكمونیزم داخلی همان عدالت اجتماعی است وبس.

در اثر تماسهای ممتد وفراوانی كه ما درطول زمان باعوامل امپریالیسم خارجی داشتهایم حق اینست كه بگویم ازطرز مقابله ومبارزه با آنها تا درجهای آگاهی پیدا كردهایم.

صحیح است که مـــا هیچگاه مستعمره واقعی یك دولت امپریالیستی نبوده‌ایم ولی در پاره‌ای از موارد اوضاع ما سخت‌تر از اوضاع مستعمرات بوده است . زیرا دولتهای امپریالیستی بطورکلی سعی میکنند دست رقبای خودرا از مستعمرات کوتاه ساخته و وضع ثابتی درآنجا برقرار کنند و اگرچه این کشورها معمولا مستعمرات خود را استثمار میکنند ولی برای آبادانی آنها نیز مجاهدات بسیار بعمل میآورند . درصورتیکه کشور ما میدان کشمکش رقبای امپریالیست بوده وهریك ازدول بزرگ کوشش کرده‌اند ما را بیشتر ازدیگران تحت تسلط واستثمار خود قراردهند. گاهی برای تسهیم منابع حیاتی ما و تحکیم سلطه خود نقشه‌هائی طرح نموده‌اند چنانکه بموجب قرارداد ۱۹۰۷ کشور ما را بدو منطقه نفوذ تقسیم نمودند ودربسیاری ازموارد دیگر منافع ملی ما را بحساب نیاورده ویا آنرا بطاق نسیان نهاده‌اند .

همانطورکه قبلا اشاره شد نفوذ امپریالیستی انگلیس دراین‌کشور خاتمه یافت ولی باید بدین نکته متوجه باشیم که این امر ناشی ازتغییرات بزرگی بودکه دررویه دیرین سیاسی امپریالیسم انگلستان بوجود آمده است . در پانزده سال اخیـــر دولت بریتانیا بصدها میلیون نفوس استقلال بخشید واغلب‌آنها بطیب خاطر جزو ممالك مشترك‌المنافع انگلیسی باقی ماندند . امپراتوری‌کهنسال فرانسه نیزسریعاً بطرف رویه‌کشورهای مشترك‌المنافع میگراید وبهرجای دیگر هم‌که بنگریم می‌بینیم‌که دستگاه فرسوده امپریالیستی سرمایه‌داری‌که وسیله استثمار مردم‌کشورهای توسعه نیافته بودجای خودرا به روابط همکاری‌نوین‌که عملیات‌کمکهای فنی سازمـــان ملل متحد و طرح کلمبو مظاهر آن است

داده است .

برخی ازافراطیون مدعی هستند که کشورهای متحده آمریکا سیستم استثمار امپریالیستی قدیم را زنده کرده واستدلال میکنندکه مستشاران نظامی آمریکا ومأمورین اصل چهار ومؤسسات بازرگانی آنها هم‌اکنون دربسیاری ازکشورها مشغول فعالیت میباشند ووجودآنها ازعلائم خیر نیست . دسته‌ای میگویند منظور آمریکا ازاعزام مأمورین وکمك بکشورهای دیگر تنها استقرار پایگاههای نظامی واستثمار اقتصادی مردم است .

باید باکمال صداقت بگویم‌که تجاربی‌که از شیوه آمریکائیها درایران‌بدست‌آمده عکس قضیه رانشان میدهد . زیرا درهرمورد طالب بوده‌ایم‌که رفتار آنها باما براساس تساوی و احترام متقابل باشد و آنها نیز همین طرز سلوك را داشته‌اند . ما ازکمکهای اصل چهار ونظامی‌آمریکا تنها ازآن‌نظر خرسندیم که این کمك‌ها ما را بتوسعه و پیشرفت اقتصادی ایران وتأمین آزادی جهانی موفق میسازد . ما از مؤسسات بازرگانی‌امریکا تاآنجا استقبال‌میکنیم‌که تشخیص دهیم وجود آنها بانجام این مقاصدکمك خواهد نمود .

کشور آمریکا برخلاف امپراتوریهای سابق هیچگاه دراندیشه تصرف‌کشور وتسلط برملت ما نبوده است و اگر برخلاف این عملی ازآنها ناشی شود هرگز تحمل نخواهیم کرد . وهمین رویه‌هم در روابط ما با سایرکشورها مورد عمل است .

تصور میکنم برای مبارزه با عفریت مهیب امپریالیزم بدوطریق اصلی‌وعمده پی‌برده‌ایم : طریق اول تازگی ندارد ولی باید نسبت بآن درهمه‌جا و مخصوصاً درکشورهائی‌که کمتر توسعه یافته‌اند تأکید نمود وآن عبارت ازمسئله درك

«خطر بزرگ» است . بنابرتجربیاتی که بدست آورده‌ایم کشورهای‌توسعه نیافته جهان‌باید ازخطرجدید امپریالیستی کمونیزم هراسان و برحذرباشند زیرا این‌امپریالیسم جدید تحت لوای تزویرخودرا پشتیبان وحامی‌ناسیونالیسم‌حقیقی کشورهائی که درشرف ترقی و تعالی هستند وانمود میکند و در نهضت‌های ملی مردم آن کشورها رخنه یافته و سپس به اخلال وانهدام آن میپردازد . این امپریالیسم فعالیت خود را براساس ناسیونالیزم منفی و مخرب استوار نموده وازهرج ومرج ودرهم‌ریختگی که متعاقب آن بوجود میآید استفاده میکند ومانند شکم خوارگان گوشت شکار خویش را قبلا میکوبد تاهضم آن برای وی‌آسان باشد . ما درزمان مصدق این اوضاع را با چشم خود دروطن عزیزمان دیده وازنزدیك شاهد جریان‌آن بوده‌ایم . درزمان وی سرنوشت کشور ما بدست عوامل امپریالیستی جدید افتاد و همین اوضاع نیز درچندین‌کشور ظهور نمود و متأسفانه بدوران استقلال وآزادی‌آنها خاتمه داد .

دومین نتیجه‌ای‌که بدست آورده‌ایم اینست‌که برای مبارزه برعلیه سیستم امپریالیستی‌جدید یا قدیم ترس‌وواهمه وخضوع وخشوع اثری نمی‌بخشد وباعتقاد من سوابق وتجربیاتی که ما ودیگران دراین باره تحصیل کرده‌ایم ثابت میکندکه باید همواره استقامت بخرج داد واین ثبات واستواری را براساس برابری ومساوات درمیان جوامع وملت‌ها بمنصه ظهور رساند . امروزه ملل‌کوچك باید جرأت وجسارت آنرا داشته باشندکه دربرابر همسایگان خوداستقامت وپایداری‌نمایند وکوچکترین‌پروائی‌ازعظمت وقدرت آنان نداشته باشند . ملل‌کوچك باید ازاین هم بالاتر بروند وبدوستان خود برای فراهم ساختن امنیت‌های

دسته‌جمعی طبق منشور سازمان ملل متحد ملحق گردند .

در فصل دیگر نظر خود را در طرز دفاع از کشور ایران و خاورمیانه بتفصیل بیان خواهم کرد در این مقام فقط بذکر عقیده راسخ و ایمان محکم خود اکتفا میکنم که در مقابل امپریالیزم همیشه باید ابراز قدرت کرد وقدرت هم جز در پرتو اتحاد یعنی اتحاد ملی و اتحاد بین‌المللی که از اجتماع ملل دوست ومتحد بوجود می‌آید میسر نخواهد بود .

امروزه در سراسر گیتی تمام مردمیکه دوستدار آزادی هستند با مخاطرات عظیمی مواجهند و هر ملت با شهامت و دلیری میتواند از خطری که دوستان در آن شریکند نهراسد و ازهمین مشارکت کسب نیرو کند . ما ایرانیان در پرتو سیاست ناسیونالیسم مثبت خود که درحقیقت ریشه‌های آن بدورانهای قدیم وپر افتخار ما کشیده میشود فرصت‌های گرانبها و ارزنده‌ای در داخل و خارج از کشور خود بدست آورده‌ایم .

ما از روابط مودتی که هم اکنون بین کشور ایران و تقریباً تمام کشورهای جهان موجوداست مسرور و خرسندیم و همانطور که هر فرد عادی درهنگام دشواری بیاران یکدل خویش تکیه میکند ما نیز بدوستان خود مستظهریم وهمواره حاضریم که دائره دوستان وفادار و مورد اطمینان خود را وسیعتر سازیم درعین حال همواره برای الحاق بدوستان خود برای مقاومت دربرابر هر گونه امپریالیسمی باکمال هوشیاری آماده‌ایم .

فصل هفتم

مسئله اقتباس تمدن جدید

در سال ۱۳۳۷ که بخاوردور مسافرت کردم سخن خردمندانه آقای لستر پیرسون وزیر سابق امور خارجه کانادا بیادم آمد که میگفت کوکوکلا جای کنفوسیوس را نخواهد گرفت. من تصورمیکنم که این لطیفه نغز مصداق حال بسیاری‌از کشورهاست که ازحیث اقتصادیات عقب‌مانده وبرای اینکه‌کشور خویش را بامظاهر تمدن غرب مجهز سازند بدشواری افتاده‌اند. کشور ایران نمونه بارزکشوری است که فرهنگ‌آن قدیمی‌تر ودربسیاری‌ازموارد ازفرهنگ وتمدن ملل عمیق‌تر و کاملتراست واگر ملل باختردرپاره‌ای ازموارد بتوانند اصول تمدن نوین خودرا بما بیاموزند ایران شاید بتواند آنان را برموز تمدنی کهنسال تر

و پر مغزتر آشنا کند و نکاتی را تعلیم دهد .

در ایران کارخانه‌های پپسی کولا و کوکاکولا و مؤسسات مشابه آن که در نهایت پاکیزگی و با اصول بهداشتی نوشابه تهیه میکنند فراوان است ولی بعقیده من این مؤسسات نمونه پیشرفت‌های ظاهر فریب تمدن باختر است .

برای آنکه معلوم شود اقتباس تمدن اروپائی باید برچه اساسی باشد ذکر نکته‌ای چند ضرور است .

چنانکه گفته شد کشور ما قرنها در علم و معرفت راهنمای جهانیان در علم و هنر بود . ولی در دوره طولانی سلطنت قاجاریه پیشرفت علوم و فنون در ایران متوقف و سرچشمه فیاض معرفت از جریان افتاده و راکد گشت و در آن مدت ملل جوان و تازه بعرصه وجود آمده باختر در اکتساب هنر و انتشار دانش بکوشش و مجاهده پرداخته از ما پیش افتادند و امروز برای فراگرفتن علوم و فنون باختری راهی دراز در پیش ماست و نه تنها باید خود را بقافله تمدن برسانیم بلکه باید از این مرحله هم فراتر برویم .

اما نباید فراموش کرد که اوضاع و احوال کشور ما با کشورهای غربی بسیار متفاوت است و باید آنچه از علوم و فنون اروپائی که نیازمندیهای ویژه سرزمین ما را مرتفع سازد اقتباس کنیم و در این کار بقریحه ابداعی خود نیز توسل جوئیم . بعبارت دیگر باید فنون و علوم باختری را با تمدن خود و تمدن خویش را با علوم و فنون فرهنگی هم‌آهنگ و سازگار کنیم و بدین کیفیت کاری بدیع و تازه انجام دهیم و روزی را می‌بینم که ملت ایران با سوابق ممتد علمی خود و بهمت هزاران نفر مرد و زن دانشگاه دیده در امتزاج و تلفیق تمدن شرق و غرب و مآثر کهن و نوین بتواند مقام رهبری را در جهان احراز کند .

ارتباط تمدن کهنسال ایران با جهان غرب تازگی نداشته و از پیش‌آمدهای عصر نوین نیست چنانکه اسکندر کبیر از مقدونیه که اکنون ناحیه‌ای از کشورهای باختری است برخاست و در سال ۳۳۱ قبل از میلاد ایران را تسخیر کرد. ما نیز در سال ۲۶۰ قبل از میلاد والرین امپراطور روم را در جنگ دستگیر نمودیم و این مرد که مهندس مجرب وورزیده بود سالها در ایران در امور مهندسی برای کشور ما کار میکرد و چیزهائی از آنچه ممکن است تمدن غرب نامیده شود برای ما فراهم ساخت، زیرا شاپور شاهنشاه ایران وی و بسیاری از سپاهیان رومی را که اسیر شده بودند در خوزستان سکنی داد و آنها نیز سدهای متعددی بروی رودخانه‌های خوزستان ساختند که هنوز بقایای آن بچشم میخورد و تا چندی قبل برخی از آنها مورد استفاده بود.

قرون گذشته مردان سپاهی و حادثه جویان و جهانگردان و سوداگران و مبلغین غربی بکشور ایران آمده‌اند که داستان آنها در صفحات تاریخ ما بطور مبسوط و مفصل مندرج است. در سال ۱۲۷۱ میلادی مارکوپولو از مردم ونیز که او را پدر علم جغرافیای جدید میخوانند بایران آمد و مدتی در این سرزمین بسر برده زبان فارسی را فرا گرفت. وی در سفرنامه خود درباره کشور ما چنین مینویسد: ایران کشور بزرگی است که در دوران قدیم بسیار مشهور و نیرومند بوده ولی اکنون اقوام تاتار آنرا ویران و خراب کرده‌اند. و درباره جزیره هرمز مینویسد: بازرگانان هندی با کشتی‌های آکنده از آذوقه و سنگهای قیمتی و مروارید و پارچه‌های ابریشمی و زری و عاج و ادویه و سایر کالاها باین جزیره می‌آیند و امتعه خود را به بازرگانان هرمزی میفروشند. شک نیست که شگفتی‌هائی که مارکوپولو در این سرزمین دیده و در سفرنامه

خود نگاشته بود سایرمردم و نیز را هم بفکرمسافرت بایران انداخت و آنها را بدین کار تحریض نمود . در قرن هفتم هجری تیمورلنگ سلطان مغول که کشور ایران را ضمیمه متصرفات خویش ساخته بود بفکر افتادکه باهنری چهارم پادشاه انگلستان باب مکاتبه را مفتوح سازد . ازاینرو یکی ازراهبان انگلیسی مقیم تبریز راکه ژان گرینلا نام داشت بسفیری خود برگزیده وبدربار آن پادشاه گسیل داشت . درهمان قرن نیز هنری سوم پادشاه کاستیل شخصی بنام روی گونزالو دیکلاویخو رابعنوان ایلچی بدربارامیرتیمور اعزام داشت . ایلچی مزبور ازمشاهده سراپرده‌های باشکوه امیرتیمور سخت به تعجب وحیرت فرورفته ومیگوید : یکی ازآن سراپرده‌ها ازفرط رفعت وعظمت ازدور مانند قلعه‌ای بلند بود . درباره طرز دادگستری امیرتیمور مینویسد : اشخاص محترمی راکه محکوم باعدام میشوند بدارمیآویزند ولی محکومین عادی را گردن میزنند .

رواج بازار سوداگری و رونق اوضاع بازرگانی در جزیره هرمز پرتقالیها را بدان سوی کشاند و درسال ۱۵۰۷ میلادی بآن جزیره حمله برده وآنرا متصرف گشتند. درسال ۱۵۶۱ میلادی تاجری از مردم انگلستان بنام آنتونی از طریق دریای بالتیك وکشور روسیه بایران آمد تا باب روابط بازرگانی را بین ایران و کشور خویش از طریق مزبور مفتوح سازد . وی مخصوصاً باابریشم نواحی گیلان علاقه‌مخصوصی نشان‌میداد ومعاملاتی‌هم کرد ولی‌چون‌هزینه حمل ونقل این کالا بسیارگران بود و روسها نیز مخالفت میورزیدند تجارت او رونقی که انتظارداشت نگرفت .

دراواخر قرن شانزدهم میلادی تاجردیگری ازاهالی انگلستان بنام رابرت نیوبری به بندرعباس درکرانه خلیج

فارس وارد وازطریق کشورایران و اسیای صغیر به قسطنطنیه رهسپار گردید. درباره برادران (سرآنتونی وسررابرت) شرلی و کمکهائیکه بشاه عباس نموده‌اند درفصول پیش سخن رفته‌است. این پادشاه امتیازات متعدد به‌بازرگانان مسیحی که به بسط روابط تجارتی باکشور ایران علاقه‌مند بودند اعطاء نمود واین رویه دوستانه ملت‌ایران نسبت به‌بازرگانان خارجی تاکنون نیزبطورمشهود ومحسوسی ادامه دارد.

درسال ۱۶۱۷ میلادی کمپانی انگلیسی هند شرقی بایجاد کارخانه‌ای که درآن زمان پایگاه تجارتی نام داشت درشهر شیراز اقدام نمود. درسال ۱۶۲۲ میلادی ما باتفاق انگلیسها هرمز را ازچنگ پرتقالیها بیرون آوردیم واین اقدام بآبرو واعتبار پرتقالیها درخلیج فارس لطمه هنگفتی وارد ساخت و تجارت انگلیسی‌ها در آن نواحی رونق واعتباریافت. سال بعد شاه‌عباس بهلندیهااجازه‌داد یك‌پایگاه تجارتی دربندرعباس تأسیس نمایند وفرانسویها نیز درسال ۱۶۶۴ میلادی موفق به‌ایجاد چنین‌پایگاههائی دربندرعباس واصفهان شدند لیکن چندی بعد بابسط وتفوق تجارتی روزافزون انگلیسها، هلندیها و فرانسویها ازآن صفحات خارج شدند.

درطی‌قرن هفدهم میلادی سرتوماس هربرت‌انگلیسی و سرژان شاردن فرانسوی که‌بخدمت دولت انگلیس‌درآمده بود هریك جداگانه بکشور ایران مسافرت نموده وکتابهای مستندی درباره مسافرت خود برشته تحریر درآورده‌اند. اولین هیئت سیاسی روسها در سال ۱۶۶۴ میلادی مرکب از دو نفر ایلچی و هشتصد نفر ملتزمین آنهـا از طرف امپراطور الکسیس بکشور ایران وارد شد. درسال ۱۷۰۸ میلادی پطرکبیر سفیری ازجانب خود بدربار ایـران

دراصفهان گسیل داشت وپس ازهفت سال هیئت دیگری را بکشور ما روانه نمود .

درباره تاخت‌وتازهای روسها درکشور ایران‌وروابط کنونی بین دوکشور قبلا بتفصیل سخن رفته است .

دراوایل قرن‌نوزدهم عده زیادی‌ازدانشمندان ورجال سیاسی اروپا بایران آمدندکه سرجیمس موریه مصنف کتاب حاجی بابای اصفهانی وسرجان ملکم مؤلف تاریخ ایران نیز جزوآنها بوده‌اند . دانشمندان مزبور موجب ترویج ادبیات ایران دراروپا گردیدند ودراثر مساعی آنها جهان باختر نسبت بکشور ایران علاقه عمیق معنوی پیداکرد .

مبلغین مسیحی آمریکائی ازپیشروان ایجاد روابط بین‌ایران وآمریکا بودند . نخستین دسته مبلغین آمریکائی درسال ۱۲۰۷ هجری بکشور ایران قدم نهادند ودیری نگذشت که مدرسه‌ای تأسیس نموده وتدریجاً چندین مدرسه وبیمارستان دراین کشوربوجودآوردند که ازجمله دبیرستان معروف البرز تهران است که بسیاری از رجال امروزی ما درآن تحصیل کرده‌اند . مبلغین انگلیسی و سایر کشورهای اروپائی نیز مدتها درکشور ما اقامت وفعالیت داشته‌اند . چنانکه قبلا اشاره شد ژان‌گرینلا درقرن چهاردهم وعده زیادی ازمبلغین غربی دیگر درقرن هفدهم میلادی‌بکشور ماآمدند وبتدریج درایران نفوذ پیداکردند. سفارت‌آمریکا درتهران بسال ۱۸۸۳ میلادی تأسیس گردید ونخستین وزیر مختار آمریکا س . ج . و . بنجامین بود که دو کتاب درباره ایران برشته تحریر درآورده است . ازقرن نوزدهم تا امروز روابط دوستانه کشورما وآمریکا پیوسته روبتوسعه رفته وروزبروزنزدیکتر ودوستانه‌ترشده‌است. باید دراین‌جا گفته شودکه درسال۱۹۰۹ هوارد باسکرویل که دردبیرستان

آمریکائی تبریز سمت معلمی‌داشت جان خودرا برای حفظ مشروطیت ایــران در مبارزه‌ای که بین مشروطه‌طلبان و طرفداران ارتجاع درگرفت نثارنمود .

اینك برای فهم نفوذ تمدن غرب درایران باید بخاطر داشت که درحال حاضرمسئله تجدد علمی وصنعتی با مفهوم کنونی‌برای خود ملل مغرب‌زمین نیز تازگی دارد ، چنانکه وضع زندگی‌امروزه‌آمریکا باپنجاه سال پیش‌تفاوت فاحش یافته و حتی از ده سال قبل تا امروز نیز تغییرات بزرگ کرده است . من سه‌نوبت درسالهای ۱۳۲۸ و۱۳۳٤ و۱۳۳۷ بآمریکا مسافرت کرده‌ام ولی در مسافرت دوم و سوم خود تغییرات مهم وتحولات جدیدی را مشاهده کردم‌که در سفر اول‌ابداً مشهودنبود . موجبات وعوامل محرك این‌تحولات سریع وعظیم کاملاآشکاراست زیرا هزینه‌ای که‌آمریکا فعلا در راه بررسیها و تحقیقات علمی و پیشرفت فنون وصنایع متحمل میشود چندین برابر مبلغی است‌که پیش از جنگ دوم جهانی دراین راه بمصرف میرسانید و بهمین نسبت هم نتایج حاصله از آن افزایش یافته است . پس تمدن جدید در آمریکا بوضع بیسابقه‌ای رو به‌پیشرفت و تکامل است و همین وضع نیز در کشورهای اروپائی مانند انگلستان وفرانسه وآلمان وروسیه وسایر ممالکی‌که بدانجا مسافرت نموده‌ام کم‌وبیش مشهود بوده‌است .

برخی ازمتخصصین علم اقتصاد ومهندسین آمریکائی و اروپائی درباره ترویج و اشاعه تمدن غربی درکشورهائی که ازلحاظ اقتصادی در حال توسعه هستند نظریات وعقاید مخصوصی دارنــد . اینها معتقدند که اینگونه کشورها آماده قبول علوم و فنون امروزی نیستند و باید از مراحل اولیه آن شروع‌کنند و بدواً فنونی را که مثلا در موقع

جنگهای داخلی آمریکا متداول بوده است بکار بندند. برخی از این اشخاص برای مثال بکشور ما اشاره نموده و میگویند هنوز روستائیان ایــران بوسیله گاوآهن‌های چوبی که فقط تیغه آنها آهنی است زمین را شیار میکنند وبایدگاوآهنی راکه آمریکائیها درآغاز جنگهای داخلی خود بکار میبردند بآنها داد ونباید وقت را با نشان دادن طرز کارتراکتور ووسایل جدید تلف‌نمود. زیراآنان هنوز طرز بکار انداختن این وسایل را ندانسته ونمیدانند چطور ازآنها نگاهداری کنند. برهمین‌قیاس این‌عده ازاقتصادیون ومهندسین معتقدندکه‌کشورهائی‌که درحال توسعه هستند باید ازاستعمال وسایل پیچیده وفوق‌العاده فنی امروزی مانند آنتی بیوتیك والکترونیك وهوانوردی خودداری کنند وبهتر آنست‌که بدواً باوسایل مقدماتی تمدن بکار مشغول شوند وتدریجاً بادستگاههای عظیم آشناگردند.

من این عقیده را اقلا درمورد ایران‌کاملا وقطعاً مردود میشمارم وشواهد بسیاری دارم‌که چند فقره ازآنها برای روشن شدن موضوع کافی‌است.

درنزدیکی فرودگاه عظیم بین‌المللی تهران‌که بسال ۱۳۳۷ هجری تکمیل گردیده هنوز کاروانهای شتر ازقراء وقصبات‌کالاهای مختلف به تهران میآورند ولی همین فرودگاه از فرودگاه‌هائی که در آمریکا و اروپا دیده‌ام بمراتب‌کاملتر وباوسائل جدید مجهزتر است وحقاً هم باید چنین باشد زیرا مدتهاست تهران یکی ازایستگاههای مهم راههای هوائی بین‌المللی اروپا وخاوردور ومرکز شبکه ارتباطات هوائی داخله‌کشور گردیده است.

ازطرف دیگرروزبروزعلاقه مردم بمسافرت‌باهواپیما بیشترمیشود و میزان آمد ورفت هواپیماها ازسال ۱۳۳۲ تا

سال ۱۳۳۷ درحدود ده برابر افزایش یافته است . در بعضی از خطوط هوائی بعلل اقتصادی واز نظر سرعت واطمینان هواپیماهای آخرین سیستم بکار انداخته‌ایم ودر نیروی هوائی خود نیز ازهواپیماهای جت استفاده میکنیم زیرا هواپیمای جنگنده پیستون‌دارکه دردوران جنـــگ دوم جهانی بکارمیرفت هم‌اکنون متروك وقابل استعمال نیست. ۳

امروزتهران‌دارای جدیدترین کارخانه‌شیرپاستوریزه است‌که نظیر آن در خاورمیانه دیده نمیشود و این مؤسسه نسبت بظرفیت خود ازمجهزترین کارخانه‌های جدید جهان است . البته ممکن بودکارخانه‌ای از نوع کهنه‌تر برای این کار تهیه‌کنیم ولی کارخانه فعلی ازلحاظ بهداشت مطمئن‌تر واز حیث‌کار دقیق‌تر وبا سایراقدامات عمرانی وتوسعه‌ای که در برنامه ماست متناسب‌تراست .

بیمارستان نمازی درشیراز نه‌تنها یکی از مجهزترین بیمارستانهای جدید است بلکه بنا بگفته یکی‌از امریکائیانی که در امور بیمارستان تخصص دارد سرآمد بیمارستانهای خاورمیانه است. کشورایران‌که موطن‌ابن‌سینا پزشك‌بزرگ است‌که قرنها پیش دراین‌کشور میزیسته ممکن بود با توجه بآثار تاریخی بیمارستانرا باسلوب قدیم طراحی و بناکنند ، ولی‌امروز یك چنین بیمارستانی‌برای خدمت بمردم متناسب نبود . همچنین برای ما میسر بود که از داروهای قدیمی استفاده‌کنیم اما بجای‌آن سازمان‌خدمات‌اجتماعی‌شاهنشاهی جدیدترین انواع داروهـــای خارجی و آنتی‌بیوتیکها را در دورترین شهرها و قصبات‌کشور بین نیازمندان توزیع میکند .

کالسکه ودرشکه تا دوران جنگ‌دوم جهانی‌ازوسایل متداول حمل‌ونقل درشهرتهران بود . ولی امروز درحدود

ده هزار اتومبیل کرایه در پایتخت کار میکند .

درسال ۱۳۳۸ عده زیادی اتوبوس دوطبقه از همان نوعی که در شهرلندن کار میکند درخیابانهای تهران بکار انداخته شده است و امروز پایتخت کشور ما که میگفتند از کشورهای عقب افتاده‌است چنان بسرعت توسعه مییابد در فکر آن هستیم که راه‌آهن زیرزمینی درآن‌احداث کنیم .

درنواحی روستائی کشور ما قرنهاست که الاغ ، همان حیوان بردبار و صبور ، تنها وسیله حمل ونقل بوده است وحتی یکبار دیدم که مردی برالاغ سوار ودرضمن حرکت مشغول‌مطالعه کتابی‌است واین کارراهنگام‌راندن دراتومبیل نمیتوان انجام داد . هرچند از اینکه تعداد الاغ بتدریج در مزارع ما کم میشود متأسفم ولی امــروز روستائیان ، باتومبیل های جیپ علاقه پیدا کرده‌اند و از همین جهت کارخانه بزرگی در ایران برپا کرده‌ایم تا قطعات واجزاء جیپ را که از خارج وارد میشود سوار کنند واینك صدها اتومبیل جیپ دراختیار هموطنان قرار گرفته است . درآتیه متدرجاً قطعات وآلات جیپ‌را هم درایران ساخته وآخرین نمونه آن‌وسیله نقلیه را درداخله تهیه خواهیم نمود وممکن است چند کارخانه معظم اتومبیل‌سازی گیتی کارخانه‌ای برای همین منظور درایران احداث نمایند .

یك کارخانه جدید نیز برای ساختن ومرمت لاستیك درایران تأسیس شده است .

سابقاً مردم و دوائر دولتی پیام‌ها ونامه‌های خودرا بوسیله مستخدمین‌یا پیشخدمت‌ها باشخاص‌میرساندند وامروز این وظیفه را تلفن خودکار بهتر ودقیق‌تر انجام میدهد . بهمین نحو ممکن بود مانند سابق تنها بوسیله تلگراف بین شهرهای ایران ارتباط سریع برقرار کنیم ولی بجای آن

رشته‌های سیم‌تلفن در تمام کوهستانها و صحاری کشور کشیده شد و باین‌حد هم قناعت نکرده و درنظر داریم از جدیدترین وسایل الکترونیکی برای ارتباطات استفاده کنیم . اگر با قطار راه‌آهن که از دامنه سلسله‌کوههای الوند درجنوب غربی ایران میگذرد مسافرت کنید برفراز کوههای بسیار بلند برجهای هادی امواج تلفن برقی که از جمله وسایل و شبکه‌های دستگاه رادیو تلفن ایران است بچشم میآید . ستونهای پولادین وسایر آلات وادوات‌سنگین این‌دستگاهها را بزحمت زیاد بدان مواضع که ارتفاع آنها بهفت یاهشت هزار پا میرسد بوسیله چارپایان و کارگران برده و نصب کرده‌اند . دستگاه رادیو تلفن ایران نه‌تنها صدا را صاف و واضح از شهری بشهری در داخله کشور میرساند بلکه وسیله برقراری ارتباط باکشورهای خارجی را نیز کاملتر ساخته است . ۱۰

من اگر میخواهم تازه‌ترین رشته‌های فنی وصنعتی را درکشور خود رواج دهم دلیل‌آن نیست که باید بکارهائی که ازحیث اقتصادی معقول نیست نیز دست بزنیم . مثلا من عقیده ندارم که بتقلید بعضی‌ازکشورها فقط بمنظور کسب شهرت کارخانه فولاد سازی احداث کنیم . زیرا کارخانه فولاد سازی نیاز به‌آب فراوان ومواد خام اساسی از قبیل سنگ‌آهن و ذغال سنگ و سنگهای‌آهکی دارد ومدیران فنی و کارگران آزموده برای بکار انداختن آن مورد احتیاج است . ضمناً باید وسایل تولید نیروی برق بمیزان فراوان وتسهیلات حمل‌ونقل وبازارفروش‌برای محصولات چنین‌کارخانه‌ای فراهم ساخت وچون تصور میکنم ثابت کرده باشیم که احداث کارخانه مجهز فولادسازی درایران از نظر اقتصادی کاملا معقول است بنابراین ازنظر اقتصادی

و نه از نظر کسب اشتهار نقشه ساختن چنین کارخانه‌ای را تهیه نموده‌ایم.

برای اینکه فنون و علوم غربی در کشوری مانند ایران بطرز صحیح بکار افتد نهایت بصیرت و دقت نظر ضرور است. چنانکه گفته‌ام باید بسیاری از فنون و هنر جدید را اقتباس کنیم و این کار بیشتر بر عهده جوانان کشور ماست که پس از تمام کردن دوره تحصیلات دانشگاهی خود در ایران برای تکمیل معلومات و آشنائی بعلوم و فنون غرب بخارج اعزام شده‌اند. این جوانان در جریان تحصیل و ضمن تحقیقات علمی خود طبعاً باید بواقعی دریابند که چگونه معلومات و اطلاعاتی را که کسب میکنند با اوضاع و احوال و احتیاجات ایران کاملا ملایم و سازگار نمایند.

بسیاری از رشته‌های علمی غرب باید بدون مطالعه و پیدا کردن دلیل و موجب بخودی خود مورد اقتباس قرار گیرد. ولی قسمتهائی هم وجود دارد که باید با نهایت حزم و مآل اندیشی در آن غور و بررسی نمود.

فرزند یکی از بازرگانان معتبر ایرانی که از دانشگاه هاروارد در رشته امور بازرگانی فارغ‌التحصیل گردیده و رساله خود را درباره طرز توافق بین تلویزیون و نیازمندیهای ایران نگاشته است در بازگشت بایران نخستین بنیانگذار تلویزیون ایران گردید. جوان دیگری مدت هفت سال در انگلستان که از تمام کشورهای دیگر در بکار انداختن ماشین برای امور فلاحتی پیشتر است به تحصیل رشته مهندسی کشاورزی پرداخته و تمام همت و سعی خود را صرف تطبیق و تلفیق تحصیلات و معلومات خود با نیازمندیهای کشور ایران کرد و ضمناً زنی انگلیسی گرفت در مراجعت معلومات خود را با اوضاع و احوال کشاورزی این کشور

منطبق ساخته ومزرعه وسیعی در ۲۴ کیلومتری تهران احداث نمود وبا استفاده ازفنون جدید محصولات فراوانی ازقبیل پنبه بلندالیاف ومیوه وسبزیهای متنوع بدست آورده وبا بهترین روش فنی به تربیت بهترین نوع جوجه آمریکائی پرداخت .

برای نوساختن طرززندگانی یك ملت مانند لشکر کشی‌های بزرگ باید نقشه عملیات قبلا فراهم گردد. درسال ۱۳۲۷ همینکه کشور ما ازهرج ومرج وگرفتاریهای مولود دوره جنگ فراغت یافت دولت من ازیك مؤسسه معروف مهندسین مشاور آمریکائی دعوت کرد که امکانات ایران را برای توسعه اقتصادی بررسی کنند ودرنحوه مصرف عایدات معتنابه نفت برای انجام تحولات اساسی واحیای صنایع ایران بما ارائه طریق نمایند . درهمان‌سال گزارش مقدماتی آنهادراین‌مواردتنظیم‌وتسلیم گردید وماهم‌بلافاصله دامنهٔ مساعی خودرا توسعه دادیم وازچند مؤسسه مشاور معروف آمریکائی نیز دعوت کردیم که درانجام این منظور با ما اشتراك مساعی نمایند . این دسته ازمتخصصین گزارشی مفصل که کتابی درپنج جلد شده بود حاوی مطالعات دقیق درباره طرحهائی که باید درظرف هفت سال بموقع اجرا گذاشته شود تهیه وتسلیم نمودند .

کلیه احتیاجات حیاتی ومسائل اقتصادی ایران دراین گزارش مورد مطالعه قرارگرفته وبرنامه‌هائی برای توسعه بهداشت و فرهنگ وکشاورزی و صنایع وکشف معادن وتولیدات نفت وغیره تهیه وتنظیم گردید . پیشنهادهای مؤسسه مشاورین خارجی موردتوجه مجلسین واقع گردید وقانونی برای برنامه هفت ساله بتصویب رسید ودرپی‌آن اداره تقریباً مستقلی بنام سازمان برنامه تشکیل یافت تا

طرحهای مزبور را بموقع اجرا بگذارد . برای هزینه این برنامه مجلس کلیه عایدات نفت‌رامنحصراً بسازمان‌اختصاص داد . جمع هزینه این برنامه وسیع به چهارصد میلیون دلار برآورده شده بود که بطور متوسط سالـــی پنجاه و هشت میلیون دلار تا مدت هفت سال بمصرف میرسید . برای تأمین این مبلغ سالی چهل میلیون دلار درآمد حق‌الامتیاز دولت از نفت منظور و پیش‌بینی شده و نیز در نظر بود که بقیه این مبلغ سالیانه بوسیله اخذ وام از داخله و خارجه تأمین گردد .

برنامه هفت‌ساله اول تقریباً بعدم موفقیت منتهی گشت زیرا اولا درطرز اداره آن دقت لازم بعمل نیامده وتهیه کنندگان‌گزارش توجه لازم ودقیق را درفراهم ساختن تشکیلاتی‌که بتواند چنین سازمانی را بخوبی بگرداند بعمل نیاورده بودند . ازاین‌گذشته بتدریج واضح‌گردیدکـــه گردانیدن سایر تشکیلات دولتی بدون آنکه از عوائد نفت مبلغی بدانها اختصاص یابد دشوار است .

سهم‌سازمان‌برنامه ازعوائدنفت‌برخلاف منظورمجلسین ازآنچه مقرر شده بودکمترگردید چنانکه درسال ۱۳۲۸ عایدات نفت بالغ برسی وهشت میلیون دلار بود وازاین مبلغ فقط پانزده میلیون دلار به سازمان برنامه پرداخت شد ودرسال بعدکه عایدات نفت به چهل وپنج میلیون دلار بالغ‌گردید بسازمان‌برنامه بیش‌از ۳۱ میلیون دلار نرسید .

باوصف آنچه‌که‌گفته شدگناه عدم موفقیت برنامه هفت‌ساله اول برعهده مصدق‌بود زیرا بارویه‌ای‌که درمورد نفت پیش‌گرفته بود شکست برنامه را مسلم ومحرز ساخته ونگذاشت مردم‌کشور ازفوائدی‌که عایدات نفت ممکن‌بود بتمام‌کشورِ برساند بهره‌مندگردند .

درامد نفت بصفر رسید (بلکه ازصفر هم پائین‌تر رفت زیرا دولت مجبور بود حقوق کارمندان و کارگران شرکت نفت وسایر تعهدات آن دستگاه راکد راهم پرداخت‌نماید) و با خشکیدن این منبع عایدات تأمین هزینه‌های روزانه واجرای برنامه‌های عمرانی وتوسعه مملکت بطریق اولی غیرممکن گردید.

پس ازسقوط مصدق درسال ۱۳۳۲ وآغاز وصول عایدات نفت باردیگر کوشش بسیار بعمل آمدکه فعالیت سازمان برنامه هفت ساله اول مجدداً آغاز گردد. درسازمان برنامه تشکیلات جدیدی داده شد ودامنه فعالیت آن توسعه یافت‌وروحیه متزلزل کارکنان‌این‌سازمان‌وسایردستگاههای دولتی تقویت پیداکرد وطرحهای عمرانی متوالیاً تکمیل گردید ودراسفند ۱۳۳۵ قانون برنامه هفت ساله دوم نیز آماده شد وبتصویب رسید.

منهم مانند پدرم هیچگاه درمسئله عمران وآبادی اعتقاد بکندی وتأنی نداشته‌ام. برنامه هفت ساله دوم ما به پیشرفتهائی نائل گردیده است ولی بعضی قسمت‌های اساسی کار ما هنوز ازانظار مستور است زیرا این قسمت شامل طرحهای دقیق اقتصادی وفنی است که بادقت واحتیاط تام باکمك متخصصین خارجی تهیه شده وآثار آنها هنوز ظاهر وآشکار نیست.

قسمت‌های دیگر مربوط بطرحهای ساختمانی است که هنوز باتمام نرسیده ویا تمام شده ومعرض مشاهده قرار نگرفته است. البته این نکته را نباید ازنظر دورداشت که مدتی که برای مطالعه دقیق وطرح ریزی نقشه‌های عمرانی ضرور است ممکن است کمتر ازمدت اجرا وساختمان یعنی برپاکردن بنا ازنصب ماشین واستخوان بندی آهنی وبتون

ریزی وسایر تجهیزات فنی وصنعتی نباشد .

آنچه درطی صفحات فوق ذکرشد شمه‌ای ازعقاید من درمورد تجدید واحیای کشور بود ولی آنچه گفته شد تنها بمنزله آغازفصلی است وازهمین جهت ذکرصریح وبی‌پرده بعضی ازنکات دراین مقام ضروری بنظر میرسد .

برخی ازمردم ومخصوصاً خبرنگاران جراید ظاهراً برنگ لباس وطرح درب اطاق کار من بیش ازنظر وعقیده ورویه اجتماعی من اظهار علاقه میکنند . چنانکه بارها مخبرین معتبر روزنامه‌ها بحضور من باریافته‌اند وچون نتوانسته‌اند بکنه عقاید ونظرات من پی‌برند باکمال اطمینان بشرح سطحی‌ترین ومبتذل‌ترین مطالب پرداخته‌اند .

آمریکائیها بعللی درتهیه وتنظیم اینگونه گزارشها تخصص دارند ومن دربسیاری ازموارد باتعجب گزارشهای سطحی وکودکانه‌ای دیده‌ام که مخبرین‌خوش‌پوش‌وپرمدعا وصاحب قیافه فکورآمریکائی تهیه وتنظیم کرده‌اند . گاهی دراینکه این‌اشخاص برای‌انجام خدمتی‌درخارج‌از کشورشان تربیت‌صحیح‌یافته‌باشنددچارشك‌وتردیدمیشوم . خوشبختانه درمیان‌آنها مخبرین فهمیده وورزیده هم بطوراستثنا وجود دارند ولی اگر این امراستثنائی مبدل بیك امرعادی میشد برای کمك به نشرمرام ومنظورجهان آزاد سودمندتر بود .

شاید نقص تا درجه‌ای ناشی ازآن باشدکه دستگاههای تبلیغاتی وتلویزیون آمریکائی تصور میکنندکه باید با بزرگسالان آمریکائی مانند اطفال رفتار نمود تا علاقه وتوجه آنها بامری جلب شود . اما با مقایسه با فعالیت آمریکائیهای وظیفه شناس وابسته به اصل چهار وسایر مؤسسات آمریکائی درکشور ایران واضح است‌که چنین تصوری کاملابرخطاست‌وبطوریکه شنیده‌ام حتی‌دردکانهای

کوچك خواربارفروشی آمریکا کتب مهم تاریخ وعلوم طبیعی وفلسفه باقیمت ارزان دردسترس عموم نهاده شده است. بنابراین آمریکائیها تا آن اندازه هم که بعضی از روزنامه‌نگاران معروف ومشهور آنها که سفر برق‌آسائی باین نقطه جهان میکنند آنها را معرفی مینمایند کوتاه فکر وناپخته نیستند. دربارهای مشرق زمین که سنن هزاران ساله پشت‌سر آنهاست طبعاً پرازحکایات وافسانه‌های بزم وتجملند ولی برای شناختن من باید ازحکایات درگذشت وبعقاید ونظرات من که دراین منطقه پرآشوب گیتی برکشوری سلطنت میکنم آگاه گردید. حقیقت آنست که من همیشه از این خرسندم که مسائل پیچیده اقتصادی کشور وسایر معضلات امور را حل وفصل کنم ووجود من از نظر مقام شاهنشاهی از وجود یکنفری که به توسعه امور اقتصادی واصلاحات اقتصادی وپیشرفت فرهنگ علاقه‌مند است جدا نمیتواند بود.

هیچکس در چنین مقامی که من هستم نمیتواند از وسوسه‌هائی که قدرت بوجود میآورد برکنار باشد ولی خوشبختانه سائق‌من درحیات چیزدیگراست وبرای من فلسفه وجود معنی ومفهومی دیگر دارد. پیش من مسائل بغرنج ودشوارتوسعه تولیدات کشاورزی هرگزخستگی‌آورنیست وآنهارابسیارمهم وپرارزش‌می‌بینم، زیرامیدانم کوچکترین راه حل عملی که برای اینگونه مسائل پیدا میکنم درحیات هزاران نفر ازافرادکشور تأثیر فراوان خواهد داشت.

من مثل‌آن انگلیسی‌که خواندن مجله اقتصادی را درتختخواب برتمام لذات دیگر ترجیح میدهد براه مبالغه نمی‌روم ولی مهمترین لذات را درآن میدانم که بامسائل دشوار دست وپنجه نرم کنم ودرآنوقتیکه دیگران ازمقابله باآنها احساس ملالت میکنندباآنهاروبروباشم وبردشواریهای

ناشی از آنها فائق آیم .

راستی آنست که آرزوهای طبع من آنگاه برآورده میشود که درامر احیای کشور وتجدید بنای آن بآزمایش پرداخته وبه نتیجه مثبت برسم وامیدوارم که خوانندگان این کتاب همین احساسات را داشته باشند .

جای تردید نیست که در پیرامون پیشرفت اقتصاد در کشورهائیکه تازه قدم درراه توسعه وترقی نهاده‌اند مطالب کلی وفرضیه‌های مبهم که خواندن آنها برای خواننده موجب کسالت میشود برشته تحریر درآمده‌است ولی‌ازطرف دیگر باید این حقیقت بارز راتصدیق کرد که ارزش‌واهمیت هرطرح معین‌وسودمندی‌را نمیتوان ازروی ظاهردرخشنده وپررنگ‌ونگار آن تشخیص داد .

مثلا برای اداره امورکشوری درعصر امروز باید مالیاتهای عادلانه ومنصفانه‌ای وضع وبطریق صحیح آنرا جمع‌آوری نمود . برخی ازاشخاص مدعی هستندکه دولت من آنطور که باید وشاید مالیاتها را جمع‌آوری نکرده است ومتأسفانه این شکایت هم وارد است زیرا آشفتگی اوضاع اداری وعدم لیاقت ووضع مراجعه به پرونده‌های مالیاتی موجب دشواریهای فراوان درامروصول مالیات شده است .

اخیراً وزارت دارائی باکمك متخصصین خارجی کتابچه راهنمای بسیار جالبی برای رفع این دشواریها تهیه و تدوین نموده است . این کتابچه که دارای جلد چهار رنگ وشیرازه پلاستیکی وعکسهای متعدد ونقشه‌های دقیق برای ساده کردن کارهاست بطوری نگاشته شده است که اشخاص غیروارد بامور نیزمیتوانند مطالب آنرا درك کنند .

دربارهٔ مالیاتهای ارضی دراین کتابچه اصولی ذکرشده است که چهل‌درصدازتشریفات‌اداری وشصت درصد ازحجم

پرونده‌های مالیاتی‌را تقلیل میدهد ورویهم راهنمای بسیار عملی ومفیدی است . باوصف آن اطمینان دارم‌که بسیاری ازاشخاص‌که ازبدی وضع وصول مالیات شکایت میکنند ازمطالعه آن احساس خستگی وکسالت خواهند نمود .

سخنان نغز وفریبنده درمورد تجدید سازمان یك ملت هرگز جای‌کارهای منظم ومتوالی را نمیگیرد وبرای فهم مسائلی‌که‌کشورهای تازه براه ترقی افتاده در راه پیشرفت وتوسعه‌کشور باآن مواجهند باید فکروعقل رابکارانداخت واین ورزش وآزمایش مغزی نه‌تنها زحمتی ندارد بلکه بسیار طرب‌انگیز وفریبنده است .

برای نشان دادن رویه‌ای‌که برای رشد ونمو کشور اختیار شده ومورد علاقه فراوان من است وبرای تشریح طریقه‌ای‌که عقاید ونظرات من بمقام عمل درآمده است مناسب آنست که اقداماتی که در یك مدت معین از زمان درکشور بعمل آمده شرح داده شود و از این نظر بعضی ازفعالیتهائی‌که برای توسعه اقتصادی واجتماعی ایـــران درطی مدت شش ماهه دوم سال ۱۳۳۸ بعمل آمده است بطور فهرست دراینجا ذکر میشود :

ماه اول (مهرماه)

افتتاح مدرسه جدید برای نابینایان ، بـــرقراری مواصلات تلفن درسه شهر جنوبی ایران ، تقسیم اراضی سی وچهار قصبه بین خرده مالکین‌که انجام اسناد مالکیت آنهارا بدست خودم بین روستائیان توزیع نمودم .

تشکیل دادگاه سیار دراستان آذربایجان ، تأسیس مرکز مبارزه بابیماری سل درشهر رشت ، حفر یك حلقه چاه عمیق درقسمت جنوبی شهر تهران .

افتتاح رسمی اداره جدید استانداردها درایران ، برقراری رابطه رادیو تلفنی بین کشورهای ایران وایتالیا ، آغازحفراولین چاه نفت زیردریائی ایران درخلیج فارس ، واگزاری اراضی خالصه در آبادان به۵۸۲ تن از کارمندان دوایرکشوری برای ساختمان منزل ، گشایش رسمی بانك توسعه صنایع ومعادن ایران ، تأسیس یك دبستان جدید درحومه شهر یزد ، تأسیس کارخانه جدید درکرج برای ساختمان تراورس‌های سیمانی ، تکمیل ساختمانهای مراکز مبارزه بابیماری سل درشهرهای مشهد واصفهان وبابل ، افتتاح رسمی‌مدرسه صنعتی منسوجات واشتغال کارآموزان .

ماه دوم (آبان‌ماه)

افتتاح ساختمان پرورشگاه بگنجایش ۲۰۰۰ طفل در حومه تهران بوسیله خودم ، تأسیس یك درمانگاه و یك فروشگاه بوسیله یکی از خواهرانم .

مصادف باروزتولدم بیست وهشت باب دبستان درنقاط مختلفه کشور گشایش یافت وکارخانه‌های جدید برق درپانزده شهر بکار افتاد ، تکمیل تأسیسات مخابرات برقی دردوازده ایستگاه راه‌آهن جنوب مرکزی‌کشور ایران ، افتتاح مرکزکشاورزی مکانیزه دراستان‌کردستان ، آغاز لوله‌کشی برای انتقال گاز ازیکی ازمناطق نفت‌خیز جنوب به شیراز ، این‌گاز بمصرف نیازمندیهای شهر شیراز وکارخانه‌های کودشیمیائی که درشرف تأسیس‌است میرسد ، تکمیل ساختمان انبارنفت سیاه درخراسان وآغاز انتقال نفت بانبارهای ذخیره ، تکمیل یك باب درمانگاه دریك شهر ویك آسایشگاه مسلولین درشهر دیگر ، آغاز ساختمان سد شهناز که بنام دخترم میباشد .

ماه سوم (آذرماه)

گشایش بخش زنانه وبخش جدید دندان پزشکی دریکی ازبیمارستانهای کردستان ، برقراری مواصلات‌تلفنی بی‌سیم بین شهرهای فارس واصفهان ، توسعه انبار نفت در پنج شهـــر ، افتتاح یك ترعه بزرگ برای آبیاری ، گشایش پنج باب دبستان ونه باب مدرسه حرفه‌ای وفنی درشهرهای بزرگ‌وکوچك ، تکمیل‌پنج‌باب دبستان دیگر ، آغاز بهره‌برداری آزمایشی ازیك‌کارخانه جدیدالاحداث قندکه اولین کارخانه خصوصی درکشورایران‌است ، تکمیل ۲۵۰ خانه روستائی بوسیله دولت ، ورود یکی ازکشتیهای نفتکش ۳۵ هزارتنی ازاروپا بایران وحمل اولین محموله نفتی ، آغازبهره‌برداری‌ازیك‌کارخانه روغن‌زیتون‌وروغن کنجد ، گشایش قسمت جدید الحاقی یکی ازبیمارستانهای تهران ، آغازبهره‌برداری ازسه حلقه چاه جدیدنفت دریکی ازمناطق نفت‌خیز که بالنتیجه میزان تولیدات نفت آن‌منطقه به دوبرابر افزایش یافت ، درمنطقه دیگر یك چاه به نفت رسید ، گشایش‌کارخانه نان ماشینی ودوشبکه جدید تلفن درتهران ، تکمیل ساختمان یك تونل انحرافی جهت سد سفیدرود ، حفر ده حلقه چاه عمیق آبیاری آزمایشی ، افتتاح بیمارستان جدیدی بنام ملکه فرح .

ماه چهارم (دیماه)

گشایش یك شعبه پست وتلگراف دراستان‌گیلان ، تکمیل ساختمان مرکـــز دامپزشکی اصفهان ، افتتاح یك کارخانه برق ویك درمانگاه ودو دبستان ویك مسجد دریك شهر ویك‌کارخانه برق ودو دبستان درشهر دیگر ودو کارخانه برق دردو شهر دیگر ، گشایش مدرسه پرستاری

ملکه فرح در کرمان ، افتتاح دستگاه فرستنده جدید رادیو در اصفهان ، تکمیل لوله‌کشی اصلی دو شهــر ، تکمیل ساختمان آزمایشگاه آبادان ، افتتاح یک قسمت جدید دریکی از بیمارستانهای تهران که بوسیله خودم انجام گرفت .

ماه پنجم (بهمن)

تکمیل ساختمان یک درمانگاه ویک مرکز دامپزشکی ، گشایش درمانگاه دیگری بدست ملکه فرح ، تکمیل طرح ساختمان جدید دانشگاه تبریز ، تکمیل ساختمان یک کارخانه بافندگی در کرمان ، افتتاح یک کارخانه آرد در تبریز ، آغاز بهره‌برداری از ماشین جدید مقوا سازی کارخانه دخانیات دولتی تهران ، نصب دستگاههای گیرنده رادیو در پنج مرکز شوکی ، توزیع ۱۶۰۷ قطعه سند مالکیت اراضی سلطنتی بین روستائیان بوسیله خودم وملکه .

ماه ششم (اسفند)

افتتاح یک بخش بیمارستان ۲۵۰ تختخوابی در کوی فقیرنشین شهــر تهران ، تکمیل ساختمان پنج درمانگاه در شهرهای مجاور راه‌آهن ویک بیمارستان یکصد تختخوابی ، آغاز ساختمان یک آسایشگاه مسلولین ویک درمانگاه ، پایان ساختمان دو باب پرورشگاه دیگر ، احداث یک آزمایشگاه کوچک ، تحقیق وبررسی صنعتی در شهر کرج ، بکار افتادن سه کارخانه جدید برق در شهرهای دیگر ، آغاز لوله کشی در یک شهر ، برقراری ارتباطات رادیو تلفنی مستقیم بین شهر زاهدان وشهر مشهد وبین تهران وشهر فسا ، تکمیل لوله‌کشی شهر ری ، توزیع اسناد مالکیت اراضی خالصه تقسیم شده بین کشاورزان ، افتتاح یک کارخانه جدید تصفیه

شکر درشهر اهواز وپل بزرگ جدید خرمشهر وایستگاه تلویزیون آبادان بوسیله خود من ، افتتاح اولین خط مسافربری دریائی بین ایران واروپا .

علاوه بر طرحهای مذکور طرحهای متعدد دیگری هم در دست اجراست که از جمله سازمان عمران خوزستان است . دراین استان برای تهیه واجرای طرحهای عمرانی چندتن ازمشاورین وابسته به یکی‌ازشرکتهای مشاوربزرگ آمریکا را استخدام نموده‌ایم . این شرکت مشاور تحت ریاست آقایان داوید لی لیانتال و گوردون کلاپ اداره میشود . این دونفر مؤسسهٔ دره تنسی آمریکا را اداره کرده ودرنتیجه موفقیتهای عظیم خود شهرت ومعروفیت بسزائی کسب نموده‌اندوعملی‌راکه درایران انجام میدهند تاحدی‌با کارهائی‌که درآمریکا کرده‌اند مطابقت میکند زیرا نقشه‌ها وطرحهائی برای امور متنوعه وبهم پیوسته عمرانی یك ناحیه وسیع‌که از نظر منابع طبیعی ثروتمند است تهیه مینمایند . استان وسیع خوزستان درچندین قرن پیش بسیار حاصلخیز بود ومحصولات فراوان ازقبیل نیشکر وگندم وسایر غلات داشت‌که درکشور وسیع شاهنشاهی ایران موردنیازبود. کم‌کم دراثرتاخت‌وتازهای‌پی‌درپی مهاجمین بسیاری ازدستگاههائی‌که برای آبیاری درآن ناحیه ساخته شده بود جز دریکی دو نقطه روبخرابی رفته وامروز بقایا وآثار آن دیده میشود .

ازطرف دیگر نظر بشسته شدن سطح خاك ووجود نمك درزمین‌که درهنگام فراگرفتن آب سطح فعلی را شوره‌زار میکند برای‌کشت وزرع بعضی ازغلات ونباتات نامناسب‌گشته وبمرور زمان‌کشاورزی آنجا رو بزوال نهاده وتاحدی خالی ازسکنه‌گردیده بود .

خوزستان دارای رودخانه‌ها و کوهها و دشتهای وسیع و منابع سرشار نفت است. تصفیه‌خانه بزرگ آبادان و چاههای نفت که باین تصفیه‌خانه مرتبط است دراین استان واقع شده ولی آب رودخانه‌ها که نماینده نیروی عظیم برق است هدر میرود و مقدار زیادی گاز طبیعی نیز که از چاههای نفت خارج میشود در فضا پراکنده شده و ضایع میگردد. در سابق وسیله‌ای برای استفاده از گازهای طبیعی که محصول فرعی نفت است دراین ناحیه موجود نبود و ذخیره و حمل آنهم میسر نمیشد و ناگزیر چنانکه درمیدانهای نفت آمریکا هم معمول است آنرا میسوزاندند و با اندك تعمق واضح میشود که قسمتی از منابع پرارزش و گرانبهای ما بدین ترتیب متأسفانه ازدست میرفت و بدون اینکه فایده‌ای از آن عاید شود ضایع میگردید.

اخیراً برای استفاده از گاز طبیعی و سایر منابع خوزستان پنج طرح اساسی تهیه و تنظیم شده است که هر یك کمك بسیار مؤثری باقتصادیات آن ناحیه خواهد نمود. طرح اول مربوط به استفاده از گاز بعنوان ماده خام برای ساختن کلورید و ساختن پلاستیك است که هم اکنون ظروف آن مورد استفاده تمام خانواده‌ها قرار گرفته و دروسایل خودرو و صنایع و سایر موارد مورد استعمال یافته است. بزودی یك کارخانه پلاستیك‌سازی دائر میگردد که احتیاجات داخلی کشور را مرتفع و توجه سرمایه‌گذاران خصوصی داخلی و خارجی را باستعداد ناحیه خوزستان برای توسعه و عمران و ریختن سرمایه در آن جلب خواهد نمود.

طرح دوم هم برای استفاده از گاز طبیعی در ساختن کود شیمیائی است. کشاورزی این استان احتیاج مبرم بکود شیمیائی بمقادیر زیاد دارد ولی در مرحله اول باید

دقیقاً معین شود که چه نوع کود برای اراضی انجا مناسب است . از همین جهت برنامه‌های آزمایشی برای تهیه کود شیمیائی در سیصد قریه آن استان بموقع اجرا گذاشته شده و درضمن مشغول تهیه طرح ونقشه ایجاد چندین کارخانه بزرگ کودسازی دراین استان هستیم .

طرح سوم برای احیاء کشت و زرع نیشکر در خوزستان و تولید شکر در آن منطقه است . برای این منظور در حوالی شهر شوش که چندین قرن پیش پایتخت کشور شاهنشاهی ایران بود زمین مناسبی را بمساحت ده هزار هکتار مربع بکشت و زرع نیشکر بطور نمونه اختصاص داده‌ایم . برای درک میزان عظمت و وسعت این طرح کافیست گفته شود که نهر اصلی آن که بوسیله یک شرکت هلندی متخصص در ساختن ترعه احداث شده است برای کشتی‌هائی که در ترعه کار میکنند وسعت کافی دارد . در همین نقطه کارخانه عصاره‌کشی نیشکر و کارخانه تصفیه شکر که سالیانه در حدود سی هزار تن شکر تصفیه شده سفید تولید خواهد نمود درشرف احداث است .

طرح چهارم برای استفاده از قسمتی از نیروی برق پالایشگاه عظیم آبادان در امور عمرانی آن ناحیه است . بهمین جهت اولین سیم انتقال نیروی برق قوی از آبادان تا اهواز کشیده شده و بدینوسیله نیروی کافی برق در مرکز استان خوزستان فراهم گشته است .

طرح پنجم از همه مهمتر است و آن مربوط به احداث سدی بر روی رودخانه دز (در نزدیکی شهر اندیمشک) است که در مسیر راه‌آهن سرتاسری ایران قرار دارد. در این نقطه درصددیم سدی که از بلندترین سدهای جهان خواهد بود احداث کنیم . ارتفاع این سد متجاوز از ۱۸۰ متر یا دوسوم

بلندی برج ایفل پاریس خواهدبود . محل این سد دردره‌ای خواهد بودکه ازهرحیث مناسب است ونظیر آن دزهیچ جای دنیا برای چنین منظوری یافت نمیشود .

دوطرف دره مزبور بقدری بلند ومستقیم وموازی ونزدیك بهم است که بعقیده متخصصین مشیت خداونـــد تبارك و تعالـــی آن بوده است که بشر درآن محل سدی احداث نماید .

قسمت مهم عملیات این سدعبارت‌ازحفرتونلهائی‌است که باید درمیان صخره‌های سخت طرفین سد احداث شود و بدین منظور کامیون سنگینی‌که در آن باطریهای برق برای بکارانداختن مته حفرتونل قرار دارد روی منجنیق ملاصق با دیواره صخره قرار داده‌اند و وقتی با مته شروع بکار میکنند صدائی مهیب وخراشنده ازآن برمیخیزد مانند آنکه چندین توپ ضد هواپیما بایکدیگر بشلیك بپردازند.

وقتی از سر مهندس این قسمت که یکی از مردان مجرب وسرد وگرم چشیده روزگار واز مردم سوئد بود استفسار شد که افرادی را که باید بااین مته‌ها کار کنند ازکجا استخدام نموده است وی در پاسخ بدهکده هائی‌که درسکوت وآرامش درکف دره بفاصله زیادی ازآن محل قرارداشت اشاره‌کرد و وقتی ازوی سئوال شد که آیا این مردم‌روستا باآن صداهای خراشنده و وضع ناراحت‌کننده ازکار خود راضی وخشنود هستند تبسمی‌کرده و جوابی دادکه هرگز فراموش نخواهم‌کرد . پاسخ وی این بودکه این مردم این صداها را دوست دارند .

بطوریکه پیش‌بینی میشود ساختمان سد دز دراواسط سال ۱۳٤۱ تکمیل خواهد شد وآن وقت است‌که حوضه عظیم جدیدالاحداث سد پر شده وازآبی‌که ازآن سرازیر

میشود توربین‌های مرکز تولید برق را که در زیر زمین پشت سد دز بنا شده است بحرکت میآورد و ۵۲۰۰۰۰ کیلووات برق تولید خواهد نمود. مقدار آبی که در حوضه سد ذخیره میشود در حدود ۱۶۰۰۰۰ هزار هکتار زمین مزروعی را آبیاری مینماید و چون با احداث این سد میتوان جریان آب آن نواحی را تحت اختیار در آورد جای هیچگونه نگرانی از سرازیر شدن سیل باقی نخواهد ماند و از خسارات ناشیه از آن که هر ساله تقریباً به یک میلیون دلار بالغ میگردد جلوگیری بعمل خواهد آمد.

سدهای دیگر هم بر روی رودخانه کارون که آب رودخانه دز نیز بآن ملحق میشود احداث خواهد شد. از متفرعات این رودخانه و مخصوصاً در قسمت‌های علیای آن ممکن است میلیونها کیلووات برق بدست آورد که تاکنون بدون استفاده مانده و بهدر رفته است.

تاکنون در نتیجه بررسیها و عملیات اکتشافی زمینی و هوائی در چند نقطه مناسب این رودخانه عظیم محلهائی برای احداث سد کشف گردیده و از میزان استحکام و سایر شرائط زمین‌شناسی آزمایش‌هائی بعمل آمده و در امکانات نقاط مزبور شکی باقی نگذاشته است.

اراضی خوزستان دارای منابع عظیم نیرو است و شاید در گیتی کمتر نقطه‌ای مانند خوزستان پیدا شود که در آن واحد هم دارای منبع برق و هم صاحب نفت و گاز و هم مستعد تولید مواد خام و محصولات پر برکت کشاورزی باشد. البته سالها طول خواهد کشید تا این منابع بزرگ زیر اختیار آدمی قرار بگیرد و تنها امید من اینست که زنده بمانم و بر آورده شدن این امید را بچشم خویش بنگرم. چون اینک عمر من بچهل و یک رسیده است احتمال میدهم که دیدار چنین روزی

میسر خواهد بود .

شنیده‌ام در یکی از سالهای اخیر هنگامی که وینستون چرچیل جشن روز تولد خویش را برگزار میکرد عکاسی جوان که عکس از وی برداشته بود بعنوان اظهار تبریک بوی گفته بود که آرزوی وی آنست که تا ده سال دیگر در جشن تولد او شرکت کرده و عکس از وی بر دارد . چرچیل رندانه عکاس جوان را برانداز کرده میگوید :

تو جوان سالم و تندرستی بنظر میآئی و دلیلی ندارد که بچنین آرزوئی موفق نگردی ؟

در کشور ما تنها استان خوزستان دارای منابع بزرگ تولید برق و غیر آن نیست بلکه در سلسله کوهستانهای ایران نقاط بسیار مناسب برای احداث سد بمنظور تهیه آب برای کشاورزی و جلوگیری از سیل و تولید نیرو و گاهی برای مجموع این مقاصد یافت میشود . در بسیاری از نقاط ایران کوهها تقریباً بشکل عمودی بآسمان سر کشیده و در دو طرف دره‌ها دیوار بلند و محکم بوجود آورده است و از این جهت میتوان بهر ارتفاعی که منظور باشد برای ذخیره کردن آب مورد نیاز سد در آن نقاط احداث نمود .

گاهی طبیعت خود سدهائی بوجود آورده و تالاب‌هائی بزرگ پشت سر این سدهای طبیعی احداث کرده است و تنها کاری که در برابر آدمی قرار دارد اینستکه این کارهای نیمه تمام طبیعت را بصورت کمال در آورد .

چون کشور ما (باستثنای نواحی بحر خزر و آذربایجان که بحد وفور از آب باران استفاده میکنند) در چشم خارجیانی که بآن نظر سطحی میاندازند سرزمینی خشک و لم یزرع جلوه میکند از اینکه در احداث سدهای متعدد اهتمام و کوشش فراوان داریم ممکن است از کار ما در شگفت آمده تصور

کنند که ما بکسی ماننديم که شربت خانه‌ای بزرگ درخانه خویش میسازد ولی در آن هیچ مشروب یافت نمیشود. نظیر همین فکر در مقاله‌ای که در یکی از مجلات آمریکائی درباب سد کرج انتشار یافته منعکس بود که از خواندن آن بی‌اختیار بخنده افتادم. نویسنده اظهار کرده بود که سد کرج که برای تولید برق ساخته شده اقدامی بسیار مسرفانه و پرخرج است و برق لازم را ممکن بود با هزینه کمتر بوسیله ماشینهای بخار تولید کرد.

نویسنده مقاله مزبور از مقصود و منظور اصلی ما در ایجاد این سد فرسنگها دور بوده‌است، زیرا ما این سد را در ۵۶ کیلومتری تهران اساساً برای آن ساخته‌ایم که از رودخانه کرج آب موردنیاز مردم پایتخت را که روزبروز وسیعتر و پرجمعیت‌تر میشود تأمین نمائیم.

درمقاله مزبور نیز اظهارنظر شده بود که درفصل تابستان رودخانه کرج مبدل بیک جوی باریک میشود و احداث سد بر چنین رودخانه‌ای کم آب جز اتلاف وقت و پول نتیجه دیگری نخواهد داشت. چقدر بموقع بود که نویسنده آن مقاله شخصاً حضور داشت و بچشم میدید که در فصلی که آب رودخانه کرج بحداقل خود رسیده بود یکی از دوستان من که شناگر قابلی است و میخواست باشنا خود را از یکطرف آن بطرف دیگر برساند فشار آب و عمق آن بدرجه‌ای بود که ویرا پیچانیده و مسافت زیادی بپائین رود راند.

این رود کوهستانی وقتی به نزدیکیهای تهران میرسد بسیار پر آب است با وصف این اگر این رودخانه آب کمی هم داشته باشد از درستی این اقدام ذره‌ای نمیکاهد زیرا برفهای عظیمی که در کوهستانهای ایران و حتی درقسمت‌های گرمسیر ایران میبارد در نتیجه ذوب برودخانه‌ها سرازیر میگردد

وهنگام بهاركه برفهای كوهها بسرعت ذوب میشود مدت چند هفته در رودخانه‌ها سیل‌های مهیبی جاری میگردد وغالباً مردم ومواشی را باخود میبرد. این سیلاب‌های بهاری نه‌تنها بهدر میرود بلکه موجب خسارات مالی واتلاف نفوس میگردد وبدتر ازآن اینکه چون صحاری ایران ازبوته‌ها ونباتات صحرائی عریان است ازیکطرف سیل که جلوگیری ندارد وبشدت حرکت میکند خاک قابل زراعت صحاری را میشوید وقوت زمین را میگیرد وازطرف دیگر باید باندازه کافی آب ذخیره داشته باشیم که بکار کشت وزرع بیاید . ازهمین جهت باحداث سدهائی اقدام شده‌است تا آب برفهای ذوب شده کوهستانهای کشور را ذخیره کرده ودرطول مدت سال بتدریج بمصرف کشاورزی برسانیم وازحدوث سیل نیز جلوگیری کنیم و در عین‌حال از آن نیروی برق هم بدست بیاوریم .

بتون‌ریزی سد کرج در اواسط سال ۱۳۳۷ آغاز گردید وبرای میمنت این اقدام خیر مقداری پول مسکوک در اولین سطل حاوی بتون ریختم . انتظار میرود که سد کرج که در حدود ۱۸۰ متر ارتفاع دارد در اواسط سال ۱۳۴۰ ازهرجهت تکمیل وقابل استفاده شود .

آبی که در پشت آن ذخیره میشود دردرجه اول برای مصرف آب مشروب تهران است ولی پیش‌ازآنکه بطرف تهران سرازیر شود دستگاه مولد برق را بحرکت می‌آورد . قوه تولید این دستگاه متدرجاً بیکصد وبیست هزار کیلووات خواهد رسید .

ساختمان سد سفیدرود هم درنزدیکی شهر رشت آغاز شده‌است ارتفاع این سد بیش‌از ۱۰۵ متر است وپس‌ازاحداث ترعه‌های لازم به ۱۸۰۰۰۰ هکتار زمین آب خواهد رساند

ودرحدود ٦٤٠٠٠ کیلووات نیروی برق نیز تولید خواهد کرد. سدهای کوچکتری هم درچندین نقطه دیگر از کشور احداث شده است . چنانکه دراواسط سال ۱۳۳۶ ساختمان سد رودخانه بمپور درمغرب ایرانشهر باتمام رسید واینك درحدود ۱۴۸۰ هکتار اراضی مزروعی بدینوسیله آبیاری میشود . درنواحی سیستان نزدیك مرز پاکستان وافغانستان نیز دوسد احداث شده‌است که رویهمرفته درحدود ۲۰۰۰۰ هکتار زمین را آبیاری میکند و همچنین سدی در حوالی گلپایگان ساخته شده‌است که ۲۰۰۰هکتار زمین ازآب آن بهره‌مند میگردد. سدهای کوچك ومتعددی نیز که درنواحی شمال شرقی استان آذربایجان احداث شده رویهمرفته ۱۸۰۰۰ هکتار زمین‌را آبیاری مینماید وبازهم برای ایجاد سدهای بزرگ‌وکوچك دیگر درنقاط مختلفه کشور مطالعاتی درجریان است .

ازمسئله احداث سد مهمتر ایجاد وسایل حمل ونقل ومواصلات نوین درکشور است وازهمین جهت دربسط وتوسعه شبکه راه‌آهن جنب وجوش وفعالیتی شگرف بعمل آمده است . چنانکه قبلا اشاره شد پیش ازدوران سلطنت پدرم راه‌آهن درکشور ایران تقریباً وجود نداشت واو با همت بلند خود باکمك مهندسین ورزیده بردشواریها فائق آمده وراه‌آهن سرتاسری کشور را بوجود آورد . البته این راه‌آهن اصلی بمنزله آغاز شبکه راه ایران بود واینك خطوط دیگری برآن افزوده شده ومیشود چنانکه همین عمل درکشورهای مترقی گیتی متداول ومعمول‌است وکالاهای سنگین وپرحجم بوسیله راه‌آهن حمل ونقل میگردد.

سالهای ۱۳۳۶ و ۱۳۳۷ را بایـد دوران پیشرفت راه‌آهن ایران بشمار آورد زیرا درظرف این دوسال ساختمان

دو راه‌آهن جدید خاتمه پذیرفت که یکی راه‌آهن تهران به تبریز بطول ۶۴۳٫۶ کیلومتر ودیگری راه‌آهن تهران به مشهد بطول ۹۰۱٫۰۴ کیلومتر است .

درمورد راه‌آهن من نیز مانند پدرم بسیار باحداث راه‌آهن علاقه‌مندم وباید بگویم که اثر اقتصادی وفرهنگی راه‌آهن‌هائی که تازه کشیده شده زیاد بوده ونقاط کشورمرا بطرزی که‌تاکنون نظیر نداشته بهم‌جوش‌داده‌است. سخن‌یکی از وزرای سابق مثال‌روشنی دراین‌مورد است : وی میگفت هنگامیکه وزیر کشور بوده با همه‌کوششی که برای پائین آوردن بهای خواربارومایحتاج عمومی داشته است موفقیت پیدا نمیکرده است . اخیراً پس ازاتمام راه‌آهنهای جدید روزی ازکنار دکان خواربار فروشی درتهران میگذرد ومتوجه میشود که‌بهای کالاهاازمیزانی که دردوره وزارتش میخواسته است برای آنها تعیین‌کند بسیار نازلتر است وازصاحب دکان علت‌این‌تنزل‌را جویا میشود . وی درپاسخ میگوید علت‌آن معلوم است وباید آنرا نتیجه طبیعی‌راه‌آهن دانست . زیرا امروز مواد غذائی وسایرکالاهای موردنیاز مردم ازمسافات بعید بسرعت زیادتر وکرایه نازلتر بمراکز پرجمعیت میرسد وازآن مهمتر اینست که برای نقل وانتقال مردم عادی وسیله بسیار راحت وآسان ومطمئنی‌است . مثلا برای‌راه‌آهن‌تهران بمشهد اداره راه‌آهن‌ترتیبی‌داده‌است که روزی یك قطارسریع‌السیرویك قطارعادی درایاب وذهاب باشد. بااین‌وصف ازدحام روزافزون مسافرین بقدری بوده است‌که ناچار برتعداد قطارها افزوده‌اند واین خود مایه مسرت‌است که‌می بینیم‌بسیاری‌ازمردم‌ایران که‌تاکنون‌بتهران نیامده بودند دراثر تسهیلاتی‌که درامر مسافرت پدیدآمده است به‌پایتخت‌آمده‌اند ومردم تهران نیز درنتیجه مسافرت

بافرهنگ گرانبهائی که آثار آن دراستانهای کشور که قلب حقیقی کشورند مشهود است آشناگشته‌اند .

اصفهان که مهمترین شهر صنعتی ایران است هنوز بوسیله راه‌آهن باسایر نقاط کشور ارتباط ندارد وبرای رفع این نقیصه ساختمان راه‌آهن که این شهر را بمرکز وصل می‌کند آغاز گردیده است . این خط از اصفهان عبور نموده و بسمت جنوب بطرف شیراز امتداد خواهد یافت و تأثیر اقتصادی آن برای کشور بسیار مهم خواهد بود . از لحاظ فرهنگ نیز ایجاد چنین خطی حائز اهمیت فراوان است زیرا این دو شهر را که از حیث وجود آثار باستانی و مظاهر فرهنگ ایران بسیار ثروتمندند بازنجیری از پولاد بسایر نقاط کشور اتصال خواهد داد .

اخیراً برای توسعه راه‌آهن کشور ۸۵۰۰۰۰ عدد تراورس سیمانی خریداری کرده‌ایم و تعداد ۴۰۰ دستگاه واگن باری بکار انداخته ودرحدود ۱۰۰۰ واگن دیگر نیز سفارش داده‌ایم که درخطوط مختلف بکار افتد . برای تسریع در ارسال محمولات پستی پانــزده دستگاه دیگر بواگن‌های پستی راه‌آهن اضافه کرده و شبکه مخابراتی و علائم راه‌آهن را نیز طبق اصول نوین توسعه داده‌ایم .

درخاورمیانه ایــران اولین کشوری است که تمام لوکوموتیوهای بخاری خود را بماشین های دیزل تبدیل کــرده و بدینوسیله رفت و آمد قطارها هم سریعتر و هم مطمئن‌تر گردیده است .

من به لوکوموتیوهای بخاری که سالهاست چندین صد قطار رادر کوههای پرنشیب و فراز کشور کشیده و اکنون فرسوده شده‌اند دلبستگی مخصوصی دارم ولی ناچار باید آنها را بطور مزایده بفروش رساند . دیزلهای جدید هم

مانند بسیاری ازلوکوموتیوهای قدیمی ما درآمریکا ساخته شده‌است وازقراریکه‌شنیده‌ام عده‌ای‌ازدیزلهائی که دراوان جنگ‌دوم جهانی مورد استفاده‌آمریکائیها درکشور ایران بوده وهم‌اکنون درایالت آلاسکا مشغول‌کاراست وعلاماتیکه بزبان‌فارسی برآنها نقش‌شده هنوزروی‌آنها دیده میشود .

ما هم‌اکنون درصدد امتداد واتصال راه‌آهن‌کشور ایران به راههای آهن بین‌المللی هستیم . درسال ۱۳۳۷ تجدید ریل از تبریز به‌جلفا که شهری در مرز روسیه است خاتمه یافت . سابق براین روسها راه‌آهنی ازتبریز به جلفا باعرض وسیعتر ازحد معمول بین‌المللی احداث‌کرده بودند مااین راه‌آهن‌را مجدداً ساخته وعرض‌آنرا به ۱٫۴۳۵۰۴۳۵ متر که عرض معمول خطوط‌آهن بسیاری ازنقاط جهان‌است تقلیل دادیم . اکنون آن قسمت ازکالاهای ایران‌که باقطار ازطریق روسیه بخارج فرستاده میشود درجلفا به واگونهای روسی منتقل شده وسپس درسرحد روسیه واروپا مجدداً ازواگونهای‌شوروی به‌واگونهای‌دیگرمنتقل‌شده وباروپای باختری حمل میگردد . مسافرین‌هم میتوانند ازهمین‌طریق به‌کشورهای غرب مسافرت‌کنند .

فعلا دو طرح دیگر برای توسعه وازدیاد خطوط مواصلاتی‌کشور واتصال آن براههای مواصلاتی بین‌المللی مورد مطالعه‌است. همه‌میدانند‌که خط‌آهن‌اوریانت‌اکسپرس سالهاست بین‌استانبول‌ولندن برقرارگردیده‌است ومسافران بوسیله آن میتوانند ازاستانبول مستقیماً به لندن عزیمت کرده درایستگاه ویکتوریا پیاده شوند . انتهای راه‌آهن ایران‌بامنتهی‌الیه راه‌آهن‌ترکیه درحدود ۳۳۷٫۸۹ کیلومتر فاصله دارد ودرنظر است‌که این فاصله را ازبین برده واین دو راه‌آهن را بهم متصل سازیم تامسافر بتواند ازایستگاه

بزرگ تهران که پدرم ساخته باقطار اکسپرس مستقیماً به پاریس یا لندن برود . بدینطریق نه‌تنها برای مسافرین تسهیلات بسیار فراهم میشود بلکه درحمل ونقل کالا نیز اثرات مفیدی عاید کشور خواهد شد ، زیرا کالاهای اروپا که برای ایران حمل میشود بجای اینکه باکشتی از کانال سوئز عبور نموده وشبه جزیره عربستان را دورزده وسراسر خلیج فارس را پیموده آنگاه به بنادر جنوبی کشور برسد مستقیماً بوسیله راه‌آهن بایران خواهد رسید .

طرح دوم ما عبارت ازامتداد واتصال راه‌آهن ایران به راه‌آهن شبه قاره هندوستان است . ما فعلا یك رشته راه‌آهن درزاهدان داریم که به‌کشور پاکستان می‌پیوندد و ممکن است در ظرف چند سال راه‌آهن را از تهران به زاهدان برسانیم و آنوقت میتوان مثلا از کلکته مستقیماً به لندن (از طریق کراچی وتهـران واستانبول وپاریس) مسافرث کرد وبهرنقطه‌ای ازاین خط وشعب آن نیزمیتوان کالاهای گوناگون حمل ونقل نمود .

درباره توسعه وبسط راه‌های هوائی کشور ایران قبلا اشاره کرده‌ام . چون خود شخصاً خلبانم وبهوانوردی علاقه دارم امیدوارم شادمانی من در پیشرفت هائی که در امر هواپیمائی کشوروحمل‌ونقل‌هوائی پدیدآمده موجب‌اعجاب قرار نگیرد .

بطوریکه مشاورین‌خارجی هوانوردی‌ماا‌ظهارمیکنند خطوط هوائی ایران درظرف پنج سال‌آتیه سه برابر خواهد شد وعده کارمندان آنهم بدوبرابر عده فعلی خواهد رسید . غالباً بمن گفته‌اند که فرودگاه عظیم تهران یکی‌اززیباترین فرودگاههای جهان است وبتدریج این گفته باورکردنی شده است زیرا باید اعتراف کنم که درطی مسافرتهای خود

بخارج ایران هیچ فرودگاهی را بزیبائی آن ندیده‌ام . درسال ۱۳۳۷ که ساختمان این فرودگاه خاتمه یافت تنها هواپیماهای چهار خط بین‌المللی بآن آمد وشد مینمودند وامروز عده آنها به بیست خط رسیده است واینك باآنکه فرودگاه تهران گنجایش فرودآمدن بزرگترین جت‌ها را دارد باز بروسعت آن میافزائیم تا درآینده هواپیماهای بزرگتری درآن آمد وشدکنند .

چندین سال است که ازفرودگاه بین‌المللی آبادان استفاده میشود واخیراً بمساحت زیادی توسعه یافته است . همینطورفرودگاههای اصلی داخله کشوردراصفهان وشیراز ویزد وکرمانشاه وعده‌ای‌ازفرودگاههای کوچکتر راتوسعه داده‌ایم . با نمو و توسعه مداوم اقتصاد کشور و فریبائی مخصوصی که آثار تاریخی و فرهنگ باستانی ما دارد عده بازرگانان و دانشمندان و جهانگردان خارجی که بایران میآیند هرروز روبتزاید است وباتوسعه شبکه هوائی‌ایران برای این‌میهمانهای عزیزومردم کشور مسافرت به‌تمام نقاط ایران بسهولت میسرخواهد بود . البته چون کشورما دارای هزاران شهروقصبه پراکنده ودور ازیکدیگراست ساختمان فرودگاههای معمولی دربیشتر آنها ازنظر اقتصادی مقرون به صرفه نیست وباید برای این منظور ازهواپیماهائیکه بطور عمودی اززمین بلند میشوند استفاده نمود .

این نوع هواپیماها را که مانند هلیکوپتر از زمین عمودی برخاسته درهوا مانند هواپیماهای معمولی پرواز میکنند منظماً میتوان در نقاطی که به فرودگاه‌های معمولی نیازندارند بکارانداخت . باوجود علاقه شدیدی که ما برای ساختن فرودگاههای متعدد داریم هیچگاه اهمیت بنادر را فراموش نکرده‌ایم . برای توسعد وتکمیل بنادرخلیج فارس

یعنی بندرخرمشهر وبندرشاهپور وبندربوشهر وبندرعباس وهمچنین بندر پهلوی که درکنار دریای خزر واقع است طرحهائی در شرف اجراست .

تقریباً ازآغازدورهٔتاریخ‌ایران، ایرانیان‌بدریانوردی اشتغال داشته‌اند ولی درطی سالهای اخیر از تجارت دریا غافل مانده‌اند . با آنکه کشتیهای سایـــر ملل به بنادر ما رفت‌وآمد نموده وقسمت‌اعظم واردات وصادرات ما بوسیله کشتیهای آنها انجام پذیرمیگردد ، نمیخواهیم برای حمل ونقل کالاهای خود ازطریق دریا فقط بکشتی‌های دیگران متوسل بشویم وازاین‌جهت درسال ۱۳۳۳ شرکت‌کشتیرانی ملی‌ایران را تأسیس‌نمودم . این‌شرکت تاکنون دوکشتی‌که هرکدام‌گنجایش ۳۲۰۰۰ تن بار دارد و دو فروند کشتی نسبتاً کوچك مسافربری‌که به‌هلند سفارش داده شده بود تحویل‌گرفته است . عده‌ای از جوانان ایرانی نیز به‌کشور هلند برای تعلیم فن دریانوردی اعزام شده‌اند که پس‌از مراجعت اداره امورکشتیهای مزبوررا تصدی نمایند .

در شاهراههای ایران بزرگترین انواع کامیونهای نفت‌کش و باری دیزل جهان در رفت‌وآمد است‌که بوسیله رانندگان قوی بنیه و پراستقامت بارهای عظیم‌الجثه را از کوهها وکویرها گذرانده و بنقاط مختلف‌کشور میبرند و هرچه شبکه راه‌آهن ایران توسعه پیداکند میتوان این کامیونها را در راه‌های دیگری بکارانداخت .

کشور ما فعلا دارای ۲٤۱۳۵ کیلومتر جاده شوسه ویکصد هزار دستگاه وسایل نقلیه موتوری است‌که بطور قطع برای‌کشور وسیعی‌مانند ایران‌کافی نیست . البته پستی وبلندی و وضع‌کوهستانی اراضی ایران طبعاً موجب‌کندی امر ساختمان جاده‌ها و هزینه سنگین میشود . ولی برای

جاده سازی و ترمیم معابر باسرعت بسیار وسایل ماشینی را جانشین طرز راهسازی قدیم کرده‌ایم . برای تکمیل دستگاه حمل و نقل علاوه بر شبکه راه‌آهن و جاده‌ها در احداث لوله کشی نیز اقدام شده و اخیراً کارلوله کشی نفت ازاهواز تا تهران بطول تقریبی ٩٦٥ر٤ کیلومتر خاتمه یافته است . اساساً این لوله در زیر زمین واقع شده ولی در صحراها و کوههای دوردست مراکز تلمبه‌زنی و نظارت بر لوله سرتاسری آن دیده میشود ونیز برجهای مخابرات رادیوئی روی قله کوهها بچشم میخورد که شخص را بیاد افسانه‌ها و اساطیر کهن میاندازد . بوسیله این لوله سالیانه دومیلیون تن مواد نفتی منتقل میشود که برای حمل و نقل آن چندین صد کامیون و واگون راه‌آهن ضرورت داشت . باین لوله اصلی لوله‌های فرعی متعددی اضافه شده وازجمله لوله‌ایست که بشهر صنعتی اصفهان میرود وبرای شهرهای رشت ومشهد نیز لوله کشی دردست ساختمان است .

بمنظور تسهیل حمل و نقل بین‌المللی نفت ، قراردادی با کشور ترکیه منعقد نمودیم که یك خط لوله از شهر قم و منطقه سراجه در جنوب تهران بیکی از بنادر کشور ترکیه در ساحل دریای مدیترانه احداث نمائیم . انجام این اقدام منوط باین‌است که دراین نواحی نفت بمقداریکه از نظر تجارتی رضایت بخش باشد یافت شود . طول این خط ٢١٥٦ کیلو متر و هزینه آن بالغ بر پانصد میلیون دلار خواهد بود وهمینکه این لوله کشی پایان یابد میتوان نفت را به‌کشتی‌های نفت‌کش بزرگ که از کانال سوئز نمیتوانند عبور کنند وفعلا مجبورند قاره افریقا را دورزده ونفت‌ایران‌را باروپاوآمریکا برسانند تخلیه‌کنیم. بااحداث این‌لوله قسمت عمده هزینه حمل‌نفت ازایران‌بساحل دریای

مدیترانه صرفه‌جوئی خواهد شد .

در مورد کشوری مانند ایران که تازه قدم بشاهراه پیشرفت و ترقی نهاده است باید تغییرات سریع در محیط ظاهری وفرهنگی آن بوجودآید وازهمین‌نظرایجاد وسائل ارتباط سریع اهمیت فراوان دارد . درسال ۱۳۳۶ درسراسر کشور درحدود ۵۰۰۰۰ شماره تلفن وجود داشت ولی‌چون احتیاجات عمومی‌راکفایت نمیکرد ۱۸۰۰۰۰دستگاه دیگر خریــداری و بسرعت نصب نمودیم . درباره توسعه شبکه رادیوتلفن قبلا ذکرشده‌است که بالاخره درتمام‌کشورایران بسط خواهد یافت و جانشین هزاران‌کیلومتر سیم تلگراف وتلفن خواهدگردید . ما فعلا دارای عده زیادی ماشین‌های تله‌تایپ (ماشین ثبت تلگرام) هستیم‌که اغلب آنها بوسیله دوشیزگان ایرانی مورد استفاده قرارگرفته است .

مابا‌کشورپاکستان وقاره اروپا وقاره‌آمریکا ازطریق اروپا ارتباط رادیوتلفنی ورادیو تلگرافی داریم وهمچنین باشرکت‌کشورهای عضو پیمان سنتو مشغول ایجاد ارتباط بوسیله امواج رادیوئی بین‌المللی هستیم که میتوان درآن واحد برای مخابره ۱۲۰ مطلب متنوع به‌آنکارا و تهران و کراچی از آن استفاده کرد . اخیراً نیز سرویس تلفنی انتقال عکس وتصویر اسناد را باکشورهای انگلستان وژاپن برقرار نموده‌ایم ودرتهران واغلب استانهای ایران ایستگاه فرستنده رادیو تأسیس گشته است .

درسال ۱۳۳۷ یك دستگاه یکصدکیلوواتی پخش‌صدا در تهران نصب‌گردید و هم‌اکنون صدای ایران‌که از این دستگاه روی امواج‌کوتاه پخش میشود دراغلب‌کشورهای جهان شنیده میشود واکنون طرح نصب یك دستگاه قوی پخش صدا روی امواج کوتاه و چهار دستگاه دیگر برای

امواج متوسط در شرف تهیه است . در سال ۱۳۳۷ اولین ایستگاه تلویزیون تهران را افتتاح نمودم و اینک در تهران دو ایستگاه تلویزیون و در آبادان یک ایستگاه وجود دارد و امیدوارم روزی برسد که در تمام قراء و قصبات ایران این دستگاه‌ها نصب و مورد استفاده قرار گیرد .

در فصل بعد درباره تحولات سریعی که در امور کشاورزی ایران رخ داده سخن خواهد رفت. وضع بازرگانی و صنعتی کشور ما نیز بطور محسوس و با سرعت تمام پیشرفت نموده و هر روز بتوسعه آن میافزاید . در فصول سابق از اقداماتی که پدرم بوسیله دولت در بسط صنایع ایران بعمل آورد بطور تفصیل سخن رانده‌ام . چون در زمان سلطنت پدرم عده متخصصین و مدیران امور فنی بسیار معدود بود و از طرف دیگر سرمایه داران ایرانی جرئت نمیکردند سرمایه های خود را در رشته‌های صنایع نوین بکار اندازند ناگزیر دولت در قسمت اعظم این رشته‌ها پیشقدم شده بود . هنوز این اشکالات در بعضی از امور صنعتی موجود است چنانکه امروز نیز تنها دولت در ایجاد صنعت جدید فولادسازی پیشقدم شده است و بسیاری از مؤسسات صنعتی که در اغلب نقاط کشور تأسیس یافته متعلق بدولت است و از طرف دولت اداره میشود .

مثلا برای تولید سیمان که در پیشرفت امور ساختمانی عامل مؤثری است اخیراً دولت دو کارخانه جدید که مجموعاً سالی ۳۰۰۰۰۰ تن سیمان تهیه میکنند احداث کرده و در نتیجه میزان تولید سیمان کشور بچهار برابر میزان تولید سال ۱۳۳۳ رسیده است . کارخانه‌های خصوصی سیمان هم نیز میزان تولید خود را افزایش داده‌اند . همچنین کارخانه آجر و گل نسوز که مورد احتیاج سایر صنایع خصوصی

ودولتی است احداث گردیده است .

مصرف سالیانه منسوجات درکشور ایران درحدود ۳۲۰ میلیون متر است که تقریباً نیمی ازاین مقدار ازخارج وارد میشود . دولت دارای چند کارخانه بزرگ منسوجات ریسمانی وپشمی است که مشغول کارند وچند کارخانه‌دیگر درشرف احداث است و وامهائی نیز بصاحبان کارخانه‌های خصوصی داده میشود تاکارخانه‌های خودرا توسعه بدهند وکارخانه‌های دیگری نیز تأسیس نمایند . نتیجه این‌برنامه آنست که در سال ۱۳٤۰ میزان تولید تا دوبرابر تولیدات قبلی‌افزایش‌خواهدیافت. بمنظور کمك‌به‌کشاورزان وتولید منسوجات ، دولت در بسیاری از نقاط کشور دستگاههای پنبه پاك کنی احداث نموده ویامشغول ساختمـان است . کارخانه‌های منسوجات ابریشمی (که در آینده نزدیکی براصول علمی مبدل به‌ابریشم‌سازی مصنوعی خواهد شد) وگونی‌وریسمان وطناب بوسیله‌دولت احداث‌گردیده است.

دولت‌دارای یك‌کارخانه تصفیه مس‌وچندین‌کارخانه اسید هیدروکلوریك وسایر مواد شیمیائی مورد نیاز صنایع سنگین وکارخانه‌های روغن‌نباتی است که روغن خوراکی وصابون وکنجاله‌که غذای بسیار مقوی مواشی است تهیه می‌نمایند و محصولات کارخانه‌های بزرگ صابون سازی دولت درتمام شهرها وروستاهای کشور بچشم میخورد .

عده‌ای درمراکـز کشاورزی کارخانه‌های دولتی کنسرو گوشت وماهی ومیوه وسایر مواد تهیه میکنند ودو کارخانه دولتی برای پاك‌کردن و بسته‌بندی خشکبار برای مصرف داخلی‌کشور و صادرات تأسیس شده و۶۰ کارخانه تهیه چای درگیلان و مازندران قسمتی متعلق بدولت وبقیه نیزبوسیله دولت اداره میشودکه اکثرآنها درظرف پنج سال

اخیر احداث گردیده‌اند . تمام برگهای چای را دولت از صاحبان مزارع خریداری مینماید و برای مرغوب ساختن سطح جنس چای به باغداران کمکها و هدایتهای فنی میکند تا آنجا که اکنون بازار چای ایران رونقی بسزا یافته‌است .

متجاوز از دوازده کارخانه قندسازی در نقاط مختلف کشور وجود دارد که متعلق بدولت است و بیشتر آنها قند را از چغندر تهیــــه میکنند . دولت تخم چغندر را برایگان در اختیار کشاورزان میگذارد و وسایل لازم را برای دفع آفات در اختیار آنها قرار میدهد و محصول آنها را خریداری و به کارخانه حمل مینماید .

کارخانه معظم دخانیات بوسیله دولت اداره میشود و درآمد بسیار قابل توجهی دارد . در اوایل سال ۱۳۳۹ یک کارخانه بزرگ دیگر بر آن افزوده شد و درنتیجه تولید مواد دخانیه به دو برابر رسید و هم اکنون روزانه درحدود ۳۰ میلیون سیگارت و در حدود دوازده تن تنباکو و سایر مواد دخانیه تهیه میشود و در دسترس مردم قرار میگیرد و اخیراً بنا بر رسم معمول کشورهای غربی سیگارت‌های فیلتردار تهیه و در قوطیهای محکم مقوائی بسته‌بندی میشود. صادرات سیگارت ایران بخارج از کشور نیز بمیزان قابل توجهی بالغ شده و بتازگی با صدور سیگارت‌هائــی که در قوطیهای مزین و منقش بمناظر زیبا بسته‌بندی شده‌است در نواحی شیخ‌نشینهای خلیج فارس بازارهای جدیدی بدست آورده‌ایم .

خوراک عمده مردم کشور ایران مانند اکثر مردم مغرب‌زمین از گندم و حبوبات است . از اینرو برای ذخیره کافی غلات اقداماتی بعمل آمده است . در تهران و اهواز و اصفهان و کرمانشاه و مشهد و شیراز و تبریز و سایر مراکز

سیلوهای مجهز به‌وسایل میکانیکی احداث شده و هرسال برعده آنها افزوده میشود .

بنگاه راه‌آهن دولتی‌دارای یك کارخانه تهیه‌تراورس چوبی‌است که صدها هزارعدد تراورس میسازد وبطوریکه اشاره کرده‌ام اقدام به تهیه تراورس های سیمانی نیـز شده است .

در فصول سابق ذکرشد که پدرم مصمم بودکه نیروی مسلح ما بطورکلی بمهماتی‌که ازخارج کشور وارد میشود متکی نباشد و دولت من نیز همان تصمیم را دنبال میکند و تفنگ و مسلسلهای سبك و مهمات دیگر درکارخانه‌های ایران ساخته میشود .

درچند کیلومتری غرب تهران درمحوطه‌ای زیباکه مانند دانشگاهی است بنگاه دولتی سرم سازی رازی واقع شده است . این بنگاه بنام دانشمند بزرگ وطبیب عالیقدر ایرانی ابوبکرمحمد ذکریای‌رازی متوفی‌بسال ۳۰۶هجری قمری نامیده شده است . دراین بنگاه مقادیر قابل توجهی سرم ضد بیماریها ی‌انسانی وحیوانی ساخته میشود وپیوسته دررشته زیست شناسی بتحقیق وبررسی وآزمایش میپردازد ودارای بهترین کتابخانه طبی وبهداشتی درایران است . این بنگاه درهرسال بطور معمول درحدود چهل میلیون سرم برای معالجه بیماریهای متنوع میسازد . مؤسسه پاستور وابسته بدولت نیزکه درحیات پدرم تأسیس‌یافته‌است تقریباً همان فعالیتهای بنگاه رازی‌را انجام میدهد واین‌دومؤسسه بمناسبت تحقیقات علمی‌که انجام میدهند وسطح عالی‌علمی که دارند شهرت بسزائی‌کسب کرده وکشور ایران‌را ازاین حیث ازسایر کشورها بی‌نیاز ساخته‌اند .

راجع به اقداماتی‌که دولت من دررشته علوم وفنون

مربوط بصنایع نفت بعمل آورده دراین کتاب سخن خواهد رفت. اقدام دیگری که برای توسعه وپیشرفت بررسیهای علمی و صنعتی در کشور ایـران بعمل آمده تأسیس اداره استاندارد ونمـونه‌هاست که درسال ۱۳۳۸ افتتاح گردید وظیفه این اداره بالابردن نوع محصول ونظارت درمرغوبیت ومتحدالشکل بودن کالاهائی است که بخارج حمل میشود. متأسفانه معـدودی از صادر کنندگان کوتاه نظر ایرانی صادرات را ازرونق انداخته‌اند وبا صدورقالیهای کم ارزش وجوهری بجای قالیهای نفیس وثابت وخشکبار آلوده وناپاک وآغشته با ریگ وخاک وعدلهای پنبه محتوی آجر وسنگ بمنظور افـزایش وزن موجبات بی‌اعتباری محصولات را فراهم ساخته‌اند و ما درنظر داریم که باین اوضاع اسفناک خاتمه دهیم وطوری کنیم که خریدارخارجی وقتی اجناس ایران را تحویل میگیرد درخود احساس مسرت کند وچین برچهره وی پدیدار نگردد.

جای تعجب است که بسیاری از افراد تحصیل کرده در داخل یاخارج کشور بهیچوجه از کارخانه‌ها ومؤسسات تحقیق و بررسی دولتی که بآنها اشاره شد مستحضر نیستند. با آنکه هرگاه بخواهند از سنخ فکـر و اوضاع اساسی کشورهای خاورمیانه آگاه شوند باید فعالیتهای ما را درعلم وصنعت بچشم بنگرند.

باید باین نکته توجه داشت که علاوه بر کارخانه‌های متعلق بدولت کارخانه‌های خصوصی وملی بسیار در کشور ایجاد شده است که هنوز بسیاری از هموطنان ما وعده کثیری از خارجیها ازوجود آنها بی‌اطلاع هستند ومثلا نمیدانند که معادن این کشور درچه حدودی بوسیله شرکتها و مؤسسات خصوصی استخراج میشود.

بطوریکه براورد شده درحدود شصت درصد از تمام صنایع‌ایران بدست مؤسسات ملی‌وشرکتهای خصوصی‌اداره میشود. باوجود اینکه‌آمار صحیحی از کارخانه‌های موجود در ایران دردست نیست ولی بموجب اطلاعات حاصله عده زیادی از شرکتها و مؤسسات خصوصی بصنایع گوناگون توجه کرده‌اند و مواد معدنی زیر بوسیله این شرکت‌های خصوصی استخراج میشود.

آنتی مونی (سنگ سرمه) – آرسنیك (زرنیخ) – بوکسیت (کلوخه طبیعی‌آلومینیم)–کرومیت (نمك‌اسید)– ذغال سنگ – فلز لاجورد – مس – گرافیت (سرب سیه) خاك سرخ – کااولین – سرب – منگنز – سنگ – شیشه – بلور کوهی– نمك – سیلیکا –گوگرد – قلع – تونگستون– فیروزه – روی.

محصولات طبیعی مختلف نیـز بوسیله کارخانه‌های خصوصی وشخصی‌تهیه وآماده میشود که درحدود پنجاه‌قلم آن بطور نمونه ذکرمیشود.

مشروبات غیرالکلی – مشروبات الکلی – خشکبار – خواربار بسته‌بندی شده – آرد – آردبرنج – قند – چای – روغن نباتی – غذاهای حیوانی – منسوجات – البسه – روکش‌کرومیت، فلزکاری – اثاث‌البیت‌فلزی – اثاث‌البیت چوبی – اثاث وملزومات‌اداری – صندوق‌فلزی – گازنئون برای روشنائی – بخاری آب گرم – اجاق خوراك‌پزی – بخاری – موتور برق – تلمبه – آجر – کاشی – سیمان – میخ – پیچ ومهره – الکل صنعتی – مواد شیمیائی – مرکب – رنگ – سریشم – دارو – رنگ روغن نقاشی – شیشه –کاغذ – اجناس‌پلاستیکی – واکس‌کفش – صابون – چرم – یخ – الوار – تخته فیبری – کبریت – باطری –

گاز اکسیژن – قوه برق – مواد پلاستیکی .

برای اینکه ذوق ابتکاری سرمایه گذاران خصوصی در صنایع و حرف آشکار شود با مسرت مخصوصی یادآور میشوم که دو شرکت خصوصی ایرانی بمنظور ساختن محفظه های فولادین برای نگاهداری اسناد مهم و گاوصندوقهای سنگین برای بانکها و سایر اثاثیه فلزی مختلف دیگر کارخانه مجهزی را بکار انداخته اند . وسایل کار جدید در پیشرفت و ترقی اقتصادی کشور اهمیت فراوان دارد و بنظر من یکی از نمودارهای پیشرفت آنست که معلوم شود آیا چنانکه اینک در کشور ما مشهود است لوازم و اثاث و وسایل کار درخود کشور فراهم میشود یا از خارج وارد میگردد . تا چند سال پیش مدیر عامل کارخانه ای که اینک ذکر آن رفت یکفرد آهنگر عادی بود و در نظر من این شخص نمونه بارزی از رشد و پیشرفت طبقه متوسط کشور است که قسمت عمده ترقی و تعالی کشور بفعالیت آنها بسته است .

روزی همین مدیر عامل اظهار داشت که تاکنون کسی نتوانسته است گاو صندوقهائی را که این مؤسسه ساخته است باز کند و بدانها دستبردی زند و با لبخندی اضافه کرد که هنوز مردم کشور ایران باندازه مردم مغرب زمین در امر شکستن صندوقهای آهنی مهارت نیافته اند !

تصور میکنم فهرست های فوق جالب توجه باشد و باید گفته شود که بتدریج صنایعی که بوسیله شرکت های خصوصی بکار افتاده است نسبت بصنایعی که بدست دولت اداره میشود بدو دلیل افزایش خواهد یافت :

اول بدان سبب که سیاست ما اینست که کارخانه های فعلی دولت را متدرجاً باشخاص و شرکتهای خصوصی واگزار کنیم و برای انجام این منظور هیئت مشورتی که در تشکیلات

واداره کارخانه‌ها تخصص دارند استخدام نموده‌ایم که درباره کارخانه‌های مذکور مطالعاتی بعمل آورند و اصلاحاتی راکه برای حسن انتظام کار ضروراست پیشنهاد کنند وطرز فروش آنها را بشرکت‌های خصوصی معلوم سازند .

دوم بدان‌سبب که‌سعی بلیغ بعمل‌میاوریم تاسرمایه گذاران داخلی و خارجی را تشویق کنیم که سرمایه‌های خود را درامور نوین صنعتی و بازرگانی بکار اندازند .

قانون اساسی‌ایران ومتمم آن خط‌مشی صنعتی ایران‌را روشن ساخته است و درباره معادن قانون اساسی و قانون معادن که‌اخیراً اصلاح‌شده امر بهره‌برداری را تنظیم ومنافع عمومی را تأمین نموده است . بموجب قانون معادن تمام مواد معدنی بسه‌طبقه تقسیم شده‌است : طبقه‌اول معادن‌سنگ آهك ومرمر وسنگ ساختمانی و گچ است که اگر در ملك خصوصی کسی پیدا شود مالك میتواند از آن بنفع خود بهره برداری نموده و پنج درصد ازقیمت مواد مستخرجه را بدولت بپردازد .

طبقه دوم فلزات ومواد سوختنی جامد ونمك ومواد معدنی قیمتی و سنگهای گرانبهاست و دراین موارد مالك ملك‌باید برای‌استخراج وبهره‌برداری پروانه دولتی بدست آورد و چهار درصد از قیمت مواد مستخرجه را بدولت بپردازد .

طبقه سوم نفت ومواد رادیوآکتیو مانند اورانیوم وغیره است که مالك در آن دخالتی نداشته و دولت حق بهره‌برداری و یا واگذاری آنها را به‌شرکتهای خصوصی و افراد و اخذ مال‌الاجاره را بطور انحصاری دارد .

شرکتهای‌خصوصی‌ایرانی‌میتوانندباتحصیل‌اجازه‌رسمی ازدولت‌هرگونه‌معدنی‌رادرایران‌استخراج‌نمایند. شرکتهای

خارجی نیز میتوانند معادن نفت و سایر معادن ایران را اکتشاف واستخراج نمایند مشروط براینکه مجلسین‌ایران شرائطی‌راکه‌برای هرمورد معین‌شده بطورجداگانه تصویب نماید . از شواهد روشن این قضیه قراردادهای اخیری‌است که با شرکتهای نفت آمریکائی و دیگران منعقد ساخته‌ایم ودرفصول بعد درباب‌آن بتفصیل سخن‌خواهد رفت . نکته قابل ذکر دراین مقال‌آنست‌که باوجود آنکه دولت درسایر صنایع محدودیت هائی مقرر داشته ولــی میدان را برای ابتکار افراد بازگذاشته است .

صنایع اصلی وعمده ازقبیل راه‌آهن وتلفن وتلگراف ورادیو وکارخانه‌های مهمات سازی دردست دولت است ولی‌شرکتهای خصوصی‌میتوانند مؤسسات بازرگانی تأسیس وکارخانه‌های دیگری را برای سایرقسمتهای صنعت ایجاد واداره نمایند چنانکه عملا هم همین‌ترتیب مرعی‌است ومثلا باآنکه صنعت بزرگ تصفیه‌نفت متعلق بآنهانیست سهم عمده ازفعالیتهای پالایشگاه را اداره مینمایند .

امروز بیشتر کامیونهائی‌که در جاده‌های شوسه‌کشور بحمل‌ونقل کالامیپردازند متعلق‌بمردم‌است‌که باسرمایه‌افراد ومؤسسات شخصی خریداری شده‌اند . یك خط هواپیمائی خصوصی و یك سازمان ظاهراً دولتی که بخطوط هوائی کشوری ایران موسوم است امروز مشغول کار و رو بتوسعه وافزایش است وتهیه فیلم واداره جدید سینمای ایران نیز بدست مؤسسات خصوصی انجام میگیرد .

درسال ۱۳۳٤ قانون جلب‌وحمایت‌سرمایه‌های‌خصوصی خارجی در مجلسین تصویب و بتوشیح من رسید . بموجب این قانون اتباع بیگانه میتوانند سرمایه‌ای را که برای فعالیتهای‌تولیدی‌وصنعتی‌بایران میآورند بامنافع‌عادلانه‌ای

که بآن تعلق گرفته است بعداً باارز کشور خود از ایران خارج کنند و نیز بموجب مقررات این قانون هرگاه صنعتی که سرمایه در آن بکار رفته ملی اعلام گردد غرامت عادلانه بصاحب سرمایه پرداخت خواهد شد .

در سال ۱۳۳۶ بموجب قراردادی که بین دولت ایران و دولت امریکا منعقد گردیده است سرمایه‌های خصوصی آمریکائیها در کشور ایران تضمین گردیده و برای سرمایه‌گذاران آمریکائی موجبات مزید تشویق و ترغیب را فراهم کرده است . آمریکائیها و سایر اتباع خارجی عملا این حقیقت را به ثبوت رسانیده‌اند که سرمایه‌گذاری در رشته‌های اقتصادی و صنعتی ایران که در حال توسعه است از هر جهت بنفع آنهاست .

سرمایه‌داران داخلی نیز در بکار انداختن سرمایه‌های خود در فعالیتهای صنعتی و امور معدنی کشور بیش از پیش اظهار علاقه میکنند و برنامه وام صنعتی ما برای پیشرفت این مهم مشوق بزرگی است . کشور ما از حیث اداره ثروت ملی سابقه طولانی دارد که مورد تقدیر و تمجید من است . پشتوانه اسکناس رایج کشور از شمش طلا و وثیقه‌های معمولی و جواهرات سلطنتی همیشه از نسبتی که بین اسکناس در جریان و پشتوانه مقرر است زیادتر بوده است . در سال ۱۳۳۶ فکری بنظرم رسید که برای پیشرفت و توسعه کشور پشتوانه اسکناس مجدداً ارزیابی شود و قانونی برای انجام همین منظور از تصویب مجلسین گذشت . در اثر این تجدید ارزیابی در حدود یکصد میلیون دلار بارزش پشتوانه افزوده شده است و مقرر داشتم که دولت نیمی از این درآمد غیرمترقبه را برای پیشرفت امور صنعتی و نیم دیگر را در امور کشاورزی بکار برد .

برخی از مشاورین من از این که مبادا این عمل منجر بتورم

پول شود اندیشه داشتند ولی با آنها خاطرنشان کردم که اگر این پول درامور غیرتولیدی ازقبیل معاملات زمین صرف شود قطعاً موجب تورم میگردد ولی ما آنرا صرفاً بمنظور اجرای طرحهای سریع‌الاثر برای‌افزایش تولیدات صنعتی و کشاورزی بکار میبریم که خود عامل نیرومندی برای جلوگیری از تورم است .

دراواسط سال۱۳۳۶ برنامه وام صنعتی‌را بموقع اجرا گذاشتم ونتایج قابل‌توجهی‌ازآن بدست‌آمده‌است. درنتیجه تسهیلاتی که بدین‌وسیله فراهم شده‌است سرمایه‌داران‌ایرانی سرمایه‌های خودرا بیش‌ازپیش‌باموررمعدنی‌وصنعتی تخصیص دادند . بسیار ازکسانی نیزکه سابقاً قسمتی ازسرمایه‌های خودرا درخارج کشور نگاه داشته بودند مجدداً آنرا بایران برگردانده وبکار انداخته‌اند .

بهره‌سرمایه‌های‌صنعتی‌که درگذشته‌به۲۴درصددرسال وحتی بیشترهم رسیده بود دراثر اقدامات دولت فوق‌العاده تنزل یافته‌است. بموازات این‌اقدامات سرمایه‌داران خارجی را هم تشویق نموده‌ایم تا درفعالیتهای صنعتی نوین‌کشور باایرانیان شریك وسهیم گردند .

وزارت صنایع ومعادن وبانك ملی ایران مشترکاً برنامه وام صنعتی را اداره واجرا مینمایند . وزارت صنایع طرحهای پیشنهادی را ازنظر فنی بررسی ومطالعه میکند و بانك ملی ایران اعتبار درخواست‌کنندگان را مورد دقت قرارمیدهد. گذشته ازصلاحیت شخصی‌وحرفه‌ای‌تقاضاکننده هرتقاضائی نیز برای‌اینکه معلوم شود تاچه حد دربالابردن میزان تولید وازدیاد درآمد ملی مؤثر است درشورای عالی اقتصادکه تنها مرکزی است‌که فعالیت‌های اقتصادی را هم‌آهنگ میسازد مورد بررسی واظهارنظر قرار میگیرد .

درخواست‌کنندگان وام برای اثبات آمادگی عملی وواقعی خود باید حداقل سی‌درصد ازهزینه طرح موردتقاضا راقبلا تأمین کنند. وزارت صنایع ومعادن‌هم تاحدود پنجاه درصد ازهزینه مزبور را بعنوان مساعده دراختیارآنان قرارمیدهد وبیست درصد بقیه را هم متقاضیان بعداً ازمحل دیگری باید فراهم‌کنند چنانکه تاکنون همین رویه را معمول داشته‌اند. بااین ترتیب‌کسانیکه بکار صنایع وارد میشوند میتوانند با داشتن سرمایه مختصری یك طرح مهم صنعتی‌را برعهده بگیرند واطمینان داشته باشندکه درعین‌آنکه دولت در اداره امور مؤسسات آنها دخالتی نمیکند درهر مورد پشتیبان آنها خواهد بود. وامی که از طرف دولت بدرخواست‌کنندگان داده میشود باقساط و به‌نسبت میزان پیشرفتی‌که درهرطرح بوجودآمده وموردبازرسی‌مأموران دولت قرارمیگیرد استرداد خواهد شد واین بازرسی نه‌تنها برای حفظ منافع دولت ضروری است بلکه درحسن جریان کار نیز کمك مؤثری خواهد نمود. در طی مدت پنج سال اول‌مؤسسات صنعتی‌جدیدالتأسیس ازپرداخت مالیات معاف خواهند بود و به‌لوازم ضروری که برای مؤسسه خود از خارج وارد میکنند حقوق گمرکی تعلق نخواهدگرفت.

میزان سودی‌که بوام‌های مزبورتعلق میگیرد ازصدی چهار تا صدی شش در سال تجاوز نمیکند بدین‌ترتیب که طرحهای بزرگ ازقبیل نساجی وقند سازی وکشف معادن چهار درصد و سایر طرحها شش درصد بهره میپردازند. عزم راسخ من‌آنست‌که دیگرنگذارم بهره‌های سنگین‌اقتصاد کشور را فلج کند و اوضاع طوری باشد که بعضی از سرمایه‌داران طفیلی حاصل زحمت‌کسانی‌را که بکار تولید مشغولند باگرفتن بهره‌های سنگین تصاحب نکنند.

در ظرف یك سال پس از اجرای برنامه وام صنعتی در حدود یکصد و پنجاه طرح جدید صنعتی در رشته‌های نساجی ، قندسازی ، مصالح ساختمان ، مواد شیمیائی ، مواد غذائی ، پلاستیك ، مقوا ، تخته‌های نازك وسایر مصنوعات معادن بمورد اجرا گذاشته شده وساختمان چند کارخانه که قبلا آغازشده وصاحبان‌آن هزینه لازمه را از منابع دیگری تأمین کرده‌بودند ازهرجهت‌تکمیل گردید. قابل‌توجه‌آنست که درهمان‌سال‌اول‌پانزده کارخانه عملاشروع‌به‌بهره‌برداری نمودند و محصولات‌آنها که میگو ، روغن‌نباتی ، منسوجات ریسمانی ، نخ ، پنی‌سیلین ، اقسام داروها ، اشیائی که از آلومینیم ساخته شده ، لوله‌های چدنی ، قطعات سیمانی ، یخ ومواد خام معدنی بود ببازارعرضه‌گردید وهرسال محصول صنایع دیگر عرضه خواهد شد و در تجدید حیات صنعتی کشورسهم مهمی خواهد داشت وثابت میکند که مردم ایران نه‌تنها قادرند فنون غربی را بانیازمندیهای خود تطبیق داده وآنچه را که مفید بدانند اقتباس کنند بلکه میتوانند دراین راه سرعت عمل داشته باشند .

دراین فصل دورنمائی از تحولات‌کنونی‌کشور ایران نشان داده شده‌است . گاهی خارجیان بهتر از مردم‌کشورما میتوانند باین ترقیات و پیشرفتها توجه‌کنند زیرا آنها بیش از ما بمحسوسات مینگرند .

بسیاری از خارجیان مجرب‌که اوضاع‌کشور ما را مشاهده‌کرده‌اند غالباً بمن‌گفته‌اند که درسالهای‌اخیردر کمتر کشوری مانندایران چنین‌تحولات شگرف ظاهری ومعنوی مشاهده میشود . کسانیکه پس‌از پنج سال وحتی یکی‌دوسال دوری از ایــران بکشور ما مراجعت میکنند از تغییرات وتحولاتی‌که در مملکت روی داده بحیرت افتاده‌اند وابراز

این شگفتی از راه گزافه‌گوئی و تملق نیست زیرا من خود نیز پس از بازگشت از مسافرتها همان تغییرات را احساس و حقیقت اظهار آنها را استنباط میتوانم نمود .

در کشوری مانند ایران ما که دارای آنهمه سوابق تاریخی و سنن باستانی است سرعت در انجام تحولات و تغییرات اساسی و اجتماعی طبعاً با بعضی دشواریها و مضیقه‌ها همراه است ولی این زحمات و دشواریها را باید برای اقتباس تمدن جدید غربی تحمل کرد . اما من هرگز در نظر ندارم که میراث گرانبها و پر ارزش باستانی خود را از کف بدهیم و برعکس اعتماد و اطمینان دارم که بر ذخیره معرفت و تمدن کهن‌سال خویش خواهیم افزود و حتم دارم که در اثر پیشرفت‌های اقتصادی مذهب و فلسفه و هنر و ادبیات و علوم و صنایع ظریفه ما تجلیات بزرگتری خواهد یافت و رفاه و نعمتی که مردم عادی و معمولی از آن برخوردار خواهند شد و لوازم زندگانی با آسایش را برای خویش فراهم خواهند دید آنها را برای نمایش ذوق و هنر مجهزتر خواهد ساخت . از این پس دیگر ممکن نخواهد بود که تنی چند به‌زینه جمعیتی صاحب نعمت بشوند بلکه همان چندتن نیز در پرتو سعادت و رفاه عمومی از نعم حیات بهره‌مند خواهند گشت .

وقتی تمدن و هنر جدید را از روی کمال هوشیاری اقتباس و آنچه برای ما ضروراست انتخاب کنیم بهدف نهائی خود که دموکراسی حقیقی و سعادت عمومی است نزدیکتر خواهیم شد و برای وصول باین هدف هر مرارتی را میتوان با مسرت خاطر تحمل نمود .

فصل هشتم

نظر من درباره دموکراسی

میگویند روزی در یکی از شهرهای اروپا که پشت پرده آهنین قرار دارد گـروهی از دانشجویان دانشگاه بسخنرانی یکی از استادان معروف فیزیك درباره مسافرت به فضا گوش میدادند . استاد میگفت تا چند سال دیگر موشکهائی درماه فرود خواهد آمد ودر مدت کوتاهی پس ازآن مردم جهان خواهند توانست بسایرسیارات که اززمین بُعد مسافت بسیار دارند آزادانه سفر کنند .

دراین موقع یکی ازدانشجویان سخن استاد را قطع کرده گفت :

لطفاً بفرمائید چه وقت ما خواهیم توانست به وینه مسافرت کنیم ؟ .

این برسبیل تصادف نیست، که هرسال هزاران نفر از آلمان شرقی کمونیست فرار کرده و بآنسوی پرده‌آهنین وآلمان غربی که آزادی درآن حکمفرماست رفته‌اند . این مردم معنی‌آزادی واقعی‌را دریافته وحاضر بوده‌اندکه جان ومال خودرا برای بدست‌آوردن آن بخطراندازند ودرمیان این فراریان مردم دانشمند و متخصص بسیار بوده‌اند که محرومیت ازآزادی بآنها رنج بسیار میداده است .

البته مردمیکه درآلمان غربی زندگانی میکنند نیز میتوانسته‌اند بآلمان شرقی کمونیست فرار کنند اما سخن اینجاست که کسی باین عمل اقدام نکرده است .

خوانندگان میتوانند نظائر این واقعه را در سایــر کشورهای‌اروپائی‌بیادآورند که مردم حیات‌ومایملك‌خویش رابخطرانداخته وازسدپولادین‌پاسبانان‌مرزی گذشته خودرا بعالمی که درآن آزادی حکمرواست رسانیده‌اند و بهمین منوال صد هزاران چینی ازکشورکمونیست فرارکرده واز راه هونگ‌کونگ یا ساحل ماکااو که دردست پرتقالیهاست ویا طریق دیگر بجهان‌آزاد پناه آورده‌اند ولی یکنفر پیدا نشده‌است که از جهان‌آزاد فرارکند وبخواهد خویشتن را بچین‌کمونیست برساند .

مردم‌گیتی دراثرتجارب تلخ باین‌نکته واقف‌گشته‌اند که آزادی واقعی هرفرد تنها در حکومت‌های دموکراسی بدست‌میآید یعنی‌آن روش‌حکومتی که مردم عادی دراداره امور نظارت ودخالت دارند . اماکسانی هم هستندکه مفهوم دموکراسی را تحریف‌کرده وآنرا بدیکتاتوری پرولتاریا تفسیر وتوجیه مینمایند .

برای‌تحقیق درکیفیت‌آنچه‌آنرا دیکتاتوری مزدوران و رنجبران (پرولتاریا) مینامند باید قضیه را از دوجهت

مورد آزمایش قرارداد :

اولا باید معلوم کردکه دراین نحوه حکومت رابطه بین سران دستگاه و توده مــردم چگونه است ؟ آیا سران مملکت چنانکه وانمود میکنند و میخواهند همه مردم هم باور کنند ازافراد مردم ومنتخب آنها هستند یانه وآیا منافع ومصالح آنها همان منافع ومصالح مردم عادی است ؟

ظاهراً حقیقت اینست که دیکتاتورهای مزدوران در تمام نقاط دسته کوچکی ازافراد شاخصی هستند که آنچه بفکرشان نمیآید همان آسایش ورفاه مردم وحقوق فردی آنهاست .

ثانیاً باید معلوم ساخت که آیا دراین قبیل حکومتها مردم دراعمال سران دستگاه هیچگونه حق اظهارنظر دارند؟ در روش‌های دیکتاتوری کمونیستی که من میشناسم مردم نه‌تنها درامور حکومت دخالت وحق اظهاری ندارند بلکه جان ومال آنها نیز دراختیار خودشان نیست .

دیکتاتورهای کمونیست ازنظر علاقه‌ای که بانتخابات دارند به‌فاشیست‌ها شبیه‌هستند وامیدآنهااینست که‌بمزدوران عادی تلقین کنندکه دراداره امــورکشور سهیم هستند وسخنشان تأثیری دارد درصورتیکه تنها بیك حزب سیاسی اجازه وجود میدهند وهر کس بخواهد حزب دیگری تأسیس کند یابرخلاف حزبی که برسر کاراست سخنی بگوید باحتمال قریب بیقین دچار تصفیه واضمحلال خواهد شد .

درانتخابات عمومی (اگر بتوان آنرا انتخابات عمومی نامید) رأی دهندگان حق انتخاب نماینده بمعنی واقعی آن ندارند زیرا درصورت اسامی داوطلبان نمایندگی فقط نام افراد حزبی که برسر کار است ذکر شده است وفقط ازنظر حفظ ظاهر مردم را باصراریابحکم مجبور میکنندکه بروند ورأی خودرا درصندوق بریزند ودرپایان این عمل مقامات

مسئول بامباهات بسیار اعلان میکنند که مثلا صدی نودونه (۹۹٪) از آراء بنفع حزب دولتی بوده است . درحیرتم که آیا بدین وسائل میتوان امررا به چند تن از طبقات فاضله اجتماع مشتبه ساخت .

درادوار گذشته مردم آزادگیتی دموکراسی را یک امر سیاسی میدانستند . چنانکه جان لاک فیلسوف بزرگ قرن هفدهم که درباب حقوق فردی صاحب مکتب وعقیده است در آثار خویش مخصوصاً بحقوق سیاسی تکیه دارد واعلان آزادی امریکا درقرن هیجدهم نیز حقوق سیاسی افراد معمولی را تضمین و تأیید میکند . در آن زمان اعتقاد عمومی این بود که اگر مردم از موهبت آزادی ومساوات برخوردار باشند میتوانند احتیاجات اجتماعی و اقتصادی خود را نیز دراثر ابتکار و آزادی انفرادی تأمین کنند . این نظر در آن زمان که هنوز تشکیلات اقتصادی وفنی نسبتاً ساده و بدوی بود معقول جلوه میکرد ، زیرا خانواده واحد تولید بشمار میرفت وافراد خانواده بدست خویش قسمت عمده احتیاجات خود را فراهم میساختند .

ولی پیشرفت علوم وفنون جدید مسیر زندگانی و طرز کار را کاملا تغییر داد و کارخانه‌های عظیم ایجاد شد وحتی درقسمت فلاحت سرمایه‌های بزرگ برای تهیه ماشینهای کشاورزی در نواحی فلاحتی بکار افتاد و امکان افزایش میزان تولید را بوجود آورد . با این کیفیت ظاهر قضیه آن بود که اختیار کار و فعالیت اقتصادی یک فرد از کف وی بیرون رفته است و دراثر این سلب اختیار بنظر من فرد عادی کاملا حق داشت که برای تضمین حقوق سیاسی و اقتصادی خود پافشاری نماید .

پیشرفت علم نه تنها وضع زندگی ونحوه کار وقدرت

تولید افراد را تغییر داد بلکه در طرز انتقال و نشر افکار نوین نیز انقلابات شگرفی ایجاد نمود و مخابرات تلگراف، راه‌آهن، روزنامه، تلفن، رادیو، اتومبیل، هواپیما و پست هوائی و سینما و نظائر این اختراعات نوین افکار مردمی را که در قاره‌های مختلف زندگانی میکردند بیکدیگر نزدیک و مربوط ساخت و نخستین‌بار در تاریخ بشریت نشر و ابلاغ سریع افکار مهم به میلیون‌ها از افرادیکه هنوز خبری از آن نشنیده بودند امکان پذیر گردید. نتیجه این روش نوین آن بود که تشنجات اجتماعی جدیدی جایگزین مناسبات و روابط ثابت گذشته گردید. در سابق ممکن بود که فقر و غنا چندین قرن در جوار یکدیگر بدون ایجاد تشنج وجود داشته باشد و مردم بینوا و دارنده باهم زندگی کنند ولی پیشرفت وسائل مواصلات نوین و اطلاع مردم بوجود فراوانی در یک سوی جهان و قحطی و تنگی معیشت در سوی دیگر باعث ایجاد تشنجات و عدم رضایت گردید.

مردمیکه در کشورهای فقیر زندگی میکردند بر افرادی که چند هزار فرسنگ دورتر در نعمت و رفاه بسر میبردند غبطه میخوردند و نتیجه این حسرت و حسد آن بود که صدها میلیون از افراد بشر توقعات و انتظارات تازه‌ای پیدا کرده و آمال و آرزوهائی که با محیط زندگی آنان تناسب، و ارتباطی نداشت بمقام بروز و ظهور آوردند.

بدون تردید این بی‌صبری افراد عادی در عین آنکه خطرناک بود روزنه‌امیدی نیز بروی آنها میگشاد. متفکرین جامعه بشری دریافتند که حصول استقلال سیاسی برای مردمیکه در مضیقه شدید اقتصادی بسر میبرند مفهوم واقعی ندارد. مردمیکه در کشورهای پر ثروت زندگانی میکردند نیز باین حقیقت واقف گردیدند که برای خیر و صلاح خود

و صلاح بشریت باید نعمتهائی را که از آن بهره‌مندند با همسایگان خود صرف کنند و دریافتند که رساندن لباس ومواد غذائی فقط احتیاجات موقتی را مرتفع میکند ومللی که ازلحاظ اقتصادی پیشرفت نکرده‌اند خواستار کمکهائی هستندکه بوسیله آنها خود بتوانند وضع خویش را بهبود بخشند .

بعبارت مختصر مللی که درحال پیشرفت هستند طالب آنندکه ازاسرار علوم وصنعت جدید آگاهی یافته و خود بمددآن علوم وصنایع سطح زندگی خویش را بالا ببرند .

هنگامی که پرزیدنت‌ترومن اولین‌بار برنامه‌کمکهای فنی جهانی را که باصل چهار معروف گردید پیشنهاد نمود دولت آمریکا قدمی شجاعانـــه و دوراندیشانه در این راه برداشت وچنانکه قبلا گفته شدکشور ایران اولین کشوری بود که ازکمکهای فنی اصل چهار استفاده کرد . سازمان ملل متحد نیز برای کمکهای فنی ، برنامهٔ وسیعی را بموقع اجرا گذاشت وکشورهای مشترك‌المنافع بریتانیا نیز برای کمکهای فنی طرح کلمبو را تنظیم وبمرحله اجرا گذاشتند.

دریکی‌ازفصول بعد از نتایج کمکهای فنی اصل‌چهار وسازمان ملل وسایر کمکهای خارجی که بایران شده سخن خواهد رفت .

در ضمن درس‌تلخی نیز ازاین اقدامات فرا گرفتیم وآن این بودکه تأمین احتیاجات اقتصادی همیشه با ثبات سیاسی ملازم نیست چنانکه بعضی اجتماعـــات که اقتصاد آنها متوقف مانده وتوسعه نیافته مانند جزائر اقیانوس‌آرام از لحاظ ثبات سیاسی ازآنهائیکه بسرعت در مرحله توسعه اقتصادی هستند پیشترند . برعکس بعضی از کشور هـــای خاورمیانه که درسالهای اخیر از نظراقتصادی به‌پیشرفتهای

شایان نائل شده‌اند از لحاظ سیاسی دچار مشکلات فراوانند وبرنامه سیاسی آنها بابرنامه توسعه اقتصادی آنها قابل‌مقایسه نیست . نتیجه‌ای که ازاین‌درس گرفته میشودآنست که برنامه تحولات و تکامل سیاسی باید با برنامه توسعه اقتصادی هم‌آهنگ باشد و درغیراینصورت ملتها دچار دشواریهای خطرناك خواهندگشت .

خوشبختانه در کشور ایران دموکراسی بدون ریشه وپایه‌نیست ونقشه‌ای که اینك برای توسعه‌اصول دموکراسی داریم با روح مردم ما سازگار است . درطی قرون واعصار وحتی تا پنجاه سال پیش حکومت ما استبدادی بود ولی درعین‌حال از زمان قدیم مردم‌کشور ما مدارا و مماشات واحترام بحقوق‌افراد راکه‌ازمبادی دموکراسی‌است رعایت میکردند ، چنانکه وقتی کورش کبیر کشوری‌را فتح میکرد مردمی راکه بجنگ وی اقدام کرده بودند میبخشید وباآنها بمهربانی رفتار میکرد وسمتهای پیشین آنها را بخود آنها وامیگذاشت وحتی‌اغلب مدیران کارآزموده خودرا ازمیان دشمنان سابق خویش برمیگزید وبآن‌ها هرگز بچشم دست نشاندگان خود نمی‌نگریست ومسئولیت اداره کشورمفتوحه را بخودآنها وامیگذاشت وآنهارا بحفظ وصیانت سنن ملی ومذهبی خود تشویق و تحریض میکرد . بنابراین با اینکه در آن ایام دموکراسی در ایـران مفهوم واضحی نداشت کورش‌کبیر خصایصی از خود بروز داده است که اساس ومبنای دموکراسی نوین محسوب میشود .

قبلا گفته‌شد که‌بسیاری‌ازپادشاهان‌بزرگ‌وسیاستمداران وسلحشوران ایران ازمیان طبقات سافله اجتماع برخاسته‌اند و ما ایرانیان هرگز امتیازات طبقاتی مشخصی.را تحمل نکرده‌ایم‌واجتماع‌ما آنقدرقابلیت‌انعطاف‌داشته‌است که کسانی

از خانواده‌های گمنام بتوانند بمقامات بزرگ و با مسئولیت برسند وهرچند احیاناً دچار مضیقه‌های اقتصادی وتربیتی بوده‌اند باز وضع سیاسی و اجتماعی ما طوری بوده‌است که اینگونه مردم دردرجات سافل نردبان ترقی متوقف نمانده وجامعه آنان را فراموش نکرده است .

درایران روح دموکراسی بکیفیت بدوی آن همیشه وجود داشته‌است وهرچندتوضیح این روحیه آسان نیست امادروجود آن تردیدی نمیتوان داشت زیرا ما ایرانیان باستقلال فردی علاقه‌مندیم واستقلال فردی دیگران را نیزمحترم میشماریم .

مثلا درخانواده‌های ایرانی خدمتکار، خودرا یکی از افراد خانواده میداند وافراد خانواده هم اورا بهمین چشم مینگرند . این خدمتکار با صاحب‌خانه در اداره امورخانه یا ملك وارد مذاکره وحتی مشاجره دوستانه میشود وعقاید خودرا بی‌پروا اظهارمیدارد و قرنهاست که این رویه عادی وطبیعی تلقی شده‌است .

باوصف این چنانکه قبلا گفته شد دراوائل قرن بیستم ملت ایران مصمم گشت مؤسسات سیاسی ودموکراسی را بنیان نهد . انقلاب مشروطیت ایران سنت قدیمی سلطنت را حفظ نمود ولی در آن ازنظرهم آهنگی باروش معمول جهان غرب اصلاحاتی بعمل آورد و بحکومتی که از طرف مردم انتخاب شود توجه نمود .

هرچند در دوران انقلاب قسمت عمده مردم ایران مفهوم حکومت انتخابی را بواقعی نمیدانستند ولی ازسلطنت قاجاریه به‌تنگ آمده و خواستار تغییر و تجدید حکومت بودند . درآنموقع مردم عادی دریافته بودند که قاجاریه برای خویش کوچکترین مسئولیت اخلاقی نسبت بمردم وبهبودکشور قائل نیستند وطبقات مختلف ملت میدانستند

که قاجاریه کشور عزیزشان را اسیر اغراض و مطامع بیگانگان و مخصوصاً روسها ساخته و افراد ملت فدای خودخواهی و مطلق‌العنانی و اسراف و تبذیر آنها شده‌اند و از همین جهت از انقلاب مشروطیت که سدی در مقابل استبداد قاجاریه تشکیل میداد استقبال نمودند .

رهبران انقلاب که بیشتر افراد تحصیل کرده بودند در ضمن پشتیبانی از آن انقلاب هدفهای عالیتری نیز داشتند و میخواستند سازمان سیاسی کشور را بر اصول متداول در جهان غرب استوار سازند زیرا معتقد بودند که برای حفظ استقلال و رفاه اقتصادی و اجتماعی ایران راهی دیگر نیست .

اکثر انقلابیون ایران معتقد بودند که اصول سیاسی معمول در جهان غرب را میتوان با مبادی اسلامی هم آهنگ ساخت . مثلا یکی از پیشروان انقلاب ایران که افکار وی در مردم تأثیری بسزا داشت سید جمال‌الدین است که از طرفداران جدی اسلام بود و تأکید میکرد که باید اصول دموکراسی غرب در حدودیکه فلسفه اسلامی مقرر ساخته و بدون آنکه با صول مسلم اسلامی مانند اتحاد بین دولت و مذهب خللی وارد سازد استوار گردد .

در میان رهبران و زعمای بزرگ مشروطه طلبان عده‌ای از روحانیون دانشمند و منور الفکر مانند مرحوم آقا سید عبدالله بهبهانی و مرحوم سید محمد طباطبائی نیز از فراز منابر علیه ستمگری و اعتساف سخن رانده و مردم را ارشاد مینمودند .

با وصف آنچه گفته شد هنگامیکه انقلابیون پیروز گشته و خواستند قانون اساسی را تنظیم کنند اختلاف مشرب و سلیقه در میان آنها پدیدار گشت . آرمانهای میهن پرستی و دموکراسی و مدارا و مماشات و حکومت قانون و آزادی

فردی درمقابل ظلم و اعتساف و فساد و تنبلی و خیانت که روش حکومت استبدادی بود ، در عالم معنی بسیار فریبنده بود ولی همینکه خواستند این آرمانها را درمواد قانون اساسی بگنجانند مورد مخالفت علمای محافظه کار قرار گرفت و آنها را بدعت سوء و مخالف شأن کشور اسلامی ایران قلمداد نمودند .

عاقبت طبقه منورالفکر و بازرگانان و دانشجویان و طبقات مختلف اصناف وسایر طرفداران مشروطیت پیروز شدند و در ۲۵ مهر ۱۲۸۵ شمسی اولین جلسه نمایندگان ملت درحضور مظفرالدین شاه تشکیل گردید . این مجلس بوسیله کمیسیونی که از میان افراد خود انتخاب کرده بود قانون اساسی ایران را تدوین کرد و مظفرالدین شاه آنرا توشیح نمود. بدین ترتیب فصلی نوین در تاریخ سیاسی ایران بازگشت و نخستین دموکراسی پارلمانی غربی باسنت باستانی سلطنت که ویژه این سرزمین است هم آهنگ گردید .

درفصول قبل از تلاشهای بی نتیجه محمدعلی شاه که بتقویت روسها برای براندا‌ختن مشروطیت بعمل میآورد سخن رفته است . بعضی از روحانیون محافظه کار مخالفت خود را با اصلاحاتی که حکومت دموکراسی جدید میکرد ادامه دادند و مشروطه خواهان نیز بدسته‌های متعددی تقسیم شده و با یکدیگر بمخالفت پرداختند . ولی عدم لیاقت و سهل‌انگاری و گشاد بازیهای قاجاریه و وظیفه ناشناسی سلاطین قاجار و تسلیم محض آنها در برابر بیگانگان از سایر عوامل وخیم‌تر بود و با این کیفیت وضع کشور ما روز بروز خطرناکتر میگشت تا اینکه بالاخره پدرم برای پایان بخشیدن بآن اوضاع وارد میدان عمل گردید .

چنانکه ذکر شد درهنگامیکه پدرم ریاست هیئت

وزیران را داشت و پس از آنکه سلطنت سلسله پهلوی را تأسیس نمود قدرت مجلس را تضعیف کرد ولی از طرف دیگر در استقرار مبانی دموکراسی در ایران سهمی بزرگ داشت. وی نخستین کسی است که مطابق با اوضاع عصر جدید به ترتیب عملی، دولت ومذهب را از یکدیگر تفکیک نمود.

وی مقامات روحانی را از کسی نگرفت و برعکس در دوران سلطنت او طبق قانون اساسی مذهب اسلام دین رسمی کشور بود ولی طبق همان قانون اساسی قدرت قضائی را از روحانیون گرفته و بدست دولت سپرد.

همچنین در زمان پدرم قسمت عمده مداخلات مقامات روحانی در آموزش وتعلیم مردم قطع شده و وظیفه تعلیم و تربیت بر عهده دولت قرار گرفت. وی روحانیون محافظه کار سابق را وادار ساخت که از مخالفت خود با آزادی زنان دست بردارند و روحانیون را مجبور ساخت که همّ خود را منحصراً بامور مذهبی که مفهوم واقعی وظیفه روحانی است مصروف نمایند.

اعلیحضرت فقید بوسیله اصلاح تشکیلات دولتی اساس دموکراسی را در ایران تقویت نمود. در دوران قبل از مشروطیت کارها بوسیله صدراعظم انجام میگرفت و این شخص تمام اوقات خود را در حضور سلطان میگذرانید. وی در مداهنه و چاپلوسی استاد بود و اگر شاه از وضع ارتش پرسشهائی میکرد صدراعظم بوی اطمینان میداد که نیروی ارتش توانائی آنرا دارد که بدون استعانت غیر نیروی متحد کلیه کشورهای دیگر را تار ومار کند، هرچند درحقیقت تشکیلات ارتش جز نام چیز دیگری نبود ودولت برای حفظ سرحدات ناچار بود به نیروهای چریک وافراد ایلات متوسل شود. مناصب مهم لشکری افتخاری و بدون حقوق و موروثی

بود واحیاناً طفل نوزادی ممکن بود درجه سرتیپی داشته باشد. چندوزیر تحت‌حکم‌صدراعظم‌بکارمالیه وامورخارجه میپرداختند. وزراء ظاهراً حقوق داشتند ولی درحقیقت وقتی بمقام وزارت منصوب میشدندوخلعت می‌پوشیدند باید پیشکشی که قیمتش ازجمع حقوق سالانه آنها زیادتر بود بشاه تقدیم کنند.

وزارتخانه درمنزل خود وزیر بود واحیاناً ممکن‌بود که‌آشپزوی‌بریاست‌دفترتعیین گردد. بقیه اعضای‌وزارتخانه نیزازبین مستخدمین خصوصی‌ومحارم وزیر انتخاب‌میشدند وحقوق آنانرا ازکیسه شخصی خود میپرداخت.

وی ناگزیر بود که عــده زیادی از ارباب رجوع وحاشیه نشینان وسایر متقاضیان‌را درسرسفره خویش‌بپذیرد وازهمین جهت هزینه سفره وی بسیارگزاف بود.

ولات وحکام استانها وشهرستانها را خود شاه انتخاب میکرد. معمولا مقام والی وحاکم یا موروثی بود یا شاه درمقابل پیشکش‌های‌گزاف آن مشاغل را بطور مزایده باشخاص واگذار میکرد. مردم ثروتمند حاضر بودند که برای آنکه چنین مناصبی بآنها تفویض شود مبالغ هنگفتی بپردازند زیرا درعین آنکه مجبور بودند مبلغ معینی‌بعنوان مالیات حوزه مأموریت خود بخزانه شاه برسانند هرچه بیش ازآن وصول میکردند بجیب خودشان میرفت. این مأمورین برای امور عمرانی وآبادی محل مأموریت خود چیزی خرج نمیکردند ویامبلغ بسیار ناچیزی باین مصارف اختصاص میدادند وهدف اصلی ولات وحکام آن بودکه هرچه میتوانند ازطبقات‌فقیرمالیات‌بگیرند ووجوه دریافتی ازآنان‌را صرف هوی‌وهوس شخصی‌خود وملازمان خویش بنمایند. اینان اغلب ازکیسه خود دسته‌های مسلحی نگاه

میداشتند وبدان وسیله بارعاب وتهدید مردم پرداخته وعوارض ومالیاتهای سنگین ازآنان اخذ میکردند واین مأمورین وزیردستان اغلب بهمین وسائل درمحل مأموریت صاحب زمین واملاک میشدند .

بدیهی است که این وضع ازصدرتاذیل فساد ونادرستی را تشویق میکرد وطبقات مختلف اززارع تاکاسب ومالک ناگزیر بودند برای حفظ جان ومال خود وبرای اینکه کمتر مالیات بپردازند بتحصیلداران ومأمورین مسلح حاکم رشوه بدهند ودستگاه فاسد رابدان کیفیت آلوده‌تر نمایند .

در قانون اساسی ایران راجع باصلاحات اداری کمتر اشاره شده‌بود ولی باتشکیل مجلس شورای‌ملی آثار بهبود در بعضی موارد بوجود آمد . چنانکه مستشاران فرانسوی که دولت ایران استخدام کرده بود طرحهائی برای ایجاد وتأسیس وزارت‌خانه‌ها باسازمانهای نوین تهیه نمودندکه مورد تصویب مجلس‌شورای ملی وپادشاه قاجارقرارگرفت.

بنا باصرار وتقاضای دولت‌های خارجی که بایران وام داده بودند وازموعد پرداخت مطالباتشان‌گذشته بود مستخدمین بلژیکی گمرک برای وصول مالیات که تاآنزمان تلف‌میشد ویابجیب‌اشخاص‌میرفت مأموریت یافتند وهمچنین هیئت امریکائی تحت ریاست شوستر به تنظیم وضع آشفته خزانه کشور پرداخته وبه تنظیم واصلاح اوضاع مالی کشور همت نمود .

از زمانیکه پدرم در عرصه سیاست ایران بفعالیت پرداخت اوضاع وتشکیلات اداری بطوری که دراین کشور سابقه نداشت اصلاح گردید وسروسامان یافت . وی تمام کشور را تحت یک نظارت ومراقبت متحدالشکل درآورد ، رسم انتخاب حکام را لغو کرد ، اختیارات قضائی‌استانداران

را ازمیان برد، جمع‌آوری مالیات را تمرکز داد ورویه قدیمی وصول مالیات بصورت مقاطعه را برانداخت.

سازمان وزارتخانه ومؤسسات‌دولتی‌راطبق‌اصول‌نوین وبموجب نوع کارآنها منظم ساخته ووزارتخانه‌های‌جدیدی تأسیس وکارها رابمأمورین صالح واگذارفرمود. مأمورین فاسد ازخدمت اخراج وبشدیدترین وجه مورد مجازات قرارگرفتند و مأمورین شایسته و لایق بکار گماشته شدند و صدها دانشجو برای تحصیلات تخصصی باروپا اعزام گردیدند. ازهمه کارهای‌او ومهمتر آن‌بود که دردستگاه‌اداری کشورحس‌وظیفه‌شناسی وعلاقه باحیای‌کشور و پیشرفتهای اجتماعی واقتصادی را دردل کارمندان بیدار ساخت.

درباره پیشرفتهای اقتصادی واجتماعی‌که دردوران رضاشاه بوجودآمده درفصول سابق سخن رفته است ودراین مقام باید گفت‌که آن حالت خمود وسکونی راکه ایرانیان قرنها دچار آن بودند ازمیان برداشت وپیشرفتها وترقیاتی که درحال حاضر نصیب‌کشور ما شده دردوران سلطنت او پایه‌گذاری گردید.

نظر من درباره دموکراسی مکمل سنخ فکر او دراین باب است: مثلا درنتیجه توسعه سریع فرهنگ وآموزش وپرورش درکشورکه اززمان پدرم آغازگردید امروز میتوانم بیش ازوی دراستقرار روش دموکراسی وحکومت انتخابی درکشور تأکیدکنم ودراشاعه علوم وفنون جدید واختراعات ناشی ازآن اقدام نمایم زیرا علوم وفنون نوین راههای تازه‌ای برای‌کمك بمردم عادی پیش ما بازکرده ومردم رابه بهره‌برداری‌ازامکانات‌تازه متمایل‌ساخته است.

مثلاً علوم جدید نه‌تنها طرزمبارزه بامالاریارا بمردم آموخته است بلکه بوسیله انتشار فیلمهای علمی ورادیو

وسایر کلاسهای درس مردم را بجلوگیری ازاین مرض وحفظ خود وفرزندانشان برانگیخته است . بدینجهت یکی ازاصول برنامه من دراشاعه دموکراسی استفاده کامل‌ازعلوم وفنون جدید است .

برای سهولت وتوضیح باید بگویم که در نظر من دموکراسی نوین بطرزی‌که موردنیازکشور ماست شامل سه قسمت است :

قسمت اول - دموکراسی سیاسی واداری .

قسمت دوم - دموکراسی اقتصادی

قسمت سوم - دموکراسی اجتماعی

اینك هریك ازاین قسمت‌ها را باآن مفهومی‌که من برای آنها قائلم توضیح خواهم داد :

درباره دموکراسی سیاسی ایران بایدگفته شودکه قانون اساسی ما ازقانون‌اساسی بلژیك اقتباس‌شده وحکومت مشروطه را باسنت قدیمی سلطنت درهم آمیخته ومشروطه سلطنتی را برقرار نموده است .

قانون اساسی امروز ما ازقانون اساسی اولیه مصوب ۱۲۷۵ هجری قمری ومتمم آن وچند اصلاحی‌که در ۱۳۳۶ درآن بعمل آمده وبتصویب رسیده تشکیل یافته است .

درقانون اساسی تشکیل مجلسین شورا وسنا پیش‌بینی شده است . مجلس شورای ملی دارای دویست نماینده است وهرگاه جمعیت مملکت افزایش یابد بهمان نسبت برتعداد نمایندگان نیز افزوده خواهد شد . این عده برای مدت چهار سال بسمت نمایندگی انتخاب میشوند وازاقلیتهای مذهبی نیز نمایندگانی (ازطرف ارامنه دونفر ،کلیمی‌ها یکنفر ، زرتشتیان وآسوریهاهریك‌یکنفر) انتخاب میشوند که جزو این عده دویست نفری هستند وهرگاه جمعیت این

اقلیتها را نسبت به جمعیت کشور بسنجیم تعداد نمایندگان آنها به تناسب بیشتر است .

نمایندگان مجلس شورای ملی ازهفتاد وهشت (۷۸) حوزه انتخابیه بر گزیده میشوند و کلیه افراد ذکور ایرانی که بسن ۲۱ سالگی رسیده باشند (باستثنای اعضای خاندان سلطنت واعضای ارتش ومجرمین) میتوانند درانتخابات شرکت نموده و آزادانه رأی بدهند . البته عده کثیری از دادن رأی خودداری میکنند ولی باتوسعه روزافزون فرهنگ تعداد رأی دهندگان پیوسته روبافزایش است .

مجلس سنا مرکب از شصت نفر سناتور است که نصف آنها ازتهران ونیم دیگر ازشهرستانها بر گزیده میشوند . پانزده نفر از هر قسمت انتصابی هستند بطوریکه جمعاً سی نفر ازطرف خود من بسناتوری منصوب میشوند .

مدت نمایندگی سناتورها عموماً شش سال است ولی درپایان سه سال اول دوره اجلاسیه سنا نصف آنها بحکم قرعه بر کنار میشوند و بجای آنها نمایندگان جدیدی انتخاب ویا منصوب میگردند و پس از آن در دوره های اجلاسیه بعد در پایان هرسه سال سناتورهائی که دوره شش ساله آنها پایان یافته خارج میشوند . کلیه لوایح باستثنای لوایح مربوط ببودجه ومالیات (که تصویب آنها ازوظایف خاصه مجلس شورای ملی است) باید بتصویب دو مجلس برسد وهنگامی بصورت قانونی درمی آید که ازطرف من توشیح گردد . طبق قانون اساسی من درلوایح مالی حق «وتو» دارم . بدینمعنی که اگر اصلاح بعضی لوایح را ضروری بدانم میتوانم آنرا برای تجدیدنظر بمجلس شورای ملی اعاده دهم ، ولی نمایندگان میتوانند این وتو را رد کنند وهر گاه سه ربع نمایندگان حاضر درجلسه لایحه ای را که بمجلس اعاده شده مجدداً تصویب

کنند باید آنرا بهمان صورت قبلی توشیح نمایم . یکی دیگر از اختیاراتی که قانون اساسی بمن تفویض کرده حق انحلال مجلسین است . ولی باید علت تصمیم بانحلال را اعلام کنم و نمیتوانم یك علتـرا برای انحلال مجلسین بیش ازیکبار بکار برم وباید فوراً فرمان انتخابات جدید را صادر نمایم بطوریکه مجلس یا هردو مجلسی که منحل شده است درظرف سه ماه تشکیل گردد .

نخست وزیر ووزرای او مجتمعاً هیئت وزیران ویا کابینه را تشکیل میدهند . درایران کلیه وزراء باستثنای وزیر دربار عضو هیئت دولت هستند .

هیئت وزیران بر اداره امور دولت نظارت دارد و در واقع همانطور که در سایر کشورهای مشروطه نیز معمول است مفهوم اصطلاح هیئت وزیران همان مفهومی است که از مفهوم کلمهٔ دولت استنباط میشود . اختلاف عمده ای که بین مشروطه ما با کشورهای مشروطه انگلیسی زبان وجود دارد آنست که در ایران بخلاف کشورهای مزبور وزیران عضو مجلس نیستند اما باوصف آن نخست وزیر وسایر وزراء درمقابل مجلسین مسئولیت فردی ومشترك دارند وباید درهرمورد برای دادن پاسخ بسئوالات نمایندگان درمجلس حاضر باشند . هیئت وزیران علاوه بروظایف اجرائی میتواند در موارد ضروری تصویب نامه هائیکه مخالف با قوانین مصوبه نباشد صادر کند . این تصویبنامه ها بدستورهای اجرائی رئیس جمهوری آمریکا ویاشورای سلطنتی بریتانیا شباهت دارد .

دولت ازنظر سازمانی شامل دستگاههای زیراست :

دفتر نخست وزیری - وزارت خارجه - دارائی - کشور - کشاورزی - صنایع ومعادن - فرهنگ - جنگ - بهداری - دادگستری - کار - پست وتلگراف - بازرگانی -

وانحصارات – راه . بعضی ازوزارتخانه‌ها بنگاههای نیمه مستقلی را زیرنظردارند مانند وزارت‌کشور که بنگاه عمران تحت نظر آن انجام وظیفه میکند ووزارت انحصارات وگمرکات‌که بنگاه دخانیات را اداره مینماید ووزارت فرهنگ‌که دانشگاه تهران‌را تحت‌نظردارد بعلاوه مؤسسات مستقل دیگری مانند سازمان برنامه وجود دارد که تابع هیچ وزارتخانه‌ای نیست وتحت نظارت‌کلی دولت انجام وظیفه میکنند .

دولت‌اموراستانها وشهرستانها رابوسیله وزارت‌کشور وتوسط استانداران اداره میکند ولی سایر وزارتخانه‌ها درمراکز استان وشهرستانها به تشکیل ادارات تابعه اقدام نموده‌اند .

سازمان قضائی ایران بیشتر ازسازمان قضائی فرانسه اقتباس شده‌است. پیش‌ازدوران زمامداری پدرم روحانیون تقریباً تمام امورقضائی‌را دراختیار خویش‌داشتند ولی‌پدرم تحول‌کلی دردستگاه قضائی ومفهوم قضاوت بوجودآورد . بسیاری از صاحب‌نظران و متخصصین معتقدندکه پیشرفت کشور ما درامور قضائی واقتباس رویه دنیای تمدن غرب ازسایر امور سریعتر وریشه‌دارتر بوده است .

پدرم‌کلیه اختیارات روحانیون‌را درامور قضائی‌سلب کرد وقوانین مدنی وجزائی وبازرگانی وطرزمحاکمات حقوقی وکیفری جدیدی مقرر ساخت . بموجب این‌قوانین محاکم بدوی و استینافی بقطع و فصل دعاوی حقوقی وغیرآن پرداختند .

امروز پائین‌ترین دادگاه عمومی دادگاه بخش است که درتمام نقاط‌کشور باموربخلاف رسیدگی میکنند . محکمه عالیتر دادگاه بدایت شهرستان وبالاتر ازآن دادگاه استان

یا استیناف است که درمراکز استان‌ها مستقراست . عالیترین مرجع قضائی ما دیوان عالی کشور است که درپایتخت انجام وظیفه میکند وجزدرموارد نادر مانند محاکمه وزراء احکام صادره ازمحاکم استان را نقض یا ابرام مینماید .

صرفنظر ازمراحل قضائی فوق‌الذکر برای رسیدگی بدعاوی بازرگانی وجرائم اداری ونظامی نیز دادگاههای اختصاصی وجود داردکه بموجب مقررات خاص انجام وظیفه میکنند .

قانون اساسی صرفنظر ازحق انحلال مجلسین وحق وتو درلوایح مالی اختیارات وحقوق دیگری نیز برای من مقرر داشته است که ازآن‌جمله انتخاب نخست‌وزیر وسایر وزیران است که معمولا پس‌ازمشاوره بانخست‌وزیر ازطرف من انتخاب ومنصوب میشوند .

انتصاب استانـداران و فرمانداران و سفراءکـبار وفرماندهان وبعضی‌مأمورین دیگربانظروزیرمسئول باخود من‌است . ازاینها گذشته من‌بر کلیه‌برنامه‌های عمرانی‌مملکت نظارت‌دارم وهمانطور که دراین‌کتاب بیان‌خواهدشد شخصاً محرك ومشوق اجرای این‌برنامه‌های‌آبادانی هستم . ازهمه بالاتر آنکه ازنظرشاهنشاهی عامل ومظهر وحدت وتمامیت ایران هستم واین وظیفه باستانی پیش من ازهمه مهمتراست زیرا ازدوهزاروپانصد سال‌پیش که‌کوروش کبیرملت واحد ودولت شاهنشاهی ایران را تأسیس نمود تاکنون سلطنت بزرگترین عامل وحدت ملی وسیاسی ایران بوده است .

اخیراً بایجادیکی‌ازمظاهردیگردموکراسی‌پرداخته‌ام که تقریباً درکشور من تازگی دارد وآن مسئله تشکیل احزاب سیاسی است .

هرچند تشکیل احزاب سیاسی درایران سابقه دارد

و پس از نخستین دوره مجلس شورای ملی چندین حزب سیاسی بوجود آمد ولی اختلافات داخلی و اتکای احزاب باشخاص معین و عدم توجه بمرام و مقاصد اصلی حزبی موجب گردید که احزاب از مسیر اصلی خود منحرف شده و بصورت یك عامل غیر مؤثر سیاسی درآیند.

پدرم در اوان سلطنت بعنوان آزمایش به تشکیل حزب واحدی که نماینده اکثریت مردم باشد اقدام کرد ولی بجهاتی دیری نگذشت که آن حزب متلاشی گردید و علت آن بنظر من این بود که رشد اجتماعی مردم برای توسعه و تکامل سیاسی و ایجاد احزاب بحد کفایت نرسیده بود. با وصف آن با توجه مخصوصی که پدرم به توسعه سریع فرهنگ داشت اساس تشکیلات حزبی که از مظاهر دمو کراسی است بدست وی در کشور بوجود آمد.

در زمان جنگ بین الملل دوم جهانی و اشغال ایران بدست قوای بیگانه چند حزب سیاسی در کشور ما بوجود آمد که متشکل ترین آنها حزب کمونیستی توده بود. این حزب که قبلاً هم ذکری از آن شده است در سال ۱۳۲۰ بوسیله گروه کوچکی که اغلب افراد آنرا پدرم سابقاً بجرم کمونیستی زندانی کرده بود تشکیل گردید. چند نفر از افراد این حزب بکمك بیگانگان بنمایندگی مجلس شورای ملی انتخاب شدند و عده ای در اتحادیه های کارگری و حتی صفوف ارتش رخنه کردند.

نمایندگان حزب توده در مجلس بواسطه رویه منفی خود انگشت نما شدند و متأسفانه بعضی از رجال سیاسی منفی باف غیر کمونیست نیز با آنها همکاری میکردند و تصویب قوانین مثبت و مهم را جلوگیر بودند. جالب توجه آن بود که افراد حزب توده و حامیان آنها طرفدار لغو امتیاز انگلیسها

درنفت جنوب ایران بودند ولی بانقشه ما درملی کردن صنعت نفت ایران مخالفت میکردند. نفوذ این حزب تازمان سقوط مصدق ادامه داشت.

ازسال ۱۳۳۶ باین طرف که دراوضاع سیاسی کشورما ثبات پدید آمده ومبانی اقتصادملی‌ما پس‌ازرکود دوره‌مصدق مستحکم گردیده است خود من باعلاقه وافری ازفکر تشکیل دو حزب و اکثریت و اقلیت پشتیبانی کرده و آن فکر را بمرحله عمل درآوردم.

البته باید درنظر داشت که منظور ازروش دو حزبی که‌درامریکاوانگلیس‌وسایر کشورهای آزاد جهان‌باموفقیت اعمال میشود این نیست که تنها دو حزب سیاسی در کشور ایجاد شود بلکه غرض آنست که دو حزب بزرگ اکثریت واقلیت وعده‌ای ازاحزاب کوچکتری که سعی‌دارند درنتیجه فعالیت خود ازاحزاب قوی وبزرگ کشور بشوند آزادانه بفعالیت خود ادامه دهند.

درروش دو حزبی آن حزب که درانتخابات موفق بربودن عده بیشتری ازکرسیهای نمایندگی بشود دولت‌را تشکیل میدهد وحـــزب اقلیت ویامخالف دربرابر حزب اکثریت در کمال وفاداری باصول و موازین مشروطیت بفعالیت میپردازد. انتقادات حزب اقلیت ازآن نظر که‌حزب اکثریت ودولت متشکل ازآنرا همواره متوجه مسئولیت خود نموده و ازکج‌رویها و انحراف ازحفظ منافع مردم برکنار میدارد بسیار سودمند وگرانبهاست. دراین میان احزاب کوچکتر ممکن است درموارد مختلف بایکی ازدو حزب اصلی همکاری نمایند ولی اینگونه ائتلافات اثری دراساس روش دو حزبی نخواهد داشت.

امروز درایران بتشکیل دو حزب بزرگ وچندحزب

کوچکتر توفیق یافته‌ایم و هر کس مایل باشد میتواند بدون هیچ پروا و مانعی به تشکیل حزب جدیدی اقدام کند بدان شرط که چنین حزب یا احزابی دست نشانده و آلت اجرای مقاصد بیگانگان نباشد .

یکی از دو حزب بزرگ ایران حزب ملیون و دیگری حزب مردم است. هر چند در سیاست خارجی هیچیک از این دو حزب طرفدار دسته و گروه معینی نیست ولی در مسائل داخلی و طرز حل آن مسائل بایکدیگر اختلاف سلیقه و عقیده دارند و آشکارا برد عقاید و طرز عمل یکدیگر می‌پردازند . البته اختلاف عقیده در مسائل از شئون روش دوحزبی است ، زیرا در کشوری که بر موازین دموکراسی اداره میشود مردم باید در تعیین سرنوشت خود مداخله کنند و اغلب بهترین طریق انتخاب خط‌مشی عاقلانه همان مباحثه و توجه بعقاید و نظرات مختلف و متفاوت است و این مایه مسرت من است که می‌بینم احزاب کنونی ایران بتدریج آن ضعف قدیمی را کنار گذاشته‌اند و بجای آنکه به شخصیت افراد دقت داشته باشند بمرام و روش حزبی توجه دارند .

بعضی از افراد از احزاب ما انتقاد میکنند باین عنوان که این دو حزب از طرف مردم بنیانگذاری نشده و از طرف مقامات عالیه کشور تحمیل گشته‌اند ، حتی برخی از بدبینان مدعی هستند که این احزاب دست‌نشانده مقام سلطنت و دولت هستند. این اشخاص بانگیزه اصلی تشکیل احزاب در کشوری مانند ایران که تازه در مسیر پیشرفت و ترقی افتاده است دقت نکرده‌اند .

در کشور ما باوجود مساعی روز افزونی که پدرم در امر تعلیم و تربیت و توسعه فرهنگ داشت و پیشرفتهائی که در این امر در دوران سلطنت من بعمل آمده هنوز بسیاری از افراد

مردم بیسواد هستند، بعلاوه هنوز مفهوم دموکراسی پارلمانی و احزاب سیاسی برای ما تازگی دارد و در کشوری که سنن ملی در طرز زندگانی و سنخ فکر مردم تأثیر عمیق دارد فکری از این سخیف‌تر نیست که تصور شود ممکن است احزاب سیاسی ما یکباره از میان مردم و بدست مردم بوجود آیند و به رشد و نمو و کمال برسند. من چون شاه کشور مشروطه هستم دلیلی نمی‌بینم که مشوق تشکیل احزاب نباشم و مانند دیکتاتورها تنها از یک حزب دست‌نشانده خود پشتیبانی نمایم و چون مظهر وحدت ملی کشور خویش هستم میتوانم بدون اینکه خود را منحصراً بیک حزب یا فرقه‌ای ارتباط دهم دو یا چند حزب را تشویق کنم که در کشور بفعالیت‌های حزبی بپردازند.

اینک باید دید آیا احزاب جدید ایران دست نشانده مقامی هستند یا نه. فرض کنیم که در ایران حزبی بدست رهبرانیکه بامقام سلطنت یا دولت ارتباط دارند تشکیل یافته باشد و عده افراد آن بده هزار نفر که به تناسب جمعیت کشور عده کثیری نیست بالغ گردد. این افراد مرامنامه حزب را مطالعه میکنند و بسخنان رهبران آن گوش میدهند و تنها از حزبی پشتیبانی میکنند که مرام آن را پسندیده باشند و هر گاه با آن موافقت نداشته باشند میتوانند بطرق مختلف عدم رضایت خویش را اظهار کنند. مثلا ممکن است رهبران حزب را وادار کنند که از رویه خویش دست بردارند و یا خود از حزب کناره‌گیری نمایند و یا از فعالیت حزبی دست بردارند و یا رهبران دیگری را انتخاب کنند. هر گاه افراد حزب اراده نمایند میتوانند بدون هیچ مانعی مؤسسین اولیه حزب را بر کنار ساخته و حزب را طبق منویات خویش مجدداً تشکیل دهند و رهبران دیگری انتخاب نمایند.

بعضی اشخاص ساده و خوش باور تصور میکنند که

حزب سیاسی که ده هزار یا صدهزار نفر عضو داشته باشد ممکن است بدون استعانت رهبران و گردانندگان بصیر یکدفعه بوجود آید ولی این امر در هیچ کشوری سابقه ندارد و با اندك تأملی واضح میگردد که در کشورهای آزاد احزاب را رهبرانیکه عده کثیری طرفدار دارند بوجود میآورند. اما لزوم رهبران حزبی با اصل توسعه حزب در اجتماعات کوچك شهرستانها و قصبات مباین نیست و برعکس احزاب سیاسی که در کار خود توفیق یافته‌اند شب و روز کوشش کرده‌اند که در نقاط مختلف کشور افراد محلی را بطرف مرام خویش جلب کنند. اینك در ایران احزاب بزرگ ما بتوسعه تشکیلات خود پرداخته و گذشته از جنبه ملی و عمومی خود در استانها و قراء و قصبات بتشکیل حوزه‌ها اقدام کرده‌اند و مایه مباهات است که بگویم ایمان حزبی بمعنی واقعی آن متدرجاً در تمام کشور ما بوجود آمده و افرادی از زن و مرد با شوق و علاقه‌ای که ویژه پیشقدمان است بفعالیت‌های حزبی که از مظاهر دموکراسی است همت گماشته‌اند.

در میان افراد تحصیل کرده یا بیسواد کسانی یافت میشوند که هنوز معنی واقعی احزاب آزاد را در نیافته‌اند و یا تصور میکنند شخصیت آنها بدرجه‌ای رسیده است که باید از فعالیت حزبی بر کنار باشند. برخی دیگر یا از نظر ترس یا منفی بافی نمیخواهند در مسائلی که با سرنوشت ملت و حیات خودشان بستگی دارد دخالتی داشته باشند. با وصف آن مشاهده میکنم که عده کثیری از ایرانیان میهن پرست باصول حزبی توجه پیدا کرده‌اند و روز بروز بر فعالیت آنها افزوده میشود و این وظیفه را برای قوام و بقای دموکراسی ضروری تشخیص میدهند.

گذشته از تشکیل احزاب بــرای تثبیت دموکراسی

سیاسی درایران اقدامات دیگری نیز بعمل آمده است :

یکی ازدروسی که ازحکومت‌های خوب فراگرفته میشود آنست که قوانین مصوبه تنها وقتی مفید است که بمقام اجرا درآید . سابقاً درکشورما قوانین جامع و سودمندی بتصویب مجلس میرسید ولی درنتیجه عدم اجرا مانند کاغذ باطله‌ای بی‌ارزش میماند وباآنکه رضا شاه برای اصلاح وضع اداری کشورطبق اصول متداول درجهان باختر نهایت سعی ومجاهدت‌را بعمل آورد ولی آنطورکه باید وشاید دستگاههای کشور تنظیم وترتیب صحیح نیافت وبساط رشوه‌خواری وفساد ازمیان مأمورین کشوری ایران کاملا برچیده نگشت .

درسال ۱۳۳۶ دولت من مسئله تعیین معاونین اداری ثابت وزارتخانه هارا عملی نمود . وظیفه این معاونین که باوصف تغییر وزیر درمقام خود باقی میمانند آنست که دروزارتخانه خود باصلاحات اداری پرداخته واقدامات سابق‌را دنبال کنند . چندتن ازاین معاونین دائمی وکسانیکه ازآنها دستیاری میکنند درکشورهای خارج علوم اداری‌را فرا گرفته‌اند .

معاونین اداری درهرهفته یك جلسه شور وبررسی پیرامون مسائل‌اداری کشورتشکیل‌میدهند وبرای‌اصلاحات اداری درکلیه نقاط مملکت اتخاذ تصمیم مینمایند .

در ۱۳۳۷ پس ازدوسال مطالعه دولت ایران طرح جامعی بمنظور ایجاد تشکیلات جدید دولتی نظیر سازمانی که دولت هوور برای‌کشورهای متحده آمریکا داده بود بصورت لایحه‌ای بمجلس تقدیم کرد ومجلس آنرا درسال ۱۳۳۸ تصویب نمودوبتوشیح من‌رسید واین‌قانون تشکیلات اساسی اغلب‌وزارتخانه‌ها ومؤسسات‌دولتی‌را تعیین مینماید.

درهمان موقع گروه دیگری ازمتخصصین مطالعاتی برای اصلاحات اساسی درسازمان برنامه که درامـور عمرانی واقتصادی مملکت وظیفه مهمی دارد بعمل آوردند وامروز وزارتخانه‌ها ومؤسسات دولتی ما بطور کلی برطبق اصول جدید وبطرزی که در آمریکا متداول است تشکیل یافته وبا یکدیگر ارتباط واتصال منطقی پیدا کرده‌اند.

نقشه ما اینست که تشکیلات اداری کشور را به تناسب نیازمندیهای زمان واطلاعات تازه دائماً اصلاح کنیم. با وصف آنچه گفته شد شک نیست که سازمان ها را هرقدر هم طبق اصول علمی تشکیل یافته باشند هرگز نمیتوان بوسیله کسانیکه دارای عقاید قدیمی وسنخ فکر کهنه باشند اداره نمود.

ازاین گذشته اگر کارمندان کهنسال تاآخر عمر مصدر مشاغل خود باشند، جوانان دیگر مجال خدمتگزاری وابراز لیاقت پیدا نخواهنــد کرد واین وضع در سالهای اخیر در دستگاههای دولتی ما پیش آمده بود. ازهمین جهت در سال ۱۳۳۷ تصمیم گرفتیم که عموم کارمندانی که سنشان بشصت رسیده ویا سی سال سابقه خدمت دارند (باستثنای وزراء - سفراء کبار - معاونین وزارتخانه ها) بازنشسته شوند وبدین ترتیب هزاران نفر از کارمندان دولت بادریافت حقوق بازنشستگی که کمی هم از حقوق دوران اشتغالشان بیشتر است از خدمت خارج شده‌اند. عده زیادی از این بازنشستگان در دستگاههای عمرانی وصنعتی خصوصی بکار مشغول شده‌اند وجای خود را در دستگاه دولت بجوانانی داده‌اند که در ایران یا کشورهای دیگـر تحصیلات عالیه کرده‌اند.

یکی دیگر از اقداماتی که بنظر من بسیار مفید بوده است مسئله دادن آزادی عمل و واگذاری امور به استانهـا

وشهرستانهاست زیرا اگرمردم استانها یا شهرستانها ناگزیر باشند درتمام مسائل‌مورد ابتلای خویش‌بطریق سلسله مراتب به‌تهران رجوع کنند موجب دوضرربزرگ میشود اول‌آنکه جریان امور بسیارکند میگردد و دوم‌آنکه روحیه مردم‌که می‌بینند برای قطع و فصل امور مربوط بخویش آزادی ندارند بسیار ضعیف میشود. بدینجهت بمأموران محلی اختیار زیادتری داده‌ایم وانجمنهای شهررا تشویق کرده‌ایم که درمسائل‌مربوط بمدارس‌وبیمارستانها ودارالایتام وسایر امور عام‌المنفعه وکارهای مربوط بشهرداری نظارت‌مستقیم داشته باشند.

انجمن شهرداریهای ایران دراین‌باره خدمت بزرگی انجام داده‌است چنانکه شهرداری‌اصفهان‌را بعنوان نخستین انجمن نمونه انتخاب‌کرده و درباره اداره امور شهرنظریات مفیدی را در آنجا بمقام عمل درآورده است. همچنین برای اتخاذ رویه‌های جدید ومعمول جهان متمدن وتلفیق آنها بامقتضیات کشور بتحقیق وبررسی ومطالعه پرداخته است و چندین مجمع سخنرانی محلی و ملی تشکیل داده است تامأمورین شهرداری‌را بروشهای جدید آشنا سازد موجب‌دیگرنیز برای‌دادن اختیارات بشهرستانهاموجوداست وآن‌اینکه درتمام دموکراسی‌های بزرگ‌جهان‌تجربه نشان داده‌است‌که احزاب‌سیاسی‌قدرت حقیقی‌خودرا ازاجتماعات کوچك محلی شهرستانها بدست میآورند. زیرا دراین نقاط میتوان افراد را برای خدمات اجتماعی و ملی تربیت‌کرد وحوزه‌های محلی توانائی‌آنرا دارندکه حزب را به تمایلات ملی و عمومی مردم آشنا سازند وبهمین جهت بدون مبالغه میتوان‌گفت‌که بهترین طریقه ایجاد احزاب سیاسی‌درایران که هدفی‌جزتعالی وترقی‌کشور نداشته‌باشندآنست‌که مردم

درنقاط کوچکتر برای خدمات عمومی تربیت شوند ودراین خدمت پیشقدم گردند.

چنانکه گفته شد ما ناگزیر بوده‌ایم قبل‌ازآنکه مردم حوزه‌های کوچکتر کشور برای این وظیفه اجتماعی کاملا مستعد شده باشند اقدام بتأسیس احزاب کنیم ولی شك نیست که این‌احزاب ازپشتیبانی‌مردمیکه درشهرستانها واجتماعات کوچکتر کشوری زندگی میکنند کسب نیرو خواهند کرد وبدستیاری آنها ازآرمان‌های مردم آگاهی یافته وخدمات اجتماعی‌را طبق آمال عمومی دنبال خواهند نمود.

گذشته از مسئلهٔ فوق برای اینکه کارها در تهران تمرکز پیدا نکند طریقه دیگری‌هم هست که مورد علاقهٔ من بوده است. چون برای انجام وتکمیل طرحهای عمرانی کشور عجله داشته‌ایم وظایف بسیارزیادی را بسازمان برنامه محول کرده‌ایم و بعضی کارها را از وزارت‌خانه ها که میتوانسته‌اند آنرا بهمان خوبی یا بهتر انجام دهند گرفته و باین‌سازمان واگذار کرده‌ایم. بعلاوه درمسئله حقوقی‌که بکارمندان سازمان‌پرداخته میشود به‌تناسب حقوق مأمورین وزارت‌خانه‌ها تبعیضی بوجودآمده است. باآنکه خدماتیکه بسازمان برنامه محول بود خوب انجام‌گرفته است درآینده قسمت عمده وظایف فعلی درسازمان برنامه تمرکز نخواهد یافت‌واجرای‌طرحهای عمرانی‌وبهره‌برداری ازدستگاههای تولیدی دولت متدرجاً بعهده وزارت‌خانه های مربوط و مؤسسات دولتی دیگر واگذار خواهدگردید.

برای جلوگیری از فساد و نادرستی در دستگاههای دولتی از دو سال پیش اقدامات شدیدی بعمل آمده است ودو قانون باین منظور از تصویب مجلسین گذشته وبموقع اجرا درآمده است. یکی قانون مربوط بمنع مداخله کلیه

حقوق بگیران دولت و متصدیان کارخانه ها و مؤسساتی که‌سرمایه آنهـا متعلق بدولت یاسود آن بدولت میرسد درمعاملات دولتی‌است. قانون مزبور نمایندگان مجلسین‌را نیز از معامله و مقاطعه‌کاری درامور دولتی ممنوع ساخته و هرچند درآن اشاره‌ای بافراد خاندان سلطنتی نشده است من مخصوصاً بطور جداگانه اعلام نموده‌ام که مفاد این قانون شامل آنها نیز خواهد بود. متخلفین از مقررات قانون منع مداخله به دو تا چهارسال حبس مجرد محکوم خواهند شد.

قانون دوم، یاقانون «ازکجاآوردی» مقررداشته‌است که کلیه حقوق بگیران و اعضای دولت و سایر متصدیان کارخانه‌های دولتی ونظائرآنها باید هرسال سرمایه منقول ودرآمد خودرامشروحاً اعلام‌نمایند واگرسال‌بسال تغییرات مشکوکی در سرمایه و درآمد آنها پیدا شود مورد بررسی قرار خواهد گرفت. هرکارمندی از دادن این اطلاعات خودداری نماید ویا برخلاف واقع اطلاعاتی بدهد بانفصال ابد ازخدمات دولت محکوم ودرآمد وسرمایه اعلام نشده ومخفی او بنفع دولت ضبط خواهد شد.

یکی‌دیگراز اقدامات اساسی وقابل توجهی که درسال گذشته در دربار من انجام گرفت تشکیل سازمان بازرسی شاهنشاهی بود.

همانطورکه در فصل اول اشاره‌کردم من از جوانی یعنی ازهمان هنگام‌که درسویس تحصیل میکردم باین فکر بودم که در موقع قبول مسئولیت سلطنت رسیدگی و رفع شکایات مردم عادی کشور را وجهه همت خویش قرار دهم. قبل ازتشکیل سازمان بازرسی شاهنشاهی کلیهٔ شکایاتی‌راکه بدفترمخصوص میرسید شخصاً مطالعه‌کرده و بمسئولین‌امر

دستور رسیدگی میدادم ولی بعداً متوجه شدم که این روش نقائصی دارد .

مثلا اگر کشاورزی از بدرفتاری ژاندارم محل شکایت میکرد طبعاً ممکن بود بوزارت کشور دستور رسیدگی و رفع تعدی و مجازات ژاندارمی که از قدرت خود سوء استفاده کرده صادر شود . وزیر کشور نیز بقصد رسیدگی و روشن ساختن قضیه مراتب را از فرمانده ژاندارمری محل استفسار مینمود . فرمانده مزبور نخستین کاری که طبعاً میکرد این بود که از خود و مأمور زیر دست خویش دفاع نماید و حقیقت مکتوم می ماند . گاهی نیز کشاورز شاکی ممکن بود از طرف ژاندارم محل بعلت تقدیم چنین شکایتی مورد آزار و تهدید قرار گیرد .

با آنکه سازمان ژاندارمری یا سایر مؤسسات دولتی پای بند انضباط و اطاعت از مقررات هستند ولی بتجربه دریافتم که باید سازمان مستقلی برای بازرسی تشکیل گردد و از همین جهت در سال گذشته بتأسیس سازمان بازرسی شاهنشاهی اقدام نمودم .

اعضای این سازمان بتمام نقاط کشور مسافرت میکنند و آزادانه و بدون هیچگونه ترس یا شائبه طرفداری و تبعیت از مقررات اداری بشکایات مردم رسیدگی میکنند . مردم نیز با کمال اطمینان خاطر و بدون هیچگونه پروائی شکایات یا تقاضاهای خود را بوسیله این مأمورین و در حقیقت مستقیماً باطلاع من میرسانند .

در اینجا لازم است از یکی دیگر از تغییرات عمده ای که در طرز کار دستگاههای دولتی بوجود آمده و در وضع اجتماعی مردم کشور در هر گوشه و کنار تأثیر داشته است ذکری برود. تا چندی پیش در ایران مانند بسیاری از کشورهای

دیگرجهان مردم عادی یعنی پیشه‌وران ودهقانان دولت رافقط بوسیله مأمورین وصول مالیات ویاافراد شهربانی وارتش میشناختند . درسالهای پیشین چنانکه گفته شد مأمور مالیات معمولا هرچه میتوانست از کاسب وزارع بجبر وعنف دریافت میکرد. مأمورین ژاندارمری ونظامیان نیز باخاذی ودریافت پول و محصول کشاورز عادت داشتند و بااین ترتیب اگر دهقانان مأمورین دولت را بچشم بغض و کینه مینگریستند جای شگفتی نبود .

دراین اواخر بدلائلی که بسیار واضح است نظرمردم نسبت بمأمورین دولت تغییر کرده‌است . امروزدستگاه دولت دردهکده‌ای که محل سکنای کشاورز است مدرسه میسازد وفرزند ویرا برایگان تربیت وتعلیم میدهد ، مسکن ویرا برای جلوگیری ازبیماری مالاریا سمپاشی میکند ، برای وی چاه عمیق حفرمینماید که ازآب پاك و ناآلوده برای شرب استفاده کند ، درمانگاه رایگانی تأسیس میکند که خودوافراد خانواده‌اش درهنگام بیماری بدان مراجعه نمایند ونماینده دولت درمزارع درجلو چشم مردم روستا فوائد بذرهای تازه وطرز نوین کشاورزی را نمایش میدهد . این اقدامات امروز در تمام نقاط کشور انجام میگیرد و دهقان عادی خواه وناخواه استنباط میکندکه بین دولت ومردم روابط تازه وبیسابقه‌ای بوجود آمده است . خدمتگزاران دولت نیز در روابط جدید خود بامردم مفهوم دموکراسی را درك کرده و بوظیفه‌ای که نسبت بمردم دارند آشنا گشته‌اند .

آوردن جوانان بخدمت دولت و تربیت نسل آینده برطبق اصولی که در فصل سابق بدان اشاره رفت پیشرفت دموکراسی را تسریع میکند .

من شخصاً امیدوارم که روابط تازه‌ای که بر بنیان

دموکراسی میان مردم و کارمندان دولت برقرار گردیده است راه را برای تکامل دموکراسی و پارلمانی صاف و هموار خواهد ساخت. دموکراسی سیاسی را نمیتوان بهمان کیفیت که یخچال برقی را بکار میاندازند و هر وقت بخواهند آنرا روشن یا خاموش میکنند درجامعه مورد عمل قرار داد و برای آنکه این نحو حکومت بشکل مؤثری صورت اجرا پیدا کند بصیرت و هوشیاری بسیار لازم است. رأی دهندگان در هنگام انتخابات عمومی باید از شایستگی داوطلبان نمایندگی و اموری که باید در مجلسین مورد شور و مداقه قرار گیرد آگاهی داشته باشند و نبوغ فکری و رشد معنوی و سجیهٔ مدارا و مماشات نمودارهای این شایستگی است.

ثروتمندان کشور باید با همان یک رأی که قانون برای آنها و مردم بینوا بطور تساوی مقرر داشته قناعت کنند و حزبی که در انتخابات اکثریت آراء را بدست نمی آورد و حتی با چند رأی معدود شکست میخورد باید صبر را پیشه ساخته منتظر فرصت دیگر باشد و تا رسیدن آن فرصت بانتقاد عاقلانه از دولت اکثریت بپردازد و تحت عنوان انتقاد بمنفی بافی و اضرار جامعه اقدام نکند. امانت و درستی از شرایط مهم خدمتگزاران دموکراسی است و همه کس از آنها که وارد سیاست هستند تا کارمندان دولت باید برنفس خویش غالب آمده بفریب دادن مردم یا گمراه ساختن آنها نپردازند. در یک چنین حکومتی باید از مراقبت و مواظبت دائم دریغ نورزید و هر گونه غفلت سیاسی یا اداری یا دوروئی و مسامحه را بدون ترس مجازات کرد.

از این گذشته دموکراسی سیاسی باید بمثابه مأموریتی باشد که عموم افراد آنرا بــر عهده شناسند و آن وظیفه و مأموریت مثبت را نیروی فعاله و زنده ملت باید بمرحله

اجرا درآورد .
نمیگویم ایجاد یك چنین دموکراسی سیاسی کار آسانی است . تنها نکته‌ای که نسبت بآن تأکید میکنم این است که درنظر ما ایرانیان آن حقیقتی که دردموکراسی سیاسی واقعی موجود است آنقدر پرارزش است که هرچه برای تحصیل آن صرف کنیم سزاوار خواهد بود .

اینك باید بمسئله دموکراسی اقتصادی عطف توجه نمود. بنظر من کشور ما در مورد دموکراسی اقتصادی نیز مانند دموکراسی سیاسی خط مشی مخصوصی که درخاورمیانه تازگی دارد اختیار کرده است. بحث درباره این خط مشی برای تفاخر وخودنمائی نیست بلکه بیان عملیاتی است که پیش چشم علاقه‌مندان واقعی قرارگــرفته است وچیزی برای من مسرت بخش تر ازآن نیست که رویه‌ای که ما برای پیشرفت کشور خود اختیار کرده‌ایم باروشی که سایر کشورهای واقع دراین بخش گیتی پیش گرفته‌اند موردمقایسه قرارگیرد .

درفصول قبل ازبرنامه کلی توسعه اقتصادی کشور بطور اجمال سخن رفته است ودراین مقال بشرح ارتباط بین توسعه اقتصادی ودموکراسی میپردازم .

چنانکه همه میدانند درجهان امروزکشور امریکا بیش ازهر کشور دیگر چه ازنظر مجموع وچه ازنظر میزان سرانه تولید به نسبت جمعیت کشور ، کالا وخدمات اقتصادی تولید میکنند . بنظر من اهمیت قضیه در کمیت ومقداریکه مردم زحمتکش آن کشور بوجود میآورند نیست بلکه روش و کیفیتی که این محصول براساس دموکراسی توزیع میشود سزاوار دقت واهمیت است . یکی ازمناظری که درهنگام بازدید کارخانه‌های بزرگ امریکا جلب توجه میکند اتومبیل هائی است که متجاوزازچندین صد وحتی چند

هزار در اطراف و حوالی کارخانه توقف کرده‌اند و بیشتر این اتومبیل‌ها متعلق به کارگران عادی است که خودشان راننده آن هستند. اکثریت اعظم این کارگران غذای خوب و کافی میخورند و لباس مناسب میپوشند و درخانه‌های تازه ساخت زندگی میکنند که با آخرین لوازم زندگی که وسیله صرفه‌جوئی در وقت و تأمین آسایش افراد خانواده است مجهز است.

البته در امریکا نیز طبعاً کسانی یافت میشوند که ثروت آنها از دیگران بیشتر است ولی حجم تولید در این کشور بحدی زیاد است که تقریباً همه‌کس میتواند احتیاج خود را مرتفع ساخته و مقداری هم صرفه‌جوئی داشته باشد. بعبارت دیگر میزان تولید در امریکا آنقدر زیاد است که بی آنکه در داخل کشور مضیقه‌ای ایجاد شود دولت برنامه کمک‌های خارجی خود را در تمام نقاط جهان بموقع اجرا گذاشته است.

اما راز موفقیت امریکا در مسئله دموکراسی اقتصادی تنها در سرمایه‌داری محض نیست. از زمان جنگ‌های داخلی که بین سالهای ۱۸۶۱ و ۱۸۵۶ در آن کشور رخ داد کشور امریکا تدریجاً رویه معمولی کشورهای سرمایه‌دار را ترک کرده و درپایان جنگ اول جهانی بکلی آن روش را بکنار نهاده است. امروز در آن کشور هزاران مؤسسه صنعتی و بازرگانی خصوصی و صد هزاران مزرعه شخصی وجود دارد ولی روش اقتصادی امریکا مخلوطی از روش سرمایه‌داری و سوسیالیستی است باین کیفیت که دولت باین مؤسسات خصوصی بوسیله اعطای وام و راهنمائی‌های فنی و خدمات دیگر کمک میکند و آنها را بنفع عموم مردم کشور تقویت مینماید و رأساً نیز مؤسسات مختلفی را از بیمارستان و کارخانه‌های برق و مهمات سازی و بنگاههای معظم نشر کتب اداره میکند و آنچه در این مورد اهمیت دارد آنست

که تمام این محصولات و خدمات در سراسر کشور بین مردم توزیع میگردد.

در کشور ایران نیز دولت امور مربوط بصنایع و بازرگانی را بنفع مردم تنظیم و اداره میکند. مثلا بموجب قوانین موضوعه شرائط کار در کارخانه‌ها را معین و در بعضی موارد نرخ اجناس را نیز تعیین و تثبیت کرده‌ایم و مثلا دولت حداکثر قیمت خرده‌فروشی گوشت و نان را همیشه معلوم و معین کرده است. همچنین در سال گذشته قیمت خرده‌فروشی دارو در تمام کشور بنفع مردم تقلیل داده شد و بمیزانی که حتی از قیمت خرده‌فروشی آن در کشور تولیدکننده کمتر است تثبیت گردید.

صرفنظر از تنظیم و نظارت در امور صنعتی و بازرگانی خصوصی در مواردی که منافع ملی ایجاب کند دولت رأساً بفعالیتهای صنعتی و بازرگانی اقدام میکند و در عین حال برای صاحبان صنایع و بازرگانان و کشاورزان مجال موسعی فراهم ساخته است. بعقیده من توفیق دموکراسی اقتصادی در کشور ایران منوط بوجود افرادی است که مستقلا بامور صنعتی و بازرگانی بپردازند.

چنانکه در فصل بعد ذکر خواهد شد مهمتر از امر صنعت و بازرگانی مسئله کشاورزی است که باید عده کثیری بکارهای فلاحتی مشغول باشند. ما میل نداریم که در ایران چنانکه در بعضی از کشورها مانند چین کمونیست متداول است میلیونها نفر از افراد دهقان و کشاورز بطور دستوری و تحت‌الامری زندگی کنند و حق نداشته باشند که حیات خصوصی و خانوادگی آنها نیز بخودشان متعلق باشد. در مسئله کشاورزی مفهوم دموکراسی اقتصادی این است که فلاحت برای خدمت با فراد آزاد اجتماع تحت تنظیم و تربیت

درآید . هرچند در امر دموکراسی اقتصادی ، کشور ایران بمرحله کمال نرسیده است ولی ما بطرف این کمال پیش میرویم ومانند بعضی از کشورهای دیگر بهدف خویش چندان فاصله وبُعد مسافت نداریم .

باتوجه بآنچه ذکرشد نظرمن درپیشرفت‌های اقتصادی متکی بردو اصل کلی است :

اصل اول آنست که باید درکشور رفاه وآسایش اقتصادی روزافزونی بوجودآید ومردم کشور من ازآن رفاه ونعم کاملا برخوردار گردند .

اصل دوم آنست که اقتصاد کشور طوری تحت تنظیم وترتیب درآید که حقوق کارگران وکشاورزان ومدیران کارخانه ومهندسین ومتخصصین وکلیه افرادی که بامر تولید اشتغال دارند محفوظ باشد .

من نمیتوانم اجتماعی‌را تحمل کنم که افرادآن‌درجهل وبیسوادی امرارحیات کنند وقدرت تولیدشان کم باشد ودراین جهان که همه کس برای ترقی وپیشرفت درتلاش است ازخود جنبش وکوشش نشان ندهند .

در نظر من از این وضع غیرقابل تحمل‌تر وضع آن اجتماعی‌است که قدرت تولید دارد ولی درزیر فشاروتعدی بکار مشغول است ومیدانم که اکثریت قریب باتفاق ملت من دراین عقیده بامن موافقند . عزم راسخ ما ایرانیان این‌است که اقتصاد کشور را توسعه دهیم ولی چون استقلال فردی ازسنن دیرین ماست آن توسعه اقتصادی راکه دراثر فشار وتعدی وفداشدن آزادی واستقلال‌فردی بوجودآید هرگز نخواهیم پذیرفت .

اینک باید دید بچه کیفیت میتوان دموکراسی‌اقتصادی منظوررا با سرعت درکشور مستقر ساخت . قدم اول برای

حصول این منظور تهیه نقشه وبرنامه است زیرا در دنیای کنونی اقتصاد کشور جز با تهیه طرحهای جامع و اساسی پیشرفت سریع نخواهدکرد . تاریخ گیتی حاوی شواهد غم‌انگیز از کشورهائی است که کارخانه های عظیمی بر پا کرده‌اند بدون‌آنکه نیروهای مولد وموادخام وانشاء طرق وراه‌آهن‌رابرای رساندن‌موادخام‌وحمل‌محصول کارخانه‌ها مورد توجه قراردهند . همینطور ممکن است درعوض‌تولید اجناسی که مورد تقاضای عمده است کالائی تولید کنندکه بازارآن محدود باشد و یا سرمایه‌ای هنگفت برای تأسیس کارخانه‌ای شکیل‌ومجهز بآخرین‌وسایل‌صرف‌نمایند وبرای گردانیدن‌آن مدیرومتخصص نداشته‌باشند . چنانکه‌کشوری را میشناسم که متجاوز از یك میلیون دلار صرف خرید ماشین‌های حفاری کرد ولی‌خرید لوازم یدکی‌آن ماشین‌ها را درنظر نیاورده بود .

گاهی از من سئوال میشودکه چگونه میتوان نیروی ابتکاری‌فردی‌را بابرنامه‌های وسیع اقتصادملی تطبیق‌نمود . خوشبختانه پاسخ باین سئوال دشوار نیست زیرا فرض‌کنیم مثلا یك شرکت خصوصی بخواهد کارخانه بافتن ابریشم طبیعی درایران ایجاد وهزینه‌آن را نیز شخصاً تقبل‌کند . البته دولت هیچگونه مخالفتی باچنین طرحی نخواهدکرد ولی اگر صاحب‌کارخانه از دولت نیز تقاضای کمك مالی داشته باشد آنوقت چون ثابت شده‌است‌که ابریشم مصنوعی بازار ابریشم‌طبیعی‌راکساد کرده وامروزپارچه‌های ابریشمی طبیعی‌ازکالاهای تجملی‌بشمارمیآید وکشورایران به‌صنایع دیگری مانندقندسازی ونظائرآن احتیاج‌مبرم‌دارد بتقاضای وی برای‌کمك جواب مساعد داده نخواهد شد ویك‌چنین کمکی‌را بکارخانه‌هائی میکنیم که محصولاتشان برای مردم

کشورمورد نیاز اولین درجه‌است . باین کیفیت مافعالیتهای خصوصی‌را باموری هدایت میکنیم که ثمر آن‌هم بکشوروهم بخودآنها عاید گردد .

درباره برنامه هفت‌ساله اول وعلل عدم موفقیت آن از جهات سیاسی و آغاز برنامه هفت ساله دوم که بیشتر با موفقیت توأم بود اشاره کرده‌ام . بیشتر طرحهائیکه درفصل پیش ذکری ازآنها رفت نتیجه اجرای این برنامه هفت‌ساله دوم است ولی باآنکه کارهای بسیار صورت انجام یافته‌است ولی من هنوز چنانکه باید راضی وخرسند نیستم زیرا که هرچه روش کاررا بیشتر اصلاح کنیم اقدامات دامنه‌دارتری را درمدتی کمتر باتمام توانیم رساند .

برای تعهد این مهم ایجاد یك دستگاه مجهز بمنظور تهیه طرحهای اقتصادی و تلفیق آنها با یکدیگر ضرورت داشت وازهمین‌جهت‌شورای عالی‌اقتصاد رابرای‌این‌خدمات تأسیس نمودم . این شورا که ریاست آن با نخست‌وزیر است به‌عضویت عده‌ای از وزیرانیکه کارشان با توسعه اقتصادی کشور ارتباط دارد ومدیرعامل سازمان برنامه ومدیرکل بانك ملی‌ایران تشکیل یافته است . سازمان اداری این‌شورا تحت ریاست دبیرکل شوراکه درسال۱۳۳۷ بمقام قائم‌مقامی نخست‌وزیر ارتقاء یافت انجام وظیفه میکند . جلسات شورا اغلب درحضورمن‌تشکیل‌میگردد وطرحهای توسعه‌اقتصادی را بررسی‌نموده واجرای‌آنرا بوزارتخانه ومؤسسات مختلف مملکتی به‌تناسب نوع طرحها واگذارودرحسن اجرای آنها نظارت مینماید .

شورای عالی اقتصاد در تسریع اجرای برنامه هـــای توسعه و ارتباط و هم‌آهنگی طرحها با یکدیگر خدمات سودمندی انجام داده‌است . بموازات‌این‌اقدام درسال گذشته

نیز باکمك متخصصین خارجی یك دفتر اقتصادی درسازمان برنامه تأسیس گردید . این دفتر که از متخصصین ایرانی وخارجی تشکیل یافته ومشغول یك سلسله مطالعات اقتصادی برای حسن اجرای برنامه هفت ساله دوم است وظیفه مهمتر دیگری نیزدارد وآن تهیه‌طرح برنامهٔ هفت‌ساله سوم ماست. ناگفته نباید گذاشت که هرچند برنامه هفت ساله دوم یعنی برنامه فعلی‌ما محسنات بسیاردارد ولی درنظردارم که دریك مورد اساسی درآن‌اصلاح بعمل‌آورم وآن مسئله موعدانجام طرحهاست . درقانون برنامه هفت‌ساله دوم مانند برنامه‌اول طرحهای وسیع وکلی کشاورزی وکارهای مربوط به‌آن و وسایل‌نقلیه ومواصلات وصنایع ومعادن تعیین‌شده ومقرر گشته‌است که درظرف هفت‌سال درحدود معینی‌مبالغی‌صرف انجام‌آنها گردد ولی درهیچیك ازاین دوقانون مدت قطعی برای تکمیل واجرای هرطرح معلوم ومصرح نگشته است .

عدم تعیین‌مدت قطعی‌درنخستین مرحله اجرای‌برنامه توسعه تاحدی قابل‌اغماض بود ولی‌اکنون‌که‌کارها بجریان افتاده و بسرعت دنبال میشود بنظرمن بسه دلیل باید برای اتمام‌کارهای برنامه هفت ساله دوم وبرنامه‌های آینده وقت قطعی تعیین شود .

اولا درذهن‌مردمیکه باروش دموکراسی‌خوگرفته‌اند ملاحظه و مشاهـــده مدارك روشن از قبیل عکس سدها ولوکوموتیوهای‌دیزلی‌مؤثرترازمطالعهٔ‌کلیات و گزارشهای مربوط بامور مالی وهزینه است .

ثانیاً اگر بیك شخص عادی هوشمند بطور مبهم گفته شودکه درنظراست برای امورعمرانی وجوهی‌تخصیص یابد مطلب چندان قابل‌توجه واقع‌نمیشود ولی‌وقتی بوی‌بگویند طرح معینی چگونه اجرا میشود وچه وقت باتمام خواهد

رسید درذهن وی تأثیر خواهد کرد . زیرا بتصور وی وجوه عمومی ممکن است تفریط شود و بخشی از آن بجیب اشخاص برود ویا بکارهائی که در آن مطالعه کافی نشده صرف گردد ویا برای اموری اختصاص یابد که در آینده دور و نامعلوم باتمام خواهد رسید ویا هرگز صورت واقعیت پیدا نخواهد کرد . مرد هوشیار همواره در پی آنستکه بداند سرمایه ایکه دارد بچه مصرفی خواهد رسید وچه وقت از آنچه خریداری شده بهره برداری خواهد کرد .

دلیل سوم که از همه مهمتر است آنستکه تعیین وقت قطعی برای انجام طرحهای اقتصادی ، مردم را به پشتیبانی و کمک باجرای برنامه های عمرانی کشور تشویق و تحریض خواهد نمود .

مسئله توجه بوقت از نکات برجسته سنن ملی مـا نبوده است ولی در انجام برنامه های اقتصادی و اجتماعی که برای ما ضرورت حیاتی دارد وقت شناسی کمال حائز اهمیت است .

من آرزومند دیدن آن روزی هستم که احزاب سیاسی و مؤسسات دولتی و تمام دستگاههای فرهنگی و افراد ملت همه توجه کامل خویش را به پیشرفت کشور معطوف دارند . احزاب سیاسی در نطق هائیکه در مجامع حزبی ایراد میکنند این خدمت بزرگ عمومی را همواره با فراد خود گوشزد کنند و کارمندان و خدمتگزاران دولت برای اینکه کاری را که بآنها محول است در کوتاه ترین مدت انجام دهند با یکدیگر مسابقه دهند و دانش آموزان و دانشجویان و حتی کودکان نوآموز از طرحهائیکه دردست اقدام داریم ودرفصل پیش بآنها اشاره کرده ایم آگاه شوند وراه خدمتگزاری بکشور و پیشرفت آن را که درحقیقت بسود آنهاست بیاموزند ومردم

کشور ما بدانند که هر یک در این تجدید بنای اقتصادی کشور وظیفه مهمی دارند و در هر رشته و حرفه ای که هستند از ادای سهم خود در این راه دریغ نورزند .

اگر این آرزوها ظاهراً خیالی جلوه میکند باید بخاطر داشت که مردم ما بیش از سالهای گذشته برای توسعه و پیشرفت بشوق افتاده و بآینده کشور ایمان پیدا کرده اند و توجه ما بعامل زمان نیز عمیق تر و جدی تر گشته است .

گرچه هنوز در اجرای پاره ای از طرحهای عمرانی آن سرعتی که انتظار میرود مشهود نیست ولی در سایر طرحها سرعت انجام کار موجب اعجاب متخصصین اقتصادی و مهندسین کشورهای غربی شده است . امروز در تهران ممکن است در ظرف یکشب خیابانی اسفالت شود و ساختمان یکی از بزرگترین پرورشگاههای ما که گنجایش تربیت دوهزار کودک و عده کافی مربی و پرستار دارد در مدتی کمتر از یازده ماه پس از طرح نقشه اولیه خاتمه یابد و رسماً افتتاح گردد . در پایتخت ایران که جمعیت آن در مدتی کمتر از پانزده سال از نیم میلیون بیک میلیون و نیم بالغ شده است باید کارها را بسرعت انجام داد و ما نیز چنین کرده ایم و خوشبختانه این سرعت و فعالیت در تمام شهرستانهای ما نیز معمول و محسوس است .

در بعضی از کشورهای اشتراکی سعی دارند مردم را بازدیاد میزان تولید تشویق نمایند. ولی بنظر من در کشورهای دموکراسی میتوان بنحو دیگری در امر اقتصادی توفیق حاصل کرد و من مایلم که در محیط دموکراسی هدفهائی دشوار برای خود معین کنیم و پیش از موعد مقرر بآنها برسیم. من میخواهم بوسیله سخنرانیهای مفید و ارائه فیلمها و برنامه های تلویزیونی و رادیو و سایر وسایل تبلیغ روح کوشش و مجاهدت

را درمردم دمیده وآنها را برای پیشرفت‌های اقتصادی که بدست خود آنها وبرای خود آنها باید انجام گیرد مجهز نمائیم . من میخواهم نسبت بطبقه جوان که مایه افتخار وامید ما هستند توجه خاصی مبذول گردد واز میهن‌پرستی و نیروی خداداد و حس رقابتی که در آنها موجود است و علاقه‌ای که بهمکاری ومعاضدت یکدیگر برای نیل بآمال وآرزوهای مشترك دارند استمداد کنیم تا بدان‌وسیله برای میهن خویش فرزندان لایقی بشوند و کشور خودرا برای زندگی آبرومندانه‌سرزمینی‌مرفه‌وپربرکت‌بسازندوپیشرفت اقتصادی وتحول دموکراسی بموازات یکدیگر درکشور ما پیش‌برود ودموکراسی‌اقتصادی بصورت‌کمال‌خود مرزوبوم ما را فراگیرد .

مسئله دیگری هم در دموکراسی اقتصادی باید مورد توجه قرارگیرد و بنظرمن ملت ایران بآن درجه از رشد فکری رسیده است که آنرا پذیرفتار باشد وآن مسئله تشکیل اتحادیه اصناف آزاد است که درکشورهای اشتراکی کسی از کُنه‌آن آگاهی ندارد . اعتقاد راسخ من این‌است که اینگونه اتحادیه‌ها ازعوامل مهم دموکراسی ودردنیای کنونی ضامن ایجاد دموکراسی اقتصادی درصنایع است .

دراثنای‌جنگ‌بین‌الملل‌دوم وبعدازآن درکشورایران اتحادیه‌های کارگری مانند قارچ در همه‌جا و هرگوشه و کناری سبز شدند . ولی بچندین جهت نتیجه نامطلوبی داشتند زیرا همانطورکه قبلا نیزاشاره کردم اغلب‌آنها تحت تأثیرونفوذ حزب‌توده واقع‌شدند وازطرف‌دیگر کارفرمایان ایرانی غالباً نسبت بروح دموکراسی و اتحادیه کارگران رفتاری مرتجعانه در پیش گرفتند و گاهی از روی عمد وزمانی از روی بی‌اطلاعی رویه‌های شدیدی راکه بضدیت

با اتحادیه‌های کارگری در انگلستان و آمریکا در ایامی معمول بود که هنوز این اتحادیه‌ها صورت قانونی ورسمی پیدا نکرده بودند اتخاذ کردند و بجای آنکه بتقاضای کارگران برای افزایش مزد یا بهبود وضع زندگانی بادیده شفقت و مساعدت بنگرند عده‌ای از اوباش را در کارخانه‌های خود استخدام میکردند تا بارعاب کارگران بپردازند. این مردم از کارگران زحمت کش مزد بیشتر دریافت میکردند و وجوهی که باید صرف انجام تقاضاهای مشروع کارگران بشود باینگونه مردم موذی و خطرناک پرداخت میگردید.

در آن ایام اتحادیه‌های کارگرها به‌احزاب سیاسی ما شبیه بودند که بجای توجه بمرام و مقاصد عمومی توجهشان باشخاص بود و گاهی یکی از سران اتحادیه‌ای موقتاً مورد محبوبیت کارگران قرار میگرفت و اتحادیه‌ای که او بر آن ریاست داشت رونق مخصوص پیدا میکرد و همه بدور او جمع میشدند. چندی بعد که از قدرت او کاسته میشد یا فوق‌العاده نیرومند میگردید و یا کارگران از طرز کار او که بدون هیچگونه هدف و نقشه بود خسته میشدند از دور او پراکنده گشته و گرد شخصی دیگر که در نداشتن هدف و عدم توجه برفع دشواری کارگران با شخص اول هیچ تفاوتی نداشت جمع میشدند و پرواضح بود که تشکیل اتحادیه‌های درست که بمسئولیت خویش آشنا باشند با این کیفیت غیرممکن بود.

شرط عقل آنست که اتحادیه‌های کارگری از احزاب سیاسی برکنار و هدف اصلی آنها این باشد که اوضاع اقتصادی اعضاء خود را بهبود بخشند و امور کلی و دامنه‌دار سیاسی را باحزاب واگذار کنند، زیرا چون ممکن‌است که عده‌ای از افراد اتحادیه‌ای طرفدار یک حزب و عده‌ای پشتیبان حزب

دیگر باشند طبعاً در اتحادیه اختلافاتی بروز خواهدکرد وبستگیهای حزبی مایه تضعیف آنها خواهدگردید.

اما ازطرف دیگر بین اتحادیه‌های کارگری واحزاب سیاسی از نظر اداره امور داخلی مشخصات مشترکی وجود دارد. هردوباید برنامه‌های مشخص ومعینی‌راکه همه‌اعضاء از جزئیات‌آن‌آگاهی داشته باشند دنبال‌کنند. هردو باید رهبران قابل اطمینان وشایسته‌ای داشته باشند که انتخاب آنها مطابق اصول دموکراسی آزادانه ازطرف اعضاء بعمل آمده و بمسئولیت‌هائی که رویه دموکراسی بآنها محول ساخته است آشنا باشند.

درسال گذشته کارگران اسکله یکی ازبنادر جنوب اعتصاب کرده‌وتقاضای مزدبیشتری نمودندولی‌درضمن‌مدت اعتصاب برای اینکه میهن‌پرستی‌خویش‌را به ثبوت برسانند مقداری ازمحمولات کشتیهاراکه شامل مهمات نظامی بود برایگان‌پیاده کردند وبرای‌من‌مایه مسرت‌بودکه دیدم دراثر اقدام دسته‌جمعی مزدآنهاکه خیلی نازل بود افزایش یافت.

اتحادیه‌های کارگری در ایران هنوز مراحل ابتدائی را میگذرانند ولی‌همین‌اقدامیکه بآن‌اشاره‌شد نمونه‌مطلوبی از طرز عمل این اتحادیه‌ها تواند بود.

اما درمسئله دموکراسی اجتماعی باید ناگفته نگذارم که پس از پایان تحصیلات که از سویس بایران بازگشتم وضع اسف‌انگیز مردم بینوای‌کشور توجه مرا بشدت جلب کرد ودیدم با وصف پیشرفت‌های وسیعی‌که درنتیجه مساعی پدرم بوجود آمده، باز درکشورایران عده‌ای ازگرسنگی میمیرند وعده‌ای محل سکنا ندارند وتقریباً عریان زندگی میکنند. این‌مناظردلخراش روح مرا شکنجه میداد ودردل من تأثیری عمیق میکرد وهرچند در دوره تحصیلات خود

دردانشکده افسری امور مربوط برفاه عمومی جزو کارهای من نبود باز فکرمن همواره متوجه زندگی اسف‌انگیز مردم کشوربود ومیدیدم نه شرط انصاف این‌است که حیات مردم این‌طور بابدبختی وبی‌ثمری تلف‌شود ونه برای‌آینده کشور من ادامه چنین وضعی قابل تحمل تواند بود. وقتی اندیشه میکردم که برخی از مردم خودخواه وخویشتن بین ایران از اوضاع نگران نیستند و حتی ادامه آنرا مجاز میدانند بر پریشانی‌خاطر وخشم من افزوده میگشت.

یاد دارم که بمجرد رسیدن بمقام سلطنت عصر یکی‌از روزهای سردزمستان عده‌ای ازنمایندگان مجلس‌را احضار کردم وبا صراحت و بدون پرده بآنها گفتم که من حاضر نیستم اشخاصی مانند بعضی از نمایندگان حاضررا به‌بینم که ازمزایای مختلف برخوردار باشند وهرروز برثروت خود بیفزایند ولذائذ مادی آنهارا فربی وشاداب سازد ودرجوار آنها عده‌ای درفقر وفلاکت بجان‌کندن متمادی‌که نامش زندگی باشد مشغول باشند.

روز بعد بعضی ازهمان نمایندگان شهرت دادند که افکار کمونیستی درمن راه یافته است. اگر این سخنان من کمونیستی‌باشد من‌از کمونیست بودن تحاشی نخواهم داشت ولی حقیقت این است که آنروز این شهرت را نمایندگانی داده‌بودندکه نه‌تنها بمنافع شخص‌خویش توجه دوراندیشانه نداشتند بلکه فکر حفظ منافع‌کشور در مخیله آنها خطور نمیکرد.

امروز از زمانی که من عوامل پنجگانه را برای تأمین عدالت اجتماعی‌ضروری اعلام کرده‌ام پانزده سال میگذرد. بفکرمن هریك از افراد ایرانی از زن ومرد وکودك حق داردکه ازاین عوامل پنجگانه بحداقلی که احتیاجات ویرا

مرتفع سازد بهره‌مند باشد واین عوامل پنجگانه عبارت از : خوراك - پوشاك - مسکن - فرهنگ وبهداشت است . البته اگر کسانی بوسائل مشروع بتوانند بیش‌ازاین‌حداقل بدست آورند چنانکه بسیاری در همین وضع هستند کسی مانع آنها نخواهد بود ولی بدون هیچ گونه چون وچرا وبدون اندك توجه بعواقب احتمالی آن بنظر من باید درآمد مردم آنقدر باشدکه خود وخانواده آنها ازاین عوامل پنجگانه استفاده‌کنند واگر برای عده‌ای اینقدز هم میسر نباشد آنوقت باید دولت یا مؤسسات خیریه بطور انفرادی یا توأماً قدم پیش نهاده واین لوازم حیات را برای آنها فراهم بسازند .

چیزی بیش‌از این مرا خشمگین نمیسازدکه از دهان مردم مستغنی و پرمدعا وبا تشخص بشنوم‌که بگویند علت فقر ونیازمندی کثیری از مردم‌کشور من تنبلی آنهاست . این نحو استدلال‌کهنه و فرسوده بهیچوجه معقول و قابل پذیرفتن نیست . برسبیل مثال‌کودکی را بخاطر میاورم‌که در قریه‌ای که مدرسه نداشت زندگی میکرد . این کودك بدون راهنمائی معلم بهمان نحوکه پدرم‌کرده بود خواندن ونوشتن فارسی را فراگرفت و پس‌از آن خواندن ونوشتن انگلیسی را پیش خود آموخت . البته میدانم‌که این‌کودك نبوغ‌ذاتی‌واستعدادفطری داشت ولی‌برای من مایه فخراست که می‌بینم اکثریت مردم کشور من افرادی زحمت‌کش وبا پشت‌کار هستند واگر تنبلی وسستی درکار را باید در جائی سراغ کرد میان ثروتمندان تن‌پرور این صفات مذموم را آسانترمیتوان یافت . من هرگز ازاعطای سرمایه برای امور خیریه دریغ نکرده‌ام زیرا برای من مسلم است که اگر برای اکثریت طبقه بینوای‌کشور من اندك فرصتی

فراهم گردد خودآنها بقیه را بسر انگشت کوشش ومجاهدت خویش فراهم خواهندساخت . درفصل بعد اقداماتی که برای بهبود اوضاع مردم مخصوصاً طبقه روستائی بعمل آمده است که قسمت اعظم جمعیت کشوررا تشکیل میدهند و بسیاری ازآنها از بهترین طبقات کشور ودرعین حال کم درآمدترین افرادهستند تشریح خواهدشد. درفصل یازدهم از کوششهائی که برای تعمیم فرهنگ درمیان تمام طبقات اعم ازثروتمند وبینوا بعمل آمده سخن خواهد رفت ودراین فصل بذکر مسائل دیگری که برای تأمین دموکراسی اقتصادی مورد توجه واقدام واقع شده اکتفا میشود .

شاید تصور این موضوع تعجب آور باشد که پیش از سلطنت پدرم مسئله آبله کوبی جزدرمیان ثروتمندان متداول نبود . پدرم نخستین کسی بود که این امربهداشتی حیاتی را برای مردم الزامی قرارداد ولی مساعی اوبرای حفظ جمعیت از بیماری مهلك آبله به نتیجه کلی نرسید وما در فاصله سالهای ۱۳۳٤ و ۱۳۳۷ بیش ازهشت میلیون نفر را بوسیله مأمورین وزارت بهداری برضد آبله تلقیح کردیم . درهمان مدت برای ریشه کن ساختن مالاریا بیش ازده میلیون خانه بوسیله د . د . ت سم پاشی شد ودرنتیجه اقدامات شدیدی که بعمل آمد کشت خشخاش متوقف و مراکزی برای معالجه معتادین تریاك تأسیس گردید . متجاوز از پنجاه هزار نفر از نظر بیماری تراخم مورد معاینه قرار گرفتند و۱۹۰۰۰ مبتلا تحت درمان واقع شدند ونیز ۳۷۰۰۰۰ نفر مشکوك بامراض تناسلی تحت آزمایش پزشکی واقع و ۱۹۰۰۰ مبتلا معالجه شدند .

درشهرستانهای مختلف کشور بیمارستانهائی بنا وبرای خدمت بمردم آماده شد و ساختمان چندین بیمارستان –

درمانگاه – زایشگاه – دارالایتام – آسایشگاه مسلولین نیز آغاز گردید .

چون وجود آبهای آلوده مولد بیماریهای مختلف بود اقدام بلوله کشی شهرستانها برای تأمین آب تصفیه شده یکی از اقدامات ضروری ما بود .

اما انجام این مهم کار آسانی نبود زیرا در کشور ما چندین هزار سال است مردم قراء وقصبات ما عادت داشته‌اند که آب مشروب خود را از جویهای سرباز یا از چاههای کم‌عمق که بسهولت آلوده میشود بگیرند. درشهرهای کشور نیز آب مشروب وکارسازی مردم را ازجویهائی که کنار خیابان‌ها جاری‌است تأمین‌میکردند. امروزبیشتر ازشهرهای کشور لوله‌کشی شده و برای شهرها وقصبات کوچك نیز طرحهائی تنظیم گردیده است .

وزارت کشور عده زیادی دارالایتام و پرورشگاه تأسیس نموده وبمؤسسات خصوصی یا خیریه نیز تأسیس این بنگاهها را اجازه داده وبخانواده‌های فقیرمساعدتهائی بعمل میآورد .

شهربانی کل کشور که زیرنظر وزارت کشور اداره میشود باصلاح زندانها و تأسیس دارالتربیه اقـدام نموده و برای‌تهذیب اخلاق زندانیان ومخصوصاً بزهکاران جوان کوشش‌میکنند. درفصل‌آینده ازاقداماتی‌که وزارت‌کشور برای عمران وآبادی و ایجاد اردوهای کار انجام میدهد سخن خواهد رفت .

وزارت‌کشور در قصبه‌کرج مرکزی تأسیس وصدها نفر از افرادی را که از راه‌گدائی امرار معاش میکردند درآنجا گردآورده وهرکدام را باموختن حرفه و پیشه‌ای مانند نجاری وریسندگی و زرگری واداشته‌است . این‌افراد

پس از فراگرفتن حرفه خود بادستمزدی که بآنها تعلق گرفته و کمکهای دیگر مالی که بآنها میشود میتوانند دکانی باز کنند و در نتیجه این اقدام افرادی که ظاهراً مانند طفیلی‌های اجتماع جلوه میکردند به پیشه‌ورانی که شغل شرافتمندی دارند مبدل خواهند شد.

کسانیکه به مطالعه و امور اجتماعی علاقه داشته باشند و بخواهند درطرز برانگیختن شخصیت افراد و ایجاد حس مسئولیت در آنها به تحقیقات علمی بپردازند این مرکز را محل مناسبی خواهند یافت.

وزارت کار قوانین و شرایط کار در کارخانه‌ها و مقررات مخصوص مربوط باستخدام زنان و کودکان را بموقع اجرا میگذارد. این وزارتخانه تشکیل اتحادیه‌های کارگری را تشویق و در مراکز اجتماع کارگران نظارت مخصوص میکند و نمونه این مراکز، مرکز کارگران اصفهان است که بطرز زیبائی ساخته شده و دارای کتابخانه و تالار سخنرانی و سینما و نمایش است و باوسایل کامل برای ورزشهای مختلف مجهز است.

سازمان بیمه‌های اجتماعی کارگران تأمین آسایش آنها را در برابر از کف رفتن مزد بعلت کبر سن و بیماری و تصادفات ناشی از کار و فوت نان‌آور خانواده برعهده دارد و وزارت دادگستری مادران و کودکان را در کنف حمایت خود گرفته و برای جلوگیری از طلاق و تأمین عدالت اجتماعی و بر کندن موجبات ظلم و ستم و توجه مخصوص بجرائم خردسالان اقدامات مفیدی انجام داده است. وزارت کشاورزی برای رساندن غذا بشاگردان دبستانها با وزارت فرهنگ همکاری مینماید.

اقدامات فوق نمونه عملیاتی است که دولت برای تأمین

حداقل خدمات اجتماعی برنامه دارد . خودمن وسایر اعضای خانواده‌ام نیــز نسبت بمسائلی که مربوط به بهبود وضع اجتماعی است علاقه خاص داریم واین دلبستگی و علاقه را بوسیله پنج سازمان که بدستگاه سلطنت وابستگی دارند و هزینه اکثر آنها ازطرف دولت ومردم ودستگاه سلطنتی تأمین میشود بمقام بروز آورده‌ایم .

این پنج سازمـــان عبارت از : جمعیت شیروخورشید سرخ ایران - بنیاد پهلوی - سازمان شاهنشاهی خدمات اجتماعی - انجمن حمایت مادران وکودکان وشورای شاهنشاهی ایجاد هم‌آهنگی در مؤسسات خیریه است . ملکه ایران بنمایندگی من ریاست عالیه تمام این سازمانها را دارد وخواهرانم شاهدخت شمس وشاهدخت اشرف بیشتر اوقات خودراصرف امورمهم ومتنوع این خدمات اجتماعی مینمایند. درباره فعالیت این سازمانها بشرح وتفصیل نخواهم پرداخت زیرا چیزی که بکلی درفکرمن نمی‌آید خودستائی درباره این خدمات است وازهمین جهت بسازمانهای مذکور دستور داده‌ام وظایف خودرا بدون هیچ گونه خودنمائی وهیاهوی تبلیغاتی انجام دهند .

سازمان شیروخورشیدسرخ که تحت نظارت وسرپرستی شاهدخت شمس پهلوی اداره میشود وجه تسمیه خودرا از علامت شیروخورشید که نشان رسمی پرچم ایرانست گرفته است . همه میدانند که شیروخورشیدی که برپرچم ایران است برنگ طلائی است ولی دراینمورد برنگ سرخ نشان داده میشود . نام جمعیتی که خدمات مربوط بآنرا تعهد میکنند نیز ازهمین علامت اقتباس شده است .

این سازمان از نظر کمکهای گرانبهائی که به‌آسیب دیدگان اززلزله انجام داده احترام وارزش خاصی کسب

کرده است . درطی سالهای اخیر عده‌ای ازهموطنان ما دچار قهر طبیعت شدند وچندین آبادی ودهکده دراثر زلزله شدید ویران وبا خاك یکسان گردید وصدها نفر بهلاکت رسیدند ولی شیروخورشید سرخ ایران ومؤسسات خیریه داخلی و خارجی کمکهای ذیقیمتی کردند که شاید درسی سال پیش یعنی درآنزمان که وسایل ارتباطی ومواصلات ما درمراحل بدوی بود وبرای خدمات اجتماعی سازمانهای مجهز نداشتیم باورکردنی نبود .

جمعیت شیروخورشید سرخ ایران درتهران یك مرکز مجهز مبارزه باسرطان داردکه گذشته ازتمام وسائل ولوازم یك بیمارستان دارای یکصد تختخواب ودستگاههای کامل پرتونگاری و رادیوم تراپی است واینك بصورت یك مرکز تحقیقات کامل درآمده و با سایرمؤسسات مشابه گیتی رابطهٔ علمی برقرار ساخته است .

یك خانه نمونه کودکان و یك پرورشگاه بزرگ حرفه‌ای نیز که گنجایش نگاهداری وتربیت یکهزارکودك بی‌سرپرست دارد بوسیله این جمعیت ساخته شده و مرکزی برای مبارزه بابیماری ریوی نیز تأسیس کرده‌است که‌روزانه بیش‌از دویست تن بیمار بآن مراجعه میکنند . دربیمارستان امدادی مجهزاین‌جمعیت گذشته ازمعالجه ومداوای‌رایگان اشخاص، مجروحین‌حوادث تهران واطراف آنرا نیزدرتمام ساعات شبانه‌روز می‌پذیرد وبستری میکنند .

یك بیمارستان کامل و مجهز نیز در شهر ری بوسیله این‌جمعیت دردست ساختمان‌است که‌باندك مدتی‌بکارمشغول خواهد گشت. این جمعیت‌مرکزبزرگی برای حمایت‌مادران و کودکان و زایشگاههای سیار خانوادگی تأسیس کرده است که هرسال گروه بزرگی از مادران باردار را تحت

مراقبت میگیرد وسائل زایمان آنان و نگاهداری کودکان شیرخوار را فراهم میسازد .

تربیت پرستاران کار آزموده و مجرب نیز از وظایف ویژه این جمعیت است و برای اجرای این منظور یک آموزشگاه پرستاری بزرگ در شهر ری تأسیس نموده است که مدت ده سال است پرستاران فارغ‌التحصیل آن به بیمارستان‌های مختلف کشور اعزام شده و بخدمت مشغول گردیده‌اند . همچنین در شهر اصفهان و شیراز در آموزشگاههای بهیاری جمعیت پرستاران برای خدمت در بیمارستانهای وزارت بهداری و شیر و خورشید سرخ و سایر مؤسسات درمانی تربیت میشوند و قریباً در شهرهای تبریز و رشت نیز آموزشگاههای بهداری تأسیس میگردد و امر تربیت پرستار در تمام کشور تعمیم خواهد یافت .

رویهم‌رفته جمعیت شیر و خورشید سرخ ایـران دویست و نود و چهار مؤسسه کوچک و بزرگ در رشته‌های مختلف از پرورشگاه کودکان و بانک خون و درمانگاه شیرخوارگاه و آسایشگاه مسلولین دائر ساخته و انبارهای امدادی آن در سراسر کشور آماده بکار است و با داشتن شبکهٔ مخابراتی تلفونی و تلگرافی با تمام نقاط کشور ارتباط مستقیم دارد و در پیش‌آمد حوادث نخستین مؤسسه‌ایست که از اوضاع آگاه شده و کمک‌های لازم را بمحل حادثه میفرستد.

یکی از اقدامات بسیار نافع دیگر جمعیت تربیت جوانان برای انجام کارهای خیریه است و امروز هزاران تن از جوانان و سایر علاقه‌مندان بکارهای خیر عضویت شیر و خورشید سرخ ایران را پذیرفته و برای نشان دادن احساسات عالیهٔ بشردوستی و تعاون و معاضدت اجتماعی با کمال صمیمیت و رایگان به بهبود وضع مستمندان و ترفیه حال آنـان

می‌پردازند و مؤسسه‌را بشکل یك مکتب بزرگ برای خدمات خیریه واجتماعی درآورده و روز بروز جنبه تربیتی آن‌را توسعه می‌بخشند .

هیئت کمك بآسیب دیدگان که از اعضای جمعیت تشکیل یافته‌است گذشته ازامور امدادی وتهیه مسکن دامنه فعالیت خود را در امور عمرانی نیز توسعه بخشیده است چنانکه برای‌آب مشروب بنادرعسلو ، دیر و کنگان مستقیماً اقدام‌کرده و برای آب بنادر دیلم ولنگه وچاه بهار وشهر بستك‌نیز بکمك‌سازمان‌برنامه مبادرت‌نموده وقریباً لوله‌کشی آب بوشهررا از فاصله بیست‌وشش کیلومتری بپایان خواهد رساند . این‌هیئت درناحیه زلزله‌دیده نهاوند سی‌وسه‌دهکده جدید ساخته و برای مردم آسیب دیده شهر لار نیـز شهر تازه‌ای بنا کرده است که تاسال‌آینده با تأسیسات لازم باتمام خواهد رسید .

در سال ۱۳۳۶ بنیاد پهلوی را بشکل یك سازمـان عام‌المنفعه و غیرانتفاعی بمنظور ایجاد هم‌آهنگی میـان دستگاهی‌که خدمات‌اجتماعی‌مورد علاقه شخص‌من‌را بعهده دارند تأسیس کردم . این‌سازمان درحقیقت همان‌اداره سابق املاك پهلوی است‌که توسعه یافته وسرمایه آن شامل سهام یامنافع حاصله ازچند مهمانخانه‌که غالباً پدرم بنا فرموده بود وکارخانه‌های سیمان وقندسازی وشرکت بیمه ملی ایران و بانك وکشتیهـای تجارتی و مؤسسات بازرگانی وصنعتی وپل جدیدالاحداث بین خرمشهر وآبادان است‌که دراوایل سال ۱۳۳۹ گشایش یافت وپیش ازاحداث آن اتومبیلها وکامیونهائیکه میخواستند ازخرمشهر به آبادان بروند مجبوربودند‌که باقطع دویست وچهل کیلومترمسافت بوسیله پل اهواز ازرودخانه عبور کنند . هزینه ساختمان

این پل برروش معمول در امــریکا از حق‌العبوری که ازاتومبیلها وسایل نقلیه دریافت میشود مستهلك خواهدشد.

درآمدهائی که بنیاد پهلوی ازاین قبیل منابع بدست میآورد تماماً درامور خیریه صرف میگردد .

عده‌ای تعجب میکنند که چرا یك مؤسسه خیریه بامور اقتصادی وصنعتی میپردازد ومیپرسند چرابنیادپهلوی‌بجای فروختن مهمانخانه‌ها باداره آن پرداخته وبایجاد واداره خطوط کشتیرانی‌تجارتی (که درفصل‌پیش به‌آن اشاره شد) اقدام نموده ودر کارخانه‌های سیمان وقند سرمایه‌گذاری کرده است .

برای‌این‌سئوالات دوجواب‌است : اول‌اینکه بااجرای سریع برنامهٔ تقسیم املاك‌اختصاصی‌من ، باید بجای‌درآمدی که سابقاً ازطریق اجاره این املاك تحصیل وصرف امور خیریه میشد منابع عایدی جدیدی تدارك شود .

درفصل آینده راجع به‌برنامه تقسیم املاك سلطنتی مشروحاً صحبت خواهم کرد ودراینجا کافی است اشاره شودکه هروقت یك کشاورز ازاملاك سلطنتی صاحب قطعه زمینی‌میشود اجاره بهائی که باید به بنیادپهلوی برسد بهمان نسبت تقلیل مییابد . برای من چیزی ازاین مسرت انگیزتر نیست‌که املاك خودرا بین کشاورزان شایسته تقسیم‌کنم ولی درعین‌حال میل ندارم دراجرای برنامه‌های مهم دیگر خود مانند برقراری هزینه‌های تحصیلی برای دانشجویان دانشگاه ونظائر آن بواسطه نقصان عوائد وقفه حاصل شود وازهمین نظر بنیاد پهلوی‌را تشویق میکنم‌که منابع درآمد جدیدی تحصیل ونقصان اجباری عوائد واملاك‌را جبران نماید . کارهای سرمایه‌گذاری بنیاد پهلوی نظیر عملیات سازمانهای خیریهٔ جهان متمدن مانند بنیاد فورد وراکفلر

درامریکا ویا بنیاد نافیلد درانگلستان است .

ثانیاً بنیادپهلوی تنها بخاطر کسب درآمد برای امور خیریه وارد عملیات اقتصادی وصنعتی نمیشود بلکه منظوری دیگر هم دارد وآن اینست که طرحهائی را بموقع اجرا بگذاردکه سرمشق ومایه تشویق سرمایه گذاران دیگر باشد . مثلا درتاریخ عصر اخیر کشور من این اولین‌بار است که کشتیهای تجارتی بنیادپهلوی باپرچم ایران دردریاها آمد ورفت میکنند . بنیادپهلوی باایجادکارخانه سیمان ازنظر حسن اداره ومجهز بودن آن باوسایل جدید بمنزله نمونه‌ای برای تأسیسات مشابه است وبهمین کیفیت مهمانخانه هائی که این سازمان اداره میکند برای جلب سیاحان وتشویق جهانگردان بمسافرت وتوقف درکشور ماست .

بمنظور حل مشکل مسکن در تهران و برای اینکه بافرادیکه درآمدشان کم‌است نمونه‌هائی‌ازخانه‌های کم‌قیمت نشان داده شود بنیادپهلوی اقدام به ساختن صد خانه نمونه درحومه تهران نموده‌است . درنواحی فقیرنشین شهر نیز بنیاد پهلوی رستورانهای ارزان‌قیمتی دایر کرده است که درروزهای زمستان‌که کار کمتراست هزاران کار گرخوراك کافی بابهای نازلی‌که از هفت ریال تجاوز نمیکند بدست میآورند .

انجمن خیریـــه فرح نیز باداره چندین دارالایتام وپرورشگاه اقدام نموده وکسانی راکه خود فرزند ندارند ومیخواهند طفل یتیمی را بفرزندی بردارند هدایت کرده ومستقیماً نیز بخانواده‌های بی‌بضاعت کمك مینماید .

درآغاز سال ۱۳۳۹ چهل باب پرورشگاه در سراسر کشور ایران بوسیله این انجمن تأسیس شده و یا درشرف تکمیل بوده است که هریك گنجایش نگاهداری یکصد تا

دوهزار طفل داشته ودارای مساکنی برای کارمندان است . دراین پرورشگاه‌هاخوراك ومسکن ووسایل بهداشت وتحصیل کودکان فراهم است وبا مهربانی ونوازشی که برای اطفال خردسال از هرچیز ضرورتراست تربیت میشوند .

بنظر من آن نشاط وتندرستی که درسیمای این کودکان آشکاراست نشان میدهدکه در تربیت و پرورش آنها طرق صحیح اتخاذ شده‌است . هنگامیکه‌این کودکان ازپرورشگاه خارج میشوند دارای صحت وسلامت کاملند وهریك هنر وحرفه‌ای را فراگرفته و بقدرخود پس‌اندازی دارند وباین کیفیت میتوانند زندگانی اجتماعی خویش را بـــا اعتماد و اطمینان آغاز کنند و برای کشور افرادی وظیفه شناس وخدمتگزار باشند .

افراد نیکوکار ایرانی نیز برای ساختمان و فراهم ساختن وسائل برخی‌ازاین‌پرورشگاهها سهم بسزائی داشته‌اند وشك نیست که درآینده نیز ازکمکهای لازم دریغ نخواهند کرد . برخی از بانوان خیرخواه ایرانی نیز با طیب خاطر دراین دستگاهها خدمت میکنند واطمینان دارم که هرسال عده اینگونه بانوان نیکوکار افزایش خواهد یافت .

بسیاری ازخانواده‌های ایرانی و برخی از خانواده‌های خارجی کودکانی‌را ازاین‌پرورشگاههابفرزندی‌پذیرفته‌اند.

من ازاین رویه که برای‌پرورش جسم وروح کودکان یتیم اتخاذکرده‌ایم مباهات میکنم وآرزو دارم‌که سیاحان خارجی ومردم ایران برای‌اینکه عقیده آنها درنوع‌پروری وخدمت بانسانیت نیرومندتر گردد اندك وقتی را ببازدید این مؤسسات صرف کنند وبااین کودکان و کسانیکه پرورش ونگاهداری آنهارا باگشادگی خاطر بعهده گرفته‌اند آشنا گردند .

...

من همواره درپی‌آن بوده‌ام که درکشور داروهای جدید به‌بهای ارزان دردسترس افراد کشور قرار گیرد وازهمین جهت بوسیله بنیادپهلوی وسازمان شاهنشاهی خدمات اجتماعی مشترکاً ترتیبی داده شده است که مقدمات تأسیس یك کارخانه داروسازی راکه بیش‌ازچهار میلیون دلار هزینه خواهد داشت درحومه تهران فراهم کنند. چون ساختن داروکاری کاملا فنی وتخصصی است مقرر است که یك شرکت خارجی درمدت دهسال اداره آنرا بعهده بگیرد ودرآن مدت نیز به تربیت متخصصین ومدیران‌ایرانی برای اداره کارخانه مزبور بپردازد.

ازسال ۱۳۳۱ تاکنون همه ساله بدستور من کنگره‌ای ازپزشکان متخصص ایرانی برای مبادله افکار واطلاعات بهداشتی وپزشکی واتخاذ تصمیمات لازم درمسائل مورد ابتلای عمومی ومخصوصاً بهداشت‌همگانی تشکیل میگردد. اولین کنگره درسال ۱۳۳۱ دررامسر بوسیله ملکه افتتاح گردید وازآن ببعد نیز همه ساله کنگره مزبور در رامسر تشکیل میشود وبسیاری‌ازتصمیماتیکه دراین کنگره‌ها اتخاذ شده ازطرف دولت بمرحله اجرا درآمده است.

یکی‌ازتصمیمات کنگره آنست که قبل‌ازازدواج شوهر باید مورد معاینه قرارگرفته وگواهینامه بهداشتی دریافت دارد. دیگرآنکه کلیه کودکان وآموزگاران ازنظر بیماری سل ریوی بوسیله اشعه ایکس تحت معاینه دقیق قرارگیرند وبرای اینکه کارمندان مسلول بتوانند باآسودگی خاطر بمعالجه بپردازند تمام حقوق آنها درحین مداوا وبستری بودن پرداخت شود.

ازطرف بنیادپهلوی برای کنگره پزشکی ایران یك دبیرخانه دائمی تشکیل یافته است که مأمور چاپ رسالات

و گزارشهای کنگره پزشکی وسخنرانی پزشکان وتصمیمات متخذه وتوزیع رایگان آنها بین کلیه پزشکان وسایر علاقه‌مندان است .

برای تشویق فرهنگ وهنر وترویج علم وادب وایجاد تفاهم بین‌المللی بنیادپهلوی به ترجمه شاهکارهای ادبی شرق وغرب وچاپ وفروش آنها بقیمت مناسب اقدام کرده وهرسال جایزه‌های معتنابهی نیز برای بهترین تألیف وترجمه کتب ادبی وتاریخ وعلوم وسایر رشته‌ها که در آن سال انتشار یافته اختصاص داده است . همچنین بمنظور ازدیاد فیلمهای با ارزش وتقویت صنعت جوان فیلمبرداری درایران به تهیه کنندگان فیلمهای فارسی وساختمان سینماهای جدید کمکهای مالی نموده ونسبت به تقلیل عوارض سینما اقدام ووسائلی فراهم آورده است تامعلمین و کارگران بتوانند باقیمت نازلی از آنها استفاده کنند .

به بنیادپهلوی دستور داده‌ام که عوائد حاصله ازهمین کتاب نیز برای کمک به‌بنگاه نشر و ترجمه کتاب اختصاص یابد.

کانون جوانان شهناز وابسته به بنیادپهلوی همه ساله برای تشویق جوانان به فعالیتهای دسته جمعی و تشکیل اردوهای تابستانی ونظائر آن میپردازد .

درسال ۱۳۳۵ اولین اردوی بین‌المللی دانشجویان باشرکت سیزده دانشگاه مختلف خاورمیانه وسایر کشورها ازجمله امریکا درر امسر تشکیل یافت ودرسال ۱۳۳۶ تسهیلات لازم برای ایجاد اولین اردوی دانشجویان دانشگاه تهران فراهم گردید .

همچنین بنیادپهلوی نهضت پیش‌آهنگی را که چندی بود متروك مانده بود مجدداً احیاء نموده ومؤسسه‌ای بنام بنگاه جهانگردی وجلب سیاحان بوجود آورده‌است وازاینراه

بشناساندن تمدن بزرگ باستانی ایران بایرانیان وخارجیان کمک مینماید .

فعالیتهای بنیادپهلوی دربهبود وضع کشاورزی ورفاه روستائیان درفصل بعد ذکر خواهدشد. امیدوارم بنیادپهلوی بزودی بصورت یکی ازمؤسسات بزرگ خیریه جهان درآید واگرچه سرمایه آن نسبت بسایر مؤسسات خیریه دنیای غرب خیلی محدود است ولی دامنه عملیات وفعالیتهای آن هرسال توسعه یافته وبرتنوع خدمات آن افزوده گردد .

سازمان شاهنشاهی خدمات اجتماعی که دربین پنج مؤسسه فوق‌الذکر سومین مرکز امور عام‌المنفعه و تحت سرپرستی شاهدخت اشرف پهلوی است خدمات شایسته‌ای در تأمین بهداشت عمومی در کشور انجام داده ودرمعاضدت با اقدامات دولت تاکنون بیش از هفتاد وسه درمانگاه وبیمارستان درشهرستانهای مختلف مملکت تأسیس نموده‌است که بدرمان رایگان مردم بی‌بضاعت اختصاص دارند .

درسال ۱۳۲۸ این سازمان در شهر دزفول مبارزه دامنه‌دار ونمونه مانندی برعلیه بیماری تراخم آغاز کرد ودرطی مدت سه سال ونه ماه فعالیت بیش ازیک میلیون بیمار دردرمانگاه‌هائی که دراین شهر تأسیس یافته بود تحت معاینه ودرمان قرار گرفتند . پیش ازتأسیس این درمانگاه تقریباً ۹۵٪ ازاهالی آن شهر به بیماری تراخم مبتلا و ۲۵٪ از آنان نیز بهمین جهت ازنعمت بینائی محروم بودند .

درپایان سال اول این مبارزه تقریباً ۹۰٪ ازدانش‌ آموزان مبتلا به تراخم و ۳۵٪ ازسایر مبتلایان شفای کامل یافتند واین بیماری درخوزستان مداوماً تقلیل پیدا کرده است . سازمان شاهنشاهی برای تعلیم وتربیت نابینایان پیشقدم شده ودرآموزشگاه مخصوصی که درتهران برای این

منظور بنا کرده‌است دانش‌آموزان نابینارا باروبه مخصوص بریل که برای نابینایان متداول است باسواد میکند . این نابینایان دسته موزیکی دارندکه یك دانشجوی کور آنرا رهبری میکند وآهنگ‌های دشوار شرقی وغربی را بخوبی مینوازند . این سازمان اولین مؤسسه‌ای بود که وسائل مجانی پرتونگاری را برای مبارزه وسیع با بیماری کچلی تهیه نموده وتاکنون بوسیله برق بیش‌از ۳۵۰۰۰ بیمار را ازاین طریق مداوا کرده است .

درسال ۱۳۳۹ ازیك نوع قرص خوراکی که جدیداً درانگلستان ساخته شده وبرای معالجه این مرض بکارمیرود آزمایش بعمل آمده ونتیجه آن درایران درمداوای این مرض رضایتبخش بوده است .

فراهم کردن دارو بقیمت ارزان یکی دیگرازهدفهای سازمان شاهنشاهی است ودرنیل بآن بوسیله لابراتوارهای داروسازی خود درچند سال اخیر داروهائی ساخته است که برایگان بین بیمارستانها ودرمانگاههای تابعه وپزشکان مجازتوزیع میکند ومازادآنهارانیز به یك‌دهم بهای‌معمولی دربازار آزاد بفروش میرساند . همچنین داروهای عمده‌ای نیزازخارج خریداری میکندکه مجاناً ویابقیمت بسیارنازلی دراختیار نیازمندان قرار میگیرد . سازمان درظرف سال داروهای موجود خودرا بنحو شایسته‌ای بسته‌بندی میکند وبوسیله‌هواپیماوراه‌آهن‌واتومبیل بمراکزسازمان‌دراستانها میرساند وازآنجا بنقاط دورافتاده‌کشور فرستاده میشود . این اقدام‌که بطور مداوم وروزافزون انجام می‌یابد مایه کمال خوشوقتی ومسرت خاطر من است .

هنگامی‌که‌کارخانه جدید داروسازی‌که قبلا ذکری ازآن رفت افتتاح شود امر تهیه داروی فراوان وارزان

بنفع مردم نیازمند و بیماران تهیدست بنحو شگفت‌آوری توسعه خواهد یافت .

سازمان برای رساندن بیماران بی‌بضاعت بدرمانگاه‌ها و بیمارستانها وسایل نقلیه رایگان دارد وعلاوه بـر آن از کمکهای نقدی به بیماران مستمند و خانواده آنها فروگزار نیست و پزشکان را مجاناً بمنازل بیماران اعزام میدارد و کودکان فقیر را تحت مراقبت پزشکی قرار میدهد . این سازمان اولین آموزشگاه پرستاری را با یک برنامه کامل سه ساله تأسیس کرده است و دولت را دراجرای مقررات مربوط باستخدام کودکان درصنایع قالی‌بافی و نساجی یاری میکند و با تأسیس آموزشگاههای حرفه‌ای فقرا و مردم ناتوان را بحرفه‌های مختلف مانند نجاری - لوله‌کشی - آهنگری - مسگری - مکانیکی - کارهای الکتریکی و کفاشی آشنا میسازد .

کمک بمادران فقیر و حمایت نوزادان و محصلین بی‌بضاعت نیـز از وظایف مخصوص سازمان است چنانکه در دانشگاه تهران خوابگاهی برای دانشجویان بی‌بضاعت که از شهرستانها به تهران می‌ایند فراهم ساخته است .

بازدید زندانها و دلجوئی از زندانیان و دستگیری و مساعدت با آنان که مدت حبس آنها بسرآمده ، و تأسیس درمانگاههای مخصوص برای معالجه کسانیکه بمواد افیونی و الکلی معتاد هستند قسمتی از برنامه کار سازمان است و علاوه بر کمکهای مستقیمی که از طرف این سازمان بهزاران نفر از افراد معتاد میشود عده زیاد دیگری را به سایر مؤسسات و دوایر دولتی برای دریافت کمک مساعدت و راهنمائی میکند و بوسیله برنامه‌های رادیوئی و نمایش فیلمهای آموزشی عموم مردم را بانجام خدمات اجتماعی تشویق و تحریض

مینماید .

یکی از مؤسسات وابسته بسازمان شاهنشاهی خدمات اجتماعی سازمان خیریه والاحضرت اشرف است . این مؤسسه یك شیرخوارگاه ویك کودکستان ، یك دبستان، یك دبیرستان یك مدرسه هنرهای زیبا ، یك کارگاه نساجی ویك درمانگاه دائر کرده و بکودکان بی بضاعت ومخصوصاً بمادرانی که وسیله نگاهداری فرزندان خویش را ندارند کمك میکند . مؤسسه دیگری که وابسته بسازمان شاهنشاهی است جمعیت ایرانی یونیسف (صندوق سازمان ملل برای تعاون کودکان) است. این جمعیت درتوزیع شیرمجانی و کمك باجرای برنامه‌های غذائی مدارس دولتی برای نیازمندان و کودکان و تربیت بهیاران کوشش فراوان مبذول میدارد .

سازمان شاهنشاهی خدمات اجتماعی گذشته از انجام وظایف ویژه خود بچندین مؤسسه خیریه دیگر نیز مانند مؤسسه حمایت یتیمان و کودکان کرولال ، انجمن مبارزه با سل وبیماریهای تناسلی ، مؤسسه بهداشت روحی ، انجمن حمایت حیوانات ونظائر آن کمك مادی ومعنوی نموده وبا آنها همکاری واشتراك مساعی مینماید .

برای من مایه مباهات است که افراد باهمت وبلندنظر ایرانی وشرکت‌های مختلف سهم مهمی ازوقت وثروت خویش را باین گونه خدمات خیر مصروف میدارند و بسایر افراد کشور وبسیاری ازمردم متمکن سرمشقی در انجام وظایف اجتماعی وخدمت بنوع میدهند . این سرمشق‌ها برای کسانی است که دموکراسی ومبادی اخلاقی ووجدانی را از نظر دور میدارند ونمیدانند که خرسندی خاطرومسرت حیات در یاری هم‌نوع ومخصوصاً طبقه افتاده وناتوان است واگر اینان ازاین حیات تمتع و لذتی ببرند زندگانی خود آنها

نیز با مسرت معنوی وشادی روحانی قرین خواهد بود .

چهارمین سازمـــان عمده خدمات اجتماعی وابسته بدستگاه سلطنت انجمن حمایت مادران و کودکان است . این انجمن بطورکلی موظف بحفظ و حمایت زنان باردار بی‌بضاعت ونگاهداری کودکان یتیم و پیداکردن خانواده برای قبول آنهاست .

درخدمات عام‌المنفعه باعتقاد من بایدآزمایش‌وتجربه واجرای اصل رقابت معقول بین سازمانها مورد توجه‌باشد . من با این استدلال که میگویند رقابت تنها باید در امور بازرگانی معمول باشد و در امور دوایر دولتی و وابسته بدولت مرعی نگردد بهیچوجه موافق نیستم و چه بهتر که چنـــدین مؤسسه خیریـــه وابسته بمقام سلطنت در کمك به بینوایان و مستمندان بشرط آنکه مـــانع پیشرفت کار یکدیگر نباشند با یکدیگر رقابت‌کنند زیرا هدف اساسی‌ما کمك بهموطنان وکودکان محروم وناتوان است وهرچه این قبیل کمکها بیشتر شود هدف ونظر خیرما بهتر تأمین خواهدگردید .

دراین‌قبیل موارد بهتراست هریك از ما خودرا جای مادری بگذاریم‌که کودکش محتاج بمساعدت ودستگیری است و اگر این مادر چندین پناهگاه و ملجأ داشته باشد اطمینان خاطرش بیشترخواهدبود زیرا اگرمأموری با وی همدردی نکرد مأمور دیگر ومؤسسه دیگر هست که دست استمداد بوی درازکند .

باوصف آنچه‌گفته شد چون این مؤسسات خیریه تعدد یافته‌اند لازم بود فعالیت آنها با یکدیگر هم‌آهنگ گردد واز همین جهت شورای شاهنشاهی هم‌آهنگی بین مؤسسات خیریه را تأسیس‌کرده‌ایم که هرپانزده روز یکبار بریاست

وزیر دربار شاهنشاهی تشکیل شده ودراجرای هدف مزبور کوشش مینماید .

شورای مذکورنه‌تنها نحوه هم‌آهنگی‌مؤسسات خیریه شاهنشاهی را بررسی میکند بلکه درزمینه هم‌آهنگ ساختن فعالیتهای مؤسسات مزبور بادولت وافراد وشرکتهای‌داخلی و خصوصی و مقامات و مؤسسات خیریه خارجی که درباره کمکهای‌ذیقیمتی که‌بما کرده‌اند درفصل‌آینده ذکری‌خواهد رفت مطالعات و اقدامــات لازم معمول میدارد . شورای مزبور نیز موظف است‌که درباره نحوه تقسیم عواید سلطنتی بین سازمانهای مختلف وتخصیص مبالغی برای برنامه‌های نوین خدمات اجتماعی اظهارنظرکند . این شورا درسال ۱۳۳۸ بتشکیل آموزشگاه خدمات اجتماعی درتهران که اولین آموزشگاه نوع خود درکشور است توفیق یافت .

امید من آنست‌که این شورا درآینده توجه خودرا به تشویق وترغیب افراد نیکوکار خاصه بانوان جوان برای خدمات اجتماعی مبذول داشته واین وظیفه بسیار مهم را بنحوشایسته بانجام برساند .

دراین‌فصل‌نظرخودرا نسبت‌بمفهوم واقعی‌دموکراسی اظهار داشته وسعی‌کرده‌ام این نکته را روشن سازم‌که دموکراسی درنظر من مفهوم بسیار وسیعی داردکه شامل فعالیتهای متنوع است . اما دموکراسی تنها عبارت ازیك سلسله فعالیت واقدام نیست بلکه یك نوع فلسفه زندگانی است . وصول باین فلسفه برای هیچ فرد یا اجتماعی هرگز آسان نبوده است . اما این فلسفه درعین دشواری‌وپیچیدگی بهترین روشی است که بشر بدان پی برده است . بنابراین برای ما ایرانیان‌که درطریق وصول بدموکراسی‌واقعی گام برمیداریم فرض است‌که همواره این نکته را نصب‌العین

خویش قراردهیم که بــرای رسیدن باین منظور تحمل هردشواری سهل وسزاوار است . ما تاکنون مسافتی بزرگ ازاین راه را پیموده‌ایم وازهمین جهت تصورمیکنم اکثریت مردم ازمفهوم واقعی دموکراسی آگاه شده باشند . ما ایــرانیان باید خواهان پیشرفت سریع دروصول بهدف دموکراسی‌باشیم ولی درعین‌حال نباید ازنظردوربداریم که وصول بدموکراسی سیاسی و اقتصادی و اجتماعی نیازمند زمان وتربیت‌وتعلیم عقلی‌ومنطقی‌مردم وتطبیق خواسته‌های افراد است و این کار محتاج توجه به‌ارزش اخلاقی وحس وفاداری افراد واجتماعات است وازآنها مهمتر آنست که افراد کشور بهمکاری و معاضدت با یکدیگر بیش از پیش معتقد وآشنا باشند .

برای‌اینکه ملل وافراد درمحیط آزادی به پیشرفتهای خود ادامه دهند ناگزیر حدودی هست و اگر سریعتر ازحد معقول پیش برویم ویا ناشکیبائی وبدبینی درذهن ما رخنه یابد بهدف‌های پرارزشی که همه‌آرزومندآن هستیم نخواهیم رسید . ولی اگر میل شدید به اصلاح وترقی را با صبر وحوصله توأم داشته باشیم بدون شك مساعی ما نتیجه‌های رضایت‌بخش خواهد داشت . هدف ما معین وراه وصول بآن‌پیش‌مابازاست وشك‌نداریم که اگردرکوشش ومجاهدت کوتاهی نکنیم بآن هدف عالی خواهیم رسید .

فصل نهم
آینده امیدبخش کشاورزی ۱

درآغاز این فصل باید باین نکته اشاره کنم که آنچه راجع بکشاورزی ایران نگاشته شده برسبیل توجه بظواهر طبیعی نیست بلکه یکی ازمهمترین عوامل زندگی ملت درآن موردبحث قرارگرفته است . شرح زیبائی ومناظر طبیعی دهکده‌های ایران وآداب ورسوم روستائیان را میتوان در کتب متعددیکه اغلب آنهارا جهانگردان خارجی نگاشته‌اند مطالعه نمود . این کتابها هرچند حاوی مطالبی دلپذیر ولذت بخش هستند ولی گاهی هم بنظر من توجه خواننده را ازمسائل مهمی که درپیش ماست منحرف میسازند .

ما ایرانیان نیز دراین مورد کوتاهی کرده وبحوائج واقعی کشاورزی خود توجه شایسته نداشته‌ایم ودرگذشته

اغلب بنکات کلی و منفی در این راه اکتفا کرده و در مجالس و محافل تنها درباره وضع اسفانگیز زندگی روستائیان بسط مقال داده‌ایم ولی اگر کسی برای رفع این اوضاع راه چاره‌ای اساسی میجست در جواب وی یا بسکوت میگذراندیم و یا بنظرهای کوچک و پیشنهادهائی که با یکدیگر ارتباط کامل نداشت میپرداخته‌ایم و حقیقت اینستکه ملت ایران برای توسعه و پیشرفت کشاورزی کمتر کار مثبت و معقول و بانقشه صحیح انجام داده است .

امروز در میان ملت ایران برای اصلاح وضع کشاورزی جنبش محسوسی پدید آمده است که برای من مایه شادمانی بسیار است و از همین جهت در این فصل بذکر ملاحظات و نکاتی میپردازم که بنظر من ما را بوصول بهدف غائی و کلی در امر فلاحت کمک خواهد نمود .

چون کشور ما دارای منابع سرشار نفت و میزان تولیدات ، در این رشته بسیار قابل توجه است مردم عموماً تصور میکنند که کشور ایران اصولا یک کشور تولید کننده نفت است . ولی این تصور اشتباه محض است زیرا امروز هم میزان محصول سالیانه کشاورزی ما تقریباً چهار برابر تولیدات نفتی سالیانه ماست و حرفه فلاحت از هزاران سال پیش مهمترین حرفه مردم ایران بوده و هنوز هم در درجه اول اهمیت است زیرا تقریباً سه ربع جمعیت ایران بزراعت مشغولند و جز در قسمت کویر و غیر مزروع کشور در قصبات و قراء ایران پراکنده‌اند و برای کشت و زرع زمین‌های وسیع در اختیار دارند و گاهی مایه اعجاب خارجیان میشود که بشنوند در کشور ایران در حدود ۴۵۰۰۰ قریه و دهکده وجود دارد که هر یک معمولا از بیست تا سیصد نفر سکنه دارد .

کشاورزی نه‌تنها محصولات گرانبهائی عاید ایرانیان

میکند بلکه زندگانی مارا کیفیتی مخصوص میبخشد زیرا با وجود ذخائر نفتی ومنابع طبیعی دیگر قسمت اعظم ثروت کشوردردست‌خود مردم وویژه دهقانان وروستائیان‌ماست. افراد با همت وپشتکار ایران نیز ازمیان دهقانان برخاسته ونیروی تولید وآداب ورسوم‌آنها بکشور وطرززندگانی‌ما روح وامتیازی دیگر بخشیده است .

هرچه درایران بیشتربطرف تجدد صنعتی بطرق‌معمول درجهان‌تمدن‌پیشرفت‌نمائیم‌نیازمندیهای‌مابه‌کارگران‌خوب بیشتراحساس میشود وقسمت‌عمده این احتیاج راکشاورزان وروستائیان تأمین میکنند . قسمتی از آنها نیز که بکار کشاورزی اشتغال دارند محصول خویش را خواهند افزود تاهم نیازمندیهای جمعیت روزافزون‌کشور را مرتفع‌کنند وهم به میزان‌صادرات‌کشوربیفزایند . همینطوربرای‌خدمت درارتش نیز چشم امید بیشتر بسوی روستائیان است‌که هم مردمی هوشمند وچابك وجسورند وهم نیروی مقاومت بدنی آنان زیاد است .

ده در صد از مساحت کشور وسیع ما کشت و زرع میشود وسی درصد آن مراتع ودرحدود ده درصد جنگل و بقیه فعلا بیابـــان لم‌یزرع است که امیدوارم با اجرای طرحهای وسیعی‌که داریم بزودی بر مساحت اراضی قابل کشت وزرع بیفزائیم واز وسعت صحاری لم یزرع‌کشور بکاهیم .

درفصل اول این‌کتاب به محصولات وغلات متنوع ایران اشاره نموده‌ام . ازمیان غلات مختلف‌گندم وذرت وارزن درهمه جاکشت وزرع میشود وازحیث مقدار ازهمه مهمترگندم است‌که قسمت عمده آن بشکل نان قوت غالب اهالی‌کشوررا ازغنی وفقیر تشکیل میدهد .

گندم را دولت از زارعین خریده و بقیمت ارزان دراختیار نانوایان خصوصی قرار میدهد تا نان ارزان تهیه کنند و بحد وفور دردسترس مردم که درآمدشان اندك است بگذارند .

محصول گندم ایران احتیاجات کنونی ما را از هر جهت مرتفع میسازد و با تشویقی که بوسیله افزایش قیمت جنس میتوان بکشاورزان نمود مصرف نان مورد احتیاج جمعیت روزافزون کشور از محصول داخلی قطعاً تأمین خواهد گشت.

جو نیز در اکثر نقاط ایران برای تغذیه چهارپایان و صدور بخارج بعمل میآید و این محصول در نقاط خشک کشور نیز قابل کشت است زیرا ریشه آن آنقدر باعماق زمین فرو میرود که برطوبت برسد .

برنج نیز در استانهای مجاور بحر خزر که دارای آب فراوان است بدست میآید که هم مصارف داخلی را تأمین میکند وهم بخارج صادر میشود .

بهمان نسبت که سطح زندگی در ایران بالا رفته میزان مصرف قند وشکر هم ازدیاد پیدا کرده است و از همین جهت باآنکه اینك سالی بیش از ۱۰۰۰۰۰ تن قند چغندر در کارخانه‌های داخلی ساخته میشود فقط یك ثلث احتیاج کشور تأمین میگردد و باید دو ثلث دیگر را از خارج وارد کنیم ولی درصددیم صنعت قندسازی را توسعه دهیم و کشت وزرع نیشکر را نیز پس از قرنهای متمادی که درخوزستان متروك مانده بود مجدداً احیا کنیم و نیشکر بمقادیر زیاد بعمل آوریم و دیری نخواهد گذشت که از لحاظ قند و شکر نیازی بخارج نخواهیم داشت زیرا مطابق برآوردی که بعمل آمده ممکن است درخوزستان از نیشکر سالی یك میلیون تن شکر بدست آورد .

چای در تمام سواحل بحرخزر کشت میشود ولی

محصول سالیانه آن تقریباً باندازه یك ثلث احتیاجات ماست. ازدیاد محصول چای دشوار نیست و اقداماتی برای نیل باین منظور بعمل آمده است .

توتون و تنباکو بمقادیر زیاد در استانهای مجاور بحر خزر و آذربایجان کشت میشود که گذشته از تأمین مصرف داخلی مقداری هم بشکل سیگارت صادر میگردد .

پنبه نیز در بسیاری از نقاط کشور ایران بعمل می‌آید که علاوه بر رفع احتیاجات داخلی مقدار زیادی هم بخارج از کشور حمل میشود . اقسام میوه و بادام و پسته در تمام نقاط کشور بفراوانی میروید و محصول سالیانه بقدری است که هر سال مقدار معتنابهی کشمش و بادام و پسته و مقادیر زیادی از صمغهای نباتی مخصوصاً کتیرا که در تهیه دارو و سایر مصارف شیمیائی بسیار مفید است بخارج صادر میشود .

تربیت مواشی در اقتصاد ایران سهمی مهم دارد چنانکه تعداد گوسفند در کشور بیش از نصف مجموع عده گوسفند تمام کشورهای متحده امریکا است و میلیونها بز و دیگر مواشی نیز اضافه بر این تعداد وجود دارند .

گوشت و شیر این مواشی برای تغذیه عمومی مورد استفاده قرار میگیرد و پشم و پوست آنها در صنایع مختلف و مخصوصاً در صنعت قالی‌بافی کشور بکار میرود . کشور ایران نه‌تنها صادر کننده قالی است بلکه سالیانه مقدار زیادی پشم خام و پوست بره که در جهان شهرت مخصوص دارد و چرم و روده بخارج صادر میکند .

با وجود احداث راههای اتومبیل‌رو و راه‌آهن در کشور، هنوز در ایران برای حمل و نقل بار از الاغ استفاده میشود و در استانهای خراسان و بلوچستان عموماً شتر که به بردباری معروف است وسیله حمل و نقل است . شیر و گوشت و پوست

شتر برای افراد عشایر چادرنشین کشور بسیار پرارزش است و پشم شتر نیز که برای تهیه پارچه بکار میرود از کالاهای پرارزش بشمار می‌آید .

مساحت جنگل‌های ایران بوسعت استان میسوری امریکاست که قسمت اعظم بسیار انبوه آن در دامنه‌های شمالی سلسله جبال البرز درحاشیه بحرخزر وقسمت دیگر دردامنه‌های سلسله کوههای زاگروس واقع شده است . درناحیه خلیج‌فارس نیز جنگلهائی کوچک که پرازدرختهای مناطق گرمسیر است یافت میشود . علاوه بر آن درقصبات ودهات ایران درختهای تبریزی وبید وچنارهای بزرگ بحد وفور دیده میشود که در کنار انهار ودرمیان باغها وبیشه‌های کوچک بفراوانی میروید ومردم نه‌تنها از سایه آنها متنعم میشوند بلکه از چوب آنها نیز برای سوخت وساختمان منازل استفاده میکنند . درجنگل‌های ایران انواع درختها از قبیل بلوط وگردو و زبان گنجشک ونارون و آلش وشمشاد وسرو وافرا وغیره یافت میشود . بعضی ازاین چوبهای جنگلی برای ساختن تراورسهای راه‌آهن وچوب کبریت والوار وتخته برای در وچهارچوب عمارت ساختمان‌ها وابنیه بکار میرود وچوب بلوط وگردو بمقادیر زیاد برای ساختن بشکه واثاثیه منزل به خارج صادر میگردد ولی قسمت اعظم ازمحصولات سالیانه چوب کشور بمصرف تهیه ذغال وتأمین سوخت داخلی میرسد .

این حقیقت تلخ را باید ناگفته نگذاشت که ما ایرانیان درقرون متمادی باتلاف جنگلهای عظیمی که قسمت عمده اراضی کشور را پوشانده بود پرداخته وبدون توجه وعاقبت اندیشی آنهارا چراگاه حیوانات ومخصوصاً بز قرارداده‌ایم وبدین‌ترتیب نهالهای جوان مجال نمو وپرورش

پیدا نکرده‌اند . همچنین بارویه‌ای غلط ونامطلوب برای تهیه هیزم وذغال مقادیر زیادی ازچوبهای گرانبهای جنگل را بهدر داده ونواحی وسیعی ازکشور را عریان کرده‌ایم وهرچند درجنگلهای شمال درقطع اشجار افراط کرده‌ایم ازجنگلهای دیگر ازنظر نداشتن وسیله حمل ونقل هیچگونه استفاده‌ای ننموده‌ایم .

اما امروز این وضع تغییر کرده و آثار احیاء جنگل مشهود گردیده است . در سازمان بنگاه جنگلها که زیر نظر وزارت کشاورزی انجام وظیفه میکند باکمک متخصصین خارجی تغییراتی داده شده و این بنگاه مسئله تولید ذغال و سایر محصولات جنگلی را بصورت صحیح و مناسبی درآورده است .

سازمانها وکارخانهای دولتی و خصوصی نیز بساختن بخاریهای نفتی ارزان اقدام کرده‌اند وبرای گرم کردن منازل وآشپزخانه وغیرآن بجای منقلهای سابق که درآن ذغال یا هیزم میسوخت ازاین بخاریها استفاده میشود . ازطرف دیگر چوبهائی راکه ازجنگل برای تراورس وسایر اشیاء بکار میبرند یا بوسیله مواد شیمیائی اشباع میکنند ویا زیر فشارسنگین قرار میدهند تابر استحکام ودوام آن افزوده شود. بنگاه جنگلها صدور چوبهائی را که بدون رعایت اقتصاد ازجنگلها قطع میشود ممنوع ساخته ودراثر ازدیاد وسایل نقلیه مردم کم کم ازجنگلهائی که بیش ازحد مورد استفاده قرار گرفته است دست کشیده واحتیاجات کشور را طبق قواعد صحیح ازجنگلهای بکر ودوردست مرتفع میسازند .

شیلات سواحل دریای خزر وخلیج فارس منابع مهم محصولات دریائی کشورند. درسال ۱۸۶۷ میلادی ناصرالدین شاه امتیاز استفاده ازشیلات بحرخزر را بیکنفر تبعه روس

داد واو نیز دربنادر مهم دریای خزر بایجاد مراکز صید ماهی‌پرداخت . پس‌ازانقلاب‌سال۱۹۱۷ روسیه ، دولت‌ایران امتیاز صید ماهی را به یکی ازشرکتهای خصوصی روسی واگذار نمود ولی چون دولت شوروی درمقام تصرف شرکتهای خصوصی روسی برآمده بود انجام این منظور متوقف ماند تا اینکه بعداً طی قراردادی شرکت مشترك شیلات ایران و روس با سرمایه متساوی تشکیل گردید . اما این قرارداد در عمل بضرر ایران بود و از همین جهة پس‌ازانقضای مدت مقرر درسال ۱۳۳۱ دیگرتجدیدنگردید ودرهمان سال شیلات بحرخزر را ملی‌کردیم واکنون امور تولید وفروش داخلی وصادرات آن تماماً دراختیار شرکت ملی شیلات است‌که روز بروز میزان کار خودرا مخصوصاً درقسمت خاویار وماهی خاویاردارکه درتمام‌گیتی شهرت دارند افزایش میدهد .

قسمت عمده محصول شیلات بخارج صادر میشود چنانکه درحدود دوسوم ماهی خاویار ونیمی ازخاویار تنها بروسیه شوروی حمل میگردد و قسمت بیشتر بقیه بآمریکا واروپا میرود . دربحرخزر انواع مختلف ماهی صید میشودکه ازجمله ماهی سفید است‌که درایران ازماهی خاویار بیشتر مورد تقاضاست . همچنین در رودخانه‌هائیکه بدریای خزر میریزد ماهی قزل‌آلا که بسیار خوش‌طعم ولذیذ است بحد وفور یافت میشود .

درآبهای‌گرم خلیج فارس‌وبحرعمان نیزماهی وسایر مواد دریائی فراوان است‌که تازه ازآنها آغاز بهره‌برداری شده است .

دردوران سلطنت پدرم یك کارخانه کنسرو ماهی درِ بندرعباس تأسیس‌گردید . درسال ۱۳۳۸ کارخانه مجهز

دیگری نیز در انجا نصب شد واخیراً نیز کارخانه مخصوص منجمد کردن سریع ماهی و یك کارخانه یخ سازی برای نگهداری ماهیهای صید شده در آنجا بکار افتاده است. اینك طرحی دردست اقدام است که کشتی‌های ماهیگیری خلیج فارس بوسائل نوین مجهز گردند وبرتعداد وسایل نقلیه زمینی آن حدود افزوده شود تاحمل ونقل وتوزیع ماهی تازه وسایر مواد دریائی ازآنجا بنقاط دیگر کشور سریعتر انجام پذیرد.

هرچه شبکه راه‌آهن توسعه یابد برعده واگن‌های سردخانه ویژه حمل ماهی افزوده میشود و در تمام مراکز پرجمعیت یخچالهای بزرگی ساخته خواهد شدکه مواد غذائی‌دریائی وسایرموادفاسدشدنی درآنها نگاهداری شود.

دیری‌نخواهد گذشت که ازدریاهای‌ایران‌بهره‌برداری کاملتری بعمل خواهد آمد ومثلا علف دریائی‌که برای تغذیه حیوانات مفید است بدست خواهیم آورد ونفت زیردریا که درفصل بعد ازآن سخن خواهد رفت ومروارید وسایر مواد دریائی استخراج خواهد شد.

یکی ازمواد غذائی دریائی که چندی است توجه مرا بخود جلب‌کرده نوعی آرد است‌که ازماهی خشك‌کرده تهیه میشود وپروتئین فراوان دارد ومؤسسه کشاورزی وغذائی سازمان ملل متحد ومؤسسه یونسکو مصرف آنرا تصویب نموده‌اند. این‌آرد را از یك قسم ماهی‌خرد بقیمت بسیارنازلی تهیه میکنند وبو وطعم ماهی‌هم ندارد ومیتوان آنرا بنقاط دوردست حمل نمود ومدتها نگاهداشت وبرای تغذیه افرادکم بضاعت مورد استفاده قرارداد.

باوصف آنچه‌گفته شد باید بخاطر داشت‌که هرچه منابع جنگلها ودریاهای ایران راتوسعه دهیم بازکشاورزی

درکشور ما دردرجه اول اهمیت قرار دارد وامکانات توسعه آن ازهرسرچشمه درآمد دیگر بیشتر است وبرای اجرای این منظور نخستین قدمیکه باید برداشته شود اصلاح وضع مالکیت ارضی است .

امروز زمین‌های مزروع کشور در دست پنج نوع مالک یعنی ملاکین خصوصی ، اوقاف ، دولت ، املاک سلطنتی وخرده مالکین است ودسته اخیر شخصاً بکشت وزرع اراضی خود میپردازند .

ملاکین خصوصی تقریباً صاحب نصف اراضی مزروع ایرانند . اظهار نظرهای کلی نسبت بملاکین ایران که مساحت املاکشان با یکدیگر متفاوت است ونسبت باجرای وظائف وجدانی و ملی نیز باهم اختلاف دارند بنظر من معقول نیست ولی میتوان گفت که معدودی از آنها که ازسی نفر تجاوز نمیکنند و بعضی از آنها رؤسای قبایل و عشایرند از یکی دو سه پارچه تا چهل ومتجاوز از آن ملک خصوصی دارند .

قسمت عمده اراضی واملاکی که بطرز ناپسندیده اداره میشود متعلق بملاکین بزرگ است . این طبقه معمولا در املاک خود نیستند وتوجهی بآبادانی ملک خود یا بهبود وضع کشاورزانی که در آن املاک بکار کشت و زرع مشغولند ندارند ، بلکه اداره امور املاک خود را بدست مباشرین واگذار مینمایند که با بیرحمی بسیار کشاورزان وروستائیان را زیرفرمان خویش کشیده وبتعدی واعتساف میپردازند واز غیبت اربابان خود که اغلب درتهران ویا در اروپا و امریکا بتفریح وسرگرمی مشغولند سوءاستفاده میکنند .

البته ملاکینی بطور استثناء یافت میشوند که بوظیفه اجتماعی خویش وقوف دارند ولی رویهمرفته این طبقه

ازمالکین طفیلی‌های اجتماع هستند که چنانکه ذکرخواهد شد دوران نعمت وناز وسروری‌آنان درشرف زوال است .

برخلاف طبقه فوق قسمت دیگر ازملاکین معمولی هستند که هریك مالك یك یاچند قریه‌اند وغالباً درهمان‌قراء باکشاورزان وروستائیان زندگی میکنند وهرچند بعضی ازآنها خودپسند وخویشتن‌بین هستند ولی اکثریت آنها دررفاه حال‌روستائیان وخانواده‌آنها غالباً کمال علاقه‌مندی را نشان میدهند و اغلب بطیب خاطر زمین برای ساختمان آموزشگاهها و بیمارستانها ومساجد اهداء میکنند . اکثر دهات وقراء آباد کشور متعلق بهمین مالکین کوچك است .

آمار صحیحی از مساحت املاك و اراضی موقوفه دردست نیست ولی احتمالا بیست درصد ازاراضی مزروعی کشور ایران بطور ابدی وقف بامور خیریه ومذهبی است . تولیت اداره اینگونه املاك اکثراً بعهده روحانیون است ولی دولت حق دارد درکار آنان نظارت نماید . روحانیون غالباً برای تمشیت امور موقوفات مزبور اشخاصی را بعنوان مباشرمعین میکنند که بسیاری‌ازآنها افرادصالح وباوجدانند وبعضی هم ازحدود اختیارات خویش خارج شده وازآن سوءاستفاده میکنند .

املاك خالصه دولتی وسلطنتی رویهمرفته درحدود ده درصد ازاراضی مزروعی کشور را تشکیل میدهد . املاك خالصه دولتی عبارت ازقراء ومزارعی است که درطی قرون از طریق خرید و توقیف و لشکرکشی و پیشکشی و یا بعلت بلاصاحب بودن آنها بدولت تعلق یافته است . این املاك خالصه بوسیله کشاورزان کشت وزرع میشود ودولت درآنها عنوان مالك دارد . املاك خالصه بوضع نامطلوبی اداره میشود ووضع کشاورزان‌این‌املاك ازوضع روستائیانی

که در دهات متعلق بملاكین عمده زندگانی میکنند بهتر نیست.
سهم مالکانه دولت که بوسیله مباشرین خود وصول میکند با سهم ملاکین خصوصی تفاوتی ندارد . در بعضی موارد نیز دولت املاك خالصه را باشخاص اجاره میدهد و این مستاجرین سهم دولت را از کشاورزان وصول مینمایند . این رویه بـرای کشاورزان بسیار زیان‌آور است زیرا مستاجرین دولت هیچگونه علاقه‌ای بآبادانی ملك ندارند و یگانه توجه آنها بنفع شخصی خودشان است . بهترین طریق حفظ منافع حقیقی دولت و کشاورزان آنست که این املاك بین خرده مالکین تقسیم شود .

املاك سلطنتی دیه‌ها و قرائی است که پدرم خریداری کرده و به شخص من تعلق دارد ، و اینك بوسیله بنیاد پهلوی اداره میشود . بطوریکه در فصل پیش اشاره کرده‌ام عایدات این املاك صرفاً در امور خیریه و عام‌المنفعه صرف میگردد و نسبت بآنها برنامه وسیعی در شرف اجراست که بآن اشاره خواهد رفت . بقیه املاك مزروعی ایران که در حدود بیست درصد از مجموع اراضی قابل زرع کشور است بکشاورزان خرده مالك تعلق دارد . در بعضی موارد قطعاتی از اراضی اطراف یك قریه و در برخی دیگر تمام اراضی یك یا چند قریه بکشاورزان تعلق دارد و همانطور که برنامه تقسیم املاك توسعه پیدا میکند اتصالا بر تعداد این کشاورزان خرده مالك افزوده میگردد .

چنانکه در پیش گفته شد از همان موقع اشتغال بتحصیل بوضع اسفانگیز کشاورزان ایران احساس نگرانی شدید میکردم و هر روز فکر بهبود زندگانی آنها در من قوت میگرفت و بالاخره پس از عزیمت پدرم از ایران بموجب فرمانی تمام املاك مزروعی خود را بدولت واگذار نمودم .

منظور من ازاین اقدام آن بود که دولت آن املاك را با توجه به‌بهبود وضع کشاورزان اداره کند و بهمین‌جهت مقرر داشتم که عایدات حاصله بامور خیریه و بنفع کشاورزان عادی کشور من صرف شود .

دیری نگذشت که گزارشهائی بمن رسید که دولت عایدات املاك‌را صرف پرداخت حقوق کارمندان میکند ویك ریال ازاین عوائد برای امورخیریه باقی نمیماند . بنابراین پس‌ازاندیشه بسیار مصمم شدم املاك را ازدولت پس گرفته وبا شرائط ساده وآسان بکشاورزانی که درهمان املاك بامر زراعت مشغول بودند بفروشم .

اما این امور تنها باحسن‌نیت به نتیجه مطلوب نمیرسد ودریافتم که اگر تنها زمین بین روستائیان تقسیم شود بروخامت وضع زندگی‌آنها خواهد افزود وشرط موفقیت برای خرده مالك مانند یك کشاورز عادی آنستکه باو هم کمك مالی وهم راهنمائیهای فنی بشود . دراثر این‌اندیشه‌ها بنظرم‌آمد که باوجوهی که ازفروش‌زمین‌واملاك اختصاصی بکشاورزان جمع‌آوری میشود باید بانکی تأسیس کرد که بتواند بروستائیان که تازه صاحب زمین شده‌اند وام بدهد و کمکهای لازم دیگر بنماید .

درسال ۱۳۳۰ فرمانی مشعر برتقسیم وفروش بیش ازدوهزار قریه وآبادی ازاملاکم صادر نمودم ودرسال ۱۳۳۱ بانك عمران وتعاون روستائی راکه معمولا بانك عمران خوانده میشود تشکیل دادم ودرهمان‌سال تقسیم قراء وقصبات متعلق به بنیادپهلوی درورامین واقع درجنوب تهران آغاز گردید . چنانکه در فصل پنجم اشاره کردم دیری‌ازاین اقدام نگذشته بود که مصدق برنامه تقسیم اراضی را متوقف ساخت اما پس‌ازسقوط وی مجدداً اجرای این

برنامه دنبال‌شد چنانکه تااواسط سال ۱۳۳۷ بیش‌از ۲۰۰۰۰۰ هکتارزمین مزروعی‌بین ۲۵۰۰۰ نفرروستائی تقسیم گردید.

تاآنجاکه من اطلاع دارم این نخستین باری است‌که درکشوری برنامه تقسیم املاك بنحوی اجرامیشودکه وجوه حاصله ازفروش اراضی مجدداً ببانك عمران ریخته میشود تابمصرف تقویت بنیه مالی‌کشاورزانی‌که تازه صاحب زمین شده‌اند برسد . ازنظرتازگی‌این‌اقدام ، برای‌بعضی‌سوءتفاهم ایجاد شده است‌که شاید این عمل بمنظور آن بوده است که اراضی نامرغوب وبی‌حاصلی به قیمت سنگین بفروش برسد . برخی نیز باین اندیشه غلط افتاده‌اندکه شاید غرض اصلی ازایجاد بانك عمران تحصیل منافع بوده است . عده‌ای ازمردم تنگ‌نظرهم‌که باعمال وکردار انسانی جز با بدبینی نمینگرند پنداشته‌اندکه در این‌کار علتی نهانی بوده‌است‌که برای آنها نامعلوم است .

چون فکرمن درتقسیم املاك درایران تازگی دارد لازم است طرزاجرای‌آن بطورکامل ودقیق آشکارگردد :

مرحله‌اول اجرای این‌برنامه‌آنستکه اراضی به‌قطعاتی که از لحاظ اقتصادکشاورزی قابل بهره‌برداری باشد یعنی بمساحتیکه محصول‌آن‌برای معاش‌یك‌کشاورزوخانواده‌اش کفایت‌کند تقسیم میشود . قیمت هرقطعه بوسیله مقومین متخصص‌وخبره معین‌میشود ومعمولاقیمتی‌که تعیین میگردد ازقیمت‌روزکمتراست. سپس‌قطعات مزبورفقط بکشاورزانی که عملا درآن‌اراضی بکشت وزرع مشغولند فروخته میشود وفروش اراضی بملاکین وسفته‌بازان شدیداً ممنوع است .

باید دراین نکته تأکید شودکه منظورمن ازاین‌برنامه آن نیست که املاك خودرا برایگان باشخاص واگذار کنم زیرا از نظر روانشناسی و رابطه علت و معلول یك چنین

اقدامی بعقیده من نتیجه مطلوب نخواهد داشت.

بجای یك چنین اقدامی اراضی مزروع با بیست درصد تخفیف از قیمت تعیین شده بفروش میرسد و کشاورزان تازه مالك، بهای زمین را در بیست و پنج قسط سالیانه ببانك عمران میپردازند و بانك برای تأمین مخارج اداری در پانزده سال اول سالیانه معادل یك درصد بعنوان حق العمل دریافت میکند.

بانك عمران بشکل یك مؤسسه غیر انتفاعی تأسیس شده و سرمایه آن ۹۷,۵۰۰,۰۰۰ ریال است که نصف آن پرداخت گردیده است. باوجود آنکه من قسمتی از سرمایه این بانك را شخصاً پرداخته‌ام ولی نه من و نه کسان دیگری که در این بانك سرمایه گذاری کرده‌اند هیچگونه سود یا منفعت یا بهره‌ای از بانك دریافت نمیکنیم.

اقساطی که از خریداران اراضی متدرجاً وصول میگردد باضافه حق العملی که به بانك تعلق میگیرد سرمایه بانك را افزایش داده وموجب میشود که این مؤسسه برای کمك به کشاورزانیکه مالك اراضی میشوند آماده‌تر گردد. چون نظر من این بود که بانك عمران بجای اینکه مانند یك بانك عادی بکارهای معاملاتی بپردازد ومنحصراً مؤسسه‌ای برای خدمات اجتماعی باشد طبعاً درچند سال اول شروع بکار متحمل ضررهای هنگفتی گردید. برای جبران این ضرروافزایش بنیه مالی آن برای کمك بکشاورزان بانك درسال ۱۳۳۶ وارد فعالیتهای بازرگانی گردید واینك سپرده‌های اشخاص را قبول کرده وحساب جاری برای مشتریان باز میکند ووامهای معمولی بازرگانی میدهد. منافع این عملیات آنقدر بوده‌است که باوصف آنکه اتصالا برمیزان وامهائی که بکشاورزان میدهد افزوده شده است ضررهای سابق نیز

جبران گردیده است .

تـا اواسط سال ۱۳۳۹ در حدود یك سوم از اراضی مزروع املاك پهلوی بین کشاورزان خرده مالك تقسیم گردید وتا دوسال دیگر نصف بقیه اراضی قابل زرع این املاك که عملا مستعد بهره‌برداری است بین سایر کشاورزان تقسیم خواهد شد ودرضمن این‌مدت برای قابل زرع ساختن هزاران هکتار دیگر از املاك شخصی من اقدام میشود تا درآنموقع برای تقسیم بین کشاورزان آماده باشد .

البته سرعت در امر تقسیم اراضی بایـد با استعداد وامکانات بانك عمران دراعطای وام بکشاورزان متناسب باشد واین نکته باید مؤکداً خاطرنشان شود که تقسیم‌اراضی بدون اینکه برای کشاورزان تازه مالك وسائلی فراهم باشد که حداکثر استفاده را از زمین خود بردارند چیزی جز زحمت ونگرانی برای آنها بوجود نخواهد آورد .

از کمکهائیکه بانك عمران بکشاورزان‌میکند وامهائی که بانظارت خود بآنها اعطا مینماید ازهمه مهمتراست . این بانك تاکنون وامهای کوچکی بکشاورزان خرده مالك جدید داده است وعلاوه برآن اعتباراتیکه منافع آن بطور غیرمستقیم بکشاورزان میرسد داده وبا تشکیل شرکتهای تعاونی روستائی‌وتأمین سرمایه آن شرکتها امکانات تازه‌ای برای اخذ وام وسایـر تسهیلات برای‌کشاورزان فراهم ساخته است .

بانك عمران تاکنون عده زیادی تراکتور وکمباین خریداری نموده وبحفر عده زیادی چاه عمیق اقدام‌کرده وبیش‌ازصد تن جوان روستائی را به‌کشور آلمان برای فراگرفتن فنون نوین‌کشاورزی اعزام داشته است . اخیراً بکمك مادی بنیادپهلوی قریه جدیدی بنام شاه‌آباد دریازده

کیلومتری شهرساری بوسیله کشاورزان و خانواده آنها که در آن منطقه بکشاورزی مشغول بوده‌اند احداث گردیده و هر یک از این خانواده‌ها در قریه مزبور صاحب خانه‌ای شده‌اند. بانک عمران نیز در حدود ۱۲۰ دستگاه خانه کوچک دیگر ساخته و اعتباراتی هم بسایرین داده است .

در روستاها و قصبات تقسیم شده صدها کلاس اکابر دایر گردیده است . اداره عمران وزارت کشور مأمورین ورزیده در امور دهات را بعنوان دهیار باملاک تقسیم شده اعزام داشته است تا برای تکمیل آبادانی و عمران این قراء اقداماتی ازقبیل ساختن آموزشگاهها و جاده‌ها و فراهم آوردن وسایل بهداری و تعلیم روستائیان به امور بهداشت و بهبود وضع کشاورزی بعمل آورند .

تمام این عملیات بمنزله آغازی بیش نیست ولی از آن آغازها که سرانجامی نویدبخش در پی دارد . عوامل مختلف ازجمله ایجاد روحیه جدید وفراهم ساختن وسایل کشاورزی تازه و اطلاعات جدید در امر زراعت موجب شده است که کشاورزان تازه مالک میزان محصول خویش را بطور متوسط در حدود بیست درصد افزایش دهند و همین مسئله دلیل بارز و آشکاری است که برنامه من درتقسیم املاک شخصی برنامه‌ای منطقی ومعقول بوده است . از این گذشته بفکر من این برنامه تقسیم املاک گذشته از افزایش میزان تولید و ایجاد سرمشق برای دیگران نتایجی مهمتر و درخشان‌تر داشته است .

اجرای این برنامه ثابت میکند که میتوان درکشور ایران برای کشاورزان یک مرزوبوم زندگی نوینی بوجود آورد که هم برای خود و خانواده روستائیان موجب رضایت و خرسندی باشد و هم ملتی در این کشور زندگی کند که

بآینده ایمان داشته و برفعالیت خویش متکی باشد .

دومین قدم مثبت در اصلاح وضع کشاورزی ایران تقسیم اراضی زراعتی خالصه دولت و تهیه وسایل کار و مساعدت مالی به کشاورزانی است که از طریق تقسیم آن اراضی درعداد خرده مالکین قرار خواهند گرفت . قانون تقسیم این اراضی درسال ۱۳۳٤ به تصویب مجلس شورای ملی و توشیح من رسید ولی چون اراضی مزبور بطور دقیق و صحیح مساحی نشده بود اجرای این قانون بتأخیر افتاد . برای تسریع درایجاد وسایل تقسیم املاک درسال ۱۳۳۷ به ارتش دستور دادم که درکار مساحی اراضی مزبور با مسئولین امر کمک کنند و درنتیجه ازاواخر همان سال کار تقسیم اراضی بجریان افتاد . طبق همان روشی که در تقسیم املاک شخصی من مقررشده بود مالکین و سفته بازان حق خرید و تصرف اراضی مزبور را ندارند واین حق منحصر بکشاورزانی است که در قسمت کوچکی از اراضی بامر زراعت مشغول بوده‌اند .

فروش این اراضی نیز مانند اراضی سلطنتی باشرایط بسیار ساده صورت میگیرد وبهای آن در بیست و پنج قسط سالانه پرداخت میشود . بانک کشاورزی نیز با اعطای وام بروستائیان و تشکیل شرکت‌های تعاونی روستائی سهم عمده‌ای درحسن اجرای این برنامه بعهده دارد . انتظار میرودکه در نتیجه اجرای این قانون اراضی خالصه دولت بین یکصد هزار خانوار کشاورز تقسیم گردد .

بطوریکه قبلا اشاره کرده‌ام چون در حدود نصف اراضی مزروعی کشور متعلق به مالکان خصوصی است اصلاح وضع کشاورزی و استفاده از فرصت‌های موجود بیشتر متوجه آنهاست و سومین مرحله اصلاح مالکیت

ارضی ایران همین امر است . تا چند سال پیش اگر با مالکین خصوصی سخن از تقسیم املاك وسیع بمیان میآمد بسیار خشمگین میشدند ولی اخیراً عده کثیری ازآنها باین نکته توجه پیداکرده‌اندکه بااصول مسلم عدالت اجتماعی وضع آنها قابل تحمل ودوام نیست . بعلاوه درایران باایجاد رشته‌های جدید برای سرمایه‌گذاری دیگرکسی بداشتن اراضی بسیار وسیع وچندین پارچه ملك ، آن رغبت سابق را ندارد وبشمار آمدن جزو طبقه ملاك آن منافع وشأن وتشخص قدیم را بوجود نمیآورد . چون اکثر ملاکین بزرگ که غالباً همان شیوه‌های فرسوده قدیمی را درکشت وبهره‌برداری املاك خود بکار میبرند بابکار افتادن وسایل جدید باید سرمایه‌های هنگفتی دراملاك خود بکار اندازند باین نکته توجه پیداکرده‌اندکه باسرمایه‌گذاری درصنایع وامور بازرگانی که درایران باسرعت درحال توسعه است منافع بیشتر خواهند داشت .

برنامه من درتقسیم اراضی تنها باین منظور نبودکه کشاورزانی که دراین املاك بکار کشت‌وزرع مشغولند ازآن منتفع شوند بلکه میخواستم این اقدام برای ملاکین عمده نیز سرمشقی باشد چنانکه بعضی ازآنها درصدد فروش‌املاك خویش برآمده‌اند .

این نکته برمن مشتبه نیست که ملاکین بزرگ تنها باسرمشق ودیدن نمونه ، فکر خودرا عوض نمیکنند وباید اقدامات جدی‌تر دراین مورد بعمل آورد .

برای این منظور قانونی گذراندیم که بموجب آن میزان‌اراضی‌مزروعی که‌یکنفرویایکدسته مشترکاًدرملکیت خویش‌دارند محدود شده‌است وهرچه اضافه برآن داشته باشند باید بفروش برسد . دولت دراین فروش ، کار دلال

وواسطه را انجام میدهد یعنی قطعات بـزرگ املاك واراضی را یكجا خریداری میكند و آنهارا بقطعات كوچك تقسیم مینماید و باشرایط آسان بكشاورزان خرده مالك میفروشد . دربعضی موارد نیز ممكن است بجای پرداخت پول نقد سهام كارخانه‌های متعلق بدولت بمالكین داده شود تا باین طریق هم از فشار مالی كه بدولت ناگزیر وارد میآید كاسته بشود وهم در امر انتقال كارخانه‌های دولتی باشخاص وشركت‌های خصوصی تسریع گردد .

كشور ایران از لحاظ سیاسی واقتصادی واجتماعی بطور محسوس درحال پیشرفت و ترقی است ومردم كشور من بیش‌ازاین تحمل نخواهند كرد كه به بینند عده معدودی مالك بزرگ بعنوان ارباب بر جان ومال وسرنوشت هزاران كشاورز كه بسیاری ازآنها درنهایت بینوائی زندگی میكنند مسلط باشند. ازهمین نظر علاوه بر تقسیم املاك خالصه و سلطنتی در نظر است كه املاك وسیع اشخاص را هم تقسیم كنیم و هرچند قیمت عادلانه این املاك پرداخته میشود ولی بهیچوجه از این تصمیم عدول نخواهـد شد . ملاكین بزرگ اگرچه ثروتمندند ولی عده آنها معدود است و میدانند كه در برابر خواسته‌های اكثریت ملت تاب مقاومت نخواهند داشت .

دومین نیازمندی بزرگ ما دربهبود اوضاع زندگی روستائیان و بسط كشاورزی در ایران توسعهٔ تعلیمات روستائی است . در فصل بعد راجع به تعلیم و تـربیت بطور كلی سخن خواهد رفت ودراینجا فقط بذكر مسائلی كه مخصوص بامر زراعت است پرداخته میشود . باآنكه آزاد ساختن كشاورزان از چنگال مالكین عملی ضروری و بجاست ولی یك كشاورز مستقل باید راه اداره امور خود را بخوبی بداند وچون كشاورزی در ایران روز بروز باوسائل وفنون نوین

مجهزتر خواهد شد باید طرز بکار انداختن و نگاهداری ماشینهای کشاورزی را فراگیرد وخلاصه آنکه کشاورزان ما باید باقتضای زمان بامور اداری و کارهای فنی فلاحت کاملا آشنا باشند.

برای این منظور بهبسط وتوسعه تعلیمات کشاورزی درایران توجه خاصی مبذول شده است، چنانکه دردانشکده کشاورزی کرج وابسته به دانشگاه تهران درحدود ۵۰۰تن دانشجو بکسب تعلیمات نوین کشاورزی اشتغال دارند و برنامه‌ای راکه دوره‌آن چهارسال است وطبق اصول جدید تدوین شده طی میکنند. دستگاه علمی این دانشکده که درنقطه‌ای بسیار زیبا ومصفا درچهل کیلومتری تهران بنا شده پیوسته روبتوسعه است تا بتواند گنجایش یکهزارتن دانشجو را داشته ووسائل تحقیق علمی وعملی آن ازهرحیث فراهم باشد. گذشته از دانشکده کشاورزی کرج دانشکده کشاورزی شیراز نیز بکار تعلیم علمی و فنی کشاورزی مشغول و پیوسته درحال توسعه وتکمیل است.

امروزدوازده دبیرستان حرفه‌ای کشاورزی ودرحدود ۲۰۰ دبستان روستائی داریم که در کلاسهای پنجم وششم آن به‌روستازادگان ما عملیات کشاورزی تعلیم میشود. امیدوارم بتوانیم تعلیمات ابتدائی و متوسطه کشاورزی را در ایران توسعه دهیم ودرعین حال آموزشگاههای علمی کشاورزی نیز دایر نمائیم تاروستائیان کشاورز روشهای نوین زراعت واصول فنی وطرزاداره اموررزراعتی رابدون درنظر گرفتن سن وسال ویا سابقه تحصیلاتی بیاموزند. تردیدی نیست که بااین طریق حتی کشاورزان بی‌سواد هم میتوانند طرز کار خودرا بهبود بخشند. این برنامه‌ها دراندك مدتی بوسیله تلویزیون یعنی تعلیمات سمعی و بصری نوین بمقام اجرا

گذاشته خواهد شد .

امااین برنامه‌تعلیماتی کشاورزی برای رفع نیازمندیهای ما کافی نیست و کشاورزان باید طریق کاردسته‌جمعی واصول همکاری ودستیاری را بیاموزند وباهمسایگان خود درایجاد و اجرای طرحهای عمرانی و سایر امور عام‌المنفعه محلی وتعاون روستائی سهیم وشریک گردند . انجام این منظور نیازمند رهبری است زیرا درهرجاکار دستجمعی وهمگانی صورت میگیرد باید رهبرانی آنرا اداره‌کنند تا بدرستی انجام پذیرد . معاضدت واطاعت نیز ازشرائط مهم موفقیت است وافراد روستائی باید دراینگونه امور ازمیل شخصی خویش بنفع مقاصد همگانی صرف‌نظر کنند .

برای اشاعه تعلیمات فنی و اصول رهبری و آشنائی باموروعمومی‌اقدامات بسیاردامنه‌داری ضروری است تامردم را برای‌کمك وتعاون ودستیاری یکدیگر آماده بسازد . درسال ۱۳۳۵ قانون تشکیل شورای قصبات بتصویب مجلس شورایملی رسیدکه برای شوراهای مزبور شخصیت حقوقی قائل شده و مقرر کرده است‌که مالکان پنج درصد ازعواید خودرابشورای قصبه بپردازند . بعلاوه بشوراها حق‌تحصیل وام داده شده‌است . متأسفانه تاکنون بعضی‌از مالکان‌بزرگ از مسئولیتی‌که در این قانون برای‌آنها مقرراست اعراض کرده‌اند وهمانطورکه از پرداخت مالیات بردرآمد امتناع دارند ازپرداخت این صدی پنج هم خودداری میکنند .

با وصف آن اکثر مالکان مفاد آنرا محترم شناخته و بسیاری ازآنها مخصوصاً کسانیکه درقراء خود زندگی میکنند ازاین‌قانون ومقرراتیکه موجب بهبودوپیشرفت‌های مهم درامورکشاورزی است پشتیبانی کرده‌اند .

بنگاه عمران که عهده‌دار اجرای این قانون است

تقـــریباً در بیست هزار دهکده بتشکیل شوراها پرداخته وصدها روستائی را بفن اداره امور کشاورزی آشنا کرده وهزاران طرح عمرانی محلی رابمورد اجرا گذاشته ودرایجاد صدها شرکت تعاونی روستائی کمك ومساعدت نموده است.

اما با وصف مساعی بسیار و اقدامات گوناگونی که از طرف بنگاه مزبور بعمل آمده هنوز این امور از سطح تجاوز نکرده است و بنظر من برای آینده کشور اقدامی ازاین ثمربخش‌تر نیست که بودجه مختصر کنونی این بنگاه را به ده برابر افزایش دهیم. در تمام قراء ایران مردان قوی و با پشتکار و زحمت‌کشی هستند که راهنمائی‌هائی راکه طبق روش دموکراسی درکار آنها میشود بجان ودل پذیرفتارند وهزاران نفرروستائی هستندکه استعداد اداره امورکشاورزی را دارند ولی اکثر برای این وظایف تعلیم وتربیت نیافته‌اند وبروز ونمو استعداد آنها منوط بتوسعه تعلیمات فنون مربوط بمدیریت کارهای فلاحتی است.

روستائیان کشورمابرای انجام طرحهای مربوط به‌بهبود زراعت محلی خود به‌کمکها وتعالیم فنی دستگاه‌های دولت وآنچه درمحل یافت میشود نیازمندند. همچنین غالباً برای تهیه مواد اولیه ووسایل واسباب کار احتیاج بسرمایه دارند وباعتبارات دیگر نیازمندند که‌بموجب مقررات قانون شورای قصبات فراهم ساختن آن میسراست هرچندکه فعلا مبلغی که بموجب قانون میتوان فراهم کرد خیلی مختصراست. تجربه ثابت کرده است که اگر وسائل وعواملی که ذکر آنها رفت در اختیار روستائیان قرار گیرد، خود آنها درکمال خوبی توانائی خواهند داشت که بکشیدن راه واحداث سد وحمام و پل وآموزشگاه و درمانگاه ومسجد و حفرچاه وتأسیس کارگاههای حرفه‌ای بپردازنـــد و همه این امور را هم

در فصولی انجام دهند که کار فلاحتی آنها نسبتاً کمتر و اوقات فراغتشان وسیع است. برای سال ۱۳۳۹ هدف این بود که پانصد شرکت تعاونی روستائی تشکیل یابد و اینک از این هدف تجاوز کرده ایم. قسمت عمده آنها شرکتهای تعاونی اعتباری است که از دویست تا ششصد عضو تشکیل یافته است. بعضی از آنها نیز خدمات دیگری مانند نگاهداری حساب پس انداز اعضاء خود و توزیع کودشیمیائی و سایر احتیاجات فلاحتی و تهیه بازار برای محصولات اقدام میکنند. بعضی از شرکتها در کمال خوبی اداره میشود و منافع سرشاری باعضاء خود میرسانند و برخی دیگر یا طرز کارشان متوسط است و یا خوب کار نمیکنند. بطور کلی موفقیت این شرکتها منوط بطرز رهبری و لیاقت و شایستگی فنی متصدیان است و ازهمین جهت لزوم و اهمیت تربیت و تعلیم فن اداره کشاورزی روز بروز محسوس تر میگردد.

عقیده قطعی من آنستکه در کشور ایران مانند هندوستان و سایر کشورهای دموکراسی تقویت و نمو حس اتکاء بنفس در میان افراد در زندگی روستائی عادی تغییری بسیار بارز و آشکار خواهد داد. این انگیزه و یرا ملهم میسازد که وی نیز در ایجاد آینده خویش سهمی دارد و دورنمای یک زندگانی مرفه اتصالا در پیش دیدگان وی روشن تر و درخشانتر جلوه خواهد کرد.

ما همیشه باید باین نکته توجه داشته باشیم که ایجاد سدهای عظیم و راه آهن و بنادر و سایر طرحهای عمرانی درحیات روستائیان اثر آنی و مستقیم ندارد و هرچند این طرحهای وسیع برای بهبود و آبادانی کشور بسیار سودمند و ضروری است ولی طرحهای کوچکتر که در دهکده ها و آبادیهای کوچک بموقع اجرا گذاشته میشود شامل حال

کسانی میشود که بیش از دیگران استحقاق کمک و مساعدت دارند.

سومین چیزی که اقتصاد کشاورزی ما بدان نیاز فراوان دارد اعطای اعتبار با شرائط منصفانه و معقول بکشاورزان است. در گذشته روستائیان بمالکان اراضی تکیه داشتند که برای امرار معاش خود از آنها وام بگیرند و در سر خرمن آینده معمولا جنسی رد نمایند.

بهره سالیانه‌ای که باین وامها تعلق میگرفت بسیار گزاف بود و اغلب تا پنجاه درصد میرسید و از همین جهت روستائی که بادای آن توانائی نداشت تا ابد مدیون مالک میماند و اگر احیاناً قطعه زمین یا چهارپائی داشت ناگزیر آنرا در ازای دینی که داشت از چنگ وی میربودند.

بانک عمران و بانک کشاورزی این وضع ناگوار را تاحدی از میان برده‌اند، چنانکه بانک عمران در مقابل اعتباراتی که بصاحبان اراضی توزیع شده از املاک اختصاصی سلطنتی داده میشود و بانک درخرج آن هم از نظر حفظ منافع و هم از نظر جلوگیری از تفریط نظارت دارد بهره بسیار نازلی که برای بانکهای دیگر ملاک عمل شده مقرر داشته است. بهره اینگونه وامها اگر مستقیماً از بانک گرفته شده باشد سالیانه شش درصد و اگر از شرکتهای اعتبارات تعاونی دریافت گردد نه درصد است.

بانک کشاورزی نیز شعب خود را در بسیاری از نقاط کشور دائر نموده و بانها اختیار داده است که بدون مراجعه بمرکز نسبت به پرداخت وامهای کوچک اقدام نمایند و مبالغ هنگفتی نیز بوسیله شرکتهای اعتباری که خود تأسیس نموده بروستائیان وام داده است. بعلاوه بانک عمران و بانک کشاورزی رویه جدیدی برای اعطای اعتبارات کشاورزی

در سراسر کشور رواج داده‌اند و در نتیجه مالکین و کشاورزان ایران دریافته‌اند که این دو بانک برای دادن وام و اعتبارات کشاورزی با بهرهٔ بسیار عادلانه حاضرند و همین اطمینان به وجود رقیب رویه فرسوده گذشته را که برای دادن وام با بهره‌های هنگفت معمول بوده از میان برده و تحولی شگرف در کشاورزی بوجود آورده است.

با وصف این برای آنکه کشاورزان خرده مالک ما استقلال عمل پیدا کنند آنچه تاکنون بوسیله وام و اعتبار در اختیار آنها قرار گرفته نسبت بکلیه احتیاجات آنها مبلغ ناچیزی بیش نیست. از همین جهت هر چه بر عده خرده مالکین که از املاک سلطنتی صاحب زمین شده‌اند افزوده میشود بانک عمران باید بر حجم وامهای خود برای تأمین موفقیت این اقدام بیفزاید. همچنین هر چه املاک خالصه و شخصی بیشتر تقسیم میشود بانک کشاورزی باید دائره عملیات و خدمات خویش را وسیع‌تر سازد. هر چند تعداد وامهای مختصری که بانک کشاورزی بزارعین داده بسیار زیاد است ولی این بانک در گذشته قسمت بزرگی از منابع خود را با عطای وامهای هنگفت به مالکان خصوصی صرف کرده است که احتیاج واقعی بمساعدت مالی نداشته‌اند و در بعضی موارد نیز وامهائی را که گرفته‌اند در اموری که ابداً بکشاورزی مربوط نیست بمصرف رسانیده‌اند.

ازدیاد عده بانکهای خصوصی در ایران تأثیر مطلوبی در امور معاملاتی کشور داشته است و هیچ دلیلی نمی‌بینم که این بانکها نیز مانند بانکهای خصوصی امریکا و سایر ممالک مترقی وارد معاملات اعتبار کشاورزی بمبالغ زیاد نشوند. اما در مورد وامهای کوچک کشاورزی همیشه باید دولت پیشقدم باشد و این فکر را که اینگونه وامها حتماً باید بدون

هیچگونه خسارت ناشی از تأخیر و عدم پرداخت بخودی خود مستهلك گردد بدور اندازد . تشریفات و مخارج اداری و نظائر آن که بهر وامی تعلق میگیرد مساوی است و کمی و زیادی مبلغ وام تأثیری در آن ندارد و وقتی مبالغ مختصری با بهره بسیار نازل بچندین هزار نفر زارع داده میشود تحصیل سود یا اقلاً جبران هزینه‌هائی که باین وامها تعلق میگیرد هرگز امکان پذیر نیست .

البته من معتقد نیستم که کسی باید از پرداخت یا استهلاك دین خود امتناع کند ولی عقیده دارم که هرچند تمام وام گیرندگان قروض خود را در موعد مقرر تصفیه کنند باز اگر منظور پیشرفت و موفقیت این مؤسسات در خدمات اجتماعی باشد دولت باید بخشی از هزینه آنها را همواره تعهد نماید چنانکه این روش در کشور امریکا و سایر ممالك مترقی دیگر نیز معمول است .

چهارمین احتیاج بزرگ کشاورزی ما آب است زیرا ایران تقریباً کشوری خشك بقلم میرود و مسئله تأمین آب دائماً فکر عموم را بخود مشغول داشته است .

منبع عمده آب کشور ما برفهای کوهستانست و هرچند این مطلب کیفیت تناقض دارد ولی باید گفته شود که مقدار آبیکه از ذوبان برف بدست میآید بیشتر از احتیاج ماست و دشتها و کوه پایه‌ها نیز از آب باران و برف بی‌بهره نیستند. مایه اصلی اغلب رودخانه‌های کشور آب برف و سرچشمه آنها در کوهستانهای ماست که بطور کلی در داخله کشور واقعند و این وضع با کشورهای دیگر مانند مصر فرق دارد زیرا آب مورد احتیاج مصر از رودنیل تأمین میشود که سرچشمه آن در خارج از کشور است و در حقیقت آب یکی از واردات مهم مصر بشمار میرود .

ذخائر آب کشور را دو عامل مختلف که لازم و ملزوم یکدیگرند بهدر میدهد اول آب بردگی خاک است که هم علت کم آبی و هم نتیجه کمی آب در مواقع ضروری است . زیرا کوهستانهای ما اغلب از بوته و گیاه عریان است و آبیکه در بهار از آنها سرازیر میشود چون بمانع برخورد نمیکند بسرعت جریان پیدامیکند و خاک کوهسارها و دشتها را شسته و با خود میبرد . عدم توجه و استفاده نادرست از مراتع و چراگاهها و قطع درختهای جنگلی نیز باین وضع کمک میکند و در نتیجه ذخائر آب کشور کاملا مورد استفاده قرار نمیگیرد .

دوم شور بودن آبست زیرا آبهائیکه زمین های مزروع را مشروب میکنند همان آب باران است که در عبور از روی اراضی مقداری نمک بآن آغشته میشود . بعلاوه در اغلب اراضی شوره زیرزمین موجود است که اگر بیش از حد لزوم آب در آنها راکد بماند و زه کشی زمین به ترتیب صحیحی انجام نیافته باشد نمک زیرزمین بسطح رخنه یافته و بزراعت آسیب فراوان میرساند . شوره ای که بدین کیفیت سطح اراضی را فرا میگیرد در بعضی از نقاط دنیا از جمله ایالات متحده آمریکا و ایران موجب آن شده است که قسمتی از اراضی غیر قابل کشت بماند . ولی اغلب اینگونه اراضی را میتوان دوباره برای کشت و زرع آماده ساخت بدین طرز که مقدار معینی آب از یک سمت روی این اراضی میاندازند تا نمک موجود در سطح را درخود آغشته سازد و از سمت دیگر زمین خارج شود و برای اطمینان بموفقیت ممکن است قبل از انداختن آب زمین را شیار کرد یا وسائل دیگر بکار برد . هزینه زه کشی زمین شاید کمتر از هزینه آبیاری آن نباشد ولی خرج بسیار مفید و بجائی است . اغلب خاک کشور

ما دارای خلل‌وفرج زیاداست وهمان زه کشی‌ساده ومعمولی برای حصول‌نتیجه کافیست بشرط آنکه‌آبیاری صحیح درآن صورت‌گیرد . آبیاریهائیکه از طریق علمی انجام میگیرد هم زمین را ازصدمه نمك حفظ میکند وهم اگر درگذشته دراثر بی‌مبالاتی معایبی دیگر درخاك راه یافته باشد ازمیان خواهد رفت .

خلاصه سخن اینست‌که دشواری امر زراعت درایران کمی آب نیست بلکه مسئله در رساندن آب خوب درمواقع معین‌باراضی‌مخصوص است . برای رفع این‌دشواری وسائل متعددی هست :

اول - غرس‌اشجار و کشت‌نباتات وایجاد جنگل‌وبیشه وحراست‌آنها از تعدی حیوانات ومردم است وبدین وسیله میتوان ازشسته شدن خاك قابل زراعت‌کاست .

دوم - احداث سد روی رودخانه‌هاست تا از جریان فصلی سیل جلوگیری شود وآب برای آبیاری در مواقع لازم ذخیره گردد وشسته شدن خاك را تخفیف دهد .

سوم - مرمت و توسعه و لاروبی قنوات است‌که ویژهٔ سرزمین‌ماست وآب‌را ازمنابع کوهستانی ومجاری زیرزمین بمزارع میرساند وتقریباً هشتاد درصد ازآبهای کوهستانها بوسیله همین قنوات اراضی مزروع را مشروب میکنند .

چهارم - حفرچاه مخصوصاً چاههای عمیق واستفاده ازآنها بوسیله تلمبه برقی ویا دیزلی است .

پنجم - جلوگیری ازتبخیر وهدررفتن‌آب جویبارها ورسیدن آب بیش‌ازحد لزوم بزمین‌های زیرزراعت است .

ششم - بهبود وتکمیل رویه زه‌کشی‌است تا بدینوسیله از تراکم وتولید شوره جلوگیری شود .

هفتم - کشت‌گیاه و سبزیهائی مانند یونجه - پنبه -

چغندر – مارچوبه – کرفس – اسفناج و علفهای گوناگون و طالبی و خربزه مشهور ایران است که طاقت خاك و آب شور دارند.

هشتم – تبدیل آب شور بوسائل علمی بآب شیرین برای زراعت و کارسازی است.

نهم – افزایش محصول زمین به‌تناسب مقدار آب مورد مصرف است که ذیلا توضیح آن داده خواهد شد.

درعمل وسائل نه‌گانه فوق کم‌وبیش در کشورما بکار میرود ولی‌هیچ‌یك بآن میزانی که من‌برای آینده کشاورزی ایران پیش‌بینی میکنم مورد استفاده قرارنگرفته است.

اداره جنگلبانی‌وزارت کشاورزی برنامه وسیعی برای احیاء جنگلها بموقع اجرا گذاشته است و درنقاطی که وسایل مکانیکی کشاورزی بکار افتاده است کشاورزان ما باهمیت حفظ ومراقبت اززمین‌های قابل زراعت توجه مخصوص پیدا کرده‌اند.

درفصل هفتم به‌برخی از طرحهای بزرگ آبیاری که اینك در دست اقدام است اشاره کرده‌ام. بانك عمران و بانك کشاورزی و سازمان برنامه اعتباراتی برای مرمت قنوات و حفر چاه و نصب تلمبه تخصیص داده و باهمکاری وزارت کشاورزی‌براهنمائی‌فنی‌برزگران وکشاورزان‌همت گماشته‌اند. وزارت کشاورزی نیز درمسائل مربوط بآبیاری بطرزجدیدوزه کشی‌وکشت غلات‌مناسب‌شوره‌زار کشاورزان را راهنمائی میکند وتوأم با مطالعات وتحقیقات دانشکده کشاورزی کرج به‌تحقیق علمی‌وفنی دراین‌مسائل میپردازد.

مسئله تبدیل آب‌شور به‌آب‌شیرین موردتوجه بسیاری ازکشورهاست و در سال ۱۳۳۷ کنفرانس بین‌المللی مهمی در دانشگاه تهران تشکیل گردید و درباره همین موضوع

ومسئله زمینهای مناطق خشك بمذاکرات فنی و علمی پرداخت .
امروز بعضی از شهرهای نسبةً بزرگ مخصوصاً شهرهای ساحلی خلیج فارس مانند شیخ‌نشین کویت و قطر بوسیله تقطیر آب شور هر روز مقدار زیادی آب شیرین تهیه میکنند و این آب آنقدر شیرین است که مجبورند مقداری نمك در آن حل کنند تا طعم طبیعی خودرا پیدا کنند .

بنظر من تبدیل آب شور به‌آب شیرین از امور بسیار ضروری است و دیری نخواهد گذشت که این کار بوسائل علمی توسعه شایان خواهدیافت و در کشورهائی مانند ایران آب مصنوعی برای مصارف کشاورزی و کارسازی بحد وفور دراختیار مردم قرار خواهد گرفت .

اینك باید دید مهمترین وسیله رفع مشکل کمبود آب زراعتی و ازدیاد محصولات کشور کدام است ؟ بنظر من پاسخ این پرسش آنست که باید طریقه نوین کشت غلات را ترویج کرد و این پنجمین نیازمندی کشورماست که باتغییرات نسبةً مختصری دررویه کشت وزرع میتوان محصول کشور راآنقدر افزایش داد که ازهرحیث قابل توجه باشد .

درحال حاضر سالیانه فقط یك ثلث از اراضی مزروعی کشور زیر کشت وزرع است . همین زمین‌ها نیز بدون آنکه بآن کود حیوانی یاشیمیائی بدهند زراعت میشود و هنوز در ایران مانند عده‌ای از کشورهای آسیائی کود حیوانی رابمصرف سوخت میرسانند وبرای رشوهٔ زمین مورداستفاده قرار نمیدهند . آلات وابزار کشت وزرع‌را نیز بادست و از چوب و آهن میسازند و گاوآهن‌ها معمولا چوبی است که فقط تیغه آن ازآهن است یا دسته‌ای ازآهن به تیغه چوبی وصل کرده‌اندوبوسیله‌الاغ روی زمین کشیده میشود. در کناره‌های بحرخزر وخلیج فارس گاومیش بجای الاغ بکار میرود

وعمل کشت وزرع ودرو کلاً با دست انجام میگیرد . برای جدا کردن دانه گندم از شاخه که معمولا در نزدیکی دهکده روی قطعه زمین گل اندود خرمن میشود عده ای از چهارپایان را روی خرمن میدوانند تا شاخه ها زیر پای آنها خرد شود . در این رویه کهنه ناگزیر باید تغییرات اساسی داده شود ولی باید دید کدام رویه جدید را باید بجای آن اختیار کرد و چگونه میتوان میلیونها افراد کشاورز را که بیشتر آنها هنوز بیسواد هستند وادار کرد که دست از رسوم آباء و اجدادی خود بردارند ؟

پاسخ این سئوالها آنست که باید در مسئله فلاحت ایران تحقیقات دامنه دار و وسیعی بعمل آید . مثلا باید دید چرا هر سال دو ثلث از اراضی مزروعی کشور بعنوان آیش بدون استفاده و معطل میماند ؟ علت این امر قسمتی کمی آب ولی بیشتر نتیجه کمی مواد نیتروژنی در خاک است زیرا کشاورزان زمین را شیار نموده و بدون اینکه در آن کشت وزرع کنند مدت دو تا چهارسال و بطور متوسط سه سال بحال خود میگذارند تا مواد نباتی که در خاک وجود دارد پوسیده و به نیتروژن که مورد احتیاج زراعت است تبدیل گردد . این رویه آیش بسیار زیان آور و مخصوصاً مایه اتلاف وقت است زیرا زمین قابل زرع بدون آنکه اندک توجهی از آن بشود متروك میماند و رطوبت آن صرف روئیدن علفهای هرزه میشود که خود مقداری از نیتروژن خاك را میخورد و باعث کمیابی این ماده لازم در خاك میگردد .

بهترین طریق رفع این اتلاف بکار بردن کود و رشوه در زمین است زیرا رشوه مخصوصاً کود شیمیائی نه تنها مواد نیتروژنی لازم را در اندك مدتی بخاك میرساند بلکه سایر مواد ضروری و مخصوصاً گوگرد را نیز بزمین میدهد . سابقاً

کشاورزان ما به خاصیت گوگرد پی‌نبرده واستطاعت خرید کودشیمیائی را نداشتند وبرای تأمین سوخت خود ازنفت استفاده نمیکردند وکود حیوانی میسوزاندند. بابکار بردن کود واتخاذ رویه درست برای کشت وزرع مناسب هرفصل دیگراحتیاجی بادامه طریق‌آیش و بی‌مصرف نگاهداشتن زمین نخواهد بود ومحصول هرهکتار زمین و مقدارآبی که برای کشت وزرع بکار میرود افزایش بسیار خواهد یافت.

آزمایش‌های مقدماتی که درایران درشرایط فعلی‌بعمل آمده نشان میدهدکه مثلا اگر دربرنج‌کاری کود کافی بمزارع برسد ۵۰ درصد برمیزان محصول افزوده خواهد شد. بدین جهت ساختن کودشیمیائی درکشور آغاز گردیده وبقیمتی نازل که خرده مالکین بتوانند نقداً خریداری کنند یا بهای آنرا باشرائط سهل وآسان ازشرکت‌های تعاونی دریافت دارند دردست کشاورزان قرار میگیرد. یقین دارم که میتوان کشاورزان کشور را بفوائد کودشیمیائی آشنا نمود ومقدار استعمال آنرا باآنها یاد داد.

ازاین گذشته اگر زمین را بطور صحیح برای زراعت وبذرافشانی آماده کنند محصول آن افزایش معتنابهی خواهد یافت ودرزراعت‌هائی‌مانند پنبه وچغندرقند که در پشته‌های موازی میشود هرگاه زمین را بجای شیار باگاوآهن‌های قدیمی باخیشهای تازه شیار کنند میتوان محصول را تقریباً بیست وپنج درصد افزایش داد واگر پس‌ازشخم زدن، زمین‌رابوضع صحیحی‌برای بذرافشانی‌آماده کنند درازدیاد محصول تأثیر دیگری خواهد داشت.

بعلاوه بارویه فعلی که بذر را بادست درزمین‌هائی که بطریق صحیح آماده نشده میپاشند مقدار بذری که بکار

میرود سه برابر مقداریست که بوسیله بذرافشان مکانیکی روی زمین آماده افشانده شود و تنها با اتخاذ این رویه‌های نوین میتوان در حدود ۲۰۰٬۰۰۰ تن بذر گندم و ۷۵٬۰۰۰ تن بذر جو در هر سال صرفه‌جوئی نمود. درنتیجه مطالعاتی که کارشناسان ژاپونی بعمل آورده‌اند معلوم شده است که اگر اراضی برنجکاری کشور ایران بطور صحیح آماده شود و رشوه کافی داشته باشد و شیوه نوین بذرافشانی در آن معمول گردد مقدار محصول آن بسهولت دو برابر خواهد گردید.

علاوه بر آنچه گذشت در زمینی که بطریق صحیح برای زراعت حاضر گردد میتوان در آبی که فعلا صرف میشود بدو طریق صرفه‌جوئی کرد: اول آنکه در زمینی که طبق اصول فنی آماده شود هم آب کمتر تبخیر میشود و هم محصولش بسیار زیادتر خواهد شد یعنی میتوان با آب کمتر محصول بیشتر برداشت و از آبی که بدین ترتیب صرفه‌جوئی شده برای زراعت در زمین‌هائی که فعلا در اثر بی‌آبی کشت و زرع نمیشود استفاده کرد. دوم آنکه با اتخاذ رویه فنی جدید که در زراعت دیم بکار میرود میتوان از میزان مصرف آب کاست.

البته هزاران سال است که کشاورزان ما به زراعت دیم آشنا بوده‌اند ولی دیم‌کاری با وسائل ماشینی جدید داستان دیگری است و امروز میتوان مساحت بسیار وسیع از اراضی ایران را با وسایل مکانیکی که برای کشت و زرع دیم در نقاط نسبتاً خشک و بی آب امریکا و استرالیا و سایر کشورها مورد استفاده قرار میگیرد بزیر زراعت کشید و اراضی وسیعی که تا حال تصور میرفت زراعت در آن مستلزم وجود آب فراوان است برای کشت و زرع دیم باوسایل مکانیکی آماده ساخت. امروز عده‌ای از کشاورزان ایرانی در کشت و زرع فاریاب و دیم از وسایل مکانیکی جدید استفاده میکنند.

چنانکه در قراء کشور اینک درحدود ۵۰۰۰ تراکتور مشغول کار است و هر روز برتعداد این وسایل افزوده میشود. در استانهای بزرگ کشور مخصوصاً آذربایجان و کناره بحر خزر و خوزستان و دشتهـای حاصلخیز حوالی تهـران تراکتورهای بزرگ و گاوآهن و غله پاک کن و سایر ادوات و آلات مکانیکی کشاورزی بچشم میخورد و در حقیقت منظره روستائی مشرق زمین با گاو آهن چوبی دیگر در مزارع کشور ما غیر متجانس جلوه میکند و هر چند هنوز آلات و ابزاریکه بادست ساخته شده مورد استعمال دارد ولی روز بروز از تعداد آنها کاسته شده و آلات و وسایل مکانیکی افزایش پیدا میکند.

تعداد کثیری از محصولات کشور ما هنوز همه ساله در اثر آفات مختلف و وجود علفهای هرزه از کف میرود. مثلا خسارتی که علفهای هرزه و مضر بکشاورزان برخی از نقاط آذربایجان وارد میسازد در حدود هشتاد درصد از کل محصول آنهاست. ملخ و سایر حشرات موذی و آفات نباتی به غلات و پنبه و سبزیها و میوه های ما لطمه و صدمه میزنند و هر چند اقداماتی برای مبارزه با اینگونه آفات بعمل آمده است ولی در این مورد کارهای بسیار در پیش داریم که باید انجام گیرد. یکی دیگر از علل کاهش محصولات در ایران عدم توجه به بذر است زیرا بسیاری از کشاورزان ما آنچه از سال پیش صرفه جوئی کرده اند و معمولا از نوع تخم خوب و سالم هم نیست صرف بذر سال بعد میکنند و این نوع بذر نامرغوب طبعاً محصول زیاد ندارد. اقدامات نسبتاً محدودی که اخیراً در مسئله تهیه بذر مرغوب بعمل آمده نتایج رضایتبخش داده و روستائیان ما اینک بفراهم کردن بذر خوب و جوان و تنوع آن توجه مخصوص پیدا کرده اند. وقتی در جلو دیدگان کشاورز دو قطعه زمین مزروع که یکی بذر مرغوب و صحیح

داشته ودیگری بابذرهای معمولی ونامرغوب زراعت شده قرارگیرد وتفاوت میزان محصول هریك را مشاهده کند طبعاً به اهمیت تهیه بذر جوان و مرغوب پی خواهد برد وازهمین جهت ازدیاد اینگونه نمایش‌های محسوس بسیار ضروری است . پاره‌ای ازاصولی که شرح آن رفت درعمل پرورش درخت میوه وپسته وبادام ونظائر آنها نیز باید بمقام عمل درآید . زیرا هرچند درقرون گذشته ایران درعمل آوردن میوه شهرتی بسزا داشته است ولی درطرز کشت وپرورش میوه باتوجه به ترقیات فنی باغبانی عصر امروز تغییری بوجود نیامده است ومثلا درکشت انواع گوناگون میوه واستعمال کود وسمپاشی درختان اهمال شده ودرنتیجه هرساله هزاران تن ازمحصول باغستانها ازمیان رفته است وباآنکه درایران میوه‌های خوب بمقادیر زیاد تولید میشود ولی باز دربازارگاهی سیب وسایر میوه‌هائی که ازخارج واردمیشود وبمثابه بردن‌زیره بکرمان است بچشم میخورد .

مواشی‌ما ازنژاد بسیارعالی‌واصیل‌است مثلاگوسفندان پردنبه ایران دارای گوشت مطبوع وپشم عالی‌هستند وپشمی که برای بافتن قالیهای گرانبها ولطیف بکار میرود ازهمین گوسفندهاست که درشرایط سختی‌پرورش‌می‌یابند که موجب ازمیان رفتن گوسفندان سایرکشورهاست .

باوجود آن هنوز باید نژادهای دیگری ازمواشی وطیوریکه درخارج ازایران پرورش یافته‌اند درکشور خود تربیت‌کنیم چنانکه هم‌اکنون به پرورش گله‌های گاو شیرده قهوه‌ای رنگ مخصوص‌کشور سویس پرداخته‌ایم وروزبروز برخریداران مرغ امریکائی مخصوصاً نوع‌قرمز رنگ‌آن وتخم مرغهای درشت امریکائی که ازتخم مرغهای

ایران بزرگتراست افزوده میشود . روستائیان ما دریافته‌اند که نگاهداری این مرغها برای آنها بامنفعت‌تر است . اما مواشی ومرغهای خانگی ما باید طبق اصول فنی تغذیه کنند وکشاورزان ما اهمیت کشت جو وچاودار ومخصوصاً شبدر راکه هم موجب جلوگیری ازشسته شدن خاك وهم برای تغذیه مواشی بسیار مفید است دریابند . امروز دستگاه دامپزشکی بسیارمجهزی که به‌تمام نقاط کشورایران سرکشی میکند ایجاد نموده‌ایم ولی شك نیست که برای مبارزه با بیماریها وانگلهای حیوانی بایدکوشش بیشتری مبذول داشت . وزارت کشاورزی ووزارت فرهنگ ودانشکده‌های کشاورزی ودامپزشکی دانشگاه تهران وبنیادپهلوی وبانك عمران وبانك کشاورزی وبنگاه عمران وزارت کشورواداره توحید اوزان و اجناس (استاندارد) وزارت بازرگانی بتحقیقات علمی وعملی درامورکشاورزی کشور وتوسعه‌آن مشغولند وبعضی ازمؤسسات خارجی که درفصل بعد ذکری ازآنها خواهد رفت بامؤسسات ما دراین خدمات همکاری وتشریك مساعی میکنند .

باوصف اقدامات فوق این حقیقت را نمیتوان انکار کردکه کوشش‌هائیکه دراین‌موردبعمل‌آمده نمیتواند اصول کشاورزی ایران را یك‌دفعه دیگرگون کند . زیرا اگرنباید باعمال زور وفشار توسل جست طبعاً تغییر عادات کهن مخصوصاً درامر زراعت احتیاج بزمان دارد ویك سلسله تحقیقات علمی وفنی دامنه‌داری ضرور است تامعلوم شود چگونه میتوان اکتشافات نوین وعلمی مربوط بکشاورزی را با اوضاع وشرائط ویژه ایران منطبق ساخت وچون درکشورهزاران قریه وآبادانی موجود است تعمیم وترویج نتایج حاصل ازتحقیقات علمی درتمام آن قراء کاری آسان

نیست . بااینهمه هرسالی که میگذرد دامنه عملیات‌ما دررشته تحقیقات کشاورزی وسعت وتنوع پیدا میکند .

گذشته ازاقداماتی که باید برای ازدیاد محصول بعمل آورد باید طریقه بهتر وعملی‌تری برای جمع‌آوری وانبار کردن محصول اتخاذ نمائیم وششمین نیازمندی بزرگ کشاورزی نیزهمین‌است . دراین مورد اهمیت ایجاد سیلو وکارخانه‌های کنسرو سازی کشورکه درفصل هفتم بآنها اشاره شد واداره استانداردکه دربهبودکارهای صادراتی کشاورزی خدمتی ارزنده را بعهده دارد آشکار میشود . باوجود این باید درطرز جمع‌آوری ونگاهداری غلات که اینك دردهکده‌های ما معمول است اقدامات وسیع ودامنه‌داری بعمل آید .

هفتمین نیازمندی کشاورزی ایران ایجاد طرق ارتباط ومواصلات بین ۵۰,۰۰۰ قریه دهکده ایران باجهان خارج است ، زیرا هرگاه دردهکده‌ای که محصولش کمی بیش از مصرف ساکنان آن باشد بتوان با بکارانداختن وسائل جدید میزان تولید آنرا دوبرابرساخت جزآنکه محصولات آن دسترس ببازار داشته‌باشد ازآن اقدام نفعی‌متصورنیست و اگر کشاورزان ما در نتیجه اتخاذ اصول نوین بافزایش محصولات خود همت کنند ولی‌بواسطه موجودنبودن وسائل نقلیه هرچه درو وخرمن کرده‌اند درهمان دهکده فاسد شود چه نتیجه‌ای عایدکشور خواهدگشت ؟ .

درفصل سابق درباره تدابیر واقداماتی که برای بسط وتوسعه طرق مواصلات داخلی و خارجی بعمل‌آمده بحث شده ودراین‌جا بمناسبت‌مقام اشاره‌ای باین‌موضوع شده‌است تااهمیت بسط وتوسعه طرق‌ارتباطی ومواصلات ازنظر کسی دور نماند .

اکنون به هشتمین نیازمندی کشاورزان ایران می‌پردازیم و آن مسئله تغییر و تحول وضع زندگانی مردم روستاست. باید بخاطر داشت که دهکده‌های ایران دارای خصوصیات بسیار دلپذیری هستند چنانکه ذکر نام دهکده ایرانی در نظر من کوشک‌هائی را مجسم میکند که با درخت محصور است و جوی باری از میان آن میگذرد و سایه و روشن مطبوع بوجود میاورد و کلبه‌ها با قالیهای رنگارنگ مزین و ظروف براق مسی و برنجی بدیوار اطاقها آویخته و باغها پر از تاک بارور و میوه‌های گوناگون است. پیرمردان در کنار جویها راحت نشسته و زنان بگفتگو و کودکان ببازی اشتغال دارند.

با آنکه من از بینوائی و بیماری و بیسوادی بسیاری از روستائیان همیشه نگران بوده‌ام ولی باید اعتراف کرد که این مردم کمتر خطر گرسنگی داشته‌اند و سادگی و بی‌آلایشی حیات برای آنها نعمت‌های مغتنم و گرانبهائی بوده است. زندگانی دهکده‌نشین‌ها کیفیت و مشخصاتی ویژهٔ خویش دارد. اساس و واحد اجتماعی این روستاها خانواده است و معاشرت‌ها و روابط اجتماعی افراد بسیار طبیعی است و مانند شهرنشینان رسمی و ظاهری نیست.

قسمت بزرگی از ایام حیات روستائیان صرف پرورش میشود که تربیت نباتات و درختان و مواشی و کودکان شامل آنست.

مردم دیگر کشور من بدون شک زندگی روزانه دهکده‌های ایران را بی‌حادثه و ساکن و متأنی میدانند چرا که مردان بیشتر ایام سال را در مزارع میگذرانند و همینکه هوا تاریک میشود بدهکده بازگشته و گاهی در قهوه‌خانه آنجا فنجانی چای نوشیده و بخانه و بستر میروند و سحرگاهان با اولین بانگ خروس چشم میگشایند. روزهای جمعه که روز آسایش

است یا بمسجد میروند و یا در پرتو آفتاب نشسته و چپق میکشند ، ویا اگرهوا گرم باشد زیرسایه درختان میاسایند . گاهی یکی ازآنها درباب وضع هوا یامحصول یا مشکلی که برای وی پیش آمده یا شرح مسافرت دوستی که باماکن متبرکه بزیارت رفته است سخنی میگوید و دیگران نیز کلمه‌ای برآن میافزایند. زنها باتفاق شوهران خودبه کشتزار میروند ویا درخانه مانده بآشپزی وشست وشو ومواظبت کودکان ویاقالی‌بافی میپردازند. درفصل زمستان که دراکثر نقاط ایران درکارکشت‌وزرع وقفه پیدامیشود چرخ‌زندگی روستائیان آهسته‌تر و بی‌جنب و جوش‌تر میگردد . مردها اغلب به‌قهوه‌خانه میروند وخانواده آنها عموماً درخانه‌های کوچك خود می‌مانند .

هرچند این طرز زندگانی روستائی را سخت وخشن بار میاورد ولی آرزوی من آنست که این مردم از نعم حیات بیشتر بهره برگیرند وازآنچه ذوق وهوش‌را صفا وهیجان می‌بخشد بیشتر برخوردار باشند و از همین طریق است که روستائیان ما میتوانند وظائف کشاورزان عصرنوین‌را بعهده گیرند ودرمحیط دموکراسی‌اعضائی‌ترقی‌خواه وپیشرفت‌طلب گردند .

درباره‌اهمیت امورعام‌المنفعه که باید درقراء وقصبات ایران انجام گیرد مانند ایجاد نیروی برق و احداث جاده وساختمان مدارس وتهیه وسایل بهداشت قبلا سخن گفته‌ام . این گونه اقدامات‌نه‌تنها ازنظراقتصادی وافزایش‌محصولات کشاورزی بلکه‌ازجنبه‌فرهنگ وتمدن نیزکه رویه‌زندگانی روستائیان را بهبود می‌بخشد حائز اهمیت فراوان است . آزمایشهای مختصری که درکشور ما وممالك دیگر بعمل آمده ثابت کرده است که وجود نیروی برق وضع زندگی

مردم دهکده‌نشین را بکلی عوض میکند وایجاد راه نه‌تنها رساندن محصولات را ببازارها تسهیل مینماید بلکه ارتباط اجتماعی بین‌افراد را وسیعتر میکند . احداث آموزشگاه‌ها نیز همانطور که درازدیاد محصول اثرمستقیم دارد افق‌فکری دهقانان را بازتر وروشن‌تر میسازد . فراهم بودن وسایل بهداشت نه تنها قدرت جسمانی روستائیان را برای کار وکوشش زیادتر میکند بلکه موجب آرامش خیال ورفاه معنوی آنها میگردد .

دراکثر قصبات ایران اقلا یکدستگاه رادیوکه مورد استفاده عموم است وجود دارد . اخیراً عده آنها افزونی یافته است ومن این نکته را بچشم خویش دیده‌ام زیرا چون درهنگام پرواز برفراز نقاط‌کشور خود خلبانی‌هواپیما را تعهد میکنم آنتن‌های متعدد روی بام‌کلبه‌های روستائی توجه مرا جلب‌کرده است .

توسعه نیروی‌برق‌باعث‌ازدیاد عده دستگاههای گیرنده رادیو میشود وکارهای پرزحمت دهقانان وزنان‌آنها را نیز آسانتر میسازد . چنانکه ازموتورهای برقی برای گردانیدن آسیا ودستگاههای روغن‌کشی وبافندگی ووسائل نجاری بکارمیافتد ودرمدت کوتاه‌تر محصول بیشتربدست میآید . از نیروی برق درصنایع کوچکتر نیز استفاده‌های فراوان میشود وبالاخره توسعه وتعمیم این نیرو دردهات درترقی سطح زندگانی دهقانان تأثیرمهم خواهد بخشید .

میل من اینست‌که هرچه عده روستائیان با سواد افزایش‌میگیرددرتمام دهکده‌های کشورویااقلادرآبادیهائی که جمعیت آن نسبتاً زیاد است قرائت‌خانه‌هائی ایجاد شود تا روستائیان بتوانند ازکتب مفید ومجلات وسایر نشریات ادبی وعلمی استفاده‌کنند . همچنین‌کتابخانه‌های

سیار بتمام اقطار کشور بروند و کتب و مجلات گوناگون را دردسترس عموم قرار دهند . درروستاهای بزرگ باید مردم را بتأسیس سینماهای دائمی تشویق نمود . سینماهای سیار که اینک به بسیاری از نقاط کشور میروند باید بهر گوشه و کنار و قریه دورافتاده ای فرستاده شود . هر دهکده و قصبه بزرگ باید دسته پسران و دختران پیش آهنگ مخصوص خویش داشته باشد و برای جوانان باشگاههای متنوع بوجود آید . انتظار من این است که در انجام این خدمات شوراهای قصبات و مأمورین عمران پیشقدم گردند و سهم مهمی از این خدمات عمومی را انجام دهند .

میلیونها مردم روستائی این کشور دارای خصائص قابل تمجیدی هستند و از همه مهمتر میهن پرستی آنهاست . کسانیکه با دهقانان ما محشور بوده اند در این گفته همداستانند که روستائیان ایران بالفطره مردمی باهوش و با سرعت انتقالند و برای فراگرفتن دقایق فنی و معلومات نوین شوق فراوان دارند . بزرگترین نشانه بارز میهن پرستی و ازخودگذشتگی شهرنشینان ما بنظر من چیزی جز این نیست که دامن همت بکمر زده و مردم روستا را در این امور کمک نمایند تا دیری نگذرد که خود دهقانان بتوانند این وظائف را بی دستیاری دیگران در قراء خویش بموقع اجرا بگذارند .

در این فصل راجع به نیازمندیهای هشتگانه کشاورزی یعنی اصلاح امر مالکیت ارضی ، کارآموزی و راهنمائی های فنی ، تهیه اعتبار کشاورزی با سودهای مناسب ، افزایش مقدار آب شیرین در زمینهای مزروعی ، بهبود وضع کشت و بهره برداری ، اتخاذ روش فنی برای جمع آوری و انبار کردن محصول و تسهیل و توسعه وسیله مواصلات روستائیان ،

توسعه تعلیم و تربیت معنوی و بدنی در قصبات و روستاهای کشور بتفصیل صحبت کرده ام و امیدوارم این نکته را واضح ساخته باشم که مسائل مورد ابتلای کشاورزی ما یك سلسله مسائل مبهم نیست بلکه میتوان آنها را تقسیم و تفکیك کرد .

من از این علاقه و هیجانی که اینك در کشور من برای اصلاحات کشاورزی پدید آمده بسیار خرسندم ولی تنها علاقه و شوق با صلاح کافی نیست بلکه باید وارد مرحله عمل و اقدام گردید و هر عملی که میشود بر اساس مطالعات دقیق و قطعی و از روی یك برنامه صحیح و عاقلانه و منظم باشد .

چشم دل من همواره بمردم کشاورز ایران نگران است و وقتی آینده آنها را بنظر می آورم دورنمائی بسیار دلپذیر و زیبا و پر از امید در برابر دیدگان باطن من گشاده میگردد .

فصل دهم
زن ایرانی در اجتماع

چندی پیش یک بانوی جوان و دلفریب ایرانی بنمایندگی از طرف بانوان ایرانی در کنفرانس زنان آسیائی و افریقائی که در شهر کلمبو تشکیل گردید شرکت نمود وی پس از مراجعت حکایت میکرد که یکی از جراید کلمبو در تأیید کنفرانس مزبور بزنان پند و اندرز داده و نوشته بود :

« بانوان جهان متحد شوید و یقین بدانید که در این اتحاد چیزی جز شوهرانتان را از دست نخواهید داد . »

یکی دیگر از روزنامه‌ها نیز در مقاله‌ای که بمناسبت آن کنفرانس منتشر ساخته چنین نگاشته بود :

« زنها همه جا پیدا شده‌اند . در پارلمان ، دستگاههای دولتی ، تلویزیون ، پشت اتومبیل و موتورسیکلت دیده

میشوند . جائی نیست که زن در آن نباشد جز منزل و کاری نیست که نکنند جز خانه‌داری و مواظبت از فرزند وشوهر.»

از نظر جمع اضدادی که در خلقت زن و سجایای او موجود است مسئله‌ای که در همه جای گیــتی مورد بحث وجنجال است همین است که چه کاری برای زن مناسب است . واین مسئله در کشوری نظیر کشورمن که تمام وضع اجتماعی زنان بسرعت درحال تغییر وتحول است بیشترمورد توجه وبحث واقع میشود .

دراین فصل بدواً درباره زنانی که درحیات من شریك بوده‌اند وپس از آن نسبت بمطلق بانوان ایرانی ووظائف آنها سخن خواهد رفت .

میدانم کسی برمن خرده نخواهد گرفت اگر بگویم که بهمان اندازه که یکنفر روستائی حق دارد در زندگانی خصوصی و خانوادگی از آزادی بهره‌مند باشد پادشاه نیز باید از این حق بدوی برخوردار باشد . همه خوانندگان حکومت‌هائی را میشناسند که حق زندگی خصوصی‌زناشوئی را برای هیچکس قائل نیستند ولی‌خوشبختانه درکشورهای متمدن‌روابط خصوصی‌خانوادگی‌رامحترم‌شمرده‌وهیچگونه دخالت و تجاوزی را دراین حق مجاز نمیدانند و من نیز میخواهم همین اصل در زندگانی خصوصی من رعایت شود.

بطوریکه در فصل چهارم اشاره کــردم هنگامیکه درکشور سویس به تحصیل اشتغال داشتم ندرةً فرصت آنرا پیدا میکردم که با دوشیزگان آشنا شوم و سرپرست من یا بعقیده وسلیقه مشخص خود ویا باطاعت از دستورهای پدرم از معاشرت من با بانوان ممانعت میکرد .

پس از بازگشت از اروپا در اواخر دوره تحصیلات من دردانشکده‌افسری اعلیحضرت‌فقید بفکرافتاد که همسر

شایسته‌ای برای من انتخاب کند. بنظر من پدرم از این اقدام دو منظور داشت یکی آنکه میخواست همسر من شاهزاده خانمی اصیل و از دودمانی نجیب باشد و دوم آنکه میل داشت دربار ایران با خانواده سلطنتی دیگری نسبت سببی پیدا کند و روابط ایران با یکی از کشورهای دوست و نزدیک استوارتر گردد.

ظاهراً پدرم در آن ایام عکس شاهزاده خانم فوزیه را دیده و با آن صراحت و استقامت رأیی که داشت (و شاید این خصیصه برای حل و عقد امور فنی و مهندسی از حل مسائلی که با قلب و احساسات مربوط است مناسب‌تر بود) به تفحص و تجسس حال این شاهزاده خانم زیبا پرداخته بود. نخست در نسب و دودمان وی تحقیقاتی بعمل آورده و سپس بسفیر خود در قاهره دستور داده بود که با مقامات دولتی مصر در این مورد تماس بگیرد و دولت مصر نیز با خاندان سلطنتی مصر وارد مذاکره گردد و رسماً استفسار کند که آیا همسری شاهزاده خانم فوزیه با فرزند وی میسر است. این امر سریعاً بموفقیت انجامید ولی اولین اطلاعی که از این جریانات بمن داده شد خبر نامزدی من بود که در سال ۱۳۱۷ منتشر گردید. تا آن تاریخ من هنوز چهره همسر آینده خود را ندیده بودم و از همین جهت ترتیبی داده شد که من بمصر عزیمت نمایم و در طی دو هفته اقامت خود در آن کشور با شاهزاده خانم فوزیه آشنا شوم. در ضمن این مدت مسائل متعدد حقوقی و قانونی مربوط باین ازدواج نیز قطع و فصل گردید. ازدواج ما رسماً در تهران و قاهره به ثبت رسید و چون مطابق قانون اساسی پدر و مادر ولیعهد آینده ایران باید ایرانی‌الاصل باشند پدرم برفع این مشکل پرداخته از مجلس شورای ملی ایران قانونی گذراند که بموجب آن شاهزاده خانم فوزیه بملیت ایران در آمد. ۲

مراسم عقد ما در قاهره بوسیله یکی از روحانیون عالیمقام برگزار شد . از خانواده من کسی درآن مجلس حاضرنبود ولی افراد خاندان عروس وعده‌ای از رجال‌مهم ایران درآن شرکت داشتند و پس‌ازانجام این‌مراسم عروس خودرا بایران آوردم .

جشن‌اصلی‌ازدواج ما درتهران برپاشد وباوجودآنکه برحسب ظاهر با شکوه وجلال بسیار برگزارگردید ازلحاظ معنویت و کیفیت با جشنهائی‌که درده‌کده‌های ایران برای این مراسم گرفته میشود تفاوتی نداشت جز آنکه بعلت گرفتاریهای روزگار نوین‌که درهمه‌جا حتی درکشور من دامنگیرآدمی است قدری‌هم باعجله انجام‌گرفت .

پس‌ازپایان مراسم عروسی‌تاچندی درکاخ‌مرمر یعنی همان بنای زیبائی‌که پدرم از سنگ مرمر شفاف سبزرنگ یزد بنا نموده اقامت‌کردیم ومدتی نیز در یکی از عمارات ییلاقی پدرم خارج ازشهرتهران بسر بردیم تا ساختمان‌کاخ شهری من از هرحیث حاضر وآماده‌گردید .

دیری نگذشت‌که نائره جنگ دوم جهانی بکشور ما نیز سرایت‌کرد و تهران باردوگاه عظیم ارتش بیگانگان مبدل‌گردید وپدرم ناچار ازسلطنت استعفاکرده ومسئولیت سنگین وی برعهده من واگذارگردید .

ناگفته نماند که مقدمات ازدواج درکشور اسلامی باآنچه در جهـــان غرب متداول است یکسان است و فقط اختلافی جزئی در مدت انجام این مقدمات هست . چنانکه مثلا در ایران رسم چنین بوده است که بین زمان نامزدی وعروسی مدت نسبةً طولانی فاصله باشد و پس‌از اجرای مراسم نامزدی ، عروس و داماد آینده کمتر با یکدیگر تنها بسر میبرند . دوره نامزدی اغلب چند ماه طول میکشد

و گاهی چنانکه در مغرب زمین نیز مرسوم است ممکن است این دوران تا دو سه سال هم طولانی بشود. پس از پایان این دوره تشریفات عقـد مذهبی و ثبت در دفتر ازدواج صورت میگیرد و پس از آن جشن عروسی چنانکه در اروپا مرسوم است برگزار میگردد و معمولا مدت چند هفته یا چند ماه میان تشریفات عقد و جشن عروسی فاصله است و در این مدت خلاف رسم است که زن و شوهر آینده با یکدیگر زندگی کنند.

جشن عروسی همیشه بسیار مفصل و با تشریفات است و در قراء و دهکده‌های ایران مدت ده روز بطول میانجامد و مطربان بنوا گری پرداخته و اغذیه و مشروبات غیر الکلی برای میهمانان فراهم است. عروس و داماد از دوستان و آشنایان هدایائی گوناگون از بره و مرغ و سایر اشیاء دریافت میکنند و پس از آن دوران زناشوئی را در خانه پدر شوهر و یا اگر وضع مالی آنها اجازه دهد در خانه شخصی خویش آغاز میکنند.

حاجت بذکر نیست که در آن هنگام مجالی برای تمتع از زندگی بدون دغدغه خانوادگی برای من باقی نمانده بود و وضع تهران و کشور طوری نبود که فکر مسافرتهای تفریحی در ذهن کسی بیاید.

با وجود آنکه در آن ایام دائره خدمات عام المنفعه مانند امروز بسط و توسعه نیافته بود معذلک همسر من در این قبیل امور همواره شرکت میجست. تنها نقطه روشن و پر مسرتی که در اثر آن ازدواج پدیدار گردید تولد دختر عزیزم شاهدخت شهناز بود که در سال ۱۳۱۹ قدم بعرصه وجود نهاد (در سال ۱۳۳۸ شاهدخت مهناز که یگانه نوه من است از او متولد گردید) و متأسفانه بعللی که هنوز برای پزشکان نامعلوم است

از شاهزاده خانم فوزیه فرزند ذکوری بوجود نیامد .
بموجب قانون اساسی ایران سلطنت باولاد ذکور و بلافصل شاه منتقل میگردد و بدین جهت نه تنها دخترم حق احراز مقام سلطنت را ندارد بلکه سه خواهر من نیز از این حق محرومند. همچنین قانون مزبور فرزندانی را که از مادران قاجار متولد شده باشند از سلطنت محروم نموده است از این رو برادران ناتنی من نیز که مادران آنها از نسل قاجار هستند از این حق محرومند و یگانه برادر صلبی و بطنی من نیز با کمال تأسف در سال ۱۳۳۳ براثر یک سانحهٔ هوائی چشم از جهان پوشیده است . با این محدودیتهای قانونی شگفتی نداشت که مشاورین من باینکه همسر من دارای پسری بشود اهمیت میدادند . شاید امکان داشت که در قانون اساسی اصلاحاتی بعمل آید ولی افکار عمومی در ایران با تحریف و تغییر قانون اساسی در مواد مربوط به مسئله ولایتعهد هیچوقت موافق نبوده و نیست . گذشته از قانون اساسی مردی جوان مانند من آرزومند داشتن چندین فرزند بود و باین جهات باوجود مساعی فوق العاده پزشکان حاذق نتیجه ای در این باب بدست نیامد و پس از بازگشت شاهزاده خانم فوزیه بمصر تصمیم بطلاق گرفتیم .

پس از طلاق مدت دو سال بدون همسر زندگی کردم و با اینکه بانوانی که در همه کشورها علاقه بفراهم ساختن وسائل ازدواج جوانان را دارند عده ای از دوشیزگان را بمن معرفی میکردند ولی در اینمدت تصمیم بازدواج جدید نگرفتم تا بالاخره در سال ۱۳۲۹ نام ثریای اسفندیاری را شنیدم و در اثر اطلاعاتی که از وی میدادند نسبت بوی تمایل و علاقه پیدا کردم و چندی بعد خواهرم شاهدخت شمس پهلوی را برای دیدار وی که در آن هنگام در انگلستان اقامت داشت

بلندن فرستادم . خواهرم نیز شرح مفصلی از اوصاف حمیدهٔ وی بمن نوشت و بالاخره در اواخر همان سال ثریا بعنوان ملکه آینده ایران رسماً نامزد گردید .

پدر ثریا یکی از رؤسای ایل بزرگ بختیاری و مادرش از اهالی آلمان بود . از آنجائیکه سابقاً عشایر ایران بتعدی و تطاول نسبت بمردم عادت کرده بودند پدرم کلیه آنها را خلع سلاح نموده و تحت مراقبت حکومت مرکزی درآورده بود و درنتیجه رؤسا و خوانین نفوذ و اقتدار سابق خود را از دست داده و برخی نیز که بشرارت و طغیان شهرت داشتند در زندانهای مرکز محبوس بودند . با وصف آن خوانین و رؤسای عشایر در اداره امور داخلی ایل خود دارای نفوذ و هریک مالک چندین آبادی و مواشی و گله‌های بزرگ بودند . اغلب رؤسای عشایر ایران (وحتی بعضی از بانوان آنها) دارای معلومات و تحصیلات عالیه بودند و معمولا فرزندان خود را برای کسب علم و هنر بممالک خارج میفرستادند .

آقای اسفندیاری پدر ثریا نیز در عنفوان جوانی برای کسب معلومات عالیه بکشور آلمان رهسپار گردیده و در آنجا با همسر فعلی خود آشنا شده و با او ازدواج کرده بود. چنانکه درخاطرم مانده است پدر این بانو آلمانی بود ولی در دوره تزاری چندین سال در روسیه ریاست کارخانه‌ای را برعهده داشته و در اوان جنگ اول جهانی بوطن مألوف خود مراجعت کرده بود . چندی بعد اسفندیاری باتفاق همسرش بایران آمد و در اصفهان حکومت‌نشین استانی که مردم بختیاری از قدیم‌الایام آنرا زادگاه خود میدانند اقامت گزید . نخستین فرزند این دو نفر که همسر آینده من شد بسال ۱۳۱۱ شمسی در اصفهان قدم بعرصه وجود نهاد و پس

ازچند سال پسری‌نیز پیدا کردند . بااینکه ثریارا دراصفهان بمدرسهٔ آلمانها گذاشته ودرخانه نیزاغلب با او بزبان آلمانی صحبت‌میکردندولی‌دوران‌صغرسن‌وی مانندیك‌دختر‌ایرانی واقعی میگذشت .

درمیان شهرهای بزرگ ایران شهر اصفهان بیشتر از سایر نقاط مظهر ایران کهن است و دراین شهر ودرمحیطی که چندین‌قرن تمدن و فرهنگ ایران درآن آثاری برجای نهاده این دختر جوان ایام تحصیل را طی میکرد . باآنکه پدر ومادر وی چندین‌بار ویرا باروپا برده بودند ولی‌آنچه در روحیه وی تأثیر عمیق کرده بود همان اقامت دراصفهان و مسافرتهائی بود که پدرش و افراد ایل درهنگام کوچ بقریه ملکی‌خود میکردند . پس‌از چندی پدرومادرش اورا برای‌کسب معلومات عالیه بکشور سویس همان‌کشوری‌که پدرم نیز مرا برای تحصیل بدانجا روانه‌کرده بود فرستادند و مدت دوسال درآن‌کشور بفراگرفتن معلومات پرداخت . ثریا درآنموقع بزبانهای فارسی‌وآلمانی‌وفرانسه‌تسلط‌کامل داشت وکمی‌هم‌انگلیسی‌میدانست ولی‌چون‌مایل‌بودکه‌بزبان انگلیسی‌کاملا مسلط شود قرار شد تابستان سال ۱۳۲۹ را درانگستان‌بسربرد ودراین‌زمان‌بودکه خواهرم‌باوی ملاقات نمود . پس‌ازاین‌دیدار ثریا بایران بازگشت وخبرنامزدی ما اعلام‌گردید. امیدواری‌ما این‌بودکه‌مراسم‌ازدواج‌مابزودی برگزارشود . ولی‌نامزد زیبای‌جوان من‌ناگهان‌دچارعارضه حصبه‌گشت وروزبروز هم بیماریش شدت یافته وهمه ما را دچار نگرانی‌ساخت . ناگزیرانجام مراسم زناشوئی ما بعهده تعویق‌افتاد تا پس‌از طی دوران نقاهت وی تشریفات عقد وازدواج ما درنهایت سادگی دریك‌روز برگزارشد . دراین موقع دختر بیچاره بحدی‌کم‌بنیه وناتوان‌بودکه نمیتوانست

دامن لباس عروسی خودرا بلند کند ونزدیك بود که درمیان مراسم عقد ازحال برود .

دردیماه سال ۱۳۲۹ من و تازه عروس خود درکاخ زمستانی‌خود اقامت گزیدیم. درایران برگزار کردن‌ماه‌عسل (که‌ترجمه‌اصطلاح فرنگی‌است) جزوآداب‌ورسوم ما نیست و عادت براین جاری است که خویشاوندان عروس ویرا تا خانه داماد بدرقه میکنند و پس‌از آن آنهارا بحال خود میگذارند . ولی من و ثریا اینقدر از طرز زندگانی جهان متمدن آگاهی داشتیم که بخواهیم برای ماه عسل بمسافرتی کوتاه برویم ، اما این تدبیر با تقدیر موافق نیامد ودر اثر تشنجات سیاسی که درکشوررخ داده‌بود ازمسافرت صرفنظر کردیم .

چنـــانکه در فصل پنجم گفته شد چند روز پس از ازدواج ما رزم‌آرا نخست‌وزیر وقت بقتل رسید و مصدق برسرکار آمد ونیروهای بیگانه آینده ایران را بمخاطره انداخت . چنانکه ذکـــر شد بالاخره بجای سفر ماه عسل اوضاع طوری پیش‌آمد که من و همسرم از ایران خارج شده و به‌بغداد و رم مسافرت‌کردیم . اما این‌مسافرت بدورهٔ عشرت مصدق واعوان او که میخواستند عروس ملك را درآغوش بکشند پایان بخشید زیرا در مدت این مسافرت کوتاه که دوسال‌ونیم پس‌از ازدواج اتفاق افتاده بود ملت میهن‌پرست ایران ازعواقب سیاست وی آگاه شدند ودستگاه وی ویاران اورا سرنگون ساختند .

درآن دوسال‌ونیم که از ازدواج ما میگذشت اوضاع ناگوار کشور درحیات زناشوئی‌ما تأثیری عمیق داشت وشك نیست که آن ایام برای من وهمسرم وبرای قاطبه مردم‌ایران روزهای خوش بشمار نمیامد . در بادی‌امر امید همه این‌بود

که مصدق سیاست مثبتی پیش خواهد گرفت ولی هرماهی که میگذشت گزارشهائی که از نتیجه رویه منفی او بمن میرسید ناراحت کننده تر میگردید. پیشرفت امور اقتصادی و اجتماعی کشور متوقف، مردم نگران و متوحش و ناامید و سازمانهای مخالف و خطرناک درامور ملی ما رخنه کرده تقریباً سراسر کشور را زیر نفوذ خویش آورده بودند. از نظر شخص من ناراحت کننده تر از همه مسائل شکیبائی و حوصله ای بود که باید برای رسیدن موقع مناسب و اقدام متقابل بخرج دهم. هر لحظه از اطراف و جوانب کشور گزارشهائی از اوضاع وخیمی که دچار آن بودیم بمن میرسید و من بخوبی متوجه وخامت مخاطراتی که ملت ما را تهدید میکرد بودم. اما پدرم از آن حس وقت شناسی و اغتنام فرصت مناسب که دروی بحد کمال وجود داشت چیزی بمن بارث بخشیده بود و میدانستم که هر اقدام نسنجیده ای ممکن است نتیجهٔ زیان بخش تری بدهد و اگر زودتر از موقع مناسب دست باقدامی زده میشد بمثابهٔ آن بود که سند اضمحلال کشور را که بطرف فنا میرفت تسجیل کرده باشم.

من میدانستم که به تنهائی و با دستیاری عده ای معدود کاری از پیش نخواهد رفت و برای توفیق در مبارزه ای که در پیش داشتم باید از حمایت و پشتیبانی عموم مردم ایران برخوردار باشم و برای اینکه مردم از خطریکه آنها را بواقعی تهدید میکرد آگاه شوند و احساسات حقیقی آنها برای رفع آن بهیجان آید زمان لازم بود. هر ماه که میگذشت میدیدم در برابر افکاریکه در کشور رخنه پیدا کرده بود عقیده مخالف آن روز بروز قوت میگیرد و درتر از وی عدالت الهی کفه بقای ایران سنگین تر میشود. از یکسوی اوضاع کشور روز بروز بیشتر در خطر فنا و زوال بود و از سوی

دیگر مردم در وفاداری بمن راسختر ودرمقابله ومعارضه با عوامل فانی‌کننده بهم نزدیکتر میگردیدند. این جنبش و هوشیاری روزافزون در روح من هیجانی شگرف بوجود میاورد ومیدانستم که هرچند اوضاع باز وخیم‌تر خواهدشد ولی چاره آن نیز موجود و فراهم است و این بارقه امید ایمان مرابوجودنیروئی‌قوی‌ترازنیروی‌بشری که‌برسرنوشت کشور من مؤثراست مستحکمترساخت.

برمن مسلم گشت که سرنوشت شخص من نیز دردست آن‌قدرت بالغه است ومن باجرای آنچه تقدیر ازلی برای من مقررساخته مأمورم. اما برای اجرای این‌مأموریت باید از خیال وتصور درگذشت وبعمل واقدام پرداخت وتصمیم گرفت. برخی از شاهان و زمامداران گیتی همه چیز را حوالهٔ تقدیـــر کرده و خود بعیش و نوش و آکندن شکم پرداخته‌اند اما این رویه هرگز مورد پسند من نبوده است زیرا اولا اینگونه تناول درمن تولید سوءهضم میکند وثانیاً بفکر من آدمی جز با ایمان قطعی وسعی وعمل نه‌حق دارد منتظر زحمت وعون الهی باشد ونه لطف خداوندی شامل کسانی میشودکه دست روی دست نهاده منتظر فرج آسمانی می‌نشینند. برای‌آدمی تنها کافی‌نیست که بمشیت‌الهی‌وتقدیر یزدانی‌ایمان داشته‌باشد بلکه باید دردوران حیات دراجرای آنچه مقدر ازلی خواسته است سهمی داشته وخدمتی انجام داده باشد وبرای من این‌وظیفه همان حل معضلات سیاسی وتجدیدبنای‌اقتصادی‌ایران‌وایجادتحول‌اجتماعی کشوربود.

همسرم بسیاست چندان‌علاقه‌ای‌نداشت وبیشترتوجهش بآن بودکه برای من شریك زندگانی باشد. همینکه‌اوضاع ایران سروصورتی گرفت برای‌من‌وثریا امکان چندمسافرت فراهم گردید. چنانکه سابقاً گفته شد ازجمله این مسافرت‌ها

سفر رسمی ما بکشور روسیه بودکه در سال ۱۳۳۵ انجام گرفت ودرآن سفرآقای خروشچف وسایر پیشوایان روسیه ازما بسیار بامحبت پذیرائی کردند ومسافرتهای دیگری نیز بکشور ایالات متحده امریکا وهندوستان واسپانیا وترکیه ولبنان وبرخی ازکشورهای دیگرکردیم . هرچند منظور اصلی ما ازاین مسافرتها استقرار وتحکیم روابط دوستانه باکشورهای دوست وهمجواربود ولی خود یك نحو ماه عسلی بودکه بعد ازمدتی نصیب ماگردید .

ثریا مانند تمام بانوان کدبانو سلیقه خاصی درترتیب وتزئین منزل ما داشت . وضع کاخ اختصاصی یعنی منزل شهری ما بنظر من بسیار خوب بود ولی ثریا میخواست بذوق خود بعضی ازقسمتهای آنرا بطرز نوینی درآورد . اوقصد اتلاف پول برای تهیه اشیاء تجملی وگرانبها نداشت وفقط میخواست همه‌جا پاکیزه ونظیف ورنگ تازه داشته باشد وهمین سلیقه را درباره کاخ تابستانی بکار میبرد . در مدت دوره زناشوئی هفت‌ساله‌ما علاقه‌ثریا بخدمات اجتماعی روزبروز افزایش می‌یافت. خوب بخاطردارم‌روزی که‌یکی از پرورشگاههای قدیمی را بازدید کرده بود از بی‌ترتیبی وضع‌اسفناك کودکان یتیم‌آنجا متأثروملول گشته وباچشمانی اشك‌آلود ازمن میخواست که بدون‌درنگ برای بهبودحال این یتیمان اقدام کنم . من نیز فوراً به‌مسئولین بنیاد پهلوی دستور دادم که پرورشگاه مزبوررا تحویل بگیرند وبطرز نوینی بسازند . بجمعیت خیریه ثریاکه ازشعب بنیاد پهلوی است نظارت وسرپرستی آن محول گردید وباید بگویم که بفاصله‌ای‌اندك تفاوتی بسیارآشکار دروضع روحی وجسمی کودکان پرورشگاه پدیدارگشت . باوصف این مهروعلاقه وقتی بعلل مربوط بمصالح کشوری طلاق ملکه ثریا لزوم

حتمی پیداکرد درجه تأسف و اندوه ما دونفر را میتوان قیاس نمود . درطی سالهای ازدواج فرزند ذکوری از ما بوجود نمیآمد و هرروز برمن این نکته مسلم‌تر میگشت‌که برای حفظ مصالح عالیه ایران وجود ولیعهد واجب است وهرچند بعضی ازاشخاص ازنظر مهربانی وهمدردی توصیه میکردند که‌درحیات آدمی بقاء ازدواج مقدم‌برهمه‌چیزاست برای من یقین بود که مسئولیت خطیر سلطنت باید برهر منظور دیگری فائق‌آید وسرانجام مشاورین من نیز فکرمرا تأییدکردند ودرماه اسفند ۱۳۳۷ ناگزیر صیغه طلاق بین‌ما جاری گردید .

پس‌از آن در تهـران زندگی را بتنهائی و تجرد میگذراندم و باآنکه پیش من مسلم بودکه اگر پس‌از امر طلاق مسئله انتخاب ملکه جدید پیش‌نیاید عملی‌که انجام‌آن مایه اندوه من بود بیحاصل و بیهوده بوده است ولی وضع روحی من اجازه عجله دراین امر را نمیداد . درآن مدت عده‌ای از دوشیزگان را برای همسری من پیشنهاد میکردند وروزنامه‌های گیتی نیز درباره ازدواج من مطالبی بی‌اساس انتشار میدادند ولی فکرمن آن بودکه برای خود همسری انتخاب‌کنم‌که نه‌تنها برای من فرزندانی بوجود آورد بلکه در اجرای وظیفه وجدانی و دائمی من نیز با من شریك و دستیار و از اوضاع اجتماعی مردم‌کشور من و آرمان ها وتمنیات آنها آگاه باشد و بارقت عواطف ویژه زنان هـمّ خستگی‌ناپذیر خودرا بخدمت وتأمین آسایش ورفاه وبهبود حال‌آنان وقف نماید .

روزی دخترم شاهدخت شهناز با چشمانی‌که بیش‌از معمول فروغ شادی درآن میدرخشید نزد من‌آمده واظهار داشت‌که وی و شوهرش با دوشیزه جوانی بنام فرح دیبا

آشنا شده‌اند که بنظر آنها برای احراز مقام ملکه ایران از هرحیث شایستگی دارد . داماد من مدتـی بود که بامور دانشجویان ایران که در کشورهای بیگانه مشغول تحصیلات عالیه بودند علاقه نشان میداد ودرضمن همین ایام بادوشیزه فرح دیبا که بیست و یک سال بیشتر نداشت وبرای مشورت درامور تحصیلی خود در فرانسه بوی مراجعه کرده آشنا گشته بود .

من‌طبعاً میخواستم ازسوابق خانواد گی و تربیت و میزان تحصیلات وشخصیت این دوشیزه جوان اطلاعاتی داشته باشم. معلوم شد که پدر وی از یک خانواده مشهور قدیمی تبریز ومادرش از یک خانواده محترم روحانی گیلانی است . جد پدری وی تحصیلات خود را در یکی ازمدارس نظامی کشور روسیه بپایان رسانیده و در دوره سلطنت قاجاریه در خدمت ارتش ایران بوده است . پدرش قسمتی از تحصیلات خود را در روسیه انجام داده وسپس بکشور فرانسه عزیمت نموده و بتحصیل رشته حقوق پرداخته و باخذ درجه لیسانس موفق گردیده وچون بخدمت در ارتش علاقمند بوده است به‌دانشکده افسری سن‌سیر فرانسه داخل گشته واز آنجا فارغ‌التحصیل گردیده ودر بازگشت بکشور ایران درقسمت دادستانی لشکر تهران وارد خدمت شده‌است .

یگانه فرزند خانواده ملکه فرح درسال ۱۳۱۷ متولد شد وبا پسر دائی خود که همسن او بود دریک خانه پرورش یافت واین دو کودک مانند برادر وخواهری باهم بزرگ شدند . ملکه فرح بپدر خویش بسیار علاقه داشت ووقتی درسن ده‌سالگی پدر خود را در اثر بیماری سرطان ازدست داد مادر وی مدتی مرگ پدر را از وی پنهان میداشت و وانمود میکرد که برای معالجه بپاریس رفته است ولی وی

ازلباس سیاه خویشاوندان مرگ پدررا دریافت و مستخدمین حقیقت را برای وی فاش کردند واورا دچار غم و اندوه بی‌پایان ساختند .

دوشیزه فرح بدواً بمدرسه ایتالیائیها درتهران گذاشته شد وتا سن ده سالگی در آنجا بتحصیل مشغول بود . چندی بعد مادرش اورا بمدرسه دخترانه دیگری درتهران بنام ژاندارک سپرد وتا سن شانزده سالگی در آن مدرسه بتحصیل پرداخت . دراین دبیرستان دوشیزه فرح بورزش علاقه خاصی پیدا کرد و چهارسال ببازی باسکتبال ودیگر ورزشهای دسته جمعی مشغول بود ومدت دو سال سردسته بازیکنان باسکتبال دبیرستان بود واین دسته در مسابقات بین شهرستانها نیز موفقیتهای زیادی کسب کرد .

اما قسمت عمده اوقات دوشیزه فرح در دبیرستان ژاندارک بفراگرفتن هنرهای زیبا میگذشت وبنا به‌تشویق یکی از آموزگارانش برشته نقاشی مخصوصاً آب ورنگ توجه مخصوص پیدا کرد . کم کم استعداد هنری وی آشکار گردید ودراثر مساعدتهای آموزگاران دوشیزه خجول صاحب شخصیت و وقار ممتازی گردید وباتشریک مساعی درامور مربوط به آزمایشگاههای دبیرستان و گردشهای دسته‌جمعی ، روش شرکت دراجتماعات رافراگرفت ودراثر انضباط مخصوص دبیرستان درستکار وقابل اعتماد و وقت‌شناس بار آمد .

دوشیزه فرح دوره متوسطه را در دبیرستان رازی بپایان رسانید . اکثر دبیران این دبیرستان فرانسوی بودند وباستثنای زبان وادبیات فارسی تمام دروسی که در آنجا تدریس میشد بزبان فرانسه بود . فرح دررشته‌های تحصیلی بریاضیات وعلوم علاقه بیشتری نشان میداد ودرردیف بهترین

شاگردان محسوب میگردید و دردبیرستان رهبری یکدسته از پیش‌آهنگان خردسال دبیرستان فرانسوی دیگررا بعهده داشت . دوشیزه فرح بفضای آزاد ومناظر طبیعی مانند کوه و دهکده وزندگانی روستا ودریا علاقه بسیار داشت وذوق وی در ترسیمات ونقاشیهائی که میکرد ازهمین مناظر متأثر بود و همین‌ذوق هنری توجه دائی ویراکه مهندس معماری بود جلب کرد ودراثر تشویقات وی دوشیزه فرح دررشته‌های هنری رغبتی فراوان پیدا نمود . هرچند درابتدا میل وی بتحصیل دررشته میکروب‌شناسی یا پزشکی بود ولی درنتیجه همان تشویقات به تحصیل رشته معماری مصمم گـردید و بمدرسه مخصوص معماری پاریس داخل‌شده ومدت دوسال بفراگرفتن این رشته همت گماشت . برنامه سال اول او نقاشی سیاه قلم وترسیمات ومناظر ومرایا بود ولی درضمن نیز بفراگرفتن رشته‌های دیگر مانند ریاضیات ومقاومت مصالح ساختمانی میپرداخت . درسال دوم وی به نقاشی مناظر و آب ورنگ و نمونه برداری از شاهکارهای معماری کلاسیک ونوین وبعلاوه بطراحی چند ساختمان کوچک نیز مبادرت ورزید .

دانشکده‌ای که دوشیزه فرح در آنجا تحصیل میکرد ۲۵۰ نفر دانشجو داشت که اکثر آنها در قسمتهای شبانه‌روزی دانشگاه بسر میبردند ولی وی در دانشکده هلندیها بسر میبرد . انضباط ومقررات این دانشکده بسیار سخت ومشکل بود و وی وسایر دانشجویان مجبور بودند هرروز صبح باستثنای روزهای یکشنبه دفتر حضور وغیاب دبیرستان را امضاء کنند وجز بعدازظهرهای پنجشنبه وساعاتی که برای صرف غذا معین شده بود تمام اوقات خودرا تاساعت پنج بعــد از ظهر در محوطهٔ دانشکده بگذرانند . ولی فرح

بطیب خاطر اکثر روزها تاساعت شش یا هفت بعدازظهر درمدرسه میماند. طینت وی وتشویق دبیران هرروز وی را بزحمت و کوشش درامرتحصیل راغب‌تر میساخت. باوصف انضباط مخصوص دانشکده، محیط تحصیلی وی مخصوصاً در رشته نقاشی بسیار ساده وطبیعی بود ودوشیزه فرح ازاین محیط لذت مخصوص میبرد وچون بموسیقی علاقه‌مند ومدت هشت سال درتهران درنواختن پیانو کارکرده بود این‌فن‌را نیز درهنگام تحصیل دنبال میکرد وازرفتن بکنسرتهائیکه درپاریس داده میشد کمال مسرت‌را داشت.

دوشیزه فرح برای گذراندن تعطیلات تابستانی خود درسال ۱۳۳۸ به‌تهران آمد. دراین موقع داماد ودخترم با وی‌آشنا شده وبرای صرف‌شام ازاو دعوتی بعمل‌آوردند. معلوم‌شدکه دخترمن ودوشیزه‌فرح دارای دوستان‌مشترکند و دربسیاری از امور با یکدیگر توافق روحی دارند.

باردیگر که ازدوشیزه فرح دعوت بعمل آمد دخترم شهناز ترتیبی فراهم ساخت که من نیز درآن میهمانی شرکت کنم. من دوشیزه فرح را چند ماه پیش ازآن درهنگام دیدار دسته‌جمعی دانشجویان ایرانی درپاریس دیده بودم ولی چون عده دانشجویان بسیار زیاد بود درمیان‌آن‌ازدحام درست درخاطرم نمانده بود چنانکه همین نکته برای وی دستاویز شوخی شده است. ولی درضیافتی که درخانه دامادم ترتیب داده شده‌بود وسیله‌ای‌بدست‌آمدکه بتوانیم بایکدیگر گفتگوکنیم.

یکهفته بعد از این ضیافت باو پیشنهاد ازدواج کردم. روزنامه‌نگاران عاشق خلق اخبارند ودرمطبوعات اکثر کشورها اخباری منتشر کردند که من در هواپیما هنگامیکه دوشیزه فرح را برای تفریح و گردش برده بودم

این پیشنهاد را باو کرده‌ام . شاید بعضی از مخبرین جراید میخواسته‌اند درجه علاقه مرا به هواپیما و زن با یکدیگر ارتباط دهند ولی حقیقت همان است که پیشنهاد ازدواج درخانه دامادم بعمل آمد والبته پس‌ازاین پیشنهاد چندین‌بار بایکدیگر ملاقات کردیم .

دوشیزه فرح تصمیم داشت که لباس عروسی خودرا در پاریس تهیه نماید و برای گریز از تشریفات مفصل قرار شد بطور غیررسمی ومعمولی بآنجا برود وتا بازگشت وی ازاعلام‌نامزدی خودداری‌شود . فرح باتفاق، عمو وهمسروی و همسر دائی خود به پاریس عزیمت نمود . دو روز بعداز مراجعت فرح بتهران نامزدی ما اعلام شد و تقریباً سه هفته بعد مراسم عقد ما طبق آئین و مراسم اسلامی بعد از ظهر دوشنبه ۲۹ آذر ۱۳۳۸ برگزار ودرهمان شب مجلس شام وضیافت باشکوهی درکاخ‌گلستان منعقدگردید . مشاغل گوناگون سیاسی‌مارامجبور کردکه مسافرت ماه‌عسل‌خودرا مدتی بتأخیر اندازیم ولی چندی‌بعد باهم بکناردریای خزر مسافرت کردیم .

پیش ازآنکه بدوشیزه فرح پیشنهاد ازدواج کنم اورا متوجه ساختم که مسئولیت‌هائی که‌ازآن‌ببعدمتوجه‌اوخواهد بود باوظایف یك دوشیزه مهندس تفاوت فراوان دارد . وی پس ازازدواج باطیب خاطر وبا تمام قلب بانجام وظایف سنگین سلطنتی همت‌گماشت و علاقه وی بخدمات اجتماعی آنقدر صمیمی وازدل وجان بودکه برای من نیز الهام‌آور بشمار میآمد . درهمین حال وظیفه همسری را نیز هرگز از خاطر نمیبرد .

چندماه پس‌از ازدواج ما پزشك مخصوص ملکه فرح حامله بودن ویرا اطلاع داد واین خبر مسرت‌بخش بزودی

درهمه‌جا انتشار یافت . چنانکه یکی‌ازجرائد ایران بالطف بیان ویژه ایرانیان‌نگاشته بودکه «بقلب مردم ایران اینطور الهام شده است‌که مولود شاهنشاه پسر خواهد بود» . اما برای من تفاوتی ندارد وهرفرزندی‌که خداوند عنایت فرماید مقدمش موجب مسرت ما خواهد بود .

تصور میکنم با تجاربی که از تأهل بدست آورده ومطالعات کلی که نسبت بزنان کرده‌ام بتوانم تا حدی نسبت بزنان وافکارآنها وررویه‌ای که‌باید زنان بافراست وکم‌نظیر ایرانی برای تحکیم مقام خود دراجتماع پیش گیرند اظهار نظر کنم . از زمانیکه پدرم برتخت سلطنت‌ایران جلوس کرد سی‌وپنج سال میگذرد و دراین مدت دراوضاع اجتماعی ایران تحولاتی شگرف پدید آمده است . ناظرین مجرب و هوشیار معتقدندکه بزرگترین و مهمترین آن تحولات همان تغییر وضع اجتماعی وآزادی زنان بوده است واینك هنگام آنست‌که اگر زنان ایرانی بخواهند زندگانی خویش و همسر و فرزندان و مردم‌کشور خودرا بوضعی مرفه‌تر وشایسته‌تر درآورند باید نیازمندیهای اجتماعی خویش را معلوم کنندوباامکاناتی‌که برای‌آنها موجوداست وفق‌دهند .

طبق روایات‌کهن ایرانی مرد وزن از یك‌نهال وبطور مساوی خلق شده‌اند . وپس‌ازخلق، اولین‌فکری که درمخیلهٔ آنها خطورکرد آن‌بود که هریك بطور متساوی درآسایش وایجاد مسرت دیگری بکوشد . ظاهرآنست‌که زنان که‌نصف جمعیت ایران را تشکیل میدهند همواره درایرانیان نفوذی عمیق داشته‌اند . چنانکه مثلا بگفته پلوتارك هنگامیکه لشکریان کوروش دریکی‌ازجنگ‌ها ازمادها شکست‌خورده وعقب‌نشینی کرده بودند خواستند بیکی از شهرهای نزدیك پناه برند ولی همینکه بدروازه‌های شهر نزدیك شدند

خویشتن‌را مواجه با عده‌ای از زنان‌آنشهر دیدندکه بالحن سرزنش‌آمیزی فریاد میزدند: «ای‌بزدلان هزیمت یافته‌کجا میآئید . درشهر ما هرگزبرای‌کسانی مانند شما جا نیست» . این طعنه لشکریان مغلوب را برانگیخت‌که مجدداً بمیدان جنگ شتافته ودشمن را ازپای درآورند . دراثر این واقعه کوروش‌کبیر مقررساخت‌که هربار ازشهر مزبور عبورکند بهریك از زنان ساکن‌آن شهر یك سکه طلا بدهند .

اندکی پیش از حملهٔ اعراب بایران دو تن از بانوان ایرانی مدت‌کوتاهی بتخت سلطنت نشستند و پس‌از استیلای اعراب ورواج دین‌مبین‌اسلام نیز نفوذ زنان درجامعه‌ایرانی بهیچوجه از میان نرفت ودرجه نفوذ آنان منوط ومتناسب باشخصیت خود زنهابود . درکشورباستانی‌ما ازقرون پیشین تا عصر امروز زن درخانواده تسلط بسیار داشته ومن خود شاهد این سلطه ونفوذ بوده‌ام زیراکسی مردی قوی اراده‌تر از پدر من ندیده بود وباوجود آن در زندگانی خانوادگی ما نفوذ مادرم برهمه تفوق داشت .

در اکثـر خانواده‌های ایرانی یکنوع حکومت زن برقرار است . مادران مخصوصاً به‌پسران خود نفوذ فراوان دارند و پسران غالباً درکارها باآنان مشورت میکنند . یکی از بانوان نویسنده انگلیسی در یکی ازآثارخودکه در سال ۱۹۳۰ انتشارداده مینویسد :

«درتمام‌کشورایران پسران‌بالغ‌ایرانی‌مؤدب وفروتن هستند ونسبت بمادران خود علاقه‌ای شبیه بفدویت دارند » و این‌گفته حقیقتی است که در آن شائبه هیچگونه مبالغه نمیرود .

حاجت بذکرنیست‌که من بمادرم دینی بیش‌از حساب دارم . در بیماریهای سخت دوران‌کودکی که سابقاً ذکرآن

رفت او همواره کنار بسترمن بیدارمی‌نشست و اینك در برابر دیدگان باطن خود وی را مجسم می‌بینم که قرآن برسر گرفته وبرای عافیت من دست توسل بدامان پروردگار دراز کرده است . درطول‌مدت حیات مادرم مرا درانتخاب طریق‌صواب یاوری کرده و به‌ثبات عقیده وعدم‌تزلزل و کوشش‌ومجاهده وپایداری تشویق نموده است .

زنان ایرانی به تناسب شخصیت خود همواره دارای قدرت ونفوذ بوده‌اند وگاهی این قدرت هم بضرر خود و خانواده آنها تمام شده است . بنظر من ذکر اینکه زنان ایرانی دارای حقوقی نیستند کاملا سخیف است ودرحقیقت بانوان ما دارای مزایا وحقوقی هستند که خواهران اروپائی آنها اغلب ازآن محرومند . مثلا زن ایرانی حق دارد که بنام خود ثروت وزمین داشته باشد وشخصاً بدون مداخله دیگری هرگونه تصرفی درآن بنماید . همچنین واحد خانواده که نه‌تنهاشامل شوهرمیشود بلکه فرزندان‌ومنسوبان نزدیك هم جزو آن است نسبت بمادر ونگاهداری او یك نحو تعهد وفریضه اخلاقی دارد وحتی زنان صیغه نیز که چنانکه گفته خواهد شد بتدریج ازمیان رفته وبندرت یافت میشوند درقباله خود ازحقوق‌مالی که نظیرآن کمتردرمغرب زمین دیده میشود بهره‌مندند وفرزندان آنها نیز برخلاف کودکان غیرقانونی دیار مغرب ازتمام حقوق ومزایای فرزندان زنانی که بعقد دائم درآمده‌اند برخوردارند .

با وصف این مراتب باید گفت که در ازمنه گذشته افق زندگی زنان ایران بسیار محدود ویك نحو تناقض عجیبی هم درزندگانی آنان موجود بوده است . بدین معنی که هرقدر مقام اجتماعی آنان رفیعتر بوده ازآزادی آن‌ها کاسته وآنانرا بیشترمطیع‌رسوم وآداب کهن‌ساخته‌است . مثلا

زنان عشایر وایلات ما هرگز حجاب نداشته‌اند و همچنین عده زیادی از زنان روستائی کشور (مخصوصاً دراستانهای شمالی‌وغربی ایران) اززمانهای گذشته روی نمی‌پوشیدند، ولی زنان طبقه اول وشهرنشین ایرانی هرگز بدون چادر وحجاب ازخانه بیرون نمیآمدند وحتی درقسمت بیرونی منزل هم حجاب داشتند وتنها درقسمت اندرونی پرده ازرخ برمیداشتند. زنان روستائی درخانه‌های محقر خود باسایر مردان وزنان خانواده خود زندگی میکردند. اما خانه‌های متمولین شهری عبارت ازحیاط محصوری بودکه قسمت مقدم آن بیرونی نام داشت ودرآن خانه محصور دیگری که اندرون نامیده میشد قرار داشت وزنان درآن میزیستند وهیچ مردی جز صاحب ورئیس خانواده ومحارم نزدیك حق ورود بآنرا نداشت. زنان روستائی غالباً درخارج از خانه بآزادی گردآمده ودرضمن انجام دادن کارهای روزانه بایکدیگر معاشرت داشتند. ولی زنان عقدی ویا صیغه مردان متمکن شهری باآنکه درتجمل ونازونعمت بسرمیبردند غیرازکارهای زنانه خودکار دیگری نداشتند واوقات فراغت را به غیبت وسخن‌چینی صرف میکردند وازهمه بدترآنکه فرزندان‌آنها ازدختروپسردوران‌کودکی خودرا درمحیط این‌اندرونها میگذراندند. مسافران‌اروپائی که درآن ایام بایران آمده‌اند ازرفتار مؤدب این‌کودکان مطالبی نقل‌کرده‌اند، ولی تربیت این‌کودکان طوری بود که مجال رشد نیروی ابتکاری و آمادگی برای زندگانی اجتماعی را بآنها نمیداد.

آداب ورسوم زناشوئی نیز درطبقات مختلف متفاوت بود ولی باوصف‌اینکه انتخاب همسربوسیله والدین‌وبدستور آنها صورت میگرفت دوشیزگان روستائی غالباً باشوهران

آینده خود سالها پیش از ازدواج آشنا میشدند . چنانکه دوشیزه‌ای روستائی را بیاد دارم که در قریه دور افتاده‌ای مدت پنجسال قبل از ازدواج با شوهر آینده خویش محشور بود و در کارهای معمولی روستائی با یکدیگر معاضدت داشتند .

در طبقات عالیه معمول این بود که چشم عروس پیش از انجام یافتن تشریفات نامزدی بصورت داماد نیفتد و پس از آن نیز هیچگونه حشر و آمیزشی پیش از پایان مراسم عقد با داماد نداشته باشد . چنانکه یکی از دوستان من حکایت میکرد که همسر وی بر سبیل شوخی بوی اعتراض کرده بود که پیش از ازدواج یکدیگر را ندیده‌اند . وی پاسخ داده بود که دیدار پس از عروسی بیشتر میسر است !

هنگامیکه پدرم بتخت سلطنت نشست مصمم گشت که زنان را از بار سنگین آداب و رسومیکه آنان را مقید ساخته و اثر آن دامنگیر ملت ایران نیز گشته است آزاد سازد . منظور وی آن بود که فکر زنان را ترقی دهد و مادرانی دانشمند و افرادی شایسته باجتماع ایران بیفزاید تا در نوبه خود فرزندانی با فضائل اخلاقی و تربیت اجتماعی برای کشور بار آورند .

در آن زمان عده قلیلی از دوشیزگان و بانوان ایرانی سواد مختصری داشتند و از دانش و معلومات بمعنی امروز آن ، اثری نبود ، برخی از آنان مقدماتی را نزد آخوندهای محله و یا در مدارس مبلغین خارجی و یا از دایه‌ها و لله‌های خود فراگرفته بودند ولی عدهٔ این دسته زنان خوشبخت باندازه‌ای قلیل بود که به یکصدم جمعیت بانوان ایران نمیرسید . پدرم با جدیت بسیار چندین مدرسه دولتی دخترانه تأسیس نمود و چون عده دوشیزگان تحصیل کرده و با سواد بسیار کم بود و پیدا کردن آموزگار دشواری بزرگ در انجام آن منظور

بشمار میرفت بتأسیس دانشسرا نیــز اقدام کرد تا کمبود آموزگار ودبیر نیز از هرجهت مرتفع گردد.

اقداماتی که پدرم برای ترقی وپیشرفت معنوی بانوان بعمل میاورد طبعاً با مخالفتهائی مواجه میگردید ولی باآن شهــامت و دوراندیشی فطری که داشت موانع را از پیش برداشته وراه را هموارمیساخت. چنانکه مثلا درسال ۱۳۰۷ که مادرم بزیارت عتبه منوره حضرت معصومه علیها السلام بقم مشرف شده بود با وجودآنکه خود و همراهانش در نقاب بودند ولی باز چون چادرشان کمی کوتاه بود ازطرف بعضی ازمتعصبین جاهل موردطعن وتوهین قرار گرفتند. بمجردیکه این خبر بتهران رسید پدرم باچندکامیون سرباز بآن شهر رفت وعامل آن اهانت را شخصاً تنبیه فرمود.

پدرم بدواً برفع حجاب زنان اقدام کرد ودراثر تشویق وتحریض وی درسال ۱۳۰۹ نخستین بار بعضی ازبانوان طبقه اول درخانه‌های خود ومجالس مهمانی بلباس زنان اروپائی درآمدند و عدهٔ کمی هم جرئت کرده بدون حجاب درخیابانها ظاهر میشدند. درسال ۱۳۱۳ آموزگاران ودختران دانش‌آموز از داشتن حجاب ممنوع شدند و افسران ارتش با زنانیکه حجاب داشتند راه نمیرفتند. بالاخره روز ۱۷ دی ۱۳۱٤ پدرم با اعلام کشف حجاب قدم نهائی را در اینراه برداشت وازمادروخواهرانم خواست که بدون حجاب همراه وی در یکی از جشنهای مهم رسمی کشور حاضر شوند. جشن مزبور بمناسبت اعطای دانشنامه به بانوانیکه ازدانشسرا فارغ التحصیل شده بودند برگزارمیشد وموقع بسیارمناسبی برای اعلام این تصمیم عمومی بود. پدرم که هیچگاه بایراد نطقهای مفصل وطویل عادت نداشت درآن روز نطق مختصری بشرح زیر ایراد فرمود:

«بینهایت مسرورم که می‌بینم خانمها درنتیجه»
«دانائی ومعرفت بوضعیت خود آشنا شده وپی»
«بحقوق ومزایای خودبرده‌اند . مانباید ازنظر»
«دوربداریم که درسابق نصف جمعیت کشور ما»
«بحساب‌نمیآمد ونصف قوای عامله کشورعاطل»
«بود. هیچوقت احصائیه اززنها برداشته نمیشد»
«مثل اینکه زنها افراد دیگری بودند وجزو»
«جمعیت ایران بشمار نمیآمدند . فقط دریك»
«مورد از زنها احصائیه برداشته میشد وآن»
«موقعی بودکه وضعیت ارزاق مشکل میشد»
«وبرای تأمین آذوقه سرشماری میکردند .»
«شما خانمها این روز را یکروز بزرگ بدانید»
«وازفرصت‌هائی‌که دارید برای ترقی‌کشور»
«استفاده نمائید . شما خواهران ودختران من»
«تربیت‌کنندهٔ نسل آینده خواهید بود وشما»
«هستیدکه میتوانید آموزگاران خوبی باشید»
«وافراد خوبی اززیردست شما بیرون بیایند .»
«ازتجمل واسراف بپرهیزید سادگی را پیشه»
«خود سازیدکمك ویار مردها باشید باقتصاد»
«وصرفه‌جوئی درزندگی عادت نمائید وبتمام»
«معنی مفید بحال مملکت باشید .»

تا آنجائیکه‌اطلاع دارم این‌اولین‌باری‌بودکه درتاریخ جدید ایران بانوان بدون حجاب در مراسم رسمی عمومی شرکت میجستند . وپرواضح‌است که موفقیت دراین‌آزمایش بزرگ مرهون نیروی ابتکار پدرم و تا درجه‌ای مدیون شجاعت مادر وخواهرانم بود که در برابر رسوم کهنه کد مورد حمایت اکثریت مردم از جمله بسیاری از روحانیون

بزرگ ورجال کشور بود قیام کنند .

اما رضاشاه میدانست که بسیاری از مردم ترقی خواه کشور وروحانیون دانشمند وکسانیکه درخارجه یادرتهران در مدارس خارجی تحصیل کرده بودند طرفدار تصمیم عاقلانه وی هستند .

اقدام رضاشاه موفقیت کامل یافت و متعاقب آن پدرم دستور منع حجاب را صادر کرد . بموجب این دستور هیچ زن و یا دوشیزه ای حق پوشیدن چادر ونقاب نداشت واگر زنی با روبنده وچادر درکوچه پیدا میشد پاسبان ازوی تقاضا میکرد که روبند خود را بردارد واگر امتناع میکرد جبراً چادر او را برمیداشتند و تا زمانیکه پدرم سلطنت میکرد در سراسر کشور این منع برقرار بود .

بدین ترتیب ایران پس از ترکیه دومین کشور مسلمانی بود که رسماً حجاب را ممنوع ساخت . روز هفدهم دیماه هرسال از طرف جامعه بانوان ایران بیاد آن روز و برای قدرشناسی از کار بزرگی که پدرم برای قاطبه زنان کشور کرده بود جشنی برپا میگردد . ویکی از انجمن های بانوان ایران بیاد آن اقدام انجمن هفده دی نامیده شده است ومرامنامه آن مانند انجمنهای مشابه آن در آمریکا وانگلستان وسایر کشورها ترقی سطح فکر بانوان و دفاع از حقوق آنان است.

در سال ۱۳۱۳ که پدرم دانشگاه تهران را تأسیس نمود مقرر داشت که دوشیزگان نیز حق ورود داشته باشند وهمچنین بسیاری از دوشیزگان ایرانی به تشویق پدرم برای کسب علم وهنر بخارج از کشور عزیمت کردند و عدهٔ کثیری به تشویق پدرم در وزارتخانه ها و ادارات دولتی وخصوصی برای منشی گری وسایر مشاغل مشغول کار شدند ودر امور اجتماعی وخدمات عمومی نیز علاقه روز افزون بمنصه ظهور رساندند.

رضاشاه هرگز بفکر آن نبود که ایرانیان با گذشته کشور قطع ارتباط کنند و از همین جهت میل داشت که دوشیزگان ایرانی پس از کسب علم و هنر و تحصیل تجارب کافی وارد مرحله زناشوئی بشوند و فرزندان خود را در پرتو تحصیلاتی که کرده‌اند بهتر تربیت نمایند. اما باین عقیده نیز ایمان قطعی داشت که دختران تحصیل کرده و دانشمند همسرانی خوبتر و مادرانی فهمیده‌تر و در اجتماع ایران افرادی وظیفه شناستر خواهند بود.

اشغال نظامی ایران در دوره جنگ دوم جهانی و مهاجرت پدرم طبعاً اجرای برنامه‌های وسیعی را که او برای ترقی و تعالی زنان ایران طرح کرده بود متوقف ساخت و بعلاوه کم کم در افکار و عقاید ترقیخواهان نیز تحولاتی پدید آمد. رضاشاه اصلاحاتی را که در وضع اجتماعی زنان ایران بوجود آورده بود با اعمال قدرت دنبال میکرد و عاقلانه آن بود که از آن پس اقدامات اصلاحی با رویه دموکراسی تعقیب شود تا نتایج عالیتری عاید کشور گردد.

مسئله کشف حجاب نمونه‌ای از همان اقدامات اصلاحی بود و همینکه پدرم از ایران خارج شد در اثر پاشیدگی اوضاع در دوران جنگ بعضی از زنان مجدداً بوضع اول خود برگشتند و از مقررات مربوط بکشف حجاب عدول کردند. ولی من و دولت من از این تخطی چشم‌پوشی کردیم و ترجیح دادیم که این مسئله را بسیر طبیعی خویش واگذاریم و برای اجرای آن باعمال زور متوسل نشویم. امروز در شهرها و قصبات ایران زنان باحجاب دیده میشوند ولی روز بروز از عده اینگونه زنان میکاهد و بتدریج از میان میرود. ضمناً ناگفته نماند که برخلاف تصور بعضی از خارجیان زنانی که هم اکنون چادر می‌پوشند چندان بعلت حفظ سنن

ورسوم قدیمی نیست بلکه باین لباس بیشتر از جنبه تسهیلی که در کارهای عادی برای آنها فراهم میکند علاقه دارند زیرا در بعضی از خانواده‌ها و مخصوصاً در میان طبقات بی‌بضاعت ممکن است زنان لباسهای متعدد نداشته باشند و بخواهند پیرایه‌های خوب خود را برای روزهای مهم نگاه دارند و وقتی برای خرید احتیاجات روزانه ببازار میروند می‌بینید پوشیدن چـــادر عملی‌تر و بیشتر مقرون بصرفه است .

من شخصاً با چادر از جهات بسیار موافق نیستم ولی باید اذعان کنم که در شهرهای آمریکا ومخصوصاً درمحلات خارج از شهرزنانی رَا دیده‌ام که وضع لباس آنها بمراتب از وضع معمولی زنان ایران زشت‌تراست .

درطول تاریخ گیتی زنان در پوشیدن لباس هنرمندی ومهارت مخصوصی داشته‌اند وازهمین جهت میتوان انتظار داشت که چادرولباسهای بدقواره‌ای که در کشورهای متمدن و تربیت یافته مورد استعمال دارد و شخصیت پوشنده را آشکار نمیکند بتدریج ازمیان برود وچشم‌بینندگان را آزار ندهد وشاید مردان بتوانند با اظهار سلیقه خود بآن زودتر پایان بخشند .

تعدد زوجات نیز درایران روز بروز مرتباً کمترشده واین رویه در شرف آنستکه بطور کلی متروك گردد . ذکر این موضوع واقعه‌ای را بخاطر من میآورد وشرح آن اینکه درزمان بحران مربوط بنفت هیئتی که عدهٔ اعضاء آن نسبتاً زیاد بود وچندین دوشیزه ماشین نویس انگلیسی نیز همراه داشتندبرای‌مذاکره‌ازانگلستان‌بایران‌آمدند. محل‌استراحت این دوشیزگان در یکی از کاخهای سلاطین سابق درقسمتی معین شده بود که در زمان گذشته افراد حرمسرای سلطنتی

درآن اقامت داشتند. صبح شب اول اقامت دوشیزگان یکی از میهمانداران ایرانی ازآنها پرسیده بودکه شب را چگونه گذرانیده‌اند؟ گفته‌بودند: «بسیارشب بدی گذراندیم وحتی مژه برهم نگذاشتیم زیرا هرلحظه احتمال میدادیم‌که روح سلطان سابق ظاهرشود وبانوان حرم خودرا احضارنماید.»

نزدیك کاخ تابستانی من یکی از مأمورین کشوری ایران زندگی میکند که دوهمسر تقریباً همسن‌وسال دارد وغالباً اورا می‌بینندکه بازو ببازوی هردو زن خود داده و بگردش میرود و از قراریکه گفته‌اند دو زن در کمال سازگاری بایکدیگر بسرمیبرند. هردوزن ازآن مرد دارای فرزندانی هستند وهرگاه یکی ازآنها برای خرید ازخانه خارج میشود فرزندان خود را بدست دیگری میسپارد. شوهرشان مرد تحصیل کرده‌ای است‌که به‌خدمات اجتماعی نیز علاقه‌مند است وهمسران وی نیز دراین خدمات بارغبت فراوان باو دستیاری میکنند.

شنیدم وقتی همسر یکی ازاعضاء آمریکائی اصل‌چهار میخواست بملاقات این خانواده خوشبخت برود. باو گوشزد کردندکه آن مرد دارای دو همسر است. وی درپاسخ اظهار داشته بود: «اینکه اهمیت ندارد جد من دارای هفت همسر بوده است. از قرار معلوم خانواده این خانم درایالت یوتا آمریکا مسکن داشته وازطایفه مرمون بوده‌اند.»

بسیاری ازمردم مغرب‌زمین فراموش میکنندکه وقتی پیغمبراسلام تعداد زوجات‌را حداکثر چهارنفر تعیین‌فرمود میخواست دائره تعدد زوجات راکه درآن زمان بسیار وسیع بود محدودکند. ازآن‌گذشته پیغمبراسلام مخصوصاً مقرر فرمودکه مردان بآن شرط میتوانند بیش از یك زن اختیارکنندکه بتوانند اصل‌تساوی وعدالت‌را بمعنای‌واقعی

کلمه بین آنان معمول دارند وچون اجرای چنین اصلی برای تواناترین مردان دشوار است درحقیقت پیغمبر اکرم تعدد زوجات را تعلیق بمحال فرموده‌است .

شاید هنوز افراد معدودی باشند که دارای چندین همسر وچندین فرزندند چنانکه یکی‌از افراد خانواده‌های تهران سی‌وچهار فرزند پیدا کرد که تمام‌آنها از دختر و پسر دارای تحصیلات عالیه هستند . ولی امروز بعلل اقتصادی وجهات دیگر درمیان مردم ایران کسی که بیش‌از یك همسر داشته‌باشد جنبهٔ استثنائی دارد ومثلا در تهران که در حدود یك میلیون ونیم جمعیت دارد درعرض یکماه هفتاد وشش نفر مرد متأهل همسر دیگری اختیار کرده‌اند و شش نفر قبلا دوهمسر داشته وزن‌سوم گرفته‌اند وکسی که‌توانائی‌وجسارت اختیار همسر چهارمی‌را داشته‌باشد نبوده‌است . درشهرستانها ممکن‌است تعدد زوجات از تهران بیشتر متداول باشد ولی در سراسر ایـران این عمل اتصالاً رو به‌نقصان میرود . همچنین کم‌کم موضوع ازدواج موقت یامنقطع نیز منسوخ میشود . چون فحشاء که قدیمی‌ترین حرفه بشراست درزمان پیغمبر اسلام وجودداشت وآن‌حضرت‌را آزرده‌خاطر میساخت شاید علت عمده‌نکاح‌موقت وتعددزوجات برانداختن‌فحشاء دراسلام بودکه چون بمردان درجنگهای بدوی اسلام‌تلفات بسیاروارد میشد وعده‌زنان افزونی‌میگرفت بنظر آن پیغمبر آسمانی صلاح مسلمانان آن‌بود که زنان بنکاح موقت مردان وتحت حمایت آنان درآیند واز روی ناچاری گرد فحشاء نگردند .

چندین‌قرن‌پیش‌مسئله‌نکاح‌موقت طبق‌قانون‌شرع‌تحت اداره واختیار روحانی درآمد و برای آن قوانینی مقرر گشت . چنانکه هرگاه مردی بفکر متعه‌کردن زنی میافتاد

بدواً میبایست موافقت مجتهد محل را برای این کار جلب کند. دیری نگذشت که مقامات روحانی امضای قباله را بوسیله طرفین لازم تشخیص دادند واگر مردی دختری را میخواست بنکاح موقت خود در آورد بشرط رضایت دختر، مجتهد در قباله‌ای مدت نکاح ومبلغ مهریه را که اغلب بسیار ناچیز بود معلوم میکرد. امروز نیز میتوان این عمل را انجام داد ولی مانند ازدواجهای دائم قباله نکاح موقت وقتی صورت قانونی پیدا میکند که در دفاتر رسمی به‌ثبت برسد ودر آن صورت فرزندانیکه از چنین زنی بوجود آیند طبق قانون از همه حقوقیکه فرزندان زنان عقدی دارند برخوردار خواهند بود. غالباً اتفاق افتاده است که زنانی که نکاح موقت داشته‌اند بقدری رضایت خاطر شوهر را جلب کرده‌اند که بعقد لازم ودائم شوی در آمده‌اند. هرچند عقد منقطع بجهاتی جالب جلوه میکند ولی بر آن مفاسدی مترتب است و برای من موجب خشنودی است که میبینم عده اینگونه نکاحها بقدری کاهش یافته است که طبق آمار ماهیانه که از شهر تهران گرفته شده است بیش از چهارده فقره نکاح موقت در ظرف ماه صورت نگرفته ودر هرمورد هم مدت نکاح موقت از یکسال تجاوز میکرده و بسیاری از اینگونه نکاحها مدت هیجده سال ادامه داشته و هرنوبت پس از انقضاء مدت مقرر تجدید شده‌است. رسم نکاح موقت نیز مانند تعدد زوجات ممکن است در شهرستانها بیشتر از تهران معمول باشد و رسومی هم که درمغرب بنام «ازدواجهای عرفی» معمول‌است گاهی در ایران نظیر پیدا کرده است.

امروز افق فکر زنان ایران در اثر تحولات دموکراسی بسیار وسیعتر از گذشته است و عده دخترانیکه در دبستانها

و دبیرستانها به‌تحصیل مشغولند روز بروز در افزایش‌است . امروز متجاوز از ۲۰۰۰ نفر دوشیزه در دانشگاه تهـران وصدها دانشجوی دختر در دانشگاههای شهرستانها مشغول کسب علم وهنرند . تمام دانشگاههای ایران مختلط است و پسران و دختران دوش بدوش یکدیگر بتحصیل ومطالعه میپردازند . درسال ۱۳۳۷ دانشگاه تهران نخستین‌بار یك استاد زن برای راهنمائی دختران استخدام نمود تا با استاد راهنمای مرد در خدمتی که بهردو محول است تشریك مساعی کنند .

دختران پیش‌آهنگ سالهاست درایران فعالیت دارند وهرسال برای دختران دبیرستانها و دانشکده‌ها اردوهای تابستانی تشکیل میشود که اصول زندگی دسته‌جمعی وتعاون اجتماعی را عملا در آن اردوها بمقام عمل و آزمـایش درمیاورند . هرروز عده زیادتری از زنان ایران بمشاغل مختلف مانند آموزگاری ، منشی‌گری و پرستاری وارد میشوند و عده‌ای پزشك و وکیل دعاوی ونویسنده و شاعر وموسیقیدان زن درکشورما وجود دارد .

همانطورکه در فصل هشتم ذکرشد بانوان ایران روز بروز برفعالیتهای اجتماعی‌خود میافزایند ودرتهران وسایر شهرهای بزرگ وکوچك در باشگاههای بانوان که درنقاط متعدد ایجاد گردیده است شرکت میکنند . در سال ۱۳۳۸ خواهرم شاهدخت اشرف‌پهلوی شورای عالی‌زنان‌را تشکیل داد تافعالیتهای‌سازمانهای مختلفه‌زنان‌را درایران بایکدیگر هم‌آهنگ سازند .

علاقه شخص‌من برآنست که برای بانوان فرصت‌بیشتر ومجال وسیعتری برای خدمات اجتماعی‌فراهم گردد وهدف من‌اینست که زنان نیزازهمان‌حقوق اساسی مردان‌برخوردار

باشند . درمسئله حق رأی برای زنان باید بخاطرداشت که درکشور فرانسه تا سال ۱۹٤٤ زنان از شرکت در انتخابات محروم بودند ولی کسانیکه زنان فرانسوی را می‌شناسند هرگزنخواهندگفت که‌نفوذ سیاسی‌واجتماعی‌زنان فرانسوی از همان سال آغاز گردیده است . زنان‌کشور سویس هنوز درانتخابات شرکت نمیکنند ولی این امر هرگز نشانه آن نیست که بانوان سویس از حقوق اجتماعی محرومند .

اکنون باید اساس مسئله وضع اجتماعی زنان ایران وخاورمیانه را مورد دقت قرارداد . باید ناگفته نگذاشت که دراین‌کشورها اصطلاحات «آزادی» و «تساوی زن ومرد» چندان بمفهوم واقعی وحقیقی آنها مورد استعمال نیافته وهمین استنباطات نادرست خود بحقوق وآمال زنان لطمه وارد ساخته است . باید دید منظور از آزادی زن چیست ؟ وقتی بسخنان بعضی از آنها که خودرا طرفدار زن معرفی میکنند گوش فرا داده میشود بذهن‌آدمی اینطور میرسد که غرض ازآزادی زن اختیارنکردن شوهر ونداشتن‌فرزند و درصورت داشتن کودك عدم توجه به‌تربیت او ونرفتن زیربار هرگونه مسئولیتی‌است . اگرچنین باشد این‌آزادیها برای هرزن ایرانی که بخواهد فراهم است و هیچ قانون یا رسمی جلوگیر آنان برای تمتع ازاین آزادیها نیست . ولی سخن اینست که زنان هوشمند وصاحب‌فکر ایرانی این نحوآزادیها را مردود میشناسند ومیدانند که درخلقت‌آنها امتیازات‌خاصی‌است وهمان‌امتیازات‌برای‌آنها مسئولیت‌های مخصوصی بوجود آورده است .

مواهبی که بجنس‌زن ومرد عطا شده تساوی بین‌آنها را برای صاحبان ذوق سلیم بدون مفهوم ساخته واگر زنان مفهوم «تساوی» ومفهوم «تساوی‌فرصت» را باهم مخلوط

کنند بجنس زن صدمه جبران‌ناپذیر وارد ساخته‌اند .

دین مبین اسلام وسایر ادیان آسمانی نیز مردان وزنان را مکمل یکدیگر قرار داده است ومسئله مساوات را بمفهوم اینکه زن ومرد ازهرجهت یکسان هستند رد کرده و عقل سلیم نیز این حقیقت بارز را پذیرفته است . میدانم بعضی ازروانشناسان ودانشمندان علم‌الاجتماع را عقیده بر آنستکه اکثر اختلافات میان زن ومرد ازآنجا بروز کرده است که اجتماع بشر برای هرجنس وظائف متفاوتی مقرر داشته‌است. اما این نظر کلی نیست وتنها بقسمتی ازاختلاف متوجه‌است زیرا اگر در رفتار دختران و پسران خرد سال که هنوز شرایط اجتماعی درآنها اثر نکرده است دقیق شویم شواهد روشنی درعدم کلیت این نظر خواهیم یافت . چنانکه یک دوشیزه جوان اعم ازاینکه از خانواده ثروتمند یافقیر یا متشخص یاگمنام باشد چون بدوران بلوغ میرسد برحسب خلقت آثار دلربائی در او پدیدار میشود که ابداً باوضاع اجتماعی ارتباطی ندارد ونتیجه تفاوت طبیعی جنس اوست ودرحقیقت زیبائی حیات دراثر همین تفاوت وامتیاز پدیدار گشته‌است . پس آنهائیکه طرفدار تساوی مطلق بین زن ومرد هستند مفاهیم کلمات را بایکدیگر مخلوط میکنند وموانعی بزرگ دربرابر پیشرفت زنان بوجود می‌آورند .

البته مسئله تساوی فرصت ومجال برای مردان وزنان سخن دیگری است ومثلا اگر دوشیزه‌ای بخواهد در رشته فیزیک تحصیل کند باید بدون آنکه جنس وی درنظر گرفته شود فرصت وامکان تحصیل آن رشته را داشته‌باشد . چنانکه دوشیزه دلربای ایرانی را میشناسم که در کشور امریکا درهمین رشته مشغول تحصیل بود و با یک جوان ایرانی که در رشته روزنامه‌نگاری کار میکرد آشنا شده وچندی است باهم

ازدواج کرده‌اند و ان زن اینك تمام اوقات خودرا بامور خانه‌داری صرف میکنددرصورتیکه فیزیك‌دان قابلی هم هست.

بموجب مقررات قانون جدید کار مصوب سال ۱۳۳۸ تساوی کار وتساوی حقوق زن ومرد اصل مسلم گشته وازاین حیث تفاوتی بین زن ومرد منظور نگردیده است . تساوی بین زن ومرد برای اشتغال بخدمات دولتی نیز روزبروز بیشتر فراهم است چنانکه مثلادروزارت پست وتلگراف شغل فروش تمبر پست بعهده بانوان واگزار شده ومیگویند عده زنانی که درآن وزارتخانه بکار منشی گری وماشین‌نویسی مشغولند ازعده مستخدمین زن درادارات پست کشورامریکا زیادتر است .

مؤسسات و شرکت‌های خصوصی نیز برای امور ماشین‌نویسی ودفترداری خود بیش‌ازپیش ازوجود بانوان استفاده میکنند .

بدیهی است از نظر فرصت و مجال و توانائی بدنی زن ومرد دراصل تساوی نمیتوان مبالغه‌کرد . چنانکه مثلا درمیان ملل متمدن زنان را بکارهای سنگین ساختمانی نمیگمارند . ممکن است بعضی‌ها این ممنوعیت را بعدم تساوی تعبیر کنند ولی مردم فکور آنرا یك نوع اصلاح وتعدیلی می‌بینند که تمدن ودانش جدید دراصل تساوی لازم شناخته است . درقانون کار کشور ایران نیز همین نظراعمال شده ومحدودیت‌هائی مخصوص درشرائط کارزنان‌وکودکان مقرر داشته است .

مسائل یا اصطلاحاتی مانند «آزادی‌زنان» و «تساوی زن ومرد » باید درمحیط خانواده نیز بدقت مورد تفسیر واقع‌شود . برخی ازمردم مدعی هستندکه بانوان‌آمریکائی ازنظر شرائط ومناسبات بین زن وشوی ازتمام زنان دیگر

جهان آزادترند . ولی من با آنکه برای زنان آمریکائی احترام زیاد قائلم درچهره آنها نیز آثار وعلائم ناراحتی وتشویش خاطر بسیار دیده‌ام واین حقیقت را نمیتوان انکار کرد که در میان ملل بزرگ گیتی در آمریکا طلاق بیشتر ازهمه جا صورت میگیرد وبطور متوسط از هر سه فقره ازدواج یک فقره بطلاق منجر میشود . از آمریکا اطلاعات ومعلومات بسیار میتوان فراگرفت ولی شک دارم که درباره زناشوئی موفقیت‌آمیز نیز از آن کشور بتوان درسی آموخت . آنچه از آن «به تساوی» تعبیر میشود وقتی بدو موجود مانند زن وشوی اطلاق شود که ازحیث خلقت بایکدیگر متفاوتند معنی ومفهوم واقعی پیدا نمیکند . زیرا زن ومرد مکمل یکدیگرند ووقتی در اثر زناشوئی این کمال پدید آید بسیار دلپذیر وزیبا خواهد بود .

دراغلب کشورها شوهر عهده‌دار امور خانواده است وآنچه من به تجربه دریافته‌ام این است که درتمام گیتی ازباختر وخاور کسانیکه دراثر ازدواج خوشبخت شده‌اند دراین نکته بایکدیگر اتفاق عقیده دارند . درهرحال امید من این است که مردم ایران درامر ازدواج وتشکیل خانواده ووظیفه بانوان کورکورانه ازجهان باختر تقلید نکنند . میل من این است که جنبه‌های خوب زندگانی جهان متمدن را اقتباس کنیم ولی نه آن مسائلی که بنیان مستحکم زندگانی خانوادگی ایرانی را برهم ریزد ونه تا آن حدود که رشته‌های بهم بافته آنرا ازهم بگسلاند . برخی از زنان جاهل وگمراه ایرانی وخارجی تصور میکنند که منظور از آزادی توانائی آنها در اقناع هوا وهوس وتمنیات نفس خودپسند آنهاست . ولی حقیقت مسئله آن است که زنان هرحق تازه‌ای بدست آورند مسئولیت جدیدی برای آنها بوجود می‌آورد واگر

در هنگام دوشیزگی نمیتوانسته‌اند از تعهد آن مسئولیت سر باززنند در هنگام ازدواج بطریق اولی نمیتوانند از زیربار وظائفی که برای آنها بوجود میآید شانه خالی کنند .

دردوران گذشته مسئولیت زنان ایرانی که دراندرونها میزیستند بسیار ساده و محدود بود . زیـرا شوهران وخدمتگزاران متعدد وسایل آسایش را ازهرجهت فراهم میساختند وبار هرزحمتی را ازدوش وی برمیداشتند . ولی زن دانشمند امروز وظائف دشواری را دربرابر خویش مشاهده میکند : زیرا نخست باید برای شوهرخویش همسری باشد یعنی نه‌تنها وظیفه هم بستری را انجام دهد بلکه رفیق وشریك حیات معنوی وذوقی شوهر باشد . مسئولیت بزرگ دیگری که بعهده اوست تربیت فرزندان درسالهائی است که سرشت و طینت و اخلاق طفل باید بروز و ظهور نمایـد واوست که باید برای کودکان کانون عشق‌ومحبت وسرچشمه ذوق ومنبع فضیلت باشد واصول ومبادی اخلاقی راکه دردنیای کنونی طفل را بحوزه بزرگ اجتماع وارد میکند بآنها بیاموزد . ازاین‌ها گذشته زن ایرانی باید درتجدید حیات کشور خویش سهمی داشته باشد ودرامور خیریه وعام‌المنفعه خدمتی را تعهد نماید . واین خدمت را بدون کبر و نخوت یـا توجه بمقام و منزلت خویش درکمال گشاده‌روئی وطیب‌خاطر انجام دهد ومردم عادی‌ومخصوصاً آنان راکه دردهکده‌ها وروستاها زندگی میکنند مورد شفقت خویش قرار دهد .

من بآینده زنان بی‌نظیر ایران که بسیاری از آنها بعقیده متخصصین علم‌الجمال زیباترین زنان جهانند ایمان دارم . بنظر من زن ایرانی میتواند با نگاهداشتن جنبهٔ نسوانیت، خویشتن‌را بآن‌مقام‌برساند که درسربلندی‌وپیشرفت

جامعه مترقی ایران کنونی مصدر خدمات و مسئولیت‌هائی باشد که همه‌جا مایه سرافرازی و افتخار اوست .

فصل یازدهم
فرهنگ و آینده ایران

روایت است که هنگامیکه حضرت محمد صلی‌اله علیه و آله در مکه دعوت اسلام را آشکار فرمود گروهی از مردم مکه بمخالفت و ضدیت با آن حضرت برخاستند و بقصد جان رسول خدا گرداگرد خانه وی جمع شدند. حضرت ختمی مرتبت اراده فرمود که از مکه بمدینه هجرت کند و از آنجا خلق را بدین مبین اسلام دعوت فرماید. چون دشمنان خانه را محاصره کرده بودند و بیرون آمدن از خانه خطر بسیار داشت، شب هنگام یکی از صحابه آنحضرت را بر دوش گرفته و عبائی بر سر وی کشید و از خانه خارج شد. وقتی از میان دشمنان میگذشتند یکی از معاندین پیش آمده از حامل حضرت پرسید که بر دوش او چه کسی است. وی بی‌محابا پاسخ داد

محمد است . معاندین که این‌سخن صدق را شوخی پنداشتند بازرسی شخص روی پوشیده نپرداختند و رسول اکــرم بسلامت از میان آنان گذشته واز خطر مرگ نجات یافت .

من این روایت را از نظر حکمت بزرگی که درآن نهفته‌است درصدر این‌فصل قرارداده‌ام تا درمقامی که سخن از آموزش و پرورش خواهد رفت بمناسبت موقع بآن اشاره شود .

پیغمبر اسلام فرموده است که کسب علم ومعرفت تنها اندوختن علم ودانش نیست بلکه باید آنچه فراگرفته میشود بکاربرد وعلم را باعمل توأم ساخت وبدیگران فیض‌بخشی نمود واگرچنین‌نباشد مابین کسیکه علم اندوخته باچهارپائی که کتب فراوان برپشت خویش حمل میکند تفاوتی نیست . محققاً درجهان امروز احتیاجی به اثبات این نکته نیست که گاهی زیان دانشی که بطورناقص فراگرفته شود ازفوائد آن بیشتر است . چنانکه هیتلر علم ودانش را برای تشکیل اردوی زندانیان و دهلیزهای اعدام برای از میان بردن میلیونها نفوس بیگناه اززن ومرد وکودك بکاربرد . امروز این‌نکته مسلم‌است که تربیت ودانشی که اجتماع‌آنرا بپذیرد نه‌تنها باید اشخاص را باطلاعاتی آشنا کند بلکه باید اصول حق وحقیقت ورفتار صواب را بجامعه بشری تلقین نماید .

درایران قدیم شغل روحانیت برسربازی و جنگاوری مقدم بود و هرچند ملت ایران اصولا ملتی سلحشور بود ولــی مذهب زرتشت روح با صلابت سربازی را تعدیل میکردوبآن صفاوانعطاف می‌بخشید . تعلیم فنون رزم‌آوری ویژه سپاهیان‌بود وروحانیون زرتشتی گذشته ازتعهدمناسك مذهبی بتعلیم وتربیت جوانان نیز میپرداختند . پسران خردسال ایرانی سه اصل مهم گفتارنیك وپندارنیك وکردار

نیك را فرا گرفته سواری‌وتیر اندازی میآموختند ومهمترین درسی که بآنها داده میشد آن بودکه راستگوئی را اساس زندگی خویش قرار دهند وتوانائی تشخیص میان خیروشر پیدا کنند .

متأسفانه زرتشتیان قدیم تعلیم وتربیت را بطبقات ممتاز منحصر ساخته بودند ومؤبدان تنها به‌تربیت فرزندان شاهزادگان و رؤسای قبائل و افسران ارتش و مأمورین کشوری میپرداختند . مردم عادی از نعمت علم و دانش بی‌نصیب بودند ودرجه معلومات بازرگانان محدود و بقدر رفع احتیاج بود و علت آنهم این بود که ایرانیان قدیم بشغل بازرگانی بدیدهٔ حقارت نگریسته و بازار را مرکز فریب و دروغ میشناختند و سعی میکردند که در حوالی بازارها مکتب ومدرسه‌ای نباشد . ظاهراً زنان نیز ازهر طبقه‌ای بودند ازفرا گرفتن معلومات نصیبی نداشتند .

درآنزمان مؤبدان بزرگ وافسران‌عالیمقام ورؤسای ادارات علوم زمان را به نسل جوانتر ازخود تعلیم میدادند وتحصیلات عالیه ازآن فراتر نمیرفت ولی دراین موضوع موارد استثنا نیز وجود داشت چنانکه مثلاً نسطوریهای مسیحی که درمحل لبنان امروز دانشگاه ودانشکده پزشکی بزرگی تأسیس کرده بودند دراثر مخالفت و تعدی که ازامپراطوری روم شرقی بآنها میشد ناگزیرنخست به‌سوریه (شامات) مهاجرت‌کردند وسپس درسال ٤٨٩ میلادی به کشور ایران پناهنده شدند . خسرو انوشیروان شاهنشاه ایران مقدم دانشمندان آن قوم وکتب آنها راگرامی داشت وآن دانشمندان هم در شهر گندیشاپور (در خوزستان) دانشکده پزشکی تأسیس‌کردند که تا چندین قرن مشغول افاضه بود .

استقبالی که از این دانشگاه واستادان مسیحی آن درایران بعمل‌آمد دلیل بارز خصیصه مماشات ومدارای ما نسبت بفرق مذهبی گوناگون و بزرگداشت علم وهنراست . این خصال وخصائص دردوره شاهنشاهی خسرو انوشیروان بطرق دیگر نیز تجلی داشت ، چنانکه درسال ۵۴۱ میلادی آن‌شاهنشاه‌شورائی‌تشکیل‌داد تابرای‌بسط واشاعه‌علم‌پزشکی در سراسر کشور پهناور شاهنشاهی تبادل‌نظر کنند و ریاست این‌شورا را نیز به‌یکی‌ازپزشکان مشهورمسیحی‌بنام‌جبرائیل دستویه واگزار نمود وهمچنین تألیف ونشر کتب پزشکی را تشویق کرده ودانشکده گندیشاپور را وسعت داد ومترجمین را به برگرداندن رسالات وکتب افلاطون وارسطو وسایر دانشمندان مشهور یونانی وهندی بزبان پهلوی تحریض کرد . پس‌ازحمله اعراب بایران‌که بسال ۶۳۳ میلادی‌آغاز گردید روحانیون‌مسلمان‌امر تعلیم وفرهنگ‌وقضاوت‌وامور خاص روحانیت‌را بعهده گرفتند ودرسراسر کشور مکتب‌ها یا دبستانهای ابتدائی پسرانه تأسیس کردند (دوشیزگان‌طبق رسم معمول زمان همچنان از فراگرفتن علم ودانش‌بی‌نصیب بودند) . پسران‌درسن‌هشت‌سالگی معمولا ازمادروخواهران خود جدا میشدند وتحت تربیت مردان خانواده درمیآمدند ویا درخانواده‌های ثروتمند بدست لله‌ها ومربیان موظف سپرده میشدند .

هرپسری که خانواده‌اش از عهده پرداخت دست‌مزد معلم که بسیار ناچیز بود برمیآمد به‌مکتب سپرده میشد وقرائت قرآن مجید را فراگرفته ومتن آنرا بحافظه میسپرد ونوشتن‌وخواندن زبان‌فارسی ومقداری‌حساب یادمیگرفت. چون قرآن مجید بزبان عربی‌است اطفال از فهم ومعانی آن عاجز بودند ومکتب‌داران نیز غالباً بعلت فقر علمی از

توضیح و ترجمه و تفسیر مفاد آیات صرفنظر میکردند .
کودکان دبستانی چهار زانو روی زمین بدور معلم خود می‌نشستند و آیات قرآن کریم را که از معانی آن سر درنمیاوردند و گاهی خود معلم نیز از فهم معنی آن عاجز بود بایکدیگر باتکان دادن سر بصدای بلند قرائت میکردند. معلم مکتب برای حفظ انضباط ظاهری شاگردان تنبل را با چوب و فلك شدیداً تنبیه میکرد .
پس از اینکه کودک مکتب را تمام میکرد بمدرسه یا دبیرستان میرفت و بتحصیل علوم دینی و حقوق و طب میپرداخت و وقتی تحصیلات خود را در این مدرسه باتمام میرساند باخذ گواهینامه خاصی نائل میامد .
از یکصد و اندی سال پیش متدرجاً اصول و رویه کشورهای متمدن در دستگاه تعلیماتی ما نفوذ پیدا کرد . درسال ۱۸۳۶ میلادی جمعیت پرسبیتری امریکا دبیرستانی درشهر ارومیه (رضائیه امروز) تأسیس و چندی بعد در سایر نقاط ایران نیز دبیرستانهائی ایجاد کردند. همچنین دبستانهای انگلیسی و آلمانی و فرانسوی و روسی در سالهای بعد در ایران افتتاح گردید و هزاران نفر از پسران و دختران معلومات ابتدائی و متوسطه و مقدمات تحصیلات دانشگاهی را در آن دبیرستانها فرا گرفتند. مشهورترین این دبیرستانها دبیرستان البرز تهران است که بسیاری از رجال امروزی و بازرگانان درجه اول کشور از جمله فارغ‌التحصیلان این دبیرستان هستند و همه بشخصیت بارز دکتر ساموئل جردن مدیر امریکائی این دبیرستان که سالها آن سمت را عهده‌دار بوده اتفاق عقیده دارند . پس از تشکیل دبیرستان پسرانه البرز دبیرستان دیگری نیز باسم «سیج» برای دختران تأسیس گردید .
بسال ۱۲۶۸ یعنی پنج سال پس از جلوس ناصرالدین شاه

قاجار بسلطنت اولین دار الفنون دولتی ایران بهمت و مجاهدت شادروان میرزا تقیخان امیر کبیر صدر اعظم دانشمند و ترقیخواه آن پادشاه در تهران تأسیس یافت . این دبیرستان دولتی برای تعلیم و تربیت درباریان وافسران ارتش واطباء ومهندسین تأسیس یافته بود و درسالهای اولیه برای تدریس ازمعلمین اروپائی و مشاورین نظامی فرانسوی که برای اصلاح تشکیلات اداری و آرتشی بایران آمده بودند استفاده میشد و برنامه درسی آن مشتمل بود بررشته‌های زبان لاتین و فرانسه - ریاضیات - شیمی - داروسازی - طب - معدن‌شناسی - تعلیمات نظامی و اندکی بعد زبان فارسی و عربی و فقه اسلامی وحقوق نیز بآن افزوده شد . تاسال ۱۲۷۳ جمعاً ۱۶۰ تن دانشجو دراین دبیرستان مشغول تحصیل بودند وازبین آنها ۱۱۰ نفر باخذ گواهینامه رسمی توفیق یافتند .

راجع بمسافرتهای ناصرالدین شاه قبلا سخن رانده‌ام وشك نیست که آن سفرها موجب بیداری ایرانیان وتوجه آنان بلزوم تجدید رویه تعلیمات واقتباس اصول نوین گردید . ناصرالدین شاه عده‌ای ازجوانان ایرانی را برای کسب معلومات باروپا گسیل داشت واین جوانان ازسال ۱۲۷۵ که پس‌از فراغ از تحصیل به میهن خود بازگشتند با همکاری عده‌ای دیگر از دانشمندان ایران به تشکیل مجامعی برای تنظیم وتجدید برنامه دبستان‌ها ودانشکده‌ها پرداختند . درسال ۱۲۸۱ دانشکده علوم سیاسی درتهران تأسیس یافت وقانون مشروطیت درسال ۱۲۸۶ هجری‌قمری وظیفه دولت را درتعمیم معارف وتعلیم وتربیت مؤکدساخت ودرفاصله سالهای ۱۲۹۰ و ۱۲۹۱ مجلس شورای‌ملی لایحه تشکیل وزارت فرهنگ وتعلیم وتربیت عمومی را بتصویب رسانید .

بااینحال درسال ۱۳۰۰ یعنی کمی پس از کودتای پدرم درسراسر کشور بیش از ۴۴۰ باب دبستان ابتدائی دولتی با ۴۳۰۰۰ محصل و ۴۶ باب دبیرستان دولتی با ۹۳۰۰ دانش‌آموز ویک دانشکده با ۹۱ دانشجو مشغول اشاعه معارف نبود وپدرم که این عده محصل ودانشجو ومدرسه را با احتیاجات کشور متناسب نمیدید به بسط وتوسعه وتکثیر دبستانها ودبیرستانها همت گماشت ونتیجه مساعی او آن بود که درسال ۱۳۱۱ عده دبستانها ودبیرستانها به سه برابر عده سال ۱۳۰۱ ودرسال ۱۳۲۱ به شش برابر بالغ گردید وعده محصلین ودانشجویان نیز تقریباً بهمان نسبت افزایش یافت. درسال ۱۳۱۱ شمسی فقط سه مدرسه عالی درایران وجود داشت ولی درسال ۱۳۲۱ عده مدارس عالیه که عبارت از مدرسه کشاورزی ومهندسی ودانشکده افسری ودانشسرا (که اولین دانشسرای دخترانه هم جزو آن بود) ودانشگاه تهران بود چهار برابر گردید. تأسیس دانشکده افسری یکی از اقدامات مهم رضاشاه برای تربیت افسران بسبک نوین بود که فنون نظامی را با پرورش ملکات فاضله ومیهن‌پرستی حقیقی فراگیرند.

درمسئله بسط تعلیم وتربیت رضاشاه بساختن دبستان ودبیرستان وتربیت معلم واعزام دانشجویان بکشورهای خارج اکتفا نکرد بلکه فلسفه آموزش وپرورش ورویه تعلیماتی کشور را تغییر شگرف داد وتحولی عمیق ومعنوی در این سازمان بزرگ بوجود آورد.

بعقیده پدرم وظیفه نخستین آموزش وپرورش خلق وایجاد روح میهن‌پرستی در دل جوانان کشور بود وبدون وجود یک چنین روحیه نیرومندی آرمانهائی که برای تجدید حیات کشور داشت صورت وقوع پیدا نمیکرد.

بعقیده او اقتباس تمدن وفرهنگ نوین تنها به تغییرات ظاهری مانند احداث کارخانه وراه‌آهن وخیابان‌های اسفالت شده نیست بلکه باید درفرهنگ ومعنویات ملت ایران نیز تغییرات کلی بعمل آید وتوفیق دراین عمل بسته بدرجه عمق وبسط دامنه آن تغییرات اساسی است . ازهمین جهت درهمان ایام که بناهای کهن وتاریخی را حفظ ومرمت میکرد وبابهت وشکوه نخستین میرساند طرز فکر وعمل مردم را نیز عوض میکرد تاعظمت گذشته ایران با آینده روشن ودرخشانی که برای آن میخواست هم‌آهنگ گردد .

برای اجرای همین فکر پدرم برنامه‌هائی تعلیماتی راکه تاآنروز درایران سابقه نداشت بمقام اجرا گذاشت ودروس بهداشت وتعلیمات مدنی وخانه‌داری را درمدارس رواج داد . تشکیلات پیش‌آهنگی پسران ودختران را تشویق کرد ، وبوسیله رادیو وسایر وسائل مخابراتی جوانان وکودکان را بوظیفه‌ای که درخدمت بمیهن داشتند ومجاهدت دربهبود وضع زندگانی آشنا ساخت وبرنامه وسیعی برای آموزش سالخوردان تنظیم فرمود .

ازسال ۱۳۲۰ شمسی که دوران سلطنت من آغاز گردید من نیز همان اصول کلی راکه پدرم درامرتعلیم وتربیت اتخاذ کرده بود مورد توجه وتعقیب قرار داده‌ام .

درسال ۱۳۲۲ شمسی مجلس شورای ملی قانون تعلیمات اجباری رایگان را برای کلیه کودکان کشور تصویب نمود .

هرچند این قانون تاحدی برای کشور زود بود وهنوزعده آموزشگاهها وآموزگاران ما بآن حد نرسیده بود که بتوان قانون را درسراسر کشور بموقع اجرا گذاشت ولی هدف آینده تعلیم وتربیت را برای ما مشخص میکرد ووصول بآنرا برای ما الزام‌آور میساخت .

دستگاه آموزشی کشور ازهمان ایام روی بتوسعه نهاده است چنانکه هزینه فرهنگ بیك پنجم بودجه سالیانه کشور بالغ گردیده واین مبلغ بنظر من بامقایسه باآنچه در ممالك راقیه برای فرهنگ خرج میشود بسیار قابل توجه است .

درسال ۱۳۳۸ عده دبستانهای دولتی از ۸۰۰۰ باب تجاوز میکرد یعنی نسبت بسال ۱۳۰۰ هیجده برابر شده بود وعده دبیرستان دولتی به ۱۱۰۰ باب رسیده بودکه بیست‌وسه برابرسال ۱۳۰۰ شمسی‌است واگراین پیشرفت‌ها راکه درظرف مدتی کمتر ازچهل‌سال بعمل‌آمده ازاقدامات بسیار مهم بشمار آوریم حمل برمبالغه نخواهد شد . عده محصلین ایرانی نیزکه دردبستانها مشغول تحصیل بوده‌اند ازیك میلیون تجاوزکرده وعده دانش‌آموزان دبیرستانها وآموزشگاههای کشاورزی ومدارس‌هنرهای‌زیبا وموسیقی وعلوی اداری به ۲۲۵۰۰ نفر بالغ شده وعده آموزگاران ودبیران به ٤۵۰۰۰ نفر رسیده است که یك سوم آنها زن بوده‌اند .

درقسمت تحصیلات عالیه علاوه‌بر ۱۱۰۰۰ نفردانشجو که دردانشگاه تهران بتحصیل اشتغال دارند چندین هزار نفر جوان ازدختر وپسر دردانشگاههای نوبنیاد شهرستانها بکسب معلومات میپردازند وچند صد نفرهم دردانشگاه جنگ مشغول فراگرفتن معلومات نظامی هستند . دانشگاه تهران مرکب ازدانشکده‌های علوم طبیعی وریاضیات ومهندسی وپزشکی ودندانپزشکی وداروسازی وکشاورزی و دامپزشکی و حقوق و علوم سیاسی و اقتصادی و ادبیات وهنرهای زیبا وعلوم وفقه اسلامی است . دردانشگاههای استانها ، دانشگاه تبریز وشیراز ومشهد واصفهان واهواز

باوجود آنکه هنوز رشته‌های تدریسی آنها نسبت به دانشگاه تهران محدود است (چنانکه مثلا دانشگاه شیراز مرکب از دانشکده‌های ادبیات و کشاورزی و پزشکی و علوم است) ولی بسرعت درحال تکاملند و با روحیه‌ای که ویژه پیشقدمان خدمات فرهنگی است دستگاه آموزشی خود را توسعه می‌بخشند.

در سال ۱۳۳۳ در دانشگاه تهران مؤسسه علوم اداری و بازرگانی بکمک آمریکائیها تأسیس یافت که قسمت‌های ویژه اداره امور عمومی و تربیت کارمندان در آن تدریس میشود و این رشته‌ها برای کشوری مانند ایران که تازه در راه ترقی و پیشرفت قدم نهاده حائز اهمیت فراوان است. مؤسسات و مراکز دیگری نیز مانند مرکز مطالعات خاورمیانه و باستانشناسی و بررسی و آزمایشهای روانشناسی و مؤسسه مطالعات اجتماعی و دفع مالاریا و بررسی اتمی در دانشگاه تهران دایر و مشغول کارند.

در خارج از حوزه دانشگاه نیز مراکز تحصیلات عالیه دیگری تأسیس شده است مانند مؤسسه فنی و حرفه‌ای تهران که برنامه چهار ساله دارد و بدانشجویان خود درجه فوق لیسانس میدهد و مؤسسه آبادان که توسط شرکت ملی نفت ایران اداره میشود و بتدریس مواد مختلف در رشته مهندسی اشتغال دارد. آموزشگاه خدمات اجتماعی تهران دانشجویان را برای اداره امور عام‌المنفعه تربیت میکند و آموزشگاه وزارت بهداری فن پرستاری را به زنان جوان می‌آموزد و آنها را باصول نوع پروری و خدمت بخلق آشنا میسازد.

گذشته از مؤسسات تعلیم و تربیتی فوق، برنامه‌های وسیعی نیز برای باسواد کردن افراد نظامی و ژاندارمری و آشنا ساختن آنها بحرفه‌های صنعتی بمورد اجرا گذاشته

شده است . درفصل هشتم ونهم درباره فعالیتهای تعلیماتی که بوسیلهٔ مؤسسات خیریه و بانک عمران وابسته بدستگاه سلطنت بعمل می‌آید وبرنامه وسیع عمرانی که دولت مشغول اجرای آنست سخن رفته است . علاوه براین اقدامات دولت برنامه وسیع وجامعی نیز برای باسوادکردن مردم وتعلیم وتربیت عمومی درسراسر کشور بموقع اجرا گذاشته است .

درکلاسهای آموزشی دهکده‌ها وشهرستانها ومراکز استان دهها هزار نفر از مردم که بیشتر کسانی هستند که ازنعمت تعلیم وتربیت برخوردار نبوده‌اند بتحصیل اشتغال دارند .

اما سواد یعنی توانائی خواندن ونوشتن مانند آلات وابزار است و اگر براه ناصواب بکار افتد زیانش ازسودآن بیشتر است وازهمین جهت نظر ما درتعمیم سواد وسعت یافته وبرنامه تحصیلات اساسی وبدوی را طوری مرتب ساخته‌ایم که سواد عامل بهبود وضع زندگانی افراد باشد واستعداد سزاوار تحسینی که درمردم کشور ما موجود است برای انجام این منظور بحدکمال مورد استفاده قرار گیرد .

وزارت فرهنگ عده کثیری آموزگار که اغلب آنها زن وشوی هستند برای اجرای تعلیمات اساسی دردهات وقصبات تربیت کرده وآماده خدمت نموده است تا دردبستانهائی که دردهکده‌ها موجوداست عصرها بتعلیم وتدریس بپردازند این افراد غالباً ازنظر علاقه وشوقی که باین خدمت پرارزش دارند منزل خودرا مرکز امور اجتماعی دهکده‌ها قرار میدهند . این آموزگاران به روستائیان خواندن ونوشتن و حساب می‌آموزند ولی درس آنها طوری است که همیشه باکارهای روزانه مردم روستا وحوائج آنها ارتباط مستقیم دارد . برای روشن ساختن این مطلب عنوان چند کتاب را که وزارت فرهنگ باهمکاری مؤسسات دیگر برای تدریس

دراین کلاسها تهیه کرده است نقل میکنم : عنوان کتاب اصلی «ماخواندن ونوشتن‌رایاد میگیریم» است . وکتابهای دیگر خانه وبهداشت - مرغداری ودام‌پروری - بهداشت عمومی قصبه - درخت‌جنگل - ما باهم کارمیکنیم - عنوان دارند . دروس عملی نیز باقرائت توأم است ومثلا روستائی نه‌تنها طریق مواظبت ونگاهداری درخت پسته را در کتاب میخواند بلکه عملا نیزطرز پیرایش وقطع شاخه‌های زیادی درخت و دفع‌آفت آنرا تعلیم میگیرد ویا دراثر فراگرفتن دروسی‌چند راجع به‌پرورش ونگهداری‌زنبورعسل میتواند درحفظ کندو شیوه بهتری‌را بکار ببرد . همچنین همسر مرد روستائی نه‌تنها درباره طرز نان پختن ومیوه خشك کردن وجلوگیری ازچشم درد فرزند خود مطالبی در کتاب میخواند بلکه عملا نیز رموز آنرا میآموزد وشك نیست که اینگونه تعلیم وتربیت دربهبود اوضاع زندگانی مردم روستا اثرات بسیار سودمندی خواهد داشت .

بااشاعه سریع رشته‌های متنوع علوم مادی درکشور توسعه وترویج علوم دینی نیز ازنظر دور نمانده است چنانکه درحال حاضر ۲۰۰ باب مدرسه علوم دینی وحوزه علمی اسلامی درکشور ایران دایراست که قسمتی از هزینه آن‌را دولت‌تأمین‌میکند ولی اداره اموردا‌خلی این حوزه‌ها وتدریس‌طلاب ازهرحیث دراختیار روحانیون است وغالب شاگردان‌آنها برای اجرای وظائف روحانی تربیت میشوند. بزرگترین وبهترین این مؤسسات حوزه علمیه مشهور شهر قم است که ازاماکن متبرکه بشمار است ودیرزمانی است که مرکزکسب فضائل معنوی وعلوم دینی بوده وهنوز کیفیت معنوی خویش وبرکناری ازجهان مادی‌را نگاهداشته‌است.

گذشته‌ازمؤسسات تعلیماتی‌وآموزشی دولتی‌ومدارس

روحانی‌روزبروز برتعداد دبستانها ودبیرستانهای خصوصی که بااجازه وزارت فرهنگ گشایش میابد افزوده میشود .
یکی‌ازاین مؤسسات آموزشگاه پرستاری وابسته به مرکز پزشکی‌شیرازاست که درآن دوشیزگان‌جوان فن‌پرستاری‌را مطابق‌اصول‌نوین میاموزند. همچنین‌عده زیادی‌کودکستان و دبستان ابتدائی و آموزشگاههای بازرگانی و زبان‌های خارجی وموسیقی‌وغیره بوسیله افراد تأسیس گشته ودربسط فرهنگ بقدر خود خدمتی انجام میدهند .
درسال ۱۳۱۹ پدرم‌بمنظورجلوگیری‌ازنفوذبیگانگان درکشور مقرر داشت که تمام آموزشگاههای خارجی که محصلین ایرانی درآن مشغول تحصیل بودند بوسیله دولت اداره شود . اما درجنگ دوم جهانی این ترتیب کم وبیش برهم خورد وآموزشگاههای خارجی مجدداً افتتاح یافت . ازجمله این‌آموزشگاهها که شهرت بسزائی دارد آموزشگاه امریکائی تهران است که بدست هیئت مبلغین پرسبیتزی امریکائی اداره میشود وهمه ساله درحدود ۱۲۰۰تن‌محصل که قسمت عمده‌آنها ایرانی‌هستند درشعب ابتدائی ومتوسطه آن‌بتحصیل اشتغال دارند . پایه تدریس‌این‌آموزشگاه بسیار عالی‌است و بسیاری از محصلین را برای ورود بدانشکده‌ها ودانشگاههای امریکاآماده میسازد. ارامنه وکلیمیها وسایر اقلیتهای مذهبی ایران نیز همه دارای آموزشگاههای اختصاصی هستندکه رویهم‌رفته بنحو رضایت‌بخشی اداره میشوند .
در سالهای اخیر هموطنان من از پیر وجوان علاقهٔ وافری بآموختن زبان انگلیسی پیداکرده‌اند وعلت‌آن نیز آنست که امروزه بیشتر ملل بزرگ جهان بزبان انگلیسی تکلم میکنند و بسیاری از آثار ادبی وعلمی مهم بآن‌زبان

نگارش یافته‌است. ولی بنظر من این علاقه علت اساسی دیگری هم دارد و آن این است که مردم بتدریج دریافته‌اند که انگلیسی جنبه زبان بین‌المللی پیدا کرده است. چنانکه بسیاری از کتابهای تبلیغاتی روسها نیز بزبان انگلیسی چاپ و منتشر میشود. باوصف آن ایرانیان که اساساً در فراگرفتن زبان استعداد بسیار دارند بزبان فرانسه نیز علاقه مخصوص نشان میدهند و عدهٔ زیادی یا درمؤسسه ایران و فرانسه درتهران که زبان فرانسه را بشیوهٔ بسیار صحیحی بمعلمین میاموزند و یا در دبیرستانها و دانشکده‌ها بتحصیل این زبان مشغولند. درمورد زبان انگلیسی باید گفت که هر قدر مؤسسات آموزشی زیادتر میشود باز برای رفع تقاضائی که برای این زبان هست کفایت نمیکند امروز در تمام دبیرستانهای دولتی ایران زبان انگلیسی تدریس میشود و دانشگاههای ایران برنامه‌های وسیع و مفصلی برای زبان و ادبیات انگلیسی دارند. کلاسهای انگلیسی تحت سرپرستی هیئت پرسبیتری امریکائی چندین صد محصل دارد و کلاسهای انجمن ایران و انگلیس در تهران و شهرستانهای تبریز و مشهد و اصفهان بتعلیم صدها دانشجو و مخصوصاً اشخاصی که خود را برای معلمی زبان در مدارس آماده میکنند میپردازند. همچنین در کلاسهای انجمن ایران و امریکا هزاران نفر دانشجو در تهران و مشهد و کرمانشاه و اصفهان و شیراز با یک برنامه متحدالشکل مشغول فراگرفتن زبان انگلیسی هستند. در شهر آبادان و مناطق نفت‌خیز نیز تحصیل بزبان انگلیسی بین جوانان بسیار متداول است.

تدریس انگلیسی بوسیله رادیو و تلویزیون معمول است و در تهران و ولایات عده زیادی آموزشگاههای خصوصی زبان انگلیسی نیز تأسیس گردیده و در مرکز و شهرستانهای

کوچك و بزرگ ایران مقدار زیادی کتب درسی و مطبوعات انگلیسی بفروش میرسد و همیشه مشتری زیاد دارد .

با آنچه ذکر شد ظاهر است که کشور ایران در این سالهای اخیر در امر آموزش و پرورش به پیشرفت‌های قابل‌توجهی نائل گردیده است ولی هیچکس بهتر از من نمیداند که در مسئله فرهنگ راهی که در پیش ماست چقدر دراز و مسافتی که باید برای رسیدن بهدف عالی طی شود چقدر دوراست . هنوز میلیونها از مردم کشور من مخصوصاً بزرگسالان و جوانان دهکده‌ها و روستاها از نعمت سواد محرومند و مبارزه با بیسوادی که در پیش داریم و حتماً باید بر آن فائق آئیم مبارزه‌ای است که نیازمند کوشش و مجاهدت شدید و مستمر ماست .

امیدوارم هر سال در حدود ۱۲ درصد بر مجموع محصلین دبستانها و دبیرستانها افزوده شود و این محاسبه بر اساس افزایش سالیانه جمعیت کل کشور است که سالیانه تقریباً سه و نیم درصد بآن افزوده میشود هر چند هزینه تعلیم این افزایش سالیانه بسیار هنگفت است ولی هر سرمایه‌ای که در این راه بکار انداخته شود و هر هزینه‌ای که پیدا کند برای آیندهٔ ایران بسیار گرانبها و سودمند خواهد بود .

اما تنها افزایش وسائل تعلیم و تربیت برای وصول بهدفی که در پیش ماست کافی نیست و در عین اینکه باید بر عده آموزشگاهها و آموزگاران و دانش‌آموزان بیفزائیم باید در معنی و مفهوم حقیقی تعلیم و تربیت امعان نظر مخصوص کرد و همین نکته مرا بروایتی که در آغاز این فصل ذکر کرده‌ام متوجه میکند و میخواهم در این مورد حقایقی را صریح و بی‌پرده اظهار کنم .

مسافران خارجی که در سالهای اخیر و حتی در گذشته

بایران آمده‌اند باین نکته متوجه شده‌اند که پاره‌ای از مردم کشور ما بدروغ گفتن خو گرفته‌اند. باید فهمید علت اینکه این اشخاص هر وقت صلاح شخصی اقتضا کند بدروغ متوسل میشوند چیست؟

با آنکه اکثریت بزرگ مردم کشور من مسلمانند بعضی از آنها از خاطر برده‌اند که در قرآن کریم دروغ یکی از گناهان کبیره بشمار آمده است.

مالکی که بمستأجر و تاجری که بمشتری و آنها که بمأمور وصول مالیات یا بازپرس گمرک دروغ میگویند برای این کار عذری در آن کتاب آسمانی نمیتوانند یافت و برعکس آیات متعدد درمذمت کذب پیش چشم آنها خواهد آمد و سوره‌ای خواهند یافت که در آن کم‌فروشان و آنانکه درهنگام خرید و فروش اجناس را سبک‌تر از میزان حقیقی وزن میکنند بغضب الهی انداز یافته‌اند. پیش از ظهور دین مبین اسلام نیز در ایران باین دستورها عمل میشده است چنانکه داریوش گفت « راست بگو و از دروغ بپرهیز » وهمچنین در سایر کتب مقدس یعنی انجیل و تورات و احکام حضرت موسی و عیسی که اسلام آنها را از پیغمبران اوالعزم میشناسد در ذم دروغ و تشویق مردم براستگوئی شواهد فراوان میتوان یافت.

برخی از دروغگویان کوشش میکنند که برای این عادت ناپسندیده و بسیار زشت علل تاریخی پیدا کنند. مثلاً میگویند در دوره هجوم قوم تاتار و مغول برای حفظ جان راهی جز دروغ گفتن نبود و این رویه زشت بتدریج عادت گردید. اما آن وقایع تاریخی که توسل بدروغ را ناگزیر میساخت با عصر امروز قابل انطباق نیست و برای دروغگویان عصر کنونی دلیلی بسیار ضعیف و سخیف

است. گروهی دیگر از مردم سعی دارند برای دروغگوئی از طرز فکر ملل غرب محملی بتراشند و «دروغ سفید» را از دروغ موذی جدا کنند. جای افسوس است که سعدی شیرازی که از شعرای مشهور و محبوب ماست در کتاب گلستان نیز برای این نوع دروغ سفید عذری یافته و گفته است «دروغ مصلحت‌آمیز به از راست فتنه‌انگیز است».

در نظر من این عبارت سعدی با اصول اخلاقی و روش زندگانی صحیح سازگار نیست زیرا دروغگوئی نه تنها بر خلاف صریح مذهب ماست بلکه عملی است که بحساب زندگی نیز بی‌ثمر و بی‌نتیجه است. دروغ اخلاقاً مذموم و عرفاً احمقانه است زیرا برای پوشیدن هر دروغ دروغهای دیگر لزوم پیدا میکند و این اکاذیب مانند زنجیرهائی دست و پای آدمی را می‌بندد و مستأصل میسازد.

از طرف دیگر راستی چنانکه یکی از صحابه پیغمبر اکرم نشان داد و در آغاز این فصل بآن اشاره رفت موجب نجات آدمی و شکست دشمنان است. صدق مایه آسایش وجدان و فراغت از گزند نوائب است و برای ملل و اقوام موجب پیشرفت و ترقی است زیرا اساس حیات اجتماعی را بر اعتماد و اطمینان افراد نسبت بیکدیگر قرار میدهد.

خانواده‌های ایرانی خصائص و صفات بسیار ممتاز دارند و مسافران خارجی همیشه به پیوستگی بسیار مستحکم خانواده‌ها که نه تنها شامل افراد درجه اول از مادر و پدر و فرزندان میشود بلکه سایر افراد مانند عمو و دائی و خاله و داماد و اقارب دیگر را شامل است اشاره کرده‌اند. زندگی خانوادگی در کشور ما بیشتر در خانه بین خویشاوندان و اقوام و اقارب میگذرد و با همه لطف و صمیمیتی که در میان آنها حکمفرماست باید گفت که نسبت بکودکان توجه و عنایتی

شایسته نمیشود . گاهی پدران دختران خودرا بیشترمورد نوازش قرار میدهند و زمانی مادران به پسران خویش بیشتر توجه وعطوفت نشان میدهند ودرعین‌حال آن‌ارتباط معنوی که باید برای حسن تربیت‌کودکان بین پدر ومادر وفرزندان موجود باشد دیده نمیشود .

دربسیاری‌ازخانواده‌ها حس‌مسئولیت‌فردی‌واجتماعی را درنهاد اطفال نمیپرورانند وذهن خردسالان را آماده نمیکنند که برای آینده خود برنامه داشته باشند وهوش و استعداد مغزی و بدنـــی خویش را بکار اندازند وکار مخصوصی را برای اشتغال خاطر دنبال‌کنند و از طبیعت و آثار بدیع‌آن آگاه شوند و خود به مشاهده و آزمایش بپردازند . ازنظرآنکه بین والدین وفرزندان اعتماد متقابل موجودنیست‌بحکم غریزه درذهن‌آنها واهمه بی‌پناهی‌ایجاد میشود ووضع خودرا نامطمئن‌تصورکرده طبعاً نسبت‌بوضع دیگران و سایر افراد خانواده بی‌اعتنا و لاقید میشوند . هرگاه‌کودکی اتفاقاً چیزی را بشکنند ممکن است بجای آنکه مسئولیت آنرا برعهده بگیرد بدروغ متوسل بشود وعجب آنکه روستازادگان که خویشتن را درکار کشت وزرع وسایر امورکشاورزی با بزرگان شریك می‌دانند بطور طبیعی از کودکانی که وضع اجتماعی و اقتصادی خانواده‌آنها بهتر ومرفه‌تر است در ابراز سجیه راستگوئی پیشترند .

از نظر عشق و علاقه‌ای‌که به ترقی و سربلندی ملت ایـــران دارم حق اینست که درباره تربیت نسل جوان و نیازمندیهای آنان بی‌پرده و صریح بذکر نکاتی چند بپردازم .

در کشور ما والدین مخصوصاً در پرورش و تربیت

فرزندان خود مسئولیت برعهده دارند ، کودکان ایرانی باید احساس کنند که عشق مادر در زندگانی پشتیبان اوست وآغوش پرمحبت وی همواره ملجاء حفظ وپناهگاه اوست دردنیای کوچکی که ویژه اوست مادر وچندتن دیگر برای او وآسایش او دامن همت بکمر زده وهروقت اراده کند میتواند در شدائد و دشواریهای حیات بمادر پناه آورد وهیچوقت خودرا از مهروعطوفت وی دور نخواهد یافت .

اگر ازسوء تصادف مادر کودکی فوت کند باید دیگری غذای روح کودك راکه چیزی جزعشق ومحبت نیست فراهم سازد وبهمین دلیل اساسی وجود پرورشگاهها ویتیم‌خانه‌ها در نظر من حائز اهمیت بسیار است چنانکه در فصل هشتم ذکرتوسعه وازدیاد وتکمیل آنها را ازواجبات شناخته‌ام .

اما عشق سرشار مادری برای پرورش حس مسئولیت ووظیفه شناسی کودك کافی نیست بلکه هر کودکی نیازمند آنست که درزندگانی کودکانه خودبه‌قواعدواصول‌انضباطی معقول ومنصفانه‌ای نیزمطیع باشد . مادر باید ازهمان اوایل کودکی فرزند خویش را براستگوئی وقبول مسئولیت درکارهائی که میکند عادت‌دهد وازمتوجه ساختن مسئولیت بدیگران و ادای جمله «تقصیر من نیست» که‌بین کودکان معمول است‌وبدون‌تردید ازبزرگان یادگرفته‌اندپرهیزدهد.

کودك باید ازهمان اوان طفولیت جرئت آنرا داشته باشدکه ازمواجهه بانتایج کردار وغفلت وسهل‌انگاری‌های خویش فرارنکند، زیرا درهمین اوائل‌دوران طفولیت است که مادران باید بذر انسانیت ووظیفه شناسی را درمزرعه پراستعداد ذهن صافی کودك بکارند واگرمادران این‌وظیفه مهم را ازنظر دوربدارندکودکان بی‌قید ولاابالی بارمیآیند ومانع پیشرفت وترقی کشور میگردند .

مادر باید برنامه روشن وقطعی برای فرزند خویش تنظیم کند واورا ببازیهای مفید وسرگرمیهائی که نیروی خلق وابداع را تقویت میکند مشغول بدارد .

من بفراهم ساختن اسباب بازی اطفال اهمیت بسیار میدهم ومیدانم که کودکان ما دراثر نداشتن بازیچه‌های خوب نتوانسته‌اند دست وپنجه ومغز خویش را نموو‌پرورش بدهند. امیدوارم درآینده نزدیك هزاران‌هزار اسباب‌بازی ساده وارزان مطابق نمونه‌هائیکه درآمریکا واروپا دیده‌ام درکشورما تهیه شود . برای من مایه مسرت است که می‌بینم در این اواخر درکار ساختن اسباب بازی رونقی بوجود آمده است .

هنگامیکه پسرها دوران‌کودکی خودرا طی میکنند باید برای آنها بازیچه‌هائیکه مربوط بساختمان مکانیکی است تهیه نمود تا باآنها سرگرم شوند وباین‌کارها آشنائی پیداکنند . چنانکه خود من لذت بخش‌ترین ساعات این دوره ازحیات رابازی باهمین‌آلات واسباب مکانیکی یافتم .

کمترین فایده این قبیل بازیچه‌ها درتربیت وپرورش فرزندان ماآنستکه درذهن‌کودك فکر غلط وموذی قدیمی که‌کار دستی عیب است برطرف میشود وآنرا ننگ وعار نخواهد شناخت . ما باید شیوه پسندیده ملل مترقی راکه دست‌هائی‌که دراثرکار دستی چرکین شده محترم میشناسند فرابگیریم .

امروز یکنفر دانشمند درآزمایشگاه خودکار مغزی راباکار دستی توأم انجام میدهد واین نمودار فعالیت مردم درعصرکنونی است ومردم‌کشور ما باید ازهمین سرمشق پیروی کنند .

درکشورایران مانند سایرنقاط‌گیتی دختران خردسال

بحکم غریزه عروسك‌بازی و اشتغال بوظایف مادری رادوست میدارند و بدون تردید این میل فطری ارزش تربیتی بسیار دارد و باید وسایل آنرا برای آنها فراهم کرد. بهمین‌ترتیب باید علاقه‌کودکان‌را بکشف رازهای طبیعت پرورش داد. مثلا بایدازباغهای مشهورایران برای‌تعلیمات عملی‌فرزندان خود درگیاه‌شناسی‌وباغبانی‌استفاده کنیم‌وآنهارابنگاهداری ومواظبت پرندگان وماهیها و چارپایان وادار سازیم.

کودکی که به‌نوازش وتوجه حیوانات عادت‌کند طبعاً سجیه مهرورزی بهمنوع نیز در وی تقویت میشود وخوی خیرخواهی و دستگیری از افتادگان در وی نیـرومند میگردد.

در دستگاههای تربیتی ما باید نسبت به‌پرورش ذوق وسلیقه افراد توجه مخصوص بعمل آید. مثلا درکشورماکه آثار باستانی و تاریخی ومعادن متنوع وجود دارد باید همهٔ خردسالان‌را ترغیب وتشویق‌کنیم‌که نمونه‌هائی ازاین‌منابع راجمع‌آوری‌کنندوآنهارا بخوبی بشناسند. فرزندان‌ما باید از اوان‌کودکی بورزش مخصوصاً ورزشهای دسته جمعی آشنا شوند تا روح همکاری وتعاون درآنها تقویت‌گردد وضمناً بآنها خاطرنشان سازیم‌که درکار ورزش بردوباخت قابل اهمیت نیست و آنچه سزاوار توجه است آنست‌که درمقابله با موانع و شدائد نیرومندی داشته باشند و حس معاونت ومشارکت درآنها بحدکمال رشد ونمو نماید.

امروز درایران برای خردسالانی‌که هنوز بسن‌رفتن بدبستان نرسیده‌اند صدها کودکستان دولتی و خصوصی تأسیس شده است‌که امر آموزش نوباوگان‌را بعهده دارند. اما این‌کودکستانها باتمام فوائدی‌که دارند هرگزنمیتوانند برای‌کودك جای‌خانه‌رابگیرندوآنچه خردسالان‌ماازتربیت

صحیح نقص دارند جبران کنند و تا امر تربیت درخانه وخانواده اصلاح نشود نقص اخلاقی وتربیتی کودکان بطور کامل برطرف نخواهد شد .

اینك باید بمسئله تعلیمات ابتدائی ومتوسطه پرداخت. تردید نیست که باید در رویه فعلی آموزش وپرورش دوره ابتدائی و وضع زندگی دانش‌آموزان خردسال تغییرات وتحولاتی عمیق بوجود آید .

بسیاری از آموزگاران دبستانهای ما خود از تعلیم وتربیت صحیح محروم بوده‌اند وحتی‌درانجام دادن وظایف آموزگاری اطلاعاتشان بسیار ناقص و محدود است و از همین‌جهت موفقیت آنها درتعهد وظایف ویژه آموزگاران بسیار مشکوك خواهد بود .

در دبستانهای ابتدائی ما اطفال طوطی‌وار مطالبی‌را بحافظه میسپارند وبآنها فرصت داده‌نمیشودکه هوش‌خودرا بکاربرند و به نیروی ذوق خویش مطالبی درك کنند ویااز معنی مسئولیت آگاه‌گردند و درسخن‌گفتن راستگوئی را پیشه خویش سازند . آموزگاران ما اغلب مردمی با ایمان و فداکار هستند ولی چون وسایل‌کافی ندارند وکتابهای آموزشی‌صحیح دردست‌رس‌آنها نیست نمیتوانندکاری مهم از پیش‌ببرند . ازطرف دیگرحقوق آنها بسیار مختصراست واغلب‌گرفتار دردسر بیخانمانی و دشواریهای ناشی ازآن هستند .

برای‌رفع‌این‌دشواریها درسال۱۳۳۷اداره‌امورتعلیمات ابتدائی دروزارت فرهنگ تأسیس‌گردید تا بمشکلات‌کار آموزگاران رسیدگی‌کند. اداره‌دیگری بنام امورخانه‌داری که تمام‌کارمندان آنرا بانوان تشکیل میدهند تأسیس یافت تا برنامه تعلیمات اساسی مربوط به‌خانه وخانواده را درتمام

آموزشگاههای دولتی دخترانه اعم از ابتدائی و متوسطه تهیه نماید . همچنین برای آشناساختن دانش‌آموزان بامور کشاورزی و گیاه‌شناسی درآموزشگاههای‌ابتدائی ومتوسطه دروس گیاه‌شناسی و کشاورزی جزو برنامه قرارگرفت . اقدام مهم دیگری که برای تقویت برنامه‌های تعلیماتی برداشته شده ایجاد اداره آمار فرهنگی است که با کمك یونسکو تأسیس یافته است وقبل از تشکیل این اداره آمار صحیح وروشنی‌ازجریان‌امورتعلیماتی‌وآموزشی‌موجودنبود واین‌نقیصه درامورآموزش وپرورش کشور سوء اثرداشت .

بطورکلی‌توجه‌بمسئلهٔ آماریکی‌ازهدفهای‌اساسی‌دولت است زیرا درعصر امروزمسلم شده است‌که یکی‌از مهمترین موجبات عدم موفقیت‌کشورهائیکه درحال پیشرفت هستند عدم توجه به‌تهیه وتنظیم طرحها ونبودن آمار دقیق است‌که برنامه‌های اصلاحی‌را مبهم و غیر قطعی میسازد و تأمین نیازمندیهای اجتماعی‌را مانع میگردد .

دشواری اساسی دیگرکه در برابرکشورهاست‌کمبود آموزگاران شایسته و باصلاحیت است . چنانکه اگر برای تعمیم تعلیمات اجباری هزارها دبستان ابتدائی تأسیس‌کنیم ناگزیر گذشته ازآنکه باید دانش‌سراهای موجود را توسعه دهیم صدها دانشسرای بزرگ دیگر نیز باید ایجاد نمائیم تا بتوانیم آموزگاران مورد نیاز را تأمین وآماده سازیم .

درسال ۱۳۳۸ عده دانشسراهای کشور پنجاه باب بود که بیست وهفت باب‌آن دانشسرای معمولی و دوازده باب کشاورزی و سه‌باب تربیت‌بدنی وهشت باب عشایری بود . دانشسراهای عشایری ویژه تربیت آموزگاران سیار است که در دبستانهای سیار با عشایر در حرکت ونقل وانتقال بودند و در هنگام توقف زیرچادر کلاس درس تشکیل

میدادند . ازمیان بیست وهفت باب دانشسرای معمولی شش باب آن بدختران اختصاص داشت و علت کمی تعداد آن ازنظر عدم تمایلی بودکه دختران بتحصیل در دانش‌سراها ابراز میداشتند .

اما درسنوات اخیر که‌آموزشگاههای حرفه‌ای تأسیس یافته است معلوم گشته است که این مؤسسات مورد علاقهٔ فراوان دختران واقع شده واگر فرصت مناسبی فراهم آید عده زیادی از دختران مـا از تعلیمات حرفه‌ای استقبال خواهندکرد .

نظر من اینست‌که هرچه زودتر عده دانش‌آموزان دختر در مدارس ابتدائی با تعداد دانش‌آموزان پسر برابر گردد و از همین جهت بایـد عده زیادتری از بانوان را بحرفه آموزگاری راغب و شائق سازیم . البته درکشور ما وجود معلمین‌زن برای تدریس‌وتعلیم دختران الزامی‌نیست وحتی در اغلب از دبستانهای ابتدائی و دانشگاه‌ها کلاسها مختلط است ودروس بوسیله‌آموزگاران واساتید زن یا مرد بدون تفاوت وامتیاز جنسی وصرفاً از نظرتخصص هریك از آموزگاران ومعلمان تدریس میشود ولی چون درقسمت متوسطه کلاسهای مختلط چندان معمول نیست برای مدارس دختران نیازمندی ما بمعلمان روزافزون است . طبق‌آماری که دردست است درحال حاضر یك چهارم دبستانهای دولتی بطور مختلط اداره میشود ولی با ازدیاد دائم عده دختران دبستان باید عده‌کثیری معلم زن آماده خدمت نمود و از همین‌جهت بعقیده من باید عده دانش‌سراهای دخترانه را بسرعت افزایش داد که بنصف تعداد کلی این مؤسسات بالغ گردد .

درضمن میل دارم در تأسیس دانش‌سراهای مختلط که

دختر و پسر جوان با هم برای شغل معلمی تربیت میشوند آزمایش بعمل آید . یکی از فوائد اینگونه آموزشگاههای مختلط آنست که برای زن و مرد جوان فرصت آشنائـی و شناختن اخلاق یکدیگر فراهم میشود و اگر این آشنائی‌ها منجر به ازدواج گردد زن و شوی میتوانند در دبیرستان‌هائی که در قراء دوردست تشکیل میشود دوش بدوش هم بکار تعلیم نو آموزان بپردازند و چون هدف‌ها و علاقه‌های مشترک دارند این وظیفه مقدس را با فراغ خاطر و آرامش روحی انجام دهند .

با نمو سریع دستگاه آموزش و پرورش ایران برای تجدید نظر در برنامه‌های تعلیمی و بالا بردن سطح معلومات آموزگاران کار بزرگی در پیش ماست . معلومات بسیاری از آموزگاران مادر حدود دوره شش ساله دبیرستان است و بسیاری از آنها تا این حد هم تحصیل نکرده‌اند و هرچند با احتیاج مبرمی که بآموزگار هست وجود معلمین کم معلومات از عدم آن بمراتب مفیدتر است ولی برای اینکه فرزندان ما تربیت و تعلیم صحیح فرا بگیرند چاره‌ای نیست جز آنکه اقدامات شدید و دامنه‌داری در بالا بردن پایه معلومات آموزگاران بعمل آید .

یکی از طرقی که برای ترقی سطح معلومات آموزگاران میتوان اتخاذ نمود تأسیس کلاسهای تابستانی است و این روش اینک بمقام عمل درآمده است و باید دامنه آنـرا توسعه بخشید . اما احتیاج مبرم ما به تربیت عده کثیری آموزگار است که بروش صحیح برای این شغل آماده شده باشند و این کار تنها باین طریق صورت پذیر است که برای دبیـری دانشسراها افرادی ورزیده‌تر و بهتر بکار مشغول باشند یعنی بوسیله دبیران دانشمندتر آموزگاران بهتر تهیه کنیم .

دبیرانیکه در دانش‌سراها خدمت می‌کنند غالباً اشخاصی مجرب و ورزیده هستند ولی معدودی از آنها گواهی فراغ تحصیل دانشگاهی دارند و از همین جهت باید دانش‌سرای عالی تهران را بسرعت توسعه دهیم و بنظر من باید در هر یک از دانشگاههای شهرهای دیگر نیز دانش‌سرای عالی تأسیس نمائیم. از طرف دیگر آزمایشهائیکه در بسیاری از کشورهای خارجی بعمل آمده نشان داده است که بهترین دبیران دانش‌سراهای مقدماتی تنها از میان کسانی که تحصیلات عالیه را در دانش‌سرای عالی بپایان رسانیده بیرون نیامده‌اند و از همین نظر باید جوانانی را که در سایر رشته‌های علمی و فنی و ادبی در ایران یا در کشورهای دیگر فارغ‌التحصیل شده و بروش تعلیم و تربیت نیز آشنا هستند باین خدمت مهم فرهنگی بگماریم.

برای تعمیم و تسریع در امر تحصیلات دبستانی و ابتدائی باید تأکید کنم که مردم محل و والدین و دانش‌آموزان باید دامن همت بکمر زنند و در اجرای این امر خیر جدیت کنند و ابتکاراتی بخرج دهند. سابقاً اساس روش فرهنگی ما در تمرکز امور اداری و تعلیماتی در تهران بود و از همین جهت برای بیدار ساختن افراد نقاط مختلف کشور بدستیاری با دولت در این خدمات اساسی توفیق حاصل نمیگشت، در صورتیکه امروز سرتاسر ایران مردم باهمیت فرهنگ و ارزش آن ایمان دارند و در بسیاری از دهکده‌ها و قصبات ایران مردم کشاورز باکمال میل و رغبت حاضرند که از هزینه خوراک خویش بکاهند و وسائل تأسیس دبستان را در دهکده خویش فراهم کنند تا فرزندانشان از نعمت دانش بهره‌مند گردند.

از آن زمان که ما از غیرت و همت مردم هوشمند کشور

دراین امر مهم استمداد کرده‌ایم دیری نگذشته‌است و امروز دربسیاری از نقاط طبق روشی که در کشورهای مترقی معمول است انجمن خانه و مدرسه ایجاد شده‌است. با وصف این برای کشوری مانند ایران که در راه توسعه و ترقی افتاده‌است باید از این حد هم فراتر رفت. در فصل هشتم نظر خود را درباره همکاری مردم با دولت در امر فرهنگ و بهداشت و سایر امور عام‌المنفعه اظهار داشته‌ام و در این مقام باید در این نکته تأکید کنم که برای ساختمان مدارس وزارت فرهنگ باید نقشه‌های صحیح و مطابق مقتضیات و نیازمندیها و آب و هوای هر محل تهیه کند و آنچه از مصالح و تجهیزات که در محل تهیه آن ممکن نیست فراهم سازد و نظارت امور ساختمانی را تعهد نماید و کشاورزان محل، یا اگر دهکده متعلق بیکنفر است مالک آن قریه، زمین و مصالح قابل تهیه در محل و کارگر لازم را فراهم نمایند.

چنانکه اخیراً به ثبوت رسیده است مدارسی که برای ایجاد آن دولت و مردم با یکدیگر همکاری میکنند در قطعه زمینی که در دهکده‌ها بدون مصرف افتاده بود بسرعت ساخته میشود و من آنروزی را در برابر دیدگان باطن خویش می‌بینم که تمام مدارس ما جز دبیرستانهای بزرگی که در شهرستانها باید ایجاد شود بهمین ترتیب ساخته و پرداخته گردد.

اینک باید دید پس از آنکه ساختمان مدارس بشرح فوق به اتمام رسید بچه وسیله و بدست چه اشخاصی باید نگاهداری و اداره شود؟ در یکی از قراء کوچک حومه تهران دبستان مختلط ابتدائی دولتی کوچکی وجود دارد که با حسن سلیقه معماری ساخته شده و دارای چندین کلاس درس و کارگاه‌است که دختر و پسر در آنها با آموختن حرفه‌های

مختلف مانند نجاری ونساجی مشغولند . این دبستان یك محوطه برای بازی والی‌بال وزمین نسبةً وسیعی برای سایر ورزشها دارد وهرچند یکنفرمستخدم همیشه در آن دبستان مقیم ومشغول‌خدمت‌است ولی‌قسمت‌عمده‌نظافت ونگاهداری ساختمان‌وزمینهای‌بازی برعهده‌کودکان‌است. ازاین‌گذشته وقتی آدم باین دبستان وارد میشود چشمش بباغچه پر از گل میافتد که اطراف مدرسه را مزین‌کرده و در قسمت عقب‌آن زمینی‌است‌که برای سبزیکاری اختصاص یافته‌است وآن باغچه‌های‌گل واین زمین را کودکان دبستان بوجود آورده‌اند . درمحوطه دبستان بناهای خوش‌سلیقه وساده‌ای هم برای آموزگاران ساخته شده و بدین‌ترتیب دشواری تهیه مسکن برای خدمتگزاران فرهنگ را که مورد ابتلای بسیاری از آنهاست مرتفع ساخته است .

این‌ساختمان ساده ومجهز دراثرعلاقه یکی ازوزرای سابق فرهنگ بوجود آمده است‌که خود درآن دهکده مقیم است و شك نیست که نظائر آن را میتوان در سایر نقاط فراهم ساخت .

شرکت کودکان درکارهای دبستانی گذشته از آنکه خود یك نوع آموزش بسیار سودمندی خواهد بود نتیجه دیگری نیز دارد وآن اینکه وجوهی راکه بدین‌کیفیت ازهزینه‌ها صرفه‌جوئی‌میشود میتوان بمصرف‌بنای‌دبستانهای دیگری رسانید .

اینك‌بمسائل مربوط بدبیرستانهای‌کشوربایدپرداخت. در باره توسعه و بسط تعلیمات متوسطه در سالهای اخیر و پیشرفت‌های محسوسی‌که در ازدیاد دبیرستانهای فنی وکشاورزی در تهران و بسیاری ازشهرستانها بعمل آمده قبلا اشاره شده است . درسال ۱۳۳۸ متجاوزاز ۵۰۰۰ پسر

دردبیرستانهای فنی مشغول فراگرفتن حرفه‌های متنوع مانند نجاری - لوله‌کشی - برق وفلزکاری بوده و صدها تن دختر بکسب فنون خیاطی وماشین‌نویسی پرداخته‌اند. همچنین متجاوز از ۲۰۰۰ تن پسر در مدارس کشاورزی مشغول فراگرفتن فنون کشاورزی براساس روش نوین امروزی بوده‌اند. اما این اقدامات بمثابه آغازی بیش نیست ودر کشوری مانند ایران که دوره ترقی وپیشرفت را شروع کرده است، جوانانی که درفنون وحرفه‌های متنوع تربیت میشوند باید چندین برابر عده فعلی بشود.

درباره اهمیت آموزش حرفه‌ای درکشوری مانند ایران هرچه تأکید شود هنوزکم است. شایدکسانیکه از کشورهای خارج بایران میآیند وبسیاری ازمردم مملکت تصور کنند که نیازمندی‌ما در درجه‌اول بمهندسین ومدیران و کارشناسان عالی مقام است. شك نیست که ما بوجود چنین اشخاصی احتیاج روزافزون داریم ولی نیازحقیقی ومهم ما جای دیگراست. زیرا از یکطرف سالهاست به‌تربیت‌وتعلیم متخصصین درداخل وخارج کشور پرداخته وعده‌ای از آنهار ا بکار گماشته‌ایم و همچنین از کارشناسان خارجی که برای اجرای برنامه‌های کمك بایران آمده‌اند استفاده کرده و یا عده‌ای را استخدام نموده‌ایم. ازطرف دیگر عده کارگران عادی ما بسیارزیاد است ولی برای استادکارو کارگر ماهر وسرکارگر مجرب دچارمضیقه بزرگی هستیم وچنین اشخاصی را برای دستگاههای صنعتی وساختمان وامور کشاورزی وسایر فعالیتهای فنی لازم داریم ودرعین‌حال که بهزاران متخصص ومهندس عالی مقام نیازمندیم احتیاج ما باین طبقه میانه یعنی استادکار وسرکارگر ونظائر آنها صدچندان است.

برای اینکه احتیاج بافراد دسته اول مرتفع شود

ممکن است عده کثیری را از خارج استخدام کرد ولی آن استطاعت مالی که بتوان تمام افراد طبقه میانه را از مردم خارج کشور اجیر کرد نداریم و باید اینگونه اشخاص را در داخله کشور و در دبیرستانهای حرفه ای و فنی تربیت و آماده کنیم.

تهیه معلم و مربی برای دستگاه بزرگ فرهنگی که روز بروز بسط و توسعه پیدا میکند ما را بیک اشکال اساسی مواجه میکند و آن اینست که مدرسه بدون معلم کار نمیکند و وجود مدرسه خوب نیز بی معلم خوب غیرممکن است، و چون عده دبیرستانهای فنی و کشاورزی ما افزایش یافته پایه و میزان معلومات بواسطه کمبود معلم بهمان درجه پیشرفت نکرده است. برای رفع این نقیصه باید پایه معلومات دانش آموزان فعلی را بالا ببریم و مؤسسه حرفه ای و فنی تهران را توسعه بخشیم. باید دانشجویانی را که از دانشکده فنی دانشگاه تهران و مؤسسه فنی آبادان فارغ التحصیل میشوند ترغیب و تشویق نمائیم که بخدمت دبیری دبیرستانهای فنی وارد شوند. همچنین باید توجه جوانان ایرانی را که در خارج از کشور تحصیلات فنی و مهندسی کرده اند باین خدمت جلب نمائیم و بدون درنگ بتأسیس دانشکده های فنی در دانشگاههای استانها بپردازیم و برای تسریع در انجام این مهم عده کافی معلمین خارجی نیز استخدام نمائیم.

از تمام مسائل فوق مهمتر آنست که برای دبیران دبیرستانها و مخصوصاً آنهاکه رشته های فنی را تدریس میکنند حقوق بهتر منظور کنیم و خانه های تازه ساخت که هم وسایل آسایش در آنها فراهم است و هم هزینه ساختمان آنها زیاد نیست در اختیار آنها بگذاریم.

کار کردن با جوانان ممکن است یکی از دلپذیرترین و نشاط بخش ترین مشاغل حیات باشد اما بدان شرط که

اندیشه تهیه کفش و کلاه برای فرزندان مایه نگرانی و پریشانی حواس معلم نباشد و آسایش خاطر ویرا نابسامانی مادی برهم نزند.

برای توفیق در برنامه توسعه تعلیمات متوسطه فنی و کشاورزی یکی از ضروریات آن است که آن فکر نادرست و نحیفی که قبلا بدان اشاره کرده‌ام از مغز قاطبه افراد کشور ما خارج شود و همه کس باین حقیقت ایمان پیدا کند که کارهای دستی و خلاق هرگز مایه ننگ و عار نیست. کودکانی را میشناسم که وقتی می‌بینند پدرشان با بیل و کلنگ کار میکند احساس سرافکندگی و شرمساری مینمایند. بسیاری دیگر پوشیدن لباسی که برای خدمات اداری مناسب است وداشتن کیف کاغذ راکه معمولا در دست مأمورین دولت می‌بینند (بدون آنکه اصلا بفکر محتویات آن باشند) بهترین آرزوهای خود میشناسند و با سرسختی بسیار از کار دستی گریزان و باین خیالند که دریکی ازادارات دولتی بخدمت واردشوند وبدان وسیله کسب آبرو وشخصیت کنند.

کودکان درمحیطی که بزرگتران آنها ومخصوصاً آنها که استطاعت مادی دارند ایجاد نموده‌اند باین افکار وپندارها آشنا شده وچون درتقلید توانائی مخصوصی دارند آنرا اقتباس کرده‌اند وشك نیست که افکار این مردم بکلی باطرز فکر جهان امروز دردنیای علم وصنعت که میدان کوشش وتلاش است مباین ومتفاوت است. نتیجه این شده است که روزی که جوان بدبیرستان وارد میشود ازتصور اینکه دست وبازو را بمدد مغز خویش بکار اندازد نفرت دارد و کشوررا ازنیروهائی که باید برای ترقی وپیشرفت آن خدمت کنند محروم میسازد.

بنظرمن یکی ازنکاتیکه آمریکائیانی که بایران آمده

مورد توجه جوانان قرارداده‌اند رعایت اصول اخلاقی‌است ولی از آن مهمتر آنستکه احترام بکارهای دستی را که از علل پیشرفت و ترقی کشور آمریکاست بدیگران یاد داده و مأمورین اصل چهار نیز همین رویه پسندیده را دنبال نموده‌اند و اثر سرمشقی که بجوانان ما دراین موارد داده‌اند در تغییر طرز فکر آنان و متناسب ساختن آن با اوضاع عصر امروز کم کم مشهور گردیده است . ایجاد مدارس نوین برای تعلیم امور اداری نیز یکی دیگر از نیازمندیهای ماست . بنظر من بسیاری از کشورهائیکه در حال توسعه و پیشرفت هستند با کمبود کارمندان مجرب و ورزیده برای خدمات اداری مانند ماشین‌نویسی و منشی‌گری مواجهند و در کشور ما این کمبود بخوبی محسوس است و از همین جهت از مؤسسه علوم اداری که وزارت فرهنگ تأسیس نموده است کمال مسرت را دارم . در این آموزشگاه پانصد نفر مرد و زن جوان در کلاسهای روزانه یا شبانه در رشته‌های مختلف مــانند ماشین‌نویسی فارسی و لاتین ، تندنویسی ، زبان انگلیسی ، بازرگانی و اداری، بایگانی، تعهد امور اداری و تهیه گزارش مشغول تحصیل هستند .

بعضی از دانشجویان در یک یا چند رشته تحصیل میکنند و دیگران که تمام برنامه سه ساله آنرا فرا میگیرند بدرجهٔ لیسانس نائل میشوند . عده‌ای از آنان خود را برای تدریس رشته‌های مربوط بامور اداری و بازرگانی در دبیرستانها حاضر میکنند و خود دستگاه غذاخوری و سایر تفریحات را بدستیاری یکدیگر فراهم ساخته و محیطی دلپذیر در این آموزشگاه بوجود آورده‌اند .

در دبیرستانهای شهرهای بزرگ رشته‌های مربوط به امور بازرگانی و اداری تدریس میشود و این برنامه را

درتمام شهرستانها تعمیم خواهیم داد.

سازمان برنامه وشرکت ملی‌نفت ایران نیز برنامه‌های مفیدی برای تعلیم امور اداری تهیه کرده‌اند. با وصف این اقدامات نیازمندیهای ما دراین رشته‌ها بقدری زیاد است که مدارس دولتی و آموزشگاههای خصوصی برای رفع آن ومخصوصاً درقسمت مترجم وکسانی که بدو زبان آشنائی کامل داشته‌باشند کفایت نمیکند واین‌احتیاج فرصت‌مناسبی بدختران ما میدهد که خویشتن را برای مشاغلی که اتصالا بوجود میاید حاضر کنند وشاید مؤسسات خصوصی امریکا وسایر دستگاههای مشابه بتوانند با ما تشریك مساعی کنند.

هرچنداین آموزشگاههای تخصصی برای‌ما ضرورت اولین درجه دارد ولی دبیرستان‌ها باید خدمات زیادتر و دامنه‌دارتری را تعهد کنند. دراین مدارس باید توجه مخصوص به‌رشد ونمو استعدادهای محصلین بعمل‌آید وبر شالوده‌ای که محیط‌های خانوادگی و دبستان باید فراهم سازند در جوانان ما حس وظیفه‌شناسی و مسئولیت فردی و اجتماعی را در آنها برانگیزند و براستگوئی و عشق به‌حقیقت وصداقت بارآورند.

سابقاً در برنامه‌های دبیرستانها باین مسائل اخلاقی چنانکه باید توجه نمیشد و دروس عبارت از یك سلسله محفوظات‌بود وپرسش کردن دانش‌آموز وبحث واظهارنظر در مسائل عملی احمقانه یا خلاف ادب بشمار میامد و عجب آنست که شاهنامه استاد بزرگ فردوسی که تقریباً هزارسال پیش برشته نظم درآمده بمنزلهٔ کتاب تاریخ در دبیرستانها تدریس میگردید. هرچنداین‌اثربزرگ یکی‌ازشاهکارهای ادبی جهان بشمار میآید ولی جای کتاب مستند تاریخی را نمیگیرد و جنبه‌های داستانی آنرا نمیتوان غیرقابل تردید

وجزو حقایق مسلم تاریخ پنداشت .

درزبان‌فارسی معنی کلمه‌داستان مانند تمام داستانهای پهلوانی جهان عبارت از ذکر وقایع دوره‌هائی است که افسانه و تاریخ با یکدیگر مخلوط شده و حوادثی‌است که سینه‌بسینه ازنسلی بنسل‌دیگر انتقال یافته‌است وجنبه‌حقیقت آن از نظر کسب اطلاعات تاریخی تحت‌الشعاع اهمیت‌آنها از نظرتوجه بمأثر کهن واقع شده‌است . برای تغییراین‌رویه اصلاحاتی که در طرز آموزش ازدوران پدرم آغاز شده‌بود با جدیت بسیار دنبال شده است . چنانکه مثلا چند تن از دانشمندان پنج کتاب در تعلیمات مدنی تألیف کرده‌اند و وزارت فرهنگ آن کتب را بچاپ رسانده و در میـــان دانش‌آموزان دبیرستانهای کشور توزیع کرده‌است وهرروز برنامه دبیرستانهای ما با برنامه مدارس ملل مترقی غرب وآمریکا نزدیکتر گردیده است .

باوصف این هنوز روش سابق که داستان را برواقعیت مرجح‌میشناخت وبمحفوظات‌اهمیت میدادباقی‌است وبمسئله بیدار ساختن روح کنجکاو و نکته‌گیـــر دانش آموزان و فرصت‌دادن بآنها که از خود فکر کنند و صاحب استنباط باشند توجه شایان بعمل نیامده است . برای رفع این معایب چندین‌راه چاره است که سه فقره آنها ذیلا ذکرمیشود .

اول‌تأسیس کتابخانه‌درمدارس‌وطرزاستفاده‌از آن‌است. هرچند وجودکتابخانه بسبك‌جدید برای دبستانهای ابتدائی نیز لازم است ولی برای مدارس متوسطه ودوره‌های بالاتر ضرورت واهمیت اولین درجه دارد . زیرا دانش‌آموزان میتوانند در هررشته علمی که بآن علاقه شخصی داشته‌باشند بمطالعه‌وتحقیق پرداخته‌کسب معلومات‌کنند. درحال‌حاضر فقط معدودی از دبیرستانهای مـــا دارای کتابخانه منظم

و مجهزند و از آن عده هم فقط چند دبیرستان مطالعه در کتابخانه و بررسی‌های انفرادی را جزو برنامه درسی خود قرار داده‌اند .

چون دانش‌آموزان دبیرستانها زبان انگلیسی یا زبان خارجی دیگر را فرا میگیرند باید در کتابخانه‌ها علاوه بر کتب فارسی کتب و مجلات خارجی نیز در دسترس آنها باشد . برای بنگاهها و مؤسسات خیریه که در پی آنند که در پیشرفت فرهنگی کشور ما خدمتی کرده باشند تأسیس کتابخانه‌های کوچك برای دبیرستان‌ها و مؤسسات مشابه دیگر زمینه مساعد و شایسته‌ای است .

دوم اصلاح وضع امتحانات و تغییر شیوه فعلی است . در تمام دستگاههای فرهنگی امتحانات پایه تحصیلات و درجه لیاقت دبیر و آموزگار را در امر تعلیم مشخص میکند و این نکته مخصوصاً در ایران که وزارت فرهنگ متصدی امتحانات مدارس است بیشتر محسوس و مشهود است . جای مسرت است که بتدریج از این تمرکز کاسته میشود ولی باید در طرز امتحانات نیز تغییرات اساسی داده شود و بجای توجه بمحفوظات دانش‌آموزان نیروی آنها در تجزیه و تحلیل و اظهار نظر در مسائل مورد آزمایش قرار گیرد . امتحاناتی که طبق روش نوین عصر امروز از شاگردان بعمل میآید موجب تشویق معلمان در دقت در کار نیز هست و در نتیجه درس را طوری خواهند داد که در شاگردان ملکه تعقل و استنباط و میل به بحث و مذاکره پرورش یابد .

چاره سوم که از همه مهمتر است تربیت معلمین شایسته و با معلومات است . معلومات بسیاری از معلمان دبیرستانها خود از دوره کامل متوسطه بیشتر نیست. هر چند باید بخاطر داشت که بسیاری از آنها معلومات خود را از راه تجربه

ومطالعات خارج کاملتر کرده وعده کثیری نیز ازدوره‌های تابستانی ویا کنفرانسهای آموزشی بتوسعه اطلاعات خویش پرداخته‌اند چنانکه مثلا درتابستان سال ۱۳۳۸ متجاوز از ۱۵۰۰ نفر ازدبیران مدارس متوسطه در کنفرانسی که در تهران تشکیل گردید شرکت جسته بودند .

باآنکه دبیران مدارس متوسطه رویهمرفته خدمات ذیقیمتی بکشور انجام میدهند بازباید برای بالا بردن سطح معلومات آنها اقدامات مؤثری بعمل آورد .

چنانکه قبلا نیز اشاره کردم احتیاج ما به توسعه دانشسرای عالی تهران نه‌تنها برای تربیت و آماده کردن معلم دانشسراهای مقدماتی است بلکه باید معلمین شایسته‌ای نیز برای مدارس متوسطه دراین مؤسسه تربیت شوند . ضمناً از طریق دیگری نیز میتوان برعده دبیران تحصیل کرده افزود وآن استخدام صدها ازجوانان ایرانی است که درخود کشور ویا درخارج از ایران ازدانشگاهها در رشته علوم طبیعی وهنرهای زیبا وادبیات وعلوم اجتماعی فارغ‌التحصیل شده‌اند وباید آنها را با روش صحیح برموز معلمی وآموزش و پرورش آشنا سازیم و برای تدریس در مدارس متوسطه آماده نمائیم و همانطور که در اوائل این فصل اشاره کردم در دانشگاههای استانها نیز بوسیله تأسیس دانشسراهای عالی عده کثیری را برای دبیر دبیرستانها تربیت کنیم وکوشش ومجاهدت مخصوصی بعمل آوریم که عده زیادی از بانوان جوان نیز برای تدریس در مدارس ابتدائی ومتوسطه ترغیب وتشویق شوند .

مردم کشور و دانشجویان نیز میتوانند در امر توسعه تعلیمات متوسطه وابتدائی بادولت مساعدت کنند . ساختمان دبیرستانها معمولا بزرگتر و پرخرج‌تر از دبستانهاست

و نمیتوان آنها را فقط بوسیله کمك مردم بنانمود ولی برای تسریع در کارساختمان باید مردم هرمحل را تشویق و ترغیب نمائیم که باواگذاری زمین وتهیه مصالح ساختمانی ومساعدت مالی وواگذاری مسکن برای آموزگاران و سایر کمکهای ممکن بادولت همکاری ودستیاری کنند . همینکه ساختمانهای مزبور آماده گشت میتوان نگاهداری وحفظ آنها را هم تاحدودامکان بعهده خود دانشجویان محول ساخت وماهانهٔ مختصری نیزبرای مرمت بنا وسایرمصارف ضروری ازهریك دریافت نمود . بااین ترتیب هم دربودجه فرهنگ صرفه جوئی میشود هم دانشجویان را به قبول مسئولیت اجتماعی وادارهٔ امور آشنا توانیم ساخت .

بنظرمن تعلیم حرفه‌های دستی را باید بدانش آموزان دبیرستانهای فنی وکشاورزی منحصر نسازیم بلکه باید تمام شاگردان دبیرستانها را باین رشته‌ها آشنا ساخت . شاید دختران بفراگرفتن فن رسم ونقاشی وموسیقی رغبت داشته باشند ولی باید مراقبت کرد که عموم دختران دانش آموز علاوه برآن فنون اصول خانه‌داری را فراگرفته ودرآن تمرین وممارست کنند .

درمغرب دخترها قسمتی ازفن خانه‌داری را درمدرسه وقسمت بزرگ آن را درخانه ازمادران خود یاد میگیرند . اما درکشور ماکه تازه وارد مرحله پیشرفت و ترقی شده است قضیه برعکس است وبسیاری ازخانواده‌های ایرانی حتی آنهاکه تربیت یافته واستطاعت مالی هم دارند درامر تغذیه و بهداشت و نگاهداری کودك معلوماتشان بسیار مختصر ومحدود است ودرنتیجه دختر ایرانی برای اداره خانه وفرزندان خویش دچاردشواریهائی میشود که باید درمدرسه اصول وقواعد آنرا یادگیرد واطلاعات لازم بدست آورد .

وازهمین جهت دروس مربوط بخانه‌داری بجای آنکه جنبه تفنن داشته باشد باید دردبیرستانها بعنوان دروس بسیار ضروری وواجب تلقی گردد .

بعقیده من تمام شاگردان دبیرستانها نه‌تنها باید اصول علوم طبیعی رابیاموزند بلکه به تمرین وآزمایش درحرفه‌های مختلف بپردازند وبرای اجرای این نیت باید درهردبیرستان کارگاههائی تأسیس شودتادانش آموزان درضمن تعلیم بساختن اشیاء سودمند نیزمشغول باشند . مثلا بساختن هزاران اسباب بازی ساده که برای کودکان ما بسیارلازم است ودرکشور باندازه کفایت بدست نمیآید بپردازند ودسته‌ای از آنها چنانکه درسایرکشورها ومخصوصاً امریکا مرسوم است به نشرمجله مخصوص دبیرستان که حاوی اطلاعات مربوط بمحیط علمی وورزشی دبیرستان باشد اقدام کنند .

نخستین نکته‌ای که درموضوع تحصیلات عالیه درکشور ما جلب توجه میکند توسعه وتحول عجیب دانشگاه تهران است که بدون تردید درردیف اول مؤسسات تربیتی خاورمیانه بشمار میرود . دانشمندان خارجی غالباً درباره زیبائی محوطه دانشگاه ووسعت دانشکده‌هاوتوسعه سریع فعالیتهای علمی آن به تمجید وستایش پرداخته‌اند . دانشگاه تهران علاوه برمحوطه بزرگ فعلی مقدار زیادی زمین ومؤسسات مختلف دارد و بفاصله اندکی درشمال آن در قطعه زمین نسبتاً بزرگی بساختمان چندین دستگاه عمارت برای سکونت دانشجویان وسایر وسائل آسایش آنها اقدام شده وهمین اقـدام نمودار بارز تحولاتی است که دروضع اجتماعی دانشگاه که سابقاً برای سکنای دانشجویان وسائل نداشت پدید آمده است .

از نظر پایه علمی وادبی نیزدانشگاه تهران به‌ترقیاتی

که مایه مسرت من است نائل گردیده وهرچند دراین قسمت آن سرعتی راکه درسایر مظاهر آن بوجود آمده نداشته است ولی درعلوم وادبیات بابرنامه‌های متناسب با عصر امروزروبکمال رفته است . درمورد این مؤسسه بزرگ علمی میخواهم شش نکته اساسی راکه برای آینده این دانشگاه وسایر دانشگاههای کشور بسیار مؤثراست گوشزد کنم :

نکته اول اینست که بعضی ازاستادان ما مقام خودرا بالاتر ازآن میدانند که کسی جسارت آنرا داشته باشد که درعقایدآنها بمباحثه واظهارنظر بپردازد ویادانشجویان وقت گرانبهای آنانرا با پرسش‌ها وتمنای رفع دشواریها تلف نمایند .

این قبیل استادان بکلاس آمده ودرسی میدهند وشاید درذهنشان اینطور خطور میکندکه اگر دانشجویانی نسبت بمسئله‌ای که استاد درآن اظهارعقیده کرده دلائل وشواهدی بخواهد ویامطلب عنوان شده را طوری دیگرتوجیه وتفسیر نماید ازحدود ادب تجاوزکرده است . این استادان گاهی نیز بدون آنکه قبلا اطلاعی داده باشند سردرس خویش حاضر نمیشوند وازتعیین وقتی که دانشجوبان بتوانند برای رفع اشکالات خویش بآنها مراجعه کنند خودداری مینمایند وجزدرهمان ساعات تدریس درمحوطه دانشگاه دیده نمیشوند. خوشبختانه عده اینگونه استادان زیاد نیست وسایرهمکاران آنها این رویه را ناپسند ومذموم میشناسند ولی هرچه دستگاه علمی ما بزرگتر ووسیعتر میشود باید اطمینان داشته باشیم که استادان وظیفه اصلی وبدوی خویش راکه تربیت وهدایت جوانان است وبرای انجام این خدمت تعهد اخلاقی ووجدانی دارند فراموش نمی‌کنند وازاجرای آن شانه تهی نمی‌نمایند .

نکته دوم مسئله تحقیق وبررسی علمی است . استاد حقیقی وعالیقدر دانشگاه اصلا مردتتبع واستقصاست ودربرابر شگفتی‌های طبیعت یا فلسفه وعلوم اجتماعی یا هنر وادبیات سربکرنش خم میکند ودرعین آنکه زندگی وی با سادگی و عدم پیرایه میگذرد مانندکودکان شیفته یافتن رازهای نهفته علم وادب است وهرروز برگنجینه معلومات خویش دراثرآزمایش وتحقیق میافزاید . درنظر وی رشته‌ای‌که درآن استاد شده وبشاگردان خویش تعلیم میدهد عبارت ازیك سلسله مطالب جامد وخشك وبی‌جان نیست‌که مانند طوطی آنهارا برای دیگران هرسال بدون هیچگونه تغییری بازگوکنند بلکه چیزیست‌که جان وروان دارد واتصالا درتغییر وتحول است وهرآن دراثر تحقیقات خود او ودیگران وکوشش شاگردان هوشمندکه ارج زحمات اورا را بواقعی میشناسند نیرومندتر وفیض‌بخش‌ترمیگردد . اما بعضی ازاستادان دانشگاه باندك موجب‌که پیش‌آید بشرح فضائل ودانش خویش و مقاماتی که در کشور داشته‌اند میپردازند ونمیدانندکه همین غرور وخودبینی شاهدکمی مایه علمی وادبی آنهاست . برخی‌ازآنها اصلا پیرامون تتبع وتحقیق نمیگردند ومتن دروس خودرا ازکتابهای خارجی اقتباس وبدون ذکر مراجع واسناد واشاره بصاحبان اصلی آن‌افکارتکرارمیکنند واگراحیاناً چیزی‌بدیع‌وبکرازخامۀ آنها بوجود آید ازنظر نداشتن مدارك وشواهد علمی ناقص وکم ارزش است وآن دروسی راکه هرسال تحصیلی عیناً تجدید میکنند وآنقدرهمت‌ندارندکه مطالب‌آنرا باکشفیات نوین وترقیات شگرف جهان متمدن هم‌آهنگ سازند قیمت واقعی ندارند .

دراین باره داستانی بیادم میآیدکه میگویند روزی

بین دونفر ازدانش پژوهان که یکی چینی ویکی ایرانی‌بود درباره قدمت تمدن دوکشور مباحثه‌ای پیش‌آمد . چینی برسبیل مفاخره میگفت که باستان شناسان درحفریاتی که درکشور وی کرده‌اند مقداری سیم یافته‌اند واین خود دلیل بر آنست که چینی‌ها دردوران کهن تلگراف داشته ومخترع این‌دستگاه مواصلاتی‌بوده‌اند . ایرانی‌میگفت که درحفریاتی که درایران بعمل آمده کسی سیم پیدا نکرده است واین‌نکته برهان آنست که ایرانیان درزمان‌های قدیم تلگراف بی‌سیم داشته‌اند !

باآنکه سخافت اینگونه استدلال درعصر امروزکه دوره علم وصنعت وآزمایشهای شگرف است برکسی پوشیده نیست عجب‌آنستکه برخی ازاستادان درمواردی همین طرز استدلال رابرای دانشجویان‌دارند . نتیجه‌آنستکه شاگردان ما ممکن است یك دوره علوم طبیعی‌را دردانشکده بخوانند ولی یك مقاله تحقیقی مستند ویا مدارك کافی درتمام مدت تحصیل خود برای استاد ننگاشته باشند .

اما دردانشگاهها دانشمندانی هم هستندکه اوقات خود را وقف تحقیق وتتبع‌کرده وآثاری بدیع بوجود آورده‌اند چنانکه یکی‌ازاستادان دانشگاه تهران ازترکیبات آلی ماده‌ای بدست آوردکه دریکی ازآزمایشگاههای مهم آلمان موردآزمایش قرارگرفته ومعلوم شد یکی‌ازترکیبات تازه است که تاآنوقت‌کسی ازآن اطلاعاتی نداشته است . اغلب استادان دانشگاه دررشته‌های پـزشکی (مخصوصاً مالاریا) وکشاورزی وادبیات وزبان‌فارسی وغیرآن تتبعات گرانبهائی کرده‌اند واینك دانشگاه درصدد آنستکه استادان را بانتخاب بین خدمت تمام وقت‌که تحقیق وتتبع لازمه آنست وتدریس ساعتی مخیرسازد واین‌نقیصه را رفع نماید.

نکته سوم ایجاد کتابخانه کامل و مجهز است که یکی از اساسی‌ترین وسائل تحقیق و تتبع است. خوشبختانه دانشگاههای ایران و مخصوصاً دانشگاه تهران دارای هزاران نسخه کتب خطی و قدیمی و مجموعه‌های نفیسی از کتب و مجلات جدید در رشته‌های مختلف میباشد. اما طرز اداره کتابخانه‌ها بنحوی که موجبات تسهیل کار استادان و دانشجویان را فراهم آورد هنوز ترتیب و تنظیم صحیح نیافته است. هر دانشکده‌ای کتابخانهٔ مخصوص خویش دارد که غالباً بسبک قدیم اداره میشود و مثلا کتابها را از روی اندازه و حجم آنها و یا برحسب تاریخ و روز وصول بکتابخانه مرتب کرده و در کنار هم قرار داده‌اند و بدتر از همه آنکه عاریه دادن کتاب را بدانشجویان بسیار محدود ساخته‌اند.

امروز دانشگاه تهران نیازمند یک کتابخانه مرکزی و یک اداره است که کتابخانه دانشکده‌های مختلف را زیر نظر بگیرد و از جوانانیکه رشته کتابداری را در خارج فرا گرفته‌اند برای کارهای مختلف این اداره استفاده نماید و این کاریست که مؤسسات خیریه بین‌المللی میتوانند در انجام آن با ما مساعدت کنند.

نکته چهارم موضوع روابط و مناسبات بین استاد و دانشجوست. کسانیکه از دانشگاههای امریکا و انگلستان فارغ‌التحصیل شده‌اند تصدیق میکنند که قسمت عمدهٔ معلومات خود را در هنگام بحث و مذاکره خصوصی با معلمان فرا گرفته‌اند و این جلسه‌های خصوصی آنها را بکار مطالعه و تحصیل راغب ساخته است. یکی از خاطرات خوش این دانشجویان روزهائی است که در خانه استاد مهمان بوده و با افراد خانواده وی آشنائی پیدا کرده‌اند و من آرزومندم که همین رویه پسندیده در دانشگاه بزرگ تهران و سایر

دانشگاههای ما معمول گردد و استادان با شاگردان خود بطور انفرادی یا دسته‌جمعی بمباحثه بپردازند ودشواریهای آنها را حل کنند. استاد باید گاهگاه دانشجویان را درخانهٔ خویش بپذیرد زیرا اگر این مهربانی و گرمی دروی نباشد چنین شخصی استاد نیست .

نکتهٔ پنجم موضوع تأسیس سازمان کاریابی وراهنمائی دردانشگاه است . گذشته ازراهنمائی علمی وفنی که وظیفهٔ استادان نسبت بدانشجویان است ، جوانان ما باید وسیله‌آنرا داشته‌باشند که باکارشناسان ومتخصصین دانشگاه درباره شغل آینده خویش وسایرمسائل شخصی مشورت کنند وراهنمائی بخواهند . چنانکه درآغاز این فصل اشاره شد درسال ۱۳۳۷ دانشگاه دراین مورد قدم نخستین را برداشته ودونفر مربی زن ومرد برای این منظور استخدام نموده است ولی این اقدام را باید تکمیل کرد وهردانشکده باید یکنفر مشاور مجرب ومطلع برای راهنمائی دانشجویان خود داشته باشد . دروضع فعلی کشورکه برنامه‌های توسعه وپیشرفت اقتصادی وصنعتی اتصالا بمقام اجرا درمیآید نقشه‌ریزی برای آینده جوانان دانشگاه دید یکی از خدمات بسیار گرانبها بشمار خواهد رفت .

ارشاد و هدایت خردمندانه نه‌تنها برای هر محصل دانشگاه نتایج سودمندی خواهد داشت بلکه برای رفع نیازمندیهای کشور و اجرای طرحهائی که در پیش ماست نیز بسیار ضروری ومغتنم خواهد بود .

در کشور ایران نیز مانند سایر نقاط گیتی تمایل دانشجویان برآنستکه شغل وخط مشی‌آینده خویش را طبق انگیزه‌های آنی خویش یا حرفهٔ پدری یا صلاح‌اندیشی‌های اتفاقی اشخاص و یا از نظر فریبندگی و اهمیت اجتماعی

بعضی حرف و مشاغل انتخاب کنند ، ولی شک نیست که اگر جوان دانشجو شغل آینده خویش را طبق اطلاعات دقیق فنی چنانکه وزارت کار اینك درصدد جمع آوری آنهاست بر گزیند هم موجبات آسایش خاطر خویش را بهتر فراهم خواهد ساخت و هم بکشور خود خدمتی شایسته و ضروری انجام تواند داد .

دانشگاه باید یك مؤسسه کاریابی نیز بوجود آورد و بدانشجویان در دوره تحصیلی کمك و مساعدت مالی که برای پیشرفت کار علمی آنها ضرور است بنماید .

جوان ایرانی را میشناسم که در دوران تحصیل خود در آمریکا هر تابستان در یك کارخانه اتومبیل سازی شهر دیترویت کار میکرد و کارش سوار کردن قطعات مختلف و محکم کردن پیچ و مهره های لوله دودکش اتومبیل بود و در ضمن بطرز اداره صنایع بزرگ امروزی نیز آشنا گشت و امروز که در سازمان برنامه متصدی شغل با مسئولیتی است از اطلاعاتی که بدین نحو فرا گرفته استفاده شایان میکند .

روزی که این جوان بایران بازگشته بود و از کارهای دستی که در کارخانه در مقابل دریافت دستمزد انجام داده بود برای آشنایان خویش حکایت میکرد بوی گفته بودند سخن گفتن درباره اینگونه کارها از احترام و آبروی شخص میکاهد ، ولی او باین نصایح ابلهانه توجهی نکرده و همواره از اینکه بمدد دست و بازوی خویش وضع مالی خود را گشایش بخشیده مباهات میکند و ذکر آنرا مایه سربلندی خویش میداند .

در ایران نیز دانشجویان دانشگاه مانند محصلین سایر مراکز علمی جهان برای خوراك و مسکن و سایر هزینه های ضروری خود دچار اشکالند و کارهائیکه در تابستان در خارج

دانشگاه پیدا میکنند و یا دانشگاه در تعطیلات در برابر دستمزد بآنها رجوع مینماید هم کمکی بمعاش آنها میکند و هم برای آنها یك نحو آزمایش سودمندی است و این رویه را باید تعقیب نمود . همچنین میل دارم روشی که در آمریکا معمول است و دختر و پسر جوان در ضمن دوره تحصیل خویش در دانشگاه با یکدیگر ازدواج میکنند مورد توجه قرار گیرد . کراراً مشاهده شده است که دانشجویان دختر و پسری که با یکدیگر عروسی کرده‌اند درضمن گذراندن دوره لیسانس مشاغلی دارند و پس از دریافت این شهادتنامه دختر شغل خویش را حفظ میکند و پسر به تحصیلات فوق لیسانس میپردازد ورشته تحصیلی را ادامه میدهد .

آخرین نکته‌ای را که باید مورد توجه قرار داد مسئله فعالیتهای فوق برنامه دانشجویان است . در بازدیدی که از دانشگاههای مختلف امریکا بعمل میآوردم چیزی که بسیار جلب نظر میکرد کانونهای دانشجویان بود . در این مجامع دانشجویان با دوستان خود گردآمده و وقت را بخواندن کتاب و بازیهای متنوع و موسیقی و مباحثات گوناگون میگذرانند و اغلب سازمانهای مشورتی و کاریابی دانشگاهها نیز در همین مراکز استقرار یافته است . دانشجویان این قبیل انجمنها را محل انس و ارتباط معنوی یافته و مانند کانون خانواده بآن علاقه دارند و میل من آنست که چنین مراکزی در کلیه دانشگاههای ما نیز بوجود آید . آرزوی دیگر من آنست که حیات معنوی و دینی را در محیط دانشگاه نیرومند نمائیم . برای اجرای این نیت چندسال پیش دستور دادم که در محوطه دانشگاه تهران مسجد باشکوهی ساخته شود و این مسجد که به سبك جدید معماری ساخته خواهد شد دارای رواقهای سایه‌دار و گلگشت‌هائی خواهد بود که دانشجویان

بتوانند گردهم آیند واز فضای با روح آن کسب ذوق ومعنویت کنند .

من بآینده دانشگاههای جدیدالتأسیس استانها که بعضی ازآنها اصل آزمایش و تجدید روش تعلیم وتربیت را بطوررضایت‌بخش بموقع اجراگذاشته‌اند امیدواری‌زیاد دارم و با این فکر غلط که استادان ایرانی از نظر حفظ‌مقام علمی‌وادبی‌خود نباید ازتهران خارج شوند وبدانشگاههای شهرستانها بروند سخت مخالفم زیرا جوانی‌ونیروی حذاقت این مراکز جدید علمی وادبی میدانهای مناسبی برای کسب شهرت علمی است وبرای کسانیکه باین عقیده سخیف موافق نباشند وازترك پایتخت اندیشه نداشته باشند مجال ترقی فراهم است .

بین مراکزی که برای تحصیلات عالیه بوجود آمده است اعتقاد قطعی من آنست که باید اصل رقابت و مسابقه حکمفرما باشد وبرای ایجاد یك چنین روحیه‌ای درمیان استادان که بکار تدریس وتتبع وراهنمائی وهدایت معنوی ودینی‌دانشجویان میپردازند باید ازهرگونه تشویق‌وترغیب فروگزاری نشود .

دراجرای این منظور یعنی ایجاد رقابت علمی شیوه پسندیده‌ای است که باید دردستگاههای آموزش وپرورش کشورما بکاربسته شود وآن اینستکه درایران دانشگاهی بوجود آید که طبق روش معمول درکشور آمریکا دسته‌ای ازاستادان آمریکائی بکار تعلیم وتربیت بپردازند وتصور میکنم شهر زیبای شیراز که موقعیت مخصوصی دارد برای این کار مناسب باشد وبتوان یا دانشگاه فعلی شیراز را باین ترتیب بسط وتوسعه داد ویا مؤسسه جدیدی که بااین اسلوب اداره شود درآنجا بنیاد نهاد .

یك چنین دانشگاهی که با روش آمریکائی درایران تأسیس شود جوانان ایرانی را ازمسافرت بخارج کشوربرای ادامه تحصیلات عالیه بی‌نیازخواهد ساخت . درسال ۱۳۳۹ متجاوزاز ۱٤۰۰۰ نفرجوان‌ایرانی درخارج از کشورمشغول تحصیل بوده‌اند وقسمت عمده آنها دوره عالی را طی میکردند . ازاین عده درحدود ٤۰۰۰ نفر درآمریکا وبقیه درکشورهای آلمان غربی ، انگلستان ، فرانسه ، اطریش وسایر کشورهای‌اروپائی‌بتحصیل اشتغال‌داشتند . درآن‌سال تقریباً یك سوم ازمجموع دانشجویان‌کشورهای خاورمیانه راکه درآمریکا مشغول‌کسب معلومات بودند دانشجویان ایرانی تشکیل میدادند . این‌کثرت نسبی درمقام خود بسیار مهم است ولی چنانکه خواهم‌گفت جنبه مثبت ومنفی هم داردکه باید مورد توجه قرارگیرد . ازیکطرف موجب کمال رضایت است‌که می‌بینم عده زیادی ازدانشجویان ما دررشته‌هائی تحصیل میکنندکه مایه رفع نیازمندیهای‌برنامه عمرانی وتوسعه ماست ، چنانکه بیش‌ازنصف محصلین ایرانی مقیم‌آمریکادررشته‌های‌علوم‌ومهندسی ومهندسی‌کشاورزی تحصیل میکنند وبسیاری هم رشته‌های‌کشاورزی وتعلیم وتربیت وبازرگانی وسایر موادی راکه مستقیماً به پیشرفت اقتصادی واجتماعی ما ارتباط دارد انتخاب کرده‌اند .

دراین موردبایدناگفته نگذاشت‌که مؤسسه غیرانتفاعی (جمعیت‌آمریکائی دوستداران خاورمیانه) نیزبدانشجویان ما برای انتخاب رشته تحصیلی ومعرفی وثبت نام آنها دردانشگاهها مساعدت وراهنمائی‌های لازم نموده‌است واین مؤسسه تاکنون این خدمت را ادامه میدهد وهرسال چندین صد نفر ازمحصلین ایرانی به شعبه مؤسسه مزبور درتهران مراجعه میکنند وازصلاح‌اندیشی وسایر کمکهای‌آن چنانکه

سابقاً ذکر شده است برخوردار میگردند.

اعتقاد قطعی پدرم آن بود که جوانان ایرانی برای تکمیل معلومات عالیه بکشورهای خارج اعزام شوند ومن نیزاین فکررا دنبال خواهم کرد ولی پوشیده نمیتوان داشت که عده‌ای ازجوانان ایرانی که بخارج میروند توانائی آنکه خویشتن‌را باوضاع اجتماعی کشورخودشان هم‌آهنگ وسازگار سازند ازدست میدهند ودرنتیجه یا بوطن خویش مراجعت نمیکنند ویا اگر بازگردند در اندیشه آنند که باردیگرجلای وطن کنند ودر کشورهای خارج مقیم گردند.

چون کشور امریکا ازثروتمند ترین ومترقی ترین کشورهای جهانست ایرانیانی که چند سال در آن کشور اقامت میکنند مانند آنست که بیشتر تحت تأثیر آن محیط واقع میشوند و احیاناً ممکن است با دختران امریکائی ازدواج کنند که میل بترك خانواده خویش وآمدن بایران نداشته‌باشند. (هرچند همسران امریکائی عده‌ای‌ازایرانیان با فرهنگ ورسوم ایران خوگرفته وبا طرز زندگانی ما مأنوس گشته‌اند) بعضی‌ازجوانان ایرانی درامریکا بمشاغلی مانندمعلمی‌وخدمات اداری ومانند آنها وارد شده‌وحقوقی بیش ازآنچه دربادی امر درایران بآنها میرسد دریافت میکنند وبعضی هم ازکندی وبی‌نظمی دستگاههای اداری ما و فراهم نبودن وسائل آسایش که طبعاً در کشورهائی که درحال پیشرفت هستند بقدر امریکا فراهم نیست احساس ناراحتی میکنند واین نکته‌را از یاد میبرندکه در کشور امریکا نیز باهمه ترقیات وپیشرفت‌هائی که کرده‌است باز دردستگاههای دولتی وخصوصی بی‌نظمی وجریان بطئی اداری مشهود است ودزدی وآدم کشی ودسته‌هائی که بوسیله ارعاب وتهدید مردم زندگی میکنند وازرعایت مقررات

وقوانین اجتماعی سرپیچی دارند دیده میشوند .

جوانی را میشناسم که وقتی پس‌ازچندین سال تحصیل درامریکا بتهران‌باز گشت چنان ازاوضاع دلسرد شده‌بود که تاچندین‌ماه ازخانه خارج نمیشد وچنانکه بعداً نقل میکرد هرچه درپایتخت کشورازآثارترقی‌وپیشرفت میدید بچشمش بدوی میآمد . کم کم برای آنکه خویشتن‌را بکاری‌مشغول دارد بنوشتن‌نامه بدوستان‌وآشنایان‌خویش‌پرداخت . وبرای اینکه‌درخارج شدن ازخانه بهانه‌ای داشته باشدخودنامه‌هارا میبرد وبصندوق‌پست میانداخت. دیری‌نگذشت که بافرهنگ وتمدن میهن اصلی خویش تجدید آشنائی کرد وبآن کم کم انس گرفت وامروز دریکی ازمشاغل حساس دولتی که مربوط برفاه اجتماعی است انجام وظیفه میکند . باآنکه بسیاری ازجوانان ایرانی‌که برای تکمیل تحصیلات خود بکشورهای خارج میروند ازبرخورد باتمدن وفرهنگ‌آن کشورها احساس‌ناراحتی نمیکنند وبرخی دیگرنیزهر گونه تأثیری ازاین قبیل را باروحیه نیرومندی‌که دارند مغلوب وازمیان میبرند ، متأسفانه باز هرسال عده‌ای ازجوانان دانشمند وتربیت یافته‌کشورکه نمیتوانند خودرا ازتأثیر این ظواهر آسوده سازند درخارج میمانند وضرری جبران ناپذیر به نیروی علمی وفنی‌کشور وارد میکنند .

عده‌ای‌ازمردم فهمیده‌ومیهن‌پرست‌مدتهاست‌برای‌رفع این دشواری بفکرچاره افتاده‌اند وازجمله پیشنهادکرده‌اند که جوانان ایرانی برای تکمیل تحصیلات بکشورهائی‌مانند انگلستان وفرانسه وآلمان‌که باوسائل‌تعلیم وتربیت مجهزند ولی آن ثروت خیره کننده امریکا را ندارند اعزام شوند . بنظر من این پیشنهاد معقولی است زیرا محصلین ما که دراین‌کشورها بکسب معلومات اشتغال دارند دربازگشت

بایران برای هم‌آهنگ شدن باتمدن وطرز زندگانی ما کمتر احساس ناراحتی میکنند وزودتر انس وآمیزش دیرین را تجدید مینمایند . با وصف این مطلب باید گفت که امریکا خصائصی داردکه جوانان مارا بطرف خود جلب میکند وازهمین‌جهت طریقه معقولی که بنظر میرسد این است که وسائلی درکشور فراهم گرددکه ازناراحتی جوانان تحصیل کرده ایرانی که ازکشورهای خارج اعم ازامریکا وممالك اروپائی بازگشت میکنندکاسته شود . دراثر این فکردرسال ۱۳۳۸ به داماد خودم آقای اردشیر زاهدی‌که خود دررشته مهندسی کشاورزی درامریکا تحصیل‌کرده وبرای برطرف ساختن این‌نگرانی‌طبیعی که درجوانان تحصیل کرده‌ما پدید میآیدعلاقه‌فراوان‌دارد مأموریت‌دادم که دراین‌باره‌مطالعات و اقداماتی بعمل آورد و او کمیسیونی از جوانانی‌که خود در خارجه تحصیل‌کرده و از افکار و روحیات دانشجویان جوان ما آگاهی دارند تشکیل داد وشروع بکار نمود .

وی‌که در اواخر سال ۱۳۳۸ بسمت سفیرکبیر ایران درامریکا منصوب شده امیدوار است‌که درمقام جدید خود درکالبد جوانان نگران ایرانی روحی‌تازه بدمد و باداشتن ارتباط دائم ومستقیم با محصلین آنها را از بدبینی و یأس بدر آورده برای بازگشت و خدمت بمیهن خود تشویق و ترغیب نماید . وزارت کار نیز برای برقراری ارتباط با دانشجویان خارج ومساعدت با آنها درهنگام تحصیل و در نظرگرفتن شغلهائی متناسب با استعداد و ذوق هریك درباز‌گشت بایران طرحی تهیه وتنظیم نموده است .

نظر اساسی این وزارتخانه که مورد تأیید من نیـز هست آنست که این نگرانی طبیعی را باید قبل از آنکه ـمغز جوانان ریشه بدواند ازمیان برد . مثلا اگر مهندس

کشاورزی از برنامه عمرانی ما آگاهی پیدا کند و یقین داشته باشد که پس از فراغ از تحصیل و بازگشت با یران برای وی شغل مناسب آماده است باحتمال قریب بیقین خدمت کشور خود را بزندگی درغربت هرچند درآنجا وسائل بدوی آسایش وی بیشتر فراهم باشد ترجیح خواهد داد. ما باید از روح فعال ومیهن پرست جوانان خود برای پیشرفت اصول ناسیونالیزم مثبت که درفصل ششم مفصلا ذکر شد استمداد کنیم. پیشانی ملت ایران را نور افتخارات گذشته روشن ساخته است و اگر بتوانیم برای جوانان خود وسائل و فرصتهائی پدید آوریم که لیاقت و علاقه خویش را بمرز و بوم نیاکان خویش بمقام بروز و ظهور برسانند میتوان بمیهن پرستی آنها اعتماد و اطمینان داشت.

نظر دیگری که دراین مورد پیشنهاد میشود آنست که در داخله کشور هرچه زودتر دستگاه تحصیلات عالیه را آنقدر توسعه بخشیم که برای جوانان ما تکمیل معلومات در خود کشور میسر باشد و نیازی برفتن بخارجه پیش نیاید. درقرن نوزدهم و اوایل قرن بیستم با آنکه در دانشکده‌های امریکا وسایل تحصیلات عالیه تا حد و دلیسانس فراهم بود امریکائیان برای تحصیل درجات عالیتر بکشورهای اروپائی رهسپار میشدند. دیری نگذشت که این نقیصه را مرتفع ساختند و جوانان امریکائی دیگر برای تحصیلات عالیه فوق لیسانس احتیاجی بمسافرت بکشورهای اروپائی پیدا نکردند.

کشور ایران نیز وارد تحول شگرفی شده و مؤسسات علمی ما کم کم محصلین خارجی را بطرف خویش جلب کرده‌اند و مشهودات حکم میکند که این عده روز بروز افزایش خواهد یافت. بعلاوه عده جوانان ایرانی که برای تکمیل تحصیلات خود میخواهند بکشورهای دیگر بروند

نیز برحسب تناسب رو به نقصان است ودرنتیجه آن‌نگرانی و ناراحتی روحی‌که بآن اشاره شد بهمین میزان تقلیل خواهد یافت . من همواره معتقد بوده‌ام‌که باید محصلین ومعلمین ما برای تکمیل معلومات بخارج ازکشور اعزام شوند ولی نقشه من این است‌که این‌کار جنبه مبادله پیدا کند ودانشمندان ایرانی برای کسب فیض وافاضه‌بدیگران مسافرت کنند ومحصلین وجوانان ودانشمندان خارجی‌نیز بایران بیایند و مارا ازمنابع علمی خود بهره‌مند کنند واز سرچشمه فیاض فرهنگ کهنسال ما نیزکسب فضیلت‌نمایند. تأسیس دانشگاهی طبق روش امریکا که بدان اشاره شد، یکی از وسایل پیشرفت این طرح است که باید در تمام دستگاه فرهنگی ما بمقام عمل وآزمایش درآید .

علاقه من نسبت به پیشرفتهای علمی وفرهنگی کشور ایران آنقدر شدید است‌که هرچه دربسط وتوسعه وتکمیل آن ذکرکنم مختصری ازمنویات قلبی من بیش نخواهد بود . درمحیط فرهنگی جریان تغییر وتحول و پیشرفت سرعت بسیار یافته است وهمین سرعت درمن نشاط وعشقی نیرومندتر ایجاد میکند زیرا برای من یقین حاصل است‌که آینده ایران وجوانان ایرانی وتمام مردم این بخش‌ازجهان باپیشرفت وتکامل علمی وفرهنگی پیوسته است .

فصل دوازدهم
نفت ایران

صنعت نفت از صنایع جدید گیتی است که نخستین‌بار در آمریکا بکار افتاده است و اولین نقطه‌ای که در خاورمیانه به بهره‌برداری از این صنعت پرداخته کشور ایران بوده‌است.

ذخایر زیرزمینی نفت خام کشورهای متحده آمریکا را به ۳۵ بیلیون بشکه برآورد کرده‌اند و عجب آنکه ذخایر نفت ایران را نیز درهمین حدود تخمین زده‌اند.

امروز اکثر مردم جهان از اهمیت نفت و سایر مواد مستخرجه از آن در زندگانی کنونی بشر آگاهند ولی معدودی بدین نکته توجه دارند که هفتاد درصد از میزان برآورد شده تخمینی نفت دنیای آزاد در خاورمیانه وجود دارد و از این هفتاد درصد یک پنجم آن در کشور ایران ذخیره شده‌است.

درحقیقت میتوان گفت که باوجود منابع موجود در کشورهای کانادا و ونزوئلا وسایر کشورهای خارج از پرده آهنین قسمت اعظم آن یعنی متجاوز از هشتاد درصد مجموع ذخائر نفت جهان آزاد در کشورهای متحده آمریکا وخاور میانه قرار دارد. البته ممکن است اکتشافات آینده این محاسبه را تغییر دهد ولی این نکته را نباید فراموش کرد که کارشناسان نفت سالهاست در جستجوی نفت بوده و هرجا اثری از آن یافته‌اند میزان تخمینی آنرا بمحاسبه آورده‌اند. با این وصف اگر احیاناً سایر کشورهای آزاد جهان از نفت خاور میانه محروم شوند اوضاع اقتصادی چندین کشور که مصرف کننده نفت هستند و کشورهائی که آنرا تولید میکنند دچار اختلال بزرگ خواهد گشت وشاید این نکته را بتوان بعبارت دیگر چنین بیان نمود که از میلیونها سال پیش که طبیعت این ذخائر گرانبها را در دل خاک بودیعت نهاده شالوده ارتباط و پیوستگی خاور میانه وسایر کشورهای آزاد جهان را استوار ساخته است. این موهبت طبیعی را بشر کشف کرده و طریق استعمال آنرا در صنایع گوناگون دریافته و بکار انداخته وکار را بجائی رسانده است که در اثر وجود این مایع مفید خاور میانه با سایر نقاط گیتی از لحاظ اقتصادی پیوستگی انفصال ناپذیر پیدا کرده است.

یکصد سال پیش که صنعت نفت در جهان آغاز فعالیت نمود مردم از وجود نفت خام که از زمین تراوش مینمود مطلع بودند و از هزاران سال قبل از آن استفاده میکردند. چنانکه ایرانیان قدیم آنرا برای افروختن آتش مقدس در آتشکده‌ها بکار میبردند و مردم مصر برای مومیائی کردن اجساد مردگان ویونانیها برای برافروختن مشعلهای المپیک وهندیان بومی آمریکا در جشنها و مراسم رقص آتش از آن

استفاده مینمودند. مردم ایران وسایرممالك نیز نفت خامی را که از زمین تراوش نموده وبصورت قیرمنجمد درمی‌آید برای ملاط وتسطیح زمین وآب بندی ودرزگیری کشتیها وسفاین و پوشش کف وجدار وسقف آبروها وساختن سدها وتهیه آتش‌زنه بکار میبردند وحتی گاز طبیعی نیز بدون فایده نبود، چنانکه درخوزستان زرتشتیان معابد خودرا درنقاطی بنا میکردند که گاز طبیعی از زمین خارج میشد وآنرا شعله‌ور میساختند.

در قرون اخیر متدرجاً نفت بصورت صنعت درآمد ودر اواخرسده‌هیجدهم شرکت بازرگانی صنعت نفت دربرمه تأسیس یافت که ازچاههای نفتی که همه را بادست حفر کرده بودند بهره‌برداری میکرد، ولی تولید و استخراج نفت باوسایل ماشینی نخستین‌بار از آمریکا آغاز گردید. روزی که سرهنگ ادوین. ل. دریك نخستین چاه نفت خودرا درایالت پنیسیلوانیا حفر کرد دراثرهزینه سنگینی که تحمل کرده‌بود شرکت خودرا تقریباً بورشکستگی کشانده بود وبسیاری از مردم اورا دیوانه می‌پنداشتند ولی همینکه منافع سرشاری که ازاین‌راه بدست آورد معلوم گردید عقیده مردم نسبت بوی تغییر یافت واورا یکی از مردان عاقبت‌بین وعاقل شناختند.

چاهی که دریك حفر کرده بود بیش از ۷۰ پا عمق نداشت (درصورتیکه امروز عمق چاه‌هائیکه درایران وسایر ممالك نفت‌خیز حفر میشود معمولا به ده هزار پا وبلکه بیشتر میرسد) وازآن چاه نفت فقط روزی سی وپنج بشکه نفت استخراج میکرد (امروزه ممکن است سالهای متوالی ازبعضی ازچاههای پربرکت نفت ایران روزانه ۳۰۰۰۰ بشکه نفت استخراج شود) اما این مرد غریزهٔ کنجکاوی وآزمایش‌داشت ودرحقیقت میتوان ویرا نخستین بنیان‌گذار

صنایع نفت جهان محسوب داشت.

دریک نه‌تنها طریق استخراج نفت را پیدا کرد بلکه طرز استفاده از آن را نیز کشف نمود. چنانکه شرکت اختصاصی وی موفق گردید که از مواد نفت مرهمی درست کند که در معالجه بیماری روماتیسم پای دریک و مبتلایان دیگر مؤثر افتاد و نیز طریقه تصفیه نفت خام و تهیه نفت سفید را ابداع کرد و دیری نگذشت که نفت بجای روغن نهنگ که کمیاب بود برای سوخت چراغ مورد استفاده قرار گرفت و مصرف نفت سفید روز بروز افزایش یافت. در همان اوان هنری فورد کالسکه بدون اسب خود را اختراع نمود و از آن زمان سالیانه مقادیر زیادی نفت برای بحرکت آوردن این کالسکه‌های بی‌اسب یا اتومبیل مورد لزوم پیدا کرد. چندی بعد بساختن هواپیما دست زدند و باز بر مصرف بنزین افزوده گشت. در خلال این احوال کشتیها و دیگهای بخار و ماشینهای دیزل جدید و صنایع شیمیائی و کارخانه‌های مختلف نیز که همه با نفت کار میکردند بوجود آمد و احتیاج عالم صنعت به نفت و سایر مشتقات آن روز افزون گردید. گازهای طبیعی نیز که معمولا در مجاورت ذخایر نفت پیدا میشود برای تهیه حرارت و نیرو و بعنوان یکی از مواد خام صنعتی مورد استفاده قرار گرفت و قیر برای خیابان سازی و احداث جاده‌های اتومبیل‌رو بکار رفت.

همینکه فوائد نفت معلوم و آشکار گردید جهان صنعت و دانش و سرمایه اروپائی بجستجوی آن در خاور میانه همت گماشت. درباره امتیازیکه در سال ۱۸۷۲ به رویتر اعطا گردید و بعداً ملغی شد و همچنین در مورد امتیاز سال ۱۸۸۹ که با شرایط محدودتری بوی داده شد در فصل دوم سخن رفته است. رویتر بموجب مقررات امتیاز دوم خود

شرکت استفاده از معادن ایران را تشکیل داد، باین منظور که کلیه معادن کشور و از جمله منابع نفت را اکتشاف و استخراج نماید. شرکت مزبور بدواً در نواحی جنوب ایران بفعالیتهای اکتشافی نفت پرداخت ولی موفقیتی نیافت. چند سال بعد دولت ایران قسمت استخراج و کشف معادن را از امتیازنامه رویتر حذف کرد و در سال ۱۹۰۱ شرکت مزبور عملا منحل گردید.

باید ناگفته نگذاشت که پیش از آنکه رویتر بتجسسات خود خاتمه دهد والی کرمانشاه بوجود نفت در آن نواحی پی برده بود و در سال ۱۸۹۱ ژاك دومرگان رئیس هیئت باستانشناسان فرانسوی که در آن موقع در ایران بمطالعه آثار باستانی اشتغال داشتند دستور داده بود که تجسساتی درباره نفت بعمل آورد. نتیجه تحقیقات دومرگان که در حقیقت اولین بررسی فنی و علمی در مورد ذخائر نفت ایران است در یکی از مجلات فنی فرانسه طبع و منتشر و سپس بصورت کتابی تدوین گردید. در دنبال این تحقیقات چندین گروه از کاشفین اروپائی برای بررسی و تجسس منابع زیرزمینی بکشور ما آمدند.

کتاب دومرگان و گزارشهای کاشفین دیگر توجه یکنفر انگلیسی بنام ویلیام ناکس دارسی را جلب کرد و این شخص که در اثر کشف و استخراج معادن متعدد طلا در قاره استرالیا ثروت هنگفتی اندوخته بود در سال ۱۹۰۰ جمعی از همکاران خود را بتهران اعزام داشت تا برای تحصیل امتیاز استخراج نفت اقدام کنند. در اثر فعالیت این گروه دولت ایران در سال ۱۹۰۱ باوجود مخالفت روسها امتیاز استخراج نفت و گاز طبیعی و قیر و سایر مواد نفتی را بمدت شصت سال بدارسی اعطا نمود.

بموجب قرارداد مقرر بود که دارسی درظرف دوسال شرکتی تشکیل دهد و بیست هزارسهم یك لیره‌ای شرکت را بدولت ایران واگذاشته وبیست هزار لیره نقداً بپردازد وشانزده درصد ازمنافع خالص شرکت را بدولت بدهد. حوزه امتیاز مزبور شامل تمام کشور ایران باستثنای پنج استان شمالی‌بودکه بملاحظه روسها ازآن صرفنظرشده‌بود.

سرمهندس‌شرکت دارسی که‌رینولدز نام داشت‌باوجود دشواریهای گوناگونی که بآن مواجه بود دریکی ازنواحی گرم وسوزان دورافتاده جنوب ایران بحفرچاه پرداخت. ازنخستین چاه‌که درسال ۱۹۰۲ پایان یافت نتیجه‌ای عاید نگردید ولی چاه دوم در ماه ژانویه ۱۹۰٤ به نفت رسید وروزانه مقدار ۱۲۰ بشکه نفت ازآن فوران میکرد. این چاه دارسی‌راکه درآنموقع دچار عسرت مالی شدیدی بود ازنگرانی بیرون‌آورد ولی چاه درهمانسال خشك وسرمایه دارسی نیز تقریباً تمام‌گردید.

درآن موقع مقامات دریاداری انگلیسی باین مسئله ایمان قطعی پیداکردندکه درآینده برای سوخت کشتیها نفت جای ذغال‌سنگ‌را خواهدگرفت. درهمان‌وقتی‌که چاه شماره ۲ خشك و وضع مالی دارسی بسیار وخیم شده بود لورد فیشر به‌فرماندهی‌کل نیروی دریائی انگلیس منصوب گردید واوکه ازنظرعلاقه شدیدی‌که‌برای ساختن‌کشتیهای نفت سوز داشت در میان کوتاه‌فکران (دیوانه نفت) لقب یافته بود. کمیته‌ای‌بنام (کمیته نفت) تشکیل داد تادرمورد تهیه مواد نفتی برای رفع نیازمندیهای نیروی دریائی بریتانیا مطالعاتی بعمل آورد. این‌کمیته که از منابع نفت ایران وامکانات‌آن آگاهی پیداکرده‌بود دارسی‌را بشرکت نفت برمه معرفی نمود و سال بعد شرکت برمه و دارسی،

سندیکائی تشکیل دادند و هزینه ادامه برنامه اکتشاف نفت ایران‌را تأمین نمودند .

عملیات اکتشافی در کشور ایران تحت نظر سندیکای جدید ادامه یافت ولی تا آخر سال ۱۹۰۷ یعنی پس از پنج‌سال کوشش وحفرچاه مقدار نفتی که استخراج شده‌بود بسیار ناچیز بود ووضع آینده سندیکا چندان امیدبخش بنظر نمیآمد . دراین هنگام سرمهندس رینولدز درصدد برآمد که قبل ازآنکه ازنفت ایران صرف نظر کند یك کوشش دیگر بعمل آورد وازهمین جهت باکارگران خویش درمرکز ناحیه ای که یکصد وپنجاه کیلومتر ازآبادان فاصله داشت درنزدیکی معبد خرابی که بمسجد سلیمان موسوم‌بود بحفرچاه جدیدی همت گماشت .

بامداد روز ۲۶ ماه مه ۱۹۰۸ زحمات وی به‌نتیجه رسید ونفت بارتفاعی که پنجاه پا بلندتر ازارتفاع منجنیق دهانه چاه بود فوران نمود وآنروز را میتوان آغاز ایجاد صنعت نفت درخاور میانه ویکی ازوقایع مهم تاریخی این سرزمین محسوب داشت .

من گاهی درانگیزه‌هائی که این پیشقدمان صنعت را به‌تحمل سختی‌ها ومرارت‌ها برای‌نیل بمقصود وادار ساخته بود اندیشه میکنم . شك نیست که یکی از عوامل مهم آنهمه کوشش وتلاش تحصیل منافع مادی وکسب شهرت واعتبار بوده است ولی شك دارم که محرك اصلی آنها فقط کسب منافع بوده بلکه بنظرمن آن‌ها که این‌صنعت را آغاز کردند و مخصوصاً کسانیکه مدت‌های متمادی در کنار منجنیق‌ها وصدای‌خراشندهٔ ماشین‌های‌حفاری‌سکنی‌داشتندوبامشکلات و موانع دست وپنجه نرم میکردند از روح حادثه جوئی و غریزهٔ پیشقدمی بهیجان آمده بودنـــد . در کشور من

فرصت‌های متعددی برای ابـراز این روح یافت میشود وجوانان ایرانی که دارای روح پیشقدمی و پشت‌کار باشند از مردم قوی‌الاراده و با استقامتی که اولین چاه نفت را حفر و پایه‌های صنعت نفت را استوار کردند سرمشق‌های پسندیده پیش‌روی خویش خواهند دید.

دیری نگذشت که دوحلقه چاه دیگر نیز در مسجد سلیمان به‌نفت‌رسیده وازآنموقع رینولدز پس‌ازسالها تحمل دشواری بسرشارترین‌منابع نفتی که هنوز مقادیرزیادی‌نفت ازآن استخراج میشود دست یافت.

این‌پیشرفت موجب‌آن‌شدکه شرکت‌جدید وبزرگتری برای بهره‌برداری از منابع نفت تشکیل داده شود ولـی بدواً لازم بود با ایل نیـرومند بختیاری که از دولت مرکزی اطاعت نداشتند وتمام نواحی اطراف مسجدسلیمان در اختیار آنهـا بود قراری بسته شود. در آن ایام که هنوز پدرم زمام امور را بدست نگرفته بود دولت مرکزی ایران بحدی ضعیف بودکه در نواحی جنوب وسایر نقاط کشور عملا حکومت ملوك‌الطوایفی برقرار بـود و بسط و توسعه این صنعت بدون امنیت میسر نمیگردید و تجربه نشان داده بود که حکومت مرکزی توانائی استقرار نظم و امنیت را در نقاط مختلفه کشور ندارد. از همین جهت چندین سال هیئت حفاری بخوانین بختیاری حقی برای حفظ جان ومال خویش میپرداختند وطبیعی بودکه پس‌از پیداشدن‌نفت خوانین‌بختیاری حق‌بیشتری مطالبه‌میکردند. نتیجه این اوضاع این بودکه درماه آوریل ۱۹۰۹ شرکت نفت‌بختیاری‌تأسیس گردید باین‌منظورکه بخوانین‌بختیاری ازمنافع نفت‌که درناحیه آنها استخراج میشد حقی‌پرداخت گردد. ضمناً شرکت نیزطبق‌اصل «تفرقه بینداز وحکومت

کن» که رویه دیرین انگلیسها بود خوانین‌محلی‌را درمقابل دولت ایران تقویت میکرد و در برابر این حمایت انتظار شرکت از خوانین آن بود که افراد ایل خود را از تعدی وتجاوزنسبت بمؤسسات شرکت منع کنند وخود نظم‌وامنیت را درآن حدود حفظ نمایند . بااین اقدامات روز بعدازعقد قرارداد ، شرکت نفت انگلیس وپرشیا را بوجود آوردند . اسم این شرکت بعدها بشرکت نفت ایران وانگلیس وسپس بشرکت نفت انگلیس تبدیل یافت .

شرکت جدید برای اکتشاف وبهره‌برداری نفت‌ایران وصدورآن ببازارها طرحهای فوری‌داشت ولی‌پیش‌ازآنکه بتأسیس پالایشگاه اقدام‌کند وبه‌تهیه وسائل‌برای بارگیری وحمل‌نفت بپردازد ازلحاظ استقرارامنیت‌آن حدود بامسئله دشواردیگری مواجه‌گردید . درآن‌زمان شیخ‌خزعل‌یاشیخ محمره (که نام قدیمی خرمشهر و نواحی اطراف‌آن بود) اسماً تابع دولت مرکزی بود ولـی عملا دولت مستقلی در داخله کشور بوجود آورده بود و بدون اینکه دولت ایران نسبت باو اقدام مؤثری بنماید شخصاً برآن نواحی حکومت میکرد . عمارت بزرگ شیخ که اینك مخروبه است هنوز درکناره شط‌العرب و درنزدیکی خرمشهر که محل ایاب وذهاب کشتی‌هاست دیده میشود. وی در این عمارت بزرگ باجلال وشکوه شرقی میان‌زنان حرمسرائی که برای خود تشکیل داده بود زندگی میکرد . دولت انگلیس نیز با وی قراردادی بسته و ویرا بعنوان یك حکمران مستقل شناخته بود .

بموجب این عهدنامه یا قرارداد شیخ متعهد شده بود که در ازای دریافت حقوق مادی نسبت بشرکت حسن‌نظر داشته‌باشد و یك میل ازاراضی بدون‌سکنه ولجن‌زار مسطح

جزیـره آبادان را در اختیار شرکت بگذارد که در آن پالایشگاهی برای‌نفت تأسیس‌نماید . درمقابل این‌واگذاری دولت انگلیس‌نیز استقلال شیخ را تضمین نموده بود . کار لوله‌کشی از مسجد سلیمان تا آبادان با وجود دشواریهای فراوان در سال ۱۹۱۲ پایان یافت و در آخر سال ۱۹۱٤ پالایشگاه‌آبادان‌نفت‌را بمقادیرزیادتصفیه‌میکرد ونقشه‌هائی نیز برای توسعه‌آن تهیه شده‌بود .

میزان‌کلی نفت درسال ۱۹۱۲ به ٤۳۰۰۰ تن ودرسال ۱۹۱۳ به ۸۰۰۰۰ تن ودرسال ۱۹۱٤ به ۲۷٤۰۰۰ تن بالغ شد وبدین ترتیب‌کشور من خواه‌ناخواه عامل مهم سیاست و اقتصاد جهان گردید .

درآن اوقات ابرهای تیره که خبر از جنگ سهمناك جهانی میداد آسمان اروپا را تیره ساخته بود و در سال ۱۹۱۲ دولت انگلیس نسبت بمنابع نفت در هنگام مخاصمه نگرانی داشت . وینستون چرچیل که در آن زمان وزیر دریاداری انگلستان بود توصیه‌کرده بودکه دولت انگلیس باید برای رفع نیازمندیهای دریائی خود ۵۱ درصد ازسهام شرکت نفت ایران وانگلیس را خریداری نماید وپارلمان انگلیس نیز شش روزپیش ازآغاز جنگ یعنی درماه اوت ۱۹۱٤ قانون خرید این سهام را تصویب نمود .

باآنکه جنگ دشواریهای فراوانی پیش آورد ولی قانون مزبور اثر خودرا بخشید و میزان تولید نفت ایران را افزایش‌داد . دراوایل‌جنگ ترکهاکه درآنزمان‌باآلمانها متحد بودند کلیه اموال وتدارکات شرکت‌نفت را دربغداد وبصره تصرف‌کردند ونیروی‌آنها آبادان را تهدید میکرد ولی نیروی اعزامی انگلیس آنها را بعقب راند . آلمانها درنظر داشتندکه چند فروندکشتی درشط‌العرب غرق‌کنند

وبدینوسیله راه حمل‌ونقل دریائی را مسدود سازند ولی انگلیسها نقشه آنها را خنثی نمودند . درسال ۱۹۱۵ نیز عشایر ایران بتحریك جاسوسان آلمانی وترکها درچندین موضع بین مسجد سلیمان وآبادان لوله اصلی نفت را قطع کردند ومدت چهارماه جریان نفت متوقف گردید تالوله‌ها را مجدداً مرمت‌نمودند . هرچند حملات آلمانها به کشتیهای اقیانوس‌پیما نیزورود آلات وادوات ولوازم صنعتی‌وصدور مواد نفتی را مانع میگردید ولی میزان تولید وصدورنفت ایران دائماً روبافزایش میرفت چنانکه درسالهای ۱۹۱۵ و ۱۹۱۷ و ۱۹۱۸ مقـــدار آن تدریجاً به ۳۷۶۰۰۰ تن و ٤٤۹۰۰۰ تن و ۸۹۷۰۰۰ تن بالغ گردید .

تصور میکنم عموم کارشناسان و متخصصین در این مسئله توافق عقیده داشته باشند که نفت ایران یکی ازعوامل بسیار مؤثر پیروزی متفقین درجنگ اول جهانی بود و چنانکه لردکرزن انگلیسی گفته است « درحقیقت اعقاب ما خواهند گفت که متفقین‌روی امواج‌نفت به‌ساحل‌پیروزی رسیدند» . باآنکه بسیاری ازاین امواج ازدریای نفت‌ایران برخاسته بود باز مناسبات ما ازنظر آنکه دولت انگلیس تازمان ملی شدن صنعت نفت سهام‌دار عمده نفت ایران بود درهم وبغرنج شده بود .

پس ازپایان جنگ میزان تولیدات نفت همچنان روبتزاید میرفت وشرکت شرایط زندگی کارگران آبادان ومناطق نفت‌خیز را بهبودی می‌بخشید .

در سال ۱۹۲۰ قرارداد جدیدی که مواد آن پیچیده بود بین شرکت ودولت ایران منعقدگردید که رویهم‌رفته کمی بنفع دولت ایران بود . طبق این قرارداد سهم دولت ایران همان ۱٦ درصد از منافع خالص بود که در امتیاز

اولی دارسی قید شده بود ولی دراین قرارداد اخیر منافع مؤسسات تابعه شرکت نفت ایران وانگلیس (ازقبیل شرکت حمل و نقل نفت) نیز شامل این شانزده درصد میگردید.

باوصف این قرارداد پدرم از پیش از زمان زمامداری خود از طرز عمل شرکت نفت ناراضی بود وبلافاصله پس از کودتای سال ۱۲۹۹ شمسی یکی ازحسابداران خبره ومستقل لندن بنام سرویلیام مک لین توک را استخدام نمود که مناسبات مالی ومحاسبات شرکت ودولت ایران را بررسی و مطالعه نماید. سرویلیام ارقامی ازاین محاسبات استخراج نمود که پدرم بعدها آنها را در دعاوی ایران نسبت بشرکت مورد استفاده قرار داد.

پدرم در سالهای ۱۹۲۲ و ۱۹۲۳ بسرکوبی و انقیاد عشایر وطوایف خودسر پرداخت پس از آنکه کردها ولرها وقشقائیها را درنواحی غربی ومرکزی وجنوبی ایران مطیع ومنقاد دولت مرکزی نمود درصدد منقاد ساختن ایل بختیاری برآمد. در این موقع وزیرمختار انگلیس در تهران یادداشتی بدولت تسلیم نمود باین مضمون که اگر نیروی دولتی متعرض بختیاریها که دوستان دولت انگلیس هستند بشود دولت متبوع وی آسوده نخواهد نشست. پدرم بدون توجه باین تهدید بتهیه مقدمات کار پرداخت ورؤسای بختیاری از روی واقع بینی قدرت مرکزی را شناخته وباطاعت دولت درآمدند. کمی پس از آن مصمم گشت باشیخ محمره نیز پنجه نرم کند زیراشیخ خزعل که ازپیشرفت وتوسعه نفوذ پدرم بسیار بیمناک بود باین خیال افتاده بود که باتکاء دولت انگلیس درمقام مخالفت وسرپیچی از اوامر دولت مرکزی برآید. در پائیز سال ۱۳۰۳ با وجود مخالفت انگلیسها پدرم باقوائی مرکب از ۲۲۰۰۰ سرباز

بسمت جنوب عزیمت نمود ودرظرف مدت یك ماه بدون آنکه تیری شلیك شود بطغیان شیخ محمره خاتمه داد ووی را بتهران آورد ودرمرکز هرچند با وی خوب رفتار میشد ومورد اکرام وپذیرائی قرار میگرفت دیگر اجازه خروج ازتهران وبازگشت بمحل سابق را نداشت . شیخ چند سالی بدین ترتیب درتهران بسر برد وعاقبت بدرود حیات گفت .

بنظر من غائله خوزستان بدون خونریزی مرهون شجاعت ذاتی وشخصی پدرم بود . چنانکه موقعی به نیروهای خود که درحوالی شهری که در تصرف قوای شیخ بود اقامت داشتند دستور داده بود که ازجای خود حرکت نکنند وخود شخصاً بداخل شهر رفته بود . افراد مسلح شیخ خیابانها و روی بام منازل شهر را گرفته بودند و پدرم را بخوبی میدیدند ولی او بدون کوچکترین توجهی قدم زنان طول خیابانی را عبور کرده وبحمام عمومی شهر رفت . مضروب کردن پدرم در آن میان کار بسیار آسانی بود ولی احدی جرئت و جسارت تیراندازی نکرده بود زیرا در بزرگان وزیردستان شهامت مرد دلیر تأثیر میکند وازآنان سلب اراده مینماید .

پس از استعفای پدرم روزی سر ریدر بولارد وزیر مختار انگلیس در تهران با صراحت گفت که دولت متبوع او ازسقوط شیخ درس عبرت گرفته است وپس ازواقعه محمره مصمم است که دیگر هیچگاه درامور ایلاتی وعشایری ایران مداخله نکند .

درضمن اردوکشی به نواحی جنوبی ایران پدرم اطلاعات وسیعتری راجع بصنعت نفت این کشور بدست آورد . در سال ۱۳۰۱ از آبادان بازدید رسمی بعمل آورد ومورد استقبال وپذیرائی شایانی قرار گرفت ولی وی

ازطرز عمل شرکت نفت بشك وتردید افتاد واطلاع حاصل کردکه مثلا بیش‌ازیك پنجم عده‌کارمندان وکارگران شرکت نفت اتباع خارجی هستند وهیچگونه اقدام مؤثری هم برای تبدیل آنها بکارمندان ایرانی نمیشود . همچنین عملا مشاهده نمودکه بین سطح زندگی اعضاء عالیرتبه شرکت با اعضاء عادی تفاوت فاحشی وجود دارد وشرکت درامور داخلی آن ناحیه دخالت‌هائی میکند وازاینکه شرکت میزان تولید نفت رابراساس‌تغییرات بازاربین‌المللی ویا برمبنای قرارهائی باشرکتهای نفتی دیگر بدون اندك توجهی‌باقتصادایران‌تعیین‌میکرد بسیارمتأثرونگران گردید.

بعضی‌ها معتقدند که پدرم بدون تأمل و اطلاع قبلی امتیاز نفت را درسال ۱۳۱۱ لغو نمود ولی این مطلب بهیچوجه صحت ندارد زیرا پدرم حتی پیش‌ازآنکه بسلطنت برسد ازقرارداد ۱۲۹۸ بسیار ناراضی بود وباکمال تأکید ازشرکت‌خواسته بودکه بادولت‌ایران‌بهترازآن‌معامله‌کنند.

درسال ۱۳۰٤ دولت رضاشاه عدم رضایت‌خودرانسبت بوضع موجود رسماً اعلام ودرسال ۱۳۰٦ مجدداً اعتراض نمود اما ازمذاکراتیکه باشرکت بعمل میآمد ومدت دوسال طول‌کشید نتیجه‌ای‌بدست‌نیامد ودراین‌مدت‌بحران‌اقتصادی جهانی رخ داده فروش نفت وعوائد دولت ایران ازآن ممر کاهش پیداکرده بود . درسال ۱۳۱۱ شرکت نفت بدولت ایران اعلام داشت‌که حق‌الامتیاز دولت درسال ۱۳۱۰ کمتر ازیك چهارم مبلغ سال قبل خواهد بود پدرم موقع رابرای اقدام مناسب یافته وکمی بعد امتیاز شرکت را لغو نمود . مجلس شورای ملی هم این اقدام را تأیید وتصویب‌کرد ومردم ایران درسراسر کشور بمناسبت این اقدام جشنها برپا داشته وبدین طریق نیز روح ناسیونالیزم درایران بوسیله

پدرم تقویت یافت .

در اثر الغای امتیاز نفت طبعاً فریاد شرکت نفت و دولت انگلیس بلند شد و پس از چند روز قضیه بجامعه ملل احاله گردید . طرفین دلائل خود را در آن مرجع بین‌المللی طرح نمودند و بالاخره موافقت شد که دولت ایران و شرکت نفت مستقیماً بایکدیگر مذاکره نمایند و پس از مدتی مذاکره بالاخره در ماه آوریل ۱۹۳۳ قرارداد جدیدی بامضاء رسید.

مفاد این قرارداد نیز تا حدی مبهم و پیچیده بود ولی بعقیده من وضع دولت ایران بامقایسه بقرارداد قبل بهبود یافته بود . در این قرارداد مدت امتیاز تا سال ۱۹۹۳ تمدید گردید و این نکته مایه تأسف بود . ولی در آن موقع از نظر معاملاتی وضع طوری نبود که بتوان قرارداد کوتاه مدتی را منعقد نمود . از طرف دیگر از مساحت اراضی که برای اکتشافات در اختیار شرکت قرار میگرفت کاسته شده به ۱۰۰۰۰۰ میل مربع محدود گشت و دیگر هیچ شرکت واحدی نمیتوانست برای اکتشاف در تمام اراضی کشور (باستثنای استانهای شمال) حق انحصاری داشته باشد .

بعلاوه بموجب این امتیاز حق انحصاری حمل و نقل و توزیع مواد نفتی در داخله کشور نیز از شرکت نفت سلب گردید . در مورد حق‌الامتیاز نیز دیگر میزان مبلغ پرداختی باختیار شرکت و نوسانات بازار بین‌المللی نبود و هرچند مبلغ آن کمتر از میزانی بود که ما تقاضا داشتیم ولی در قرارداد حداقل منافع سالیانه دولت ایران تعیین شده بود و میتوانستیم بوصول آن اطمینان داشته باشیم و این امر در سالهای بحرانی بازار نفت برای ما بسیار با ارزش بود . مسئله تبدیل کارمندان خارجی بکارمندان ایرانی و تسریع در حفر چاه و تأسیس پالایشگاه در حوالی کرمانشاه از شروط مهم این قرارداد

بشمار میرفت .

پس‌ازامضاء قرارداد سال ۱۹۳۳ روابط دولت ایران باشرکت نفت روببهبودی نهاد وشرکت هم برای ابراز حسن‌نیت خود سرمایه‌های هنگفت تازه‌ای درکشور ما بکار انداخت وعلاوه برسه منطقه نفت‌که پیش ازانعقاد این قرارداد موجود بود چهار منطقه وسیع جدید نفت و یك منطقه استخراج گازبوجودآورد وطرزذخیره‌کردن نفت را بوسیله برگرداندن محصولات بزیرزمین وحفظ آنها برای مواقع ضروری توسعه داد . پالایشگاه آبادان نیز وسعت یافته ومکمل‌ترگشت . همچنین طبق این قرارداد شرکت نفت مؤسسه فرعی دیگری موسوم به شرکت نفت‌کرمانشاه برای استخراج منابع نفت شاه درنواحی‌کرمانشاه تأسیس نمود ویك رشته لوله بطول ۱۵۰ میل بکرمانشاه کشید و پالایشگاه مختصری نیز در محل بکار انداخت که آنچه تولید میکنند بمصرف داخله ایران برسد .

داستان پالایشگاه‌کرمانشاه حکایت ازآن میکندکه مناسبات ماباشرکت همواره طبق دلخواه نبوده است . درآن موقع پدرم از شرکت نفت خواسته بود که پالایشگاهی بظرفیت اولیه ۱۰۰۰۰۰ تن درسال ایجادکند ولی شرکت باساختن پالایشگاهی باین ظرفیت مخالفت میکرد ومدعی بودکه مصرف داخله نفت باین اندازه نیست . پدرم اصرار داشت‌که پالایشگاه بظرفیتی‌که معین‌کرده بود ساخته شود ووعده داده بودکه برای‌کلیه تولیدات نفت درداخل ایران بازار فروش تهیه نماید . قضاوت پدرم دراین موضوع بسیار درست بود چنانکه امروز مصرف داخلی نفت ما به ۳ میلیون تن درسال بالغ‌گردیده است و هرسال بطور متوسط ۱۵ درصد نیز باین میزان افزوده میشود . این افزایش

نمودار روشنی ازسرعت اجرای برنامه‌هائی است که ما برای توسعه اقتصادی کشور دردست اقدام داریم . درسال ۱۹۳۸ میزان تولید نفت شرکت ازده میلیون تن تجاوز کرده است واین مقدار دوبرابر میزان تولید ده سال قبل بوده است . همچنین شرکت برای تبدیل کارمندان خود بکارمندان ایرانی اقداماتی بعمل آورد ومؤسسه فنی آبادان وسایل آموزشی رابرای تعلیم افراد ایرانی فراهم ساخت ودرنقشه ریزی شهربطرزجدید وبهبود وضع مسکن وبهداشت مردم اقدام نمود وتأسیسات آب وفاضل‌آب وبرق را توسعه داد .

در دوران جنگ دوم جهانی تولیدات نفت مدتی بمناسبت دشواریهای وضع حمل‌ونقل وسایراشکالات کاهش پیداکرد . باوصف آن هرچند درسال ۱۳۲۰ میزان تولید بحداقل رسید باز از ۶٫۶ میلیون کمتر نشد واین میزان درست هفت برابر حداکثر تولید درسالهای جنگ اول جهانی بود .

بعلاوه طبق ماده مربوط به حداقل عوائدکه پدرم درقرارداد گنجانیده بود شرکت تضمین کرده بودکه سالیانه مبلغ چهار میلیون لیره انگلیسی بابت حق‌الامتیاز بدولت ایران بپردازد واین مبلغ برابر با حق‌الامتیاز سال ۱۳۱۷ بودکه ازنظر منافع بهترین سال پیش ازجنگ بشمارمیرفت.

پس‌ازسال ۱۳۱۹ که مقدار تولید نفت کاهش عظیم داشت متدرجاً میزان تولید نفت بالا رفت . چنانکه درسال ۱۳۲۳به۲٫۱۳میلیون‌تن بالغ گردید واین‌مقدار ازحداکثر میزان تولید قبل‌ازجنگ هم تجاوز میکرد ودرسال ۱۳۲٤ مقدار تولید به۱۶٫۸ میلیون تن رسید .

پس‌ازخاتمه جنگ دوم جهانی شرکت برنامه وسیعی برای بسط وتکمیل مؤسسات خود تنظیم نمود . درآن موقع

پالایشگاه آبادان عظیم‌ترین پالایشگاه جهان شده بود و باآنکه سایر پالایشگاههای عمده جهان نیز توسعه پیدا میکردند این مقام اول را برای خویش نگاه داشت .

درسال ۱۳۲۶ مجموع تولیدات ایران به۲ر۱۹میلیون تن ودرسال ۱۳۲۷ به ۹ر۲٤ میلیون تن ودرسال ۱۳۲۸ به ۸ر۲٦ میلیون تن ودرسال ۱۳۲۹ به ۸ر۳۱ میلیون تن بالغ گردید ولی چند سال پس‌ازآن میزان تولید بعلل سیاسی باین حد اخیر نرسید و درسال ۱۳۳۰ از ۷ر۱٦ میلیون تن یعنی کمی بیش ازنصف میزان تولید سال قبل تجاوز نکرد ودرسال ۱۳۳۱ تقریباً بیك میلیون تن ، یعنی بکمتر از یك سی‌ام مقدارتولید سال۱۳۲۹، رسیده وسیاست‌مصدق‌بشرحی که درفصل پنجم ذکر شد نه‌تنها درکار شرکت نفت تأثیر معکوس کرده بود بلکه درکار اقتصادکشوریکه وی ادعای خدمتگزاری آنرا داشت نیز مؤثر افتاده وآنرا دچار فلج کرده بود .

پیش ازآنکه صنعت نفت بدان کیفیت دچار وقفه گردد عوائد ایران ازمنافع نفت هرسال افزایش مییافت وشرکت نفت اینطور پنداشته بودکه ممکن است بااین افزایش عایدات ، من ومردم کشور مرا مسئول خویش بسازد ، ولی عوامل مختلف از جمله اشغال نظامی دوره جنگ و رفتار روسها پس‌ازجنگ درملت ما یك روح اتحاد وپیوستگی بزرگ بوجودآورد . ما ازرفتار تحکم‌آمیز بیگانگان خسته شده وازاینکه شرکت نفت بما بچشم ولینعمت مینگریست بستوه‌آمده‌بودیم . برخی‌ازمأمورین‌شرکت‌نسبت بزیردستان ایرانی خود و مأمورین دولت ایران ، یعنی همان دولتی که باآنها طبق روش میهمان نوازی معامله کرده بود ، با کبر ونخوت بسیار رفتار میکردند وطرز سلوك آنها چنان بود

که پنداری سرتاسر کشور ایران ملک طلق آنهاست.
از این گذشته بعقیده ما و سایر کشورهائیکه تازه باستخراج نفت پرداخته بودند میزان حق‌الامتیاز سابق نامعقول و غیر منصفانه بود، زیرا شرکت‌های بزرگ خارجی درمقابل پرداخت مختصر حقی منابع خداداد کشور را از دل خاک بیرون کشیده و ثروت طبیعی آنرا تحلیل میبردند. چیزی که قضیه را یکسره کرد بنظر من این بود که دولت عربستان سعودی با شرکت نفت عربستان و امریکا (آرامکو) قراردادی برای استخراج نفت منعقد ساخت که شرائط آن از شرائطی که تا آنوقت دول خاورمیانه بدست آورده بودند بهتر و عادلانه‌تر بود، زیرا در آن قرارداد که یکسال پیش از آنکه ما صنعت نفت ایران را ملی کنیم منعقد گردید، منافع حاصله بالمناصفه تقسیم میگردید...

در فصل پنجم درباره قتل ناجوانمردانه مرحوم رزم‌آرا نخست وزیر وقت که درمجلس ترحیم یکی از روحانیون در مسجدشاه اتفاق افتاد ذکری رفته است. چند روز قبل از آن واقعه نخست وزیر فقید از انگلیس‌ها پیشنهادی مبنی بر تقسیم منافع نفت براساس ۵۰ درصد دریافت کرده بود. یکی از مشاورین رزم‌آرا اظهار کرده بود که باید پیشنهاد انگلیس‌ها در مجلس مطرح شود و افکار عمومی کمی تسکین یابد، ولی رزم‌آرا گفته بود که بهتر آنست که اندکی صبر و حوصله بکار برد تا حرارت و احساسات مردم تخفیف یابد و آنگاه پیشنهاد را در مجلس اعلام نماید. ممکن است همین تصمیم موجب مرگ او شده باشد ولی درهرحال شک نیست که انگلیس‌ها در تسلیم این پیشنهاد کمی تأخیر کرده بودند و در آن موقع روح ناسیونالیسم در ملت ایران کاملا بیدار گشته و افکار عمومی متفقاً طرفدار ملی کردن صنعت نفت

شده بود .

اگر پس از ملی شدن صنایع نفت ایران سیاست عاقلانه ای اتخاذ شده بود ممکن بود انتظاری که برای افزایش فوری عوائد خود از نفت داشتیم صورت وقوع پیدا کند و این خود نعمتی بود، زیرا هزینه کارهای توسعه و عمران را فراهم میساخت . اما بطوریکه در فصل پنجم ذکرشد اوضاع کاملا برعکس انتظار ما پیش آمد . شاید این نکته خود مبین خویش باشد که برخلاف رویه پدرم که چندین بار شخصاً از آبادان بازدید کرده بود مصدق هیچگاه فکر مسافرت بمراکز صنعتی نفت را که درباره آنها اینهمه سخن سرائی میکرد بمغز خویش راه نداد .

اینک بگذشته نظر افکنده به بینیم در دوره زمامداری مصدق از منابع نفت خود چه استفاده ای کرده ایم ؟. مدتی پیش از آنکه مصدق بر سر کار آید یعنی در سال ۱۳۲۸ سازمان برنامه تأسیس یافت و بموجب قانون مربوط بآن شرکت نفت ایران بسرمایه دولت تشکیل گردید تا بعملیات اکتشافی نفت اقدام نماید . وقتی در سال ۱۳۳۰ صنعت نفت ملی را اعلام کردیم شرکت ملی نفت ایران را تشکیل دادیم و در سال ۱۳۳۲ شرکت نفت ایران بشرکت ملی نفت ایران ملحق گردید .

در سال ۱۳۳۰ که مصدق زمامدار شد شرکت ملی نفت ایران را در اختیار داشت که مشغول کار بود و دارای هشت منطقهٔ نفت و دو پالایشگاه و دو دستگاه و خطوط لوله نفت و محل صدور و وسائل حمل و نقل مواد نفتی در داخله کشور و لوازم اکتشاف و ۵۰۰۰۰ تن کارمند و مؤسسات و وسایل رفاه آنها بود . در طول بحران نفت شرکت ملی نفت ایران در مقابل تمام موانع و مشکلات ، مناطق نفت و پالایشگاه

ومؤسسات فرعی خودرا درکمال خوبی حفظ واداره کرد وکلیه کارمندان و کارگران ایرانی خودرا نگهداری‌نمود. همچنین احتیاجات داخلی نفت را نیز بدون وقفه مرتفع ساخت واین مسئله باتوجه بسیاست مصدق که منجر به کمبود فاحش ارز خارجی شده بود اهمیت مخصوص داشت، ودرحقیقت هرچند مضیقه‌اقتصادی، شرکت ملی‌نفت ایران را مجبور ساخته بودکه بانواع طرق درهزینه‌ها صرفه‌جوئی کند بازموفق‌شده بودکه وسایل حمل‌ونقل نفت را درداخله کشور توسعه بخشد.

ازاقدامات فوق‌که صرف‌نظر شود طرازنامه عمل بسیار تیره واسفناك بود وباید یك صنعت عظیم راکه یکی ازمراکزمهم تولید نفت جهانی‌بود درنظر آوریم که کارش برساندن نفت بداخله کشوری مانند ایران‌که تازه قدم براه پیشرفت نهاده منحصر گشته است، و بزرگترین پالایشگاه نفت‌گیتی را پیش چشم آوریم‌که عاطل وبیکار وبدون حرکت وجنبش افتاده است وآن دست‌تنگی عجیبی‌راکه دراثر آن پیش میآمد درذهن خود متصور سازیم که حتی توانائی اکتشاف وتجسس ذخائر نفتی‌که آینده صنعت بی‌وجود آن غیرممکن بود وجود نداشت.

درفصل پنجم اشاره شدکه پس‌ازسقوط دولت مصدق به ترمیم خسارات ناشی‌ازسوء سیاست‌وی‌پرداختیم ودرنتیجه میزان‌تولیدنفت‌راکه‌درسال ۱۳۳۱ ازیك‌میلیون‌تن‌هم‌پائین‌تر رفته‌بود (وتقریباً تمام بمصرف داخلی‌رسیده‌بود) بالابردیم و در سال ۱۳۳۲ به ۱٫۴ میلیون تن و در سال ۱۳۳۳ به ۲ میلیون تن ودرسال ۱۳۳٤ به ۱٦ میلیون تن ودرسال ۱۳۳۵ به ۲۷ میلیون تن بالغ گردید.

درسال ۱۳۳٦ مقدار تولید نفت ما به ۳٦ میلیون تن

رسید و این نخستین‌باری بود که مقدار تولید نفت از میزان سال ۱۳۲۹، که حدّ اعلای تولید سالهای قبل از ملی شدن صنعت نفت بود، تجاوز کرد.

در سال ۱۳۳۷ تولید نفت به ٤١ میلیون تن و در سال ۱۳۳۸ به ٤٥ میلیون تن رسید. بعبارت دیگر میزان تولید نفت این سال ٤٥ برابر میزان سال ۱۳۳۱ بود. در سال ۱۳۳۹ انتظار میرود که مقدار تولید تقریباً به ٥٠ میلیون تن بالغ گردد و بعلاوه حق‌الامتیاز کنونی که پنجاه درصد خالص منافع پس از وضع مالیات است از حیث مبلغ خیلی زیادتر از میزان سابق است.

در عین حال برای استفاده از منابع نفت خود که خارج از حدود منطقه عمل کنسرسیوم جدید بود (و این منطقه تنها قسمت کوچکی از مناطق نفت‌خیز کشور ماست) بفعالیت پرداختیم و از اواسط سال ۱۳۳۰ شرکت نفت ایران که بسرمایه دولت تشکیل یافته است بعملیات مقدماتی حفر چاه اکتشافی در نزدیکی شهر مقدس قم اقدام کرد و پس از خاتمه بحران دوره مصدق در حفاری آن تسریع گردید و بالاخره در سال ۱۳۳۵ از چاه شماره ٥ نفت بارتفاع ۳۰۰ پا فوران نمود و در مدت ۸۲ روز که این فوران ادامه داشت روزانه ۱۰۰۰۰۰ بشگه نفت استخراج میشد که در تاریخ صنعت نفت جهان بالاترین میزان است که از یک چاه نفت در یک روز استخراج شده باشد.

آن روزها واقعاً ایام هیجان‌انگیزی بود زیرا رودخانه‌ای از نفت در صحرا جاری شده و در اندک زمانی دریاچه‌ای بوجود آورده بود و از مسافتی اندک بدریاچه‌ای از آب مانند شده بود که در اثر وزش باد موج میزد و سطح صیقلی آن در اثر انعکاس اشعه خورشید میدرخشید. برای

مهار کردن این چاه وجلوگیری ازفوران آن آقای میرون کینلی متخصص معروف امریکائی که دراطفای حـــریق چاههای نفت شهرت جهانی دارد دعوت شدکه معجّلاً با هواپیما از تکزاس بایران بیاید و این متخصص بدستیاری همکاران جسورخویش مهار کردن چاه را بعهده گرفت . در مدتیکه این دسته بکار مشغول بودند هردقیقه بیم آن‌را داشتند که گاز متصاعد ازچاه محترق گشته وهمه را دراثر انفجارمتلاشی‌نماید ولی دیری‌نگذشت که دراثر فروریختگی اعماق زمین چاه شماره ۵ قم مانند اولین چاهیکه دارسی حفر کرده بود ازفوران افتاد واین فواره عجیب که مانند شیری میغرید مانند بره‌ای زبان بسته ازحرکت وجنبش افتاد وما نفتی راکه دردریاچه بشکل تالابی عظیم بوجود آمده بود بهرکه میخواست فروختیم ودریاچه بتدریج تهی گردید .

متخصصین امر نفت عموماً اتفاق عقیده داشتندکه آثار وعلائم منطقه نفت قم حکایت ازوجود ذخیره بزرگی میکند وازهمین جهت عملیات حفاری ادامه یافت وتااواخر سال ۱۳۳۷ چاههائی‌که مجموع عمق آنها ازبیست وهفت کیلومتر تجاوز میکند دراین منطقه حفرگردید . درمنطقه سراجه نیزکه در ۵۵ کیلومتری شرقی شهر قم واقع است نیز عملیات اکتشافی دامنه‌داری انجام یافت ودراوایل سال ۱۳۳۸ درآن‌منطقه نفت بسیارمرغوبی کشف گردید. درهمان سال شرکت نفت ایران اولین نقشه ژئوفیزیك‌کشور را باتمام رساند وبافراهم شدن این‌نقشه صفحه تازه‌ای درتاریخ صنعت‌کشور ما بازگردید .

رویه من اینست‌که از فعالیت شرکتهای خصوصی ودولتی تشویق وترغیب بعمل آید وازاینرو درسال ۱۳۳۶

لایحه‌ای بتصویب مجلسین رسید که بموجب آن علاوه برسایر مقررات به شرکت ملی نفت ایران اجازه داده شد که با شرکتهای خارجی قرارهائی بدهد که در توسعه منابع نفت ایران باما همکاری نمایند. چون قرارداد سال ۱۳۳۳ که باکنسرسیوم منعقد شده بود عنوان موافقت‌نامه داشت درقانون جدیدمستقیماً بشرکت ملی نفت ایران اجازه داده شد که باشرکتهای‌خارجی درصورت‌لزوم قراردادهائی منعقد سازد مشروط براینکه هرقرارداد بتصویب مجلسین ایران برسد. کمی پس‌ازتصویب قانون جدید شرکت ملی ایران شرکتهای خارجی را دعوت‌کردکه برای تحصیل حق اکتشاف نفت دربعضی مناطق نفت‌خیز کشور درمزایده شرکت‌کنند. شرائطی که شرکت برای مزایده مزبور معین کرده بود درمحافل نفتی جهان فوراً همان هیجانی راکه انتظار داشتیم تولید نمود.

تصمیم من این بودکه ازآن به بعد درکار توسعه واستخراج منابع‌نفت رویه‌تازه‌ای اتخاذشود یعنی‌اولادیگر مسئله دادن امتیاز بمفهوم سابق‌آن ازمیان برود و با توجه بروح قانون ملی‌شدن صنعت‌نفت هرشرکت یاگروه خارجی که برای جستجوی نفت بایران بیاید یا بعنوان عامل ازطرف دولت ایران بکار پردازد ویاآنکه عملا با ما شریك باشد. مسئله تعیین عامل در موافقت‌نامه سال ۱۳۳۳ که بموجب آن‌کنسرسیوم باوسائل وتجهیزات شرکت سابق نفت ایران وانگلیس بکار مشغول‌گشت تصریح شده ومسئله مشارکت نیز درقراردادهائی که بعداً انعقاد یافت بمقام عمل درآمده است.

دوم‌آنکه شرکتهای‌خارجی که میخواهند به استخراج وتولید نفت درایران بپردازند باید نسبت بکشور ومنابع

نفتی آنقدر اطمینان واعتماد داشته باشندکه به تجسسات دامنه‌دار ومفصلی که کلیه هزینه آنرا نیز خودشان بپردازند دست بزنند . البته شرکت ملی نفت ایران دراثر تجسسات زمین شناسی که دربسیاری ازنقاط کشور بعمل آورده است میتواند باین شرکت‌ها راهنمائی و مساعدتهائی بکند ولی هرشرکت خارجی باید خطر عدم حصول نتیجه را رأساً تحمل کرده وکلیه مخارجی راکه دراین راه میکند باتوجه باین خطر ازکیسه خود بپردازد .

سوم آنکه هرگاه نفت بمقدار تجارتی بدست آمد دولت ایران در تولید آن هم از نظر مالی و هم از نظر اداری شریك باشد . من از نظر ناسیونالیسم ایرانی باین مسئله اهمیت داده و مصمم بوده و هستم که دیگر هیچ مؤسسه یاگروه مؤسسات خارجی اجازه نداشته باشندکه دراداره یك قسمت مهم وحیاتی صنعت ما اختیارات بدون شرط وقید داشته باشند وباید دولت درسازمان این قبیل مؤسسات شرکت مؤثر ومثبت داشته باشد وشرکت‌های خارجی باید قبول کنندکه چون منافع ما ومنافع آنها منوط بحسن اداره وعمل مؤسسات مورد نظر است ما دراجرای رویه‌های معقول وصحیحی که اتخاذ میشود نهایت اهتمام ومساعدت را بعمل خواهیم آورد .

چهارمین تصمیم قطعی من این بودکه حق‌الامتیازی که بما میرسد از حدکنونی تجاوزکند وزیادتر باشد ، زیرا بنظر من تقسیم بالمناصفه دیگر مقرون بصرفه نیست وبا روح ناسیونالیسم وانتظارات ملت ایران سازگاری ندارد وحتم داشتم که میتوان این تسهیم را بنفع کشور تغییر داد . بمجرد اتخاذ این تصمیم بعضی ازمؤسسات ذیعلاقه ونیرومند درمقابل این نیت ما بمخالفت برخاستند وکارتل بین‌المللی

نفت باین‌استدلال متوسل شد که ما میخواهیم برای بدست آوردن سود آنی منبع عایدات خود را خشك كنيم و در واشنگتن برای مخالفت بانظر ما باقداماتی متوسل شدند . باید باكمال تأسف گفته شود که سفیر آنروزی دولت امریکا نیز در تهران کوشش میکرد که ما را از عقد قراردادها با این شرائط جدید منصرف سازد .

بعضی از شرکت های نفت در برابر آرمان های ناسیونالیسمی ما همان رویه نامساعدی که شرکت سابق نفت ایران و انگلیس را بشکست و اضمحلال کشانید پیش گرفته بودند و تا مدتی ظاهر امر اینطور نشان میداد که مأمورین دولت امریکا همان اشتباهاتی را که انگلیسها در طی سه سال پیش از ملی‌شدن صنعت نفت مرتکب شده بودند تکرار میکنند. اما پیشنهادهای ما اصولی و منطقی بود و شرکتها دریافتند که نمیتوانند در برابر آن پیشنهادها بایکدیگر اتفاق عقیده داشته باشند و بنظر میرسید که وزارت امور خارجه امریکا نیز رویه خود را در اینمورد تغییر داده است .

در مرداد ماه سال ۱۳۳۶ شرکت ملی نفت ایران اولین قرارداد جدید را با شرکت ایتالیائی موسوم به اجیپ مینرازیا منعقد ساخت . قرارداد دوم در ماه فروردین ۱۳۳۷ با شرکت پان‌امریکن پترولیوم (شعبه‌ای از شرکت استاندارد اویل ایندیانا) که یك شرکت امریکائی بود انعقاد یافت و قرارداد سوم با یك شرکت کانادائی موسوم به شرکت محدود پترولیوم سفایر بامضاء رسید . شرکتهای ایتالیائی و امریکائی طبق مواد قرارداد خود فوراً بکار پرداختند ولی متأسفانه کار شرکت کانادائی طبق انتظارات ما پیشرفت نکرد .

این هر سه قرارداد از حیث اساس یکسانند و قسمت

عمده مناطق مورد اکتشاف آنها نیز در نواحی جنوبی کشور واقع ومشتمل بر کرانه‌های خلیج فارس و آبهای ساحلی آن است. اما چون ازمیان سه شرکت مزبور تنها شرکت امریکائی درفعالیتهای مقدماتی خود پیشرفتهای شایانی کسب نموده است بعنوان نمونه بشرح قرارداد مربوط بآن اکتفا میشود.

مناطقی که بوسیله شرکت پان امریکن باهمکاری شرکت ملی نفت ایران مورد اکتشاف قرار میگیرد تماماً زیر دریاست. در بادی امر ممکن است کسانیکه از کیفیت استخراج نفت آگاهی ندارند ازاینکه شرکتی حاضر شده باشد که منطقه نفتی مورد استخراج خود را در کف دریا تعیین کند دچار شگفتی شوند.

ولی حقیقت این است که در کشورهای متحده امریکا و ونزوئلا و اندونزی وسایر کشورها مناطق عظیم نفت‌خیز دریائی وجود دارد ودرسالهای اخیر نیز طرز استخراج اینگونه منابع دریائی ازنظر فنی وعلمی پیشرفت شایان کرده است.

دراین قرارداد قید شده است که هر گاه درظرف مدت دوازده سال پس ازامضاء آن نفت بمقدار قابل تجارت بدست نیامد اراضی مورد قرارداد بدولت ایران بر گردد و حتی مقرر است که اگر نفت درمحلی هم بمیزان قابل تجارت بدست آید مقدار ۲۵ درصد از اراضی مورد قرارداد درپایان پنج سال اول، و۲۵ درصد پس از انقضای پنج سال دوم تقلیل یابد ودرپایان سال دوازدهم فقط آن قسمت از اراضی ایران که تولید نفت در آن بمیزان قابل تجارت رسیده باشد در اختیار صاحب قرارداد باقی بماند. با اندک توجهی بشرائط مندرج دراین قرارداد و آنچه در قراردادها

وامتیازاتیکه در گذشته که برویتر ودارسی داده شده تفاوت و اختلاف بارزی که بین قراردادهای قدیم وجدید موجود است مشهود خواهد گشت .

بموجب این قرارداد باید شرکتی بنام شرکت پان امریکن ایران تشکیل شود ودرتهران به ثبت برسد . سهام این شرکت باید متساویاً متعلق به شرکت ملی نفت ایران وشرکت پان امریکن باشد وهریك ازاین دوشرکت نیز نصف ازاعضای هیئت مدیره را انتخاب ومنصوب نمایند . شرکت پان امریکن ایران دو وظیفه دارد: اول وظیفه اکتشاف است که باید کاملا و مطلقاً بهزینه شرکت پان امریکن بعمل آید و دوم استخراج نفت بمیزان تجارتی است که مسئول هردوشرکت یعنی شرکت ملی نفت ایران و شرکت پان امریکن خواهد بود .

شرکت پان امریکن بموجب این قرارداد متعهد است که درظرف سی روز پس از امضاء قرارداد مبلغ ۲۵ میلیون دلار پذیره نقداً پرداخت کند وعملیات اکتشافی خود را آغاز نماید ونیز متعهد است که درطی مدت دوازده سال حداقل مبلغ ۸۲ میلیون دلار از کیسه خود برای عملیات اکتشافی دراین کشور خرج کند واگر باصرف مبلغی کمتر ازاین میزان بکشف نفت قابل تجارت موفق گردید مازاد آنرا باید بادولت ایران تقسیم نماید و هرگاه شرکت پان امریکن تا پایان دوازدهمین سال قرارداد خود بکشف مقدار نفت قابل تجارت موفق نگردد تمام مبلغ ۸۲ میلیون دلار وحق اکتشافی را که بموجب قرارداد دارا میباشد ازدست خواهد داد. ازطرف دیگر اگر شرکت پان امریکن بکشف نفت بمقدار قابل تجارت (که درقرارداد بطور دقیق وصریح تعریف شده) توفیق یابد باید مراتب را رسماً به شرکت ملی نفت

ایران اعلام نماید. بمجرد این اعلام شرکت پان امریکن ایران بعنوان شرکت مشترک به استخراج نفت مبادرت خواهد ورزید.

دراین قرارداد وسایر قراردادهای جدید طرز تقسیم منافع ازنفتی که استخراج میشود بطور واضح و صریح تعیین گشته است ومن مخصوصاً مایلم که علاقه‌مندان باین صنعت متن این قراردادها را مورد مطالعه قرار دهند.

طبق این قرارداد ۷۵ درصد از کل منافع بما میرسد و ۲۵ درصد بقیه به شرکت تعلق دارد. دلیل این تقسیم نیز ساده است زیرا درقرارداد مزبور مقرر است که شرکت ملی نفت ایران وشرکت پان آمریکن درمنافع حاصله ازنفت متساویاً سهیم باشند واین منافع که بالمناصفه تقسیم میشود آن مبلغی است که هنوز مالیات وعوارض از آن کسر نشده است وچون دولت ایران حق دارد که از کل منافع شرکت پان آمریکن پنجاه درصد مالیات بر درآمد بگیرد بنابراین از این راه نیز بیست و پنج درصد از کل منافع بدولت ایران میرسد که با پنجاه درصد فوق رویهم به هفتاد و پنج درصد بالغ میگردد.

تا آنجائیکه من اطلاع دارم این قرارداد وقراردادی که باشرکت ایتالیائی منعقد ساخته‌ایم نخستین قراردادهائی است که تاکنون دردنیا بر اساس تقسیم ۷۵ و ۲۵ درصد منافع بین کشور صاحب نفت وشرکت استخراج منعقد شده است.

جای شگفتی است که هنوز بعضی ازمتصدیان امور نفت کوشش دارند اختلاف فاحشی را که بین این قراردادها وقراردادهای پنجاه - پنجاه موجود است ناچیز شمرده وبگویند که قراردادهائیکه بر اساس مناصفه یعنی پنجاه - پنجاه بسته شده میزان واقعی را نشان نمیدهد وقراردادهائی

که براساس ۷۵ و ۲۵ بسته شده نیز باقراردادهای پنجاه وپنجاه تفاوت بسیار مختصری دارد . این اشخاص باطناً میدانندکه اظهاراتشان تاب بررسی دقیق را نخواهدآورد . همین اشخاص درهنگامیکه روح حقیقت بین آنها نخفته است میدانندکه همین مقیاس جدیدیکه ما برای تسهیم سود اتخاذکرده‌ایم ناگزیر درسایرکشورها نیز مورد عمل پیدا خواهد نمود چنانکه هم اکنون نیز بمقام استفاده درآمده است . کسانیکه هنوز بهمان رویه پنجاه – پنجاه سابق پای بستند ظاهراً ازاین میترسندکه اگر بایکدیگر برای پشتیبانی ازآن متحد نشوند یکی پس ازدیگری دچار آن خواهد گردید . اما سخن دراین است که ترتیب سابق فریبندگی خویش را از دست داده وبازگشتنی نیست ودیری نمیگذرد که خوانندگان این کتاب خواهند دیدکه اصل مزبور دیگر درجهان نفت مورد عمل نیست وبکلی ازمیان رفته است .

شاید چون این قراردادها درنوع خویش تازگی دارد بعضی از آنهاکه درکار نفت گیتی واردند از آن هراسان باشند ، اما تاآنجاکه این امر مربوط بایران است نگرانی آنها موردی ندارد ، زیرا ما هرگز درنظر نداریم منافع دائم ومستمری را که میخواهیم برای توسعه وپیشرفت کشور صرف کنیم فدای نفع سنگین آنی بکنیم وتمام همّ ما دراین است که این سرچشمه سود را بنفع کشور خویش بوضع ثابت ومعقولی درآوریم واین نکته مطلب را بسایر شرائط مندرج درقرارداد جدید که دربسیاری تولید نگرانی کرده است یعنی شرائطی که بموجب آن دولت ایـران وشرکتهای تولید واستخراج باید با هم در کار شریك باشند میکشاند .

کسانیکه ازمواد مربوط بمشارکت ما با شرکتهای

استخراج مانند شرکت پان‌آمریکن ایران نگرانند دو نکته را از نظر دور داشته‌اند:

اول آنکه علاقه ما در امور انتفاعی کمتر از شرکای خارجی ما نیست و چون ما درواقع بیش از آنها از منافع بهره‌مند خواهیم شد طبعاً بیشتر از آنها کوشش خواهیم کرد که این شرکت‌ها در تحصیل منافع موفقیت پیدا کنند.

دوم آنکه سهیم بودن ما در اداره امور تولیدی باید موجب اطمینان خاطر شرکای خارجی ما باشد، زیرا تجربه بارها نشان داده است که شرکتهائی که در کشوری کلا بدست بیگانگان اداره میشود در مردم و دولت آن کشور نسبت بخود ایجاد مخالفت و عناد میکنند، ولی هر جا نمایندگان دولت صاحب منابع در اداره امور سهیم و شریک باشند امید آن شرکت از پشتیبانی و حمایت دولت که برای پیشرفت کار از لوازم است بیشتر است. شک نیست که مأمورین دولت هم بشر و قابل خطا ولغزشند ولی باحتمال قریب بیقین جنبه مساعدت آنها برای پیشرفت کار شرکتها از جنبه اشکال تراشی احتمالی آنها بمراتب بیشتر خواهد بود و این نکته بر اساس تجاربی که در ایران داشته‌ایم برای من بوضوح روشن گردیده است.

نتایجی که از قرارداد شرکت پان آمریکن بدست آمده اینست که مبلغ ۲۵ میلیون دلار پذیره پرداخت شده، شرکت پان‌آمریکن ایران بشکل یک شرکت ایرانی تأسیس گشته و به ثبت رسیده، ماشین‌آلات و ابزار سنگین که شرح آنها خواهد رفت از امریکا خواسته شده، در ناحیه مورد قرارداد یک بررسی در ارتعاشات زیرزمینی (بوسیله دستگاههای ضبط صوت بسیار حساس و سایر آلات که امواج صوتی را که زیر دریا در اثر انفجار دینامیت بوجود می‌آید

ودرنتیجه آن بسترمخازن نفت معلوم میشود ثبت میکند) . با ۲,۵۰۰,۰۰۰ دلارهزینه بعمل آمده‌است ، میزان ثقل وفشار جاذبه برای کسب اطلاع نسبت بوضع طبقات‌الارضی منطقه مورد قرارداد بوسیله دستگاههای حساس ازروی کشتی که ۷۵۰,۰۰۰ دلار هزینه آن بوده معلوم گردیده است ، ماشین آلات وابزار سنگین مورد احتیاج بتدریج وارد ودرجای خود نصب شده ودرمهرماه سال ۱۳۳۸ حفاریهای اکتشافی آغاز گردیده است .

ماشین وادوات حفرچاههای زیردریائی واقعاً تماشائی است . ازجمله سکوی متحرکی است که عملیات حفاری ازروی آن انجام میگیرد واین سکو بشکل یك کرجی آهنی بزرگی بطول ۲۰۰ پا وعرض ۱۰۴ پا وارتفاع ۱۵ پا است وزن آن بانضمام وسایلی که روی آن نصب شده به ۶۰۰۰ تن بالغ میگردد . این کرجی دارای هشت پایه است که بوسیله فشار میزان شده وطول هرپایه به ۲۲۵ پا میرسد ومیتوان آنهارا به کف خلیج فروبرد واین کرجی سنگین را میتوان ازسطح آب آنقدر بالا نگهداشت که موجهای عظیم که درهنگام طوفان وانقلاب دریا برمیخیزد بآن لطمه وارد نیاورد . روی این کرجی منجنیق حفرچاه که ۱۴۰ پا ارتفاع دارد قرارگرفته ومحلی برای فرودآمدن هلیکوپتر ونصب جرثقیل‌ها وتلمبه‌ها وسایر ماشین‌آلات ووسایل کار دارد . زیر عرشه کرجی اطاقهائی که با دستگاههای تهویه مجهزند برای سکونت ۶۰ نفر ساخته شده وسه دستگاه دیزل ازنوع دیزلهای لکوموتیو بمنظور تولید نیروی برق وماشینهای کوچکتر ودستگاه تقطیر آب که ساعتی ۱۰۰۰ گالون آب دریا را به آب شیرین مبدل مینماید وکارگاه تعمیرات وانبارهای بزرگ درآن تعبیه گشته است . این

کرجی را بزرگترین یدك‌کشهای اقیانوس‌پیمای جهان ازیازده هزار میل مسافت ازخلیج مکزیك که محل ساختن آن بوده تاخلیج فارس آورده است وهم‌اکنون شبانه روز ازروی آن بعملیات حفاری میپردازند.

یکی دیگر ازوسایل کار یك کشتی بزرگ است که ویژه عملیات حفاری است ودرآن ماشین آلات ولوازم مولد برق وتلمبه وقفسه‌های جای لوله وحوضچه‌هائی بــرای جمع‌آوری گل ولای وانبار ملزومات و اطاقهای مسکونی ملوانان ساخته شده ومرکز عملیات ساختمانی سکوهای حفاری است که پایه‌های آنها برسطح خلیج کار گذاشته شده است. روی این سکوها یاجزیره‌هائی که بدست آدمی ساخته شده منجنیق‌های حفاری وسایر ماشین‌های مورد احتیاج نصب گردیده است. این کشتی مخصوص حفاری‌های اکتشافی است زیرا میتوان آنرا ازمحلی بمحل دیگر منتقل نمود.

سکوهای حفاری برای استخراج نفت است که نه تنها با کشتی حفاری مرتبط است بلکه بــوسیله کشتی های کوچکتر وهلیکوپتر نیز میتوان بآسانی بآنها دسترسی یافت واگر دریکی ازاین سکوها عملیات حفاری بنفت برسد میتوان نفت آنرا بوسیله لوله‌های زیردریائی بساحل خلیج آورد.

هزینه حفر هرچاه اکتشافی دردریا روزی ۱۵۰۰۰ دلار است وچون معمولا حفرچاه درمدت ده ماه که شبانه روز درآن کار کنند طول میکشد. پس جمع هزینه حفر هرچاه درحدود چهار میلیون ونیم دلار خواهد بود. البته برما وشرکای شرکت آمریکائی ما پوشیده نیست که ممکن است عملیات حفاری چندین سال بدون حصول نتیجه بطول انجامد، ولی کار استخراج نفت درتمام نقاط گیتی کاریست که احتمال ضرر آن بسیار است وهر کس قدم دراینراه

میهن باید دارای همان اعتقاد جازمی باشد که پیشقدمان استخراج و کشف نفت ایران درسال ۱۹۰۸ داشتند و به نیروی همان اعتقاد برتمام دشواریها وموانع غالب آمدند . ما نیز حاضریم که مساعی خودرا دراین راه دنبال کنیم وهیچوقت یأس بدل راه ندهیم .

باید بخاطر داشت که درعین حال که صنعت نفت خودرا درنقاط بکر ودست نخورده کشور توسعه میدهیم فعالیتهای مهم خودرا درآبادان که ازمراکز بی نظیر نفت جهان است ادامه خواهیم داد . آبادان نه تنها محل بزرگترین پالایشگاه نفت گیتی ویك مرکز عظیم صنعتی است بلکه شهری است که دارای محیط ویژه خویش است وجمعیتی درآن گرد آمده است که تاآنجاکه اطلاع دارم نظیرش درهیچ یك ازنقاط گیتی یافت نمیشود .

کسانیکه برای سیاحت وآشنائی باتاریخ وفرهنگ کهنسال ما بایران میآیند بآبادان نیز سفری خواهند کرد وشك نیست که تماشای ایران بدون دیدن آبادان کامل نخواهد بود . آبادان وتهران بوسیله راه آهنی که قطارهای آن باآخرین وسایل تهویه مجهزاست بیکدیگر متصل وخط هوائی نیز بین این دوشهر موجود است وبرای کسانیکه بآبادان میروند مجال ووسایل سریع هست که آنانرا بسایر نقاط خوزستان ببرد وطرحهای بزرگ عمرانی ماراکه درآن منطقه درشرف اجراست وشرح آن درفصل هفتم داده شد مشاهده کنند . ایرانیانی که بکشور خویش و پیشرفت آن علاقه‌مندند نیز مسافرت باین شهر ومنطقه خوزستان را بسیار سودمند وجالب ودلپذیر خواهند یافت .

آبادان مرکز تولیدات صنعتی عظیم است وآدمی درآنجا احساس میکندکه از محیط این شهر فعالیت و کار

ثمربخش جوش میزند . شهرآبادان ازروی نقشه صحیحی بنا شده است بطوریکه پالایشگاه عظیم نفت دروسط آن قرار گرفته ودر کنارآن رودخانه پرآمد وشدکارون وصفوف خانه‌های مسکونی درکمال زیبائی بچشم میخورد . آبادان را میتوان یکی ازشهرهای بین‌المللی شمرد زیرا دراین‌شهر مردم‌کشورهای مختلف‌گیتی برای‌کار معامله‌گردآمده‌اند وکشتیهای ملل جهان همیشه در لنگرگاههای آن صف کشیده وبرای همه اقطارگیتی موادگوناگون نفتی حمل میکنند وملوانان وکارکنان‌آن نیزدرشهرآبادان باستراحت میپردازند . درخیابانهای زیبای آبادان انسان بمدیـران و متخصصین وکارمندان وکارگران وخانواده‌های آنها ودختران ایرانی وانگلیسی وامریکائی وفرانسوی وهلندی وسایرملل‌که دراداره‌ها کار میکنند برخورد میکند . اخیراً برنامه تبدیل کارمندان خارجی بایرانی‌آنقدر پیشرفت کرده است‌که امروز بیش‌از ۳۰۰ تن‌کارمند خارجی وجود ندارد واین افراد وخانواده‌های آنها نیز باین شهر صنعتی جنبه بین‌المللی مخصوص داده‌اند .

هوای آبادان درفصل زمستان بسیار دلپذیر وبرای ورزش‌های گوناگون درهوای‌آزاد مانند فوتبال ، رگبی ، کریکت ، والیبال ، گلف ، تنیس ، اسب دوانی ، قایقرانی ، پروازهای تفریحی بسیار مناسب است . هنگام تابستان که هواگرم میشود مردم به باشگاهها وتآترهائیکه مجهز به وسایل تهویه است پناه میبرند . من‌گاهی اندیشه میکنم‌که گرمای شدید آبادان درمیان اجتماعی‌که ازملل مختلفه تشکیل یافته است خود موجد روح همکاری است وساکنین آن شهررا بایکدیگر الفت ومؤانست میدهد .

مدیران وکارشناسانی‌که در این شهرکار میکنندنیز

معتقدند که شهر آبادان با آنها هیجان می‌بخشد وچنانکه یکی ازآنها گفته است «هر کس ازاین دانشگاه فارغ‌التحصیل شود استعداد آنرا پیدا میکند که درهمه جا کار کند .»

کارهائیکه درآبادان انجام میگیرد همه عظیم وبا اهمیت است . مثلا پالایشگاه آنجا دارای ده دستگاه بزرگ تقطیر برای تجزیه تبدیل نفت خام وده دستگاه تولید نفت سفید ومتجاوز ازچهل دستگاه تصفیه دیگر است . تنها برای سوخت تأسیسات پالایشگاه ، روزانه بیش ازشصت میلیون فوت مکعب گاز طبیعی مصرف میشود . مرکز تولید نیروی برق آن یکی ازبزرگترین مراکز خاورمیانه است ودو دستگاه تلمبه آن‌که آب آشامیدنی وکارسازی کارخانه‌ها ومردم را تأمین میکند یکی ازمجهزترین ومعظم ترین دستگاههائیست که تاکنون ساخته شده است .

ازپالایشگاه آبادان متوالیاً نهری ازمواد نفتی جاری است‌که قسمت عمده آن بنزین هواپیما وبنزین موتور وگازوئیل (برای مصرف کامیونهای دیزلی) ونفت وروغن وقیراست . درپالایشگاه حتی‌مواد شیمیائی لازم برای‌تولید مواد نفتی نیز تهیه میشود . دراین شهرمتجاوز از ۲۳۰۰ اتومبیل واتوبوس وکامیون ۳۰ دستگاه لکوموتیو دیزلی و ۱۰۰ دستگاه اتومبیل‌کرایه و ۲۸ یدك‌کش و ٥٦ کرجی بزرگ و ٤٢ قایق موتوری درآمد وشد است وده رشته تلفون خودکار وپانزده مرکز راهنمای تلفون درپالایشگاه نصب گردیده وباوسایل رادیوئی‌پیوسته باهواپیماهاوکشتیها ارتباط دارد . لوله‌هـــای نفت‌که بطول ۱٦۰ میل است پالایشگاه را بامناطق نفت‌خیزیعنی ازنخستین چاه مسجد سلیمان‌که هنوز ازآن نفت استخراج میشودگرفته تاسایر چاههای عظیم اتصال داده است .

چاه نفت آغاجاری را میتوان غنی‌ترین چاه نفت دنیا دانست . ساکنین این مناطق نیز مانند اهالی آبادان ازافراد ملل متنوعند وطرز ساختمان خانه‌ها ودکانها وباشگاهها وزمینهای بازی آنها هم بهمان شیوه آبادان است .

مقداری ازمحصولات نفتی آبادان بمصرف داخلی کشور میرسد وقسمت اعظم آن به خارج حمل میشود تا با ارز حاصل ازفروش آن هزینه برنامه‌های عمرانی کشور تأمین گردد . چنانکه درسال ۱۳۳۸ -۸۶۲ کشتی نفت‌کش ازآبادان وبیش از ۱۲۵۰ کشتی ازبندرمعشور که تأسیسات آن بسرعت توسعه مییابد نفت بخارج حمل کرده‌اند .

محصولات نفتی ازآبادان بیشتر مواد تصفیه شده‌است ولی ازبندرمعشور نفت خام بخارج حمل میشود . درجزیره خارك که در ۱۵۰ میلی آبادان درخلیج فارس واقع است نیز جنب‌وجوش عظیمی پدیدار است وتأسیسات آن دردست ساختمان است که بزرگترین کشتیهای نفت‌کش بظرفیت ۱۰۰,۰۰۰ تن وبزرگتر ازآنها نیز بتوانند درآنجا لنگر انداخته ونفت حمل کنند . [۱۵]

صاحب این همه وسایل مجهزوعظیم صنعت نفت‌ایران کیست ؟ برای مردم ایران که میدانندکه یگانه صاحب این تأسیسات کسی جزخود آنها نیست مایه مباهات است ووقتی بدانندکه این‌صنعت ازرکودسابق بدرآمده وامروزبمقداری که درتاریخ کشور ما سابقه نداشته مواد مختلف نفتی تولید میکنند درخود غرور مخصوصی احساس میکنند .

گاهی بدین‌اندیشه میافتم که درپالایشگاه عظیم آبادان وروی اسکله‌هائیکه کشتیهای بزرگ نفت‌کش درآن پهلو میگیرند وبرفراز مناطق نفت‌خیز ومراکز توزیع نفت‌که درتمام نقاط کشور ایجاد شده لوحه‌هائی نصب شود وروی

آن بدو زبان بنویسند (متعلق به مردم ایران) تا عموم هموطنان من از پیر و جوان و کارگران خارجی و کسانیکه از نقاط مختلف گیتی بدین مناطق میآیند مفاد آنرا همواره بخاطر داشته باشند .

برای ما این نکته حائز کمال اهمیت است که بدون خودنمائی باین حقیقت واقف باشیم که مالک وصاحب این دستگاه بزرگ و تسهیلات گوناگون آن کسی جز ما نیست . اما تنها مالکیت منابع و تأسیسات نفت برای ملت ایران کافی نیست بلکه باید آنرا بنحو شایستهای بنفع عموم ملت اداره کنیم . البته بر کسی پوشیده نیست که تولید نفت کار بسیار دشوار و پیچیده است و باید حتماً بوسیله متخصصین عالیمقام و مدیران دانشمند اداره شود . اینک که مالکیت منابع نفت را برای ایران مسلم ساختهایم درصددیم که اداره عملیات آنرا نیز متدرجاً بدست ایرانیان بسپاریم . برای حصول این مقصود دوطریق کلی را انتخاب کردهایم :

اول آنکه کارمندان را از میان ایرانیان انتخاب میکنیم و بدین منظور اولیای کنسرسیوم نفت را وادار ساختهایم که از تعداد کارمندان خارجی خود بکاهند بطوریکه امروز تعداد این کارمندان بسیار تقلیل یافته است . درحال حاضر شرکت ملی نفت ایران چند نفر مستشار و متخصص خارجی درخدمت خود دارد و طبعاً برای اجرای قراردادهای جدید اکتشاف و استخراج نفت چند تن دیگر از خارجیان استخدام شدهاند ولی رویهم درتمام دستگاههای صنعت بزرگ نفت امروز بیش از چندصد نفر از اتباع خارجی مشغول کار نیستند و این عده نیز مرتباً رو بتقلیل میرود .

دوم آنکه سرپرستی و نظارت کارها را بایرانیان میسپاریم . البته ما دراین قسمت جانب احتیاط را از دست

نمیدهیم وبدون‌تأمل‌بعملی که انجام‌آن احتمالاهنوزازعهده ما خارج است دست نمیزنیم بلکه ابتدا ازکارهای ساده وآسان شروع میکنیم وبتدریج امور مهمتر را باعضای ایرانی تفویض مینمائیم .

درباره رشته های فـراوان وگوناگونی که لازمه فعالیتهای پالایشگاه آبادان است قبلا اشاره کرده‌ام . شرکت ملی نفت ایران وظایف وخدمات اجتماعی راکم کم ازدست کنسرسیوم گرفته است چنانکه شرکت ملی نفت ایـران هم‌اکنون‌کلیه امور پزشکی وبهداشتی وساختمان مساکن کارمندان و کارگران پالایشگاه وحفظ ومرمت‌آنهارا اداره میکند . احداث ابنیه وطرق و تهیه سایر تسهیلات مربوط بمساکن . حفظ امنیت وانتظام تمام حوزه پالایشگاه واداره امور آموزشگاه فنی آبادان وتوسعه برنامه‌های آموزشی درپالایشگاه نیز کلا برعهده شرکت ملی نفت ایرانست .

تااواسط سال ۱۳۳۹ درحدود یك سوم ازمجموع کارمندان‌کنسرسیوم درآبادان تحت نظارت مستقیم شرکت ملی نفت ایران درآمده‌اند واین اقدام مهم نتیجه حسن‌تفاهم وهمکاری شرکت ملی نفت ایران وکنسرسیوم بوده است . همین رویه نیز درسایر مناطق نفت‌خیز وابسته به پالایشگاه آبادان نیزمرعی است وشرکت ملی نفت ایران درآن مناطق نیز امور مربوط بخدمات اجتماعی را زیرنظر خود قرار داده است .

اما طرحهائی که درنظرماست ازاین‌حدودنیزمیگذرد. درفصل هفتم اشاره شد که اقدامات بدوی‌برای‌کشیدن لولهٔ نفت تا دریای مدیترانه بعمل آمده است ودرفصل هشتم از کشتی‌های نفت‌کش که با پرچم ایران دریاها را گزاره میکنند سخن رفته است . نقشه ما اینست که پس از مدتی

کوتاه خود در کشورهای بیگانه نمایندگیهای فروش تأسیس کنیم تا مواد نفتی ما را عرضه کنند و درضمن اینکه محصولات ویژه ایران را بدنیا میشناسانند سودی زیادتر بما عاید دارند .

امروز نفت ایران نیازمندیهای مردم چندین کشور را مرتفع میکند و میل من آنست که نفت ایران بنام کشوریکه صاحب آن است شناخته شود و بنام یک کارتل یا مؤسسه نفت معروف نباشد .

اساس صنعت جدید نفت بر تحقیقات و مطالعات وسیع علمی قرار گرفته است از همین جهت از اقداميکه برای تأسیس یک مرکز تحقیقات و بررسی علمی از طرف شرکت نفت ایران بعمل آمده است شادمانی مخصوص دارم . ما این برنامه را با ایجاد یک آزمایشگاه مهندسی و حفاری نفت که توسط علیاحضرت ملکه فرح در اوایل سال ۱۳۳۹ افتتاح گردید آغاز نموده‌ایم و انتظار میرود که در آینده نزدیک آزمایشگاههای دیگری نیز برای مهندسی تولید نفت و زمین شناسی و ژئوفیزیک و ژئوشیمی و پتروفیزیک تأسیس گردد و نیت ما اینست که این مرکز با مراکز مشابه آنکه در ممالک مترقی بوجود آمده از هر حیث برابری کند .

باید اضافه شود که مرکز این مطالعات در شهر ری در نزدیکی آرامگاه پدرم واقع شده است و اطمینان دارم که اگر امروز آن مرد بزرگ در قید حیات بود اولین شخصی بود که از این مظهر ترقیات ایران کنونی لب به تحسین و آفرین میگشاد.

ذکر مطالب فوق برای اظهار این نکته است که باعتقاد قطعی من ، ایرانیان توانائی نگاهداری و توسعه دستگاه تولید نفت و توزیع آنرا دارند . اینک باید دید در طول زمان وضع تقاضای جهانیان برای مواد نفتی بر چه منوال است .

امروز در نوع انسانی برای تحصیل منابع نیرو جنب

وجوش عظیم مشهود است چنانکه مثلا انگلستان درمورد بکاربردن نیروی اتم پیشقدمی یافته وسایر کشورها هم نیز درصدد ایجاد و ساختمان مراکز تولید این نیرو هستند. زیردریائیهای اتمی آمریکا دراقیانوس‌ها آمدوشد میکنند وروسها کشتی یخ‌شکن اتمی خودرا بکارانداخته وامریکائیها دراواسط ۱۹۵۹ اولین کشتی اتمی تجارتی خودراکه بدون تجدید سوخت مدت سه سال‌ونیم کار خواهد کرد بآب انداخته‌اند و کشورهای آلمان وانگلستان وسایر ممالك نیز برای اینکه نفت را از شأن وشوکت فعلی‌خویش بیاندازند در صدد ساختن کشتیهای نفت کش اتمی هستند و دیری نخواهد گذشت که احتمالا نیروی خورشید نیزرقیب‌زورمند نفت خواهد گردید. در ضمن این عملیات فرانسویها نیز در صحرای افریقا مناطق نفت خیز جدیدی کشف کرده وتأسیسات بسیار عظیمی درآنجا فراهم آورده‌اند ودرلیبی نیز چاههای نفت جدیدی کشف شده است. باوصف این افزایش محصول، بنظر من امروز بازار نفت و گاز طبیعی گرمتر از زمانهای پیش است زیرا از طرفی میزان سوخت یا نیروی محرك چنان بسرعت روبافزایش میرود که اگر منابع نیروهای جدید دیگر هم پیدا شود باز بدشواری احتیاجات روز افزون جهان را کفایت خواهد نمود. ازطرف دیگر استفاده از نفت و گاز طبیعی درساختن مواد شیمیائی نیز وسعت یافته است و این مواد بقدری درصنایع پر ارزش و مفید واقع شده است که دیگر دریغ است آنرا برای سوخت مورد استفاده قرارداد.

کارشناسان درانتظارآن روزی‌هستند که‌عده کثیری‌از موادموردداحتیاج نوع‌انسانی‌ازنفت ومشتقات‌آن‌و گازطبیعی فراهم گردد. چند سال پیش یکی ازمتصدیان بزرگ امور

نفتی گفته بود که درصنعت شیمی نفت هرگز بیش ازمقدار بسیار کمی نفت که بمثابهٔ قطره‌هائی از دریائی باشد مورد استفاده‌قرارنخواهد گرفت امااین‌نظربسیارخطابود زیرا این صنعت چنان بسرعت پیشرفت کرده است که پیش‌بینی میکنند که درسال ۱۹۶۵ ارزش موادیکه این صنعت سالیانه تولید خواهدکرد تنها درامریکا به ده میلیون دلار بالغ گردد.

اشیاء وموادیکه صنعت شیمی نفت تولید میکند عبارت است ازلاستیك، پلاستیك، الیاف مختلف مانند نایلون وداکرون، کودشیمیائی وداروهای‌کشنده حشرات ومایع ضدیخ، مصالح‌ساختمانی، شیشه‌نشکن، ظروف‌غذاخوری. رنگ و صدها اشیاء دیگر که هر روز ببازار میآید. درسال ۱۳۳۸ بیش از ۱۵۰ کارخانه شیمی نفت درنقاط مختلفه‌گیتی ساخته شده ویا دردست ساختمان بوده است وبدیهی‌است که‌کشور ایران که منبع مواد خام اینگونه اشیاء است نسبت به توسعه آن صنعت درخارجه‌کمك مؤثری خواهدکرد. ازآن گذشته چنانکه در فصل هفتم ذکر شد درداخله‌کشور ما نیز این صنعت بزودی بکار خواهد افتاد ومؤسسه جدید تحقیقات شیمی نفت‌که باکمك دانشمندان ومتخصصین‌فرانسوی درسال ۱۳۳۸ تأسیس‌شده‌کمك‌مؤثری بتوسعه این صنعت درایران خواهد نمود.

بطورکلی کارشناسان‌تخمین‌زده‌اند که درده سال‌آینده مصرف نفت درگیتی اقلا ۷۵ درصد ازمیزان فعلی زیادتر خواهد بود ومصرف گاز طبیعی از این حد هم تجاوز خواهد کرد.

اهمیتی که نفت‌وگازطبیعی درجهان صنعت پیداکرده برای ما ایرانیان بسیار مغتنم است و امروز مساعی ما دراین صنعت مایه بالابردن سطح زندگانی مردم کشورایران وسایر

ملل جهان خواهد بود ودرعین حال بوسیله نظارت واداره صنعت نفت ازلحاظ تولید وتوزیع آن حق مالکیت خودرا بطرز دیگر هم تثبیت خواهیم نمود .

فصل سیزدهم

ایران و صلح جهان

یکی از حقایق تاریخی آنست که منطقه خاورمیانه درهیچ روزگار بدون حادثه‌نبوده واگرروزی اوضاع آنجا قرین آرامش باشد باید آنرا بمثابه آرامش پیش از طوفان تلقی کرد. چنانکه مثلا دراردیبهشت سال ۱۳۳۹ که درمدتی کوتاه بطور رسمی بچندکشور اروپائی مسافرت میکردم درهنگام بازگشت وعبور ازترکیه زمامداران جدیدی باستقبال من آمدندکه هیچکدام را درموقع رفتن ندیده بودم ومعلوم شدکه درخلال آن مدت کودتائی درآنکشور بوقوع پیوسته ویک جنگ داخلی را مانع آمده است.

خاورمیانه آنقدر پرازحوادث غیرمنتظر وپیش‌بینی ناشدنی‌است که بسیاری‌ازاشخاص ازتعیین‌اصول معینی‌برای

حفظ روابط بین‌المللی بااین منطقه احساس یأس میکنند ولی درعین حال باین حقیقت هم متوجه میشوندکه ارتباط خاورمیانه باسایر نقاط جهان روزبروز افزایش می‌یابد و همین توسعه ارتباط ، آنها را در تجزیه و تحلیل وقایع حیران‌تر وسرگردان‌تر میسازد .

مسئله خاورمیانه بعقیده مطلعین به‌تنهائی‌وبشکل‌مجزا خود ازمسائل بسیار دشوار وپیچیده است وهرگاه بامسائل درهم وبغرنج جهانی درآمیزد مشکلی لاینحل میشود .

باوصف این بعقیده من میتوان در مسائل سیاسی خاورمیانه ومسئله تأمین‌صلح دراین‌ناحیه ازاین عجزفکری درگذشت . ولی درمرحله اول باید این‌سئوال‌را پیش‌آورد که منظور ازصلحی‌که همه طالب آنند چه نوع صلحی‌است ؟ این پرسش جنبه مباحثه لفظی ندارد زیراآنکه شیفته‌آزادی است حاضر نیست‌که صلح را بهرقیمت‌که باشد بدست آورد. مثلا حبس وزندان خود یك نحوصلح وآرامش است وحتی بعضی از زندانیان بوده‌اند که هیچگونه علاقه‌ای به بیرون آمدن اززندان نداشته‌اند وهمچنین باتصفیه وشستشوی مغز چنانکه درروان‌شناسی معمول‌است ممکن‌است دربیماررروانی آرامش‌وسکونی‌بوجودآید. ازنظرملل‌واقوام نیزممالکی‌که دست‌نشانده دول‌بزرگ کمونیست هستند دروضعی‌که درنظر بعضی‌از اشخاص به‌صلح وآرامش تفسیرمیشود بسرمیبرند ، و آنها که بیش از همه درباره تخفیف تشنجات بین‌المللی واستقرارصلح گفتگومیکنند همین‌نوع‌صلح‌را درنظردارند.

بنظر من آنچه مطلوب واقعی مردم روشنفکر میباشد عبارت از صلح با ثمر و خلاق است . بعضی آرزوی چنان صلحی را دارندکه درپرتو آن مردم‌گیتی وملل متنوع بتوانند استعدادهای خودرا بحدکمال بمنصه بروز وظهور

برسانند و بعقیده من برای اینکه کشورها و ملل خاورمیانه بتوانند بچنین صلحی نائل‌آیند دوشرط اساسی مورد لزوم دارد : اول ایجاد دموکراسی سیاسی و اقتصادی واجتماعی بشرحی است‌که در فصل هشتم بیان شده است . منظور من ترویج یك نوع دموکراسی خاص وغیرقابل انعطافی نیست بلکه اصرار من برلزوم یك دموکراسی مؤثری است‌که بتوان آنرا مقایسه بارویه‌هائی کردکه باسامی گوناگون‌مانند (دموکراسی مردم) ونظائرآن معروف شده ودرعمل نتایج حاصل ازآن باآنچه دراسم ظاهری آن‌ها جلب نظر میکند متفاوت بوده است .

شرط دوم مأمونیت از خرابکاری ونفوذ تدریجی وتجاوز است واین دوشرط برای اینکه مردم باستعداد خود واقف شوند و همانطور که بنظر من خداوند خواسته است در راه ترقـــی و پیشرفت گام بردارند از شرائط اساسی وضروری است .

اما دراین پهنه وسیع‌گیتی ودرمنطقه خاورمیانه‌که بشر فناناپذیر درآن سکونت دارد بدون تردید ایجاد چنین شرائطی امکان پذیر نیست ، ولی آدمی میتواند تا آنجا که درحدود توانائی وی باشد خویشتن را بآن نزدیك سازد و هر گامی‌که ویرا بچنین وضعی نزدیك‌تر کند برشادمانی وخرسندی وی خواهد افزود .

اینك بیائید به وقایع وپیش‌آمدهای چند سال اخیر مرور کنیم . زمانیکه جنگ دوم جهانی بپایان رسید برخی از ملل اروپای غربی در مضیقه شدید اقتصادی قرار گرفته بودند وزمینه برای نفوذکمونیسم درآن‌کشورها ازهرحیث فراهم بود . دیری نگذشت که طرح مارشال برای کمك خارجی بمیزانی که تاکنون درجهان سابقه نداشت بموقع

اجرا درآمد وبوسیله آن ملل اروپای غربی باردیگر دستگاه اقتصادی خویش را منظم ساختند و در بسیاری از موارد میزان تولید خود را از دوران قبل‌از جنگ جهانی نیـز بالاتر بردند.

درآمد ملی انگلیسها باآنکه مستعمرات خودرا یکی پس‌ازدیگری ازکف میدادند از عالیترین حدی که دردورهٔ امپراطوری بآن نائل شده بودند تجاوزکرد. کشورفرانسه باوجودعدم‌ثبات‌سیاسی‌دراوایل‌بتوسعه صنعتی‌شگفت‌انگیزی نائل آمد. درآلمان اوضاع اقتصادی بهبود یافت وبجای حکومت‌ستمگرانه هیتلریك‌حکومت‌دموکراسی که درتاریخ آن کشور سابقه نداشت مستقر گردید و سایر کشورهای اروپای غربی ازنعمت رفاه برخوردار گشتند.

اساس‌وپایه ترقی کشورهای آزاداروپا درحقیقت‌همان اقداماتی بودکه برای تأمین واصلاح نیروی دفاعی خویش بعمل‌آوردند. درسال ۱۳۲٤سازمان ملل‌متحد تشکیل یافت و درپی‌آن آثار شوم جنگ سرد درجهان آشکار گردید.

چون مفاد مواد ۵۱ و ۵۲ منشور ملل متحد دفاع دسته‌جمعی را بمنظور حفظ صلح و امنیت منطقه‌ای مجاز شناخته بود درسال ۱۳۲۸ اغلب ملل‌آزاد اروپا وکشورهای متحده امریکا وکانادا باهم متفق ومتحد شده وسازمان پیمان اتلانتیك شمالی (ناتو) را بوجود آوردند سپس کشورهای یونان وترکیه وآلمان غربی نیز بآن سازمان ملحق‌گردیده وحوزه سازمان پیمان اتلانتیك شمالی را از امریکای شمالی تاآسیا امتداد دادند واینك پانزده‌کشور یعنی کشورهای متحده امریکا، کانادا، ایسلند، نروژ، دانمارك (بانضمام‌گروئلند)، بریتانیا، فرانسه، جمهوری فدرال آلمان، هلند، بلژیك، لوکزامبورك، پرتغـال،

ایتالیا ، یونان ، ترکیه اعضاء این پیمان هستند .

سازمان پیمان اتلانتیك شمالی تنها یك اتحاد نظامی بمفهوم قدیمی این اصطلاح نیست ، بلکه نشان یك نحو برادری‌ومعاضدتی‌است که بین کشورهای ملل همفکروشیفته آزادی بوجود آمده وروحیه مردم اروپای‌آزاد را نیرومند ساخته وبرای آنها بمثابه سپری شده است که درپناء آن به پیشرفت‌های شگفت‌انگیز اقتصادی نائل آمده‌اند . این‌پیمان نیز برای همکاری وقبول مسئولیت مشترك نمونه و سرمشق گردیده وبرای‌تهیه واجرای‌برنامه‌های منطقه‌اروپائی‌مانند اوراتم راهنما ومشوقی بزرگ بوده است .

همانطورکه قرنها بعد مورخین درکتب خود ازطرح مارشال بعنوان نمونه بیسابقه‌ای از کمکهای سخاوتمندانه بین‌المللی یاد خواهند کرد معتقدم که سازمان پیمان‌اتلانتیك شمالی هم بعنوان نمونه موفقیت‌آمیز سازمانی که بنظرمن باید آنرا سازمان همکاری امنیت بین‌المللی نام داد ثبت تاریخ خواهد گشت . البته بعضی از بدبینان طبق رویه کمونیستی از همان بادی امر گفتند که طرح مارشال همان امپریالیسم امریکائی است که نقابی نازك به چهره انداخته است وکمی بعد دعوی‌کردند که ازشرکت امریکا درآن پیمان بوی خیری نمیآید ومنظور آن دولت چیزی جزآن نیست که درآب گل‌آلود ماهی بگیرد وبالمال اروپا را زیر تسلط ونفوذ خویش درآورد . اما بنظر من‌کسانیکه این اتهامات را برامریکا وارد میآورند درتاریخ وتمدن امریکا سوء تعبیر رواداشته‌اند ودرکیفیت علاقه ومنافع این ملت روشنفکر قضاوتشان نادرست است وامریکائیها آنقدر قوه تشخیص دارندکه بدانند یگانه شرط سعادت وحتی بقاء ودوام آنها داشتن یاران نیرومند وقابل اعتماد است .

باآنکه وضع خاورمیانه با اروپا تفاوت آشکار دارد ولی دراصل واساس یکسان وهمانندند. راست است که اروپای غربی از کشورهائی تشکیل یافته است که اکثر از لحاظ اقتصادی توسعه یافته‌اند و کشورهای خاورمیانه توسعه اقتصادی پیدا نکرده‌اند وهمچنین درست است که پس از جنگ، تجدید حیات کشورهای اروپائی دراثر آن بوده است که علوم وفنون جدید در آن نقاط پایه وبنیان داشته و کشورهای خاورمیانه باید از پایه وبنیان آغاز کنند، ولی دراین هردو منطقه گیتی مردم باکمال شدت آرزومند پیشرفت‌های سیاسی واقتصادی واجتماعی و درپی بسط و استقرار امنیتی هستند که در پرتو آن پیشرفتهائی که آرزومند آنند بمقام عمل درآید.

پرزیدنت ترومن بادرنظر گرفتن تفاوت بین کشورهای مترقی وممالکی که تازه درصدد توسعه وپیشرفت برآمده بودند برنامه خودرا که بعداً درسراسر گیتی بنام اصل ٤ خوانده شد درسال ۱۹٤۹ تدوین وتنظیم نمود ودرنتیجه استقبال گرمی که من نسبت به این برنامه ابراز داشتم وی و مشاورین او برای اجرای اولین طرح این برنامه، کشور ایران را برگزیدند. سازمان ملل متحد نیز ازسال ۱۹٤۷ کمکهای فنی خود را بمیزان نسبةً مختصری بکشورهائی که تازه قدم به توسعه وپیشرفت اقتصادی نهاده بودند آغاز کرد و از سال ۱۹٤۹ برنامه وسیع این سازمان بموقع اجرا گذاشته شد و کشور ایران نیز ازآن بهره‌مند گردید.

درسال ۱۹۵۰ کشورانگلستان وسایر ممالك مشترك المنافع نیز طرح موفقیت‌آمیز کلمبو را برای کمکهای فنی ریختند وسپس آنرا توسعه داده وپاره‌ای ممالك راهم که جزو کشورهای مشترك المنافع نبودند مشمول آن ساختند

ودرتاریخ حیات بشری نخستین‌بار کمك فنی اصل مسلم وعامل اساسی مناسبات بین‌المللی شناخته گشت .

امروزه بسیاری ازدولتها سازمانهائی برای کمك فنی بکشورهای دیگر دارند که بطورمستقیم ویا بوسیله سازمان ملل متحد و سایر سازمانهای بین‌المللی و یا بمجموع این وسائل باین امر مهم اقدام میکنند . در میان ممالك جهان کشور امریکا که برای اجرای برنامه اصل ٤ هیئت‌هائی را بمتجاوز ازشصت کشور تازه مترقی اعزام داشته وسیعترین برنامه کمکهای‌فنی‌را بمرحله عمل‌درآورده‌است . هیئت‌های کمك فنی وابسته بسازمان ملل متحد دربیش ازسی مملکت مشغول کارند و گروههای کوچکتری از متخصصین آن نیز دربیشتر کشورهای دیگر فعالیت میکنند . عده‌ای ازدولتها که‌بازدرمیان‌آنها دولت‌امریکا ازهمه‌پیشتراست‌بکشورهائی که قدم بمرحله توسعه وترقی نهاده‌اند کمك‌های اقتصادی بسیار ازپول ومواد غذائی وآلات وابزار صنعتی ونظائرآن بعمل میآورند .

بعقیده من اگر گفته شود که طرح مارشال که اساساً بمنظور مساعدت بکشورهای اروپائی بوجود آمده وبعداً بخاورمیانه نیز توسعه یافت منافع بیشماری باین کشورها عاید داشته است سخنی بگزاف نیست و بدون‌شك برای ما ایرانیان این خاصیت را داشته است وهمه میدانند که برنامۀ کمکهای فنی واقتصادی ، مردم سایر کشورهای این منطقۀ گیتی‌را بآینده امیدوار ساخته است .

درمسئله ایجاد وسائل امنیت منطقه خاورمیانه وایجاد سازمانی نظیر سازمان پیمان اتلانتیك شمالی پیشرفت کار بطئی‌تربوده‌است. چنانکه اشاره کرده‌ام جنگ‌سرددرحقیقت درایران وازرمان غائله آذربایجان که بسال ١٣٢٤ پیش‌آمد

آغاز گردید و در اواخر سال ۱۹۵۰ اقدامات کمونیست‌ها برای نفوذ و خرابکاری در تمام نقاط خاورمیانه مشهود بود ولی متأسفانه ما در این قسمت از گیتی از کشورهای اروپائی که برای مقابله با این تهدید بایکدیگر متحد شده بودند عقب افتادیم .

در سال ۱۹۵۱ کشور ترکیه بسازمان پیمان اتلانتیک شمالی (ناتو) ملحق گردیده وسه سال بعد سازمان جدید پیمان آسیای جنوبی (سیتو) تشکیل گردید و کشور پاکستان عضویت آنرا پذیرفت. در سال ۱۹۵۵ یعنی شش سال بعد از ایجاد سازمان پیمان اتلانتیک شمالی پیمان بغداد منعقد گردید و پس از جنگ اولین نمودار یک سازمان مؤثر امنیت دسته‌جمعی در خاورمیانه بوجود آمد .

موقعیت طبیعی و جغرافیائی، سازمانهای پیمان اتلانتیک شمالی و پیمان بغداد و پیمان آسیای جنوب شرقی را بایکدیگر مربوط و متصل میسازد . چون انگلستان و ترکیه در سازمان پیمان اتلانتیک شمالی و پیمان بغداد عضویت دارند و دول پاکستان و انگلستان نیز عضو سازمان پیمان آسیای جنوب شرقی و پیمان بغداد هستند ، این ارتباط تقویت یافته است .

در فصل ششم موجبات الحاق کشور ایران بسازمان پیمان بغداد که بعداً سازمان پیمان مرکزی (سنتو) نامیده شد و پیمان امنیت دو جانبه با کشورهای متحده آمریکا که دوسال بعد از پیمان بغداد منعقد گردید شرح داده شده و از اینکه موفق بانجام این امور شده‌ایم خرسندیم . در اینجا باید ناگفته نگذاشت که سازمان پیمان مرکزی و قرارداد ما با کشورهای متحده امریکا بهیچوجه ما را از برقراری روابط وداد و همجواری با کشور روسیه اگر روسها مایل باشند و در هر موقع که بخواهند مانع نخواهد شد .

بعضی از اشخاص و مخصوصاً دست‌چپی‌های افراطی طبعاً به سازمانهای سه گانه ناتو و سنتو و سیتو و هر گونه اتحادیه‌های مشابهی که برعلیه طرحهای تجاوزکارانه کمونیزم ایجاد شده بشدت حمله کرده‌اند. بحث و استدلال با افرادی که بصرف عقیده بمرام کمونیزم معتقدند فایده‌ای ندارد، زیرا این اشخاص با هر گونه پیمان غیر کمونیست مخالفت دارند ولی دیده میشود که برخی از مردم که پیش از همه منکر طرفداری از کمونیزم میباشند نیز دلائلی اقامه میکنند که با استدلالات کمونیستها شباهت آشکار دارد و بنظر من اینان باید وضع خود را مورد تحقیق و بررسی قرار دهند. عقیده قطعی من اینست که در طی مدت پانزده سال اخیر مردم آزاد گیتی خویشتن را از مصیبت و بلای جنگ سوم جهانی تنها بوسیله اتحاد و کمکهای متقابله که من آنرا امنیت مشترک بین‌المللی مینامم مصون داشته‌اند و تا پانزده سال آینده نیز طریقه‌ای غیر از این رویه در برابر ملل آزاد گیتی نمیتوانم دید.

در برابر این رویه حتمی و ناگزیر ظاهراً یک راه دیگر هم میتوان تصور کرد و آن اینست که ملل آزاد جهان بطیب خاطر و بانصراف طبع هر سال متوالیاً در مقابل کمونیستها عقب‌نشینی کنند و بآنها اجازه دهند که بدون مواجهه با مخالفت قسمتی از خاک آنها را در حیطه تسلط خویش در آورند. اما همین رویه منحرف هم اگر بتوان بآن همزیستی مسالمت‌آمیز نام نهاد از بروز جنگ سوم جهانی جلو گیری نخواهد نمود زیرا تجاوزات کمونیست بتدریج آنقدر نیروی ملل آزاد جهان را تحلیل خواهد برد که عاقبت بتوانند ضربه آخرین را بقهر و اعمال شدت بر آنها وارد سازند و یا آنکه ملل آزاد عاقبت مصمم شوند که دست باقدام متقابل بزنند خواه چنین اقدامی منجر بجنگ جهانی بشود یا نه.

باید در این نکته تأکید کنم که امنیت دسته‌جمعی بین‌المللی بهیچوجه از هدف اصلی سازمان ملل‌متحد منحرف نشده و برعکس از دو جنبه اساسی از سازمان ملل‌متحد استفاده میکند. ازیکطرف مؤسسات تخصصی سازمان ملل متحد بارساندن کمکهای فنی و مساعدتهای مالی سهم مهمی دراجرای برنامه‌های عمرانی ملی که برای روش امنیت دسته‌جمعی بسیار مغتنم است دارد وازطرف دیگر سازمان ملل متحد وظیفه ایجاد امنیت دسته‌جمعی رابعهده دارد که برای حسن اجرای روش فوق ازضروریات اولیه است. مثلا اقدام سازمان ملل متحد در جلوگیری از تجاوزات کمونیزم در کشور کره از کارهای فراموش نشدنی است وهمچنین فعالیتهای سازمان ملل متحد درمورد رفع اختلافات عرب واسرائیل هیچگاه ازخاطره‌ها محونخواهد شد.

اما درمورد کمکهای فنی واقتصادی چون منابع کافی دراختیار سازمان ملل متحد قرار نگرفته است این سازمان نمیتواند بمیزانی که برای حسن اجرای امنیت دسته‌جمعی بین‌المللی ضرور است کمکهای لازم بعمل آورد. علاوه برآن من هرگز معتقد نیستم که برای مساعدت چشم امید منحصراً بیك نقطه معطوف باشد وترجیح میدهم که درمیان مؤسسات مختلفی که برای تعاون تأسیس یافته رقابت دوستانه‌ای باشد تاهر کدام یك قسمت از کاررا بهتر و کاملتر انجام دهند.

یکی ازمنابع کمك که ما ازاتکای بآن خرسندیم کمکهای اصل چهار امریکاست. بعضی اشخاص اظهار نگرانی شدید میکنند که هدف اصلی برنامه اصل چهار یعنی کمك به تأمین نیازمندیهای اساسی مردم کشورهائی که تازه به راه زندگی افتاده‌اند ازنظرها محو گشته است واستدلال میکنند که دولت امریکا درسالهای اخیر هدف اصلی خودرا تعدیل کرده

وکمکهای فنی اصل چهار را برای جلوگیری از کمونیزم بکار برده است. بعقیده من این انتقاد سوء تعبیری است که درفلسفه وجود اصل چهار میشود زیرا چنانکه اطلاع دارم یکی ازهدفهای اصل چهار درهمان آغازکار جلوگیری ازپیشرفت کمونیزم وبهبود رویه دموکراسی بوده است ویکی ازدلائلی که مؤید این نظراست اظهارشخص پرزیدنت ترومن است که درکتاب خاطرات خود مینگارد:

« برنامه اصل چهار یك اقدام عملی برای نشان دادن رویه ما نسبت بکشورهائی بودکه مورد خطر سلطه کمونیزم قرارگرفته بودند.

این برنامه باسیاست ما درجلوگیری ازبسط کمونیزم درجهان آزاد منطبق است که باید آنها راکمك کنیم تا ازوسائل کافی برای تهیه غذا ومسکن وسایر تسهیلات زندگانی برخوردار باشند وبطریق صحیح توسعه اقتصادی پیداکنند. این برنامه یك نحوکوششی است که نه‌تنها برای فهمانیدن رویه ومرام دموکراسی بمردم جهان بعمل میآید بلکه منظورش آنستکه فوائد تشریك مساعی عاقلانه را دربهبود وضع زندگانی عملا نمایش دهد.»

آیا دراین اظهار نکته نامناسبی است؟ امروز امریکا بکشورهائی کمك مینماید که‌رنگ‌های گوناگون سیاسی دارند وحتی کشورهای کمونیستی یوگوسلاوی ولهستان نیز بمیزان قابل توجهی از کمکهای امریکا برخوردار هستند. اما آیا میتوان مسئله کمکهای فنی‌را بکلی ازرویه سیاسی ملل مبرا ومجزا نگاهداشت وآیا اگر منظور حقیقی آن باشد که بمللی که تازه سربلند کرده‌اند مساعدتی بشود ممکن‌است سطح زندگانی سیاسی آنها را ازخاطر محو ساخت وآیا این

خود نمونه کمال انسانیت نیست که بشر بهمنوع خود کمك کند که بیك زنــدگانی مرفه بتمام معنی ومفهوم سیاسی واقتصادی واجتماعی نائل آیند ؟

اما استدلالات این اشخاص ازاین مراحل هم تجاوز میکند ووقتی بحدود سخافت میرسد که دعوی میکنند کمکهای خارجی هرگز نباید بمسئله فراهم ساختن وسائل دفاع نظامی وارد شود ومنحصراً باید برفع احتیاجات نوع انسانی برسد . این استدلال خود برهان سخافت خویش است زیرا یکی ازمهمترین نیازمندیهای اساسی بشر ایجاد محیط صلح وامنیت است تابتواند بی‌دغدغه برای پیشرفت کشور خویش بذل مساعی نماید وازیك نظر میتوان گفت که نیازمندی آدمی بامنیت ازاحتیاج وی بغذا ومسکن بیشتر است زیرا اولین شرط تولید موادغذائی وتهیه مسکن چیزی جزوجود امنیت نیست .

من آرزوی آن روزی را دارم که وصول بآن نیز چندان مربوط بعالم خیال نیست وآن روزی است که هیچ کشوری دیگر احتیاج پیدا نکند که برای مقابله با تجاوز ازخود نیروی دفاعی داشته باشد و سازمان ملل متحد یا یك مقام صاحب اقتدار بین‌المللی دیگر مسئولیت حفظ صلح و امنیت و نظم بین‌المللی را بعهده بگیرد و همانطور که امروز هرفرد از افراد یك کشور برای حفظ امنیت داخلی بدولت آن کشور متکی است درآینده نیز هرکشوری برای نگاهداری صلح بین‌المللی بیك حکومت جهانی تکیه داشته باشد . درآن روز بدون اینکه هرکشوری از خود دارای نیروی زمینی ودریائی وهوائی باشد مردم جهان از خطر تجاوز آسوده خواهند بود و احساس ایمنی خواهندکرد . اما برای پدیدار شدن طلیعه یك چنین روز باسعادتی مدتها

زمان ضرور است .

دراین میان کشورهای تازه مترقی باید درراه تأمین امنیت که اولین نیازمندی ضروری آنهاست کوشش ومجاهدت نمایند. مردم آزادیخواه گاهی از این نکته که مورد کمال توجه دولت‌های کمونیستی است غفلت میکنند که اکثر کشورهائی که از حیث امور اقتصادی رشد وترقی نیافته‌اند از لحاظ نظامی نیز عقب مانده‌اند . کمونیزم نه تنها ازضعف سیاسی واقتصادی واجتماعی کشورهای تازه مترقی بنفع خود استفاده میکند بلکه ازضعف نیروی نظامی آنها نیز فایده میبرد واگر کشوری از تأمین نیروی دفاعی غفلت ورزد کمونیست‌ها با وی بهمان نحو که گربه با موش رفتار میکند معامله مینمایند .

درغائله آذربایجان درزمان مصدق ما ایرانیان همان حالت موش را پیدا کرده بودیم ودرپی آن تصمیم جازم گرفتیم که دیگر زندگی موش بی‌پناه درحیات ملت ما مصداق پیدا نکند .

باید بخاطر آورد که پدرم نه تنها در حفظ بیطرفی کوشش داشت بلکه سعی وی آن بود که باتمام نیروئی که ایران میتوانست دراختیار داشته باشد از آن پشتیبانی کند . کشور ایران هرگز مردی بمیهن پرستی واقعی رضاشاه بیاد ندارد ولی باید دید که سیاست او برای ما وبرای خودش چه نتیجه‌ای بخشید ؟

اینک ما ایرانیان سیاست ناسیونالیسم مثبت را که درفصل ششم بدان اشاره کرده‌ام جایگزین سیاست بیطرفی نموده‌ایم . شاید تفاوت بین سیاست ما با سیاست عقیم ومنفی مصدق درامور داخلی وخارجی آنقدر آشکار است که نیازمند مقایسه نباشد . آنقدر باید گفت که در سیاست جدید ما پاداش

شهامت امیدواریست .

ازنظر صلح و ثبات بین‌المللی سیاست ناسیونالیسم مثبت ما را بچهار اصل مهم اساسی راهبری میکند : اول آنکه کشور ما که جزو نخستین کشورهائی است که بسازمان ملل پیوسته است با کمال صمیمیت از این سازمان پشتیبانی میکند . ما اقداماتی را که دستگاههای تخصصی آن بمرحله عمل گذاشته‌اند و چندین قسمت آن نیز در کشور ما دائر و مشغول کار است تأیید مینمائیم و وسائل پیشرفت آنها را فراهم میسازیم و با کمال اشتیاق مساعی سازمان را در تخفیف تشنجات بین‌المللی و حفظ صلح تقویت میکنیم .

دوم آنکه ما از فلسفه‌ایکه در مواد ۵۱ و ۵۲ منشور سازمان ملل متحد مندرج است پیروی مینمائیم . چنانکه خوانندگان بخاطر دارند ماده ۵۱ حقوق خصوصی و عمومی افراد و دفاع دسته‌جمعی اعضاء سازمان ملل‌متحد را محترم شناخته است و ماده ۵۲ میگوید : هیچیک از مقررات این منشور مانع از وجود ترتیبات منطقه‌ای یا سازمانهائی برای نگاهداری صلح و امنیت و امور یکه با عملیات هر منطقه مناسب باشد نخواهد بود بشرط آنکه این ترتیبات یا سازمانها یا عملیات آنها با هدفها و اصول سازمان ملل متحد موافق باشد . ما نه‌تنها این مواد و سایر مواد منشور ملل متحد را پذیرفته‌ایم بلکه طبق آن مواد اقداماتی بعمل می‌آوریم که امنیت دسته‌جمعی منطقه‌ای در خاورمیانه بوجود آید .

سوم آنکه ما با کمال علاقه در برنامه‌های مربوط بامنیت دسته‌جمعی اجتماعی و اقتصادی و سیاسی شرکت می‌جوئیم وبجای اینکه با ارتباط روزافزون ملل مخالفت ورزیم از این ارتباطات در راه ایجاد صلح جهانی استقبال میکنیم . ما از منابع گوناگون بدون هیچگونه قیدوشرط کمکهای فنی

واقتصادی دریافت‌میداریم وازطریق‌تشریك‌مساعی‌بادوستان خود هرروزازلحاظ سیاسی واقتصادی‌واجتماعی نیرومندتر میگردیم.

چهارم آنکه باجدیت خستگی ناپذیر سازمان دفاعی خودرا با درنظر گرفتن مقاصد زیرمستحکم میسازیم وآن مقاصد کمك بدوستان در رعایت واحترام به‌پیمانهای امنیت دسته‌جمعی، حفظ حق‌حاکمیت وتمامیت ارضی کشورایران ونگاهداری امنیت داخلی برای مصونیت ملت ایران است.

اکنون باید دید پیروی ازاین اصول چهارگانه چه موجبات عملی دارد؟

جواب این پرسش بسیارساده است. مردم ایران منطقاً وعملا ثابت‌کرده‌اند که میتوانند آن نحو دموکراسی کامل وفعالی راکه دراین‌کتاب شرح آن رفته است بوجودآورند ولی تجربه بآنها آموخته است که باید پیوسته دربرابر دشمنان خارجی وداخلی بیداروهوشیار باشند – دشمنانی که سعی دارند زحماتی راکه مابرای استقراردموکراسی‌متحمل شده‌ایم بهمان نحو ازبین ببرند که روستائی ناقص‌العقلی نهالهای سالم باغ همسایه را ازریشه بیرون میآورد.

وقتی ایرانیان به استعدادهای ذاتی خود پی‌میبرندکه خویشتن را ازنقشه‌های شوم فتنه جویان داخلی وخارجی حفظ وحراست‌کنند زیرا آنها باایجاد یك چنین مصونیتی میتوانند مساعی خویش را در تقویت بنیان ایران آبادان متمرکز سازند.

راهزنان اغلب بایکدیگر بطور دسته‌جمعی حرکت میکنند. مردم نیکوکار وباحسن‌نیت نیز باید همین رویه را پیش‌گیرند واگرما نیزبادوستان‌قابل‌اعتماد داخلی‌وخارجی کارکنیم پیشرفت ما سریعتر وسالمتر خواهد بود واصول

کمك وامنیت متقابل که بعقیده من برای خاورمیانه ضرورت دارد چیزی جز این نیست .

بعضی از اشخاص در عین آنکه بارتباطات و پیوستگی روزافزون ملل درعصر حاضر معترفند بازمخالف آنند که ما باسایر کشورها دوستی محکم وثابت داشته باشیم . این‌ها میگویند دوستی‌های اتفاقی وآشنائی‌های سطحی بین دسته‌ای ازملل پسندیده است ولی دوستی‌های عمیق ممکن است مایه وبال باشد وبهمان عاقبت عشاق دلباخته که ازنظرمحبوبه‌های خویش میافتند منتهی گردد . این اشخاص مخصوصاً استدلال میکنند که دوستی وصمیمیت نزدیك باملل دوردست مانند امریکا وانگلیس وکانادا وفرانسه خطرناك است .

بدواً باید این استدلال اخیررا موردبحث قرارداد . درفصل هفتم ودرقسمتهای دیگر این کتاب توضیح داده‌ام که روابط فرهنگی ما با دموکراسی‌های غرب چندین قرن سابقه دارد ومانند عشق‌های افروخته آنی نیست . مردم مغرب زمین ازفرهنگ وتمدن ما درطول قرون اقتباس بسیارکرده‌اند وما نیز بعضی از اصول نوین فرهنگ وتمدن باختری را درفرهنگ خویش وارد ساخته‌ایم وامروز هدف‌های اساسی ما وملل دموکراسی غرب یکسان واین تساوی آرمانها مایه افتخار ما وملل مغرب زمین است .

مردم آزاد غرب نیز ابرازعلاقه کرده‌اند که بما کمکهای فنی واقتصادی بدهند ودرسالهای اخیرنیز بندرت درکارهای مادخالت کرده‌اند چنانکه مثلا کشورانگلستان نسبت بجمعیت خود بیش ازسایرکشورهای جهان اقدام بکمك نموده است ومانیزخوشبختانه ازاین کمکها سهمی داشته‌ایم . کشورهای متحده امریکا وفرانسه وآلمان غربی واطریش نیزجزو کشورهای متعددی هستند که بنحوی ازانحاء بما کمك میکنند

واین مساعدتها نه‌تنها برای ما مفید بوده بلکه موجب مزید تحکیم روابط دوستانه طرفین گردیده است .

بااین وصف بعقیده من مهمترین عامل قطعی توسعه صمیمیت ما با دموکراسی‌های غرب دراثر پیشرفتهای علمی وفنی است که دنیا راکوچك ساخته وفواصل عظیم را ازبین برده است .

وجود وسائل مواصلات فوری مانند رادیو ، تلفن وتله‌فتو بین ایرانیان ومردم غرب وسایر کشورها آنان را بایکدیگر نزدیك ساخته وازهمه مهمترآنکه سیل مسافرین خطوط هوائی بین‌المللی که هریك مدت یکهفته یا یکماه ویا بیشتر درایران اقامت مینمایند بکشور ما روی آورده است . اگردریکی‌ازروزهای سال مدت‌کوتاهی درفرودگاه تهران توقف‌کنید بامشاهده آمدوشد متوالی مردم ملل مختلف احساس میکنیدکه بیکی ازمراکز مبادلات فرهنگ بین‌المللی وارد شده‌اید .

درهرفرودگاه بزرگ هنگامیکه هواپیمائی بزمین می‌نشیند عده‌کثیری ازوسائل موتوری دورآن‌گرد میآیند و هریك خدمتی را برای آماده‌کردن آن تعهد میکنند . میدانم یکی ازظرفاگفته است‌که درزمانهای قدیم نیز وقتی کاروانهای بزرگ درشهری بارمیگشادند وسائل نقلیه آن زمان باستقبال‌آنها میرفتند تاشتران‌را «سرویس» کنند یعنی آماده مسافرت بعدی نمایند . اما بعضی ازمردم دیرباور این سخن را قبول ندارنــد و شتر را از هرگونه «سرویسی» بی‌نیاز میدانند .

بهرحال دراواخر سال ۱۳۳۸ هنگام تشکیل جلسات سنتو درتهران یك‌هواپیمای‌نظامی کشورهای متحده امریکا نمایندگان آن دولت را درظرف دوازده ساعت ازواشنگتن

بدون توقف به تهران رسانید و دیری نخواهد گذشت که هواپیماهای مسافربری جدید که دراروپا وامریکا طرح آن ریخته شده وسرعتشان زیادتر ازسرعت صوت خواهد بود این پرواز تاریخی را بنظر کُند جلوه گر سازند .

این تغییرات شگرف علمی درامور دفاعی مبادلات فرهنگی نتایج عظیمی داشته‌است. مثلادرسال ۱۹۵۸ کشورهای لبنان و اردن یکی پس از دیگری از کشورهای امریکا وانگلستان استمداد کردند وایرانی مهین پرست هیچگاه فراموش نمیکند که نیروهای این کشورها با چه سرعتی بآنجا وارد شدند . باوضعی که بشر درعصر تسخیر فضا پیش میرود دیری نخواهد گذشت که موشکهای دوردست‌ترین متفقین ما با نشانه گیری دقیق مراکز متجاوزین باین قسمت از گیتی را مورد هدف قراردهند . با درنظر گرفتن تمام این وسائل است که ما بکمك دوستان غربی و شرقی خود برای پیشرفت وامنیت این ناحیه متشنج تکیه داریم .

باوصف این‌مطالب ازاطلاعات ناقص وقصرفهم بعضی از مفسرین امریکائی که اخبار را تجزیه و تحلیل میکنند تعجب میکنم . درسال ۱۳۳۸ یکی‌ازمفسرین‌مشهورامریکائی برنامه تلویزیونی مفصلی در باره اوضاع ایران تهیه کرد وشنیده‌ام چندین میلیون نفر از مردم امریکا آنرا مشاهده کردند . از جمله اظهارات غیرواقعی که در آن برنامه گنجانده شده یکی آن بود که کشور ایران بزرگترین تولید کننده بنزین هواپیماست درصورتیکه در تولید این ماده نفتی مخصوص ما از امریکا خیلی عقب‌تریم . نکتهٔ عجیبی که از این برنامه تلویزیونی بخاطر من مانده آنست که ازآغاز تاپایان ، ازبرنامهٔ قابل‌توجه اصل‌چهار وفوائدی که برای ایران داشته ویا ازکمکهای فنی بسیار سودمند

سازمان ملل متحد در این کشور بندرت سخنی رفته بود.

حقیقت آنستکه برنامه اصل چهار در ایران نه تنها از برنامه‌های نخستین این سازمان وسیع است، بلکه از نظر وسعت نیز بزرگترین برنامه اصل چهار در جهان محسوب میشود و عده کارمندانی که مستقیماً برای اجرای آن مأموریت دارند در سال ۱۳۳۹ به ۳۰۰ تن بالغ گردیده‌است. بی‌مناسبت نیست که تاریخ اخیر کشور ایران را با تاریخ کشور کره، که یکی دیگر از کشورهائی است که از کمکهای اصل چهار استفاده میکند، مقایسه نمائیم. دو سال پس از زمانیکه کمونیستها نزدیک بود کشور کره جنوبی را متصرف شوند، کشور ایران در زمان مصدق بلب پرتگاه کمونیسم رسید چنانکه خوانندگان این کتاب مستحضرند مردم کره جنوبی وطن خود را تنها بوسیله کشورهای متحده امریکا و سپس با کمک سازمان ملل متحد و بقیمت خونریزیها و ویرانیهای زیاد نجات دادند و مهاجمین کمونیست را از کشور خویش بیرون کردند. ولی در ایران ما موفق شدیم که با جنگ مختصر و تلفات قلیل و ناچیز کشور خود را خلاص کنیم.

هنوز روی بعضی از دیوارهای عمارات شهر تهران آثار جملهٔ «یانکی بر گرد بوطنت» که در زمان مصدق کمونیستها نگاشته بودند بچشم میخورد. دیدن این جمله کاریکاتوری را بخاطر من می‌آورد که هنگامیکه ارتش امریکا در نتیجه استمداد کشور لبنان به شهر بیروت آمده بودند در یکی از مجلات امریکائی چاپ شده و تصویری از یک سرباز امریکائی بود که با قلم‌مو روی دیوار محل سکنای خویش در بیروت همین جملهٔ «یانکی بر گرد بوطنت» را مینوشت. اغلب شعارهای ضدامریکائی در دوره مصدق بر علیه کارمندان اصل چهار بود زیرا طبعاً کمونیستها از فعالیتهای سودمند

آنها بیم داشتند. درآن زمان اعضاء و کارمندان اصل چهار و خانواده آنها با کمال شهامت در برابر این تهدیدات از فعالیت خویش دست برنداشته و کارخویش‌را دنبال کردند.

مشاورین ومتخصصین‌فنی اصل‌چهار درایران از بدو کار خود تا امروز کمکهای بسیار مؤثری بما کرده‌اند. درفصول پیشین این‌کتاب ازطرز رفتار امریکائی‌ها نسبت بکشور خودم درپاره‌ای ازموارد ازانتقاد خودداری‌نکرده‌ام ودرآینده نیز هرجا ضرورت وحق مقام اقتضاکند همین رویه را تعقیب خواهم‌کرد.

درمیان مدیران اصل چهار درایران طبعاً عده‌ای ازحیث قوه ابتکار وطرز عمل از سایـــرین کمتر بوده ودرزیردستان آنها نیز همین تفاوت محسوس‌گشته است وازهمین‌جهت چندتن‌از آنهارابکشورامریکابرگردانده‌اند. همینطور دربرخی‌ازطرحهای اصل‌چهار نسبت بسایرطرحها کمتر دقت شده وپاره‌ای هم بعلت‌آنکه خلاف مصلحت بوده بمقام اجرا درنیامده‌است. اما رویهمرفته اصل‌چهاردرایران مارا درکوششهای موفقیت‌آمیزی‌که برای ایجاد ایران‌نوین بعمل میآوریم متوالیاً مساعدت‌کرده وبشوق‌آورده است.

بنظر من این محبتی‌که درمردم عادی ایران نسبت بدستگاه اصل‌چهار بوجود آمده برعبث و برسبیل تصادف نیست بلکه علت آن این بوده است‌که بسیاری ازطرحهائی که بوسیله این دستگاه بمرحله اجرا درآمده برای مردم منافع مستقیم داشته است. زیرا طرح اصلی واساسی اصل چهار برای اصلاح وبهبود اموروروستائی‌بوده واین دستگاه همواره دراین نکته مؤکد بوده است‌که طرحهای‌کشاورزی وآموزش‌وبهداشت پیوسته باید هدفشان رفع نیازمندیهای مردم روستا باشد. کسانیکه از خانه خویش گامی بیرون

ننهاده واز همانجا بانتقاد وخرده گیری میپردازند گاهی گفته‌اند که اقدامات اصل‌چهار درمردم عادی اثر نداشته ومستقیماً شامل حال آنان نشده‌است . ولی بنظرمن تجربه‌ای که مردم‌عادی درسراسر کشور ازاین‌دستگاه داشته‌اند خلاف این گفتار را ثابت کرده است .

فعالیتهای اصل‌چهار بامور دیه‌ها و روستاها منحصر نیست زیرا ما باید برنامه‌های گوناگون عمرانی خودرا بایکدیگرهم‌آهنگ سازیم . طرحهای بزرگ‌آبیاری وحمل ونقل وارتباطات ومواصلات وحسن تنظیم مؤسسات دوایر دولتی هریك کمك مؤثری بکشاورزان ما میکنند . بعلاوه توسعه امور صنعتی نیز برای روستائیان این کشور اهمیت اولین درجه دارد . زیرا باتوسعه روزافزون کشاورزی بوسیله ماشین ، عده کمتری ازمردم روستا برای امر کشت وزرع موردنیاز خواهند بود وهمانطور که پس‌ازمکانیزه شدن کشاورزی درامریکا هزاران‌نفر کشاورزوارد کارهای صنعتی شدند درایران نیزخواه‌ناخواه همین ترتیب پیش خواهد آمد وچون جمعیت ایران روزبروز افزایش پیدا میکند وتصمیم قطعی‌ما برآن‌است که سطح‌زندگی‌افرادعادی را بالا ببریم چاره‌ای جزصنعتی کردن کشور نداریم وبرنامه اصل‌چهار نیزباید باهمین هدف سازگاروهم‌آهنگ باشد .

من‌غالباً ازاستدلال کمونیستهابخنده میافتم که میگویند کشور امریکا میخواهد ممالك عقب‌افتاده را ازصنعتی شدن مانع‌آیدتاهمواره مطیع‌وفرمانبرداروی‌باشند. ما درمعاملات و ارتباطی که درطی مدت مدید با امریکا داشته‌ایم هرگز چنین کیفیتی را مشاهده نکرده‌ایم وبرعکس امریکا درتهیه واجرای طرحهای گوناگون که پاره‌ای ازآنها با صنایع امریکا مستقیماً رقابت میکنند با ما دستیاری ومساعدت

کرده‌است . امریکائیها آنقدر عقل معاملاتی دارند که دوستان قوی وثروتمند را مرجح بشمارند واین نکته را بخوبی دریافته‌اند که سودمندترین منبع بازرگانی آنها ممالک ضعیف وعقب‌افتاده نیست بلکه کشورهای صنعتی وبسیار مترقی است

کمکهای فنی معمولا بی‌سر وصدا انجام میگیرد وبسیاری ازمردم اهمیت آن را کاملا درک نمیکنند . چنانکه ظریفی میگوید کمکهای فنی برای اینکه عنوان مقاله واقع شود چندان جالب نظر نیست ولی برای اینکه متن مقاله قرار گیرد مناسب‌تر است وهمه میدانند که متن ازعنوان همیشه مهمتر بوده است . گروهی ازمردم درپی خواندن اخبار هیجان‌انگیزند وهمانطور که مبتلایان بافیون همواره درآرزوی بدست‌آوردن آنندآنها نیز که بی‌هیجان نمیتوانند زندگی کنند ازاخبار محرک لذت میبرند وخواندن اخبار کمکهای فنی ، غریزه کنجکاوی آنان را اقناع نمیتواند کرد. مثلایکی از کارهای مهم اصل‌چهار که درعین‌حال بی‌سر وصدا وعاری ازتظاهر میباشد اصلاح فنی ادارات دولتی است . درفصل هفتم این کتاب دربارهٔ تنظیم دفترچه ساده ومفید راهنمای اداره مالیاتها اشاره‌ای کرده‌ام . ولی اشخاصی که دوست‌دارنداز وضع‌وصول‌مالیاتهاشکایت کنندحوصله‌قرائت آنرا نخواهند داشت زیرا هیجان‌انگیز نیست . درصورتیکه این کار نمونه کمکهای مهم فنی و بدون تظاهر اصل چهار است که دربسیاری ازرشته‌ها برای ما انجام داده‌اند .

ازلحاظ روانشناسی بعضی اوقات گرفتن ازبخشیدن دشوارتر است‌ودرچندموردمتوجه شده‌ام که بعضی‌از کشورها که بتازگی استقلال یافته‌اند دراعتراف بدریافت کمکهای خارجی بسیارحساسند . میدانم که دردوره مصدق حس تنفر کودکانه‌ای‌نسبت‌به‌بیگانگان‌درنهادما ایجادگردیده‌بود ولی

رو بهمرفته تاریخ طولانی ومستمر این کشور درما یك توسعه صدر وبلوغ فکری بوجود آورده است که برخی از کشورها ازآن بهره‌مند نیستند . شاید بی‌جهت وتنها برسبیل تصادف یامجامله نباشدکه ایرانیان را «ملت متشخص» خاورمیانه لقب‌داده‌اند ووقتی مسئله کمك خارجی پیش آید تصورمیکنم نشان داده باشیم که میتوان کمك را بالطف وبزرگ منشی پذیرفت وباهوشمندی ودرایت بمصرف رسانید وازدهندگان قدرشناسی کرد .

ازطرف دیگر بنظرمن باید درمسئله کمك بخاطرداشت که طرف گیرنده ودهنده کیست ؟

پدرم عده زیادی ازمتخصصین خارجی را استخدام کرده بود ولی پیوسته بآنها گوشزد میکردکه آنها فقط درکارهائی کمك میکنندکه یك دستگاه اداری کاملا ایرانی اجرای آنرا بعهده دارد وهرگز نباید این فکر را بخاطرخویش راه دهندکه شخص آنها بهرعنوان ازمستشاری یا مدیری یکی‌ازدستگاههای رسمی‌اداری‌مارا ازپشت‌پرده میگردانند.

درموارد بسیارنادری هم که تصدی یکی‌ازاموردولتی را بخارجی‌ها میسپرد طولی نمیکشیدکه ازآن خسته شده وآن ترتیب را تغییرمیداد . امروز نیز رویه ما دراین مسئله همان‌روش‌رضاشاه است که چون‌اززمان وی‌تاکنون مراحل متعدد ترقی‌وپیشرفت را پیموده‌ایم بسط وتوسعه یافته است .

اصطلاح معمولی (کشور عقب افتاده) که گاهی خود ماهم نسبت بکشور خود بکار میبریم ممکن است دراذهان دیگران درجه ترقی وپیشرفت کشور مارا روشن نسازد واثر غلطی بگذارد .

ما مسئول مستقیم ومنحصر بفرد ترقیات وپیشرفتهای کشور خویش هستیم وتعیین سرنوشت ما بدست خودماست

وبرای من مایه خرسندی است که می‌بینم متخصصین فنی خارجی ازاین نکته آگاهند ومیدانند که هردستور وامری که درکشور ما صادر میشود منحصراً وبدون هیچ استثناء حق ماست وبهیچ مقامی جزخود ما تعلق ندارد .

باتوجه بآنچه گفته شد بکمکی که مأمورین اصل‌چهار بما درامر کشاورزی وفرهنگ بعمل آورده‌اند ودرفصل‌نهم ویازدهم بدانها اشاره شده بامسرت خاطر اعتراف میکنیم . درقسمت بهداشت عمومی پزشکان وپرستاران اصل‌چهار بامتخصصین ایرانی دست بدست هم داده ووظیفه خودرا باجدیت وعلاقه مخصوصی حتی دردورترین نقاط کشور انجام میدهند .

بمناسبت این مقام داستانی بخاطرم میگذردکه برای یك عده ازمأمورین اصل‌چهار که دریکی ازکشورهای تازه مترقی که سرگرم مبارزه بابیماری طاعون بودند پیش آمده است . ازآنجائیکه موش وسیله انتقال شپش ناقل میکروب طاعون است مأمورین مزبور به نسبت بمقدار موشی که مردم زنده یا مرده تحویل میدادند جایزه‌ای میپرداختند ولی پس‌ازچندی متوجه شدندکه بجای اینکه عده موش تقلیل یابد روزبروز افزایش پیدا میکند ومعلوم شد چند نفر ازاستفاده جویان به تربیت وپرورش موش مشغول گشته وازاین راه تازه کسب منفعت میکنند !

اما درکشورایران عملیات بهداشتی همواره باموفقیت ادامه داشته‌است چنانکه درمبارزه باmالاریا درنواحی‌ساحلی بحرخزر اصل‌چهار با وزارت بهداری ایران چنان کمك مؤثری کرده است که ازحیث رفع نقیصه کارگرسالم یك‌نحو انقلابی بوجود آمده است ، زیرا تاچند سال پیش اکثریت عظیم مردم آن نواحی دچار مالاریای مزمن بودند وامروز

این بیماری در آن نقاط ریشه کن گشته و میزان استعداد بدنی و کارکرد افراد آنقدر افزایش یافته است که گرفتاری ناشی از کمبود کارگر سالم ازمیان رفته ودرعوض عده کارگران مورد احتیاج آن نواحی افزونی گرفته واینك میتوان آنها را بکارهای صنعتی مختلف گماشت .

مواردی که درفوق برسبیل‌نمونه‌ذکرشد تأثیر کارهائی راکه این هیئت درایران انجام داده است بحدکفایت نشان نمیدهد واقدامات متنوع دیگری نیزانجام یافته است که هریك درحد خودباارزش‌بوده‌است . چنانکه مثلااصل‌چهار دربسط صنعت و اصلاح وضع حمل‌ونقل وارتباطات کشور با ما مساعدت نموده وصدها نفر ازافراد ایرانی را برای تحصیل ومطالعه دررشته‌های مخصوص بکشورهای خارج گسیل داشته ومتجاوز ازصد حلقه فیلم برای تعلیم اصول اولیه عملیات کشاورزی وبهداشت عمومی تهیه نموده است که درعموم مردم ومخصوصاً درمیان‌روستائیان تأثیرفراوان داشته است .

در فصول پیشین این نکته را روشن کرده‌ام که غرور ملی ملت ایران بسیار است ولی ازلحاظ روانشناسی درنهاد آنها نیز صفتی که جلوگیرقدرشناسی ازکمکهای بدون قید وشرط باشد وجود ندارد ودرحقیقت میل داریم میزان کمکهای اصل‌چهار افزایش یابد زیرا چنین افزایش‌بصلاح ونفع هردو طرف دهنده وگیرنده خواهد بود .

درهنگام قدرشناسی ازعملیات اصل‌چهار میل دارم خوانندگان این کتاب بخاطر بسپارند که در کناره کوههای شامخ البرزدرنزدیکی‌های شهرتهران ستون ساده‌ای‌بیادبود دکترهنری – ج . بنت نخستین رئیس اداره اصل‌چهار برپا شده است که کار خودرا ازایران آغازکرد وبتدریج دامنه

آن درسراسر گیتی وسعت یافت . دکتر بنت که در یکی از روزهای طوفانی وبرفی آذرماه سال ۱۳۳۰ در اثر سانحه هوائی نزدیك همین ستون فعلی چشم از جهان فروبست از جمله مردان واقعی بین‌المللی بود ومن بارها در این فکر بوده‌ام که مرگ او خود بمنزله یکی از حلقه‌های پیوند میان دو کشور ماست .

کمکهای فنی سازمان ملل متحد در ایران نیز مایه تشویق وتحریض ما در کار بوده است . برنامه سازمان ملل متحد در ایران نیز مانند اصل چهار از بزرگترین برنامه‌های آن سازمان درجهان است ودرسال ۱۳۳۹ عده کارمندان آن در این کشور از صدتن متجاوز بوده‌است . میزان کمکهای سازمان ملل متحد رویهمرفته بپایه کمکهای مالی ومادی اصل چهار نرسیده است ولی در بکاربردن فنون جدیده برای رفع نیازمندیهای مردم همان علاقه وشور وتوجه را داشته است .

یکی دیگر از وجوه شباهت این دو برنامه آنست که از آغاز فعالیت خود امور کشاورزی را بر هر کار دیگر مقدم داشته‌اند ، چنانکه بیش از یك چهارم از متخصصین سازمان ملل متحد در ایران در کارهای مربوط به کشاورزی مانند حاصلخیزی زمین ، تهیه آب ، بهبود بذر ونباتات ، تولید غلات وپنبه ، دامپروری ، توسعه محصولات لبنی، جنگلبانی، تهیه آمار و ترتیب فروش محصولات کشاورزی مشغول بوده و هردو سازمان بفرهنگ و بهداشت عمومی توجه خاص مبذول داشته‌اند . سازمان ملل متحد در طرز امور فرهنگی ما مطالعات سودمندی بعمل آورده ودر تدوین برنامه‌های کارآموزی ما کمکهای مفیدی نموده‌است وهرسال در حدود پنجاه جایزه تحصیلی در اختیار ما گذاشته است که بوسیله

آن عده‌ای ازایرانیان درکشورهای خارج بکسب علم وهنر میپردازند .

دررشته‌های آموزش وپرورش قابله وپرستار ، تجزیه مواد غذائی وداروئی ، مبارزه بامالاریا وتراخم وکرمهای ناقل میکروبهای بیماری که مخصوصاً در نواحی جنوبی کشور وجود دارد ازمتخصصینی که سازمان ملل بکشور ما اعزام داشته است استفاده شایان کرده‌ایم وطبق نیت ما درموازنه وهم‌آهنگ ساختن عملیاتی که درتوسعه وبهبود اقتصادی وصنعتی آغاز کرده‌ایم کارشناسان این سازمان‌برای تربیت کارمندان دفتری واداری‌وتهیه نیروی‌انسانی ، احیاء وتوسعه صنایع کوچك ، سفالسازی ، بافندگی منسوجات ریسمانی ، ساختن آلات ماشین ، زمین‌شناسی ، تجزیه مواد معدنی وفلزات ، مهندسی معدن ، تراش سنگهای معدنی ، ساختن فولادوآهن ، مخابرات راه‌آهن ، آمارهای‌اقتصادی واجتماعی ، احداث‌ومرمت شاهراهها باماهمکاری کرده‌اند.
این متخصصین مخصوصاً دراثر تقاضای مخصوص ما اعزام شده‌اند وبنظرمن تنوع کار ورشته‌های تخصصی آنها نمودار برنامه‌های گوناگون و دامنه‌داری است که ما برای عمران کشورطرح کرده وبموقع اجرا گذاشته‌ایم . ضمناً باید ناگفته نگذاشت که‌متخصصین‌سازمان‌دررشته‌های‌صنعتی‌وکشاورزی دردستگاههای دولتی یا وابسته بدولت ومؤسسات خصوصی وشخصی نیزمشغول کار هستند .

یکی دیگر از سازمانهای خارجی که بماکمك قابل توجهی کرده است سازمان تعاونی امداد جهانی امریکائی است که بطوراختصار (کر) نامیده میشود ودربیش از بیست وپنج کشوربفعالیت مشغول است . کمك این سازمان بکشور ایران اززمان وقوع زمین لرزه شدید کرمانشاه درسال

۱۳۳۶ آغاز گردید که موادلازم و ضروری برای آسیب دیدگان ارسال داشتند و ازآن پس یک هیئت دائمی در ایران مستقر ساختند که خدمات پر ارزشی در مناطق روستائی که مورد توجه ویژه من است انجام داده است .

کمکهای این سازمان بیشتر از طریق ارسال موادغذائی مانند آرد و شیر خشک و چیزهای دیگر برای کسانی است که درآمد آنها اندک است ، چنانکه مثلا در سال ۱۳۳۹ درحدود چهار میلیون و نیم کیلو آرد در ایران توزیع کردند که قسمت اعظم آن بوسیله مؤسسات خیریه کشور بین افراد تقسیم شده است . این سازمان در نظر دارد برنامه ای نیز برای فراهم ساختن غذای دانشجویان طرح کند که امیدواریم بزودی بموقع اجرا گذاشته شود .

از تازه ترین کارهای این سازمان ، برنامه ایست که برای کمک افراد بیکدیگر تهیه و تدوین کرده است که چون مکمل برنامه های عمرانی ماست بسیار مغتنم است . نظر این سازمان آنست که در نقاط مختلف کشور انبارهائی برای اسباب و ابزار ایجاد کند که مردم همانطور که از کتابخانه کتاب عاریه میکنند در این مراکز نیز اسباب و آلات مورد لزوم را بعاریه ببرند و پس از رفع حاجت باز گردانند .

در هر یک از این مراکز بیش از یکصد قسم آلات و ادوات کشاورزی و ماشین های سنگین مانند گاو آهن های جدید که در خود کشور به تناسب احتیاجات و خصوصیات زمین های ایران ساخته خواهد شد گرد خواهد آمد تا نیازمندیهای کشاورزان بطریق سهل و ساده ای مرتفع گردد .

این سازمان عده محدودی کتاب درسی مفید و وسایل دیگر تحصیلی که در برنامه های آموزش و پرورش مورد لزوم است بنقاط مختلف کشور فرستاده و در مواقع اضطرار

مانند زمین لرزه شدید لار که درسال ۱۳۳۹ اتفاق افتاد وسایل امدادی فوری بآن ناحیه رسانده وهمین سرعت عمل موجب شهرت این مؤسسه درایران گشته است .

دولت امریکا بموجب قانون فولبرایت وسایر مقررات مربوط از طریق مبادله اشخاص دررشته‌های مختلف علوم وفنون بما کمکهای علمی وفنی کرده است .

طبق برنامه‌ای که برای اجرای این قانون مدون گشته است دانشمندان ایرانی برای مطالعات وتحقیقات علمی ودبیران وفارغ‌التحصیلان برای مشاهده روش‌های آموزش وپرورش بکشور امریکا رفته‌اند ودر مقابل استادان دانشگاهها ودبیران ودانشجویان امریکائی بایران آمده ومحیط دانشگاههای ما را تنوع وانبساط بخشیده‌اند . انجمن فرهنگی ایران وانگلیس ومؤسسه فرهنگی ایران وفرانسه وسازمانهای فرهنگی سایر کشورهای جهان آزاد نیز برنامه‌های مشابه برای مبادلات فرهنگی دارند وهریک برای تدریس زبان ونمایش مظاهر فرهنگ کشور خویش مؤسساتی دارند که درواقع یک نوع کمک فرهنگی بجوانان دانش‌طلب کشور ماست .

دراوایل این فصل درباره فعالیتهای «دوستداران امریکائی خاورمیانه» وراهنمائی‌هائی که این مؤسسه به محصلین ایرانی عازم کشورهای متحده امریکا بعمل میآورد ذکری رفته است . این دانشجویان درهنگام بازگشت بایران نیز ازراهنمائی‌های این مؤسسه برای معرفی وآشنائی بدوائر استخدامی کشور وتهیه وسایل زندگانی برخوردارند .

ذکر تمام برنامه‌های کمک خارجی که بنحوی برای کشور وملت ایران سودمند بوده است دراین کتاب مقدور نیست وتنها میتوان برسبیل مثال از بنیاد فورد نام برد که عده‌ای از متخصصین فنی خودرا برای مساعدت درتنظیم برنامه هفت

ساله سوم دراختیار ما گذاشته وطرحهای گرانبهای دیگری دررشته‌های تعلیمات حرفه‌ای وعمران روستائی وترجمه دایرةالمعارف امریکائی‌بزبان‌فارسی بموقع‌اجرا نهاده‌است.
دولت اطریش نیز درتوسعه تعلیمات فنی درکشور ایران کمکهای مفیدی‌کرده وکشورهای بلژیك وفرانسه وایتالیا وسوئد وآلمان غربی نیز کمکهای فنی ذیقیمتی دررشته‌های مختلف بعمل آورده‌اند. گروههای انگلیسی وامریکائی وآلمانی نیز فعالیتهای نوع‌پرورانه‌ای درکمك به نابینایان این‌کشور ابراز داشته‌اند.
سازمان‌عمران‌خاورمیانه دولت‌انگلستان‌نیز دربسیاری ازامور مانند آمار، جنگلبانی، حفظ اراضی ومراتع، تعاون روستائی ونگاهداری زمین ومبارزه بـا ملخ بما راهنمائی‌های فنی‌نموده وبسیاری ازدول درمواقع ضرورت مانند زمین لرزه لار بکمك ما شتافته ووسایل آسایش افراد مصیبت دیده را فراهم ساخته‌اند.
مؤسسات بازرگانی خصوصی خارجی نیز درموارد بسیار اعتباراتی دراختیار ما گذاشته وراهنمائیهای فنی ذیقیمتی دررشته مخصوص خود بما نموده‌اند.
پس از مسافرتی که در سال ۱۳۳۵ بمسکو کـردم ومذاکرات دوستانه‌ایکه باآقای خروشچف وسایرهمقطاران وی بعمل آمد ازروسها کمکهای محدودی برای مبارزه با ملخ و لاروبی یکی از بنادر ایران در ساحل بحرخزر پذیرفتیم. باوصف سخنان‌ناروائیکه ازرادیوروسیه برخلاف رهبران ومؤسسات ایران پخش میشود دردل من برای مردم آن‌کشور بطورکلی مهربان‌ترین احساسات وجود دارد.
شاید مردم عادی‌کشور روسیه بهتر ازطبقه حاکمه خوداین‌نکته رادرك‌میکنند که هیچ کشوری که شیفته‌آزادی

است حاضر نیست ازحکومت همسایه خودکه علائم وآثار امپریالیزم وی بارز وبرملاست کمك قبول کند .

قبلا توضیح داده‌ام که سازمان پیمان مرکزی یکی‌از وسایل‌حفظ وحراست کشورایران‌درمقابل‌چنین‌امپریالیزمی است . باآنکه جنبه نظامی سازمان مهم است ولی هدف آن بمعنی وسیعترتشریك مساعی درتأمین‌امنیت بین‌المللی‌است. برای توضیح این مطلب موضوع الحاق راه‌آهن ایران وترکیه که بدستیاری سنتو انجام میگیرد مثال روشنی است. کسانی که ازرموز جنگ‌های عصرکنونی آگاهی دارند میدانند که درموقع بروزجنگ اینگونه راه‌آهن‌ها رامیتوان ازکار انداخت ومنهدم کرد وبا این وصف باید دید چه موجبی کشور ایران وسایر اعضاء پیمان سنتو را بساختن‌آن مصمم ساخته است ؟. پاسخ این سئوال آنست که توجه وعلاقه ما بآبادانی واحیاء کشور است نه به تهیه مقدمات ووسایل جنگ ونبرد . این‌نکته درباره ارتباط شاهراهها که درهنگام مخاصمه از خرابی مصون و مأمون نیست نیزصدق میکند ، ولی کشورهای عضو سازمان پیمان مرکزی میدانند که احداث شاهراه نه‌تنها یکی ازعوامل پیشرفت امور اقتصادی است بلکه وجود راه ووسایل‌ارتباط سلسله‌جنبان پیشرفتهای گوناگون دیگراست که هدف وغایت منظورکلیه‌کشورهای عضو پیمان مرکزی‌است. مثال‌دیگری که برای‌روشن‌ساختن هدفهای سازمان‌پیمان مرکزی میتوان‌آورد مسئله ارتباطات مخابراتی بین کشورهای عضو است که سازمان درصدد ایجاد آنست واگرنقشه یاکره جغرافیائی‌دربرابردیدگان خواننده باشد میتواند دستگاههای‌فرستنده وگیرنده‌ای‌راکه بفواصل چهل‌کیلومتری بین آنکارا وکراچی احداث خواهد شد درنظر خویش مجسم سازد . البته برصاحبان عقل سلیم

پوشیده نیست که یك چنین شبکه مفصلی که دراواخر سال ۱۳٤۰ باتمام خواهد رسید درمقابل حملات نظامی پای‌برجا نخواهد ماند ولی دراین مورد نیز منظور ما تأمین سعادت وصلح آینده است واین دستگاهها را برای جنگ وویرانی وانهدامیکه ازآن ناشی میشود نمیسازیم .

براعضاء سازمان پیمان مرکزی پوشیده نیست‌که برخلاف آرزوها ومنویات ما باز ممکن است جنگ جهانی درگیرد ولی ما هرگز اجازه نخواهیم داد‌که این افکار شوم وبدبینانه سد راه پیشرفت وترقی ملت‌های ما بشود .

بعقیده من مؤسسه علوم اتمی وابسته به سازمان پیمان مرکزی‌که نیروی اتم را منحصراً برای منظورهای صلح طلبانه بکار میبرد نمودار آشکار فکر وعقیده ماست . من این‌مؤسسه را دراوایل‌سال ۱۳۳۸ دردانشکده علوم دانشگاه تهران افتتاح‌کردم . لوازم وتجهیزات آنرا دولت انگلیس فراهم ساخته است واستادان‌این‌مؤسسه ازدانشمندان‌انگلیسی وترك وپاکستانی وایرانی هستند ودانشجویان‌کشورهای عضو سازمان پیمان مرکزی ازآن استفاده میکنند . اولین قسمت برنامه یکساله آن تدریس مواد مربوط باستفاده ازتشعشع غیرثابت عناصر مختلف است‌که بطوراختصارآنرا رادیو ایزوتوپ مینامند . پس‌ازپایان این برنامه دانشجویان اطلاعات ومعلوماتی راکه کسب کرده‌اند درمسائلی که درکشورهای عضو سازمان پیمان مرکزی مورد پیدا میکند بمقام عمل درمیآورند . دروسی که دراین مؤسسه تدریس میشود ازلحاظ کیفیت باآنچه درانگلستان‌وکشورهای‌متحده امریکا تعلیم داده میشود یکسان است .

رادیو ایزوتوپ ممکن است ازطرق متعدد موجبات ترقی وپیشرفت این قسمت ازگیتی را فراهم آورد . چنانکه

درقسمت طبی اگر بیمار مقدار مختصری ید رادیواکتیو که بی‌ضرر است بنوشد قسمت اعظم آن درغده درقی وی جمع میشود وبوسیله آزمایشهای مخصوصی هر گونه اختلالی که در غدد پیدا شده باشد معلوم میگردد و معالجه را آسان میکند. همینطور اگر رادیو ارسنیك را وارد بدن نمایند درهر نقطه بدن حتی مغز که آماس کرده باشد جمع میگردد و باینوسیله نقطه ورم فوراً مشخص میشود و هنگام عمل جراحی اگر کوچکترین ذره‌ای از ریشه‌های سرطان مانند درالیاف آن باقی مانده باشد بوسیله آلات اتمی معلوم میگردد و نیز رادیو فسفور را ممکن است درمعالجه افزایش سلولهای سرخ خون مورد استفاده قرارداد.

درقسمت کشاورزی بوسیله رادیو ایزوتوپ میتوان مقدار رشوه‌ای که به نباتات وارد میگردد دقیقاً معین و چگونگی جذب آنرا معلوم نمود. اینگونه اطلاعات بکشور ایران و سایر اعضاء سازمان پیمان مرکزی درمسئله استفاده از کود شیمیائی کمك فراوانی میکند. همینطور بوسیله رادیو ایزوتوپ میتوان طرز تأثیر دقیق مواد و داروهای دفع حشرات و علفهای هرزه را مشاهده نمود و حتی ممکن است با استفاده از رادیو اکتیویته حشرات موذی را نشان کرد و طرز زندگی و نقل و انتقال آنها را از نقطه‌ای به نقطه دیگر مطالعه نمود و شاید بتوان حشرات ماده را با حشرات نری که بوسیله رادیواکتیو سالم شده‌اند جفت گیری نمود. دانشمندان امریکائی با بکار بردن این وسیله برخی از حشرات موذی را دربعضی از نقاط کشور خود از میان برده‌اند.

استفاده از رادیو ایزوتوپ درامور صنعتی و بازرگانی در کشورهای عضو سازمان پیمان مرکزی تازه آغاز گردیده است. چنانکه مثلا بوسیله رادیو ایزوتوپ ضخامت الواح

بسیار نازک و قطر روکش‌های فلزی و میزان فرسودگی تسمه‌های فلزی را میتوان فوراً معلوم ساخت و اگر نقصی درجوشکاری ویا ریخته‌گری وجود داشته باشد پیدا کرد. رادیو ایزوتوپ را میتوان برای تشخیص میزان جریان آب وسایر مایعات و پیدا کردن رخنه سدها و لوله ورسوب و جریان گل و لای لنگرگاه‌ها و رودخانه‌ها و تعیین جریان متوالی مواد مختلف نفتی نیز مورد استفاده قرار داد.

امکانات نیروی اتم برای مقاصد صلح طلبانه آنقدر وسیع و اطمینان بخش است که اعضاء سازمان پیمان مرکزی ممکن است در هر یک از کشورهای خود مراکز رادیوایزوتوپ دیگری تأسیس نمایند و از مرکز تهران بیشتر برای تحقیقات اساسی استفاده کنند.

همکاریهای فنی که در منطقه سازمان پیمان مرکزی بعمل می‌آید منحصر باستفاده از نیروی اتم نیست بلکه سازمان مزبور طرحهای کمک فنی مختلفی را مخصوصاً در کارهای کشاورزی و فرهنگی و بهداشت عمومی و امور مختلف دیگر مانند بازرگانی و جلب سیاحان بمقام عمل درآورده است. بعضی از این طرحها بوسیله کمک کشورهای غربی عضو سازمان بمرحله اجرا رسیده است چنانکه مثلا امریکا برای نظافت و جلوگیری از بیماریهای حیوانات در منطقه سازمان یکنفر مشاور اعزام داشته و انگلیسها سی و سه هزینه تحصیلی برای دانشجویان این منطقه که در رشته دامپزشکی تحصیلات عالیه خواهند کرد اختصاص داده‌اند.

بنظر من در میان این طرحهای مختلف آنهائی بیشتر قابل توجه است که برای اعضاء سازمان مجال همکاری و معاضدت بایکدیگر را فراهم می‌سازد. مثلا کشور من با کمال میل درخواست دولت ترکیه را پذیرفته و دو نفر از مطلعین

ترک را درامر پرورش نهال پسته ودفع آفات آنی تعلیم داده است. کشور ایران نیز برای اجرای طرحی دیگر از کشور ترکیه تقاضا نموده است که طریق علمی طبقه‌بندی خشکبار را بما بیاموزد. همچنین کشور پاکستان آخرین طریقه فنی مبارزه با آفت سن را که بمحصولات خسارت بسیار وارد میکند بکشورهای عضو سازمان می‌آموزد.

امیدوارم روزی که کشورهای خاورمیانه عضو سازمان پیمان مرکزی بمرحله بلوغ کامل علمی و فنی برسند این‌گونه همکاری افزایش یابد و همین معاضدت اجتهاد علمی و رشد فنی آنها را تسریع کند.

گذشته از این مقاصد و برنامه‌های مربوط بصلح وسلم، سازمان جهانی مرکزی بیشتر نسبت بمسئله دفاع توجه مستقیم دارد. ما از بیان این حقیقت احساس هیچگونه شرمساری نمیکنیم بلکه این نکته را مایه مباهات خود میدانیم که درراه آزادی دست بدست یکدیگر داده‌ایم. سازمان ما در سازمان ملل متحد به ثبت رسیده وفعالیتهائی را که در تأمین وپشتیبانی ازصلح داریم باطلاع آن سازمان وجهانیان میرسانیم وحتی دوستان کمونیست ما هم تازه متوجه شده‌اند که پیدا کردن دلیل براینکه سازمان پیمان مرکزی توطئه‌ای نظامی و تجاوزکارانه و موجب تهدید صلح وآرامش خاورمیانه است بسیار دشوار است.

بموجب دستور عمومی شورای عالی سازمان پیمان مرکزی، امور مربوط به دفاع وامنیت به سه سازمان فرعی محول شده است. سازمان اول گروه نمایندگان دائمی نظامی است که از اواخر سال ۱۳۳۸ متوالیاً در آنکارا مشغول انجام وظیفه بوده است. این گروه از نمایندگان عالیرتبه ارتشی کلیه کشورهای عضو سازمان پیمان مرکزی وکشورهای

متحده امریکا تشکیل گردیده است وطرحهای نظامی کشورهای عضو سازمان را مورد رسیدگی دقیق قرارمیدهد ونقشه‌هائی راکه متوالیاً بوسیله هیئت مشترك طرحهای نظامی تهیه و تنظیم میشود مطالعه و بررسی مینماید. تا آنجائیکه اطلاع دارم در تاریخ کشورهای عضو سازمان پیمان مرکزی این گروه نخستین دسته‌ای است که تاکنون برای همکاری نزدیك و مستمر در امر دفاع و امنیت دسته جمعی در این منطقه تشکیل یافته است. دومین سازمان فرعی سازمان پیمان مرکزی که مربوط بدفاع و امنیت میباشد سازمان کمیته ضد خرابکاری است. من به بعضی از عملیات عجیب و بداندیشانه‌ای که در جنگ رادیوئی در خاورمیانه پیش آمده اشاره‌ای کرده‌ام و این سازمان فرعی مقابله با این عملیات تخریبی و نظائر آن را نیز وجهه همت خویش قرار میدهد. سازمان فرعی سوم عبارت از کمیته ارتباطات میباشد که وسایل مؤثر و سریعی برای مبادله اطلاعات بین کشورهای عضو سازمان در مسائل مربوط بامنیت منطقه در اختیار اعضاء قرار میدهد.

باآنکه سازمان پیمان مرکزی مانند سازمان پیمان اتلانتیك شمالی پیشرفت نکرده است ولی باز پیشرفتهای آن مخصوصاً در طی دو سال اخیر قابل توجه بوده است و در بعضی از موارد دامنه فعالیت‌های آن از سازمان پیمان اتلانتیك شمالی بیشتر وسعت داشته است، چنانکه در پیشرفت اقتصادی کشورهای این منطقه ایجاد هم آهنگی نموده و با اجرای برنامه‌های همکاری فنی و علمی بحل بسیاری از دشواریهای عملی توفیق یافته و ذوق و استعداد فنی مردم این سرزمین را پرورش داده و پایه‌های ترقیات سریع آینده را استحکامی دیگر بخشیده است و در مسائل مربوط بامنیت

برای مقابله با کوششهای مداوم تخریبی که بزعم کمونیستها از اصول «همزیستی مسالمت‌آمیز» بشمار میرود طرحهای دقیق تهیه و تنظیم نموده است. همینطور برای مقاومت در برابر تجاوزات علنی و احتمالی نسبت باین بخش گیتی طرحهای مفصلی تهیه نموده و پاره‌ای از آنها را در مانورهای متعدد نظامی زمینی و دریائی و هوائی مورد آزمایش قرار داده است.

در قسمت تصمیمات و نقشه‌های ستاد و تمرینات نظامی، کشورهای عضو سازمان بطور کلی بایکدیگر هم‌آهنگی دارند و مانند دوستان و برادرانی که همه شیفته آزادی هستند و از هر دسیسه و توطئه‌ای که صلح را بخطر اندازد بیزاری دارند کار میکنند.

در طی چند سال اخیر نیروی نظامی کشور ایران پیشرفتهای شایانی کرده و بنیه جنگی سربازان چندین برابر شده و سرعت عمل و قابلیت آنها بمراتب افزایش یافته است. ما به تعلیم و تربیت در ارتش اهمیت بسیار میدهیم و بسیاری از افراد روستائی که بخدمت ارتش وارد شده و سواد نداشته و بهیچ حرفه‌ای آشنا نبوده‌اند در پایان خدمت خود با معلوماتی که در زندگانی عصر امروز در محیط دموکراسی مورد نیاز آنهاست خارج شده‌اند.

اخیراً بمنظور آگاهی و آشنائی مردم از طرز کار ارتش در سراسر کشور مردم را به بازدید و مشاهده مراکز نظامی دعوت کرده‌ایم و هزاران خانواده ایرانی فرزندان خود را در هنگام تعلیم و آموزش دیده‌اند و نتیجه این عمل بسیار رضایت بخش بوده است.

سازمان ژاندارمری که با ارتش ارتباط نزدیک دارد برای بسط نظم و امنیت در نواحی روستا تشکیل یافته است.

این سازمان درزمان پدرم برای استقرار نظم درنقاط مختلف کشور خدمات پرارزشی را انجام داد وامروز نیروئی‌است که ازیکهزار افسر وسی هزار ژاندارم تشکیل پیداکرده ودربیش‌از ۲۰۰۰ نقطه دوردست این‌کشور مستقر ودرمعابر کوهستانی نقاط تقاطع جاده‌ها وسایر نواحی بعید ودور از یکدیگر ایستگاه داردکه درهرکدام ازشش الی تاهیجده نفر ژاندارم مشغول انجام وظیفه هستند. این ژاندارمها درواقع مجری قانون ونگاهبان‌انتظامات درسراسرکشورند ووظائف‌آنها حراست وتعقیب راهزنان‌وقاچاقچیان‌وقاتلین وفراریان ازخدمت نظام وظیفه وسایر بزهکاران واجرای احکام دادگستری مانند بازداشت ونظائرآن است ووظائف دیگری نیز ازقبیل جلوگیری کشت خشخاش ونظارت در کوچ ایلات بآنهـا محول است. حوزه مـأموریت ژاندارمها تقریباً هشتاد درصد ازکلیه ایران است‌که سه چهارم جمعیت بیست میلیونی این‌کشور درآن زندگانی میکنند. سازمان‌ژاندارمری شبکه رادیوئی‌مجهزی‌دراختیار داردکه بوسیله ایستگاههای ثابت وسیار خود بین تهران ودورترین‌نقاط کشورارتباط سریع‌برقرارمیسازدوهم‌اکنون مشغول مجهزساختن این‌افراد بااسلحه سبك وسایرتجهیزات ضروری مانند هلیکوپتر وغیرآن هستیم.

ژاندارمری‌رابط مستقیم بین‌روستائیان‌ودولت‌مرکزی است وبهمین‌جهت سخنی که درمیان‌مردم‌زبانزداست مصداق پیدا میکندکه میگویند «ژاندارم صالح علامت دولت‌صالح و ژاندارم فاسد مظهردولت فاسد است». خوشبختانه اکثر افسران و افراد ژاندارمری مردمانی شجاع و درست‌کارند و از همین جهت میل دارم کسانیکه از گوشه خانه خود بیرون نرفته و زبانشان بعیب‌جوئی میگردد ماهی چند بااین

مأموران در ایستگاههای دور دست زندگی کنند و چیزی از وظیفه شناسی دشوار آنهــا دستگیرشان شود . البته در گذشته ژاندارمها غالباً ازمقام خود سوءاستفاده میکردند وحتی‌پدرم باوجوداقدامات شدید وسختگیریهای‌مخصوصی که داشت دربرطرف ساختن فسادی‌که دراین دستگاه راه یافته بود توفیق‌قطعی‌پیدا نکرد . رضاشاه که هیچگاه بآسانی فریب نمیخورد باین حقیقت آگاه بود . یاددارم روزی‌پدرم باتفاق چند نفر از وزیران از ایستگاههای ژاندارمری سرکشی میکرد ودریکی ازاین ایستگاهها دست‌ها را روی جیب‌خود گذاشت وبهمراهان‌خود گفت«مواظب‌جیب‌هایتان باشید». ازآن تاریخ‌ببعد ومخصوصاً دردوسال‌اخیر درطرز رفتار وحسن عمل مأمورین ژاندارمری پیشرفت‌های واقعی ومحسوس بعمل آمده وامروز خدمات این مأموران مورد قدرشناسی مردم نقاط مختلف ایران واقع شده است . ما با فسادی‌که احتمالا بروزمیکند بدوطریق مبارزه میکنیم : یعنی هم دستگاه ژاندارمری را ازداخل مورد بازرسی دقیق قرار میدهیم وهم بشکایات مردم بوسیله دستگاه دولت وسازمان بازرسی شاهنشاهی رسیدگی کامل میکنیم .

مسئله تقسیم املاك نیز درکمك به بهبود اوضاع سهم مهمی داشتهِ است زیرا هرگونه فساد ونادرستی‌که درسابق درژاندارمری رخ میداد غالباً ناشی ازآن بودکه مالکین بزرگ‌این‌مأموران‌راتحت سلطه خود درمیآوردندوبتعدیات خود ادامه میدادند .

امروز ژاندارمری بتدریج درحسن سلوك وخدمت بمردم ومواظبت دربهداشت عمومی برای کسانیکه درناحیه مأموریت آنها زندگی میکنند سرمشق واقع شده است ومن مخصوصاً مایلم‌که مردم شهرستانها وخارجیانی‌که برای

سیاحت باین سرزمین می آیند پیشرفتهائی را که در این سازمان پیدا شده مشاهده کنند و این مأموران را در سر خدمت و هنگام انجام وظایف از نزدیك بنگرند .

کشور ما گذشته از نیروی زمینی دارای یك نیروی دریائی مختصری است که در بحر خزر و خلیج فارس انجام وظیفه میکند . هیچکس دعوی نمیکند که نیروی دریائی ما حتی با نیروی دریائی بعضی از کشورهای درجه دوم گیتی قابل مقایسه است ولی همین نیرو در محافظت سواحل ایران و جلوگیری از دزدی دریائی و قاچاق و رساندن کمك بدریانوردانی که دچار خطر میشوند خدمت مؤثری انجام میدهد و اگر روزی برخلاف میل خویش دچار مخمصه جنگهای کوچکی بشویم این نیرو میتواند با نیروی دریائی دوستان متفق ما کمك و همکاری مؤثری بعمل آورد . باید ناگفته نگذاشت که چون کشور ایران بزرگترین کشور مسلط بر خلیج فارس است طبعاً باید نیروی دریائی خود را سریعاً تقویت نمائیم .

کشور ما نیز دارای نیروی هوائی کوچکی است که بیشتر برای پشتیبانی از نیروی زمینی ما در عملیات جنگی که دامنه آن محدود باشد بوجود آمده است . در طی چند سال اخیر سطح تعلیمات نیروهای هوائی و دریائی ما ترقیات زیاد کرده است و هنر و مهارت خلبانان جتهای جنگنده ما در نمایشهای مختلف در ناظرین متخصص تأثیر عمیقی داشته است . در عین حال کسی جز مردم ریاکار هرگز این تصور را در ذهن خود راه نمیدهد که نیروی هوائی و در واقع تمام سازمان ارتشی ما قدرت آنرا دارد که در مقام تهدید دولت بزرگ همسایه ای برآید . نیروی هوائی ما مخصوصاً بیش از حد ضعیف و کوچك است و باید آنرا بسیار توسعه داد .

دربسیاری ازاصلاحاتی که درنیروی مسلح ایران‌بعمل آمده ما مرهون کمك امریکائیها هستیم . ازسال ۱۳۲۱ یك هیئت کوچك امریکائی دراداره سازمان ژاندارمری بما راهنمائیهائی کردند ودرسال ۱۳۲۹ یك‌هیئت کامل‌مستشاری نظامی امریکائی در ایران مستقرگردید که راهنمائیهای ذیقیمتی درمورد سازمان وتعلیمات ارتشی بما نموده‌اند وبوسیله همین هیئت بدریافت تدارکات وسازوبرگ نظامی بلاعوض نائل آمدیم وبدینطریق قسمتی ازمشکلات مالی ما که هرملت تازه مترقی‌بدان روبروست تخفیف‌یافت . بعلاوه ازآغازکار برای طرفین مسلم بودکه امریکائیها درایران فقط وظیفه مشورتی دارند ودرعملیات نظامی ما هیچگونه مداخله‌ای نخواهند داشت .

هرچندکمك امریکا بدون شك مارا موفق ساخت که برحسن‌انتظام نیروهای مسلح محدود خود بیفزائیم وامنیت کشور ومردم آن را تأمین‌کنیم ولی بنظرمن باید فواید غیرمستقیمی را نیزکه ازکمکهای نظامی بدست آوردیم بخاطر داشت ، زیرا درهرحال یعنی باکمك امریکا وبدون مساعدت آن دولت برای حفظ خود ناگزیر بوده‌ایم‌که یك نیروی نظامی‌کافی دراختیار داشته باشیم وبنابراین‌کمك نظامی امریکا بما مجال دادکه قسمت اعظم ازدرآمد خودرا برای ایجاد سایرلوازم امنیت‌که درفصول پیشین بآنها اشاره شد صرف‌کنیم . چنانکه مثلا بدون‌کمك‌نظامی‌امریکا قدرت نداشتیم‌که یك پنجم ازبودجه‌کل‌کشور را بمصرف امور فرهنگی برسانیم .

چون‌کمکهای نظامی وغیرنظامی امریکا بطورمستقیم وغیرمستقیم منافع مهمی بکشور ایران عاید ساخته است امیدوارم اگر اظهارکنم‌که ازکمکهائی‌که امریکا دراختیار

کشورهای مختلف گذاشته مبلغ بسیار کم و ناچیزی بما رسیده است حمل بر ناسپاسی نشود .

پیش از آنکه در این موضوع توضیحات بیشتری بدهم باید باهمیت سوق‌الجیشی کشور ایران اشاره کنم وچون متجاوزین بالقوه از آنچه درصدد ذکر آن هستم کاملا آگاهند بنابراین راز نهفته‌ای را فاش نکرده‌ام .

بقول یکی از ظرفا درعصر حاضر تمام کشورهای گیتی اهمیت سوق‌الجیشی دارند و این لطیفه بسیار بحقیقت نزدیک است . چنانکه مثلا قاره استرالیا که ظاهراً دوردست واقع شده بسهولت مورد اصابت موشکهای روسی قرار میگیرد وهمین کیفیت هم درباره موشکهای هدایت شونده طرف دیگر صادق است . از آن گذشته در عصر اتم موشکها و هواپیماهای دورپرواز و کشتیها و زیردریائیها و اقمار مصنوعی هم وضع سوق‌الجیشی پیدا خواهند کرد وهم مانند ولگردان دوره گرد خانه بردوش خواهند بود که پیدا کردن نشانی صحیح آنها دشوار است . هرچند اقمار مصنوعی در یک مدار معین حرکت میکنند باز وضعشان مانند کشورهائیکه درگوشه‌ای از این جهان درقرون و اعصار بیشمار برپشت خاک قرار و آرام گرفته‌اند ثابت وپای برجا نیست .

بهر حال از نظر حقیقت جغرافیائی، کشور ایران پیوسته محل تقاطع راههای بازرگانی وسوق‌الجیشی بوده و این کیفیت امروز ازهمه وقت آشکارتر ومحسوس‌تر است زیرا این برسبیل تصادف نبوده است که در ادواری که مسافرتهای زمینی ازباختر بخاوردور بوسیله کاروان انجام میگرفت و طریق معروف بشاهراه ابریشم شرق و غرب گیتی را بهم متصل میکرد کاروانها ازکشور ایران میگذشتند وامروز نیز خطوط هوائی که قاره‌های جهان را به یکدیگر وصل

میکنند غالباً ازتهران عبور میکنند .

درطی ادوار تاریخی اکثر لشگرکشی‌های مهم که ازخاورمیانه بعمل آمده است یا ازایران آغاز شده ویا آثار مستقیم آن متوجه کشور من بوده است وامروز نیز ازلحاظ جغرافیائی ووضع سوق‌الجیشی اگر کشور ایران را مرکز سازمان‌پیمان مرکزی‌بخوانیم سخنی‌بگزاف نگفته‌ایم وچون سازمان پیمان مرکزی دروسط سازمانهای پیمان اتلانتیك شمالی وپیمان جنوب شرقی آسیا قرارگرفته است بنابراین کشورمن نقطه اتکاء ومحوراصلی این‌سازمانها بشمارمیآید.

اگرکشور ایران ازپا درآید جناحهای سازمان پیمان اتلانتیك شمالی وسازمان پیمان جنوب شرقی آسیا وسایر کشورهای عضو سازمان پیمان مرکزی مورد تهدید قرار میگیرد وبدیهی است که اگرکشور ایران ازجانب شمال ویا ازجهت دیگری که ازشمال دستورگرفته باشد مورد حمله وتجاوز قرارگیرد وازآن جلوگیری نشود برای متجاوزین غنیمت عظیمی‌خواهدبود وبنادرآبهای گرم ومناطق‌نفت‌خیز وسایر منابع سرشارکشور ایران مورد تسلط ناقضین صلح بین‌المللی واقع میشود وراه برای آنها بازخواهد شد تا نیروهای خودرا بشکل گازانبر ازیك طرف به شبه جزیره عربستان وازطرف دیگر ازطریق ترعه سوئز بقاره افریقا گسیل دارند واین فوائد برای‌کسانیکه اتصالا دم ازصلح میزنند ولی بنابه تجربه‌ای‌که داریم باستقرار یا ایجاد صلح جهانی معتقد نیستند بسیار فریبنده واغواکننده است . اما اگربقضیه ازجهت دیگربنگریم باید ناگفته نماندکه هرچند کشور ایران نقطه اتکاء سازمانهای پیمان اتلانتیك شمالی وپیمان‌مرکزی‌وپیمان‌جنوب‌شرقی‌آسیا بشمارآمده‌است ولی درعین حال دررشته ارتباط بین‌آنها ضعیف‌ترین حلقه‌هاست

وعلت آن اینست که ما ازیکطرف کشوری دارای افتخارات درخشان تاریخی هستیم که ازوحدت ملی وثبات برخوردار است وازتجربیات مستقیمی که برگرفته‌ایم ازخطرات تجاوز کمونیزم آگاهیم ولی‌ازطرف دیگرنیروی‌مسلح ومخصوصاً نیروی‌هوائی‌ما ضعیف‌است وتجهیزات‌بسیارجدید راندارد.

دراین مورد کشور عراق راکه میل داریم صمیمیترین روابط را باآن کشورداشته‌باشیم برای‌مقایسه درنظرمیگیرم. جمعیت کشور عراق درحدود یك چهارم نفوس ایرانست ومساحت آن کشورمساوی بایك‌پنجم خاك این کشوراست. بااین وصف نیروی هوائی آن کشور بمراتب قویترازنیروی هوائی ماست زیرا نیروی هوائی عراق مجهز به تازه‌ترین جتهای جنگنده است که بآسانی میتوانند برهواپیماهای ما که ازنمونه‌های سابق امریکائیست برتری یابند وهمچنین دارای جتهای بمب‌افکن جدید است که ما نداریم.

ازآن گذشته نیروهای‌مسلح عراق‌رویهمرفته ازنیروی مسلح ما مجهزتر است زیرا دولتهای انگلستان وروسیه بآن کشور تجهیزات جنگی میدهند وحال‌آنکه از پایان جنگ دوم جهانی اکثر وسایل وتجهیزات نظامی ما مستقیماً ازامریکا فراهم شده است. هرچند نسبت بآنچه بما رسیده است سپاسگزاری بسیار داریم ولی باید ازاظهار این حقیقت نگذشت که این کمکها احتیاجات ما وجهان آزاد را دراین ناحیه مهم گیتی مرتفع نمینماید.

در واقع باید از این‌هم فراتر رفته و تأکیدکنم که هرچندکشور من یکی از دریافت کنندگان مهم کمك فنی واقتصادی ونظامی آمریکا بوده‌است ولی اگراین کمکها را باکمکهائی که آمریکا به‌بعضی ازکشورها کرده است مقایسه کنید تفاوتهای عجیبی‌مشاهده خواهیم کرد.

در این مورد جای بحث علنی و آشکار نیست زیرا رویه دولت امریکا که قابل تصدیق‌هم هست اینست که ارقام کمکهای‌نظامی کشورهای مختلف‌را جزواطلاعات محرمانه محسوب دارد. اما تصور میکنم از خلال یك بیان اجمالی حقایق روشن گردد والبته اعضای کنگره آمریکا ومأموران آمریکائی میتوانند صحت و سقم آنرا مورد رسیدگی قرار دهند.

طبق آماریکه از عطایا و اعتبارات خارجی کشور آمریکا تهیه شده و موجود است از پایان جنگ دوم جهانی کمکهای مستقیم غیرنظامی‌آمریکا به‌اتحاد شوروی بیش‌از میزان کمکهای آن دولت بایران بوده‌است.

میدانیم که کار دنیا برعکس است وکمکهائی هم که آمریکا بروسیه کرده بلافاصله پس‌از پایان جنگ وهنگامی بود که روسیه تقریباً از پا درآمده و روابط سیاسی وی با آمریکا نیز تیره نشده بود ولی امروز که سالها از پایان جنگ میگذرد بنظرما عجیب است که ایران که از متفقین باوفای آمریکا و جهان‌آزاد است درطی اینمدت کمتر از روسها بدریافت کمك نائل شده‌باشد.

ازآن گذشته کمکهائی که آمریکا در طی این مدت بکشور کمونیستی یوگوسلاوی نموده بیش‌از دو برابرمیزان کمك بایران است و در مورد کشور یوگوسلاوی کمکهای غیرنظامی امریکا باکمکهای نظامی قابل‌توجهی توأم بوده است که ارقام آنرا کشورهای متحده آمریکا فاش نکرده است وتصور میکنم دوستان امریکائی من تصدیق کنند که کشور یوگوسلاوی از زمان جنگ تا حال بمراتب بیش‌ازما از کمکهای نظامی آمریکا برخوردار شده است. من بهیچوجه اعتراضی بکمك امریکا به کشور یوگوسلاوی

ندارم ولی آیا شگفت‌انگیز نیست که میزان کمك امریکا به‌کشور کمونیستی یوگوسلاوی بمراتب بیش از کمکهائی باشدکه بایران شده است ؟

جای‌آن‌است‌که یك‌کشور دیگر که درصف کشورهای جهان‌آزاد قرار گرفته است مورد مقایسه قرار گیرد وآن کشور تایوان است که از پایان جنگ دوم جهانی تاکنون چهار برابر بیش از ایران از امریکا کمکهای غیرنظامی دریافت داشته است و باآنکه در اینمورد نمیتوان ارقامی منتشرساخت ولی مقامات مسئول امریکائی تصدیق خواهند کردکه درهمین مدت‌کمکهای نظامی امریکا به‌تایوان نیز بمراتب بیش‌از‌کمکهای نظامی بکشور ایران بوده‌است .

بدون شك کشور تایوان در خاوردور دارای اهمیت سوق‌الجیشی‌است ولی بعقیده من اهمیت سوق‌الجیشی‌کشور ما در خاورمیانه از تایوان‌کمتر نیست .

نمیگویم‌کشورهای‌تایوان ویوگوسلاوی وحتی‌کشور روسیه لزوماً باید از کمکهای امریکائی کمتر برخوردار شوند ، بلکه من برهبران آمریکا پیشنهاد میکنم که نسبت به وظیفه‌ای که کشورایران در دفاع جهان آزاد دارد بیشتر مطالعه وتأمل‌کنند و بنظرمن نتیجه مطالعات آنها چیزی جز آن نخواهد بودکه کشور ایران باید از حیث دریافت کمك در ردیف اول قرارگیرد .

اما افزایش کمکهای امریکا بایران و سایر اعضای سازمان پیمان مرکزی تنها یکی‌ازطرق تقویت صلح‌وامنیت این ناحیه است . مدتهاست‌که باین فکر عادت کرده‌ایم که بایدکشورهای غرب بوسیله سلاحهای اتمی وغیراتمی خود از تجاوزکمونیستها جلوگیری بعمل‌آورند ولی بعقیده من باید این نکته نیز برای ما مسلم باشد که باید یك وسیلهٔ

جلوگیری مخصوص نیز در خاورمیانه بوجود آید ومؤثر بودن این‌وسیله بسته به‌نیرو وحدود توانائی آن است که اگربطریق صحیح ایجاد شود بدون‌شك موفق خواهدبود.

برای اجرای این منظور سه اقدام فوری را بطور اختصار دراین‌جا ذکرمیکنم.

اول‌آنکه کشورهای متحده آمریکا بعضویت رسمی سازمان پیمان‌مرکزی درآید. من‌مدتی‌است که ازاینموضوع پشتیبانی کرده‌ام و بنظر من هیچگونه دلیل موجهی برای خودداری امریکا وجود ندارد، مخصوصاً که کشورهای متحده‌امریکا درتمام کمیته‌های اصلی‌سازمان پیمان مرکزی عضویت دارد. دوم‌آنکه بایدکلیه برنامه پیشرفت و امنیت غیرنظامی ونظامی‌سازمان پیمان مرکزی توسعه‌یابد. بعقیده من اگر اعضاء غربی سازمان پیمان مرکزی باوصف تعهدات دیگری که دارند تعهدات مالی‌خودرانسبت‌بسازمان بیفزایند بنفع خودآنها وجهان آزاد خواهد بود.

سوم آنکه سازمان پیمان مرکزی چنانکه سابقاً نیز ذکرشده‌است باید ترتیبی‌فراهم‌آوردکه ازگروه نمایندگان دائمی‌نظامی خود یك فرماندهی حقیقی واحدکه نماینده کلیه‌کشورهای عضو سازمان باشد ایجاد نماید.

جنگ جهانی‌سوم ممکن‌است در خاورمیانه آغازشود وکسانی‌هم ممکن‌است میل‌داشته‌باشندکه این‌جنگ درکشور سوق‌الجیشی ایران رخ دهد. اما باید از بروز جنگ جدید جهانی چه دراین‌کشور وچه درسایر نقاط جلوگیری کرد. امروز میلیونها از افرادکمونیست نوشته‌ها وآثار مارکس وانگلس ولنین‌را بنحوی مطالعه وقرائت مینمایندکه بعقیده آنها جنگ باجهان غیرکمونیستی اجتناب ناپذیر است ولی سایر افرادکمونیست کم وبیش باین نکته متوجه شده‌اندکه

علوم وفنون جدید و وجود سلاحهای اتمی عقاید حزبی و افکار وفرضیه‌های بنیان گذاران کمونیست را تحت‌الشعاع خویش قرار داده است .

بااطلاعاتی که من درباره آقای خروشچف دارم معتقدم که وی کمتر ازسایر هم‌مسلکان خود اسیر فرضیه‌ها وافکار غیرقابل انعطاف مارکس است وحتی اگر دوران خروشچف موقتی باشد (زیرا پیشوایان مکتب مارکسی هم مانند سایر افراد بشر درمعرض فنا قرارگرفته‌اند) باز درکشور اتحاد جماهیر شوروی عوامل عمیقتری برای ایجاد صلح درحال نمو وفعالیت‌است ومیتوان گفت روسهاسال بسال محافظه کارتر میشوند ومردم آن کشور اعم ازکارمندان دولت ومیکرب شناسان ورانندگان اتوبوس ومعماران روسی دارای همان آرزوهائی هستند که همکاران و همقطاران آنها در سایر کشورهای غیر کمونیست در مخیله خویش میپرورانند . عقاید محققین‌ودانشمندان روسی بیش‌ازپیش‌قابلیت انعطاف یافته و بتدریج باین حقیقت متوجه گشته‌اند که ممکن است دشمن واقعی آنهـــا دولت‌های سرمایه‌دار که مورد حمله ودشنام آنها واقع شده‌اند نباشد بلکه آن غول مهیبی که در خاوردور پشت سر آنها اتصالا بروسعت خاك وجمعیت خویش میافزاید خصم اصلی آنهاست .

تحولات داخلی روسیه بطور غیرمحسوسی درروابط آن کشور بادنیای آزاد مؤثر خواهد بود ودر دوران تغییر وتحول خطر حملات اتمی وتهدید وارعاب ونفوذ تدریجی وخرابکاری وسایر اعمال تجاوزکارانه و یا تهدید بتجاوز موجود وآشکارخواهدماند وبرای جلوگیری ازامپریالیسم کمونیستی وسایل نیرومندی مورد لزوم خواهد بود .

ولی‌من‌ازاین‌پیش‌بینی‌نمیگذرم که روسهاروزی‌متوجه

حقایق و واقعیات خواهندشد. امروز جمعیت چین بمراتب بیش از جمعیت کشور همقطاران روسی آنهاست و این اختلاف عده بین نفوس دو کشور مستمراً زیادتر میشود. چینی‌ها علی‌رغم روسها بسلاحهای اتمی وموشك مسلح خواهند شد وسعی خواهندکردکه رهبری مرامی ونظامی خودرا بر تمام دنیای کمونیست تحمیل نمایند وبرفرض هم که آشکار نشود محققاً اختلاف عقاید بین این دو کشورشدیدترخواهدگشت و هرچه ملل غربی افکار و رویه خودرا با وضع جامعهٔ مترقی هم‌آهنگ سازند رقابت‌های فکری تازه‌ای بوجود خواهد آمد.

روسها درحالیکه دم ازدوستی‌دائمی‌نسبت‌به همقطاران چینی‌خودمیزنند متدرجاً مجبورخواهندشدکه باکشورهای غیرکمونیستی‌تفاهم‌پیداکنندوممکن‌است‌که روابط صمیمانه نیز با روسها برقرارگردد وگروه عظیم ملل تمام‌کوشش وتوانائی خویش را برای جلوگیری ازبسط تسلط چین و مساعدت بآنها که دست از تعصب برداشته و راه مدارا واعتدال‌را پیش گیرند بکاربرند. ایجاد این‌تغییرات سالیان درازوقت میخواهد وتاوصول بچنان‌زمانی مردم آزادیخواه باید درعقیده خویش مصمم وثابت باشند وهمواره این نکته را بخاطر بسپارندکه صلح مبهم وغیرصریح مفهوم واقعی ندارد وازبهترین ومقدس‌ترین افکار انسانی تاآن حالتی که دربیمارستان برای‌مرضای روانی‌بوجود میآید واحساس راحت میکنند درچنین صلح مبهمی مندرج خواهد بود.

فصل چهاردهم

شاه و کشور

زندگانی روزانه شاه چگونه میگذرد و آیا درکار او و سایر مردم تفاوتی است و در آن احساس تنهائی میکند؟ شاید خوانندگان این کتاب پاسخ این پرسش‌ها را از من انتظار داشته باشند و بخواهند از وظیفه‌ای که بنظر من به عهدهٔ مقام سلطنت در این کشوری است که اینهمه کهنسال و در عین حال اینقدر تازه و درشرف ترقی است آگاه گردند.

زندگی روزانه من ترتیب و تنظیم معینی دارد و گاهی هم بمناسبت اوضاع و کیفیات مختلف تغییر میکند. من درحوالی ساعت هفت و نیم صبح از خواب برمیخیزم. هنگام استحمام و اصلاح صورت غالباً درباره امور کشور اندیشه میکنم و یا برنامه کارهای روزانه را درذهن مورد

بررسی قرار میدهم و همیشه پس از پوشیدن لباس تنها بصرف ناشتا میپردازم که معمولا بسیار ساده و منحصر بکمی آب میوه و یک فنجان قهوه و یک تکه نان برشته است. هر چند مدت صرف این ناشتای مختصر از دو سه دقیقه تجاوز نمیکند ولی عادةً سه ربع ساعت سرمیز نشسته بمطالعه روزنامه میپردازم و هر صبح تمام روزنامه‌های مهم ایران و روزنامه‌هائی را که از امریکا و انگلستان و فرانسه میرسد مطالعه میکنم. ترجمه روزنامه‌های آلمانی و ایتالیائی نیز از نظر من میگذرد.

درحدود ساعت نه بدفتر خود میروم و کار روزانه را آغاز میکنم. بدواً وزیر دربار شاهنشاهی را می‌پذیرم و بامور متنوع و گوناگون مانند اجازه شرفیابی اشخاص و ملاقات با شخصیتهای خارجی و مطالعه عرایض استمداد و نظائر آنها رسیدگی میکنم. نخست وزیر و وزیر خارجه هر وقت لازم باشد بحضور میآیند و سایر وزیران و رؤسای دوایر دولتی نیز غالباً اجازه ملاقات پیدا میکنند.

از نظر مقام فرماندهی کل قوای مسلح هفته‌ای دو روز صبحها را پذیرفتن رؤسای سازمانهای نظامی و سایر افسرانی که گزارشهای مستقیم را از نقاط مختلف آورده‌اند اختصاص داده‌ام و برای اینکه افسران مزبور تشویق شوند که آزادانه و بی‌پرده مطالب خود را اظهار دارند معمولا اینگونه افسران را بطور انفرادی احضار میکنم.

از این گذشته بسیاری از افراد مردم تهران و شهرستانها اجازه شرفیابی پیدا میکنند. بعضی از این ملاقاتها نتیجه‌ای جز اتلاف وقت ندارد زیرا ملاقات کنندگان مطلب مهمی ندارند، اما چون شایعات در کشور ایران زود و بلامانع منتشر میشود رویه من آنست که از نظرات گوناگون و منابع مختلف اخبار آگاهی یابم و خوشبختانه از ملاقات اشخاص مسرت پیدا

میکنم و این کار نه تنها برای من ملال آور نیست بلکه موجب نشاط هم است و طینت من بدیدار و مصاحبه با اشخاص از مطالعه نوشته‌ها و گزارشها راغبتر است .

با این وصف حجم کارهای نوشتنی من هم زیاد است . در پایان هر صبح رئیس دفتر مخصوص را احضار میکنم و درباب توده متراکم نامه‌ها و یادداشت‌ها و گزارشهائی که رسیده است دستور اقدام میدهم . در بسیاری از موارد مفاد آنچه را باید درپاسخ نگاشته شود بوی میگویم و درپاره‌ای از مواقع نیز تمام نامه ویا یادداشت را املاء میکنم .

چون خط فارسی خود یک نوع مختصر نویسی است از دستگاه ضبط جواب ویا از تندنویس استفاده نمیکنم . گاهی نیز ، مثلا در نوشتن پاسخ بنامه ملکه الیزابت ، خود به نگارش جواب میپردازم ولی چون کارهای کشور بسیار زیاد است و باید نامه‌های رسمی و گزارشهای کشوری بسیار را مطالعه کنم مجال مکاتبه خصوصی بندرت پیدا میشود .

در حدود ساعت یک و نیم بعدازظهر از دفتر کار بیرون میآیم و برای صرف ناهار با ملکه و گاهی با خویشاوندان ویا با شخصیتهای داخلی ویا خارجی میروم . ناهار ماخوراکهای معمولی ایرانی یا اغذیه فرنگی ویا مخلوطی از هر دو نوع است ولی برخلاف بیشتر هموطنان خود میل دارم ناهار من سبک باشد و از آشامیدن مشروبات الکلی چه در هنگام ناهار وچه در مواقع دیگر پرهیز میکنم .

بعد از صرف ناهار معمولا باز مدت سه ربع ساعت روزنامه مطالعه میکنم و اگر فرصتی باشد در حدود سه ربع ساعت استراحت میکنم و پس از آن اغلب بدفتر خویش برمیگردم و دو سه ساعت بخواندن گزارشهای رسیده میپردازم . روزهای دوشنبه بعدازظهر شورایعالی اقتصاد

وجلسه هیئت وزیران در حضور من تشکیل میگردد و چندین ساعت ادامه دارد .

هر ماه یکبار جلسه مطبوعاتی من تشکیل میشود و عده ای از ارباب جراید و خبرنگاران ایرانی و خارجی در آن شرکت میجویند. هر ماه چندین بار بسرکشی واحدهای نظامی متوقف در تهران و یا افتتاح کارخانه و بیمارستان و پرورشگاههائی که تازه احداث شده باشد میروم و درضمن مسافرتهائی باستانهای کشور میکنم تا از نزدیک اوضاع را مشاهده کنم و از پیشرفت کارهای عمرانی و توسعه آگاه گردم . گاهی نیز مسافرت‌هائی که اغلب جنبه رسمی دارد بکشورهای خارج میکنم .

میل من آنست که اگر مانعی پیش نیاید عصرها یک ساعت و نیم بورزش بپردازم . معمولا شام را که اغلب از اغذیه اروپائی است تنها یا با ملکه صرف میکنم

اوایل شب را بشنیدن موسیقی و یا بتماشای فیلمهائی که در کاخ مسکونی نمایش میدهند میگذرانیم و عموماً شبها زود میخوابیم و معمولا پیش از استراحت برازونیاز بدرگاه پروردگار میگذرانیم .

روزهای جمعه و ایام تعطیل چند تن از دوستان پیش ما می‌آیند و ببعضی از ورزشهای دسته جمعی مانند والیبال و نظائر آن میپردازیم ولی این ایام نیز معمولا تا نیمروز بمطالعه گزارشها و تمشیت امور مختلف مملکتی سپری میشود.

این برنامه ممکن است در نظر پاره ای از مردم یکنواخت و کسالت آور بیاید ولی من بکار خود دلبستگی زیاد دارم و از آن خوشم میآید . در فصل هفتم اشاره شد که من بحل مسائل دشوار اقتصادی و سایر امور معضله علاقه بسیار دارم و ازآن گذشته از صحبت با افراد مختلف لذت میبرم و از

همین جهت از اینکه هرروز بعده زیادی از اشخاص اجازه ملاقات میدهم یك نحو مسرتی در خود احساس میکنم واز سفرهای کوتاهی که بمنظور سرکشی به‌برنامه‌های عمرانی کشور می‌نمایم واز افتتاح دستگاههائی که برای پیشرفت امورتولیدی ورفاه ساخته میشود خرسندی وفرح وانبساطی مخصوص درمن بوجود میآید.

بارها درهنگامی که اسناد مالکیت رابدست کشاورزان میدهم ویا نخستین سنگ بنای کارخانه تازه‌ایرا نصب میکنم یا دکمه کارخانه جدید برق را میفشارم ویا نوار افتتاح درمانگاه تازه‌ایرا قطع میکنم دردل من مسرت وشادمانی سرشاری پدید میآید.

ممکن‌است برخی تصورکنند که اینکارها تنها جنبه تشریفاتی دارد ولی درنظرمن نمودارهای مسرت‌انگیزی از فعالیتهای خلاقه ایران نوین محسوب میشوند وتصورمیکنم که من نیز دراین روش مانند پدرم هستم که درذهنم همواره فکرایجاد وسایل پیشرفت و رفاه کشور ایران و مردم آن درجنبش وهیجان است. براستی که من ازهمان تفکر دراین امور بشوق میآیم و وقتی افکار من بمقام عمل درمیآید و واقعیت پیدا میکند این شوق ومسرت روحانی شدیدتر میگردد.

از همین‌جهت است که باوصف موانعی که گاهگاه دربرابرم پیدامیشود درکارخویش احساس کسالت وخستگی نمیکنم. باوجود این باید بگویم که اگرراه ورسم بردباری وآسان‌گرفتن دشواریهارانیاموخته بودم هرگزتوانائی‌ادامه کار را پیدا نمیکردم. درسالهای اول سلطنت و مخصوصاً در زمان مصدق روزهای پرنگرانی واضطرابی را گذراندم وشاید جای شگفتی نباشدکه موی سرم زود سفید گشته باشد

وشك نیست که اگر نیروی سهل گرفتن شدائد درمن نبود توانائی بدنی ومعنوی تحلیل رفته وآتش شوق وعلاقه من افسردگی پیداکرده بود.

همه‌کس از علاقه و اشتیاق من به‌ورزش آگاه است. من از شناوری وتنیس و والی‌بال واسب سواری و شکار و پیاده‌روی و اسکی‌بازی روی برف و روی‌آب و گلف و پرواز و رانندگی اتومبیل‌های پرسرعت لذت میبرم. اما ورزش تنها وسیله تفریح من نیست، چنانکه مثلا ازصحبتهای ساده وشیرین لذت میبرم وازشطرنج وخواندن داستان مخصوصاً داستانهای فرانسوی محظوظ میشوم هرچند دراین اواخر فرصت مطالعه اینگونه کتب تفریحی را پیدا نکرده‌ام. تماشای فیلمهائی راکه درایران تهیه شده است برای گذراندن وقت وانصراف فکر مغتنم میشمارم ومخصوصاً بمشاهده فیلمهای خوب پلیسی علاقه مخصوص دارم وازفیلمهای خنده‌انگیز وهمراه با موسیقی نیز بدم نمیآید. هرچند بعقیده من فیلمهای امریکائی رویهمرفته ازلحاظ فنی بسیار خوب تهیه میشود ولی برخی ازفیلمهای انگلیسی وفرانسوی وایتالیائی را نیز ازلحاظ هنرمندی بازیگران ومهارت تهیه کنندگان جالب توجه یافته‌ام. باآنکه صنعت سینما درایران تازه آغاز شده ولی اخیراً فیلمهای خوبی ببازار عرضه شده است که تماشای آنها دلپذیر است.

من موسیقی‌دان نیستم ولی شیفته آنم و از آن لذت سرشار میبرم. موسیقی ایرانی را دوست میدارم ولی باید بگویم که تنوع موسیقی غربی بیشتر است. قطعات سبك والتز برای من دلپسند است وشنیدن آهنگ‌های (جاز) را مطبوع یافته‌ام ولی علاقه وعشق واقعی من بموسیقی کلاسیك واصیل وآثار استادان بزرگ مانند شوپن وبتهون وشوبرت

و لیست و هم‌طرازان آنهاست . بعضی اوقات فکر میکنم که درعصر امروز خلق اینگونه آثار موسیقی محال است ولی این فکر احتمالی بیش نیست واز کجا که عصر طلائی موسیقی وفرهنگ جهان تجدید حیات پیدا نکند ؟

من از راههای دیگرهم بتفریح ورفع خستگی میپردازم مثلا در کاخ سعدآباد که محل سکونت تابستانی من است گاو و مرغ داریم و درایامی که آنجا هستم چند بار بآنها سر کشی میکنم . گاهی نیز مانند کودکان ببازی با راه‌آهن وقطار برقی که دوسال پیش ازسویس خریده‌ام سرگرم میشوم . هنگامیکه در دبیرستان بتحصیل اشتغال داشتم مدت یکسال درفن درودگری و کارهای دستی چوبی تعلیم گرفتم و گاهی هوس میکنم که برای انصراف خاطر قسمتی ازاوقات فراغت را باین کارها بپردازم . ازاین‌ها گذشته از گفتاروهم‌صحبتی بامردم فروتن وبدون خودنمائی وغیرمتظاهر وساده وطبقه عادی آرامش و گشایش روح درمن بوجود میآید .

در سالهـــای اخیر پیشرفت‌های ما در امور سیاسی واقتصادی واجتماعی بطوری سریع بوده است که‌نگرانیهای گذشته‌را کمتر احساس کرده‌ام ولی هنوز با دشواریهای گوناگونی روبرو هستم . بنظر من آنچه بیش ازهمه چیز موجب ناراحتی من است مسئله سستی و کاهلی وعدم توجه وعلاقه بکار و کمیابی افرادکاردان وآشنا بوظیفه است که بزرگترین گرفتاری امروزی ماست و هر گاه این نقص بزرگ اصلاح شود مسائل دیگر طبعاً حل وفصل خواهد گشت . ازهمین جهت موجب آنهمه تأکیدی که درنکات مندرج درفصل یازدهم کرده‌ام وعلت آنکه تربیت وآماده ساختن جوانان رابرای پیشرفت‌های‌آینده ضروری‌والزامی میدانم آشکار میگردد .

بارها تأکید کرده‌ام که یکی از وسایل مبارزه مداوم و موفقیت‌آمیز ما بر علیه فساد دستگاههای دولتی آنست که معاش کارمندان بحد کفایت تأمین شود تا دیگر در اثر احتیاج و مضیقه زندگانی با عمال ناروا و نادرست نگرایند. با این وصف حق واقع اینست که بعضی از فاسدترین افراد ما مردم با ثروت و صاحب دستگاهی هستند که با نداشتن هیچگونه احتیاج واقعی تنها از نظر پستی فطرت و انحطاط اخلاقی که دارند از گرفتن رشوه و هدیه مضایقه نمیکنند . اینگونه نابکاران که مانع پیشرفت امورند موجب ناراحتی من میشوند ولی بجای آنکه نسبت بآنها خشم من طغیان کند و نیروی خود را بیهوده تلف سازم با آنها بطریق اصولی و عملی مبارزه میکنم .

همینطور ممکن بود در برابر هتاکی‌ها و یاوه‌سرائیهای ناروائی که از رادیوی کشور همسایه پخش میشود مقهور احساسات خویش گشته بر ناراحتیهای خویش بیفزایم و نیروی خود را هدر دهم ، اما بدستور خرد با بی‌اعتنائی و تحقیر بآن سخنان ناشایست گوش میدهم و در مطالبی که گزارش میدهند امعان نظر مینمایم .

آنچه تاکنون در این فصل نگارش یافته مختصری از زندگانی روزانه و رویه من در مواجهه با نگرانیها و موانعی بوده است که اگر باحوصله و تدبیر بر فع آنها نپرداخته بودم شاید مرا از پای در آورده بودند . اینک میخواهم کلمه‌ای چند درباره رویه و طرز عمل خویش در حل و عقد امور که بگمان من هر موفقیتی که در تعهد مقام سلطنت برای من پیش آمده ناشی از آن بوده است بر شته تحریر در آورم . یکی از ظرفا برای ناراحتی مانند سایر مسائل ریاضی ضریبی اختراع کرده است . آنچه من در این مورد میتوانم بگویم آنست که ضریب ناراحتی من بامیزان پیشرفت‌هائی که

میکنیم نسبت معکوس دارد وبنظر من این نکته درباره هموطنان من نیز بطور کلی صادق است . چون رویه من با احتیاجات تمدن ویژه این سرزمین وفق میدهد ممکن است درنظرخوانندگان غریب و بی‌سابقه جلوه‌کند ولی تجربه نشان داده است که رویه من در امور عملا به‌نتیجه میرسد وباعث‌ایجادیك‌نوع‌پیشرفتی‌است‌که میزان‌نگرانی‌وناراحتی را تنزل میدهد .

مثلا درجریان امور به تعدد وسایل ومجاری اداری و ایجاد طریقه علی‌البدل برای اجرای هر امری معتقدم تا اگر مأموری دراثر جهل یا سستی وتنبلی یاغرض شخصی کاری‌را چنانکه باید انجام ندهدآن وظیفه بدیگری محول گردد . بدین‌ترتیب هم کاربروفق‌دلخواه انجام میگیرد وهم از اشخاصی‌که نمیخواهند درخدمت ملت قدمی بردارند سلب‌آبرو واهمیت میشود . غالباً بمأمورین جزء امر میکنم که برؤسای خود دستورهای مراکه مربوط بطرزکار ومدت اجرای آنست ابلاغ‌کنند . گاهی این رویه برای تسهیل اموراست‌چنانکه مثلاهنگامی که فرودگاه جدیدی‌رابازرسی میکنم و درنظرمن مناسب میآید که در اطراف آن چمنی احداث شود بهرمأموری‌که درآن موقع نزدیك باشد امر میدهم دستور مرا برئیس خود اطلاع دهد . گاهی‌نیزعامداً این‌رویه‌را اتخاذمیکنم تاازکبروغرورخودفروشی‌مأمورین تنبل کاسته شود .

چنانکه ذکرشد عادت من آنستکه از نظریات اشخاص مختلف‌آگاه شوم‌وازطرق‌متعدد ازاوضاع‌ادارات‌ودستگاهها مطلع‌گردم . اگر از کارخانه‌ای بازدیدکنم از شخصی که سردستگاه‌تراش ویاماشین کارمیکند ازکارخودش ویاوضع تحصیلی‌دخترش‌سئوالاتی‌میکنم. درهنگام افتتاح‌آموزشگاه

جدید از اموز کاران درباره وضع زندگی ومحل سکونت آنها پرسش بعمل میاورم واز کشاورزان طرز سلوك ادارات وژاندارمهای محل‌را جویا میشوم واز کارمندان جزء دولت درباره تأثیر هزینه زندگی وروحیه کارمندان تحقیق بعمل میآورم.

من مشاورینی بمفهوم معمولی این‌کلمه در خدمت خویش ندارم زیرا بنظر من چنین رویه‌ای برای رؤسای کشورها خطرناك است. یکی از اشتباهات پدرم آن بود که درامور بآراء عده محدودی ازمشاورین خود تکیه داشت که چون از او میترسیدند حقایق را بسمع وی نمیرساندند و بچاپلوسی ومداهنه میپرداختند ومتأسفانه اغلب از فساد نیز برکنار نبودند. اما من رویه دیگری را پیروی میکنم زیرا میدانم که مشاورین هرچند صلاحیت فنی داشته باشند گاهی‌اغراض‌شخصی‌را برمنافع ملی‌مقدم میشمارند وگذشته ازآن میخواهند هرگونه اطلاعاتی بوسیله آنها بمن برسد ومنابع مستقل کسب اطلاع را مسدود میکنند. ازهمین‌جهت بجای مشاورین‌مخصوص اطلاعات خودرا ازمنابع گوناگون بدست میآورم وپس‌ازسنجش‌آنها منحصراً بنفع عموم ملت تصمیم لازم در هرمورد اتخاذ میکنم. باید بگویم که من بهیچوجه خویشتن‌را گنجینه حقایق افکارروشن نه‌پنداشته‌ام وبرعکس ازاطلاعات گوناگونی که بمن میرسد وقضاوت عده زیادی از اشخاص بصیر ودانا استفاده میکنم.

گذشته ازاین اگر مشاهده کنم که قضیه‌ای فوق‌العاده دشوار وبغرنج است فوراً شبکه اطلاعات خودرا وسعت میدهم وبوسیله کسب نظر ازمنابع مختلف آن مشکل را حل میکنم وسپس اغلب اینگونه قضایا بادارات مربوطه ومسئول احاله میشود. ازنظر همین اظهار نظرهای مختلف تصمیمی

که پس از مداقه اتخاذ میشود معمولا برای کشور و مخصوصاً برای مردم عادی سودمند است .

همینکه نسبت بمسئله‌ای تصمیم قطعی اتخاذ شد اجرای آنرا به نخست وزیر ویا یکی از وزیران یا رئیس سازمان مستقل دستور میدهم . غالباً اداره‌ای که کار بدان محول شده باسرعت و اطمینان دستور را بموقع اجرا میگذارد ولی گاهی نیز بتأنی و مسامحه میگذرانند و در این صورت از شخص مسئول توضیح میخواهم وجمله معمولی و مبتذل «تقصیر من نیست» را نمیپذیرم . من بندرت خشمگین میشوم ولی مأمور خاطی از طرز نگاه ولحن ادای سخن من درجه عدم رضایت مرا استنباط میکند و این چنین مأموری بطریق قانونی از کار منفصل میشود و بدولت دستور داده میشود که شخص شایسته‌تری را بجای وی بر گزینند و این امر در مورد سازمانهائی که باید در آنها تغییرات داده شود بهمین نحو بموقع عمل و اقدام در می‌آید .

هرچند برای بدست آوردن اطلاعات یا برگزاری امور تماس با منابع مختلف و احضار یک یا چند نفر از مطلعین را ضروری میدانم ولی از دو هیئت رسمی که سابقاً بدان اشاره شده است یعنی هیئت وزیران و شورای عالی اقتصاد نیز استفاده کامل میشود .

بنظر من ذکر طرز کار هیئت وزیران که از نخست وزیر و کلیه وزیران مسئول ترکیب یافته برای روشن ساختن رویه کار من بی‌مورد نباشد . جلسه هیئت وزیران در اطاق مخصوص و مجهزی در کاخ مرمر تشکیل میگردد . قبل از ورود نخست وزیر و اعضاء کابینه او هریک در جاهای خود قرار گرفته‌اند و چون منتظر ورود من هستند نیازی باعلام رسمیت جلسه نیست و مذاکرات بلافاصله باحضور من

آغاز میشود. درطی مذاکرات هرگز بزدن زنگ ونظائر آن مذاکرات را اداره نمیکنم بلکه تنها بانگاه وتغییر قیافه جلسات را هدایت ورهبری مینمایم. هرگاه درذهن من مطلبی‌خطور کرده‌باشد یا اهمیت موضوعی‌ایجاب کند هیئت وزیران را مجتمعاً مخاطب قرارمیدهم ویا به نخست وزیر ویا یکی ازوزیران دستور میدهم تاگزارشی راکه قبلا خواسته‌ام قرائت‌کند ویا حضوراً درباره یك مسئله جاری توضیحاتی بدهد. من بآنها اجازه میدهم وحتی تشویق میکنم که درباره هرموضوعی که طرح میشود آزادانه اظهار عقیده‌کنند ولی دائماً جریان مذاکرات را طوری رهبری میکنم که مسائل به نتیجه قطعی ومثبت برسد. گاهی ممکن است اصولی رابرای راهنمائی کلی اظهارنمایم ویادرموردی امری مخصوص بدهم.

مثلا دریکی‌ازجلسات دراهمیت نمایش فیلمهای مستند برای اطلاع مردم ازپیشرفت برنامه‌های عمرانی تأکید کردم وپس‌ازآنکه لزوم وفور اسباب بازیهائی راکه وسیله تربیت ذهنی کودکان است‌گوشزد نمودم درباره پیشنهادی که برای منع ورود بازیچه‌های کودکان شده‌بود بشدت انتقادکردم. درمورد رسیدگی که ازیکی ازفروشگاههای دولتی بعمل آمده بود اظهار داشتم که علاقه اساسی من برآن است‌که بهای‌خرده فروشی کالاها کاهش پیداکند. پس‌ازآن درباره افزایش حقوق‌مستخدمین که آنهارا مقدرت‌دهدکه دربرابر افزایش سریع قیمتها زندگی خودرا اداره کنند تأکید کردم وازوزیر مسئول خواستم که برای اتمام یکی ازخطوط‌آهن تاریخ معینی‌رامعلوم کند ودرموردطرح کارخانه‌فولادسازی درایران دستور دادم درکار تسریع کنند.

درجلسه دیگرکه مسئله بودجه سال آینده مطرح بود

درباره تخصیص عواید نفت به برنامه عمرانی راهنمائیهای کلی واصولی کردم ومسئله فوریت ازدیاد حقوق کارمندان دولت و ژاندارمری و افزایش بودجه بهداری و فرهنگ و سازمان امنیت ملی را گوشزد نمودم و برای تأمین این اضافات گفتم بایداصلاحاتی درامر وصول حقوق گمرکی بشود ونسبت به‌صرفه‌جوئی درهزینه‌های عمومی دقت و مواظبت بیشتری بعمل آیـد و تعلیماتی در باره اعطای اختیارات بشهرداری‌ها برای‌نظارت درامر تحصیلات ابتدائی‌دادم واز وزیر فرهنگ خواستم که برای افزایش اعتبار فرهنگ راههائی پیدا کند . سپس دستورهائی در باره تولید چای وشکر مخصوصاً باتوجه به‌نیازمندیهای عمومی صادر کردم .

بچند نفر از اعضاء هیئت گفتم درمسئله فروش قسمتی ازاراضی متعلق بوزارتخانه‌های خود وتهیه عوائدی برای ساختن منزل کارمندان دولت مطالعه نمایند .

درجلسه دیگر درباره گزارشهائی که راجع بقاچاق تریاك دریکی ازاستانهای شمالی بمن رسیده بود اظهارنظر کرده دستور مؤکد برای جلوگیری فوری ازاین کارخلاف قانون صادر کردم . آنگاه بوزیر مسئول بهداری درباره گزارشی که ازوضع نامرتب یکی ازشیرخوارگاهها بمن رسیده بود تذکاراتی دادم وازوی خواستم وضع‌آن بنگاه را بسرعت اصلاح کند . درمورد ترمیم حقوق کارمندان دولت تأکید کردم وبهیئت دولت دستوردادم که دربودجه‌ای که پیشنهاد میکنند این ترمیم را منظور دارند . وازهیئت وزیران خواستم که نسبت‌بوضع مالیات مطالعات فوری‌بعمل آورند که با رعایت عدالت اجتماعی عایدات دولت افزایش یابد . میتوانم موارد متعددی را بعنوان مثال ذکر کنم که درخط‌مشی‌وتصمیماتی که دولت‌میگیرد نسبت‌به‌بسط وتحکیم

عدالت اجتماعی کوشش بعمل آورده‌ایم . مثلا بارها هیئت وزیران را باصول پنجگانه عدالت اجتماعی که درفصل هشتم این کتاب بآن اشاره شده متوجه ساخته‌ام وهمین اصول وطرق رسیدن بآنها درکلیه دستورها وبیاناتی که درهیئت وزیران کرده‌ام انعکاس داشته است. چنانکه نسبت بمؤسسات صنعتی که بیش از یکصد نفر کارگر دارند خواسته‌ام که قانون مربوط بآن را بهتر اجراکنند تا برای کارگران مساکنی که با سطح زندگی امروزی متناسب باشد ساخته شود . دربرنامه صنعتی کشوراظهارعقیده کرده‌ام که دردرجه اول باید توجه بایجاد کارخانه‌هائی بشود که محصول آنها مورد نیاز طبقات کم درآمد و مایه پائین آمدن هزینه زندگی آنها باشد وبرای اجرای همین نظر بوده است که کارخانه جدید نان ماشینی وکارخانه داروسازی که قبلا بآن اشاره شده احداث کرده‌ایم .

دریکی‌ازجلسات به‌هیئت‌وزیران دستوردادم دربرنامه ایجاد مدارس متعدد حرفه‌ای درسراسر کشور تسریع کنند وخاطرنشان کردم که این اقدام برای جوانان کشور بدون آنکه قدرت مالی‌یانفوذخانوادگی‌آنهامؤثرباشد فرصت‌های تازه ایجاد میکند ودرضمن کمبود متخصصین‌فنی واستادکار را که امروز در کشور محسوس است جبران مینماید . درپیروی‌این‌نظرهیئت‌دولت‌راراهنمائی کردم که‌ازکمکهای خارجی که برای اجرای برنامه آموزش فنی ما داده میشود حسن استقبال کنند . امرکردم هزینه‌های تحصیلی راکه دستگاه سلطنت ودولت دراختیاردانشجویان میگذارد بیشتر بدانشجویان‌بی‌بضاعتی که مایل به‌ادامه‌تحصیلات فنی‌ونظائر آن درکشورهای خارج هستند اختصاص دهند وبرعده این هزینه‌های تحصیلی بیفزایند . دستور دادم که وسایل تشویق

پزشکان را برای رفتن بنواحی دوردست کشور فراهم سازند و چون در ایران نیز مانند سایر کشورهای مترقی پزشکان میل دارند در شهرهای بزرگ متمرکز شوند بدولت تأکید کردم که برای پزشکانیکه داوطلب خدمت در خارج از تهران و نقاط دوردست میگردند تسهیلات بیشتر قائل شوند.

درباره خرید گندم برای کمک بکشاورزان و توسعه ذخیره غذائی کشور بوزیر مسئول دستورهائی دادم و از وزیر کشاورزی خواستم که مساحت زمین‌های زراعتی و مشروب اطراف تهران را توسعه دهد تا برای جمعیت روزافزون پایتخت محصولات ارزان قیمت بحدوفور فراهم باشد.

برای اینکه بکشاورزان در ازدیاد محصول و افزایش در آمدشان کمک لازم بشود ببانک کشاورزی دستور دادم شعب خود را در شهرهای کوچک و قصبات افزایش دهد.

همچنین مقرر داشتم که یکروز را درسال روز ملی درختکاری در کشور اعلام کنند و تأکید کردم که اقدامات دیگری نیز برای توسعه جنگل‌ها بعمل آورند تاهم روستائیان چوب برای ساختن خانه و سوخت برای طبخ غذا داشته باشند وهم رطوبت خاک و آب‌های جدولها موجب اعتدال هوا گـــردد وضمناً درباره امکان تولید باران مصنوعی در ایران مطالعات و آزمایشهائی نظیر تجربیات موفقیت‌انگیزی که در استرالیا و آمریکا وسایر کشورها شده بعمل آورند.

اینها نمونه‌ای از راهنمائی‌ها و دستورهائی است که متوالیاً بمسئولین امور میدهم ولی شک نیست که دستور دادن و مراقبت در اجرای آنها دو کار متمایز است. دیری نخواهد گذشت که پیشرفت فرهنگ و انضباطی که در نتیجه گردش امور کارخانه‌ها بوجود میآید عادت مذموم تنبلی و دفع‌الوقت را از کشور ما برطرف خواهد ساخت ولی تا وصول بچنان

روزی باید من ودیگران اتصالا مراقبت کنیم و کارمندان را بکوشش ومجاهده وادار سازیم .

برای حسن اجرای امور باید سختی واستقامت داشت وهمین نکته موجب آن است که من باطبقات مختلف تماس شخصی داشته باشم . برخی‌اززمامداران ومدیران کشورهای غربی معتقدند که درجه نظارت درامورباید محدودوهرمدیر با بیش ازهشت تا دوازده نفر متصدی مسئول سروکار نداشته باشد . ولی این روش بهیچوجه باوضع تربیتی ما متناسب نیست وازآن گذشته اگر مجاری اطلاعاتی که من معمولا بدان‌ها متکی‌هستم محدود گردد برای کشورخطرناك خواهد بود . دائره ارتباطات من باید وسعت بسیار داشته باشد تا ازنیازمندیها ودشواریهای مردم ایران کاملا آگاه شوم و همین نکته در باره وظیفه دیگر من که مـراقبت و نظارت مداوم در ترقی است صادق است

باید ناگفته نگذاشت که تدوین کنندگان قانون اساسی ایران ازروی کمال خرد ودوراندیشی شاه را ازهرگونه مسئولیتی مبرا شناخته‌اند ومنظور آنها این بوده است که شاه مافوق آنست که بهمان مفهومی که وزیران او دربرابر مجلس مسئولیت دارند مسئول باشد .

اما وقتیکه قانون اساسی شاه را مسئول نمیشناسد منظورش آن نیست که شاه شخص غیرمسئولی است بلکه برعکس وظیفه دارد که اختیارات مهم مقام سلطنت را که درفصل هشتم بطورخلاصه بیان شده است خردمندانه اعمال نماید . ازاین گذشته اگر شاه واقعاً نسبت بمردم ورفاه آنها علاقه داشته باشد وظیفه او حکم میکند که درتعیین سیاست ملی واجرای آن رهبر حقیقی ملت باشد .

طبعاً درمیزان رهبری وقیادت شاه درپیشرفت وترقی

سریع کشور حدودی است . چنانکه توضیح داده‌ام ما مانند تمام مللی که تازه قدم درراه پیشرفت وتوسعه نهاده‌اند با دشواریهای بزرگ ومخصوصاً باکمبودکارمند برای انجام امور عمرانی مواجهیم ودراجرای طرحهای بزرگ خود نیزسرمایه کافی برای تهیه وسائل وتسهیلات لازم دراختیار نداریم . ولی سخن دراین است که من وتمام هموطنان میهن پرست من کوشش میکنیم که درپیشرفت‌های خود تسریع کنیم وتصور میکنم شواهد بسیاری ثابت میکند که مجاهدت عمومی وروزافزون ما باموفقیت مقرون بوده است .

آبراهام‌لینکلن‌وبسیاری ازپیشوایان‌ورؤسای‌کشورها به‌این تنهائی که مقام وموقعیت برای‌آنها بوجودآورده‌است اشاره کرده‌اند . درایران نیز سنن کهن وباستانی ما برای شاه همین حالت عزلت وتنهائی را بوجود آورده است وهرچند دسترس مردم بمن بیشتر وقیافه من بمهابت قیافه رضاشاه نیست ولی مقام سلطنت خواه‌ناخواه مرا ازمردم دورنگاه میدارد . درجلسات هیئت وزیران ویا درهنگام باریافتن اشخاص ممکن است خنده یا مزاح کنم ولی برهمه مسلم است که ارتباطی که بدین کیفیت پیدا میشود سطحی‌وعارضی است وچون مایل باستخدام مشاور نیستم وعادت من براین است که چنانکه درمیان رؤسای سایر ممالک معمول است تصمیمات نهائی را درقضایا بشخصه اتخاذکنم این عزلت وتجرد شدید میشود ووضع من طوری‌است که جز درمسائل جزئی وساده درامور کشوری حتی با خویشاوندان بسیار نزدیک خود مذاکره‌ای نمیکنم .

پس آیا بااین حال احساس تنهائی میکنم ؟ جواب این پرسش بعقیده من منفی است زیرا انس وعلاقه من نسبت بهمسرم وملت ایران وفرح وانبساطی که ازمشاهده آثار

طبیعت پیدا میکنم ازاین تنهائی وعزلت جلوگیر است .
گذشته ازآن من بکار ازنظر آنکه مــرا بمبارزه با دشواریهای گوناگون میطلبد شیفتگی مخصوص دارم واز آثار بارز ترقی که درهر گوشه کشورکه میروم بچشم من میآید وحاکی از آن است که ما درطریق صحیح گام برمیداریم محظوظ میشوم . من میل ندارم که خودرا اسیر احساسات جلوه دهم ولی منظره دختران دانش آموز که درخیابانها صحبت کنان وبا تبسمی درلب عبور میکنند احساس تنهائی را از دلم بیرون میکند وآنرا بشعف میآورد ودراثر این کیفیت معنوی تعجبی ندارد اگر آرزو داشته باشم روزی برسد که دولت جهیز هردوشیزه ایرانی راکه بسن قانونی رسیده ومایل بازدواج باشد فراهم سازد زیرا ازدواج بسیاری ازدوشیزگان ما بعلل مادی بتأخیر میافتد وبنظرمن این عمل غیرعادلانه است . بهمین ترتیب نقشه ای را درذهنم میپرورانم که خانه های تازه ساخت بافضای وسیع ومنزه برای تمام پیران بی سروسامان ساخته شود وهریک درقسمتی ازآن ایام باقی عمر را بفراغ خاطر بگذرانند ، زیرا هنگام زوال آفتاب عمر موقع آسایش وآرامش است ومیتوان چنین ایام بدون نگرانی را برای آنها که پیمانه زندگانیشان نزدیک به لبریز یست فراهم ساخت .

عامل نیرومند دیگری درحیات من مؤثر است که مرا درمقام سلطنت از تنهائی نجات می بخشد وآن اتکاء بمدد پروردگار است که چنانکه سابقاً ذکر کرده ام معتقدم مرا درهر کار یاری ودستگیری میفرماید .

این ایمان واعتقاد هرگز مرا مغرور وخودبین نساخته است وبرعکس درمن اطمینان خاطری بوجود میآورد که دراین جهان کوشش وتلاش مصدر خدمت ووظیفه ای هستم واز همین

جهت گذشته ازانجام فرائض روزانه مذهبی گاه گاه ازدرگاه ایزد چاره‌ساز درخواست کمك ویاوری میکنم . من دعوی ندارم که باعالم علوی ارتباط غیرعادی دارم ولی بطورساده وبی هیچ گونه گزافه‌ای میگویم که دعاهای بیریای من هیچوقت بدون اجابت نبوده‌است وازهمین روی فکرتنهائی بدشواری در ذهن من بوجود میآید . من در این فصل نمیخواهم درباره مقام سلطنت خود ویا سنن وتمدن باستانی این کشور که خویشتن را وقف خدمت بآن کرده‌ام اطاله کلام دهم ودرفصول پیش درباره عقاید وبرنامه‌کار واقدامات مداومی که برای اجرای آن عقاید وافکار بعمل میآورم سخن گفته‌ام . ازهمین جهت تصور میکنم بااشاره مختصری بدستگاه شاهنشاهی کشور ایران میتوانم خامه را برزمین نهاده واین مقال را پایان بخشم .

من این درس را فـراگرفته‌ام که باید بمقام خود ووظیفه سلطنت بابیطرفی محض نگریست واگر تاکنون احساس کرده بودم که سلطنت ایران ازنظر طول دوران از انتفاع افتاده است با خرسندی از آنمقام استعفا میدادم وخودم نیزبرای‌برانداختن‌آن مساعدت میکردم . ولی‌وقتی منطق مانند روشنائی بامدادی حاکم میشود می‌بینم این دستگاه شاهنشاهی بکشور ایران خوب خدمت کرده است وهمانطور که دردوران عظمت نخستین‌برای مردم این‌کشور سودمند بوده است امروز یعنی درعصر اتم نیز این فایده وثمربخشی باقی وپای برجاست .

چنانکه ذکر شد دوران شاهنشاهی ما بدو هزار وپانصدمین سال خود رسیده است واگر این رقم قطعی‌نباشد تفاوت درطرز محاسبه آنست . بهرحال کوروش بزرگ ۲۵۰۵ سال پیش بسلطنت رسید و چند سال طول کشید تا

نواحی‌مختلف کشور را تحت حکومت واحد درآورد ومقام شاهنشاهی خویش‌را مستحکم ساخت . پس‌ازدوران کوروش ایران چندین قرن هم مورد هجوم وتجاوز بیگانگان بود وهم ایرانیان به‌تسخیر و گشودن کشورهای دیگر پرداختند ودرهردوحال شاهنشاهی ما بردوام بود واین رشته محکم هرگز گسسته نگشت .

درطی اینمدت دراز دستگاه شاهنشاهی ما آشوب‌ها را بامنیت واختلافات را باتحاد مبدل ساخت . درایران همیشه اختلافات نژادی ومذهبی وسیاسی واقتصادی وجود داشته است ولی درپرتو مقام سلطنت همه این اختلافات بیك نوع کمال‌ووحدتی که شخص‌شاه مظهرآن‌است مبدل گشته است .

اینك میگویم‌که درتاریخ کشور ایران من اولین شاهنشاهی هستم که ازقدرت قانونی خود بحدکمال استفاده کرده‌ام وصدق این سخن که دربادی‌امر بذهن شگفت‌انگیز میآید بااندك تعمقی آشکار وروشن خواهدگشت .

تاسال ۱۳۲٤ هجری‌قمری قانون‌اساسی‌مدونی‌نداشتیم بنابراین اختیارات قانونی پادشاهان ایران بسیار مبهم بود . ازسال ۱۳۲٤ هجری قمری تا زمانیکه پدرم سلطنت ایران را بچنگ آورد قاجاریه مشروطیت ایران را بشوخی گرفته بودند ودرعین حال نیز ازقدرتی‌که قانون اساسی بآنان تفویض‌کرده بود استفاده نمیکردند . رضاشاه نیزکه خدمات عظیم و گرانبهائی بایران‌کرد مجلس شورای‌ملی را منقاد خویش ساخته وبااین رویه خویشتن را ازاختیارات قانونی خویش نسبت بمجلس محروم داشته بود . ازآن گذشته هرچند تشکیل مجلس سنا جزو مقررات قانون اساسی بود ولی این مجلس تازمان شاهنشاهی من تشکیل نیافت . پس باآنچه ذکرشد مسلم است‌که من اولین پادشاه

ایران هستم که از قدرت قانونی خود بهمان‌نحو که واضعین قانون اساسی درنظر داشته‌اند استفاده نموده‌ام. بعلاوه بشرحی که ذکر آن رفت ملت ایران صلاح دانسته است که اصلاحاتی درقانون اساسی مصوب سال ۱۳۲٤ هجری قمری بعمل آورد واختیارات قانونی مرا توسعه دهد.

بعضی از مخبرین سیار جراید خارجی مرا پادشاه مشروطه متمایل به دیکتاتوری خوانده‌اند ودرهمین حال برخی ازهموطنان من وعده‌ای ازخارجیان میل داشته‌اندکه رویه من درکارسخت‌ترباشد ومانند پدرم مطلق‌العنان باشم. بنظرمن‌این کتاب بتواند ازآن تعادلی که کوشش کرده‌ام بین این دورویه بوجود آورم شرح روشنی بدهد و مخصوصاً تصور میکنم با تشکیل احزاب سیاسی بتوانم سنن سلطنتی باستانی را بررویه‌های تازه بمقام عمل درآورم.

ما درزمانهای گذشته هم پادشاهان بزرگ و هم پادشاهانی‌داشتیم که یا ازقدرت خویش‌سوءاستفاده مینمودند ویا درخدمت بمردم قصور میکردند ولی امروز یك چنین وضعی امکان پذیر نخواهد بود. درعصرکنونی با توسعه فرهنگ وایجاد احزاب سیاسی پادشاه خوب میتواند بطریق مؤثرتر ازدوره‌های گذشته بمردم‌کشور خدمت‌کند ولی پادشاه بد یا شاهی که لیاقت وی متوسط باشد دیگر وسیله زیان واضرار مردم‌کشور خویش را نخواهد داشت، زیرا مردم منورالفکر کشور زیربار اونخواهند رفت ونا گزیرش خواهند ساخت که یا خودرا اصلاح‌کند ویا تخت وتاج را بدیگری واگذارد. سلسله قاجاریه را احساسات عمومی که ازطرز کشورداری آنها خسته شده وبجان آمده بودند برانداخت ورضاشاه را بتخت سلطنت مستقرساخت. درآینده نیزهمین افکارعمومی که احزاب‌سیاسی‌ناشرآنند بیش‌ازپیش

نسبت بکشور ونیازمندیهای‌آن بیدار وهوشیار خواهدبود .

وقتی اصول حزبی اساس‌کار باشد شاه مانندکانون یامرکزیك وحدتی خواهدبودکه همه‌گونه اغراض‌ومطامع شخصی وخصوصی را تحت‌الشعاع خویش قرار میدهد . ما ایرانیان جزو مللی هستیم‌که آزادی انفرادی ازخصایص آنهاست ولی درتمادی قرون نشان داده‌ایم‌که هــروقت احتیاج بوفاداری وازخودگذشتگی بــزرگ پیش آید از آزادی فردی میگذریم و تصور میکنیم درآینده نیز درابراز این خصیصه قابل ستایش ازنیاگان خویش پای‌کم نداشته باشیم .

امروز سرعت تحولات در جهان بدرجه‌ای شدید است که هراجتماعی ممکن است درکمال سهولت محو ومستحیل‌گردد. بنظرمن‌پیشرفت‌های‌شگفت‌آوری که دراین چند سال اخیر درایران متجلی است دلیل مسلمی است‌که ماهم از تحولات وترقیات استقبال میکنیم وهم درحفظ معنویاتی‌که ویژه تمدن کهنسال ماست ثابت واستواریم . ما به باغهای ایران وشعر وادبیات وزندگی خانوادگی ومیهمان نوازی‌که ازعادات دیرین ماست شیفته‌ایم . ما به این‌کشور منزه وسرزمینی‌که ازکویر وکوههای پرازبرف وصحاری حاصلخیز مستور است افتخار میکنیم وباین خطه دلکش‌وسرو وچناروميوه‌های پرآب‌ورودخانه‌ها وچشمه‌ها وجویهای مفروش ازکاشی وبهار نارنج وسوری وبلبل آن دلبستگی عاشقانه داریم ودستگاههای سیاسی واجتماعی خویش را مایه مباهات میدانیم .